法律门启

北京大学法学院 ◎ 编

北京大学120周年校庆
法学研究文萃之三

图书在版编目(CIP)数据

法律门启:北京大学 120 周年校庆法学研究文萃之三/北京大学法学院编.
—北京:北京大学出版社,2018.5
ISBN 978-7-301-29499-4

Ⅰ.①法… Ⅱ.①北… Ⅲ.①法学—文集 Ⅳ.①D90-53

中国版本图书馆 CIP 数据核字(2018)第 071644 号

书　　　名	法律门启——北京大学 120 周年校庆法学研究文萃之三 FALÜ MEN QI
著作责任者	北京大学法学院　编
责 任 编 辑	郭栋磊
标 准 书 号	ISBN 978-7-301-29499-4
出 版 发 行	北京大学出版社
地　　　址	北京市海淀区成府路 205 号　100871
网　　　址	http://www.pup.cn
新 浪 微 博	@北京大学出版社　@北大出版社法律图书
电 子 信 箱	law@pup.pku.edu.cn
电　　　话	邮购部 62752015　发行部 62750672　编辑部 62752027
印 刷 者	北京京华虎彩印刷有限公司
经 销 者	新华书店
	650 毫米×980 毫米　16 开本　36 印张　571 千字 2018 年 5 月第 1 版　2018 年 5 月第 1 次印刷
定　　　价	99.00 元

未经许可,不得以任何方式复制或抄袭本书之部分或全部内容。
版权所有,侵权必究
举报电话: 010-62752024　电子信箱: fd@pup.pku.edu.cn
图书如有印装质量问题,请与出版部联系,电话: 010-62756370

法 律 门 启

（代序）

  1898年大学堂开，北京大学诞生于风雨飘摇、人心思变的戊戌之年。1904年法律门启，北京大学设立"法律门"，延聘法学教授，招收学生设立课程，致力于为社会培养急需的法学专业人才。也几乎在同一时期，中国法制变革的大幕徐徐拉开，绵延几千年的中华法制文明开始了艰难转型。光阴荏苒，今年已经是2018年，甲子两度，又逢戊戌，北京大学迎来了建校120周年。为显拳拳之意，法学院诸位同仁，奉献佳构，联缀成册，以资纪念。

  校庆之期，亦是反思之时。120年的岁月，我们的大学是否养成了一种垂范久远的精神，我们相去"民主与科学"还有多少距离？开启法律之门，培养法学人才，推动法制变革，建设法治社会，已经一百多年，此间我们收获了多少牢不可破、深植民众精神之中的法治成就？

  现状或许并不那么乐观，目标似乎仍然遥远，但这不应该成为我们停止求索甚至妄自菲薄的理由。艰难跋涉一个多世纪，我们的法治建设仍然"在路上"，这不是因为我们选择了错误的目标，弄错了努力的方向，而是因为我们要完成的任务实在非常艰巨，我们所致力的乃是一项伟大的事业。而历史告诉我们，伟大的事业从来不可能一帆风顺。

  开启法律之门，不只是简单地引入一套来自异域的现成规则体系，然后机械地安放在民众头上，而是要以现代的法律规则去引领中国社会的全面转型。在传统社会向现代社会的转型中，要以新的规则之治去填补因为传统秩序的崩塌所产生的罅隙、空白和断裂；要为正在出现的社会形态,建立一套与之相适应的有实效的调整机制。考虑到自古以来中国就是一个地域辽阔、人口众多、区域差别显著的大国,中国社会转型的缓慢、渐进和复杂,以及由此导致的秩序重构的艰难,就不难预料。

开启法律之门,也同样不是简单地引入一套时髦的法治话语模式。法治的精髓不是私人自治、程序正义、限制公权之类的法律意识形态话语的抽象空转、循环论证,而是渗透到生活中的方方面面、边边角角的"自己与他人一体遵守规则"的意识,以及发自内心的对"规则之治、法律至上"的价值认同。但我们知道,几千年传统社会延续下来的稳固的集体心性结构,要普遍性地发生从依赖人治到信仰法治的价值认同上的转变,毫无疑问相当困难。由此也就可以理解,为什么一些不断强调法治建设之重要性的人或者团体,在面对具体的人或问题时,会毫不犹豫地将法治抛之于脑后,认为某个人或某个组织可以凌驾于法律之上,并且不觉得这样做有什么不妥。任何社会群体观念的真正转变都必然是一个漫长的过程,更何况我们这里所谈论的乃是一个拥有十几亿人口的大国。"风物长宜放眼量",我们只能从长时段的维度去致力于法治价值观念的培育。

从根本上看,开启法律之门,推动法制变革,最深层次的诉求还超越了器物层面上的拿来主义,是在各种文明形态主动或被动汇入世界普遍历史,人类文明共同体日益凸显的时代背景下,寻求对中华传统文明的再造。法治之所以值得追求,并不只在于它是魏源意义上的"夷人之长技",活学活用,有助于实现富国强兵、救亡图存,复兴崛起之类的功利目标,而在于法治对任何现代社会来说,是具有普遍价值的文明要素。要在中国建设一种现代的文明,就必须引入这种法律文明,进而实现对传统中华文明的再造。而对于中国这样的具有巨大文化惯性的国度而言,通过建设法律文化,来实现传统中华文明的再造,谈何容易!这必然是一项绵延数代、薪尽火传的工作。而且可以预料,因为各种利益的冲突和较量,文明的再造必然充满了曲折、反复甚至血与火的考验。

通向法治的路途虽然充满艰难险阻,甚至会发生一时一事一人一地等各种层面上的倒退、曲折和反复,但无论从哪个角度看,法律之门的开启,注定是中华文明发展中的重要历史时刻。因为一个悠久的文明,从那一刻起,义无反顾地决心拥抱现代法治文明。这是何等令人惊心动魄的大事!从那一刻开始,我们就已经启程,而只要已经上路,就拥有了到达目的地的希望。此外我们也确信,法律之门一旦开启,就不再可能被关上,因为历史的潮流不可阻挡。

当然,历史潮流并不会自动流淌,要取得具体的进步,仍然依赖于个体的努力与实干。百年之中,一批批从法律之门走出的法律人,成为中国法治建设的中坚力量。遥想百年之前,法学人才极度匮乏,以至于编纂重要法典草案时,尚需延揽外国专家来作为主笔,而不过短短二十多年后,我们自己培养的法学专家,就已经能够编纂出极高水准的法典,对中国社会产生长久且深远的影响。在二战后的东京审判中,无论是法官还是检察官,都活跃着杰出的中国法律人的身影。1978年改革开放,在一片荒芜的基础上重建法治,不过40年的光景,就已经有一大批具有相当高水准的律师、法官、检察官在以各种方式推动和维护着日益复杂的法治系统的日常运作。这一切都使得我们对未来充满信心。历史的三峡虽充满激流险滩、惊涛骇浪,但我们总有走出峡口,见证海阔天空的那一刻。"周虽旧邦,其命维新"。中华文明终会成功转型,融入人类共同体的文明体系之中,并且在这一过程中作出自己独特的贡献。

在法律人共同体中,法学教师又是一类特殊的人群。他们站在法律门内,执鞭讲台、培育法学学生、研究法学问题、阐发法学理论、推动法治进步。虽不能说他们一定是法治建设的灵魂和中坚,但的确发挥了不可或缺的重要作用。法律门启一百多年来,这个学术群体虽然历经坎坷,但最终得以发展壮大。时至当下,他们的活动也不再局限于校园讲堂,无论是立法、司法还是法律实务,都可以看到法律门内的理论研究与法律门外的法治实践的密切交流与频繁互动。正是因为有了与现实的对照,我们逐渐明白,任何高深的法学理论,如果脱离了事实的支撑,都不过是装神弄鬼的自说自话;同样,任何理论,如果一味粉饰现状,失去了批判和反思意识,都会失去知识的品格,沦为下流。历史是最终的裁决者,他不仅会判定理论的真伪,还会鉴别理论者品性的高下。

基于这样的考虑,我们将这一作品摆在读者诸君面前。她由北大法学院诸位老师的学术论文汇集而成,体现了他们对某一个或某一些特定法学问题的思考和评断。这一方面是为了纪念北大建校120周年,另外也是为了见证中国法治建设的历史进程。事实上,这本文集也是北大法律学人思想的一个横截面,是生生不息的中国法律思想长河中的一个凝固的瞬间。我们期待通过这本文集,与兄弟院校的法律学人,与广义上的法律人,与所有有着健全理性思维和正常的体面感的学者,分享我们的思考,展开真正的对话与交流。

最后,其实我们还设想着与中国法治建设的后来者,展开一场跨时空的对话。若干年后,这些后来者也许会拿起这本书,在心中悄悄地评估,我们这一代法律学人的所作所为,是否经得起历史的考验,是否对得起在我们每一个人身上所经历的岁月!

薛军

2018 年 4 月 11 日

目录 CONTENTS

陈兴良
　　刑法教义学的发展脉络　/ 001

白建军
　　中国民众刑法偏好研究　/ 027

梁根林
　　刑法修正：维度、策略、评价与反思　/ 053

王世洲
　　我国刑法人身权保护现状和问题　/ 095

郭自力
　　生物医学法的几个重大理论问题　/ 167

王　新
　　国际视野中的我国反洗钱罪名体系研究　/ 188

车　浩
　　自我决定权与刑法家长主义　/ 210

江　溯
　　财产犯罪的保护法益：法律—经济财产说之提倡　/ 241

李启成
　　法律继受中的"制度器物化"批判
　　——以近代中国司法制度设计思路为中心　/ 265

张 骐
　　论类似案件的判断　/ 292

汪建成
　　《刑事诉讼法》的核心观念及认同　/ 325

陈瑞华
　　程序性制裁理论的基本框架　/ 348

陈永生
　　证据保管链制度研究　/ 399

孙东东
　　"互联网＋医疗"风险的认识与防控　/ 426

潘剑锋
　　论建构民事程序权利救济机制的基本原则　/ 434

傅郁林
　　以职能权责界定为基础的审判人员分类改革　/ 452

刘哲玮
　　普通形成权诉讼类型考辨
　　　　——以合同解除权为例　/ 483

曹志勋
　　对民事判决书结构与说理的重塑　/ 497

何其生
　　大国司法理念与中国国际民事诉讼制度的发展　/ 525

高 薇
　　互联网争议解决的制度分析
　　　　——两种路径及其社会嵌入问题　/ 540

刑法教义学的发展脉络[*]

陈兴良[**]

刑法理论的发展与刑法立法的演进之间存在密切的关联性,可以说两者是唇齿相依、相得益彰的关系。如果说,1979年《刑法》的颁布宣告了我国刑法学的起死回生;那么,1997年《刑法》的修订,预示着我国刑法教义学的扬帆起航。因此,基于两部《刑法》的前后衔接,我们同样可以将我国刑法理论的发展区隔为两个阶段。1979—1997年是我国刑法学恢复重建的阶段,而1997年至今是我国刑法教义学茁壮成长的阶段。1997年修订至今已经二十年过去了,我国刑法学经过二十年长足的发展已经脱胎换骨重获新生,刑法教义学的基础已然奠定。回顾这段刑法学发展的历史,对于明确我国刑法学的学术走向具有参照意义。

一、回望1997年

1997年3月14日第八届全国人民代表大会第五次会议正式通过了修订后的《刑法》,由此宣告1979年《刑法》被1997年《刑法》所取代,我国《刑法》完成了立法更新。这不仅仅是刑法立法的一个具有里程碑意义的时刻,它同样是我国刑法教义学发展的一个象征性时刻。

从1979年《刑法》颁布到1997年《刑法》修订,其间只不过间隔17年而已。在这短暂的17年时间中,我国刑法学从法律虚无主义的思想禁锢中挣脱出来,围绕着颁布不久的刑法建立起刑法教科书体系。当然,以四要件的犯罪构成为框架的刑法教科书体系主要还是沿袭了20世纪50年

---

[*] 原文刊于《政治与法律》2017年第3期。
[**] 北京大学法学院教授、博士生导师。

代初从苏俄引入的刑法话语系统。在1979年《刑法》颁布之初,我国学者主要还是以对刑法条文的解释为研究的主体,并在此基础上逐渐展开刑法的理论研究。尽管当时的学术水平还是较低的,但这种以法律解释为中心的研究径路还是值得肯定的。然而,从1983年开始我国进入了一个"严打"阶段。粗疏的刑事司法当然也就丧失了对精致的刑法理论的需求,随之而来的是我国刑法理论的一个相对停滞时期。

随着20世纪80年代中期开始,我国进入经济体制改革的时代,突破计划经济的束缚,开始经济体制的转型。在这种情况下,建立在计划经济基础之上的1979年《刑法》很快就不能适应惩治经济犯罪以及其他犯罪的需要。为此,我国启动了以单行刑法的方式对《刑法》进行修改的持续过程。单行刑法具有独立于刑法典的特征,属于法外之法。单行刑法数量的不断累积,就会架空《刑法》。在这种情况下,大约从1988年开始,我国着手筹备《刑法》修订的准备工作。因此,在尚未能对1979年《刑法》进行深入研究的情况下,又开始了以修改《刑法》为主题的刑法理论研究。《刑法》修订的研究具有立法论的性质,是以刑法的发展完善为皈依而不是以刑法适用的司法论为追求。因此,对于刑法理论具有较强的导向性。例如我国学者在总结20世纪80年代(1980—1990年)的刑法科学史的时候,把刑法研究分为两条线索:第一条是刑法学的理论研究;第二条是《刑法》的修改与完善研究。其中,《刑法》的修改与完善研究几乎从1979年《刑法》颁布之日就开始了,可以分为三个阶段:第一阶段是从1980年到1983年是《刑法》修改研究的萌芽时期。第二阶段是从1984年到1987年是《刑法》修改研究的初步展开时期。第三个阶段从1988年开始是《刑法》修订研究的全面繁荣时期。我国学者在总结这个阶段的也就成果时指出:"刑法的修改和完善作为刑法理论界的中心议题而愈来愈受到众多刑法理论工作者的青睐,研究的深度和广度在前一阶段的基础上有了大幅度地提高,也使这一问题出现了众说纷纭、著述丰硕的繁荣局面"。[①] 可以说,从1988年开始直至1997年《刑法》修订完成,在这将近十年的时间内,我国刑法理论都是以《刑法》修订为中心而展开的。这个时期我国出版的刑法著作和发表的刑法论文大多数都属于立法论的研究成果,在这种情况下,刑法教义学在我国刑法学界还没有生长的空间。

---

① 高铭暄主编:《新中国刑法科学简史》,中国人民公安大学出版社1993年版,第292页。

立法论和司法论是刑法两个不同的研究面向和视角。立法论是以刑法应当如何制定的应然性为出发点的,其理论追求是为《刑法》的修改完善提供理论指导。而司法论是以刑法应当如何理解的实然性为出发点的,其根本目的是为刑法条文的适用提供理论依据。在任何一个国家,刑法创制不是经常发生的,在一部刑法典生效时间长达百年以上的情况下,一个刑法学者也许一辈子也见不到刑法的创制。当然,对刑法典的小规模的修订还是时有发生的。而刑法适用则是常态,一部生效的刑法每时每刻都在司法中被适用。为此,刑法理论就应当将服务于刑法适用的刑法释义作为研究的主要目标和职责。这种以刑法释义为主要内容的刑法学就是刑法教义学,它是直接为刑法的司法适用提供理论资源的一种研究方法。因此,刑法教义学是司法论的产物而不是立法论的结晶。德国学者在论及刑法教义学时,明确指出刑法教义学的基础和界限源自于刑法法典,刑法教义学致力于研究法规范的概念内容和结构。作为法律和司法实践的桥梁的刑法教义学,在对司法实践界限批判性检验、比较和总结的基础上,对现行法律进行解释,以便于法院适当地、逐渐翻新地适用刑法,从而达到在很大程度上实现法安全和法公正。[①] 在此,德国学者指出了刑法教义学与刑法之间的互相促进与推动的关系。一方面,刑法教义学具有对于现行《刑法》的一定程度的依赖性。刑法教义学的发展是以《刑法》为前提,并以此作为起点进行逻辑推理,形成一定的刑法理论体系。如果没有成文的、有效的现行《刑法》,刑法教义学就是无源之水、无本之木,是完全不可能成长的。另一方面,刑法教义学对于刑法适用的司法实践具有指导作用。刑法教义学作为《刑法》与司法实践的桥梁,具有贯通两者的功能。刑法教义学以解释刑法规范为中心,为《刑法》适用提供理论指引,从而实现刑法价值。因此,《刑法》与刑法教义学不仅在存在论上而且在价值论上,两者都是相辅相成的关系。没有《刑法》,刑法教义学就没有存在的根基;没有刑法教义学,《刑法》就难以有效地适用。

1997年《刑法》的颁布,为我国刑法教义学的发轫提供了可能,为我国刑法理论从立法论向司法论的转化创造了条件。

---

① 参见汉斯·海因里希·耶赛克、托马斯魏根特:《德国刑法教科书》,徐久生译,第53页。

二、刑法理念的变革

从1979年《刑法》到1997年《刑法》,变化的不仅仅是刑法的体系与结构,更不是具体的刑法条文;而是刑法的理念,这对于我国刑法教义学的发展起到了不可或缺的激发作用。因此,探讨我国刑法教义学的发轫,不能不论及1997年《刑法》规定罪刑法定原则所带来的刑法理念的深刻变革。

1979年《刑法》脱胎于早前从20世纪50年代初开始的《刑法草案》第33稿,该《草案》定稿于1963年10月9日。在第33稿的基础上,根据新的经验和情况,做了较大的修改,由此成为1979年《刑法草案》,并获得通过。① 由此可见,1979年《刑法》并不是一朝一夕形成的,而是此前三十年的社会生活实践的总结。当然,我国曾经有一个时代政策代替了法律,政治运动代替了司法活动,在这个时期形成的刑法草案,可想而知其内容充满了阶级斗争的色彩,打击敌人成为这部刑法的主旋律。其中,1979年《刑法》第78条规定了类推制度:"本法分则没有明文规定的犯罪,可以比照本法分则最相类似的条文定罪判刑。"由此可见,我国刑法中的类推是有罪类推,即类推的实质是对法无明文规定的行为入罪。当然,我国1979年《刑法》中的类推需要经过最高人民法院核准,在程序上对类推进行了一定的限制,这种类推可以说是有限制的类推。尽管如此,我国学者还是把罪刑法定原则作为1979年《刑法》的基本原则,认为类推制度是罪刑法定原则的补充或例外。② 我认为,罪刑法定原则与类推之间存在逻辑上的对立关系;法无明文规定不为罪是罪刑法定原则的应有之义,而类推恰恰是法无明文规定亦为罪,两者难以两立。1979年《刑法》规定的类推制度与社会危害性理论保持了逻辑上的贯通性。因为社会危害性理论将犯罪的本质特征界定为社会危害性,而社会危害性也正是类推的实质性根据。正如我国有学者指出:"依照类推定罪的行为,必须是具有社会危害性,而且这种社会危害性已经达到犯罪程度。这是从《刑法》第10条犯罪的概念中直接得出来的适用类推的基础和根据。如果行为没有社会

---

① 参见高铭暄:《中华人民共和国刑法的孕育与诞生》,法律出版社1981年版,第4页。
② 参见高铭暄主编:《刑法学》(修订本),法律出版社1984年版,第38页。

危害性,或者社会危害性没有达到犯罪的程度,那就缺乏犯罪的本质特征,从而也决不能依照类推来定罪判刑。"①在刑法规定类推制度的情况下,虽然社会危害性为类推入罪提供了实体性的价值标准,就此而言具有一定的积极意义。然而,类推制度使社会危害性的入罪功能得以凸显,由此造成的后果是:进一步强化了的社会危害性观念成为衡量犯罪的根本标准,由此而形成了以下观念:行为只要具有社会危害性,就具备了犯罪的本质特征。在《刑法》有明文规定的情况下,依照《刑法》规定定罪判刑;在《刑法》没有明文规定的情况下,依照类推定罪判刑。这样一种以社会危害性为中心的刑法观念与法治之间的关系,在 1979 年《刑法》的语境下并未显示出违和之处。在 1997 年《刑法》废除类推,规定罪刑法定原则的语境下,则明显地显示出矛盾和冲突。因此,对社会危害性的批判,就成为刑法理念更新的最前沿。

在 1997 年《刑法》颁布之初,我国学者樊文教授就敏锐地提出了罪刑法定与社会危害性的冲突的命题,从而把刑法理念转变的迫切性摆到了我国刑法学界的面前。② 樊文教授是从刑法的法定概念切入的,值得注意的是,其实 1979 年《刑法》第 10 条的犯罪概念和 1997 年《刑法》第 13 条的犯罪概念只字未改,两者完全相同。那么,在 1979 年《刑法》中类推明明是法外入罪,为什么在当时犯罪概念中仍然以"依照法律应当受到刑罚处罚"作为犯罪的刑事违法性的特征呢?在此,是对"依照法律"做了某种扩大的理解。从实体法来说,依照法律是指《刑法》对某种行为有明文规定,以此入罪于法有据,因而符合罪刑法定原则。在《刑法》规定类推制度的情况下,所谓"依照法律"是指依照类推规定对《刑法》没有明文规定的行为予以入罪。因此,罪刑法定与社会危害性的矛盾体现在实体法的规定上,而不是体现在类推入罪对于刑法规定的消解之上。

樊文教授提出的罪刑法定与社会危害性之间的冲突,主要是指《刑法》关于犯罪概念规定中的危害社会与依照法律之间的矛盾。樊文教授在文中揭示了犯罪概念中价值标准与规范标准之间的冲突。我认为,如果将社会危害性限制在《刑法》规定范围内使用,并不会与罪刑法定之间

---

① 高铭暄主编:《刑法学》(修订本),法律出版社 1984 年版,第 104 页。
② 参见樊文:《罪刑法定与社会危害性的冲突——兼论新〈刑法〉第 13 条关于犯罪的概念》,载《法律科学》1998 年第 1 期。

形成冲突。只有当社会危害性超出《刑法》规定而具有入罪功能的语境中，罪刑法定与社会危害性之间才会出现矛盾。在1979年《刑法》规定了类推制度的情况下，社会危害性具有至高无上的地位，因为它决定了一个行为是否能够入罪。即使在《刑法》没有明文规定的情况下，通过类推也可以将其入罪。因此，社会危害性是高于法律规定的，其置身于法外。在1997年废除类推制度以后，基于罪刑法定原则，没有法律明文规定的行为，再也不能以具有社会危害性为根据得以入罪，由此限制了社会危害性的入罪功能。因此，只有当《刑法》没有明文规定的情况下，根据罪刑法定原则不能入罪，但根据传统的社会危害性理论则可以入罪的情况下，罪刑法定与社会危害性之间的冲突才具有实质意义。然而，这并不是刑法规定本身的问题，而是以社会危害性为中心的刑法理论的问题。也就是说，如果不对以社会危害性为中心的传统刑法理论进行彻底地清算，罪刑法定原则在我国刑法中就难以生根落地。无论如何，樊文教授提出的问题是具有警示性的，对于此后我国刑法教义学的建立提供了契机。

　　同样是对社会危害性的批判，我采取了形式合理性与实质合理性的分析框架。社会危害性是一种实质主义的思维方式，建立在社会危害性基础之上的犯罪概念是所谓犯罪的实质概念。实质合理性的思维方式具有突破法律界限的冲动，而罪刑法定则具有形式合理性的天然倾向。因此，社会危害性与罪刑法定之间法冲突，实际上是社会危害性理论所显现的实质的价值理念与罪刑法定原则所倡导的形式的价值理念之间的基本立场上的冲突。① 这样，对于刑法理念的考察就从价值论延伸到方法论。形式理性与实质理性成为我在此后相当长的一个时期坚持的一种分析工具。在对社会危害性理论的批判中，我提出了具有争议的以法益取代社会危害性，将社会危害性逐出注释刑法学的命题，这当然是具有一定的矫枉过正的倾向。其实，这时对于罪刑法定与社会危害性的讨论还是囿于我国刑法中的犯罪概念这样一种意义域。如果从三阶层的犯罪论体系来看，罪刑法定与社会危害性的关系主要在构成要件阶层需要对待的问题。尽管自20世纪以降，在德国刑法理论中出现了构成要件的实质化的运动，但构成要件的基本功能并没有改观，这就是将法律没有明文规定的行为排拒在构成要件之外，从而切实地落实罪刑法定原则。只不过对符合

---

① 参见陈兴良：《社会危害性理论：一个反思性检讨》，载《法学研究》2000年第1期。

构成要件的行为,才具有以法益为中心的实质审查功能。因此,法益侵害是三阶层的犯罪论体系中违法性阶层需要解决的问题。即使将法益审查功能提前到构成要件阶层,它也不可能形成对罪刑法定原则的侵蚀。这就是阶层论的犯罪论体系所具有的逻辑性,在判断顺序上较好地安排了形式判断与实质判断的位阶关系,从而消解了形式合理性与实质合理性之间的冲突,保障了刑法的双重机能的实现。

罪刑法定与社会危害性的讨论,要害之处还是在于如何看待刑法的人权保障与社会保护这两种机能之间的关系。这是刑法的价值内容中罪需要认真对待的问题。在1979年《刑法》中,以打击犯罪为诉求的社会保护机能是明显放在首要位置上的,也是立法与司法所孜孜追求的目标。

随着罪刑法定原则在1997年《刑法》中的确立,我国刑法的人权保障机能得以凸显,表明我国刑事法治水平的提升。而这一切,对我国刑法教义学的发展所带来的影响是不可估量的。事实已经证明,刑法教义学的程度与罪刑法定原则之间具有密切关联性。应该说,罪刑法定原则对于刑法理论具有塑造作用。这种塑造作用,我认为主要体现在以下三个方面:

第一是提供价值标准。刑法理论并不是对《刑法》条文的简单注释,更不是刑法知识的随意堆砌,而是具有价值内涵的理论体系。而罪刑法定原则所彰显的人权保障功能就对刑法教义学具有重大的制约性。从这个意义上说,罪刑法定原则不仅是现代刑法的精髓与灵魂,而且也是刑法教义学的内在生命。正如是否规定罪刑法定原则是法治国刑法与非法治国刑法的分野。同样,基于罪刑法定原则的刑法理论与并非基于罪刑法定原则的刑法理论之间也存在性质上的区分。

第二是确立逻辑前提。在罪刑法定原则之下,现行《刑法》就成为建构刑法教义学的前提,而刑法学术研究就是在此前提下展开的逻辑推理。这就决定了刑法教义学受到现行有效法律的约束,不能对实定刑法进行批评,而只能在实定刑法的基础上进行有效解释,从中引申出教义规则。这正是刑法教义学的特征,它是背对刑法典而面对司法实践的一种司法论的知识体系,与以批评刑法完善刑法为宗旨的立法论的理论路数是绝然有别的。当然,在对刑法进行解释的时候,不是不能具有解释者的价值追求,而是要将这种价值追求融入解释之中,成为引导司法活动的教义规则。

第三是勘定知识边界。刑法教义学是以现行刑法为逻辑起点而展开的知识体系,在刑法教义学研究中,主要是运用解释方法,揭示刑法条文的内容,从而为司法适用提供理论指引。尤其是为在司法实践中解决疑难案件通过现成的解决方案。但在罪刑法定原则的制约下,刑法解释受到一定的限制。例如禁止类推解释,就是十分重要的限制,也是不可突破的边界。对此,德国学者罗克辛教授指出:"解释与原文界限的关系绝对不是任意的,而是产生于法治原则的国家法和刑法的基础上;因为立法者只能在文字中表达自己的规定。在立法者的文字中没有给出的,就是没有规定的和不能适用的。超越原文文本的刑法适用,就违背了在使用刑罚力机械干涉时应当具有的国家自我约束,从而也就丧失了民主的合理性基础。"[①]在某种意义上说,罪刑法定原则形成了对刑法教义学知识的范围限制。

三、刑法理论的更新

1997年《刑法》的颁布,极大地推动了我国刑法理论的发展。首当其冲,随着刑法条文的修改,刑法教科书就随着需要进行调整,乃至于更新。因为1997年《刑法》对1979年的《刑法》进行了从体系结构到具体条文的全面改动,在这种情况下,刑法教科书也不是小修小改所能达成的:《刑法》的大改必然带来刑法教科书的大修。在刑法教科书的修改过程中,不是简单地重复原有的理论,而是涉及理论的更新。这种理论的更新,最初反映在刑法教科书与对《刑法》的注释性著作当中。尽管这些著作还不是对原有理论的重大突破,但从作者与作品两个方面已经预示着我国刑法理论的发展前景。在此,我想讨论三位学者的三本著作。

第一是张明楷教授的《刑法学》(法律出版社1997年版)。现在,张明楷教授的《刑法学》已经出版了第五版,成为一本具有学术影响力的个人刑法教科书。而该书的第1版是1997年出版的,分为上下两册。在该书中,张明楷教授将刑法学界定为刑法解释学与刑法哲学的统一体,力图将刑法解释学与刑法哲学结合起来,尤其强调了刑法的解释方法。例如,张

---

① 克劳斯·罗克辛:《德国刑法学总论》(第1卷),王世洲译,法律出版社2005年版,第86页。

明楷教授在论及刑法的注释研究法时指出:"注释研究法。是指对刑法条文逐字逐句进行分析、解释,使刑法的意义得以明确的方法,也称为分析研究法。同其他法律一样,刑法的规定是概括性的,法条用语并非一目了然,因此,要理解和实施刑法,就必须对刑法进行分析与解释。刑法学的研究在很大程度上是对现行刑法所作的分析与解释,这种分析与解释理所当然要以马克思主义哲学为指导、以司法实践为基础"。① 在此,张明楷教授明显地具有建立一个刑法解释学的意图与愿望。其实,这里的刑法解释学是日本的统称,而德国则称为刑法教义学。应该说,刑法解释学与刑法教义学两者之间并没有根本区分,只是称谓不同而已。但刑法教义学所具有的刑法知识话语的传承性、刑法理论逻辑的完整性以及刑法方法的统一性等内容并不是刑法解释学这个称谓所能包含的,因为解释只是一种方法。尽管如此,张明楷教授的这本《刑法学》教科书对于我国刑法教义学的发展来说,具有某种标志性的意义。

第二是赵秉志教授主编的《新刑法教程》(中国人民大学出版社 1997 年版)。该书是以刑法教程名义出版的,这里的刑法是指 1997 年《刑法》,当时称为"新刑法"。该书的绪论对中国新刑法典的改革与重要进展为题,对从 1979 年到 1997 年我国刑法典的立法演变过程作了较为系统的历史叙述,对于理解 1997 年《刑法》的背景具有参考价值。该书对刑法学体系本身并未着笔,这表明该书是以刑法规范阐释为主要内容的一部教科书。应该说,该书是在 1997 年《刑法》颁布之后较早出版的以四要件为犯罪论体系的架构的一部刑法教科书。随着 1997 年《刑法》的修订,该书及时对立法作出回应,并对四要件的犯罪论体系根据立法的最新发展进行了完善和发展。

第三是我撰写的《刑法疏议》(中国人民公安大学出版社 1997 年版)。这是我对 1997 年《刑法》的最初回应,也是第一次完全以刑法条文为内容进行分析。虽然这不是以教科书的形式,甚至不是以专著的形式,而是以疏议的形式对刑法进行的系统叙述,但它在我的刑法学研究谱系中居于一种转折的意义。在该书的前言中,我指出:"本书是我独自撰著的第一部严格意义上注释法学的著作。此前,我的学术兴趣主要在于刑法哲学,志在对刑法进行超越法律文本、超越法律语境的纯理论探讨,先后出版了

---

① 张明楷:《刑法学》(上),法律出版社 1997 年版,第 7 页。

《刑法哲学》《刑法的人性基础》《刑法的价值构造》等著作。当然,我从来不认为法学是纯法理的,也没有无视法条的存在。我总以为,法理虽然是抽象的、较为恒久的,但它又必须有所附丽、有所载荷,而这一使命非法条莫属。因此,对法条的研究是法学研究中不可忽视也不可轻视的一种研究方法,只不过它的研究志趣迥异于法哲学的研究而已。中国是一个具有悠久的注释法学传统的国度,以《唐律疏议》为代表的以律条注疏为形式的法学研究成果是中华法律文化传统的主要表现形式。现在,我国不仅法哲学研究基础薄弱,纯正的注释法学的研究同样后劲不足。《刑法疏议》一书力图继承中国法律文化传统,以条文注释及其评解的方法对刑法进行逐编逐章逐节逐条逐款逐项逐句逐条的注释,揭示条文主旨,阐述条文愿意,探寻立法背景,评说立法得失。"[1]正是从该书开始,我真正关注刑法条文,并将学术注意力从超越刑法的考察转移到对刑法条文和体系的考察,完成了从刑法哲学到刑法教义学的转折。我认为,刑法教义学与刑法哲学还是不能等同的:前者是在刑法之中研究刑法,而后者是在刑法之上研究刑法。前者关注的是刑法条文所蕴含的立法内容,而后者关注的是刑法条文背后的价值内容。当然,即使以刑法体系为研究对象,也还是存在以具体的刑法条文为解释对象的刑法教义学与以抽象的刑法体系为研究对象的刑法法理学之分。例如,我在此后出版的《本体刑法学》(商务印书馆2001年版)一书,就更具有刑法法理学的色彩,还不是典型的刑法教义学著作。

以上三本书都出版在1997年《刑法》修订之年,它并不是《刑法》修订以后的应景之作,而是在这三本书的背后还是寄托了作者的某种学术追求。可以说,这三本书在一定程度上标志着我国刑法理论研究进入一个新时代,刑法教义学正是在此基础上孕育和发展起来的。

在以上三本书中,其中两本是刑法教科书,这是我国所通行的一种刑法体系性的著述形式。此前,我国刑法教科书大都采取主编制,属于集体作品,只有少数几部个人编著的刑法教科书。这种主编制的教科书的最大优势是能够集思广益,在20世纪80年代我国刑法学刚开始复苏的时候,从事刑法学研究人员匮乏,因此采取主编制,在较短时间内编写出具有较高学术质量的刑法教科书,是当务之急。在这种情况下,主编制的刑

---

[1] 陈兴良:《刑法疏议》,中国人民公安大学出版社1997年版,前言,第4—5页。

法教科书发挥了不可忽视的重大作用。例如高铭暄教授主编的《刑法学》（法律出版社1982年版）就是如此，它几乎成为那个时代的刑法百科全书，是我们这一代刑法学人的启蒙读物。当然，主编制的刑法教科书也有其难以克服的缺憾，就是学术观点难以统一，理论水平参差不齐。当然，赵秉志教授主编的这本刑法教科书在1997年《刑法》颁布之后不久能够及时出版，正是得益于主编制带来的高效写作。值得肯定的还是张明楷教授的这本《刑法学》，这是我国在1997年《刑法》颁布之后出版的首部个人撰写的刑法教科书。尤其是张明楷教授在该书中融入了较多的学术内容，使之成为一部学术性的刑法教科书。以往的刑法教科书以阐述通说为主，重在现有刑法知识的传递，以满足刑法教学的需要。但在张明楷教授的该书中，凸显个人的学术观点，明显具有作者本人的学术追求，从而突破了教科书的限制，向着体系性地叙述作者刑法学术观点的著述靠拢，达到了较高的学术水准。在某种意义上可以说，该书成为我国刑法教义学的发轫之作。

我在1997年《刑法》颁布以后的第一本著作《刑法疏议》完全以刑法条文为依归，因此在较大程度上限囿于刑法条文，随着刑法立法的发展和司法解释的出台，因为未能及时跟进，因此它成为在我的著作中几乎是唯一一本没有修订再版的著作。这也正好印证了刑法条文注释性著作的速朽命运。我的个人刑法教科书是在2003年出版的，即《规范刑法学》（中国政法大学出版社2003年版），该书是我对以刑法规范为对象的刑法理论的体系性叙述。理论贵在创新，刑法理论也是如此。1997年《刑法》的颁布推动了刑法理论先前发展，也为刑法教义学的发轫创造了条件。

四、学派之争的发酵

刑法理论的发展离不开学派之争。在某种意义上说，正是学派之争促进了刑法理论的发展。在1997年《刑法》之前，我国学者拘泥于对刑法中的具体问题的探讨，因此只存在对具体问题的不同观点，而并不存在价值论与方法论意义上的不同立场和见解。换言之，我国刑法学界根本不存在学派之争。在1997年《刑法》颁布以后，随着我国刑法学术的不断累积，开始出现了某种程度上的学派之争。这里之所以加上某种程度的限制，是因为我国刑法学界的所谓学派之争的意义与范围都还未能达到某种广度和深度。这里应当指出,学派之争与学说之争,这两者之间虽然具有一定的联系但还是存在较大差别的。在学术研究中,不同学者之间对某个具体问题的见解不同,由此形成学说之争,这是十分正常的。学说之争的意义只是局限与某个具体问题,对于这个学科的影响还是较为有限的。而学派之争则与之不同,学派之争表现在对某个学科的基本立场或者基本观点上的重大对立,由此而对某个学科的学术形态产生根本性的影响。当然,即使是学派之争也还是有大有小。例如,刑法学中的主观主义理论(行为人刑法)与客观主义刑法(行为刑法)之争就是十分重大的学派之争。而在客观主义刑法内部存在的行为无价值论与结果无价值论之争就是较为重要的学派之争。我国的学派之争远远没有达到这种程度,还只是在一些较为重大问题上的观点之争,只不过这种观点之争的影响已经超出了具体问题的范围,对于我国刑法理论的发展方向具有较大影响,因此可以说具备了学派之争的雏形。

对于我国刑法学的学派之争,我国学者都持一种积极的与肯定的态度。例如,张明楷教授早在2005年就提倡刑法的学派之争,指出了学派之争的意义在于:学派之争不只是使刑法之争体系化、持久化,更重要的是促进学术自由和学术繁荣昌盛。学派具有的整体性、传统性、排他性等特点,使得不同学派必然在学术上展开激烈争论与批评,从而推动学术创新、促进学术繁荣。[①] 我也对刑法的学派之争提出了个人见解,通过对形式刑法观与实质刑法观之争,可以系统地梳理各自的刑法观点,从而形成刑法学术史的线索,同时也使各自的刑法学立场更加明确,坚定地按照各自的理论逻辑推进,一改过去的折中说充斥的风气,使不同刑法学派的学术锋芒毕露。可以说,学术史的梳理与学派的竞争,恰恰是我国刑法学走向成熟的标志。[②] 随着我国刑法理论的深入发展,在我国刑法学界兴起学派之争,主要集中在以下三个领域:

(一) 四要件与三阶层之争

我国传统刑法教科书对犯罪论体系都采取四要件,即将犯罪构成分为犯罪客体、犯罪客观方面、犯罪主体、犯罪主观方面。如前所述,也有些

---

① 张明楷:《学术之盛需要学派之争》,载《环球法律评论》2005年第1期。
② 陈兴良:《走向学派之争的刑法学》,载《法学研究》2010年第1期。

刑法教科书采用犯罪主体、犯罪主观方面、犯罪客观方面、犯罪客体的四要件体系。四要件的犯罪论体系是从苏俄刑法学传到我国来的,自从20世纪50年代以来,我国一直采用四要件。在20世纪80年代中期,曾经就四要件展开过争论,主要涉及某个要件的去留以及分拆等。这时的争议并没有涉及犯罪论体系的核心问题,因此争论的意义极为有限。

在1997年《刑法》颁布以后,对于犯罪论体系主要还是采用四要件,但在排列顺序上已经发生某些变化。赵秉志教授主编的《新刑法教程》一书在犯罪构成各共同要件的排列上则采取了犯罪主体、犯罪主观方面、犯罪客观方面、犯罪客体的顺序。[1] 这一对犯罪构成要件体系的安排,延续了赵秉志教授主编的《刑法学通论》一书的做法,我称之为新四要件论,以区别于犯罪客体、犯罪客观方面、犯罪主体、犯罪主观方面的旧四要件论。根据该书的论述,新四要件论的逻辑根据在于:在这四个要件中,犯罪主体排列在首位,因为犯罪是人的一种行为,离开了人就谈不上犯罪行为,也谈不上被行为所侵害的客体,更谈不上人的主观罪过。因此,犯罪主体是其他犯罪构成要件成立的逻辑前提。在具备了犯罪主体要件以后,还必须具备犯罪主观方面。犯罪主观方面是犯罪主体的一定罪过内容。犯罪行为是犯罪主体的最高心理的外化,因而在犯罪主观方面下面是犯罪客观方面。犯罪行为必然侵犯一定的客体,因而犯罪客体是犯罪构成的最后一个要件。[2] 新四要件与旧四要件虽然在四个要件上是相同的,只是在排列顺序上做了改动。然而在我看来,新四要件论虽然符合了犯罪行为实施的逻辑,却违反定罪的司法逻辑。因为从犯罪行为实施规律来说,是一个从人到行为,从主观到客观的演进过程。但从定罪的司法逻辑来说,却恰恰相反,是一个从行为到人,从客观到主观的推理过程。就人与行为的关系而言,行为是人的行为,因此人在行为之前,这是没有问题的。在三阶层的犯罪论体系中,人作为一定的行为主体确实是位于行为之前。尤其是在身份犯的情况下,行为人的一定身份是在行为之前需要研究的,没有这种身份的人是不可能实施该行为的。但新四要件中的犯罪主体能够等同于行为人吗?显然不能。犯罪主体是指实施了犯罪行为,达到刑事责任年龄、具备刑事责任能力的自然人。这个意义上的犯罪

---

[1] 参见赵秉志主编:《新刑法教程》,中国人民大学出版社1997年版,第88页。
[2] 参见赵秉志主编:《刑法学通论》,高等教育出版社1993年版,第84—85页。

主体是需要在犯罪成立的情况下才具备的,它与行为主体是两个完全不同的概念。更为重要的是,在旧四要件论中,犯罪客观要件还排列在犯罪主观要件之前,至少能够反映客观判断先于主观判断的定罪思维。而在新四要件论中,犯罪主观要件排列在犯罪客观要件之前,导致了犯罪客观要件与主观要件之间关系的倒置,使犯罪客观要件丧失了在定罪中的核心地位,从而在一定程度上偏向了主观主义刑法。此后,作为传统四要件的代表性教科书《刑法学》(高铭暄、马克昌主编,赵秉志执行主编,北京大学出版社)中,对犯罪论体系仍然维持四要件的体系。该书对于我国的司法实践与法学教育都具有重大影响。因此,旧四要件与新四要件虽然在四要件的排列顺序上存在差异,但我认为这种区分并无实质意义。

张明楷教授的刑法教科书是按照犯罪客体要件、犯罪客观要件、犯罪主体要件、犯罪主观要件的顺序排列的,由此可见,张明楷教授采用的是通说。对此,张明楷教授指出:"各种教科书均采取四要件说,但这并不意味着该说完美无缺,理论上仍有必要对犯罪构成的共同要件进行研究。这种研究应以刑法规定为依据,以具体要件为基础,以有利于认定犯罪和保护合法权益为原则,同时应照顾到刑法理论的体系性和协调性。"①在此,张明楷教授虽然采取四要件说,但四要件说仍有发展完善的余地的意思。此后,张明楷教授在每1版的修订中,都对犯罪论体系进行了调整与更新,显示出其学术演变的轨迹。例如,在《刑法学》第2版中,张明楷教授取消了犯罪客体要件,主张三要件的犯罪论体系,这就是犯罪客观要件、犯罪主体、犯罪主观要件。尽管从结构上看,这只是对传统四要件的增删,但在犯罪构成共同要件的顺序上,张明楷教授坚持从客观到主观认定犯罪的原则,认为犯罪客体、犯罪客观要件、犯罪主体、犯罪主观要件的排列顺序是按照司法机关认定犯罪的顺序、途径排列的。而犯罪主体、犯罪主观要件、犯罪客观要件、犯罪客体的顺序是按照犯罪发生的过程排列的。但是,刑法学不同于犯罪学与犯罪心理学,不应具体研究犯罪发生的过程;刑法学要为司法机关认定犯罪提供理论指导,而司法机关不可能按犯罪发生的过程认定犯罪。因此,由主观到客观的评论顺序有可能使刑法学偏离研究方向。②应该说,张明楷教授的这一批判完全在理,从主观

---

① 张明楷:《刑法学》(上),法律出版社1997年版,第110页。
② 参见张明楷:《刑法学》(第2版),法律出版社2003年版,第137页。

到客观的判断方法确实对我国司法实践产生了较大的负面影响。从四要件到三要件虽然在内在逻辑上具有重大差异,但在外在形式上仍然容易混同于传统的四要件体系。从《刑法学》(第 3 版)开始,张明楷教授正式将犯罪论体系定型为二要件,亦即二阶层,即犯罪构成由客观(违法)构成要件与主观(责任)构成要件组成;客观构成要件是表明行为具有法益侵害性的要件,因而可以称为违法构成要件,其中讨论违法阻却事由;主观构成要件是表明行为具有非难可能性的要件,因而可以称为责任构成要件,其中讨论有责性阻却事由。① 可以说,张明楷教授的二要件体系已经是德日三阶层体系的变体,已然具备了三阶层体系的精神实质。

我最早对四要件体系的摒弃是《本体刑法学》(商务印书馆 2001 年版)一书,该书提出了罪体与罪责的二分体系:罪体是犯罪构成的客观要件;责任是犯罪构成的主观要件,两者是客观与主观的统一。② 但由于正当化事由处于该体系之外,因此阶层性在该体系中未能得到正确的贯彻。此后,在《规范刑法学》(中国政法大学出版社 2003 年版)一书中,我又在二分体系的基础上提出了罪体、罪责、罪量的三位一体的犯罪构成体系。其中,罪体相对于犯罪构成的客观要件;罪责相对于犯罪构成的主观要件,两者是犯罪的本体要件。罪量是在罪体与罪责的基础上,表明犯罪的量的规定性的犯罪成立条件。③ 该体系的亮点是设置了罪量要件,这是根据我国《刑法》的犯罪概念存在数量因素这一特殊立法体例而设置的,具有较为鲜明的中国特色。当然,该体系仍然未能将正当化事由纳入,因而还是与德日三阶层的体系存在性质上的差别,及至《规范刑法学》第 2 版(中国人民大学出版社 2008 年版),对罪体和罪责的内容做了修改,将三阶层的犯罪论体系中的违法阻却事由与责任阻却事由分别作为罪体排除事由与罪责排除事由,从而完成了从平面式体系到阶层式体系的进化,最终调整到位。

可以说,罪体、罪责、罪量的三位一体的体系具有我个人学术的特色;那么,我竭力引入三阶层犯罪论体系,可以视为是对推动我国犯罪论体系变革的一种努力。我国首先采用三阶层的犯罪论体系的刑法教科书,是

---

① 参见张明楷:《刑法学》(第 3 版),法律出版社 2007 年版,第 98 页。
② 参见陈兴良《本体刑法学》,商务印书馆 2001 年版,第 220—221 页。
③ 参见陈兴良:《规范刑法学》,中国政法大学出版社 2003 年版,第 58 页。

我在2003年主编的《刑法学》(复旦大学出版社2003年版)一书。这部刑法教科书是一部集体作品,对刑法理论进行了较为大胆的尝试,其中包括在我国学者编写的刑法教科书中首次采用三阶层的犯罪论体系,及其打破刑法分则的罪名体系,按照侵犯个人法益的犯罪、侵犯社会法益的犯罪和侵犯国家法益的犯罪的逻辑顺序对我国刑法分则规定的罪名进行排列。此前,在我国刑法学界早就开始介绍德日的三阶层的犯罪论体系。在当时的语境中,是把三阶层的犯罪论体系当做"他者"看待的,它是一种理论的对立物或者对应物,在外国刑法学或者比较刑法学中加以讨论。例如,在有关犯罪构成的专著中,三阶层的犯罪论体系是作为比较对象出现的。我国学者在对比这两种犯罪论体系时指出:"中国犯罪构成理论与大陆法系国家犯罪构成理论在体系特征上存在着非常大的区别,然而在实质内容上又存在着相互对应的部分(当然,不具有完全对应性)。正因为表达形式和构造方式之不同,因而在两种犯罪构成理论中,形似实异的概念、范畴和基本原理又在相当范围内存在。"[①]在当时学术生态环境下,能够正面对待与评价三阶层的犯罪论体系已经殊属不易。而在我主编的《刑法学》教科书第1版的序中,我论述了采用三阶层的犯罪论体系的理由:"应该说,我国刑法关于犯罪成立条件的规定,与大陆法系国家刑法的规定之间并无多大差别,而在犯罪构成理论体系上却存在天壤之别。由此可见,犯罪论体系完全是一个理论建构的问题。因此,在现行刑法的框架下,直接采用大陆法系的犯罪成立理论体系,不存在法律制度上的障碍。"[②]在刑法教科书中直接采用三阶层的犯罪论体系,对于三阶层理论在我国刑法教义学中地位的确立具有十分重要的标志与象征意义。它表明三阶层犯罪论体系对于我国刑法学来说,不再是"他者",而是我国刑法理论的一个组成部分。而且,随着三阶层犯罪论体系进入我国刑法教科书,使得刑法教科书中的犯罪论体系可以采取不同模式,从而促进了不同的犯罪论体系之间的竞争,也进一步普及了三阶层的犯罪论体系,为其中国化提供了可能。

三阶层犯罪论体系与四要件犯罪论体系之间的论争,在2009年达到高潮。在2009年的国家司法考试大纲中,首次采用了三阶层的犯罪论体

[①] 肖中华:《犯罪构成及其关系论》,中国人民大学出版社2000年版,第43页。
[②] 陈兴良主编:《刑法学》,复旦大学出版社2003年版,序,第1页。

系,由此引起我国刑法学界的巨大反响,并招致四要件犯罪论体系的维护者的激烈反应。例如,赵秉志教授主编的《刑法论丛》第19卷专门设立"犯罪构成理论专栏",对犯罪论体系问题进行专题研讨。专栏的编者按指出:"2009年5月,德日三阶层犯罪论体系被贸然纳入国家司法考试大纲,这在刑法理论与实务界引起了轩然大波,同时亦使犯罪构成理论之争再次成为学界关注的焦点。因为这一问题不仅事关刑法理论的核心与基础,亦直接决定中国刑法学发展的未来走向。"该专栏刊登了高铭暄教授、马克昌教授、赵秉志教授等撰写的六篇论文,对三阶层的犯罪论体系做了回应,对四要件的犯罪论体系进行了阐述。[①] 这些论文基本上代表了维护四要件的犯罪论体系的观点。与此同时,《现代法学》2009年第6期专门设立"犯罪构成理论比较研究",刊登了张明楷教授、陈兴良教授、周光权教授和储槐植、高维俭教授等撰写的五篇论文,其中除了储槐植、高维俭合写的论文赞同四要件的犯罪论体系以外,其他三篇论文都主张三阶层的犯罪论体系,并对四要件的犯罪论体系进行了批判。例如,我的论文从逻辑的面向揭示了四要件犯罪论体系的结构性缺陷,而周光权教授的论文则从实务的角度考察了四要件的犯罪论体系的缺陷。[②] 这场从理论层面展开的犯罪论体系之争,极大地推动了我国犯罪论体系研究的深化。尽管2010年的司法考试大纲恢复了四要件的犯罪论体系,但这场犯罪论体系的风波对于三阶层的犯罪论体系来说,是在我国刑法学界大舞台的一次闪亮登场,进入了我国刑法理论的主流话语。在这一过程中,张明楷教授对于违法与责任作为犯罪论体系支柱的基础理论的论述[③],我对于犯罪论体系位阶性的论述[④],周光权教授对犯罪论体系改造问题的系统研究[⑤],都对三阶层犯罪论体系在我国刑法学界的生根落脚作出了各自

[①] 这六篇论文是:高铭暄:《对主张以三阶层犯罪成立体系取代我国通行犯罪构成理论者的回应》、马克昌:《简评三阶层犯罪论体系》、赵秉志、王志祥:《中国犯罪构成理论的发展历程与未来走向》、欧锦雄:《新中国犯罪构成理论的发展和展望》、陈家林:《犯罪论体系之演变》、莫洪宪、彭文华:《德、日犯罪论体系之利弊分析》,载赵秉志主编:《刑法论丛》第19卷,法律出版社2009年版。

[②] 张明楷:《以违法与责任为支柱建构犯罪论体系》,陈兴良:《四要件犯罪构成的结构性缺陷及其颠覆——从正当行为切入的学术史考察》,周光权:《犯罪构成四要件的缺陷:实务考察》,储槐植、高维俭:《犯罪构成理论结构比较研究》,载《现代法学》2009年第6期。

[③] 参见张明楷:《以违法与责任为支柱建构犯罪论体系》,载《现代法学》2009年第6期。

[④] 参见陈兴良:《犯罪论体系的位阶性研究》,载《法学研究》2010年第4期。

[⑤] 参见周光权:《犯罪论体系的改造》,中国法制出版社2009年版。

的理论贡献。

可以说,目前三阶层的犯罪论体系已经融入我国刑法理论,成为我国刑法教义学的主体内容。其实,无论是三阶层还是四要件,都是一种分析工具。分析工具本身是没有国别的,而只有刑法才具有国别性。只要是对我国刑法的分析,无论采取哪一种工具都没有障碍。关键是哪一种分析工具更为有效。我们需要警惕的是在犯罪论体系上的话语垄断,只有一种开放的学术姿态才是最为紧要的。现在,三阶层与四要件之争已经偃旗息鼓,硝烟不再。然而,这场学派之争给我国刑法教义学带来的学术推动不可小觑。这场学术论战如同在传统四要件的堡垒中炸出了一个缺口,后续的学术研究按照三阶层指引的路径向前展开。可以说,这是一场改变了学术方向的论战。此后,对三阶层的犯罪论体系的研究不断深入,例如构成要件理论、客观归责理论、违法性理论、责任理论、期待可能性理论等都成为我国学者在讨论刑法问题的时候不可或缺的分析工具。

(二) 形式刑法观与实质刑法观之争

形式刑法观与实质刑法观之争是在前述社会危害性与罪刑法定原则的冲突所带来的刑法理念转变之间,存在密切的关联性,可以说是这一刑法理念之分歧在刑法理论上的折射。形式刑法观与实质刑法观之争,涉及形式与实质的关系,而这正是刑法学中的一种重要分析工具。在 2008 年我曾经发表了《形式与实质的关系:刑法学的反思性检讨》(载《法学研究》2008 年第 6 期)一文,对刑法学中的形式与实质的关系进行了专门的探讨。我的讨论涉及犯罪的形式概念与实质概念、犯罪构成的形式判断与实质判断、刑法的形式解释与实质解释这三个话题。通过对这三个问题的研究,我得出以下结论:"形式与实质的关系,是我国刑法学中的一个重大理论问题。以往我们习惯于重视实质轻视形式,或者以实质与形式相统一这类模棱两可的话语界定刑法学中的形式与实质的关系。笔者认为,在罪刑法定原则下,应当提倡形式理性。因此,犯罪的形式概念具有合理性,犯罪构成的形式判断应当先于实质判断,对于刑法的实质解释不能逾越罪刑法定原则的藩篱,这就是本文的结论。"① 在此,我是在罪刑法定原则的背景下讨论形式与实质关系的,并且将形式界定为形式理性,以

---

① 陈兴良:《形式与实质的关系:刑法学的反思性检讨》,载《法学研究》2008 年第 6 期。

此作为刑法教义学的一个基石范畴。

我国刑法学界的形式刑法观与实质刑法观之争,可以分为两个阶段。

第一个阶段是 2009 年,该年度刘艳红教授出版了《实质刑法观》(中国人民大学出版社 2009 年版)和《走向实质的刑法解释》(北京大学出版社 2009 年版)两部以实质刑法观相标榜的著作,正是打出了实质刑法观的旗帜。与此同时,邓子滨研究员出版了《中国实质刑法观批判》(法律出版社 2009 年版)一书,以批判的姿态张扬了形式刑法观,由此形成实质刑法观与形式刑法观之间的学术对峙。这三部著作从题目上来看,似乎是针锋相对的,在内容上也确实如此。但实际上三本书几乎是同时出版的。但邓子滨研究员的批判确实是针对刘艳红教授观点的,因为此前刘艳红教授已经有这方面的学术成果。例如 2004 年 12 在武汉大学法学院的博士后出站报告《理性主义与实质刑法观》以及其他发表的论文。这场围绕着实质刑法观与形式刑法观展开的学术交锋,对于我国刑法理论的向前发展具有重要意义。从这场学术争论来看,刘艳红教授的实质刑法观是居于正面立论的位置,而邓子滨研究员则处于批判者的地位。虽然刘艳红教授倡导实质刑法观,但在著作中刘艳红教授是以形式与实质合理性的辩证统一为原则立论的。例如,刘艳红教授指出:"无论是形式的合理性还是实质的合理性,都只能是相对的合理性,绝对的合理性是不存在的;过分地追求形式合理性就会导致法律的变异;过分地追求实质合理性则会导致对法治的践踏与破坏。如果法律的形式合理性与实质合理性发生冲突,则只能在坚持形式合理性的前提之下追求实质合理性;法律的形式合理性是第一位的,实质合理性是第二位的。"①如果仅看这段话,我们完全可以把刘艳红教授归入形式刑法观的赞同者,因为她是主张形式合理性的优先论的。那么,究竟为什么刘艳红教授将自己的观点称为实质刑法观呢?例如,在犯罪概念问题上,基于形式与实质相统一的前提,刘艳红教授赞同混合的犯罪概念,反对形式的犯罪概念与实质的犯罪概念,并且将社会危害性分为犯罪卷内与犯罪圈外两者功能。那么,犯罪概念的主要功能是什么,难道不是划定犯罪的边界吗?这也正是罪刑法定原则的应有之义。在法无明文规定不为罪的观念中,不正是刑法的明文规定确定了犯罪的范围吗?在此,存在一个过去尚未引起重视的形式判断

---

① 刘艳红:《实质刑法观》,中国人民大学出版社 2009 年版,第 42 页。

与实质判断对于犯罪认定的位阶性问题。罪刑法定原则要求首先确定犯罪的外延,只有在此基础上,才能通过实质判断进一步对行为进行实质审查。因此,形式对于实质的优先性,主要就表现为对犯罪认定上形式标准与实质标准的位阶性。如果放弃这种位阶性,不再坚持形式对于实质的强有力的限制作用,则实质内容就会吞噬形式。正如邓子滨研究员所说的那样,动摇罪刑法定原则。邓子滨教授对实质刑法观做了政治的、文化的和法理性的有力批判。

第二个阶段是2010年,张明楷教授于我同时在《中国法学》2010年第4期发表的两篇论文,这就是张明楷教授的《实质解释论的再提倡》和我的《形式解释论的再宣示》。之所以说是"再",对于张明楷教授来说,早在《法益初论》一书中,就基于法益侵害论而推导出实质解释论。例如张明楷教授指出:"刑法理论与司法实践在解释犯罪构成时,就必须以保护法益为指导,对犯罪构成作实质的解释,从而实现刑法的目的。"[①]此后,又在《刑法学研究中的十大关系》(载《政法论坛》2006年第2期)一文中形式解释与实质解释进行了辨析,并且明确正在实质解释论的立场上。而在《实质解释论的再提倡》一文中,张明楷教授进一步阐述了其实质解释论的观点,而我则在《形式与实质的关系:刑法学的反思性检讨》(载《法学研究》2008年第6期)一文中,论述了形式解释论的观点,基于形式主义的罪刑法定原则与实质主义的罪刑法定原则的界分,考察形式解释与实质解释,就不能简单地贬形式解释而褒实质解释,而是强调在罪刑法定原则所允许的范围内进行刑法解释。显然,这种刑法解释就是形式解释。在《形式解释论的再宣示》一文中,我对形式解释论的立场进行了进一步的展开。在该文中,我明确提出:"形式解释与实质解释论正在成为我国刑法学派之争的一个方面。这一争论不仅是刑法解释的方法论之争,而且是刑法本体的价值论与机能论之争,甚至可以上升到刑法观的层面,由此而形成形式刑法观与实质刑法观的对峙。我是主张形式刑法观的,并且从形式刑法观的基本立场出发,推演出形式解释论的结论。因此,对于形式解释论与实质解释论之争,不应局限在刑法解释这一范围,而应当从形式刑法观与实质刑法观的对立中,探寻形式解释论与实质解释论的

---

① 张明楷:《法益初论》(修订版),中国政法大学出版社2003年版,第216页。

分歧所在,由此阐述形式解释论的理据。"①因此,我是从罪刑法定原则出发,强调刑法明文规定对于犯罪认定的限制机能,这是形式解释论的精髓之所在。张明楷教授提倡的实质解释论,主要是针对构成要件的解释而言(包括构成要件符合性的判断以及与构成要件相关的未遂犯等问题的解释),张明楷教授将实质解释论的基本内容(或要求)归纳为如下三点:(1)对构成要件的解释必须以法条的保护法益为指导,而不能仅停留在法条的字面含义上。换言之,解释一个犯罪的构成要件,首先必须明确该犯罪的保护法益,然后在刑法用语可能具有的含义内确定构成要件的具体内容。(2)犯罪的实体是违法与责任。所以,对违法构成要件的解释,必须使行为的违法性达到值得科处刑罚的程度;对责任构成要件的解释,必须使行为的有责性达到值得科处刑罚的程度。易言之,必须将字面上符合构成要件、实质上不具有可罚性的行为排除于构成要件之外。(3)当某种行为并不处于刑法用语的核心含义之内,但具有处罚的必要性与合理性时,应当在符合罪刑法定原则的前提下,对刑法用语作扩大解释。换言之,在遵循罪刑法定原则的前提下,可以作出不利于被告人的扩大解释,从而实现处罚的妥当性。②在以上三个含义中,前两个含义并不存在太大的争议,关键是第三个含义,即如何看待语义边界与处罚必要性之间的关系。对此,实质解释论往往以处罚必要性决定可能语义的边界。因此,名义上虽然也坚持在可能语义的范围内认定犯罪,但实际上则将刑法没有规定的行为,通过实质解释而入罪。

形式刑法观与实质刑法观之争,在不同的范围内展开。这是一个涉及刑法基本问题的争论。尽管如同劳东燕教授所言,形式刑法观与实质刑法观两大阵营彼此之间存在曲解与误读。③但这场论战将会影响到罪刑法定原则的贯彻,对于我国刑法理论的观念形态也具有重大的形塑作用,因此具有不可忽视的理论意义。

(三) 行为无价值论与结果无价值论之争

如果说,前两个争论属于我国刑法学界所特有的问题,具有本土的性

---

① 陈兴良:《形式解释论的再宣示》,载《中国法学》2010年第4期。
② 张明楷:《实质解释论的再提倡》,载《中国法学》2010年第4期。
③ 参见劳东燕:《刑法解释中的形式论与实质论之争》,载《法学研究》2013年第3期。

质;那么,行为无价值论与结果无价值论之争就是从日本刑法学界输入的一种学派之争。

行为无价值论与结果无价值论是在刑法客观主义内部的一种学派之争。这种学派之争兴盛于日本,是日本过去数十年来刑法学术发展的基本线索,贯穿整个刑法学科始终。根据日本学者曾根威彦的描述,行为无价值论与结果无价值论之争,是承接古典学派的刑法客观主义与近代学派的刑法主观主义而来,指出:"从对立的历史来看,所谓学派之争,欧洲在20世纪20年代之后,就逐渐开始趋向平息,在此,古典学派(刑法客观主义)和近代学派(刑法主观主义)的对立形式发生了变化,逐渐向现在所说的结果无价值论和行为无价值论的对立转变。在第二次世界大战后的日本,近代学派的主观主义刑法学的影响逐渐减弱。从20世纪50年代中期开始,在客观主义刑法学的内部,受韦尔策尔(1904—197)的目的行为论影响的行为无价值论逐渐兴起,进入20世纪60年代之后,作为与行为无价值论相对立形式的结果无价值论逐渐展开了。"[1]在日本刑法学界,以行为无价值论与结果无价值论划界,形成了两个相互对立的刑法学派。

行为无价值论与结果无价值论是一种十分日本化的表述,两者所要解决的是:究竟是行为还是结果决定违法性的问题,也可以说是一个违法性的根据问题。其中,行为无价值论是指强调行为对于违法性的决定意义的理论。行为无价值论又可以分为一元的行为无价值论与二元的行为无价值论。一元的行为无价值论是彻底的行为无价值论,即只有行为才是决定违法性的根本要素,结果只是客观处罚条件而已。二元的行为无价值论是折中的行为无价值论,即行为与结果都是决定违法性的要素。结果无价值论则认为,只有结果才是决定违法性的根本要素。由此可见,在客观要素决定违法性这一点上,两者是相同的,都属于刑法客观主义的范畴。只是在行为与结果究竟何者决定违法性问题上两者之间存在区分。目前在行为无价值论中,已经没有学者赞同一元的行为无价值论。因此,在于结果无价值论相对立意义上的行为无价值论,都是指二元的行为无价值论。行为无价值论与结果无价值论在各个刑法问题上都存在立场的不同,其中最为重要的是对立表现为构成要件的理解。结果无价值

---

[1] 曾根威彦:《刑法学基础》,黎宏译,法律出版社2005年版,第85—86页。

论将构成要件理解为违法行为类型，认为故意与过失不是构成要件要素而是责任要素。而行为无价值论则将构成要件理解为违法有责行为类型，认为故意与过失属于构成要件要素。

可以说，行为无价值论与结果无价值论的学派之争是日本特有的现象。此后，这种学派之争传入我国。开始，我国学者对行为无价值与结果无价值的理论进行了介绍。例如我国学者王安异教授是最早介绍这一理论的，并且试图采用这一分析工具对我国刑法的犯罪构成进行探讨。在王安异教授所著的《刑法中的行为无价值与结果无价值研究》（中国人民公安大学出版社 2005 年版）一书中，主要是以德国刑法理论为基础对行为无价值与结果无价值的理论做了较为详尽的论述，因为该理论最初发源与德国。同时，也论及日本刑法学界关于行为无价值论与结果无价值论之争。可以看出，王安异是站在德国的立场上看待行为无价值与结果无价值理论的，因此并没有在两者之间选择其一进行站队，而是将其作为一种分析工具。例如，王安异教授指出："行为无价值论与结果无价值论虽各持一端，但分别都具有一定合理的成分，故而难分轩轾。申论之，因为这种对立关系的存在，欲消除行为无价值与结果无价值的理论差异是很难的，无论将二者融合为二元的理论或者简单地以一种无价值理论代替另一种理论都无法消除这种客观存在的龃龉。"[①]因此，王安异是从行为无价值与结果无价值的理论出发，对我国刑法中的犯罪构成进行讨论的，这种讨论较之以往的讨论具有一定的理论新意与深度。

从日本刑法学界真正引入行为无价值论与结果无价值论之争的是具有日本留学背景的黎宏教授、张明楷教授和周光权教授。其中，黎宏较早发表了《行为无价值论批判》（载《中国法学》2006 年第 2 期）一文，该文是站在结果无价值论的立场对行为无价值论进行了批判，这也就间接地表明了黎宏教授的结果无价值论的立场。此后，周光权教授发表了《违法性判断的基准与行为无价值论》（载《中国社会科学》2008 年第 4 期）一文，在该文中，周光权教授明确主张行为无价值论的立场。作为对周光权教授观点的回应，张明楷教授发表了《行为无价值论的疑问——兼与周光权教授商榷》（载《中国社会科学》2009 年第 1 期）一文，张明楷教授明确主

---

① 王安异：《刑法中的行为无价值与结果无价值研究》，中国人民公安大学出版社 2005 年版，第 7 页。

张结果无价值论的立场。这些围绕着行为无价值论与结果无价值论所展开的学术争论，拉开了我国刑法学界对于这个问题的学派之争的序幕。此后，这个问题成为我国刑法学界的一个热点，吸引了较多学者的关注。例如，《政治与法律》在2015年第1期组织的主题研讨的主题就是"行为无价值论与结果无价值论若干问题研究"，该主题研讨发表了周光权教授等多位学者的三篇论文，结合具体问题展开讨论。① 在编者按中，研讨的组织者指出："行为无价值论与结果无价值论之争是中外刑法理论界普遍存在的基本立场之争，现在已渗透到犯罪论、刑罚论与许多具体犯罪的各个方面。在我国转型期的社会背景与犯罪论体系重构之争的理论背景下，研究行为无价值论与结果无价值论的基本问题可以更好地回应社会发展与司法实务的现实需求，推动刑法学各个具体理论的深入发展。"应该说，以上对行为无价值论与结果无价值论之争对我国刑法理论发展的意义之阐述，是极为中肯的。值得肯定的是，张明楷教授于周光权教授对行为无价值论与结果无价值论的理论争论都没有停留在表面，而是继续进行了深度的理论研究，并分别形成了专著。这就是张明楷教授的《行为无价值论与结果无价值论》（北京大学出版社2012年版）和周光权教授的《行为无价值论的中国展开》（法律出版社2015年版）。这两部著作可以说是我国刑法学界对于行为无价值论与结果无价值论进行理论交锋的学术成果，代表了在该问题上的最高学术水平。

虽然学术无价值论与结果无价值论是日本的一个学术话题，但引入我国刑法学界以后，我国学者并没有停留在对此的介绍上，也没有完全重复日本学者的争论，而是结合我国刑法中的理论问题与实务问题，进行了具有相当深度与广度的研究，对于促进我国刑法理论的向前发展起到了积极的作用。当然，行为无价值论与结果无价值论的学派之争和前述两个学派之争相比，影响范围与影响力都还是有限的，对此也没有必要否定。

就我本人而言，并没有深度卷入行为无价值论与结果无价值论之争。主要还是我本人缺乏对此的学术准备。至于有些学者将我归之于行为无

---

① 这三篇论文是：周光权：《行为无价值与结果无价值的关系》、劳东燕：《结果无价值逻辑的事物透视——以防卫过当为视角的展开》、周啸天：《行为、结果无价值理论哲学根基正本清源》，均载《政治与法律》2015年第1期。

价值论的阵营,①则我并不能认领。如果以故意与过失是属于违法性要素还是责任要素作为行为无价值论与结果无价值论的分野,则我无疑是站在结果无价值论的立场上的。当然,我并不像张明楷教授那样是极端的结果无价值论者,而较为赞同日本山口厚教授缓和的结果无价值论的观点。例如,山口厚教授指出:"在支持结果无价值论的学者中,存在着像内藤谦教授或中山研一教授那样,否定一切主观违法要素,主张只以客观要素来判断违法性,将行为人的主观目的等要件都归属于责任要素的观点。主张这一观点的学者们,担心如果在评价违法性时考虑主观要素将会导致违法性的主观化,从而导致违法论向行为无价值论的倾斜。所以他们特意强调应该区别主观责任和客观违法,并将客观违法性的意义理解为判断对象的客观性,从而拒绝考虑任何主观要素。但现在,主张这种极端彻底的结果无价值论的观点还是少数。包括笔者在内,多数人认为,行为人欲进行法益侵害的行为意志,在增加法益侵害的危险性的意义上,应该成为影响违法性的要素。"②因此,我虽然否定故意与过失是违法要素,但也例外地承认目的、明知、倾向等主观违法要素。在这个意义上说,我的学术立场更偏向于结果无价值论。

五、结　　语

回望过去二十年来我国刑法理论的发展,刑法教义学研究所取得的成果是令人欣慰的,也为将来进一步发展奠定了基础。就目前我国刑法教义学的现状而言,还处于知识转型与话语建构的阶段。刑法教义学的发展还要进一步推动刑法知识的转型,只有这样才能改变我国刑法理论隔离于大陆法系的局面。与此同时,我国刑法教义学还应当从方法论的探讨,向着具体问题的解决方向转变。刑法教义学是一种技术性的学科知识,只有在对具体问题的解决当中才能体现它的价值。在这方面,我国刑法学界已经取得了一些进展。例如,除了在刑法总论中对刑法教义学的一般原理进行论证以外,刑法各论知识的教义学化发展迅速。在对各

---

① 参见周啸天:《行为、结果无价值理论哲学根基正本清源》,载《政治与法律》2015 年第 1 期。

② 山口厚:《日本刑法学中的行为无价值论与结果无价值论》,载《中外法学》2008 年第 4 期。

罪的研究中,运用刑法教义学原理塑造个罪的构成要件,并解决定罪量刑中的疑难问题。此外,对司法解释进行刑法教义学的分析与评判,都使我国刑法理论站在了一个更高的学术平台,深化了原有的刑法理论。随着案例指导制度的建立,指导性案例对于司法实践的指导作用日益加强。在这种情况下,对于指导性案例的裁判理由进行刑法教义学的分析,从中引申出一定的司法规则,这也是一项对于司法活动与刑法理论具有积极意义的工作。可以期待,我国的刑法教义学在下一个二十年将会取得更为丰硕的成果。

中国民众刑法偏好研究*

白建军**

2017年,距离我国1997年修订《刑法》已有20年了。在经济社会发展的背景下,未来《刑法》修订面临若干重大理论问题和政策抉择。其中,民意与刑法的关系问题日渐瞩目。从个案审理乃至刑法修订,舆论民意的影响越来越频繁,我们可将这种影响称为"影子刑法"。近年来涉法涉讼的经典案例中,绝大部分案件最终都顺从舆论判决或者改判,如邓玉娇案、药家鑫案、许霆案、天价过路费案、李昌奎案等。[①] 这种对舆论的顺从不仅体现在司法中,还与立法有关。[②] 有学者指出,《刑法》中某些"口袋罪"可以满足公众的重罚期待和舆论的重刑主义诉求。[③] 人们一方面承认,关于犯罪与刑法的民意是积极合理的[④],公众对犯罪的愤恨对于社会的正义是不可缺少的,社会始终在尽力维护这种健康的愤恨情感。[⑤] 另一方面也意识到,刑事司法受到何种程度的影响,与各国民众的认知能力、媒体报道的内容及方式、刑事司法本身的现状等诸多因素密切相关。影子刑法的内容有时主张重罚,有时又偏好宽宥。对民意的采纳在何种程度上不致牺牲法治,面对抉择困境,刑法学应察觉到这一挑战对刑事法

---

* 原文刊于《中国社会科学》2017年第1期。
** 北京大学法学院教授、博士生导师。
① 周安平:《涉诉舆论的面相与本相:十大经典案例分析》,载《中国法学》2013年第1期。
② 陈银珠:《〈刑法修正案(八)〉的保守与激进:立法、民意和理论》,载《湖南大学学报》2012年第4期;胡荷佳:《行走在消逝中:废除嫖宿幼女罪之反思》,载《青少年犯罪问题》2015年第6期。
③ 于志刚:《口袋罪的时代变迁、当前乱象与消减思路》,载《法学家》2013年第3期。
④ 顾培东:《公众判意的法理解析——对许霆案的眼神思考》,载《中国法学》2008年第4期。
⑤ 卡斯东·斯特法尼等:《法国刑法总论精义》,罗结珍译,中国政法大学出版社1998年版,第29页。

治的意义。

围绕宽严轻重,影子刑法有三个不确定:(1)"说什么"不确定。民众往往通过重大有争议案件的公开讨论表达意见,而这种讨论过于具体、碎片化和立场不一,很难从重提炼出中国民众关于刑法宽严轻重的一般倾向,刑法面对分歧较大的舆论时难免举棋不定。(2)"谁在说"不确定。目前,影子刑法的展示方式主要是传统媒体或自媒体中围绕某个焦点事件发表意见。问题是,他们是否以及在多大程度上代表民众?那些没有发表意见的人为什么不发表意见?对经验研究来说,这就是样本的代表性和统计可推论性问题。(3)"为什么说"不确定。作为影子刑法,犯罪与刑法问题理应是触发舆论的原因。但人们之所以卷入某个舆论事件并发出不同的声音,往往背后另有动因。而这些动因本身由于言明而难以把握,且常常与法律无关。只有把民意的内容放在一定参照系背景中观察,民意才能得到更客观、准确的理解。

不确定并不等于无规律可循,更不意味着可以放弃对舆论、民意背后深层原因的探寻。因此,本研究的基本问题就是刑法与民意的关系问题:(1)到底怎样把握中国民众对刑法宽严轻重的一般倾向、期待或偏好?为此,本文界定了"刑法偏好"的操作定义,试图用来度量、描述事关刑法的民众一般偏好。(2)中国民众为什么会有某种刑法偏好?舆论发声背后到底有哪些因素在起作用?为回答这个问题,本文建构了刑法偏好的分析模型,用来解释刑法偏好受哪些因素的影响。(3)刑法该如何面对个案舆论、刑法偏好乃至民意才是理性的?对此,本文基于刑法偏好的原因分析提出了对策建议。

一、刑法偏好的操作定义

本研究在以下意义上使用舆论、民意、偏好三个术语:刑法研究语境中的舆论,是人们围绕特定个案公开表达的意见,具有具体性、局部性、时效性;刑法语境中的民意,是指人民对刑法的基本意见或意愿,具有理论上的应然性、共同性和抽象性。[①] 介于这两者之间,本文所用的偏好一次

[①] 这里的"舆论"相当于有学者所说的"涉案民意",而本文使用的"民意"相当于有学者所说的"大众民意"。参见周永坤:《民意审判与审判元规则》,载《法学》2009年第8期。

虽然和舆论相似都具有实然性，但比具体舆论具有更高的代表性和概括性；虽然和民意相似，都具有可靠的代表性和普遍性。但由于是大样本实证研究测量的结果，毕竟可能存在一定的误差，只能是近似的民意。以往，学界并无"刑法偏好"的说法，原因之一就是忽视了舆论与民意的区分。用刑法偏好将个案舆论与整体民意区隔开来，让人们注意到舆论并不等于民意，警惕民意概念滥用的同时，更加关注个案舆论的代表性以及背后的真实原因。在这个背景下，本文所提出刑法偏好一说，是指民众关于刑法宽严轻重的实然的概括意向。其主体是民众，不仅包括借助各类媒体表达意见的民众，还包括未发声的民众；其对象是刑法整体上的宽严轻重取向，而非具体刑法规则的解释或特定个案的刑法适用；其性质是通过间接的测量手段才可系统把握的稳定概括的态度集合，而非就具体问题直接陈述的意见或公众表决的结果。

（一）刑法偏好的主体是广大民众，而非部分人群

习惯上，人们不大注意民意与舆论的区别，容易将围绕某个新闻事件的舆论视为民意，或者把民意理解为民众对某一具体问题的意见。应该承认，在不少场合对民意与舆论不加区分并无大碍。但是，作为公共事务的决策依据，决策者可以不事事迁就舆论，但绝不可以说不在乎民意。从这个意义上说，如果将舆论等同于民意，便可能给公共决策带来某种不稳定性、不确定性。更何况，如果舆论被人为操纵后包装为民意，离民意就更远了。

舆论与民意的根本区别在于，舆论的代表性可能弱于民意。如果轻信舆论，甚至误将舆论等同于民意，可能导致某种决策风险。舆论的代表性之所以弱于民意，首先是因为舆论的发声者只是部分人，而民意的主体应该是全民。因此，舆论的发声者能否代表全民以及能在多大程度上推论到总体，都需要控制样本误差后才能确信。这意味着，舆论并不必然符合全体民众的意见。况且，没通过媒体发声的人并非没有任何意见，只是出于各种原因没有表达自己的意见。忽视这部分民众的真实意见以及沉默的原因，并不符合科学决策的要求。当然，这并不意味着任何社会决策之前都要进行所谓全民公决。因为问题的关键不在于发声者的绝对数量，而在于表达某个意见的一群个体能在多大程度上符合统计学上的样本代表性要求。忽视样本误差，轻信其可推论性未经科学程序检验的所

谓舆论,就有可能误解民意。其次,从内容上看,舆论往往表现为围绕某个焦点问题的争议,而非合意。有时,舆论只代表民众中某个阶层、行业、局部的利益,而与另一些阶层、行业、局部的利益相冲突。具体到法律世界,舆论不仅具有对立性,而且不一定十分理性。有学者发现,涉诉舆论的思维具有强烈的对立性质。舆论的每一个支持的观点总是与一个反对的观点联系在一起。涉诉舆论的对立性主要集中在关于当事人身份信息的对比上。舆论特别关注当事人具体的身份,对当事人的性别、阶层、亲属以及社会关系网络等个人信息抱有强烈的探寻欲望,对事件的发生总是倾向于从身份信息上去寻找答案,并对任何司法判决都赋予身份解释的意义。对于一个处于社会弱势阶层的当事人,如果判决对其不利,舆论则倾向于归因于其身份没有走关系的能力。同理,对于一个处于社会强势阶层的当事人,如果判决合乎其所愿,舆论则倾向于归因其强势者的身份主导了司法的走向。① 就刑事案件而言,代表被害方的舆论和代表被告方的舆论,其立场就会截然相反。再次,从表现形式看,舆论存在于多种场域②,既有正规媒体引导的舆论,也有自媒体中流传的舆论;既有媒体舆论,也有口口相传的舆论;既有代表主流文化的舆论,也有代表某个亚文化圈的舆论。不同舆论场中的舆论,在内容、立场、主张等方面都有所不同,甚至相互对立,不能简单等同于民意。复次,在现代社会中,舆论与民意的差异还来自于舆论本身形成过程的复杂性。③ 最后,有学者对所谓"精英意见"与公众舆论作出区分,指出当人们使用网络舆论、主流媒体舆论、民间舆论、精英舆论或官方舆论这些概念时,首先应判断它们是公众意见还是少数人意见。进入公众视野的观点不一定是舆论,只有公众一直赞成的观点才是舆论。④ 尽管"公众一致赞成"的表述有些绝对化,但至少说明成为公众舆论的,应当是具有普遍代表性的意见。也正因此,有学者提出"立法民意"与"大众民意"的区分,⑤实际上是认为舆论并

---

① 周安平:《涉诉舆论的面相与本相:十大经典案例分析》,载《中国法学》2013年第1期。
② 有学者提出两个舆论场的理论,即在现实生活中,一个是老百姓的口头舆论场,一个是新闻媒体着力营造的舆论场。参见陈芳:《再谈"两个舆论场"——访外事委员会副主任委员、全国人大常委会委员、新华社原总编辑南振中》,载《中国记者》2013年第1期。
③ 陈芳:《再谈"两个舆论场"——访外事委员会副主任委员、全国人大常委会委员、新华社原总编辑南振中》,载《中国记者》2013年第1期。
④ 刘建明:《"两个舆论场"若干歧义的破解》,载《中国记者》2013年第1期。
⑤ 周永坤:《民意审判与审判元规则》,载《法学》2009年第8期。

不等于真正的民意。

（二）犯罪圈大小、刑罚轻重、罪行关系均衡性是衡量刑法宽严轻重的三个基本维度

研究刑法，常常会对具体刑法文本、司法实践进行宽严轻重的比较。此类比较大致可以分为三类。第一类是对不同时空的刑事立法文本进行比较，观察宽严轻重的变化。例如，有学者观察2011年通过《刑法修正案（八）》后，刑法在哪些方面趋于宽宥，哪些方面变得更严厉。结果发现，宽宥轻缓的变化至少体现在：（1）对老年人犯罪的宽大处理；①（2）未成年人犯罪的宽大处理；②（3）坦白从宽政策的立法化；③（4）死刑罪名的减少。④ 同时也发现，该修正案还体现了从严重罚的一面：首先是首次设立了限制减刑的制度⑤，其次是禁止令制度的增加⑥，最后是社区矫正制度的创新以及其他从严处罚的规定。⑦ 这种观察无疑是全面精准的，但没有提炼出某种框架用于比较每次刑法修订前后在宽严轻重上的不同。第二类研究是以司法实践为对象，比较刑事司法的宽严轻重趋势。有学者发现，近年来我国刑事司法实践体现出明显的从宽倾向，表现为：被判处重刑的罪犯比例下降；缓刑率上升；减刑、假释比例上升。⑧ 这类研究很有说服力，能够清楚描述一定时空范围刑事司法的力度。然而，如果据此得出结论认为重刑率、缓刑率、减刑率、假释率这四个指标就是衡量刑法宽严轻重的全部指标，则有失片面。因为这四个指标主要代表刑罚适用的节制程度，并未指示犯罪圈的大小以及刑网的严密程度。第三类研究是以抽象的犯罪为对象，将其放入某个结构化指标体系中，比较不同犯罪之间在轻重程度上的差异。笔者曾作过罪刑轻重的量化分析。⑨ 与前两种研究相比，这种研究虽然有一定系统性，某个具体犯罪的轻重皆为指标

---

① 参见《刑法修正案（八）》第1条、第3条和第11条。
② 参见《刑法修正案（八）》第6条、第19条。
③ 此前，我国刑法对自首和立功以外的坦白情节没有明确的从宽规定，《刑法修正案（八）》将坦白规定为法定的从宽情节。（第8条）
④ 《刑法修正案（八）》取消了13个犯罪的死刑。
⑤ 参见《刑法修正案（八）》第4条。
⑥ 参见《刑法修正案（八）》第2条、第11条第2款。
⑦ 陈兴良：《刑法的刑事政策化及其限度》，载《华东政法大学学报》2013年第4期。
⑧ 刘根：《宽严相济刑事政策及其实施》，载《江西社会科学》2009年第9期。
⑨ 白建军：《刑罚轻重的量化分析》，载《中国社会科学》2001年第6期。

体系推演的结果,但只是聚焦抽象个罪的犯罪严重性与刑罚严厉性之间的关系。这种研究的前提是在既定犯罪圈之内展开不同罪刑关系的比较,无法对犯罪圈范围不同的刑法进行宽严轻重的比对。

可见,从总体上从总体上比较刑法的宽严轻重,需要一套科学的指标体系。用科学的指标体系表征刑法偏好应满足以下条件:周延性、互斥性、概括性。周延性,就是全面评价一国刑法的宽严轻重,避免基于尚存重大缺失的指标体系进行度量,轻率得出整个刑法宽严轻重的片面结论;互斥性,就是表示刑法宽严轻重的维度之间相互独立,避免评价指标的交叉重合;概括性,就是用尽可能少的指标有效代表刑事立法、司法总体上的宽严轻重,而不必对所有刑法现象进行逐一测量。本研究提出,犯罪圈的大小、刑罚的轻重、罪刑关系的均衡性应是衡量刑法宽严轻重的三个基本维度。

犯罪圈的大小,是指刑法把多少行为定义为犯罪。假定当刑罚严厉性相等且罪刑关系的均衡性相等时,有越多行为被定义为犯罪的刑法越严越重;同理,越少的行为被定义为犯罪的刑法就越宽越轻。犯罪圈的大小不是罪名数量的多少,因为一个行为可能规定为多个罪名。刑罚的轻重,是指刑罚对一般受刑者造成恐惧和痛苦的程度。假定当犯罪圈大小相等且罪刑关系的均衡性相等时,给一般受刑者造成恐惧和痛苦的程度越大的刑罚越严越重;同理,其程度越小的刑罚越宽越轻。规定只要违反刑法皆判处死刑的刑法显然过严过重,而不论犯什么罪都只判处1元钱罚金的刑法显然过宽过轻。罪刑关系的均衡性,是指犯罪的严重性程度与刑罚的严厉性程度之间的对应性程度,也即重罪重判轻罪轻罚的确定性程度。假定当犯罪圈大小相等且刑罚严厉性程度相等时,不论立法还是司法,罪刑关系越均衡的刑法给公民带来法律上的不确定性越小,因而法律责任配置越宽越轻,而均衡性越差的刑法越严越重。刑罚的严厉性程度完全不看犯罪的严重性程度,这样的刑法就越严越重。

上述三者之间相互独立,满足周延、互斥的要求。沿着这三个维度,可以分别设计若干指标指代刑法的宽严轻重,并着手测量。应当说明,这种测量的可信性与上述三个维度各自的权重大小有关。控制三个维度中的某两个,即假定该两个维度都处于平均水平时,其余一个维度自身的量化比较是有意义的。所以,三者各自分量的总和,即可视为某一组刑法现象宽严轻重的量化结果。至少用同样的尺度去衡量不同刑法现象时,其结论是可比的。比如,有同等数量的死刑且罪刑均衡时,将酒驾入罪的刑法就比未将其入罪的刑法更重。剩下来的问题便是,如何设计灵敏的指标,用来代表犯罪圈的大小、刑罚量的轻重和罪刑关系的均衡性程度。

(三)刑法偏好系数——样本与尺度

刑法偏好是民众的某种概括性态度集合,不能靠直接问答的方式获得。本研究通过大型问卷调查的方法采集信息,测量民众的刑法偏好。此法的好处,一是从样本的代表性看,采用科学抽样方法进行调查,能严格控制样本规模与误差,让"沉默的大多数"也有机会表达意见;二是从测量内容的效度和信度看,问卷调查过滤了具体案件中的身份信息,具有一定的客观性和灵敏性,测量过程较少受干扰。

本研究的数据来源为北京大学中国社会科学调查中心的CFPS(China Family Panel Studies)项目,即中国家庭追踪调查。CFPS样本覆盖的25个省、直辖市、自治区的人口约占全国总人口(不含港澳台地区)的95%,因此,可被视为一个全国代表性样本。样本的基本构成为:男性占比49%,女性占比51%。年龄16—20岁者占比6.3%,21—30岁者占比16.4%,31—40岁者占比14.9%,41—50岁者占比22%,51—60岁者占比18.4%,61—70岁者占比14.4%,71岁以上者占比7.5%。受教育程度方面,文盲及半文盲占比28.6%,小学文化占比23.5%,初中文化占比28.2%,高中、中专、技校或职高文化占比13.1%,大专文化占比4.1%,大学本科及以上文化占比2.4%。样本所在地区按经济发达程度划分,来自东部的占比43.8%,中部的占比30.9%,西部的占比25.4%。农业户口的样本占比71.9%,非农户口的样本占比28.1%。受访时在婚者占比79.3%,其他占比20.7%。

CFPS采用多阶段、内隐分层和与人口规模成比例(probability proportional to size,PPS)的系统概率抽样方式。[1] 为保证调查质量,CFPS共招聘453名访员,分14批分别在北京大学开展为期6天的培训,最后有438名访员通过培训和考试,成为正式访员。调查采用严格的质量控制手段保证数据的质量。针对问卷设计不当、末端抽样不准确、访员行为不规范、数据汇总和整理过程出错等一系列可能影响数据质量的因素,通

---

[1] 谢宇、胡婧炜、张春泥:《中国家庭追踪调查:理念与实践》,载《社会》2014年第2期。

过电话核查、实地核查、录音核查、采访过程回放、数据统计分析等手段进行监控与干预。本研究为2014年CFPS的法学专题搭载项目,共回收31,665份有效问卷,为目前国内该领域样本最大的法律实证研究。

按照研究设计,通过问卷对受访者的刑法偏好以及相关因素进行测量。关于犯罪圈的大小,设计的问题是:您希望如何处理如下行为?列出的四个行为分别是"恶意欠薪""醉酒驾车""儿子给病危的父亲实施安乐死"[①]"见死不救"。每个题目均提供三个单选选项:"蹲监狱""批评教育就行了""没什么大不了的"。如果选择"蹲监狱",则视为主张入刑。选择"恶意欠薪""醉酒驾车"或"安乐死"的处理为"蹲监狱",均得1分。由于上述三种行为刑法已经规定为犯罪,而见死不救行为尚未入刑,选择此行为的处理为"蹲监狱"的得2分。如果四个行为均选择入刑,犯罪圈偏好的最高得分为5分。得分越多,说明偏好的犯罪圈越大。如此设计的基本假定是,这四种行为既不是所有人都毫无疑问地认为应当入刑的行为,也不是每个人都肯定会反对其入刑的行为,至少不大可能出现95%以上的人群给出同样回答的情形。[②] 于是,对同一种行为而言,主张应入刑的人比反对其入刑的人偏好较大的犯罪圈;如果认为这些行为该入刑,比其严重的行为则更可能被视为犯罪;主张越多的行为入刑的人,则比主张较少的行为入刑的人偏好较大的犯罪圈。

关于刑罚量的轻重,设计的问题是:您对"中国每年执行死刑的数量太多了"这一说法是否同意?选项为:"十分同意""同意""不同意""十分不同意"和"既不同意也不反对"。可以认为,如果选择"不同意",可以理解为受访者认为,中国每年执行死刑的数量并不多,得1分。如果选择"十分不同意",则可以理解为,受访者认为中国每年执行死刑太少了。考虑到这种对于生命的态度过于极端,与前者的距离过大,故得3分。所以,刑罚轻重偏好有0分、1分和3分三种结果。此项最高分为3分,得分越多,所偏好的刑罚量越大。之所以选择死刑执行数量对受访者进行测

[①] 为避免被调查者无法理解何为安乐死,该题目在问卷中设置了定义供访员向受访者解释:"'安乐死'指患者因患有不可治愈的疾病而疼痛剧烈并且即将死亡,出于患者本人自愿而由亲属或者医生以提供药物等方式让患者死亡的过程"。

[②] 《刑法修正案(八)》已将拒不支付劳动报酬和危险驾驶规定为犯罪。因此,如果仍有相当数量的受访者选择该两种行为"批评教育就行了"或者"没什么大不了的",则意味着,该题目具有一定的分辨力,可以大体上将犯罪圈偏好的不同区分开来。况且,我们正是希望测量民众的刑法偏好,而不是对民众进行刑法知识考试。

量,是因为在刑法仍有死刑的情况下,死刑是最能代表刑罚严厉性的刑罚。对死刑执行数量多少的期待,足以说明对刑罚轻重的偏好。

关于罪刑关系的均衡性程度,设计的题目是请受访者对三对犯罪的轻重加以排序比较。第一对是故意伤害与盗窃比较,第二对是盗窃与诈骗比较,第三对是贪污与盗窃比较。答案选项中除了有某个犯罪较重以外,均有"二者同样严重"一项。凡选此项者,表示认为罪刑是否均衡都无所谓,均得1分。所以,罪刑关系偏好的最高得分为3分。这样设计是因为,如果不在乎罪刑轻重上的顺序,尽管有轻罪重罚和重罪轻罚两种可能,对抽象的受刑者来说毕竟意味着更大的不确定性和法律风险。从这个意义上,可以把较大的法律负担风险归入重法偏好。至此,将上述三类尺度量化后便有:

刑法偏好系数＝犯罪圈大小＋刑罚轻重＋罪刑均衡程度
＝"见死不救"等几种行为入刑得分＋不赞同"死刑执行太多了"得分＋"伤害与盗窃"等几对犯罪无需区分轻重得分/总分(11分)

根据这个模型,如果某个受访者在各维度选项中均得最高分,总分将为11分,其刑法偏好系数为1,表明其刑法偏好极重。如果某个受访者在每个选项中均得零分,其刑法偏好系数则为0,表明其刑法偏好极轻。每个受访者的实际总分,就大概代表了其刑法偏好基本水平。汇总所有受访者的得分,便可计算出受访者总体刑法偏好系数的基本分布、平均水平及其他集中趋势值。这些数据就是对中国民众刑法偏好的量化描述,不仅回答了"说什么"和"谁在说"的问题,还为下一步回答"为什么说"的问题提供了因变量。

二、假设及其检验逻辑

有了刑法偏好的操作定义,可以客观描述中国民众的刑法偏好,并探索中国民众为什么会有某种刑法偏好的问题。

(一)刑罚正当性理论回溯

宽严轻重的前提是刑罚的正当性,缺乏正当性的刑罚只会放大社会不公。所以,不论是国家刑事政策的根据还是民众刑法偏好的来源,都离不开刑罚正当性分析。所谓正当性，就是国家何以发动警察、法庭、监狱乃至死刑等暴力手段对公民的某个行为作出反应，并期待得到包括受刑人在内的人程度不同的认可。对此，理论上有报应理论与预防理论。报应理论的基本内容是，认为国家之所以能公然对公民施暴，是因为刑罚对象罪有应得。即，罪为因，刑为果，刑的正当来自于罪的当罚。德国学者罗克辛指出："报应理论（die Vergeltungstheorie）不是在追求任何对社会有用的目的中考虑刑罚的意义，而是通过让罪犯承担痛苦的方法，使行为人由于自己的行为而加于自身的罪责，在正义的方式下得到报应、弥补和赎罪。"① 美国学者弗莱彻也说："报应仅仅意味着，惩罚的正当性要借助于惩罚与犯罪的关系……在施用惩罚的时刻，报应就为惩罚找到了正当性。人们不必等待预期的善（威慑犯罪，避免族间仇杀）是否真的产生……报应刑的论点是以犯罪行为作为犯罪者受刑的义务来源……犯罪人须受适当的惩罚。"② 预防理论的主要意思是，国家之所以能公然对公民施暴，是为了预防犯罪者不再犯罪，同时也是为了以儆效尤，让可能犯罪的其他人放弃犯罪的打算，从而实现保卫社会的目的。其中，又细分为特殊预防与一般预防两支。所谓特殊预防，即罗克辛所说的"刑法的任务仅仅在于阻止行为人将来的犯罪行为。刑罚的这个目的指向是防止性的（等于预防刑的），针对的是个别的（特殊的）行为人"；③ 所谓一般预防，即罗克辛所说的"通过刑罚的威胁和刑罚的执行，公众应当掌握法律的禁止性规定并且避免违反这些规定"。④

随着研究的不断深入，报应与预防又从分回到合，发展出各种综合的正当性理论。张明楷认为，可以将报应与预防结合起来，成立合并主义。⑤ 报应和预防这两种理论都可以归结为犯罪中心理论。18世纪贝卡里亚的论著中，报应和预防不分伯仲，既有报应刑的论述，也不反对预防刑的价值。他认为："刑罚应尽量符合犯罪的本性，这条原则惊人地进一步密切了犯罪与刑罚之间的重要连接，这种相似性特别有利于人们把犯

---

① 克劳斯·罗克辛：《德国刑法学总论》第1卷，王世洲译，法律出版社2005年版，第36页。
② 乔治·弗莱彻：《反思刑法》，邓子滨译，华夏出版社2008年版，第304—305页。
③ 克劳斯·罗克辛：《德国刑法学总论》第1卷，王世洲译，法律出版社2005年版，第38页。
④ 同上书，第41页。
⑤ 张明楷：《责任刑与预防刑》，北京大学出版社2015年版，第79—80页。

罪动机同刑罚的报应进行对比……"。① 同时,他也相信,"刑罚的目的仅仅在于:阻止罪犯再重新侵害公民,并规诫其他人不要重蹈覆辙。因而,刑罚和实施刑罚的方式应该经过仔细推敲,一旦建立了对应关系,它会给人以一种更有效、更持久、更少摧残犯人躯体的印象"②。可见,在贝卡里亚那里,很难说报应与预防非此即彼,只是后来的学界逐渐从刑罚正当性概念中分离出报应与预防两种含义。报应与预防只是人们观念中的一种区分,而现实世界中,犯罪人获刑那一刻,对以往罪行的回顾报应与对未来犯罪危险的吓止预防是同时发生的。更重要的是,两种功能都由犯罪而起,不论报应还是预防都是为了对付犯罪。从这个意义上说,正是犯罪使刑罚获得了正当性根据。

(二) 犯罪被害感受应是刑法偏好的主要解释

既然基于犯罪的刑罚才是正当的,那么,刑法的宽严轻重理应先从犯罪中寻求解释。犯罪越多、越重,犯罪危险与民众切身感受之间的关联就越密切,越应该引发相应较严较重的刑法偏好,犯罪被害感受应该是解释刑法偏好的主要变量。所以,我们的理论假设是:刑法偏好是犯罪被害感受的结果,犯罪被害感受越强烈,刑法偏好则越严越重。其中,犯罪被害感受操作化为问卷中的两个问题。一个问题是直接被害感受的测量:"在过去的2年内,您遇到过下列哪些情况(可多选):财物被偷、财物被抢、财物被骗、被人殴打、以上都没有"。勾选越多,说明被害遭遇越多。如果在控制其他变量的情况下,此项得分与刑法偏好系数之间关系显著,且呈高度正相关关系,则意味着假设尚未证否。另一个问题是:"您怎样评价您现常居住地目前的社会治安状况:0表示非常不安全,10表示非常安全,请您选择一个数字表示您的态度"。此即间接被害感受,或曰社区安全感,理论假设是,安全感越差的人越会偏好重法。检验逻辑是,如果在控制其他变量的情况下,此项得分与刑法偏好系数之间关系显著,且呈高度负相关关系,则意味着假设可能成立。

---

① 切萨雷·贝卡里亚:《论犯罪与刑罚》,黄风译,北京大学出版社2008年版,第48页。
② 同上书,第29页。

(三) 非法律因素不应过多影响刑法偏好

除犯罪以外,刑法偏好还可能受其他因素影响。而且,也不可能在一个绝对封闭的环境下,排除任何其他因素的影响观察犯罪对刑法偏好的净影响。即使出于比较的目的,也应在理论假设中加入某些竞争性变量,进而检验究竟是犯罪还是其他影响因素对刑法偏好具有更强的解释力。

根据这个要求以及相关理论成果,我们设计了一个由十几个自变量组成的解释模型,用来检验刑法偏好的主要影响因素到底有哪些。这些自变量可以大体分为四类:第一类即犯罪被害感受,由上述问卷中直接被害和间接被害两个问题组成。第二类是个人因素,包括年龄、性别、精神状态。其中,精神状态具体化为以下问题:"最近1个月,您感到情绪沮丧、郁闷、做什么事情都不能振奋的频率"?选项有:(1) 几乎每天;(2) 经常;(3) 一半时间;(4) 有一些时候;(5) 从不。选用这几个变量是希望测量不同受访者的刑法偏好差异是否与个人因素有关。第三类是社会因素,包括学历、户口、工作性质、所在地方、相对收入。其中,户口分为农业户口与非农户口,工作性质分为农业工作和非农工作(农业户口的人未必从事农业工作,同理,非农户口的人也可能从事农业工作),所在地方分为东部、中部和西部。此外,为了研究经济因素与刑法偏好的关系,我们还测量了受访者的相对收入,即自我感觉的经济富裕程度。具体问题是:"您的个人收入在本地属于从1分到5分中的哪种情况,分数越高收入越高"。这类变量的共性是可能影响受访者主观偏好的客观因素,即受访者的生存状态和在社会分层中的相对地位。社会分层的实质,是社会资源在社会中的不均等分配,即不同的社会群体或社会地位不平等的人占有那些在社会中有价值的事物,例如财富、收入、声望、教育机会。因此,社会分层研究的问题取向在于:这种社会不平等对特定社会体系具有什么样的影响?[①] 其中,学历、户口、所在地方、相对收入等几个变量都与受访者在社会结构中所处的地位有关。比如,从事工商、教育等行业工作的比从事农业工作的可能收入更高。这组变量的设计思想是,如果刑法偏好明显受这些社会因素的影响,就需要重新理解犯罪与刑法偏好的关系。检验逻辑是,如果在控制其他变量的情况下,这些变量与刑法偏好系数之

---

① 李路路:《论社会分层研究》,载《社会学研究》1999年第1期。

间关系显著,且其相关的方向与理论假设不符,则意味着犯罪以外的其他社会因素过多影响了刑法偏好,因而假设证否。第四类变量是主观因素:对身边干部的信任度、对社会保障的满意度、对贪腐暗数的估计。① 这组指标的设计思想是,犯罪问题与公权力行使的公信力问题应该是两类不同的问题。因此,不论对公权力的行使是否满意,都不应影响对刑法宽严轻重的偏好。这几个变量和刑法偏好同属主观变量,因此,必须讨论它们是否存在内生性问题。否则,接下来的统计检验结果将不具有因果推断力。② 要求所有受访者都准确区分政治与法律问题的确不够现实,但至少从经验逻辑上看,受访者的某种刑法偏好不大可能是他们对干部是否信任、对社会保障是否满意、对反贪效果估计是否乐观的原因。很难想象,人们会因为偏好重法,才信任或不信任干部、满意或不满社会保障及反贪效果。因此,这三个主观变量与因变量刑法偏好之间不大可能互为因果而存在内生性问题。

经统计检验,本研究样本符合正态要求。所以,将采用多元线性回归方法分析各个自变量与因变量之间的关系③,试图证实犯罪被害感受对刑法偏好的影响,证否其他社会因素以及公权力行使满意度因素与刑法偏好的关联。

三、结果与发现

运行统计分析工具后,得到以下结果:

---

① 犯罪暗数是指确已发生但未被发现的潜在犯罪实际规模的估计值,该值越大说明司法效率越低。为测量民众对贪腐犯罪的暗数估计,本研究设计的问卷问题是:"根据您的估计,我国当前贪腐犯罪实际上被追究的有多大比例? 1. 不足30%;2. 30%到60%;3. 60%以上"。受访者选择的比例越低,说明对贪腐暗数估计越高,认为至少70%的贪腐犯罪尚未被追究。反之,则说明对反贪效果比较乐观。

② 陈云松:《逻辑、想象和诠释:工具变量在社会科学因果推断中的应用》,载《社会学研究》2012年第6期。

③ 关于多元回归分析,参见 Donald J. Treiman(唐启明):《量化数据分析:通过社会研究检验想法》,任强译,社会科学文献出版社2012年版,第100页。回归分析能够在控制其他因素的前提下,对某个具体变量与某个特定结果之间的关系进行量化,即能够在保持其他变量效果不变的情况下,将某个变量的效果分离出来。参见〔美〕查尔斯·惠伦:《赤裸裸的统计学》,曹槟译,中信出版社2013年版,第218页。

（一）中国民众刑法偏好系统位于全距的中间线以下

根据上述说明，理论上偏好系数最重为1，最轻为0。从表1和图1可见，表示中国民众刑法偏好系数的平均值和中位值都0.36，意味着中国民众刑法偏好系数位于从0到1之间无限多个相对位置上的中间线以下，1/3略高一点的位置。偏好最轻的最小值是0，占比3.1%，偏好最重的最大值是1，占比0.1%，人数最多的一组受访者即众数的偏好系数为0.27，占比18.8%。这表明，认为中国民众都偏好轻法的说法并不准确，认为中国民众普遍偏好严刑重法更没有根据。这一结果不仅在内容上概括全面，测量过程也规范科学，基本上可以代表现阶段中国民众对刑法宽严轻重的基本偏好。

表1 中国民众刑法偏好系数

N	有效	31665
	缺失	0
均值		0.36
中值		0.36
众数		0.27
标准差		0.18
全距		1
极小值		0.00
极大值		1

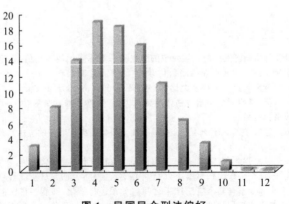

图1 民国民众刑法偏好

分别观察以下几个数据，可以具体感知上述抽象数值的经验含义：关于犯罪圈大小的几个结果分别是：49%的受访者认为恶意欠薪行为应该入刑，50.2%的受访者反对，0.8%的受访者表示不知道或者拒绝回答。56.7%的受访者认为醉酒驾车行为应该入刑，42.8%的受访者反对，0.5%的受访者表示不知道或者拒绝回答。42.8%的受访者认为安乐死行为应该入刑，55.1%的受访者反对，2.1%的受访者表示不知道或者拒绝回答。35.8%的受访者认为见死不救行为应该入刑，63.3%的受访者反对，0.9%的受访者表示不知道或者拒绝回答。① 这意味着，对那些比这四个行为还轻微的危害行为是否入刑的问题，民众将有更多的分歧意见。关于死刑执行数量的结果是：3.5%的受访者认为中国现在执行死刑的数量太少了，46.5%的受访者认为执行死刑数量不算多，50%的受访者认为目前执行死刑太多了。这意味着，如果死刑执行的数量在现在的基础上有所增加，将失去至少一半民众的认同。关于罪刑关系排序的几个结果分别是：27.9%的受访者认为盗窃罪与故意伤害罪一样重；47.3%的受访者认为盗窃罪与诈骗罪一样重；42.1%的受访者认为盗窃1万元与贪污1万元无异。这意味着，对相当数量的中国民众来说，刑法偏好尚未细化到罪刑关系的合理排序。

（二）中国民众刑法偏好与传统犯罪的被害感受基本无关

除了刑法偏好的平均水平以外，我们更想知道哪些民众会偏好轻法，哪些会偏好重法，以及为什么会有不同偏好。表2是以刑法偏好系数为因变量，以上述三类影响因素为自变量所作的多元线性回归分析的结果。② 其中，有直接被害经历的3160人，在受访者中占比10%。③ 间接被害由社区安全感测得，在0到10分的范围内分数越高表明安全感越强，其平均值为6.7分。按照理论假设，刑法偏好应是犯罪被害感受的结果，但回归结果显示，直接被害和间接被害两个自变量的显著值分别为

---

① 按照现行刑法，见危不救罪只见于部分外国刑法，我国尚未规定为犯罪。
② 表中的VIF值是多重共线性诊断结果，各项数值均小于10，说明不存在多重共线性问题。Sig值是统计显著性值，如果大于0.05则说明不满足统计显著性要求。标准系数即通常所说的回归决定系数，其数值越大说明关系越强，正负号说明相关的方向。B是非标准化回归系数，代表自变量每变化一个单位，因变量随之变化多少个单位。
③ 这个数据可以用来推断我国的犯罪暗数，比官方司法统计报告的犯罪率高出许多。

0.930 和 0.821,都不符合统计显著性要求,说明在控制其他变量的情况下,这两个变量对刑法偏好不构成显著影响。说明人们主要不是因为直接经历过或间接感受到犯罪的危害或危险,所以才偏好重法,以表达报应意愿;也不是因为没有直接或间接的被害经历,所以才偏好轻法。至少,检验结果并不支持犯罪感受与刑法偏好之间的关联。

表 2 中国民众刑法偏好的解释

模型	非标准化系数		标准系数	t	Sig.	共线性统计量	
	B	标准误差	试用版			容差	VIF
(常量)	.392	.012		31.438	.000		
直接被害	.000	.004	.001	.088	.930	.968	1.033
间接被害	.000	.001	.002	.226	.821	.963	1.039
年龄	−.001	.000	−.057	−6.937	.000	.735	1.360
性别	.004	.003	.010	1.392	.164	.951	1.051
精神状态	−.003	.002	−.014	−1.912	.056	.946	1.057
学历	.006	.001	.040	4.433	.000	.600	1.666
户口	.015	.004	.034	4.001	.000	.682	1.466
工作性质	−.009	.003	−.024	−2.691	.007	.624	1.603
地区	−.005	.002	−.023	−3.130	.002	.914	1.094
相对收入	−.003	.001	−.017	−2.436	.015	.972	1.029
对干部的信任度	−.003	.001	−.036	−4.951	.000	.905	1.106
贪腐暗数估计	−.005	.002	−.019	−2.643	.008	.962	1.039
社会保障满意度	.004	.001	.055	7.652	.000	.935	1.069

不过,如果据此得出结论说,这可证否之前的理论假设还为时过早。因为不能否认,测量被害遭遇的问题是盗窃、诈骗、伤害、抢劫(夺)等传统犯罪,而测量刑法偏好的问题是恶意欠薪、酒驾等几个有争议行为。一个可能的质疑是,由于所测量的不是同一类问题,因此,即使遭遇过传统犯罪的人比别人更偏好重法,也可能被测量过程本身掩盖起来了。其实,需要测量的恰恰不限于针对传统犯罪的刑法偏好,而是传统犯罪的被害遭遇是否会导致被害人形成一种泛报复心理,表现为希望将更多的行为入刑或者用更严厉的反应对付所有犯罪。正是因为我们对这一关联并无把握,所以才需要实证检验。当然,还有一种可能是,即使传统犯罪的被害与犯罪圈大小的偏好无关,但可能与刑罚轻重的偏好有关。为此,我们对被害遭遇与死刑执行数量两个变量之间的关系作了交互分析,结果显示,

统计显著值远远大于0.05,说明人们也不会因为自己曾遭遇过传统犯罪便认为现在执行死刑太少了。还有一种可能是,有犯罪被害遭遇的人可以分为已报案和未报案两组。本研究中3160个有被害遭遇的受访者中,有2055人未报案,占比65%;有1105人已报案,占比35%。于是有理由猜想,如果控制这个因素,也许结果有所不同。即是否报案,可能意味着对刑法的期待不同,进而影响到刑法偏好上的差异。但将是否报案替代是否被害放入模型重新回归后的结果是,不论被害后是否报案,对刑法偏好的影响都不显著。至此,我们不得不放弃曾经以为当然合理的假设,即认为犯罪对刑法偏好的影响显而易见。其实,国外学者也发现,犯罪被害人并不比其他人更倾向报应惩罚。[1] 中外研究结论之间相互印证,并非偶然。至少需要对原有认识加以修正,承认传统犯罪的被害感受对刑法偏好的影响微乎其微。总之,刑法偏好还需在传统犯罪的被害感受以外另寻解释。

(三) 犯罪以外的其他因素对刑法偏好有重要影响

按照本研究的理论假设,刑法偏好不应该过多受其他因素的影响。但是,表2所示结果却表明,除性别以外,其他犯罪以外的因素对刑法偏好的影响都符合或基本符合统计显著性要求。先看个人因素。(1) 年龄与刑法偏好的关系显著,Sig 值小于0.05,呈负相关关系;年龄越大则刑法偏好系数越小,即年龄越大越偏好程度较轻的刑法,反之,年龄越小,越偏好程度较重的刑法。受访者的年龄分布是:16—18岁者为未成年,占比3.6%,19—25岁者为青年,占比11.4%,26—55岁者为青壮年,占比54%,56岁以上者为中老年,占比31%。(2) 性别与刑法偏好之间的确无关,Sig 值大于0.05,并没有显示男性是否比女性更偏好重法。受访者的性别比为,男性占比49%,女性占比51%。(3) 精神状态的显著值虽然大于0.05,但实际值为0.056,尚可接受,与刑法偏好之间的关系呈负相关关系。这说明,沮丧感越强,即感到情绪沮丧、郁闷的频率越高(每天或经常),越可能偏好更重的刑法。受访者感到沮丧、郁闷的频率分布是,

---

[1] Jennifer Tufts and Julian V. Roberts, "Sentencing Juvenile Offenders: Comparing Public Preferences and Judicial Practice", *Criminal Justice Policy Review*, vol. 13 no. 1 (March 2002), p. 46.

"几乎每天"占比 1.7%,"经常"占比 3.6%,"一半时间"占比 4.5%,"有一些时候"占比 28.3%,"从不"占比 61.7%,其余为拒绝回答或不知道如何回答。

再看社会分层因素。(1) 受教育程度与刑法偏好之间关系显著,Sig 值小于 0.05,呈正相关关系:学历越高,则刑法偏好系数越高,反之则越低。这说明,并非受教育越多则越偏好轻缓的刑法。受访者的学历分布是:文盲或半文盲占比 26.3%,小学占比 21.5%,初中占比 25.8%,高中或中专、技校、职高占比 12%,大专占比 3.8%,大学本科占比 2.1%,硕士博士占比 0.1%,另有 8.4% 空缺。(2) 户口与刑法偏好之间关系显著,Sig 值小于 0.05,呈正相关关系:拥有城镇户口的人比拥有农业户口的人更偏好重法,农业户口的人相对更偏好轻法。受访者中农业户口占比 71.8%,非农户口占比 28.2%。(3) 工作性质与刑法偏好之间关系显著,Sig 值小于 0.05,呈负相关关系:从事非农工作的人比从事农业工作的人偏好重法,从事农业工作的人相对更偏好轻法。受访者中从事非农工作的占比 39.3%,从事农业工作的占比 36.1%,另有 24.6% 空缺。(4) 所在地区与刑法偏好之间关系显著,Sig 值小于 0.05,呈负相关关系:越接近东部地区,越可能偏好重法,越接近西部地区,越可能偏好轻法。受访者来自东部地区的占比 43.8%,来自中部的占比 30.9%,来自西部的占比 25.3%。(5) 相对收入与刑法偏好之间关系显著,Sig 值小于 0.05,呈负相关关系:自认为在本地收入越低者,越可能偏好重法,相对收入越高者,越可能偏好轻法。受访者相对收入得分从 0 到 5 的平均值为 2.5 分。

归纳上述观察可以看出,尽管在应然层面其他个人及社会因素不应过多影响民众的刑法偏好,但在实然层面,不得不承认这种影响的客观存在。稍后,我们将进一步分析为什么这些因素对刑法偏好构成显著影响。

(四) 刑法偏好还与社会公信力

有关根据理论假设,刑法偏好应该反映对犯罪现象的不满,至少是对传统犯罪的不满,而不是其他不满。然而表 2 所展示的事实却是,(1) 对身边干部的信任度与刑法偏好之间关系显著,Sig 值小于 0.05,呈负相关关系:对干部的信任度越低,则刑法偏好系数越高,反之,对干部的信任度越高,越偏好轻法。受访者对干部信任度得分从 0 到 10 的平均值为 5 分。(2) 贪腐暗数估计与刑法偏好之间关系显著,Sig 值小于 0.05,呈负相关关系:对贪腐暗数估计越高,即认为未被发现查处的贪腐现象实际规模越大,越可能偏好重法,反之,越是认为贪腐现象的实际规模有限,对反贪效果越乐观,越可能偏好轻法。其中,认为只有不足 30% 的贪腐被查处的受访者占比 49%,认为已有 30%—60% 的贪腐被查处的受访者占比 31.1%,认为已有 60% 以上的贪腐被查处的受访者占比 12.8%,其余空缺。(3)社会保障满意度与刑法偏好之间关系显著,Sig 值小于 0.05,呈正相关关系:认为社会保障越差,越可能偏好重法,对社会保障满意度越高,越可能偏好轻法。此项得分的平均值为 6 分,从 0 到 10 分数越高说明受访者对社会保障越不满意。可见,尽管逻辑上人们应该出于对犯罪的恐惧而求助于严刑重法,但事实上对公权力行使的不满更可能导致偏好重法。

简述以上发现:(1)中国民众的刑法偏好系数低于 0 到 1 之间的中间线,为 0.36;(2)有无传统犯罪的被害遭遇,对刑法偏好的轻重并无显著影响,个人、社会因素以及公权力行使的满意度才是影响中国民众刑法偏好的显著因素。

四、刑法偏好的有限响应理论

上述发现可以为优化刑法与民意的关系提供理论和事实依据。关于刑法与民意的关系,学界大致有两种倾向。一种观点认为,立法权的人民性、法律的本质特性以及法律的高效益实施都要求民意入法。[①] 持这种观点的学者还认为,公众判意不构成对司法独立的贬损,是司法机关处置个案的重要参考。吸收公众判意是司法公开化、民主化的有益实践。[②] 另一种观点则强调要冷静对待民意对刑法的影响,担心缺乏形式性的平民化思维会直接导致判决结果的高度不确定性。[③] 持这种观点的学者甚至指出,如果允许刑事司法向民意妥协,看起来似乎维护了社会的稳定,实际上是以牺牲整个法律正义为代价,是以牺牲法律的尊严和权威为代

---

① 齐嘉利:《论民意入法》,载《东南大学学报》2014 年第 3 期。
② 顾培东:《公众判意的法理解析——对许霆案的延伸思考》,载《中国法学》2008 年第 4 期。
③ 孙笑侠、熊静波:《判决与民意——兼比较考察中美法官如何对待民意》,载《政法论坛》2005 年第 4 期。

价,其最终的结果是法律可以被任意解释。① 不难看出,争论双方所使用的民意一词,其实更接近本研究所说的舆论,最多可以不准确地表述为"个案民意"。而舆论由其特定性、具体性、局部性和时效性所决定,显然达不到民意的分量,因而不必言听计从。从这个意义上说,本研究原则上认同后者的立场,但也注意到,不论是对"个案民意",还是对普遍民意,实践中决策者是"妥协"、响应还是拒斥,都是有条件的。因此,重要的不是一概而论的立场宣示,而是如何将这些条件理论化。

对此,有学者归纳了民意与公共政策之间的互动关系的四种模型:第一种是不相关模型,即因民意测验数据不真实或无意义而得不到决策者响应。第二种是决策者操纵民意模型,即政府精英通过媒体渠道影响民众的观点,民众的观点因而受到引导和控制。第三种是公共政策与民意反映不一致的无响应模型,即无法得到民众认同甚至与民众偏好相反的公共政策决策。第四种是响应模型,该模型反映的是公共政策的制定受民意的影响或者与民意的偏好呈现一致,即民意是政府决策的重要约束因素。② 可见,认为只要响应民意就是对的或错的,对民意要么照单全收要么置之不理都未免有些简单。应该对什么是民意及其具体内容、形成原因进行具体分析,有条件地对民意作出响应。

在此基础上,本研究提出刑法偏好有限响应理论:对理论上全体民众的意见,不存在是否响应的问题,当然要无条件遵从。而刑事立法或司法是否积极响应民众的某种刑法偏好,则取决于代表性、溯因性和依法性三方面的考量:对不代表广大民众的一部分人群的意见、诉求背后另有原因的意见、于法无据的意见,都不宜轻率视为民意而直接遵从。至于个案舆论,更需要先通过实证研究转换成某种刑法偏好,经过上述三方面考量后,再决定是否以及如何响应。

(一) 代表性:小样本思维的危险

民意应该是民众之意,通过媒体发声的人、持对立意见双方中的某一方,甚至全体民众中的简单多数,未必能代表民众中的绝大多数。刑法偏好应该能代表民众中绝大多数关于刑法的基本意见,不符合这个条件的

---

① 孙万怀:《论民意在刑事司法中的解构》,载《中外法学》2011年第1期。
② 林竹:《西方民意与政策相关性研究模型》,载《广西社会科学》2008年第8期。

个案意见、舆论,须经过代表性分析再决定是否需要对其作出积极响应。判断哪些意见符合代表性要求,可靠的方法之一就是大样本调查研究。根据本次大样本调查的结果,中国民众的一般刑法偏好大概位于偏好全距中线以下略高于1/3的水平。根据这个量化描述,中国民众的刑法偏好基本适度,并不属于重法偏好。这就为在现实生活中观察具体舆论提供了一个参照物,如果重法重判的呼声过高,可能并不代表大多数民众的意愿。用概括的民意校准具体的舆论,才能理性地对待民众诉求。

无视这些基本事实,可能陷入某种决策风险。(1)从结果看,位于刑法偏好系数两端都是极小概率事件。那种认为"恶意欠薪""醉酒驾车""儿子给病危的父亲实施安乐死""见死不救"都该入罪,且认为现在执行死刑数量太少了,且认为问卷中列举的三对犯罪都不必考虑罪刑均衡的受访者,在3万多样本中占比仅为0.1%。同时,认为上述四种行为都不该入罪,且认为现在执行死刑数量太多了,且认为问卷中列举的三对犯罪都应该轻重其罚的受访者,在受访者中只占3.1%。绝大多数民众的态度都处于这两端之间略低于中间的位置,即刑法偏好系数为0.36,代表了中国民众的基本刑法偏好。(2)从影响因素看,刑法偏好系数极高者应该同时具备以下特征:年龄很小,沮丧感很强,学历很高,拥有城镇户口,从事非农工作,居住在东部,对自己收入极不满意,对身边干部极不信任,认为反贪效果极差,极不满意目前政府提供的社会保障条件。刑法偏好系数极低者应该同时具备以下特征:年龄很大,沮丧感很弱,学历很低,农业户口,从事农业工作,居住在西部,对自己收入非常满意,对身边干部绝对信任,认为没那么多贪腐,非常满意政府提供的社会保障条件。显然,这两种极端组合都是极小概率事件,都无法代表中国民众的最大多数。

各种因素对刑法偏好的影响都是或然的。只能说具有某个特征,形成某种偏好的可能性较大;某类特征越集中出现在某个人身上,该个体具有某种偏好的确定性越大。集大多数重法偏好的影响因素于一身却偏好轻法或者相反的个例虽有可能,但毕竟不是大概率事件。而刑事政策的决策依据显然应该是大概率事件,不应被小概率极端个案所左右。总之,上述这些极端之间的大多数,才是理解中国民众刑法偏好的客观基础。如果用来直接推论总体的个案恰好是极小概率事件,不仅武断而且危险。

(二)溯因性:要看哪些民众为什么偏好重刑或轻法

是否响应民众的某种偏好,还要看哪些民众为什么偏好重刑或轻法。这是因为,笼统地说中国民众偏好何种刑法,可能掩盖了这种偏好背后的原因。有时这种背后的原因,才是刑事政策决策时真正需要在乎的因素。

具体到本研究,犯罪对刑法偏好也不是没有任何影响。遭遇过盗窃、诈骗、抢劫和伤害的受访者的刑法偏好系数均值为 0.3661,略高于总体的平均值。[①] 与其相比,其余无被害遭遇受访者的刑法偏好系数均值为 0.3587。应该说,有被害遭遇的人还是比其他人更偏好重法。但问题是,现实生活中,任何主观偏好都是多种因素共同作用的结果。因此,用多元线性回归方法再现这种共同作用时,也就是承认并控制其他因素影响的情况下,仅剩的一点差异也不得不淡出视野,其细微影响只能忽略不计。[②] 在此基础上,既然个人、社会因素以及公权力行使的满意度对刑法偏好的影响比较显著,那么,这个原因的原因又是什么?比如,为什么人们的相对收入越高就越可能偏好轻法,而越低就越可能偏好重法?为什么重法偏好可能是对公权力行使不满意的结果?作为对犯罪作出反应的犯罪定义,刑法的影响因素分为两部分:一部分是犯罪本身,即犯罪定义的对象;另一部分是犯罪定义者,即用刑法对犯罪作出反应的主体。刑法偏好也是一种意义上的犯罪定义,只不过作为影子刑法是一种民间犯罪定义。因此,这种犯罪定义的影响因素也可以分为定义对象和定义主体两部分。犯罪定义学的一般问题是,影响犯罪定义的主要因素是定义对象本身还是定义者?即,由于一个行为本身是犯罪所以被定义为犯罪,还是由于定义者认为一个行为应当被定义为犯罪,所以该行为才获得了犯罪的意义和属性?由此看,刑法偏好的问题也可以是,影响民众偏好重法还是轻刑的主要因素,到底是那些被视为犯罪的行为,还是民众自身的某些属性?即,由于民众面对的犯罪本身轻重不同,所以才有轻重不等的刑法偏好,还是由于参与定义的民众自身在身份、地位、价值取向、所属群

[①] 为计算总体刑法偏好系数,运行统计工具后给出的实际结果是,均值为 0.3586。如果小数位取两位,中国民众刑法偏好系数可以表示为 0.36。

[②] 美国学者发现,在美国,公众对于犯罪的观点和政治家对于打击犯罪的呼吁,与犯罪率的实际趋势没有什么关系。参见斯蒂芬·E.巴坎:《犯罪学:社会学的理解》,秦晨等译,上海人民出版社 2011 年版,第 620 页。

体、认知范围等方面的差异,所以才有了不同的刑法偏好?

对此,犯罪学理论有两种基本回答。客体理论认为,犯罪定义的决定性因素是被定义的对象行为,而非定义者自身的主体性。而主体理论认为,行为被赋予犯罪意义的决定性因素是定义者,主体性是犯罪定义的决定性因素。① 按照客体理论,既然是因为行为原本有罪才被定义为犯罪,犯罪定义便具有某种当然的正当性和不容争辩的合理性。而按照主体理论,既然犯罪并非行为固有的属性,那么,在把某种行为贴上犯罪标签时,定义者不可避免地将自身的某种偏好、取向、局限注入犯罪定义。本研究探讨的问题是,民间犯罪定义是否也会在较大程度上受定义者自身的主体性影响。本研究的发现基本上证否了客体理论,为主体理论提供了新证据:刑法偏好之所以未见犯罪本身的显著影响,反而在很大程度上受个人、社会因素以及公权力满意度等因素的显著影响,正是一种主体性的流露和彰显,即民众站在各自角度能动地审视、诠释犯罪与刑法,使刑法在每个民众心目中有着不同的呈现。

本研究证明,主体性在刑法偏好中可能有三种体现。(1)当犯罪更多地被视为下层社会成员特有的行为模式时,尤其是当犯罪的被害人被描写为善良无辜的高尚人群时,拥有一定优势地位的人便会倾向用较重的惩戒作出反应。这就是为什么有些居住在东部、拥有城市户口、从事非农工作的人或者学历较高者刑法偏好系数偏高的原因。至于为什么犯罪更容易被视为下层社会成员的行为方式,则与传统犯罪的暗数较低、媒体传播的渲染等各种因素有关。② (2)作为影子刑法的主体,民众还可能在一种代入感的作用下形成自己的主观偏好。所谓代入感,是指受众在观看文学影视作品时产生的一种自己替代其中某个角色的身临其境的感觉以及随之出现的情绪变化。③ 尤其是在公权力满意度与刑法偏好的关联中,受访者很可能在代入感的作用下以公权力滥用的被害人自居,在随之激活的负面情绪支配下选择严法重刑以宣泄心中的不满。由之而来的不满情绪越大,刑法偏好越重。(3)民众的刑法偏好还与司法公信力有关,人们有时会借助案件表达对司法不公的不满。本研究也考察了受访者对

---

① 白建军:《关系犯罪学》,中国人民大学出版社,2014年版,第198页。
② 斯蒂芬·E.巴坎:《犯罪学:社会学的理解》,秦晨等译,上海人民出版社2011年版,第39—40页。
③ 杨玲:《体验经济与网络文学研究的范式转型》,载《文艺研究》2013年第12期。

司法公正程度的评价,从 0 到 10 分,分数越高表明对司法公正的评价越高。结果是,均值为 6 分,中值也是 6 分,众值是 5 分。由于全距为 11 分,所以表面看,司法公正的评价位于中等水平。但当我们问到是否同意以下说法时,就有从十分同意到十分不同意多种回答。具体问题包括:"法律如果不合情合理,就可以不遵守""法院在审判重大案件时,应该听取和接受当地政府的意见""即使是遇到刑事案,能私了就私了"。是否赞同这些说法,说明对法律的权威性、司法独立性的认同程度不同。这类问题的设计思想是认为,孤立地看中国民众对司法公正的满意度意义不大,民众心目中所谓公正的司法到底是什么样的司法才是真问题。为此,对司法公正的满意度与法律权威感两个维度之间的关系进行分析后,皮尔逊相关分析的结果显示,受访者对司法公正的满意度与上述三个问题的回答之间虽然相关系数不高,分别为-0.035、-0.124 和-0.031,但均为符合统计显著性要求的负相关关系。这意味着,在相当数量的受访者心目中,所谓公正的司法其实并不一定是严格依法办事,而是法律适用中允许各种形式的变通乃至行政干预。相反,在另外相当数量的受访者来看,之所以不满意司法的公正性程度,是因为他们认为司法的独立性、法律的权威性尚未得到应有的保证。可见,对司法公正与否的不同评价,未必是司法实践本身的反映,而源于对司法公正内涵的不同理解。所以,当某个案件审理被质疑是否公正时,真正的焦点未必是那个案件事实和相关规则本身,而是谁、出于何种关于公正的理解质疑案件审理的公正性。

这三种主体性对刑法偏好的影响并非我国民众所独有。有学者关于美国民众判决偏好的研究结果与我们的观察相互印证:在美国,非裔的惩办主义程度轻于白人,这部分是因为他们觉得刑事司法系统本身就是带有偏见的。这个差异在对待死刑的态度上表现尤为明显:在 2006 年的盖洛普调查中,仅有 38% 的非裔美国人说他们相信死刑的正当性,而如此回答的白人比例高达 71%。可见,现实世界中,这三种主体性的影响过程相互交织,难分彼此。尤其是,当沮丧感、郁闷等精神状态因素介入时,上述各种因素的作用过程可能平添更多的情绪化色彩。可见,某些个体的刑法偏好系数较高,很可能是非理性因素影响的结果。刑法偏好是关于犯罪的想象、社会分层、对公正的主观感觉、认知局限乃至个人心境等多种因素交互作用的结果。可以认为,刑法偏好其实是各种个人、社会因素以民众的主体性为中间介质的扭曲、变形反映。作为一种社会现象的折射或扭曲反映,它来自客观而不同于客观,来自个体而每个个体的刑法偏好又有所不同。如果不问这些背后的原因,对基于这种扭曲反映的舆论诉求百依百顺,无疑会对刑事法治构成伤害。这就是为什么对刑法偏好应理解其背后真正原因的原因。对刑法偏好尚且如此,对个案舆论轻率响应会承担更大的风险。

(三)依法性:警惕刑法的过度社会化和民意的误读滥用

根据本研究的发现,无论是民众偏好还是刑事法治,都可能被无端赋予某种原本没有的意义,结果可能导致两者都不堪重负。因此,在刑事司法中禁止法外对舆论或民众偏好作出响应,既是对民众的爱护,也是对刑事法治的珍重。同时,也应提倡上述大样本测量调查的方式获取民众刑法偏好的基本数据,据此进行刑事立法以及刑法修订,防止个案舆论对刑事政策决策过程的过度影响。没有刑法偏好校准的刑法修订,和没有法治逻辑指引的个案舆论一样,都将意味着法治的边缘化。

一方面,本研究发现,犯罪本身对刑法偏好的影响不如关于犯罪的想象、社会分层、对公正的主观感觉、认知局限、个人心境等主体性因素的影响显著。把这一统计发现微缩到经验世界中,人们往往寄希望于司法承担过多的社会职能,通过司法改变强弱主体在社会生活中的力量悬殊。[①]而其中的犯罪事实以及相关的法律问题反倒被人们所忽略。这种社会问题司法化倾向所反映的问题是,刑法到底应否被赋予调整更多社会关系、解决所有社会问题的功能?既然刑法偏好是客观现实的扭曲反映,那么,靠刑法解决社会问题,与其说是社会问题司法化,倒不如说是刑法的过度社会化。其结果,当社会默许刑法功能的这种扭曲时,便会有更多的刑法以外的力量介入刑法的修订、解释和适用。于是,扭曲的也许会更加扭曲,规则本身的逻辑却被淡化。也因此,如果不从宪法的高度,仅仅满足于罪刑法定原则被奉为刑法的根本,实不足以防止法治的弱化。[②]

另一方面,在控制其他因素的情况下,人们对公权力行使的满意度较低时更可能偏好重法。这意味着,民众刑法偏好的变化还间接反映了社

---

① 参见徐光华:《从涉案主体的身份特征看影响性刑事诉讼中的司法与民意——以2005—2014年〈南方周末〉评选的55件影响性刑事案件为例》,载《暨南学报》2015年第3期。
② 参见赵秉志、王鹏祥:《论我国宪法指导下刑法理念的更新》,载《河北法学》2013年第4期。

会公权力行使状况的变化,总体上刑法偏好系数越高,可能反映了社会公信力越差。可见,主体性对犯罪定义的能动影响并不都是负面的,还可能是社会现实的反映。这时,如果不问原因,仅以民众偏好重法为由加大惩戒资源的投入,未必是民意的真正所在,反倒可能导致某种恶性循环:部分民众对公权力行使越是不满,越可能给选用重法的决策提供支持,于是便有更多的惩戒资源投放社会。其结果,公权力的行使未必因此而得到改善,却可能加剧社会关系的紧张。这个恶性循环将通过过度犯罪化和过度刑罚化两种形式导致人们对法治的失望。因为"刑罚是通过刑事定罪的污名效应来制止犯罪的。然而,污名是一种消散很快的稀缺资源。如果个体实施的行为很少遭到人们的谴责,且大多数人都会实施这样的行为,那么国家就不能有效地使他们蒙上污名。而随着刑事责任适用范围的扩大,污名效应将被消耗殆尽,最终亦会导致威慑力被侵蚀"。[①] 这种法治资源的侵蚀其实是一种刑法资源的"通胀"现象,如果理由是顺应民意,便不只在误解民意,更可能是滥用民意。刑法无法彻底消除社会不平等,但至少不要以民意的名义扩大社会不公。

---

① 道格拉斯·胡萨克:《过罪化及刑法的限制》,姜敏译,中国法制出版社,2015 中国民众刑法偏好研究年,第 15—16 页。

刑法修正：维度、策略、评价与反思[*]

梁根林[**]

问题的提出：刑法修正案、刑事立法活性化与犯罪圈扩张

1997年颁布的《刑法》（以下简称1997年《刑法》）生效至今已近20年，中国经历了前所未有的高速发展和社会变革，进入了全面转型的关键期、深水区和全球化时代、信息社会、风险社会，新的重大安全威胁与犯罪挑战不断出现，立法机关持续不断地予以立法回应。自1999年12月25日改采刑法修正案模式起，截至2015年8月29日，全国人大常委会先后通过了9个刑法修正案，展现出我国刑事立法活性化的趋势。在语义上，刑事立法的活性化，既可以是指修改刑法频次的增加，也可以是指修改刑法幅度的扩大。自《刑法修正案（一）》至2009年2月28日的《刑法修正案（七）》，10年间立法者先后通过7个刑法修正案，但对1997年《刑法》具有实质性修改、补充和完善的实体刑法条文只有62个，总体上属于对1997年《刑法》的个别修改与局部完善，其内容则限于刑法分则个别罪名增设、构成要件改变与法定刑调整。因此，《刑法修正案（一）》至《刑法修正案（七）》展现的刑事立法活性化，属于修改刑法频次增加意义上的刑事立法活性化。而2011年2月25日《刑法修正案（八）》与2015年8月29日《刑法修正案（九）》，则分别有49个与51个实体刑法条文，不仅涉及对刑法分则诸多犯罪构成要件与处罚原则的增设或者修改，而且涉及刑法

---

[*] 原文刊于《法学研究》2017年第1期。
[**] 北京大学法学院教授、博士生导师。

总则刑罚结构、刑罚制度的优化与完善。因此,《刑法修正案(八)》与《刑法修正案(九)》展现的刑事立法活性化,属于修改刑法幅度扩大意义上的刑事立法活性化。

刑事立法活性化本身只是刑事立法客观呈现出来的一种变迁事实与趋势,其是否符合法治国家对立法者提出的良法之治的要求,取决于活性化的刑事立法内容,即是否根据法治国家原则的根本要求、合理而有效地组织对犯罪的反应的刑事政策目标设定以及刑法科学的一般原理,结合一个国家特定时期社会治理和犯罪控制的实际需要,选择刑法修正的维度,运用各种立法策略与技术,适当界定犯罪圈,合理配置刑罚量。就刑法立法维度方向而言,活性化的刑事立法可能是犯罪圈的扩张(犯罪化)或者限缩(非犯罪化),也可能是刑罚的严厉化或者轻缓化。就立法维度组合形式而言,可能是犯罪化与刑罚严厉化的组合,也可能是犯罪化与刑罚轻缓化的组合;可能是非犯罪化与刑罚轻缓化的组合,也可能是非犯罪化与刑罚严厉化的组合。选择何种维度方向、进行何种组合形式的刑事立法,既受制于实定刑法结构,又重塑实定刑法结构。1997年《刑法》施行以来的我国刑法修正在刑法结构"严而不厉"的刑法改革政策思想主导下[①],始终以严密刑事法网、扩大犯罪圈为基本维度与主要方向。《刑法修正案(八)》与《刑法修正案(九)》在此前《刑法修正案(一)》至《刑法修正案(七)》的基础上,运用多种刑法修正策略,进一步加大了这一维度的刑法修正,同时又开启了调整刑罚结构、完善刑罚制度以合理配置刑罚量的刑法修正新维度与新方向。

《刑法修正案(八)》和《刑法修正案(九)》对1997年《刑法》进行的大幅度修正,引发了我国学界不同的评价。其中,优化刑罚结构、完善刑罚制度维度的立法努力在总体上得到了肯定评价,认为有助于合理配置刑罚量,发挥刑罚功能,提高刑罚效益。真正成为争议问题与关注焦点的是,严密刑事法网、扩大犯罪圈维度的刑法修正及其展现的立法趋向。我国刑法学界对此进行了比较深入的研究,既有学者从立法论的角度对《刑法修正案(八)》《刑法修正案(九)》进行宏观分析与局部评价,也有学者从解释论的角度对《刑法修正案(八)》《刑法修正案(九)》的各别条文进行具体诠释与内涵界定。总体上,立法论范畴的分析、评价存在选择性评价与

---

① 储槐植:《严而不厉:为刑法修订设计政策思想》,载《北京大学学报》1989年第6期。

简单肯定、绝对否定两极化的意见对立，分歧日益加大；解释论范畴内的刑法教义诠释与界定则面临自设立场、自言自语、自我界定、任意解释的沟通障碍，共识越来越少。其根本原因在于，一方面，我国主流刑法理论囿于对刑法教义学研究范式的僵化理解与刑法教义学分析逻辑的简单照搬。在专注于实定刑法的条文解释与教义分析的过程中，逐步走向了"刑法解释决定论"。不仅放弃了立法批判的使命，而且丧失了立法批判的能力，貌似精细与精确、实则碎片化的学术研究，既缺乏刑法教义分析应有的体系性、逻辑性与合目的性，又缺乏对实定刑法的整体考察、深刻理解与分析批判，更忘却了刑法学术研究的目光其实不仅应当在规范与事实之间来回穿梭，而且应当在立法论与解释论之间不断往返。另一方面，部分刑法同行既没有从刑法的机能、任务与目的特别是法治中国刑事法治体系建设的特殊语境与客观需要出发，对我国刑法修正的具体规定与立法趋向进行符合时代精神的考察与理解，也没有超越立法与司法二元分立对峙的古典主义理解，在基于建构理性主义思维对刑事立法赋予过高期待的同时，又出于对司法专横与恣意的担忧而本能地诉求司法恪守形式逻辑，期待司法权的行使止于形式理性与形式合法，反对过多地通过刑法解释与教义分析实现个案的正义，从而陷入了"立法中心主义"的窠臼。正是这种"刑法解释决定论"与"立法中心主义"思维的对立，直接导致了我国刑法学界对于《刑法修正案（八）》与《刑法修正案（九）》诸多理解与评价结论的对峙。因此，必须超越"刑法解释决定论"与"立法中心主义"的方法论误区，既注意从立法论的角度对刑法修正进行整体考察、深刻理解与分析批判，更重视以此为基础运用刑法教义学方法与逻辑，对刑法修正进行合体系、合逻辑与合目的的诠释、界定甚至校正。

囿于文章篇幅与考察视角，笔者暂无意在本文中展开对《刑法修正案（八）》与《刑法修正案（九）》具体条文的文义阐释与教义分析，而将关注的焦点投向立法论范畴内对立法者扩张刑事法网、扩大犯罪圈的各种刑法修正策略进行提炼，对刑法修正案展现的犯罪圈扩张立法趋向进行评价，对刑法修正存在的不足与刑法修正模式进行检讨，评估适时全面修订刑法典的必要性，反思刑法典单轨立法模式的弊端，探讨建构刑法典与行政刑法双轨立法模式的可能性。

一、刑法修正的基本维度：严密刑事法网、扩大犯罪圈的立法策略

法治首先是规则之治。作为刑法领域的法治原则，罪刑法定要求立法者提供完备的罪刑规范，配置合理的刑法结构，为司法对个案的公正裁判提供统一的法律规范根据。因此，《刑法修正案（八）》和《刑法修正案（九）》根据"严而不厉"的刑法改革政策指引，总结司法实践经验，吸纳刑法学术研究成果，运用了多样化的严密刑事法网、扩大犯罪圈的刑法修正策略。

（一）设置独立构成要件，增加新罪名

严密刑事法网、扩大犯罪圈最简单、最直接与最基本的方式，当然是设置新的构成要件，增加新罪名，将过去充其量按民事侵权、违约或者行政违法予以民事制裁或者行政处罚的行为犯罪化，从而使刑法修正直观地显现为刑事法网的扩张。其中，《刑法修正案（八）》增设了危险驾驶罪、对外国公职人员、国际公共组织官员行贿罪、虚开发票罪、持有伪造的发票罪、组织出卖人体器官罪、拒不支付劳动报酬罪、食品监管渎职罪等7个新的犯罪。《刑法修正案（九）》则进一步增设了准备实施恐怖活动罪、宣扬恐怖主义、极端主义、煽动实施恐怖活动罪、利用极端主义破坏法律实施罪、强制穿戴宣扬恐怖主义、极端主义服饰、标志罪、非法持有宣扬恐怖主义、极端主义物品罪、虐待被监护、看护人罪、使用虚假身份证件、盗用身份证件罪、组织考试作弊罪、非法出售、提供试题、答案罪、代替考试罪、拒不履行信息网络安全管理义务罪、非法利用网络信息罪、帮助信息网络犯罪活动、扰乱国家机关工作秩序罪、组织、资助非法聚集罪、编造、故意传播虚假信息罪、虚假诉讼罪、泄露不应公开的案件信息罪、披露、报道不应公开的案件信息罪、对有影响力的人行贿罪等20个罪名。根据《刑法修正案（八）》和《刑法修正案（九）》的规定，上述新增设的犯罪，多数行为主体不仅包括自然人，而且包括单位。经过《刑法修正案（八）》和《刑法修正案（九）》的增补，我国刑法规定的罪名总数已经达到468个。

就新增罪名的保护法益而言，《刑法修正案（八）》增设罪名强化了刑法对民生福祉的刑事保护，显现出所谓"民生刑法"的特征。[1]《刑法修正

---

[1] 卢建平：《加强对民生的刑法保护——民生刑法之提倡》，载《法学杂志》2010年第12期。

案(九)》增设罪名除了强化刑法的社会治理功能以外,则突出了对恐怖主义犯罪、网络犯罪的预备行为、帮助行为、关联行为的早期刑法干预和外围刑法防控,为此增设的多数犯罪在类型上都属于抽象危险犯,充分说明立法者应对恐怖主义安全威胁、网络安全威胁,不惜采取早期干预、主动出击、先发制人、防患于未然的刑事政策。

(二) 降低犯罪门槛,前置刑法干预起点

刑法修正案尝试从两个方面降低犯罪门槛:其一是直接降低罪量标准,其二是前置刑法干预起点,设置危险犯构成要件。

直接降低罪量标准的适例是,《刑法修正案(八)》在"97年《刑法》"规定的"盗窃公私财物数额较大或者多次盗窃"之外,增设了"入户盗窃"、"携带凶器盗窃"与"扒窃"三种无需盗窃数额与行为次数要求的独立行为类型,从而将许多过去只能予以治安管理处罚或者劳动教养处分的一般盗窃行为予以犯罪化。考虑到盗窃案件在我国刑事案件发案总量中的占比,这一刑法修正事实上大大扩张了我国刑法处罚范围。

前置刑法干预起点的基本策略则是,改变结果本位的犯罪化立场,将法定犯罪既遂形态从结果犯降格为危险犯,甚至从具体危险犯进一步降格为抽象危险犯。将结果犯降格为危险犯的适例是,《刑法修正案(八)》不仅将1997年《刑法》规定的作为过失犯的重大环境污染事故罪,修改为兼容故意、过失罪过形式的污染环境罪,而且取消了"造成重大环境污染事故,致使公私财产遭受重大损失或者人身伤亡的严重后果"的构成要件结果,只要违反国家规定,排放、倾倒或者处置有放射性的废物、含传染病病原体的废物、有毒物质或者其他有害物质,"严重污染环境",即构成污染环境罪。最高人民法院、最高人民检察院(简称"两高")2013年6月17日发布的《关于办理环境污染刑事案件适用法律若干问题的解释》第一条在此基础上又进一步将"严重污染环境"类型化,除实际造成生态破坏、财产损失或人员伤亡实害结果外,明确列举了若干种严重污染环境的行为,只要符合解释规定的情形之一的,即被视为"严重污染环境"。可见,经过刑法修正与司法解释,污染环境罪实际上已经由结果犯降格为危险犯(具体危险犯)。

刑法修正案不仅将新增设的多数犯罪规定为抽象危险犯,而且还将1997年《刑法》规定的具体危险犯进一步降格为抽象危险犯。其适例是《刑法修正案(八)》将生产、销售假药罪由具体危险犯修改为抽象危险犯。

根据1997年《刑法》第141条规定,生产、销售假药,"足以严重危害人体健康"的,才能构成犯罪。而《刑法修正案(八)》则删除了"足以严重危害人体健康"这一构成要件,修改后只要实施生产、销售假药行为,即构成犯罪。这一刑法修正的主要策略考虑在于,具体危险犯的危险是法定的构成要件要素,控方负有证明危险形成的责任。而抽象危险犯的危险,既不是法定构成要件要素,也不是不成文构成要件要素,而是实行行为类型性地具有的行为属性,是判断行为是否该当构成要件的实行行为的实质根据①,控方无需承担对抽象危险形成的证明责任。控方只需证明行为人实施了被指控的实行行为,即可类型性地推定其行为形成抽象危险,除非辩方举出合理怀疑的证据反驳这种立法推定的抽象危险形成。② 因此,抽象危险犯构成要件的设置,是刑法干预早期化、扩张化、能动化最为典型的立法表现,亦被认为是当今世界许多国家刑法应对风险社会无处不在的法不容许的危险的基本策略,尽管其中蕴含着当代刑法日益演变为"风险刑法的刑法风险"。③

---

① 关于抽象危险犯中的危险是实行行为的行为属性,还是构成要件要素,学界存在不同见解。罗克辛认为,抽象危险犯的可罚性在于行为所具有的类型性危险,因为"所谓抽象危险犯,是指类型性的危险行为本身受到处罚,并不要求在具体的场合之下发生危险的结果。"参见克劳斯·罗克辛:《德国刑法学总论(第1卷)》,王世洲译,法律出版社2005年版,第278页。付立庆认为,抽象危险犯中的抽象危险是独立于实行行为的不成文的构成要件要素,承认其为不成文构成要件要素,有助于例外情况下刑法问题的妥当解决。参见付立庆:《应否允许抽象危险犯反证问题研究》,载《法商研究》2013年第6期。笔者认为,如果将抽象危险定位为抽象危险犯的构成要件要素,将从根本上混淆抽象危险犯与具体危险犯作为危险犯基本类型的界限。

② 关于抽象危险犯的抽象危险能否反证,学界同样存在着完全对立的见解。反对反证者往往基于抽象危险是实行行为类型性地具有的危险以及立法拟制的危险的立场,反对辩方对抽象危险进行反证。而肯定的见解则主要立足于抽象危险是不成文的构成要件要素以及结果无价值的不法论立场。具体的论证依据,参见付立庆:《应否允许抽象危险犯反证问题研究》,载《法商研究》2013年第6期。笔者认为,抽象危险是立法者对实行行为根据其通常事态进行类型化的法律推定所形成的危险,应当允许辩方对抽象危险是否形成进行反证。不能混淆法律拟制与法律推定。法律拟制是立法者将本来不属于或不完全属于某一范畴的事物基于某种特别理由而规范性地评价为("视为")该特定范畴,法律拟制的结论具有不可反证性。而法律推定是立法者运用类型思维与概率统计原理,根据事物属性的家族相似性以及基础事实与待证事实的高概率联系,在立法上根据基础事实,推定待证事实具有与同一类型的基础事实的相同属性。除非具有特别的刑事政策或立法理由,对于法律推定应当允许进行反证。如果将抽象危险理解为法律拟制的危险,则不能允许辩方对抽象危险进行反证。但是,如果将抽象危险理解为法律推定的危险,则应当允许辩方对抽象危险进行反证。当然,如何对待刑法上的推定,涉及价值判断与利益衡量,相关的见解参见劳东燕:《认真对待刑事推定》,载《法学研究》2007年第2期。

③ 参见陈兴良:《"风险刑法"与刑法风险:双重视角的考察》,载《法商研究》2011年第4期。

在具体危险犯与抽象危险犯基本类型之外，刑法修正案与相关司法解释还在创设介于两者之间的危险犯中间行为类型。根据一般见解，危险驾驶罪是抽象危险犯，前三种行为类型即《刑法修正案（八）》规定的"追逐竞驶""醉酒驾驶"与《刑法修正案（九）》增设的"从事校车业务或者旅客运输，严重超过额定乘员载客，或者严重超过规定时速行驶"，都是典型的抽象危险犯。但是，根据《刑法修正案（九）》的规定，第四种行为类型即"违反危险化学品安全管理规定运输危险化学品，危及公共安全的"，才能构成危险驾驶罪。这一规定表明，危及公共安全属于构成要件要素，控方对违规运输危险化学品"危及公共安全"这一危险形成负有证明责任。就此而言，违规运输危化品型危险驾驶罪，似乎可以归属于具体危险犯类型。但是，法条并未使用诸如"足以造成某某危害结果"等表述方式，只是使用了"危及公共安全"这一比较暧昧的表述，而危险驾驶罪的其他三种行为方式其实也应类型性地具有"危及公共安全"这一抽象危险。为什么法条唯独对违规运输危化品这一同样类型性地"危及公共安全"的危险驾驶行为，特别规定必须"危及公共安全"的，才能构成危险驾驶罪？我的理解是，立法者出于限缩此类行为定罪范围的考虑，通过强调"危及公共安全"，提醒司法者在个案中具体判断违规运输危化品的违规程度及其隐藏的危险现实化程度，从而适当区隔构成危险驾驶罪的违规运输危化品与作为行政不法的违规运输危化品。但法条规定的"危及公共安全"，又不要求达到具体危险犯通常要求的足以造成危害结果发生的具体、现实危险的程度。因此，本文初步将这种介于抽象危险犯与具体危险犯之间的特殊行为类型，归入具体抽象危险犯的范畴。[①] 这种危险犯类型本质上还是抽象危险犯，但对危险形成要求控方承担一定证明责任。

---

① 陈洪兵主张在具体危险犯与抽象危险犯之间，存在着一个独立的危险犯类型即准抽象危险犯。参见陈洪兵：《准抽象危险犯概念之提倡》，载《法学研究》2015年第5期。陈洪兵注意到刑法客观上存在着介于具体危险犯与抽象危险犯之间的独立危险犯类型，值得充分肯定。但是，其列举的部分罪名如5个"足以"型危险犯，究竟是具体危险犯还是准抽象危险犯，不无异议。此外，笔者亦不认同其准抽象危险犯的概念，而主张在具体危险犯与抽象危险犯之间，根据危险的具体化或抽象化的程度，进一步将危险犯中间类型区分为具体抽象危险犯和抽象具体危险犯。前者本质上属于抽象危险犯范畴，但危险的具体化程度较之典型的抽象危险犯有所加强，控方虽不承担具体危险形成的证明责任，但需承担抽象危险形成的证明责任。《刑法》第133条之一第4项违规运输危化品型危险驾驶罪是其适例；后者本质上是具体危险犯，但危险的具体化程度要求较之典型的具体危险犯有所松弛，控方对具体危险形成的证明责任有所减轻。司法解释软化后的《刑法》第143条生产、销售不符合安全标准的食品罪是其适例。

与具体抽象危险犯相对应,"两高"司法解释针对特定具体危险犯,出于减轻控方证明责任、有效指控犯罪的刑事政策考虑,也在尝试通过将具体危险犯构成要件行为进一步类型化,将法条规定的作为构成要件要素的具体危险予以适度抽象化。例如,根据《刑法》第143条规定,生产、销售不符合食品安全标准的食品,"足以造成严重食物中毒事故或者其他严重食源性疾病的",构成生产、销售不符合安全标准的食品罪。其中,"足以造成严重食物中毒事故或者其他严重食源性疾病",就是控方在指控时必须证明的作为构成要件要素的具体危险。如果说抽象危险类型性地被立法者寓于实行行为之中,而具体危险则是溢出了实行行为的类型性,而已经接近于现实地发生实害结果的危险。但是,不管危险如何具体,危险仍然只是实害结果发生的现实可能性,而非已经发生的实害结果。因此,如何证明实行行为已经形成这种具体危险,始终是制约控方有效指控犯罪的一大障碍。为了应对我国当前面临的食品安全危机,发挥刑法保障民生福祉功能,"两高"2013年5月2日发布的司法解释明确规定,生产、销售不符合食品安全标准的食品,符合解释规定的情形之一的,应当认定为《刑法》第143条规定的足以造成严重食物中毒事故或者其他严重食源性疾病。[①] 该解释将作为该罪行为对象的不合安全标准的食品特定化、类型化,凡是生产、销售司法解释列举的特定种类的不合安全标准食品的,即类型性地认定行为形成具体危险,即"足以造成严重食物中毒或者其他严重食源性疾病"。因此,控方只需证明被告人实施了生产、销售司法解释列举的生产、销售特定种类的不符合安全标准的食品的行为,即可类型性地认定被告人构成生产、销售不符合安全标准的食品罪。这种司法解释技术实际上就是借鉴了抽象危险犯危险形成的原理,形式上将具体危险犯的具体危险类型化,实质上将具体危险犯的具体危险适度抽象化,从而减轻控方对具体危险犯具体危险的证明要求,扩大对生产、销售不符合安全标准的食品行为的定罪范围。经过司法解释的类型化处理,该罪虽然还是法定的具体危险犯,但较之其他具体危险犯,已经在某种程度上抽象化。因此,笔者称之为抽象具体危险犯,以区别于前述具体抽象危险犯。

---

① 参见最高人民法院、最高人民检察院《关于办理危害食品安全刑事案件适用法律若干问题的解释》第1条,2013年5月2日发布。

(三) 增设选择性构成要件要素,扩张现有罪名适用范围

针对1997年《刑法》运用明示列举立法技术规定的选择性构成要件,《刑法修正案(八)》和《刑法修正案(九)》通过增加选择性构成要件要素的方式,扩张现有法条的适用范围。具体表现为:

1. 扩张现有犯罪的行为对象。例如,《刑法修正案(八)》修改了《刑法》第237条强制猥亵、侮辱妇女罪的犯罪对象,将强制猥亵的对象修正为"他人",而不再限于妇女,罪名相应地被修改为强制猥亵、侮辱罪;修改了《刑法》第280条第3款伪造、变造居民身份证罪的犯罪对象,扩展至包括居民身份证、护照、社会保障卡、驾驶证等依法可以用于证明身份的证件,并且增加了买卖身份证件的行为方式,罪名相应地被修改为伪造、变造、买卖身份证件罪。《刑法修正案(九)》修改了《刑法》第290条扰乱社会秩序罪的行为对象,将聚众扰乱医疗场所工作秩序的"医闹"纳入本罪规制范围;修改了《刑法》第311条规定的拒绝提供间谍犯罪证据罪的对象,扩展至间谍犯罪证据、恐怖主义犯罪证据与极端主义犯罪证据,罪名相应地被修改为拒绝提供间谍犯罪、恐怖主义犯罪、极端主义犯罪证据罪。

2. 扩张现有犯罪的行为方式。《刑法修正案(八)》对《刑法》第226条强迫交易罪,增加了"强迫他人参与或者退出投标、拍卖""强迫他人转让或者收购公司、企业的股份、债券或者其他资产""强迫他人参与或者退出特定的经营活动"三种行为方式;对《刑法》第293条寻衅滋事罪,增加了"恐吓他人"的行为方式。《刑法修正案(九)》修改了《刑法》第120条之一资助恐怖活动罪的行为方式,增加了资助恐怖活动培训的行为方式以及为恐怖活动组织、实施恐怖活动或者恐怖活动培训招募、运送人员的行为方式,罪名相应地被修改为帮助恐怖活动罪;修改了《刑法》第309条扰乱法庭秩序罪,增加了"殴打诉讼参与人""侮辱、诽谤、威胁司法工作人员或者诉讼参与人,不听法庭制止,严重扰乱法庭秩序""有毁坏法庭设施,抢夺、损毁诉讼文书、证据等扰乱法庭秩序行为,情节严重"等行为方式,删除了原刑法规定的聚众哄闹、冲击法庭或者殴打司法工作人员必须"严重扰乱法庭秩序",才能构成犯罪的罪量要求。

3. 扩张行为主体范围。具体策略包括:(1)将行为主体由特殊主体泛化为一般主体。如《刑法修正案(九)》改变了《刑法修正案(七)》增设的

《刑法》第253条之一出售、非法提供公民个人信息罪和非法获取公民个人信息罪的行为主体身份,由原来的"国家机关或者金融、电信、交通、教育、医疗等单位的工作人员"等特殊主体降格为一般主体,违反国家有关规定,向他人出售或者提供公民个人信息,情节严重的,即构成侵犯公民个人信息罪。原《刑法》规定的具有特殊身份的人犯本罪的,则升格为法定的从重处罚情节。(2)在自然人犯罪的基础上,增设单位犯罪的规定。《刑法修正案(九)》对《刑法》第283条专用间谍器材、窃听、窃照专用器材罪,《刑法》第313条拒不执行判决、裁定罪,《刑法》第285条、第286条规定的针对计算机信息系统的网络攻击犯罪,均将行为主体由自然人扩展至单位。(3)将刑法规定的单位犯罪扩展至包括自然人犯罪和单位犯罪。如《刑法修正案(八)》将《刑法》第244条强迫职工劳动罪的行为主体由用人单位扩展至包括自然人和单位。

(四)减少构成要件要素,降低对构成要件要素的证明要求

在非选择性构成要件中,构成要件要素作为犯罪内涵,往往与犯罪圈即犯罪的外延,呈现负相关关系。构成要件要素规定的越多、越具体,犯罪圈就越小。为了进一步扩张现有法条的适用范围,立法者通过减少现有犯罪的构成要件要素,实质性地扩张现有法条的适用范围。《刑法修正案(八)》删除了《刑法》第343条规定的非法采矿"经责令停止开采后拒不停止开采,造成矿产资源破坏",取而代之以弹性的非法采矿"情节严重"即构成犯罪。主观构成要件要素特别是作为超过的主观构成要件要素的犯罪目的,深藏于行为人的内心,除非通过确实充分的客观证据或者行为人稳定一致的口供供述,很难确实充分、排除合理怀疑地加以证明,因而往往成为控方成功指控犯罪的拦路虎。如果立法上取消犯罪目的这一超过的主观构成要件要素,控方的证明责任则大大减轻,能够在事实上扩张既定刑法的适用范围。早前的刑法修正案即基于这一考虑,删除个别犯罪主观构成要件中的犯罪目的。《刑法修正案(四)》将《刑法》第345条第3款非法收购盗伐、滥伐的林木罪规定的"以牟利为目的,在林区非法收购明知是盗伐、滥伐的林木",修改为"非法收购、运输明知是盗伐、滥伐的林木",在增加了非法运输盗伐、滥伐的林木的行为方式的同时,删除了"以牟利为目的"这一超过的主观构成要件要素。

近年来,全国人大常委会还通过立法解释,降低控方对"明知"的证明要求,以方便控方有效指控犯罪。2014年4月24日通过的《关于〈刑法〉第341条、第312条的解释》明确规定:"知道或者应当知道是国家重点保护的珍贵、濒危野生动物及其制品,为食用或者其他目的而非法购买的,属于《刑法》第341条第1款规定的非法收购国家重点保护的珍贵、濒危野生动物及其制品的行为。知道或者应当知道是《刑法》第341条第2款规定的非法狩猎的野生动物而购买的,属于《刑法》第312条第1款规定的明知是犯罪所得而收购的行为。"这一规定将作为犯罪故意认知要素的"明知"解释为"知道或者应当知道","知道"是根据证据能够认定的"明知",而"应当知道"只是根据证据能够推定的"明知",实际也可能没有"明知"。如果辩方不能有效反驳这一推定,推定的"明知"则被认为是犯罪故意的"明知"。

(五)淡化故意、过失界限,模糊处理罪责要素

《刑法修正案(八)》增设了食品监管渎职犯罪,负有食品安全监督管理职责的国家机关工作人员,滥用职权或者玩忽职守,导致发生重大食品安全事故或者造成其他严重后果,构成本罪。按照传统见解,该刑法修正应当包括食品监管玩忽职守罪与食品监管滥用职权罪两个罪名,此前的司法解释也是根据这一见解确定相关渎职犯罪的具体罪名。但是,这种见解与做法并不妥当。事实上,立法者在规定此类渎职犯罪构成时,关注的焦点在于渎职行为、危害结果、因果关系等客观不法要件,至于行为人实施渎职行为包括玩忽职守与滥用职权行为时,主观上是出于过失还是出于故意,抑或过失之中有故意,故意之中有过失(亦即储槐植教授所称复合罪过),①并非立法者的关注所在,只要行为人主观上具有可得归责的过失,即得以渎职犯罪论处。这是我国《刑法》第397条对滥用职权罪、玩忽职守规定同一法定刑的基本立法考虑。多年来,我国刑法理论与司法实践未能真正把握立法者的立法原意或者刑法条文的客观意思,机械地将渎职犯罪区分为作为过失犯的玩忽职守罪与作为故意犯的滥用职权罪,如果严格要求控方在个案中按照法定证明标准证明并区分玩忽职守罪中作为罪责要素的过失与滥用职权罪中作为罪责要素的故意,必将大

---

① 储槐植、杨书文:《复合罪过形式探析——刑法理论对现行刑法内含的新法律现象之解读》,载《法学研究》1999年第1期。

大增加控方指控犯罪的难度,甚至致使控方无法有效指控犯罪。这既不经济,也不合理,更不符合渎职犯罪作为法定犯的不法属性与罪责内涵。为配合《刑法修正案(八)》的实施,"两高"2011年5月1日颁布的《关于执行〈刑法〉确定罪名的补充规定(五)》,首次将《刑法修正案(八)》增设的食品监管渎职犯罪,不论滥用职权还是玩忽职守,合二为一规定为食品监管渎职罪,显然是一个值得肯定的重大进步。

类似的逻辑即不再刻意强化法定犯中作为主观罪责要素的故意与过失之分,在准确领会立法精神特别是规范目的与保护法益的基础上,将主观罪责要素统一规范性地降格评价为过失,其实还应当体现在醉驾型危险驾驶罪之中,即将醉酒型危险驾驶不论其心理事实为故意还是过失,抑或无法证明的心理事实模糊状态,一律规范性地评价为过失犯。[①]尽管迄今为止通说和实务仍然认为醉驾型危险驾驶罪和其他危险驾驶罪行为类型一样,都应当以故意犯罪论处。[②]

(六)变形式预备犯为实质预备犯,预备行为实行化

我国《刑法》第22条一般性地确认了形式预备犯的可罚性,只是在具体处罚时可以比照既遂犯从轻、减轻或者免除处罚。就此而论,我国《刑法》早就实现了犯罪预备行为的全面干预,刑事法网可谓极其严密。但是,形式预备犯的普遍处罚面临着诸多难以回避的困境,我国司法基于实践理性的考虑,实际上也只能例外地处罚极个别重大犯罪的预备犯。突破预备犯普遍处罚原则困境的根本之道在于立法重构,即实现预备犯的刑法规制由普遍处罚到例外处罚、从总则规范到分则规范、从形式预备犯到实质预备犯的模式转换。[③]

正是在这样的背景下,《刑法修正案(九)》鉴于恐怖活动犯罪和网络违法犯罪活动的预备行为对公共安全与网络安全的潜在威胁,将预备行为实行化,规定了作为实质预备犯的准备实施恐怖活动罪和非法利用信息网络罪。根据《刑法修正案(九)》第7条规定,有为实施恐怖活动准备凶器、危险物品或者其他工具、组织恐怖活动培训或者积极参加恐怖活动

---

① 参见梁根林:《醉驾型危险驾驶罪的规范省思》,载《法学》2014年第4期。
② 参见张明楷:《刑法学》(第5版),法律出版社2016年版,第726页。
③ 参见梁根林:《预备犯普遍处罚原则的困境与突围》,载《中国法学》2011年第2期。

培训、为实施恐怖活动与境外恐怖活动组织或者人员联络、为实施恐怖活动进行策划或者其他准备情形之一的，即构成准备实施恐怖活动罪。根据《刑法修正案（九）》第9条的规定，个人或者单位利用信息网络实施设立用于实施诈骗、传授犯罪方法、制作或者销售违禁物品、管制物品等违法犯罪活动的网站、通讯群组、发布有关制作或者销售毒品、枪支、淫秽物品等违禁物品、管制物品或者其他违法犯罪信息、为实施诈骗等违法犯罪活动发布信息行为之一的，即构成非法利用信息网络罪。这两个实质预备犯的设置，不仅使得刑法干预起点大大前置，刑事归责更加有的放矢，而且大大减轻了控方的证明责任，便于控方成功指控犯罪，有效地防范公共安全与网络安全威胁。

（七）扩大犯罪参与归责范围，帮助行为正犯化

《刑法修正案（九）》第29条增设了帮助网络犯罪活动罪，明确规定："明知他人利用信息网络实施犯罪，为其犯罪提供互联网接入服务、服务器托管、网络存储、通讯传输等技术支持，或者提供广告推广、支付结算等帮助，情节严重的，处3年以下有期徒刑或者拘役，并处或者单处罚金"。这一独立罪名的立法设置，不仅为司法实务对诸如"快播"案中信息网络服务提供商对网民通过快播播放软件传播淫秽视频提供平台帮助的行为进行刑事归责，提供了明确的法律依据，而且解决了"没有正犯的共犯"的司法困境，维持了犯罪参与归责的基本原理。较之于司法实务中突破犯罪参与归责原理、无视网络服务提供者提供的网路服务类型及其背后的技术特点以及由此决定的行为可能性，强行通过不纯正不作为犯原理的运用，将信息网络服务提供商置于刑事保证人地位，科以其对信息网络使用者传输信息内容进行审查并阻止犯罪信息内容传播的积极作为义务，再藉由积极作为义务的不履行，以不纯正不作为的故意犯进行刑事归责的能动司法努力，刑法修正案通过拟制正犯的立法策略，将帮助行为正犯化，成为一个新的独立犯罪，至少可以化解司法实务过于能动司法引发的合法性争议，因而是相对妥当和可取的立法选择。①

---

① 不同的意见来自张明楷。他认为，《刑法修正案（九）》并非将信息网络犯罪活动的帮助行为正犯化，只是对其规定了独立的法定刑，不再适用刑法总则帮助犯的规定，这是根据共犯从属性原理、相关犯罪的保护法益以及相关行为是否侵犯法益及其侵犯程度得出的结论。参见张明楷：《刑法学》（第5版），法律出版社2016年版，第1051—1054页。

(八) 删除特别构成要件，扩大一般构成要件适用范围

《刑法修正案（九）》删除了 1997 年《刑法》第 360 条第 2 款的规定，将嫖宿幼女行为由作为特别构成要件的嫖宿幼女罪纳入《刑法》第 236 条第 2 款，以作为一般构成要件的强奸（幼女）罪予以统一规制。必须指出的是，1997 年《刑法》设置嫖宿幼女罪的初衷是通过刑法干预嫖宿幼女行为，保护堕落风尘的幼女，但是这一规定客观上违反了对于幼女给予平等、充分而特殊保护的公共政策，从立法上将幼女区分为良家幼女与风尘幼女予以差异化保护，对性侵良家幼女的论以强奸罪，而性侵"自愿"堕落风尘的幼女的则仅论以嫖宿幼女罪。尽管《刑法》第 360 条第 2 款规定的起刑点，比强奸罪的起刑点还高，5 年以上 15 年以下有期徒刑并处罚金的法定刑配置，足以保证司法机关对嫖宿幼女罪科处符合其不法和罪责程度的严厉刑罚，但是，这一立法安排是以区别对待良家幼女与风尘幼女为前提、以性侵良家幼女与性侵风尘幼女进行不同的法律评价为前提的，这一前提决定了嫖宿幼女罪构成要件设置本身，客观上就具有立法者主观上亦不愿出现的对"自愿卖淫"的风尘幼女的污名化效果，因而在公共政策上显然不是政治正确的立法安排。同时，1997 年《刑法》这一规定亦存在严重法理逻辑缺陷，它突破了不满 14 周岁的幼女，无论是良家幼女还是风尘幼女，一律不具有性自治、性自决能力的这一不可反驳的法律拟制，以设置嫖宿幼女罪独立构成要件的方式，变相承认了风尘幼女具有性自治、性自决能力。《刑法修正案（九）》删除这一规定，将嫖宿风尘幼女与奸淫良家幼女统一评价为强奸罪，克服了内含于 1997 年《刑法》这一规定的公共政策缺陷和法理逻辑矛盾。①

在《刑法修正案（九）》废止嫖宿幼女罪之前，1997 年《刑法》第 360 条第 2 款嫖宿幼女罪与《刑法》第 236 条第 2 款强奸（幼女）罪存在特别法与一般法的竞合关系。作为特别法，《刑法》第 360 条第 2 款构成了对《刑法》第 236 条第 2 款内涵的限制与外延的限缩。根据特别法优于一般法

---

① 批评者认为，删除嫖宿幼女罪是典型的情绪化甚至民粹化立法。参见刘宪权、房慧颖：《嫖宿幼女罪存废的刑事立法与司法应保持理性》，载《青少年犯罪问题研究》2015 年第 3 期；刘宪权：《刑事立法应力戒情绪——以〈刑法修正案（九）为视角〉》，载《法学评论》2016 年第 1 期。邵博文：《晚近我国刑事立法趋向评析——由〈刑法修正案（九）〉展开》，载《法制与社会发展》2016 年第 5 期。

的法条竞合原理,嫖宿幼女虽然具有强奸幼女的不法与罪责内涵,本应论以强奸(幼女)罪,却由于《刑法》第360条第2款的特别规定只能评价为嫖宿幼女罪。《刑法修正案(九)》废止嫖宿幼女罪,意味着对此类性侵幼女行为的法律评价向强奸罪回归,恢复了《刑法》第236条第2款对性侵幼女行为的全覆盖,实现了我国《刑法》对所有不满14周岁的幼女平等而无差异的特殊刑法保护,堵塞了嫖客借口不知是嫖宿不满14周岁的幼女而逃避刑事追究,或者仅以嫖宿幼女罪予以相对较轻的规范非难、伦理谴责的法律漏洞。这一修法策略对于进一步严密刑事法网、严格刑事责任、扩大犯罪圈,促进我国刑法结构转型,具有重要的横向比较和启发意义。1997年《刑法》对危害公共安全犯罪、生产、销售伪劣商品犯罪、走私犯罪、金融诈骗、侵犯财产犯罪、侵犯人身犯罪、妨害社会管理秩序犯罪、贪污贿赂犯罪、渎职犯罪等,规定了大量具有类似特别法与一般法竞合关系的法条竞合犯,其中特别法规定的构成要件不仅掏空了一般法规定的构成要件内涵,挤压了一般法规定的适用范围,而且往往设置了比一般法规定的构成要件更高的入罪门槛,许多完全符合一般法规定的构成要件的行为,在类型性地符合特别法规定的构成要件行为定型的同时,却由于无法达到该特别法规定的入罪门槛,而既无法适用特别法规定定罪量刑,也不能根据一般法规定予以刑事归责。尽管法条竞合包括特别法与一般法竞合是一种正常的立法现象,但是像我国1997年《刑法》这样设置如此多的特别法规定及特别构成要件,限缩一般法规定及一般构成要件适用,人为地制造刑事法网漏洞的做法,在其他国家并不多见。我国刑法中之所以存在大量这样的法条竞合犯,一个重要的原因就在于,这些特别法规定往往来源于1979年制定的《刑法》(简称1979年《刑法》)1979年《刑法》时期制定的特别刑法,而特别刑法的出台具有临时性、应急性,缺乏体系逻辑性,1997年全面修订刑法时,未经充分的体系性梳理与必要性论证,即将这些特别刑法规定整体入典,由此形成了入典后的特别刑法规定与继续保留的1979年《刑法》一般规定之间出现大量竞合关系的立法现象。可以预计,随着我国立法者刑法立法策略与立法技术的改进,特别是立法者对刑法内部体系逻辑性意识的觉醒,以废止《刑法》第360条第2款嫖宿幼女罪的特别规定、将嫖宿幼女行为回归强奸(幼女)罪予以统一评价为契机,我国今后扩张刑法干预范围、扩大犯罪圈的一个重要策略选项,可能就是对1997年《刑法》中大量存在的具有法条竞合关系的竞合犯进行立法清理,择机废止 1997 年《刑法》中不具有特别规定必要性的特别法规定及其构成要件,直接适用根据更具有规范涵摄力的一般法规定及其构成要件对相关行为定罪量刑。

(九) 废止刑事归责阻却事由

《刑法修正案(九)》删除 1997 年《刑法》第 241 条第 6 款关于"收买被拐卖的妇女、儿童,按照被买妇女的意愿,不阻碍其返回原居住地的,对被买儿童没有虐待行为,不阻碍对其进行解救的,可以不追究刑事责任"的规定,将"对被买的儿童没有虐待行为,不阻碍对其进行解救"与"按照被买妇女的意愿,不阻碍其返回原居住地",从刑事归责阻却事由降格为法定从宽处罚情节,"对被买儿童没有虐待行为,不阻碍对其进行解救的,可以从轻处罚;按照被买妇女的意愿,不阻碍其返回原居住地的,可以从轻或者减轻处罚"。这一重大刑法修正,一方面是考虑到只有从源头上遏制收买妇女、儿童的买方市场,才能更加有效地防范和惩治拐卖妇女、儿童犯罪行为;另一方面则是鉴于买卖妇女、儿童严重亵渎人性尊严,触犯文明社会底线,更为法治精神所不容,必须明确国家对此类犯罪行为绝对的规范性禁止。收买被拐卖的妇女儿童罪的适用范围较之修改前必将大幅扩张,堵塞了行为人收买被拐卖的妇女儿童逃避刑事追究的法律漏洞。①

(十) 增加诉讼救济规定,提高刑事自诉成功率

随着信息社会的到来与信息网络的普及,通过信息网络侮辱、诽谤他人,不仅成为侮辱、诽谤犯罪行为的"新常态",而且由于信息网络的扩散效应,可能使得其对被害人人格、名誉的损害结果无限放大。在公民的人格、名誉、尊严意识觉醒的当代中国,《刑法》必须加强对通过信息网络侮辱、诽谤他人的刑事干预。但是,根据《刑法》第 246 条的规定,侮辱、诽谤罪除"严重危害社会秩序和国家利益"例外情况下,只是"告诉才处理"的犯罪。面对通过信息网络侮辱、诽谤的犯罪行为,被害人告诉时往往存在着收集、固定犯罪信息、数据与电磁记录等电子证据的困难。因此,《刑法

---

① 不同的意见来自车浩。他认为,刑法废止该罪的刑事归责阻却事由违反了以预防为中心、以报应(罪责)为边界的刑罚目的理论,使得收买妇女、儿童者的回头路由宽变窄,未必有利于被收买的妇女、儿童的保护。参见车浩:《刑事立法的法教义学反思——基于〈刑法修正案(九)〉的分析》,载《法学》2015 年第 10 期。

修正案(九)》针对本罪特别设置了诉讼救济措施,即"通过信息网络实施第 1 款规定的行为,被害人向人民法院告诉,但提供证据确有困难的,人民法院可以要求公安机关提供协助。"这一规定解除了被害人提起侮辱、诽谤刑事自诉的举证困难,大大方便了被害人提起侮辱、诽谤刑事自诉,可以激活长期陷于沉睡状态的《刑法》第 246 条,强化我国《刑法》对国民人格、名誉、尊严的刑事保护。

二、犯罪圈扩大立法趋向的实践合理性

本文揭示的上述刑法修正策略表明,《刑法修正案(八)》与《刑法修正案(九)》在扩张刑事法网、扩大犯罪圈维度上进行的刑法修正,不仅展现了刑法干预早期化的趋势,而且突出了刑法干预能动化的诉求。前者主要是指,刑法的辅助性法益保护机能与第二次法体系定位受到一定冲击,刑法干预起点大大前置,犯罪门槛不断降低,刑法与行政法、民商法干预的界限逐渐模糊,结果本位的构成要件日益让位于危险本位甚至行为本位的构成要件,犯罪圈因而大大扩张。后者主要是指,立法者刻意运用各种刑法修正策略,降低犯罪证明要求,减少控方指控犯罪难度,方便司法灵活高效地适用刑法,从而在事实上扩大犯罪圈。前者是显性犯罪圈的扩大,后者是隐性犯罪圈的扩大。无论如何,犯罪圈不断扩大的立法事实表明,刑法理论关注与争议的"风险刑法""干预刑法""预防刑法""民生刑法""安全刑法"甚至"敌人刑法"理念,或已随风潜入夜,润物细无声,逐渐渗透到了我国刑事立法,我国刑法的犯罪化立场,已经由过去的相对消极、谦抑,悄然转向相对积极、扩张,并仍将成为今后一个时期立法趋向。

需要指出的是,犯罪圈不断扩大、刑事立法日益活性化绝非我国刑事立法所独有,而是一个当代刑法变迁的世界性趋向。在德国,希尔根多夫通过对 1975 年刑法改革至 2005 年间德国刑法发展的脉络与特征的考察,发现德国刑法发展总体上呈现灵活化、扩张化、欧洲化、世界观多元化的趋势。① 在日本,张明楷在十年前曾撰文描述了日本类似的刑法立法活性化趋势,认为"日本已从刑事立法的稳定化转向了刑事立法的活性

---

① 参见埃里克·希尔根多夫:《德国刑法学:从传统到现代》,江溯、黄笑岩等译,北京大学出版社 2015 年版,第 23—45 页。

化,其主要表现为犯罪化,同时强化对被害人的保护,导致刑法保护的早期化和刑罚处罚的重罚化。"①2008 年日本学者井田良明确地将日本刑法变迁趋势概括为"犯罪化""重刑化""处罚前置化"与"保护抽象化"四个显著特征。② 类似的刑事立法活性化趋势在英美同样活灵活现。在美国,2008 年美国学者道格拉斯·胡萨克认为,美国联邦和州刑事司法制度的最显著特征就是"实体刑法的巨大扩张和刑罚使用的急剧增长",由此导致诸多的非正义。③ 这些国家刑事立法活性化的趋势引起了学界激烈的批评和争议。在德国,法兰克福学派中对于德国刑法发展最敏锐的观察者和批评者沃尔夫冈·瑙克认为,德国刑法已经背离了古典自由主义的、旨在保护个人权利的刑法模式,而总是延伸到诸如环境、毒品、有组织犯罪、恐怖主义、高科技犯罪和产品责任等古典刑法理论之外的领域。④ 而希尔根多夫教授则认为,评价德国刑法的发展时,不应该轻率地陷入一种片面批判的立场,并信誓旦旦地保证"古典自由主义刑法"的优点。事实上,纯粹古典自由主义刑法从来没有存在过。同样必须考虑的是,经历了多次备受争议的修改后,当今的刑法远比 30 年前更加符合时代精神,这首先体现在,现行法律的规定不仅高度适应社会伦理的发展,也高度符合数据处理、信息传递等方面的技术进步水平。⑤ 在日本,根据张明楷教授的观察,则存在肯定、否定与中间立场的对立。⑥

如前所及,对于中国刑法严密刑事法网、扩大犯罪圈的活性化立法趋向,我国学界存在着类似德国、日本的反对与肯定的尖锐意见分歧。具体的分歧焦点在于,反对者基于古典自由主义与结果无价值的不法论立场,反对刑法修正案对犯罪圈的扩张以及刑法干预的早期化和能动化,对刑

---

① 参见张明楷:《日本刑法的发展及其启示》,载《当代刑法》2016 年第 1 期。
② 转引自邵博文:《晚近我国刑事立法趋向评析——由〈刑法修正案(九)〉展开》,载《法制与社会发展》2016 年第 5 期。
③ 参见道格拉斯·胡萨克:《过罪化及刑法的限制》,姜敏译,中国法制出版社 2015 年版,第 1 页。
④ 转引自埃里克·希尔根多夫:《德国刑法学:从传统到现代》,江溯、黄笑岩等译,北京大学出版社 2015 年版,第 24—25 页。
⑤ 参见埃里克·希尔根多夫:《德国刑法学:从传统到现代》,江溯、黄笑岩等译,北京大学出版社 2015 年版,第 23—45 页。
⑥ 张明楷:《日本刑法的发展及其启示》,载《当代刑法》2016 年第 1 期。

法修正案展现的社会治理过度刑法化[①]、刑事立法的情绪化[②]、新工具主义倾向[③]、意识形态化[④]深表担忧。而肯定者则从规范主义与行为无价值的不法论立场出发,对我国刑法干预起点前置、犯罪圈扩大的立法趋向予以充分肯定。如周光权怀疑古典自由主义刑法观是否能够实现逻辑自洽、是否能够适应现代社会的发展,主张我国刑事立法应当超越古典自由主义的"消极刑法立法观",确立"积极刑法立法观",因为积极刑法立法观是治理社会的刚性需求,处罚早期化具有必要性,刑法谦抑性不反对现代社会增设必要数量的新罪。基于这一基本立场,周光权在承认学界对刑法修正案的某些批评言之成理的同时,特别强调学者的使命不在于批评法律,而在于合理地解释法律。[⑤]

法律是人民自由的大宪章。保障国民个体自由不被恣意专横的国家刑罚权侵蚀,始终是法律人应当首先关注的价值目标。笔者能够理解刑法同仁对法治国的权力约束与权利保障机制尚未健全的特殊语境下我国犯罪圈不断扩大、刑法干预早期化和能动化的疑虑与担忧。但是,批评者需要正视的问题是,复杂中国面临着共时性的多重安全威胁(传统、现代与后现代),刑法必须回应彼此具有内在紧张性的多元价值诉求(自由、民生与安全),这一现实决定了当代复杂中国刑法不可能是单向度和单面相的。如果囿于古典自由主义的单一价值标准,随意对我国刑法修正贴上某种意识形态化的标签,就难免周光权所谓"用古典刑法观之矛攻击现代刑事立法的盾"之讥。[⑥]

《刑法修正案(八)》和《刑法修正案(九)》展现的严密刑事法网、扩大犯罪圈的活性化立法趋向,旨在回应我国特殊语境下民生保护、风险防范的客观需要,亦顺应当今世界刑事法网扩张、刑事立法活性化的发展脉络。但是,是否应当如周光权所言,将刑法修正客观呈现的犯罪圈扩大立法趋向直接冠以"积极刑法立法观"并加以体系性地证成,笔者对此有所

---

① 参见何荣功:《社会治理过度刑法化的法哲学批判》,载《中外法学》2015年第2期。
② 参见刘宪权:《刑事立法应力戒情绪——以〈刑法修正案(九)〉为视角》,载《法学评论》2016年第1期。
③ 参见魏昌东:《新刑法工具主义批评与校正》,载《法学》2016年第2期。
④ 参见邵博文:《晚近我国刑事立法趋向评析——由〈刑法修正案(九)〉展开》,载《法制与社会发展》2016年第5期。
⑤ 参见周光权:《积极刑法立法观在中国的确立》,载《法学研究》2016年第4期。
⑥ 同上。

保留。周光权认为其所谓"积极刑法立法观",与德国、日本刑法视野中的刑事立法活性化具有同样的时代精神。①而在我看来,通过活性化的刑事立法,不断前置刑法干预起点,扩大犯罪圈,是一种客观存在的立法现实与发展走向,"积极刑法立法观"则是刑法理论对这种客观存在的立法现实与发展走向的立场性确认与体系性证成。刑法理论对活性化的刑事立法前置刑法干预起点、扩大犯罪圈的立法事实和发展走向的正视,并不当然意味着刑法理论上的确认和证成。正视可以是描述性和功能性的分析,也可以是以此为基础的价值判断和立场选择;可以是立法论范畴内的分析、评估与批判,也可以是解释论范畴内阐释、界定与校正。周光权所称"积极刑法立法观在中国的确立",符合其一贯倡导的规范主义与行为无价值的不法论体系逻辑,或许可以证成刑法修正案的立法事实与发展走向,但是否足以证成我国刑法立法基本立场已经完全转向"积极刑法立法观",尚待进一步观察。

对于刑法修正案严密刑事法网、扩大犯罪圈的活性化立法趋向,笔者的基本立场是,应当超越肯定与否定的立场选择之争,区分立法论与解释论的不同范畴,在立法论上进行客观分析、深刻理解与中肯批评,在解释论上则发挥刑法教义学的限制功能,对可能过于前置刑法干预起点的刑法条文限缩其适用范围。基于这种立场,本文认为,在立法论范畴内,不能拘泥于古典自由主义的立场,对刑法修正进行简单拒斥和批判,而应当在总体上肯定刑法修正展现的犯罪圈扩大立法趋向具有客观必然性和实践合理性。

(一)犯罪圈扩大的立法趋向,是当代中国特殊语境下社会治理与社控制客观需要的反映

"刑法是一种社会治理和社会控制的机制,它也就只能谋求社会的目标"②。通过刑法进行有效的社会治理和社会控制,始终是推动立法进化不可抗拒的原动力。与欧美诸国不同,当代中国社会治理与社会控制的语境特殊性与问题复杂性在于,我们不得不"要超越近代——现代——后现代的时间单维性,而在一个时间点上要同时完成法治国、福利国和安全

---

① 周光权:《积极刑法立法观在中国的确立》,载《法学研究》2016 年第 4 期。
② 克劳斯·罗克辛:《刑事政策与刑法体系》,蔡桂生译,中国人民大学出版社 2011 年版,第 76 页。

保障国的构建"。① 也就是说,我们不仅面临前现代社会建构形式法治国、制约绝对主义的国家权力、确立国民个体自由保障机制的古典任务,而且面临着现代社会建设福利国家、对社会产出和补偿进行公平分配的现代性要求,更由于全球风险社会、信息社会新型安全威胁的出现而承受着建设安全国、保障集体安全的后现代压力。如何平衡自由、民生与安全的关系,考验着执政者和立法者的智慧。在刑法领域,为了防范国家刑罚权扩张可能对国民个体自由构成的传统威胁,我们必须贯彻"以法治—自由的刑事政策为基础的刑法主导思想"(罗克辛语)②,必须赋予刑法以第二次法的体系定位,强调刑法的最后手段性和辅助性法益保护机能,尽量避免随意动用刑法进行社会治理与社会控制,亦即刑法能不出场就不出场。但是,现代福利国积极干涉主义的国家角色与机能,客观上要求刑法在社会治理和社会控制体系中的定位、属性与机能作出相应改变,在涉及国计民生、社会福祉等重大法益保护时,刑法该出手时就要出手。更为重要的是,随着全球风险社会、信息社会的到来,无处不在的风险以及公众对风险的普遍无知和莫名恐惧,成为社会治理和社会控制必须直面的新型安全威胁与挑战,刑法在其法治国的自由保障机能、福利国的民生保护机能之外,不得不衍生出安全国的集体安全维护机能,风险防范与集体安全甚至大有超越古典刑法的自由保障诉求,成为后现代刑法压倒性的政治诉求之势,刑法因而不得不未雨绸缪、主动出击、防患于未然。从近代到现代,再到后现代,从法治国到福利国,再到安全国,欧美主要国家基本上是在自18世纪中后期至20世纪末、21世纪初的200多年间历时性地遭遇或完成的。而这三个时代的问题与任务却在同一时间点上共时性地出现在当代中国社会治理与社会控制的过程中,成为当代中国刑法不得不统筹兼顾、审慎回应的重大挑战,并迫使当代中国刑法在尚未完全成型的自由刑法基本面向之外,内生出民生刑法与安全刑法的新面向。《刑法修正案(八)》《刑法修正案(九)》旨在加强对重大民生的刑法保护的一系列罪名设置,《刑法修正案(九)》进一步以更加早期化、能动化的方式规制恐怖主义犯罪与网络犯罪,说到底就是这种民生刑法与安全刑法思维的

---

① 李学尧:《转型社会与道德真空:司法改革中的法律职业蓝图》,载《中国法学》2012年第2期。
② 转引自埃里克·希尔根多夫:《德国刑法学:从传统到现代》,江溯、黄笑岩等译,北京大学出版社2015年版,第173—174页。

产物。①

评价刑法修正呈现的民生刑法和安全刑法新面向时,无法回避的一个关键理论问题是,刑法是否应当以及如何应对风险社会的风险。在我看来,无论刑法理论是否承认风险刑法概念或风险刑法理论②,全球风险社会已经到来,风险无处不在是不争的事实。风险本身是不确定和价值中立的,风险可以被行政法规制③,而不能被刑法直接评价,因为刑法评价的对象只能违反法规范期待、破坏法秩序效力的行为(行为无价值),或者以违反法规范的方式惹起法益侵害结果或者危险的行为(结果无价值)。就此而论,风险概念在刑法规范评价的视野中并无容身之地,风险刑法概念或者风险刑法理论也不具有刑法理论体系的建构基础。但是,一方面,对风险社会无处不在的风险的普遍无知、莫名恐惧以及由此引发的民生保护与安全防范诉求,客观上必然会推动立法者较之过去更加积极、主动地关注重大民生福祉的保护与集体安全的防范,刑法的民生导向、安全导向因而就会成为全球风险社会的刑法必须直面的立法现实。④另一方面,原本不确定和价值中立的风险,如果被以法规范所不允许的方式对待,完全可能创设并进一步提升法所不容许的危险。这种法所不容许的危险一旦实现,往往可能造成无法控制、灾难性、不可修复和系统性的法益侵害。为了防患于未然,当今世界许多国家不仅借助于技术防范与行政规制,加强风险管控,而且对严重违反风险技术防范与行政规制、创设法所不容许的危险的行为,动用刑法进行主动干预、早期干预和一般预防。其突出标志就是,危险犯立法特别是抽象危险犯的立法取代实害犯立法⑤,成为主动干预、早期干预创设法益侵害危险的行为的标准立法模式,刑法的事后惩罚报应功能逐渐让位于事先的一般预防功能。因此,德国学者乌尔里希·齐白指出,在全球风险社会,由于刑法的镇压性功能向预防性功能的转变,一个整体性安全法体系正在建构之中,刑法、警察法、情报法、移民法、战争法以及其他法律领域之间的界限出现了

---

① 参见劳东燕:《风险社会与变动中的刑法理论》,载《中外法学》2014年第1期。
② 相关讨论,可以参见劳东燕:《公共政策与风险社会中的刑法》,载《中国社会科学》2007年第3期;劳东燕:《风险社会与变动中的刑法理论》,载《中外法学》2014年第1期;陈兴良:《风险刑法理论的法教义学批判》,载《中外法学》2014年第1期。
③ 金自宁:《风险行政法的前提问题》,载《华东政法大学学报》2014年第1期。
④ 参见劳东燕:《风险社会与变动中的刑法理论》,载《中外法学》2014年第1期。
⑤ 参见约克·艾斯勒:《抽象危险犯的基础和边界》,蔡桂生译,《刑法论丛》2008年第2期。

模糊化。① 而安全导向的刑法以及刑法与其他法律界限的模糊化,又进一步导致德国学者埃里克·希尔根多夫所指出的"刑法对于德国立法者(其实也对于欧洲立法者)而言,再也不是由温弗里德·哈塞默所完美表达的'最后手段',而总是作为优先适用的手段,有时甚至作为唯一手段。与此同时,刑法总是被继续前置化。不仅通过设置大量的未遂可罚性,而且通过大力扩大具体危险犯、抽象危险犯以及过失危险犯范围来实现法益保护,通过设立新的超个人法益来保障以及加速实现刑法的扩大化与灵活化。'风险刑法'这个概念正是对这整个发展趋势的概括。"② 基于实践理性,我国刑法修正展现的刑法干预早期化、能动化与扩大化,客观上遵循着同样的逻辑与趋势。

因此,劳东燕指出:"风险社会理论表明,刑法体系向安全刑法的转移有其现实的社会基础,预防的走向代表着刑法对社会需求所作出的一种自我调整"。刑事立法的这一转向,既不意味着法治国的自由刑法必须被放弃,也不代表自由刑法与民生刑法、安全刑法具有不可调和的紧张性。早在1970年,罗克辛就指出:"法治国和社会福利国之间其实也并不存在不可调和的对立性,反而应当辩证地统一起来;没有社会福利正义的国家秩序,实际上也就不是法治国;同样,计划和供给的国家,若没有法治国的自由保障,也不能成为社会福利国。"③ 今天,我们可以进一步断言,法治国的自由刑法与集体安全国的安全刑法之间同样不存在不可调和的对立性。毕竟,丧失了自由,安全就成为了苟活。没有了安全,自由就无从谈起。保护民生福祉、维护集体安全,在相当意义上就是保障个体自由。民生福祉与集体安全事实上就成为法治国自由刑法必须特别保护的重大法益。当然,民生刑法与安全刑法所保护的民生福祉与集体安全法益具有超个人属性与相当的抽象性,通过早期化、能动化的刑法干预保护这些重大法益,确实蕴藏着削弱法益概念的批判与限制功能、侵蚀法治国自由刑法的潜在危险,因此必须发展出劳东燕所称的对其进行适当控制的体系,

---

① 参见乌尔里希·齐白:《全球风险社会与信息社会中的刑法》,周遵友、黄笑岩等译,北京大学出版社2012年版,第4页。
② 参见埃里克·希尔根多夫:《德国刑法学:从传统到现代》,江溯、黄笑岩等译,北京大学出版社2015年版,第173—174页。
③ 克劳斯·罗克辛:《刑事政策与刑法体系》,蔡桂生译,中国人民大学出版社2011年版,第15页。

包括刑法体系内部的控制机制与宪法对刑法的合宪性控制,来规制这种危险。① 也就是说,如果能够从刑法逻辑的体系性与一致性、刑法内容的法益关联性与合目的性、刑事归责基本原则体系的限制等维度,对刑法立法与适用进行刑法体系内的控制,同时强化宪法的基本权利与目标设定对刑事立法的价值渗透,在立宪主义、科学主义与民主主义的基础上制定刑法②,并通过宪法教义学的努力以及刑法教义学与宪法教义学的对话,对刑法的解释与适用进行合宪性控制③,应当能够基本化解内在于当代刑法三个面向的紧张性,使干预早期化、能动化的刑法既满足法治国自由保障机制的基本要求,又能有效地回应保障民生福祉、维护集体安全的机能期待。

(二) 犯罪圈扩大的立法趋向,符合消除中国现行刑法结构矛盾与机能障碍的内在逻辑

刑法结构是犯罪圈与刑罚量的稳定组合形式。犯罪圈的大小由刑事法网与刑事责任的疏密程度决定,刑罚量的轻重则取决于立法与司法为法定犯罪配置的刑罚结构与刑罚制度。刑法结构决定刑法功能,不同的刑法结构具有不同的刑法功能。刑法结构存在缺陷,刑法功能必然受到制约。正如储槐植教授二十多年前所言,我国刑法结构在整体上属于刑事法网过于疏漏即"犯罪过谦"、刑罚配置过于苛厉即"刑罚过重"的"厉而不严"的刑法结构。④ 西原春夫在《我的刑法研究》中指出,"中国目前的刑法真是完美的非犯罪化","中国在法律体系上是彻底的非犯罪化"。⑤ 这与其说是对中国刑法谦抑精神的赞誉,不如说是对中国刑法结构缺陷的批评。这种"厉而不严"的刑法结构,既无助于国民法规范意识的养成、

---

① 参见劳东燕:《风险社会中的刑法》,北京大学出版社2015年版,第70—71页。
② 宪法学者韩大元指出:"在法治国家,刑法必须受到立宪主义、科学主义与民主主义的制约,但是有时我们过分依赖民主主义,而回避立宪主义,缺失科学主义。……立宪主义价值的渗透以及对科学主义立场的坚守,这是刑事立法必须遵循的基本价值立场。"韩大元等:《行宪以法,驭法以宪:再谈宪法与部门法的关系》,载《中国法律评论》2016年第2期。
③ 宪法学者张翔主张,刑事政策的宪法化有助于消除刑事政策的模糊性,缓和其对实证法体系的冲击,补强其批判立法的功能。应该构建具有宪法关联性、以基本权利为核心的法益概念,使其兼具解释和批判立法的功能,刑罚制度的政策性调整也应当接受比例原则的审查。参见张翔:《刑法体系的合宪性调控——以"李斯特鸿沟"为视角》,载《法学研究》2016年第4期。
④ 参见储槐植:《罪刑矛盾与刑法改革》,载《中国法学》1994年第5期。储槐植等:《刑法机制》,法律出版社2004年版,第8页。
⑤ 参见西原春夫:《我的刑法研究》,曹菲译,北京大学出版社2016年版,第193页。

国家法规范权威的确立与社会法秩序的巩固,也不利于刑罚威慑与预防功能的发挥;既放跑了许多实施了具有刑事可罚性的行为、本应受到刑罚处罚的违法者,也使不幸落入刑事法网者受到了过度的刑罚处罚,因而既没有效益,也不经济,更不公正。因此,完善刑法结构就是要实现我国刑法结构由"厉而不严"向"严而不厉"的转型,在扩张刑事法网、严格刑事责任、适度扩大犯罪圈的同时,优化刑罚结构,完善刑罚制度,合理配置刑罚量。迄今为止,尽管还存在着个别不同见解①,但在总体上,"严而不厉"这一学术思想已经成为我国学界学术共识,并且为立法者所接受,成为我国刑法改革与刑法修正的基本政策指引。立法者根据社会治理需要的变化、社会治理体系的调整,不断前置刑法干预起点,降低犯罪构成门槛,增加新罪名,扩大犯罪圈,并在此基础上适度调整刑罚结构,完善刑罚制度,渐进式地推动刑法结构的转型。《刑法修正案(八)》和《刑法修正案(九)》则是立法者完善刑法结构的持续性立法努力最为集中的体现。

可见,中国刑法对包括恐怖主义和网络犯罪在内的许多新型安全威胁的刑法干预起点前置与处罚范围的扩张,植根于中国刑法自身结构改革与完善的这一内在需求。立法者鉴于现行刑法"厉而不严"的结构缺陷,选择"犯罪扩张"与"刑罚轻缓"并驾齐驱的刑法修正路径,在运用多种立法策略严密刑事法网、严格刑事责任,适度扩大犯罪圈的同时,优化刑罚结构、完善刑罚制度,合理配置刑罚量,总体上仍然符合刑法谦抑性原理的要求。须知,即使经过《刑法修正案(八)》与《刑法修正案(九)》的大幅度修正,我国现行刑法规定的罪名总量仍然只有 468 个,而且大多规定了较高的犯罪门槛,即使没有明文规定罪量要素的犯罪,其构成要件该当性的认定仍然受到刑法总则第 13 条但书的严格规制,对符合刑法分则条文的定性描述但确属情节显著轻微、危害不大因而不具有刑事可罚性的行为,不得认为该当构成要件并予以刑事归责。② 而无论是德日等大陆法系国家,还是英美等普通法系国家,不仅在立法上只有对构成要件的定性规定而无定量要求,刑法典、特别刑法与行政刑法中规定的可以刑事归责的罪名总量,连刑法专业研究人士都无法准确统计,其刑事法网之严

---

① 卢勤忠:《"中罪中刑"的刑法结构之提倡——对"严而不厉"的一点质疑》,载《当代法学》2012 年第 6 期。
② 参见梁根林:《但书、罪量与扒窃入罪》,载《法学研究》2013 年第 2 期。

密、刑事责任之严格、犯罪圈之极度扩张,几乎已经到了使国民动辄得咎的程度。正是在这样的实定刑法体系语境下,刑法学者才普遍表达了对刑法过度犯罪化的担忧。① 尽管在学界批评、民权运动与资源稀缺等多重压力之下,欧美各国在20世纪60—70年代曾经一度出现过非犯罪化甚至要求废除刑法的运动,但是,其主要对象只是道德犯罪与无被害人犯罪等极为有限的领域,而在更为广泛的经济活动、科技发展与社会治理领域,不仅非犯罪化没有取得实质性进展,反而出现了较之过去更加严重的新犯罪化、重刑化,甚至是泛刑法化与过度犯罪化,刑事立法的活性化因而再度引发刑法理论的普遍关注与严厉批判。② 中国的刑法立法应当以此为戒,避免重蹈欧美刑法过度犯罪化的覆辙,坚守刑法的辅助性法益保护机能定位,但也必须发挥刑法应有的社会治理与社会控制功能,正视当代中国社会转型时期所面临的各种复杂问题与严峻挑战,在审慎研究、科学论证的基础上,对确具刑事可罚性的制造法不容许的各种新型安全威胁的行为予以刑法干预,或者对既定罪刑规范结构进行必要而适度的调整,降低犯罪门槛,扩大犯罪圈,同时合理配置或调整刑罚量,使我国刑法结构逐渐由"厉而不严"转型为"严而不厉"。在我国刑法的犯罪圈与欧美国家刑法的犯罪圈存在巨大差异的语境下,如果动辄援引西方学者针对其所在国过度犯罪化、泛刑法化的批判,对我国刑法修正案扩大犯罪圈的立法趋向随意贴上过度犯罪化、泛刑法化的标签,似有"暖风熏得游人醉,直把杭州作汴州"之嫌。

(三)犯罪圈扩大的立法趋向,是法治中国进程中废止劳动教养导致的法律制裁体系调整使然

自20世纪50年代以来,我国逐步形成并构建了由行政处罚(特别是治安管理处罚)、劳动教养与刑事处罚三位一体的公法制裁体系。对一般行政违法行为予以行政处罚,对较为严重或者惯常的行政违法以及轻微

---

① See Sanford H. Kadish, The crisis of overcriminalization, American Criminal Law Quarterly, Vol. 7, No. 1(1968), pp. 17—34;参见哈伯特·帕克:《刑事制裁的界限》,梁根林等译,法律出版社2008年版。

② 参见埃里克·希尔根多夫:《德国刑法学:从传统到现代》,江溯、黄笑岩等译,北京大学出版社2015年版,第173—174页。参见道格拉斯·胡萨克:《过罪化及刑法的限制》,姜敏译,中国法制出版社2015年版。See Andrew Ashworth, "Conceptions of Overcriminalization", Ohio State journal of Criminal Law, Vol. 5, NO. 2 (Spring, 2008), p. 424.

犯罪行为，由以公安机关为主组成的劳动教养管理委员会决定予以劳动教养，对不法和罪责达到刑事可罚程度的犯罪行为（排除情节显著轻微危害不大的情况），通过刑事诉讼程序由人民法院予以定罪量刑。由于存在适用对象与适用条件的模糊性、决定过程的任意性与非司法性以及劳动教养限制、剥夺国民自由后果的严重性等一系列弊端，劳动教养的合法性和正当性一直饱受争议。在全面建设法治国家成为治国基本方略的语境下，全国人大常委会于2013年12月28日正式废止劳动教养。劳动教养被废止后，原来被劳动教养处置的违法犯罪行为，除部分应当放弃国家干预外，必然面临着分流处遇的问题，其方向无非是，将部分违法行为纳入行政违法范畴予以行政处罚特别是治安管理处罚，将另外一部分本来就具有刑事可罚性的违法行为，或者因应刑法结构调整而得以犯罪化的行为，提升为轻罪予以刑法规制。《刑法修正案（八）》增设三种盗窃罪行为类型特别是将扒窃单独入罪，《刑法修正案（九）》增设多个妨害社会治理与司法秩序的犯罪，都是因应劳动教养废止后社会治理和社会控制需要而在刑事立法上作出的特别安排。可以认为，废止劳动教养，是促使立法者更加积极地推动刑法结构调整，在增设扰乱社会治理秩序的犯罪、降低既有犯罪构成门槛、扩张刑法干预范围、前置刑法干预起点的同时，适度调整刑罚结构、完善刑罚制度的直接动因，并联动、促进了《刑法修正案（九）》以增设义务犯和抽象危险犯的立法策略，将对恐怖主义犯罪、网络犯罪关联行为的刑法干预早期化、能动化。

（四）犯罪圈扩大的立法趋向，贯彻了宽严相济刑事政策"该严则严、严中有宽、宽以济严"的要求

当今世界法治国家的刑事政策与刑法并非相互排斥的两张皮，刑法并非仅仅追求法治国的自由保障机能，刑事政策亦非专注于实现刑法的社会任务，因而刑法与刑事政策之间并不存在罗克辛所称的"李斯特鸿沟"。[①] 所谓的"李斯特鸿沟"，如果不是罗克辛为建构并渲染其刑事政策导向的目的理性的犯罪论体系，为此前的德国犯罪论体系策略性地刻意粘贴的一个学术标签，充其量也不过是一场学术误会。[②]

[①] 克劳斯·罗克辛：《刑事政策与刑法体系》，蔡桂生译，中国人民大学出版社2011年版，第7页。

[②] 参见邹兵建：《跨越李斯特鸿沟：一场误会》，载《环球法律评论》2014年第2期。

刑事政策具有多个面相。如果在机能主义与目的理性即刑法的目的和任务这一形而上的层面理解刑事政策，刑事政策与刑法的贯通与融合，体现在刑法制定、刑法适用与刑法理论体系构建全过程。刑法的刑事政策化（刑法的制定和适用合乎刑事政策的任务与目的设定，讲究刑事政策的效果），刑事政策的刑法化（刑事政策的诉求符合宪法的基本权利与目标设定，通过正当法律程序予以立法化，刑事政策在法条规范保护目的与文义边界范围内参与刑法的解释与适用），是多数国家处理刑事政策与刑法关系的通行模式。因此，一方面，刑事政策具有立法论机能（引领立法者制定善良刑法、满足良法之治要求）与信条性机能（指导司法者结合个案具体情况妥当地适用刑法、满足具体法治要求）；另一方面，"刑法典是犯罪人的大宪章"，"刑法是刑事政策不可逾越的屏障"，又是法治国家必须恪守的信条。在刑法理论体系构建方面，以罗克辛为代表的将刑事政策与刑法体系予以整合，从刑法的任务中导引出不法、从刑罚的目的中推导出答责性的刑事政策导向的目的理性的犯罪论体系[1]，正是迄今为止贯通刑事政策与刑法体系、兼顾刑法的安定性与功能性的最佳理论方案与定罪思维模型。而如果在实定刑法之外的合理而有效地组织对犯罪的反应的战略、方针、策略、手段与行动艺术这一本体意义上理解刑事政策，刑事政策其实就是刑事政治[2]，刑事政策指引甚至统帅着实定法的制定和适用，因而往往被视为实定法的高级法背景，具有作为软法的事实约束力。每一次刑事政策的重大变迁，都直接决定和主导着刑法变革和发展的方向。以美国为首的西方国家在"9.11"袭击事件发生后，纷纷出台内容基本雷同的"爱国者法案"，在实体上扩大刑法干预恐怖主义犯罪的范围，加大对恐怖主义犯罪的刑罚处罚力度，从程序上松弛正当法律程序原则的要求，允许情报机关与执法部门对嫌疑对象进行监听、监视，默认对恐怖分子的刑讯，甚至将恐怖分子摒弃在国内法与国际法保护之外，都是严打恐怖主义刑事政策直接主导的结果。而美国各州相继出台的"梅根法（性罪犯登记与公告法）""三振出局法"等法案，同样是立法者因应对性侵害儿童的危险性罪犯以及三犯重罪的累犯进行严厉打击与有效防范的

---

[1] 参见克劳斯·罗克辛：《刑事政策与刑法体系》，蔡桂生译，中国人民大学出版社2011年版，第70页。
[2] 卢建平、周建军：《政治系统理论事视野的刑事政策科学》，载《河南财经政法大学学报》2009年第1期。

刑事政策需要与民粹主义的重刑化诉求的产物。如果剔除其中的意识形态左右、情绪性宣泄、民粹主义操弄等病理性的立法驱动因素，刑事政策作为刑事政治对于刑事立法的主导，即刑事立法的政策化，则是一个完全正常的生理性的政治与法律现实，问题的关键在于刑事政策是否受到更高位阶的宪法基本权利与价值目标的有效规制，以及刑事政策根据何种价值目标与刑法理念将其政策诉求立法化。

在强调通过刑事政策直接贯彻执政党政治意志的当代中国，刑事政策特别是20世纪80年代以后的"严打"方针对刑法的体系外调控与引领曾经饱受诟病。2005年以后，我国刑事政策逐渐回归理性，"严打"方针被宽严相济刑事政策所取代。2010年2月8日最高人民法院发布的《关于贯彻宽严相济刑事政策的若干意见》进一步确认："宽严相济刑事政策是我国的基本刑事政策，贯穿于刑事立法、刑事司法和刑罚执行的全过程"。因此，对现行刑法进行适时调整，该宽则宽，该严则严，宽中有严，严中有宽，宽以济严，严以济宽，宽严适度，就是宽严相济刑事政策的当然要求。

宽严相济刑事政策"宽"的一面政策内涵可以概括为宽容、宽大与宽怀，即对不具有刑罚处罚必要性的行为予以宽容，对不法和罪责程度较轻的罪行与罪犯予以宽大，即使对不法和罪责程度重大的罪行和罪犯也要依法体现刑罚的宽怀。其立法与司法论上的要求主要体现为非犯罪化、非监禁化、非刑罚化甚至非司法化以及对犯罪处遇上的人性尊重、人文关怀与人道待遇。而宽严相济刑事政策"严"的一面政策内涵则包括严密、严厉和严肃，即严密刑事法网，严格刑事责任，尽可能合理划定犯罪圈，堵塞刑法漏洞；对犯罪行为合理配置刑罚量，规定与适用足够严厉而又不过分苛厉的刑罚，满足《刑法》第5条罪责刑相适应原则的要求；强化国民、执法者与司法者的法规范意识，严肃法秩序，确立法忠诚，保障法权威。这种本体意义上的宽严相济基本刑事政策自2010年以来的全面贯彻实施，构成了2011年《刑法修正案（八）》和2015年《刑法修正案（九）》对中国刑法进行结构优化的直接政策驱动力。

比较而言，《刑法修正案（八）》比较平衡地体现了宽严相济基本刑事政策，因而得到了多数学者的基本肯定。《刑法修正案（九）》虽然将修法重点置于刑法干预的早期化与能动化，突出了"该严则严"的"严"的刑事政策内涵，但是"宽"的刑事政策内涵并未退场，《刑法修正案（九）》条文在总体上仍然体现了"宽以济严"的刑事政策。突出表现在，一方面，《刑法修正案(九)》对贪污贿赂犯罪定罪量刑标准的重大调整(《刑法修正案(九)》将入罪门槛调整为贪污受贿数额较大或者有其他较重情节,加重法定刑的适用标准分别调整为贪污受贿数额巨大或者有其他严重情节、贪污受贿数额特别巨大或者有其他特别严重情节,死刑则仅限于贪污受贿数额特别巨大,并使国家和人民利益遭受特别重大损失。2016年4月18日施行的"两高"《关于办理贪污贿赂刑事案件适用法律若干问题的解释》具体界定的贪污受贿定罪量刑标准,较之修改前的1997年《刑法》第383条规定,均有大幅提高)、设置贪污受贿特别宽宥制度(犯贪污、受贿罪,在提起公诉前如实供述自己的罪行、真诚悔罪、积极退赃、避免、减少损害结果的发生的,根据不同情形,可以予以不同程度的从宽处罚),以及为贪污受贿罪特别设计的判处死缓同时决定终身监禁、不得减刑、假释制度,均体现了"宽"的刑事政策要求。特别是后者事实上消除了对贪污罪、受贿罪适用死刑立即执行的可能性,使得刑法保留贪污罪、受贿罪的死刑仅仅具有安抚公众情绪、保持法律威慑的象征意义。这一重大制度变革,迈出了我国探索死刑替代措施的重要一步。① 另一方面,即使《刑法修正案(九)》重点在于实现刑法对于恐怖主义犯罪与网络犯罪关联行为的早期干预、能动干预,但是在构成要件与法定刑的配置上,还是兼顾了宽严相济刑事政策与刑法结构"严而不厉"的要求。以网络犯罪为例,《刑法修正案(九)》针对网络服务提供者、接受者、使用者,分别运用义务犯、预备行为实行化、帮助行为正犯化三种立法策略,设置极具涵摄力的三个独立网络犯罪构成,体现了严密刑事法网、严格刑事责任的要求,但是,《刑法修正案(九)》对这些犯罪配置的法定刑则是相对缓和的轻刑(法定最高刑均为3年有期徒刑)。因此,《刑法修正案(八)》与《刑法修正案(九)》在贯彻宽严相济刑事政策的同时,亦促进了我国刑法结构的优化。

三、刑法修正不足与修法模式反思

法治不仅是规则之治,而且是良法之治。即使是在同一时间点上共

---

① 关于终身监禁作为死刑的替代措施,早先的反对意见,可以参见张明楷:《死刑的废除不需要终身刑替代》,载《法学研究》2008年第2期。最近的批判意见,参见江溯:《对贪污犯以终身监禁替代死刑的争议》,载《凤凰周刊》2016年10月12日微信公众号。

时性地面临传统、现代与后现代的多重安全威胁、需要同时回应自由、民生与安全多元价值诉求的当代复杂中国,仍然必须按照法治国家良法之治特别是科学立法、民主立法、理性立法、体系立法的要求,从刑法的明确性和内容的适正性两个维度完善刑法,以确保国民个体自由不被过于早期化、能动化、扩张化的刑法所侵蚀。因此,在立法论的范畴内肯定刑法修正前置刑法干预起点、扩大犯罪圈、体现民生刑法与安全刑法面向的立法趋向,具有客观必然性和实践合理性,绝不意味着对刑法修正案及其具体规定进行简单背书或者御用论证。为了进一步推动《刑法》的修改完善,化解刑法教义分析与刑法解释适用的前提性障碍,刑法理论研究不仅应当努力寻找和揭示在多重因素驱动下仓促出台的《刑法修正案(八)》和《刑法修正案(九)》的不足,而且应当客观理性地反思刑法修正模式本身的局限,检视刑法修正案模式是否已经难以为继,全年修订1997年《刑法》的时机是否已经到来、条件是否成熟,甚至还应当进一步评估刑法典单轨立法模式本身的利弊,探讨建构刑法典与行政刑法双轨立法模式。

(一)刑法修正的某些条款没有满足合目的性、明确性和体系逻辑性要求

刑法修正必须符合宪法化的刑事政策目标设定、刑法的规范目的与保护法益。无论是新设罪名构成要件的设置,还是现有犯罪构成要件要素的完善,都应当合目的性地进行。据此对照,《刑法修正案(九)》虽然根据当前腐败犯罪的实际态势对贪污受贿罪的定罪量刑标准作出重大修改,进行了重大制度创新,但是却没有根据宪法化的刑事政策目标设定(建设廉洁政治、依法严惩腐败),从受贿罪的保护法益(国家公职人员职务行为的廉洁性)出发,及时割除《刑法》第385条受贿罪构成要件中制约受贿罪认定的最大痼疾,废止作为非法收受型受贿罪不法要素的"为他人谋取利益"。多年来,刑法解释论上对于该要素是主观不法要素还是客观不法要素分歧严重,最高人民法院相关会议纪要和指导性案例曾将其定位为客观不法要素,并在此前提下尽可能扩张其含义范围。但在立法论范畴,学界与实务对于废止这一不法要素早就达成基本共识,《刑法修正案(九)》却依然不为所动,拒绝将"为他人谋取利益"从受贿罪构成要件中予以废止。而当下全面从严治党、从严惩治腐败、对腐败零容忍的反腐高压态势,客观上又不允许司法机关将没有"为他人谋取利益"视为国家工作人员利用职务便利非法收受他人财物后得以免罪脱刑的"护身符"。因此,2016年4月18日施行的"两高"《关于办理贪污贿赂刑事案件适用法律若干问题的解释》第13条规定:"具有下列情形之一的,应当认定为'为他人谋取利益',构成犯罪的,应当依照刑法关于受贿犯罪的规定定罪处罚:(1)实际或者承诺为他人谋取利益的;(2)明知他人有具体请托事项的;(3)履职时未被请托,但事后基于该履职事由收受他人财物的。国家工作人员索取、收受具有上下级关系的下属或者具有行政管理关系的被管理人员的财物价值3万元以上,可能影响职权行使的,视为承诺为他人谋取利益。"根据这一规定,"为他人谋取利益"事实上就游走于主观不法要素与客观不法要素之间,时而呈现为客观不法要素(解释第1项),时而呈现为主观不法要素(解释第2项),甚至成了一个若隐若现、似有还无的一个"幽灵(解释第3项和第4项)"。司法解释如此规定,实际上就是假解释之名行修法之实,司法与立法的错位昭然若揭。

  刑法明确性是当代罪刑法定的基本要求。刑法明确性,既对立法者提出了制定内涵明确、外延确定的实定刑法的要求,又反对立法者制定缺乏概括性和规范性以至沦为具体裁判命令的刑法条文。如何拿捏、把握其尺度和分寸,考验着立法智慧与立法技术。① 据此对照,刑法修正的个别条文显然值得商榷。例如,《刑法修正案(九)》增设了利用极端主义破坏法律实施罪,将"利用极端主义煽动、胁迫群众破坏国家法律确立的婚姻、司法、教育、社会管理等制度实施"的行为直接入罪。较之饱受质疑的规定兜底构成要件要素的刑法条款②,本罪显然是一个构成要件内涵更加不明确、适用范围更加没有边际的口袋罪。其判断依据在于极端主义概念内涵外延的模糊性与破坏对象范围的广泛性。《刑法修正案(九)》本身没有对极端主义予以界定,2016年1月1日生效的《反恐怖主义法》第4条第2款关于"国家反对一切形式的以歪曲宗教教义或者其他方法煽动仇恨、煽动歧视、鼓吹暴力等极端主义,消除恐怖主义的思想基础"的表

---

  ① 参见付立庆:《论刑法用语的明确性与概括性——从刑事立法技术的角度切入》,载《法律科学》2013年第2期。
  ② 关于刑法中的兜底条款以及兜底条款规定的兜底罪名与口袋罪,是否违反刑法明确性的问题,参见陈兴良:《中国刑法中的明确性问题——以〈刑法〉第225条第4项为例的分析》,载《中国法学》2011年第4期。何荣功:《社会治理"过度刑法化"的法哲学批判》,载《中外法学》2015年第2期。

述，隐约可见立法者对极端主义的界定。但是，一方面，该条款并非对极端主义概念的明确定义，而只是对极端主义主要表现的概括列举；另一方面，较之2001年6月15日签署的上海合作组织《打击恐怖主义、分裂主义和极端主义上海公约》第1条极端主义的定义①，该条款不仅突破了《公约》对极端主义必须具有目的的政治性（"旨在使用暴力夺取政权、执掌政权或改变国家宪法体制"）和手段的暴力性（"通过暴力手段侵犯公共安全"）的要求，而且突破了《公约》对极端主义必须是出于上述政治目的而使用暴力侵犯公共安全的行为的要求。此外，《刑法修正案（九）》概括列举了利用极端主义破坏的对象包括国家法律确立的婚姻、司法、教育和社会管理制度。这些法律制度特别是社会管理制度具有极其广泛的制度管辖范围，几乎囊括了基层治理的方方面面。在极端主义概念本身非常模糊、内涵和外延不确定的前提下，对本罪的对象作如此宽泛的列举，必将使得本罪几乎可以实现对基层日常社会治理的全覆盖。虽然立法者设置这个口袋罪的初衷是为了有效地应对极端主义，铲除滋生恐怖主义的思想基础，强化政府权威与基层治理，符合维护集体安全的反恐刑事政策的目标与安全刑法的价值诉求，对这一立法目的与保护法益应予充分的理解与尊重。但是，立法上设置没有明确内涵和确定外延的开放构成要件，没有在体现安全刑法面向的同时充分考虑自由刑法原则的限制。司法实践如果按照三段论演绎推理模式机械适用法条，可能使得该罪干预范围过度扩张；而如果根据处罚必要性限缩适用法条，由于缺乏具体的参照标准，则可能导致司法者的恣意裁判。

　　合乎体系逻辑，既是衡量刑法典完备的基本标志，也是刑法修正必须遵守的起码要求。对照这一要求，不难发现，《刑法修正案（八）》和《刑法修正案（九）》的个别条款显然缺乏体系性思维，没有考虑相关法条之间应有的逻辑一致性，因而必然导致刑法解释与适用上的混乱与困境。其适例是，一方面《刑法修正案（九）》未经三读程序严密论证即仓促废止了嫖宿幼女罪，但没有相应地废止《刑法》第359条第2款规定的引诱幼女卖淫罪。如果司法实践中严格适用修正后的相关条文，就会出现嫖宿幼女以强奸罪论处，引诱幼女卖淫这一强奸帮助行为却仅以引诱幼女卖淫罪

---

① 该《公约》第1条规定：极端主义是指旨在使用暴力夺取政权、执掌政权或改变国家宪法体制，通过暴力手段侵犯公共安全，包括为达到上述目的组织或参加非法武装团伙，并且依各方国内法应追究刑事责任的任何行为。

论处的结果。如果将引诱幼女卖淫实质性地认定为强奸罪的共犯,又会在事实上虚置《刑法》第 359 条第 2 款,使该条文成为车浩所称的"僵尸条款"。① 另一方面,《刑法修正案(九)》虽然相应废止了《刑法》第 358 条组织卖淫罪、强迫卖淫罪"强迫不满 14 周岁的幼女卖淫"作为加重处罚情节适用加重法定刑的规定,但是,又在《刑法》第 358 条第 2 款规定了"组织、强迫未成年人卖淫的,依照前款的规定从重处罚",而根据该前款即《刑法》第 358 条第 1 款规定,组织强迫他人卖淫的,处 5 年以上 10 年以下有期徒刑。如此一来,就会产生一个解释论上明显荒谬的结论:组织、强迫不满 14 周岁的幼女卖淫,以强奸罪论处,在 3 年以上 10 年以下有期徒刑的法定刑幅度内从重处罚,而不法和罪责相对较轻的组织、强迫已满 14 不满 18 周岁的未成年人卖淫,却要在更加严厉的 5 年以上 10 年以下有期徒刑的法定刑幅度内从重处罚。②

(二) 1997 年《刑法》由"厉而不严"到"严而不厉"的刑法结构转型尚未成功

即使经过从《刑法修正案(一)》到《刑法修正案(七)》的高频次刑法修正特别是《刑法修正案(八)》和《刑法修正案(九)》从犯罪圈和刑罚量两个维度的大幅度刑法修正,我国刑法"厉而不严"的结构缺陷迄今为止并未得到根本解决。一方面,刑事法网整体不严,犯罪门槛过高,犯罪圈过于狭窄,特别是没有确立重罪与轻罪分类体系,无法适应法定犯时代提出的各种挑战,无法与我国正在进行的刑事审判程序改革特别是简易程序全面推广以及刑事速裁程序改革试点、认罪认罚从宽试点进行匹配。可以预见,为了应对中国全面转型关键时期与全球风险社会不断出现的新型安全威胁,立法者仍将主要通过增设新的罪名、降低犯罪门槛、前置刑法干预起点等立法策略与技术,继续严密刑事法网,严格刑事责任,扩大犯罪圈。另一方面,尽管《刑法修正案(八)》和《刑法修正案(九)》从优化刑罚结构尤其是解决"死刑偏重(多)、生刑偏轻"③的刑罚结构缺陷与完善刑罚制度两个方面,对我国刑法结构中刑罚量配置进行了多项立法改进,

---

① 参见车浩:《刑事立法的法教义学反思——基于〈刑法修正案(九)〉的分析》,载《法学》2015 年第 10 期。

② 同上。

③ 李适时:《关于〈刑法修正案(八)(草案)〉的说明》2014 年 10 月 27 日在第十二届全国人民代表大会常务委员会第十一次会议上。

意图使组成我国刑罚结构根据实现刑法目的与刑罚功能的需要进行优化配置,使之轻重有序、比例适当、关系协调,同时实现刑罚制度的科学化、现代化,为司法实践对个案配置合理的刑罚量、实现刑法的惩罚与预防功能提供制度保障。但是,迄今为止,我国《刑法》规定的死刑适用标准不明确(何为"罪行极其严重",什么是"不是必须立即执行")、死刑罪名过多(经过两次死刑罪名缩减,现行刑法仍然有 46 个死刑罪名)、刑罚偏重(有期徒刑以上的剥夺自由的重刑成为除危险驾驶罪、代替考试罪以外的所有犯罪法定刑的标配)、刑罚种类相对单一等刑罚结构缺陷,仍然是不争的事实存在。今后的刑法立法有必要进一步严格限制死刑适用条件,细化死刑适用标准,明确死刑作为"最后适用的非常刑罚方法"的体系定位,限缩死刑适用对象,减少适用死刑罪名。在严格控制死刑的同时,更应当将刑罚改革的重点转向自由刑制度的完善,特别是多样化地设计剥夺自由刑与限制自由刑包括社区刑罚的体系和种类。在适当扩张罚金刑适用范围的同时,应当进一步研究如何完善罚金刑制度,限缩没收财产刑的适用范围。在正确处理责任刑和预防刑关系的基础上,应当研究刑罚与保安处分作为犯罪的双重法律后果在刑法中予以确认的必要性和可能性,尽管禁止令、执业禁止作为保安处分制度已在《刑法修正案(八)》和《刑法修正案(九)》中隐约可见。① 惟其如此,我国刑法结构才可能真正实现由"厉而不严"到"严而不厉"的转型。

(三) 刑法修正案立法方式业已难以为继,应当适时全面修订 1997 年《刑法》

刑法修正案是通过对刑法典个别条文的修改、删减或者增补,完善刑法典的一种刑法立法方式,也是许多国家通用的一种刑法立法方式。我国立法者自 1999 年起才舍弃单行刑法立法方式,改采刑法修正案立法方

---

① 学界对于执业禁止的定位存在重大分歧,有的认为执业禁止是一种资格刑(参见康均心、秦继红:《"禁止从事特定职业"的理解与适用》,载《法制日报》2016 年 2 月 24 日);有的认为是一种非刑罚处罚措施(参见王彦斌等:《如何正确理解和适用"职业禁止"》,载《检察日报》2016 年 5 月 9 日);有的认为从业禁止与禁止令、前科制度基于预防犯罪、防卫社会的共同旨趣,以行为人的人身危险性为理论基础,通过在不同阶段、针对不同犯罪类型、不同刑种设置了相对严密的犯罪人资格限制剥夺体系(参见于志刚:《从业禁止制度的定位与资格限制、剥夺制度的体系化》,载《法学评论》2016 年第 1 期);有的认为执业禁止是保安处分措施(参见卢建平等:《刑法职业禁止令的性质与司法适用探析》,载《法学杂志》2016 年第 2 期)。

式。不可否认,刑法修正案立法方式有其优点,它维持了刑法典的统一性和唯一性,只要一部法典在手,就能实现"刑法一本通",便于查阅,便于记忆,便于适用。即使经过多次刑法修正,法条顺序、体系框架及其对应内容基本保持不变,使得刑法典不仅具有时代感,而且具有历史感。但是,刑法修正案模式亦有其明显的局限性,并受制于特定的可得适用的先决条件。其局限性在于,刑法修正案模式是以个别修正、局部改进为基本形式、以被动回应、应急立法为基本特征的刑法立法方式,修法时往往难以统筹兼顾,容易导致修改后的刑法条文之间缺乏体系逻辑的一致性与规范内容的合目的性。如果偶尔为之,或者只是对刑法典个别条文的修正,如同给一件出现局部破损的衣裳打个补丁,或无伤大雅。但是,如果持续不断地进行刑法修正,刑法修正的频次过高,或者对包括总则和分则在内的众多刑法条文进行大幅刑法修正,如同对一件衣裳进行不间断或大面积的裁剪缝补,则必然有碍观瞻,使得修订后的刑法典满身补丁,肥大臃肿,外部面相极其丑陋,内部体系逻辑混乱不堪。而刑法修正案可得适用的先决条件则是刑法典基本完备。刑法修正案作为一种短、平、快的刑法修改方式,原则上只能适用于刑法典基本完备前提下的刑法局部修改。如果刑法典本身存在重大瑕疵甚至结构缺陷,刑法修正案则并非适当的刑法立法方式。试图通过刑法修正案打补丁的方式消除刑法典存在的重大瑕疵甚至结构缺陷,往往无济于事,甚至可能补丁打得越多、打得越勤,问题反倒更多、更大。

1997年《刑法》生效至今二十多年的刑法变迁其实已经印证了这一推论。毋庸讳言,1997年《刑法》本来就存在诸如立法指导思想紊乱、刑法理论准备不足、概念涵义模糊、体系逻辑失调、立法技术欠佳、构成要件设置不合理、犯罪门槛过高、犯罪圈过小、刑罚总体过于苛厉、死刑、无期徒刑以及长期徒刑比重过大等重大瑕疵或结构缺陷,甚至徒具法典的形式而没有法典的内质。究其根本原因,在于1997年《刑法》的全面修订并非严格意义上的法典编纂。1997年全面修订《刑法》时,其实只是将自20世纪80年代以来颁行的具有临时性、应急性、政策性的特别刑法与散落于行政法中的附属刑法规范,几乎原封不动地整体入典,并没有进行充分的技术性处理、体系性协调与科学性论证,因而特别刑法与附属刑法固有的缺陷与不足悉数被带入1997年《刑法》,破坏了刑法典应有的体系性、逻辑性、严谨性与科学性。① 1999 年以来虽然改采刑法修正案模式，但多数刑法修正案的实体内容及立法方式，与过去特别刑法并无实质性差异，重点仍然在于应急性地增设新罪名，扩大犯罪圈，只是《刑法修正案（八）》和《刑法修正案（九）》才开始涉入对刑法总则刑罚结构的优化与刑罚制度的完善。因此，虽然历经多次刑法修正，1997 年《刑法》的固有缺陷不仅在总体上没有得到消解，反而随着历次刑法修正案缺乏体系性与一贯性的修修补补而日益凸显。这一方面说明，1997 年《刑法》已经进入了其生命周期的后期，在总体上已经难以适应 21 世纪新的犯罪挑战、全球风险社会、信息社会的发展与法治中国语境与社会转型困境下社会治理的客观需要，只有对其进行大幅修改才能勉强维持其生命力，而且这种大幅修正也不会随着《刑法修正案（九）》的施行而尘埃落定。此后刑法修正在继续聚焦于严密刑事法网、扩大犯罪圈与优化刑罚结构、完善刑罚制度的同时，必将把目光转向刑法总则的犯罪成立条件与犯罪形态部分，甚至可能辐射至刑法任务、基本原则与适用范围，以消除学界所诟病的"总论虚置"和"现象立法"的立法现象。② 另一方面也说明，刑法修正案模式已经难以为继了，或者说在 1997 年《刑法》的框架内已经接近走到了它的尽头。继续沿用刑法修正案的模式对 1997 年《刑法》进行修正，已经无法缓解 1997 年《刑法》面临的结构缺陷与功能失调。

因此，笔者认为，立法者克服惯性思维，阶段性地搁置刑法修正案模式，全面总结和评估 20 年来我国刑事立法与刑事司法的成功经验，检讨与反思现行刑法的结构缺陷、功能失调以及由此导致的司法困境，充分考虑法治中国语境与社会转型格局下的刑法体系、机能定位与社会治理的客观需要，内化相关国际公约的义务和要求，提炼归纳我国刑法理论研究共识，对刑法立法模式、刑法基本原则、犯罪成立条件、犯罪分类体系（重罪与轻罪、自然犯与法定犯、刑事犯与行政犯等）、共同犯罪、未完成罪、罪数与竞合、刑罚与保安处分、量刑原则、情节与制度，以及具体构成要件与法定刑的修改等，进行立法调研和立法论证，将全面修订 1997 年《刑法》尽快纳入国家立法规划，不仅具有客观必要性，而且具有时机急

---

① 参见梁根林：《刑事政策：立场与范畴》，法律出版社 2005 年版，第 274—285 页。
② 参见车浩：《刑事立法的法教义学反思——基于〈刑法修正案（九）〉的分析》，载《法学》2015 年第 10 期。

迫性。①

（四）刑法典单轨立法模式弊端日益凸显，应当建构刑法典与行政刑法双轨立法模式

1997年《刑法》生效后，全国人大常委会仅于1998年12月29日制定通过了一部特别刑法即《关于惩治骗购外汇、逃汇和非法买卖外汇犯罪的决定》，此后即放弃了特别刑法立法方式，自1999年12月25日起改采刑法修正案立法方式，使我国走上刑法典单轨立法模式，为当今世界主要国家所独有。② 必须指出的是，刑法典是系统化和条理化地规定犯罪与刑罚的一般原则、制度以及各种具体犯罪的构成要件与法定刑的罪刑规范体系。刑法典作为刑法常典或者核心刑法，不仅应当具有权威性，而且应当具有稳定性，刑法典具有稳定性才能保障其权威性。而刑法典的稳定性主要取决于刑法典分则规定的犯罪不法与罪责内涵、程度的稳定性。在自然经济条件下与封闭、保守甚至呈现超稳定结构的传统社会，亵渎人类怜悯与正直情感、触犯人伦道德禁忌底线的自然犯构成犯罪结构的主体，其不法与罪责内涵、程度具有相对的稳定性，因而将以自然犯为主要规制对象的所有罪刑规范纳入刑法典予以体系化安排的刑法典单轨立法模式，或有其可行性。但是，随着当代社会结构的多元化与社会变迁的加速化，社会治理日益复杂化、功能化，法定犯、行政犯时代已经全面到来，传统刑法以自然犯为主体的犯罪结构，已经逐渐被以法定犯、行政犯为主体的犯罪结构所取代。如果继续采取刑法典单轨立法模式，将大量的法定犯、行政犯纳入刑法典予以统一规制，不仅可能导致刑法典的臃肿肥大、功能失调，而且必然会因法定犯、行政犯不法与罪责内涵、程度的易变性而破坏刑法典的稳定性与权威性。因此，窃以为，我们不仅需要斟酌适时启动1997年《刑法》的全面修订，而且应当反思刑法典单轨刑法立法模式本身的利弊，总结1979年《刑法》时期刑法典、特别刑法与附属刑法三

---

① 类似的主张，参见于志刚：《刑法修正何时休》，载《法学》2011年第4期；郭泽强：《从立法技术层面看刑法修正案》，载《法学》2011年第4期。
② 储槐植：《议论刑法现代化》，载《中外法学》2000年第5期。

驾马车式的刑法立法模式的经验教训,①借鉴其他法治先进国家的刑法立法模式,建构适应我国当下犯罪控制与社会治理需要的刑法立法模式。② 笔者曾将刑法典简称为实定刑法的"常典",将特别刑法简称为实定刑法的"特典",将附属刑法规范简称为实定刑法的"附典",主张建构"完备刑法常典,紧缩刑法特典,强化刑法附典"的刑事立法模式。③ 完备刑法典的重要性与迫切性,已如上述,这里不再赘述,但是需要重申和重述紧缩特别刑法与强化附属刑法。

特别刑法是针对特定人、事或特定时、空适用的刑法特典。传统意义上的特别刑法往往具有临时性、应急性和政策性,如果频繁地制定特别刑法,不仅容易助长重刑主义与泛刑主义倾向,而且可能导致实定刑法条文的肥大臃肿,破坏刑事法治体系的统一性。因此,刑事立法必须紧缩特别刑法,除非出于维护重大法益紧迫和确实的需要,不得随意制定特别刑法。确需制定特别刑法时,也只能根据刑法典的一般原则和制度,在保证刑法体系逻辑一致的前提下,进行干预范围、制裁方式与力度上的策略调整或者例外处理。虽然我国立法者现在放弃了特别刑法立法方式,笔者仍然认为,较之于通过刑法修正案立法方式对刑法典进行修修补补,将所有罪刑规范统一入典的刑法典单轨刑法立法模式,在特定情况下例外地保留特别刑法这一立法方式选项,无疑是更为明智的选择。当今世界许多国家的刑事立法也有先例可循。特别是,鉴于我国当下所面临的恐怖主义、极端主义、分裂主义犯罪的重大安全威胁,如果例外地采纳特别刑法模式,一方面,完全可以根据这些犯罪不法与罪责内涵、程度的特殊性,具体、明确并更有针对性地制定具有准战争法或者敌人刑法性质的相关罪刑规范,避免刑法典单轨立法模式下,刑法修正案将相关罪刑规范统一入典所导致的体系逻辑与目的功能的双重尴尬;另一方面,又可以将相关的行政性的防范监控规范、程序性的侦查追诉规范与实体性的刑事归责规范三位一体纳入一部法案之中,制定出综合性的反恐怖(刑)法与反分

---

① 陈兴良认为,1979 年《刑法》时期全国人大常委会通过颁布 22 个单行刑法对刑法典进行修改,对刑法典具有某种肢解功能和架空功能,通过单行刑法的修改方式增补的刑法条文很难纳入刑法典,不能与刑法原条文融为一体,构成其主要弊端。参见陈兴良:《刑法修正立法模式的历史考察》,载《法商研究》2016 年第 3 期。
② 类似的主张,参见于志刚:《刑法修正何时休》,载《法学》2011 年第 4 期。
③ 参见梁根林:《刑事政策:立场与范畴》,法律出版社 2005 年版,第 274 页。

裂(刑)法。这样的综合性法律亦可归入广义行政刑法的范畴,与通常所称行政刑法的差异仅在于行政法规制与刑事归责规范的主次不同而已。如是以观,所谓的三驾马车式的多元刑事立法模式或可简化为刑法典与行政刑法双轨立法模式。①

刑法附典,是附属地规定在行政法等法律之中的附属罪刑规范,亦称行政刑法。随着法定犯、行政犯时代的到来,附属刑法虽然依附于行政法,但独立规定行政犯的构成要件与法定刑,成为刑法典之外的独立法源,已经成为多数国家的通例。附属刑法不断强化、行政刑法不断扩张,甚至使得一些国家的刑法与警察法等行政法的界限完全趋向模糊化。而迄今为止,我国附属刑法规范没有独立的行政犯构成要件与法定刑设置,所有行政犯的构成要件与法定刑都被作为法定犯规定在刑法典之中,因而我国附属刑法规范并非完整、严格意义的罪刑规范,更非独立的刑法法源,充其量只具有宣示功能(构成犯罪的,依法追究刑事责任)与援引功能(援引附属刑法规定的违法行为定型,界定刑法规定的法定犯的构成要件内涵)。这种立法模式选择显然难以适应现代复杂社会的治理需要,并间接催生了刑法先行、行政法滞后甚至完全阙如等立法、执法与司法怪相。例如,在我国公民个人信息保护立法作为前置法滞后,②公民个人信息的民事保护与行政保护尚未充分展开的情况下,迫于应对侵犯公民个人信息现象泛滥的现实压力,立法者被迫刑法先行,通过《刑法修正案(九)》于《刑法》第2253条之一概括性地规定,"违反国家有关规定,向他人出售或者提供公民个人信息,情节严重的",构成侵犯公民个人信息罪。而"国家有关规定"的阙如(特别是保护公民个人信息的法律、行政法规的阙如)或者效力位阶过低(保护公民个人信息的部门规章对刑法适用仅具参考价值,不得作为定罪量刑依据),则使得司法实践往往无法真正激活刑法这一概括性规定。诸如此类的刑法先行、行政法滞后甚至阙如的立法体系

---

① 唯一的例外是军事刑法。军事刑法作为特别刑法是当今世界多数国家的立法通例。但是,理论上所称双轨刑法立法模式一般仅指刑法典与行政刑法,而不考虑军事刑法作为特别刑法的独立存在。窃以为,1997年《刑法》分则第十章规定的军人违反职责罪应当作为军事刑法的主体从1997年《刑法》中独立出来,还原其特别刑法的本来面目。

② 关于行政犯的构成是否需要以违反相应的前置行政法为必要条件,存在不同意见。孙万怀认为,前置行政法只是刑法适用过程中的参酌性因素,行政犯的构成不以违反前置行政法为必要条件。参见孙万怀:《慎重始初的民刑推演——网络服务提供行为的传播性质》,载《政法论坛》2015年第1期。

缺陷,不仅容易招致学界对刑法干预早期化、社会治理刑法化的批评,而且给司法制造了定罪规范依据不足甚至不得不司法造法的困境。

因此,强化刑法附典,就要改变现行附属刑法立法模式,尽可能完备相关行政立法,充分发挥行政法的第一次法功能,并在行政法中完整地、独立地规定具有刑事可罚性的行政犯的罪名、构成要件与法定刑,从而建构虽然附属行政法但可以作为独立法源的真正意义上的行政刑法。① 其优势在于,可以实现刑事罚与行政罚的衔接与协调,使不法行为制裁体系更为完整,方便司法机关裁量适用法律;既保持刑法典的相对简约性,又便于立法者在行政刑法中具体地描述行政犯的构成要件;使整个刑法规范体系更为衔接与协调,发挥不同法源的规范与威慑功能;便于保持刑法典的稳定性,适应行政犯的相对易变性。此外,还可以促成我国自然犯与法定犯、刑事犯与行政犯、重罪与轻罪等犯罪分类体系的建构,推动我国司法改革进程。行政犯一般都是不法和罪责程度轻微的犯罪,不具有强烈的伦理违反色彩,因而不仅其法定刑应当宽缓,而且对其进行的道德谴责和纪律处分,亦应当有别于传统犯罪。轻罪评价体系的建立,又可以与我国司法改革正在推进的简易程序、速裁程序以及认罪认罚从宽处罚改革试点形成良性互动。至于业内担心的行政刑法会导致刑法与行政法界限模糊、实定刑法肥大臃肿,在单一刑法典模式下同样可能发生,在实行法律保留主义、刑事立法权由全国人大及其常委会统一行使的我国,并不构成反对刑法典与行政刑法双轨刑法立法模式的充分理由。②

当然,行政刑法独立设置行政犯的罪名、构成要件与法定刑,绝不意味着堵塞行政刑法规范进入刑法典的通道。如果行政犯罪刑规范经过相对比较长时间的实践检验,规范的权威性获得公众普遍认同,立法者完全可以考虑将相对比较重要的部分移植到刑法典之中,使之由行政刑法的行政犯提升为刑法典中的法定犯。这是采取刑法典与行政刑法双轨立法模式国家的立法通例,完全可以为我国刑事立法所借鉴。

---

① 相同的意见,参见张明楷:《行政刑法辨析》,载《中国社会科学》1995 年第 3 期。
② 周光权认为,统一刑法典立法模式能够最大限度地确保刑法的谦抑性。如果采用刑法典、单行刑法、附属刑法三分天下的散在型立法模式,势必在大量行政法律中规定犯罪及其处罚,对犯罪构成要件要根据行政法律的许多模糊性规定进行确立,行政违法和刑事违法的界限会无限趋近,从而导致立法膨胀、刑法的独立性丧失、处罚范围放大。参见周光权:《积极刑法立法观在中国的确立》,载《法学研究》2016 年第 4 期。

四、结　　语

　　基于对刑法修正进行客观分析、深刻理解与中肯批判是不可轻言放弃的刑法学术使命意识,本文聚焦于对我国刑法修正案为扩张刑事法网、扩大犯罪圈而运用的多种刑法修正策略的提炼与分析、对犯罪圈扩大立法趋向的评价以及对刑法修正不足与修法模式的反思,旨在推动我国刑事立法贯彻法治国家原则对立法者提出的制定良法、实现良法之治的要求。但是,一方面,法治不仅是规则之治,而且是良法之治,更应当是良法善治基础上实现的个案裁判公正意义上的具体法治;另一方面,总体上符合实践理性的我国刑法干预早期化、能动化、犯罪圈不断扩张的立法趋向,也可能蕴藏着侵蚀法治国自由刑法的潜在危险。因此,我国刑法理论研究需要在立法论研究的基础上,将关注的目光进一步转向解释论视野中对实定刑法内涵的教义学诠释、界定,发展出相应的消除侵蚀法治国自由刑法潜在危险的刑法体系内部控制规则与机制。果若此,或可最大限度地达成对我国刑法修正具体条文与立法趋向理解、评价、适用的共识,并实质性地化解刑法干预早期化、能动化、犯罪圈不断扩张的立法趋向可能侵蚀法治国自由刑法的隐忧。

我国刑法人身权保护现状和问题[*]

王世洲[**]

题　记

勿以善小而不为,勿以恶小而为之。

人身权利是作为社会主体的人赖以生存和发展的基础,是现代人权和有关法律规范保护的重要内容。本文拟在总结我国刑法对人身权保护的现状的基础上,以国际人权条约为参照标准,分析和研究我国刑法在人身权保护方面已经取得的成就和存在的问题,希望能够有助于说明和提高我国人权保护的水平。

一、我国刑法中的人身权概念与范围

在我国刑法界,人身权是人身权利的缩略语。在我国刑法典中,"侵犯公民人身权利、民主权利罪"始终是《刑法》分则第四章的重要内容。但是,在我国的法律中,除了在《民法通则》第五章"民事权利"中的第4节部分采用列举的方法规定了"人身权"的内容之外,无论是刑法典还是其他法律,都并没有给"人身权利"下过法律性上的定义。为人身权利或者"人身权"提供概念的工作,是由法学界进行的。

---

[*] 原文刊于《河北法学》2006年第11期,后为陈斯喜主编,《中国人身权的法律保护及其改革》,社会科学文献出版社,2007年版所收录。本文的写作得到全国人大常委会法制工作委员会国家法室主任陈斯喜先生和香港律证司刑事检控副专员陆贻信先生的支持,本文的资料得到北京大学法学院博士研究生周折女士的帮助,本文的注释得到北京大学法律图书馆馆长叶元生女士和北京大学法学院硕士研究生竹莹莹女士的帮助,谨致谢忱!

[**] 北京大学法学院教授、博士生导师。

我国刑法学界在对人身权利这个概念进行说明时,主要采取了以下几种方法:

1. 定义加列举法。运用这种方法的学者认为,"所谓'人身权利',是指公民依法享有的身体不可侵犯的权利以及与人身不可分离的权利,包括生命权、健康权、性的不可侵犯权、人身自由权、人格名誉权、住宅不受侵犯权等。人身权利以公民的人身为依托,它不具有经济价值,并且只有权利人本人才能享受"。①

2. 简单列举法。运用这种方法的学者认为,"人身权利包括的内容比较广泛,但主要是指人的生命、健康、人格、名誉和自由的权利"。②

3. 简要说明法。运用这种方法的学者认为,侵犯人身权利就"是指侵犯公民人身和与人身直接有关的权利"。③

4. 直接说明法。运用这种方法的学者,没有对人身权利给出概念,也不列举这个概念包含的内容,而是直接进入说明侵犯人身权利的具体犯罪之中。④

5. 附加说明法。这是我国学者在说明刑法典第四章"侵犯公民人身权利、民主权利罪"以外的犯罪时,指出有关犯罪不仅侵犯了某种法益,而且侵犯了公民的人身权利。例如,我国学者普遍同意,生产、销售假药罪不仅侵犯了国家的药品管理制度,而且侵犯了公民的生命权、健康权;传播性病罪既妨害了社会风化,又侵犯了卖淫、嫖娼的相对人的身体健康⑤等。

无论我国学者采用哪一种方法来说明人身权,在我国学术界,人们一般都把人身权理解为个人依法享有的与人身直接相关的权利。⑥ 在我国刑法学界,学者们在理解刑法典所规定的犯罪,尤其是在第四章"侵犯公民人身权利、民主权利罪"中,哪些罪属于侵犯人身权利的犯罪时,提法有不同。这个方面的观点主要有以下几种:

1. 明确提出,"人身权利是指依法享有的生命、健康、自由、人格和名

---

① 齐文远主编:《刑法学》,司法部法学教材编辑部编审,法律出版社1999年版,第519—520页;另外,参见,刘守芬主编:《刑法学概论》,北京大学出版社2000年版,第401页。
② 杨春洗、杨敦先主编:《中国刑法论(第2版)》,北京大学出版社2001年版,第308页。
③ 何秉松主编:《刑法教科书(下卷)》(2000年修订),2003年版,第853页。
④ 参见陈兴良:《规范刑法学》,中国政法大学出版社2003年版,第457页以下。
⑤ 见刘守芬主编:《刑法学概论》,北京大学出版社2000年版,第322页,第537页。
⑥ 《辞海》,上海辞书出版社2000年版,第372页。

誉等与人身有密切联系且不具有直接经济内容的权利"①。这个观点强调"不具有直接经济内容"的要点,主要是为了排除抢劫罪是属于"侵犯公民人身权利罪"的内容。主张这个观点的学者还认为,"与人身直接有关的住宅不受侵犯权由人身权派生出来,并包括在广义的人身权利之内"。② 因此,根据这种观点,在中国刑法中所指的人身权,主要就是指生命、健康、自由、人格和名誉等方面的权利,以及住宅不受侵犯权。

2. 采取列举的方法,直接指明刑法分则中的侵犯人身权利,侵犯的内容包括生命权、健康权、性的不可侵犯权、人身自由权、人格名誉权、住宅不受侵犯权等。③ 与第一种观点相比,这种观点直接说明了性和住宅不受侵犯权是人身权利的内容。

3. 采用概述的方法,说明"侵犯人身权利的犯罪具体可以分为:侵犯身体健康的犯罪,侵犯妇女、儿童身心健康的犯罪,侵犯人身自由的犯罪,侵犯名誉权的犯罪,侵犯婚姻家庭的犯罪"。④ 根据这种观点,公民在婚姻家庭方面的权利也属于人身权利的范围之内。

概括起来说,从概念上看,我国刑法学界一般同意,人身权主要是指生命权、健康权、人身自由权、人格名誉权。其中,性的不可侵犯权,尤其是妇女的性的不可侵犯权是一般受到强调的。另外,住宅不受侵犯权作为人身权的内容则已经得到刑法学界的普遍认可。但是,公民在婚姻家庭方面的权利是否在概念上属于人身权,则还有待刑法学界的进一步明确。不过,从法律规定上看,我国刑法对公民的生命权、健康权、性的不可侵犯权、人身自由权、人格名誉权、住宅不受侵犯权,乃至婚姻家庭权利,都已经作出了相应的规定。这个规定与我国《民法通则》中规定的内容基本是一致的。笔者认为,我国刑法学理论界应当考虑根据法律的发展修改自己的理论概念。根据目前我国刑法学界的有关研究状况,为了避免不必要的争论,我们可以将我国刑法中人身权利的概念分为狭义概念和广义概念。我国刑法中的狭义人身权概念,是指公民享有的受刑法保护

---

① 北京大学法学百科全书编委会,《北京大学法学百科全书·刑法学 犯罪学 监狱法学》,北京大学出版社 2003 年版,第 598 页。
② 参见前注。
③ 参见齐文远主编:《刑法学》,司法部法学教材编辑部编审,法律出版社 1999 年版,第 519—520 页。
④ 陈兴良主编:《刑法学》,复旦大学出版社 2003 年版,第 343 页。

的生命权、健康权、人身自由权和人格名誉权,包括妇女的性的不可侵犯权,以及公民的住宅不受侵犯权。我国刑法中的广义人身权概念,是在上述公民享有的狭义人身权基础上,加上婚姻家庭权的内容。

这种分类法,主要是为了叙述和考察的方便。事实上,就像《关于人权新概念的决议案》所指出的那样:"一切人权和基本自由都是不可分割并且是互相依存的"①,例如,在人身自由和婚姻自由之间就很难出于划定人身权范围的目的来划清两者之间的界限。然而,人们从人权的一般发展历史和自己的切身感受中,很容易同意:生命权、健康权、自由权、人格名誉权等权利,不仅是人身权利中最古老、最重要的部分,而且直接关乎着公民的身体感受。现代的各种其他新型人身权的种类,例如受教育权、宗教信仰自由权利等等,大都是由它们衍生而出的。生命权、健康权、自由权、人格名誉权这些权利是人身权的核心部分。出于这种认识,我们在本文中,拟以狭义的人身权概念作为核心和基础,兼顾其他部分,来对有关问题进行说明。

二、人身权刑法保护的一般国际标准

从全世界的角度看来,目前法律的保护还都是一种地方性的保护。这个特点在刑法中表现得更加明显。"从传统的意义上说,刑法完全是一个国家法律制度内部的事。应当把什么行为规定为犯罪以及应当对犯罪适用什么刑罚,完全是根据各国自己的文化传统和道德观念来制定的。"②因此,从这个意义上说,人身权刑法保护的标准不能绝对地以其他国家的规定作为标准。然而,人身权是一种公认的人权,甚至是最重要的人权,因为现代人们一般理解的人权就是指"人身自由和其他民主权利"③。在现代社会中,违反国际人权法的规定和做法,很容易遭到国际社会的普遍谴责。国际人权法律文件因此可以成为研究人身权保护一般国际标准的渊源。从国际人权法的角度出发,探讨人身权刑法保护的一般国际标准,对于问题的说明和讨论就会有重要意义。因此,本文拟以我

---

① 引自董云虎,刘武萍:《世界人权约法总览》,四川人民出版社1990年版,第991页。
② 王世洲:《从比较刑法到功能刑法》,长安出版社2003年版,第49页。
③ 《辞海》,上海辞书出版社1979年版,第303页。

国加入或者表示尊重的国际人权法律文件为根据,对人身权刑法保护的一般国际标准进行探讨。

根据有关资料显示,截至2004年底,我国已经承认的与人身权保护有关的国际人权法律文件基本上有:《联合国人员和有关人权安全公约》《联合国反腐败公约》《制止恐怖主义爆炸的国际公约》《世界人权宣言》《关于战俘待遇之日内瓦公约》《日内瓦四公约关于保护非国际性武装冲突受难者的附加议定书(第二议定书)》《日内瓦四公约关于保护国际性武装冲突受难者的附加议定书(第一议定书)》《关于战时保护平民之日内瓦公约》《改善海上武装部队伤者病者及遇船难者境遇之日内瓦公约》《改善战地武装部队伤者病者境遇之日内瓦公约》《公民权利和政治权利国际盟约》《经济、社会及文化权利国际公约》《〈儿童权利公约〉关于买卖儿童卖淫和儿童色情制品问题的任择议定书》《消除对妇女一切形式歧视公约》《儿童权利公约》《关于难民地位的议定书》《禁止并惩治种族隔离罪行国际公约》《消除一切形式种族歧视国际公约》《男女工人同工同酬公约》《防止及惩治灭绝种族罪公约》《关于难民地位的公约》《禁止酷刑和其他残忍、不人道或有辱人格的待遇或处罚公约》等。① 在这些国际人权法律文件中,大多数是我国已经签署并批准的;个别是不需要签署或者批准的,例如《世界人权宣言》;个别是我国已经签署,但是还没有完成批准程序的,例如《公民权利和政治权利国际盟约》。

在这些国际人权文件中,被公认为最重要的部分就是被称为"国际人权宪章"的三部文件,即《世界人权宣言》《公民权利和政治权利国际盟约》和《经济、社会及文化权利国际公约》。② "国际人权宪章"构成了现代国际人权法律文件的核心,是国际人权有关概念的基础。其他一些国际人权公约和国际人权文件,事实上就是"国际人权宪章"在各个方面的具体化。因此,我们对人身权刑法保护一般国际标准的考察,将以构成"国际人权宪章"的这三部法律文件为基本根据。

值得注意的是,在现代国际人权法律的文件中,也都没有给人身权下过正式的法律定义。然而,人身权作为一种个人享有的与自己的人身有

---

① 资料来源见:中国人权研究会网站:www. humanrights. cn/china/rqfg/menu_zgyq. htm。我国参加这些公约的情况,可以通过全国人民代表大会的网站:"中国法律法规信息系统"(www. npc. gov. cn/zgrdw/home/index. jsp)查明。

② 严格地说,"国际人权宪章"还包括"公民权利和政治权利国际盟约任择议定书"。

关的最重要的人权,已经得到了所有重要人权法案的承认。在现代国际人权法中,人身权具有以下特点:

1. 人身权是指与自己的人身有关的权利。虽然人身权的概念在罗马法中就产生了,但是,那时的人身权指的不是个人对自己的人身所享有的权利,而是特定的个人对他人拥有的权利。那时,"所谓一般的权利是各种权利和义务的集合……它只能是属于一个特定人的一切权利和义务所组成的"①。根据这种对他人人身拥有权利的观念,只能使人身权成为表示他人的"财产权"或者附庸的概念。因此,人身依附关系,尤其是农民(农奴)对地主(农奴主)人身依附关系,就成为封建社会(以及奴隶社会)人身权的典型特征。人身权是否摆脱了依附性,不仅是区分现代人身权概念和古代人身权概念的重要之点,而且成为现代人权法案和人身权概念产生的最原始的推动力。

2. 人身权是个人依法享有的与人身有关的权利。虽然不同的人权观对权利的来源,即"法"的表现有不同的理解和看法,但是,在现代社会中,人们已经普遍同意以国际人权法案作为认识人权的依据。人身权是现代人权法案最重要的内容之一。例如,《世界人权宣言》第 3 条规定:"人人有权享有生命、自由和人身安全"②;《公民权利和政治权利国际盟约》第 6 条和第 9 条也作出了相同的规定③。保护人身权已经成为几乎每一部现代人权法案的必备条款。现代世界各国的刑法典或者刑法规定,也对人身权保护作出了各自的规定,例如,危害他人生命的"谋杀罪"或者"故意杀人罪",已经成为各国刑法不可缺少的内容。

3. 人身权首先是指与人身直接相关的权利。的确,人身权和其他人权之间是难以分割,互相依存的,因此,现代国际人权公约基本上是采取对具体权利详细规定的做法。总的来说,在人身权保护方面,国际公约一方面关注一般性人身权利,这就是生命权、健康权、人身自由权和人格名誉权等,另一方面特别规定了一些国际社会有必要特别保护的人的权利,例如对妇女、儿童、囚犯、难民、残疾人、战俘等特殊主体的人身权利。侵害一般性人身权利的行为主要包括强迫劳动、种族歧视、种族隔离、殖民

---

① 引自亨利·梅因:《古代法》,商务印书馆 1959 年版,第 102 页。
② 参见董云虎,刘武萍:《世界人权约法总览》,四川人民出版社 1990 年版,第 961 页。
③ 除非另有说明,以下关于国际人权法律文件的引文均出自董云虎,刘武萍:《世界人权约法总览》,四川人民出版社 1990 年版,第 960 页至第 987 页。

主义、奴隶制和奴隶买卖、灭绝种族、债务监禁、酷刑及不人道待遇、贩卖人口、诽谤与诬陷以及种族、社会、民族或宗教歧视等;侵害特殊主体人身权利的行为主要包括歧视妇女、雇用童工、侵害残疾人权利等。

通过对"国际人权宪章"和其他国际人权法律文件的考察,我们可以看到,现代国际人权法在人身权保护方面,主要遵循了以下一些原则:

1. 平等保护原则。"人人生而平等"是现代国际人权法律文件的立法理论基础。在《世界人权宣言》《公民权利和政治权利国际盟约》和《经济、社会及文化权利国际公约》的序言部分,都清楚地以几乎一致的语言写明:"鉴于对人类家庭所有成员的固有尊严及其平等的和不移的权利的承认,乃是世界自由、正义与和平的基础,确认这些权利是源于人身的固有尊严"。在这个基础上,"国际人权宪章"的各个文件,都以各自的形式和特点,贯彻了《世界人权宣言》的这些规定:"人人生而自由,在尊严和权利上一律平等。他们赋有理性和良心,并应以兄弟关系的精神相对待"(第 1 条)。"人人有资格享受本宣言所载的一切权利和自由,不分种族、肤色、性别、语言、宗教、政治或其他见解、国籍或社会出身、财产、出生或其他身份等任何区别"(第 2 条)。"人人有权享有生命、自由和人身安全"(第 3 条)。"任何人不得使为奴隶或奴役;一切形式的奴隶制度和奴隶买卖,均应予以禁止"(第 4 条)。"任何人不得加以酷刑,或施以残忍的、不人道的或侮辱性的待遇或刑罚"(第 5 条)。"人人在任何地方有权被承认在法律前的人格"(第 6 条)。值得特别注意的是,现代国际人权法倡导的对"人人"加以平等保护的思想和规定,除非经过法律另外规定,是没有限制的,适用于任何人,包括罪犯。《世界人权宣言》第 7 条规定:"在法律之前人人平等,并有权享受法律的平等保护,不受任何歧视。人人有权享受平等保护,以免受违反本宣言的任何歧视行为以及煽动这种歧视的任何行为之害"。第 29 条规定:"人人在行使他的权利和自由时,只受法律所确定的限制"。

2. 法治保护原则。法治保护是现代国际人权法的重要制度基础。《世界人权宣言》在序言中清楚地指出:"为使人类不致迫不得已铤而走险对暴政和压迫进行反叛,有必要使人权受法治的保护。"《公民权利和政治权利国际盟约》和《经济、社会及文化权利国际公约》在序言中也明确地指出:"只有在创造了使人人可以享有其公民和政治权利,正如享有其经济、社会和文化权利一样的条件的情况下,才能实现自由人类享有公民及政治自由和免于恐惧和匮乏的自由的理想,考虑到各国根据联合国宪章负有义务促进对人的权利和自由的普遍尊重和遵行,认识到个人对其他个人和对他所属的社会负有义务,应为促进和遵行本公约所承认的权利而努力"。

在这个基础上,国际人权公约对人身权的法治保护作出了许多具体的规定。例如,《世界人权宣言》规定:"任何人当宪法或法律所赋予他的基本权利遭受侵害时,有权由合格的国家法庭对这种侵害行为作有效的补救"(第8条)。"任何人不得加以任意逮捕、拘禁或放逐"(第9条)。"人人完全平等地有权由一个独立而无偏倚的法庭进行公正的和公开的审讯,以确定他的权利和义务并判定对他提出的任何刑事指控"(第10条)。在第11条还详细规定:"(1)凡受刑事控告者,在未经获得辩护上所需的一切保证的公开审判而依法证实有罪以前,有权被歧视为无罪。(2)任何人的任何行为或不行为,在其发生时依国家法或国际法均不构成刑事罪者,不得被判为犯有刑事罪。刑罚不得重于犯罪时适用的法律规定。"在第12条中,更明确地规定:"任何人的私生活、家庭、住宅和通信不得任意干涉,他的荣誉和名誉不得加以攻击。人人有权享受法律保护,以免受这种干涉或攻击。"在《经济、社会、文化权利国际公约》中明确要求:"每一缔约国家承担尽最大能力个别采取步骤或经由国际援助和合作,特别是经济和技术方面的援助和合作,采取步骤,以便用一切适当方法,尤其包括用立法方法,逐渐达到本公约中所承认的权利的充分实现"(第2条)。"本公约缔约各国承认,在对各国依据本公约而规定的这些权利的享有方面,国家对此等权利只能加以限制同这些权利的性质不相违背而且只是为了促进民主社会中的总的福利的目的的法律所确定的限制"(第4条)。另外,在这个公约和《公民权利和政治权利国际盟约》中都特别要求:"(1)本公约中任何部分不得解释为隐示任何国家、团体或个人有权利从事于任何旨在破坏本公约所承认的任何权利或自由或对它们加以较本公约所规定的范围更广的限制的活动或行为。(2)对于任何国家中依据法律、惯例、条例或习惯而被承认或存在的任何基本人权,不得借口本公约未承认或只在较小范围上予以承认而予以限制或克减"(第5条)。在《公民权利和政治权利国际盟约》中,具体规定了,例如:"……(2)凡未经现行立法或其他措施予以规定者,本公约每一缔约国承担按照其宪法程序和本公约的规定采取必要的步骤,以采纳为实施本公约所承认的权利所需的立法或其他措施。(3)本公约每一缔约国承担：(甲)保证任何一个被侵犯了本公约所承认的权利或自由的人,能得到有效的补救,尽管此种侵犯是以官方资格行事的人所为;(乙)保证任何要求此种补救的人能由合格的司法、行政或立法当局或由国家法律制度规定的任何其他合格当局断定其在这方面的权利;并发展司法补救的可能性;(丙)保证合格当局在准予此等补救时,确能付诸实施。"(第2条)。"人人有固有的生命权。这个权利应受法律保护。不得任意剥夺任何人的生命"(第6条)。"人人有权享有人身自由和安全。任何人不得加以任意逮捕或拘禁。除非依照法律所确定的根据和程序,任何人不得被剥夺自由"(第9条)。

根据法治保护原则,可以看出,现代国际人权法不仅要求国家和政府必须首先承担保护人权的责任,而且禁止它们违反法治的要求,在履行自己的义务时滥用自己的权利。

3. 全面保护原则。自第二次世界大战结束以来,现代国际人权法经过几十年的发展,已经形成了相当成熟和完整的法律体系。目前,国际人权法虽然还在继续发展的过程中,但是,对人身权进行全面完整保护的思想,已经可以很清楚地在现有的有关文件中看到了。根据现代国际人权法,在人身权保护方面包括的对象至少包括以下内容:生命权、自由权和人身安全权[①],免受奴役权和工作权[②],迁徙和居住自由权[③],人格权和名誉权[④],住宅安宁和通信自由权[⑤],婚姻、家庭的受保障权和自己在丧失谋

[①] 例如,见《世界人权宣言》第3条,《公民权利和政治权利国际盟约》第6条,第9条的规定。

[②] 例如,见《世界人权宣言》第4条,《经济、社会、文化权利国际公约》第6条,第7条,《公民权利和政治权利国际盟约》第8条的规定。

[③] 例如,见《世界人权宣言》第13条,但是,特别注意《公民权利和政治权利国际盟约》第12条的规定:"(1)合法处在一国领土内的每一个人在该领土内有权享受迁徙自由和选择住所的自由。(2)人人有自由离开任何国家,包括其本国在内。(3)上述权利,除法律所规定并为保护国家安全、公共秩序、公共卫生或道德、或他人的权利和自由所必需且与本公约所承认的其他权利不抵触的限制外,应不受任何其他限制。(4)任何人进入其本国权利,不得任意加以剥夺。"

[④] 例如,见《世界人权宣言》第6条,第12条;《公民权利和政治权利国际盟约》第16条,第17条。

[⑤] 例如,见《世界人权宣言》第12条;《公民权利和政治权利国际盟约》第17条。

生能力时得到保障的权利①。此外,与人身权有关的权利至少还有言论自由权②,集会结社权③,虽然这方面的权利一般被认为是政治权利或者民主权利。

4. 特别保护原则。国际人权法一方面主张"人人生而自由,在尊严和权利上一律平等",但是,另一方面也承认,在社会中,的确有一部分人会由于自己在生理、年龄或者法律地位上的特点,而处于比较容易受到他人或者国家官吏的不法侵犯的地位。这些人就是妇女,未成年人,以及犯罪嫌疑人或者罪犯④。因此,国际人权法律文件特别注意给予这些特殊群体中的人,提供特别的保护。

在对妇女的特殊保护方面,例如,"国际人权宪章"的各个法律文件中,除了人身安全的一般性规定之外,不仅有"男女平等"方面的规定,而且经常特别地明确规定:"保证妇女享受不差于男子所享受的工作条件,并享受同工同酬"(《经济、社会、文化权利国际公约》第7条),"缔婚必须经男女双方自由同意"(《世界人权宣言》第16条,《经济、社会、文化权利国际公约》第10条)。

在对母亲和儿童的特殊保护方面,例如,《世界人权宣言》第25条规定:"母亲和儿童有权享受特别照顾和协助。一切儿童,无论婚生或非婚生,都应享受同样的社会保护。"另外,第16条规定:"家庭是天然的和基本的社会单元,并应受社会和国家的保护。"

在对犯罪嫌疑人或者罪犯的特殊保护方面,"国际人权宪章"的各个法律文件,以及其他大量的国际人权法,都从实体法、程序法、刑事执行法、青少年法等许多方面,做了非常详细、非常全面的规定。其中,与人身权保护直接有关的最重要的权利至少有:

---

① 例如《世界人权宣言》第16条,第25条;《公民权利和政治权利国际盟约》第23条;《经济、社会、文化权利国际公约》第10条,第11条和第12条。

② 例如,见《世界人权宣言》第19条;《公民权利和政治权利国际盟约》第19条。但是,特别注意,第19条规定,在自由发表意见时,法律可以因为"尊重他人的权利或名誉"和"保障国家安全或公共秩序,或公共卫生或道德"的需要,作出限制。另外,第20条规定:"(1)任何鼓吹战争的宣传,应以法律加以禁止。(2)任何鼓吹民族、种族或宗教仇恨的主张,构成煽动歧视、敌视或强暴者,应以法律加以禁止。"

③ 例如《世界人权宣言》第20条;《公民权利和政治权利国际盟约》第21条,第22条。不过注意,"按照法律以及在民主社会中为维护国家安全或公共安全、公共秩序,保护公共卫生或道德或他人的权利和自由的需要",对这些权利可以加以限制。

④ 当然,在其他具体的国际人权法中,还包括难民、残疾人、战俘。

1. 不受任意逮捕或拘禁权。例如,在《公民权利和政治权利国际盟约》中,第9条规定:"任何人不得加以任意逮捕或拘禁。除非依照法律所确定的根据和程序,任何人不得被剥夺自由。"

2. 不受酷刑权。例如,《公民权利和政治权利国际盟约》第7条规定:"任何人均不得加以酷刑或施以残忍的、不人道的或侮辱性的待遇或刑罚。"

3. 除了最严重的罪行之外,不受死刑惩罚权。《公民权利和政治权利国际盟约》第6条第1款规定:"判处死刑只能是作为对最严重的罪行的惩罚,判处应按照犯罪时有效并且不违反本公约规定和防止及惩治灭绝种族罪公约的法律。这种刑罚,非经合格法庭最后判决,不得执行。"在《关于保护面对死刑的人的权利的保障措施》中,更明确规定:"(1)在没有废除死刑的国家,只有最严重的罪行可判处死刑,应理解为死刑的范围只限于对蓄意而结果为害命或其他极端严重后果的罪行。(2)只有犯罪是法律有明文规定该罪行应判处死刑的情况可判处死刑,应理解为如果在犯罪之后法律有规定可以轻判,该罪犯应予轻判。"

4. 孕妇和未成年人绝对不受死刑权。《公民权利和政治权利国际盟约》第6条第5款规定:"对18岁以下的人所犯的罪,不得判处死刑;对孕妇不得执行死刑。"在《关于保护面对死刑的人的权利的保障措施》中,更进一步明确地要求:"(3)对犯罪时未满18岁的人不得判处死刑,对孕妇或新生婴儿的母亲或已患精神病患者不得执行死刑。"

5. 犯罪嫌疑人与已判决罪犯分别关押权,少年犯与成年犯分别关押权。《公民权利和政治权利国际盟约》第10条规定:"……(2)(甲)除特殊情况外,被控告的人应与被判罪的人隔离开,并应给予适合于未判罪者身份的分别待遇;(乙)被控告的少年应与成年人分隔开,并应尽速予以判决。"

6. 不因无力履行约定义务而被监禁权。《公民权利和政治权利国际盟约》第10条规定:"任何人不得仅仅由于无力履行约定义务而被监禁。"

7. 受罪刑法定原则保护权。《公民权利和政治权利国际盟约》第15条规定:"任何人的任何行为或不行为,在其发生时依照国家法或国际法均不构成刑事罪者,不得据以认为犯有刑事罪。所加的刑罚也不得重于犯罪时适用的规定。如果在犯罪之后依法规定了应处以较轻的刑罚,犯罪者应予减刑。"

除此之外,现代国际人权法还规定了对在人种、宗教或者语言方面处于少数状态的人进行特殊保护的内容,然而,这方面的内容一般认为是属于公民民主权利的范畴的。

根据以上说明和分析,我们可以对人身权保护的一般国际标准作出以下归纳:

1. 人身权是个人依法享有的与自己的人身直接有关的各项权利的总称,是现代人权概念中最重要的基本内容之一。

2. 在现代社会中,公民的人身权不仅可能遭到其他个人的非法侵犯,而且可能遭到国家官吏以国家的名义进行的不法侵犯。因此,一般来说,保护人身权的任务要面对防范来自个人和国家两个方面的侵犯者。

3. 虽然公民在面临不法侵犯时,有权依法进行正当防卫,保护自己、他人、社会乃至国家的利益不受侵犯,但是,国家和政府对公民人身权的保护,无论如何负有首要的责任。通过制定法律来规定国家和政府在保护公民人身权利方面的义务和限制国家和政府的权利,是保证人身权利在法治的条件下不受侵犯的前提条件。

4. 第四,现代国际人权法对于以生命权、健康权、自由权和人格名誉权为核心的人身权保护范围,已经作出了相当完整和细致的规定。

5. 从原则上说,国际人权法根据"人人生而平等"的理念,在人权保护方面奉行"平等保护原则";但是,国际人权法特别关注对于由于生理和法律的原因而在社会上处于弱势的群体的人权保护,尤其是对妇女、未成年人,以及犯罪嫌疑人和罪犯等人的人权保护。

6. 现代国际人权法对于死刑的适用有着明确而严格的限制。

7. 现代国际人权法反对各国限制或者克减对包括人身权在内的基本人权的保护水平。在现代国际人权法中,对以生命权、健康权、自由权和人格名誉权为核心的全部人身权范畴,都没有对法律可以进行干涉的等级作出任何的限制性规定,相反,鼓励各国提高对包括人身权在内的基本人权的保护水平,是现代国际人权法的重要立法精神的内容。①

---

① 参见《世界人权宣言》,在序言中指出:"各会员国业已誓愿同联合国合作以促进对人权和基本自由的普遍尊重和遵行"。另外,在《维也纳宣言和行动纲领(序一)》中更明确指出:"……人权和基本自由是全人类与生俱来的权利;保护和促进人权和基本自由是各国政府的首要责任。"引自北京大学法学院人权研究中心编:《国际人权文件选编》,北京大学出版社2002年版,第42页。

三、我国对人身权保护的法律框架

正是由于法律保护的地方性特征,因此,在详细说明我国刑法对人身权保护的状况之前,有必要对我国保护人身权的法律框架进行分析与说明。这对于完整地理解和分析我国刑法在人身权保护方面的状况和问题,是有重要意义的。

我们已经看到,国际人权法中对人身权保护的各种要求,虽然鼓励但并没有限定在刑法性保护的范围之内;同时,由于刑法保护的"地方性"特点,一种行为在一个国家规定为犯罪,完全可能在另一个国家不被规定为犯罪。因此,人们虽然可以根据一种行为是否在一个国家中被规定为犯罪,来分析和判断这个国家对人权保护的状况,但是,人们不可以仅仅由于一种行为没有在一个国家的刑法中被规定为犯罪,就认为这个国家的法律制度没有对国际人权法案中所要求保护的权利提供了保护。我国由于自己独特的政治、经济、历史、文化和社会背景所产生的法律制度,为国际人权法要求的人身权保护,提供了一个有中国特色的法律保护框架。完整地理解这个法律框架,是分析和研究我国刑法对人身权保护的重要前提。

人们应当承认:在人身权保护方面,我国已经建立起了以宪法为基础的,以刑法、民法和行政法相互衔接的法律保护的完整框架。[①]

《宪法》是我国具有最高法律效力的根本法,是我国人民一切活动的根本准则(《宪法》序言)。我国现行宪法自从1982年颁布实施以来,经过1988年、1993年、1999年和2004年4次"宪法修正案"的修改,内容更加完善和科学,对人权的保护更加强调和重视。特别是2004年的"宪法修正案",在《宪法》第33条中增加了第3款:"国家尊重和保障人权",鲜明地表示了我国在推进社会主义人权事业方面的坚决态度,以及与国际人权事业进行交流和合作的意愿。[②]

我国《宪法》在人身权保护方面,规定了一系列符合人权保护国际标

[①] 事实上,更完整地考察我国对人身权的保护状况,还可能涉及有关的党规和有关企业公司的内部规定。对这个部分的内容,本文仅在必要的情况下进行讨论。

[②] 参见王兆国在2004年3月8日在第10届全国人民代表大会第2次会议上所做的"关于《宪法修正案(草案)》的说明",载《人民法院报》,2004年3月9日版。

准的根本性准则。这主要包括：

1. 第 28 条规定："国家维护社会秩序，镇压叛国和其他危害国家安全的犯罪活动，制裁危害社会治安、破坏社会主义经济和其他犯罪的活动，惩办和改造犯罪分子。"也就是说，国家承诺了自己对包括人身权保护在内的人权保护的首要责任。

2. 第 33 条规定："中华人民共和国公民在法律面前一律平等。"第 51 条规定："中华人民共和国公民在行使自由和权利的时候，不得损害国家的、社会的、集体的利益和其他公民的合法的自由和权利。"尤其是第 4 条规定："中华人民共和国各民族一律平等……禁止对任何民族的歧视和压迫……"这些规定是符合国际人权法的平等保护原则的。

3. 第 5 条规定："中华人民共和国实行依法治国，建设社会主义法治国家。国家维护社会主义法制的统一和尊严。一切法律、行政法规和地方性法规都不得同宪法相抵触。"这是符合国际人权法的法治保护原则的。

4. 《宪法》在第二章"公民的基本权利与义务"中，规定了"公民的人身自由不受侵犯"（第 37 条）、"公民的人格尊严不受侵犯"（第 38 条）、"公民的住宅不受侵犯"（第 39 条），以及"公民有言论、出版、集会、结社、游行、示威的自由"（第 35 条），等，体现了国际人权法的全面保护原则。

5. 《宪法》还规定了"公民有宗教信仰自由。任何国家机关、社会团体和个人不得强制公民信仰宗教或者不信仰宗教，不得歧视信仰宗教的公民和不信仰宗教的公民"（第 36 条）。"任何公民，非经人民检察院批准或者决定或者人民法院决定，并由公安机关执行，不受逮捕"（第 37 条）。"退休人员的生活受到国家和社会的保障"（第 44 条）。"公民在年老、疾病或者丧失劳动能力的情况下，有从国家和社会获得物质帮助的权利。国家和社会保障残废军人的生活，抚恤烈士家属，优待军人家属。国家和社会帮助安排盲、聋、哑和其他有残疾的公民的劳动、生活和教育"（第 45 条）。"公民有进行科学研究、文学艺术创作和其他文化活动的自由。国家对于从事教育、科学、技术、文学、艺术和其他文化事业的公民的有益于人民的创造性工作，给以鼓励和帮助"（第 47 条）。"妇女在政治的、经济的、文化的、社会的和家庭的生活等各方面享有同男子平等的权利。国家保护妇女的权利和利益，实行男女同工同酬，培养和选拔妇女干部"（第 48 条）。"婚姻、家庭、母亲和儿童受国家的保护。夫妻双方有实行计划生育的义务。父母有抚养教育未成年子女的义务,成年子女有赡养扶助父母的义务。禁止破坏婚姻自由,禁止虐待老人、妇女和儿童"(第49条)。国家"保护华侨的正当的权利和利益,保护归侨和侨眷的合法的权利和利益"(第50条)。另外,第125条规定:"人民法院审理案件,除法律规定的特别情况外,一律公开进行。被告人有权获得辩护。"这一系列规定,是符合国际人权法关于特殊保护原则的要求的。

值得注意的是,我国《宪法》在生命权的问题上,并不是采用一般的抽象性规定,而是采用具体的详细规定来表明自己的态度的。虽然,在我国《宪法》中没有一字一句直接提到"生命权",也没有照搬国际人权法中"人人有权享有生命"这样的话语,但是,我国《宪法》所规定的一切,都是出于使我国人民的生命能够以前所未有良好形态存在下去的伟大理想进行规定的。生存权,即生命有保障地存在权,是我们国家和宪法首先关心的问题。"没有生存权,其他一切人权均无从谈起。……争取生存权利历史地成为中国人民必须首先要解决的人权问题。"[1]没有在宪法条文中明确写明保护生命权,并不能说明我国宪法不保护生命权,相反,根据其他具体的规定和条文,可以看出,"中国政府将人民的生命健康和基本人权放在首位"[2]是认真的而不是空谈的。

在具体部门法的规定中,我国法律制度对人身权有着细密而周到的保护。例如,2003年,面对突如其来的非典疫情,我国政府颁布实施《突发公共卫生事件应急条例》和《传染性非典型肺炎防治管理办法》,如实公布疫情,完善疫情信息报告制度和预防控制措施。国家领导人率先垂范,深入疫区,动员全国人民抗击非典,最终使中国内地临床确诊病例的病死率降至6.5%,低于世界平均临床确诊病死率9%的水平。[3] 这充分体现了中国高度重视维护人民的身体健康和生命安全。这个方面的法律规定不胜枚举。与本文主题有关的是,在我国的法律制度中,刑法对人身权保护发挥了强大的"后盾法"作用。例如,在同非典作斗争的过程中,最高人

---

[1] 引自国务院新闻办公室:《中国的人权状况》,1991年11月,载中国人权发展基金会编:《中国人权文库之三:中国人权事业的进展——中国人权白皮书汇编》,新世界出版社2003年版,第4页。

[2] 引自国务院新闻办公室:《2003年中国人权事业的进展》2004年3月,载《人民日报》2004年3月31日,第10版。

[3] 引文出处同上。

民法院、最高人民检察院联合发布了"关于办理妨害预防、控制突发传染病疫情等灾害的刑事案件具体应用法律若干问题的解释",规定:"故意传播突发传染病病原体,危害公共安全的,依照《刑法》第114条、第115条第1款的规定,按照以危险方法危害公共安全罪定罪处罚。患有突发传染病或者疑似突发传染病而拒绝接受检疫、强制隔离或者治疗,过失造成传染病传播,情节严重,危害公共安全的,依照《刑法》第115条第2款的规定,按照过失以危险方法危害公共安全罪定罪处罚。"刑法与其他部门法联合对包括生命权在内的人身权进行保护的模式,是符合国际人权法对生命权保护的要求的。

根据我国《立法法》的规定,犯罪和刑罚事项,只能由法律加以规定。我国的刑事立法表明,迄为止,犯罪和刑罚事项,仅仅是由《刑法》《刑事诉讼法》及其补充规定、修正案和法律解释规定的。不过,人们必须注意,我国刑事法律制度的一个特征,就是我国《刑法》使用了不彻底的犯罪概念来规定犯罪。我国现行《刑法》第13条规定:"一切危害国家主权、领土完整和安全,分裂国家、颠覆人民民主专政的政权和推翻社会主义制度,破坏社会秩序和经济秩序,侵犯国有财产或者劳动群众集体所有的财产,侵犯公民私人所有的财产,侵犯公民的人身权利、民主权利和其他权利,以及其他危害社会的行为,依照法律应当受刑罚处罚的,都是犯罪,但是情节显著轻微危害不大的,不认为是犯罪。"这种危害社会的行为在"情节显著轻微危害不大"的情况下,"不认为是犯罪"的规定说明:在中国,犯罪的成立不仅有定性上的要求——具有社会危害性,而且有定量上的要求——这种社会危害性必须达到一定严重的程度。根据这个一般要求,我国《刑法》在分则中对具体犯罪的规定中,大量地使用"情节严重"或者"情节恶劣"作为构成犯罪的条件,换句话说,如果行为在形式上符合《刑法》的规定,但是在危害程度上没有达到一定的标准,那么,这样的行为仍然是不能作为犯罪处理的。这种使用"起刑点"来规定犯罪,即同一性质的行为只有达到一定程度才能受到刑事惩罚的做法,与现行世界经济发达国家在犯罪的成立方面,一般只有性质的要求而没有数量的要求的做法,有着明显的区别。[①]

[①] 关于我国与作为外国例子的德国在犯罪概念上的区别,参见王世洲:《从比较刑法到功能刑法》,长安出版社2003年版,第3页以下。

如果仅仅从刑事司法制度上看,我国这种不彻底的犯罪概念在对犯罪的追究上,也就是对于公民权利的保护上,当然存在着结构性缺损的问题。然而,如果人们从我国的整体法律制度上看,就能够看出,我国刑法在对公民权利保护的缺损情况,是依靠其他部门法来加以弥补的。也就是说,从法律保护的整体意义上看,我国的法律制度对于公民权利的保护是完整的,只不过在刑法保护中缺损的部分,主要是由民法和行政法通过提供另外的规定来进行保护的。①

的确,在我国的民法和行政法的法律规定中,都包含有保护人身权的任务。例如,我国《治安管理处罚条例》不仅在第22条中,规定了轻微伤害、非法限制人身自由和侵入住宅、侮辱和诽谤、虐待家庭成员、写恐吓信、摧残未成年人身心健康,以及隐匿、毁弃或者私自开拆他人邮件、电报等侵犯他人人身权利的行为是违法行为,而且在扰乱公共秩序、妨害公共安全、妨害社会管理秩序等方面的规定中,规定了相关的侵害人身权利的行为是违法行为。又如,我国《民法通则》在第5章"民事权利"中,通过第4节专门对人身权做了规定,宣告公民享有以下权利:生命健康权(第98条)、姓名权(第99条)、肖像权(第100条)、名誉权(第101条)、荣誉权(第102条)、婚姻自主权(第103条),另外,妇女享有同男子平等的民事权利(第105条)。同时,《民法通则》还规定:"婚姻、家庭、老人、母亲和儿童受法律保护。残疾人的合法权益受法律保护"(第104条)。

在我国的法律制度中,犯罪性侵犯公民人身权利的违法行为与非犯罪性的,即民事性或者行政性的侵犯公民人身权利的违法行为之间,存在着各自不同但相互衔接的法律责任。我国《治安管理处罚条例》第2条规定:"扰乱社会秩序,妨害公共安全,侵犯公民人身权利,侵犯公私财产,依照《刑法》的规定构成犯罪的,依法追究刑事责任;尚不够刑事处罚,应当给予治安管理处罚的,依照本条例处罚。"我国《民法通则》第110条规定:"对承担民事责任的公民、法人需要追究行政责任的,应当追究行政责任;构成犯罪的,对公民、法人的法定代表人应当依法追究刑事责任。"我国法律的这种刑事责任与民事责任、行政责任相联系的明确规定说明:在我

---

① 由于篇幅和资料所限,本文仅仅以中共中央1997年2月27日印发的《中国共产党纪律处分条例(试行)》为例,说明我国在其他领域为人身权提供的保护。在这个《条例》中,至少规定了殴打他人、非法拘禁、侮辱、诽谤、非法侵入他人住宅、虐待或者遗弃家庭成员等行为,是应受党纪处分的不法行为。

国,虽然法律责任有种类上的区别,但总的说来,法律责任并不存在制度性缺损的情况。

根据保护人身权的一般国际标准,我们可以对我国保护人身权的法律框架作出以下评价:

1. 我国的整体法律制度,依据我国具体的政治、经济、历史、文化和社会状况,以务实的态度,为我国的人身权保护提供了一个比较全面和完整的法律框架,虽然法律用语与国际人权法律文件不一定完全相同,但是,在反对或者禁止侵犯包括人身权在内的人权方面,我国的态度是十分坚定和鲜明的。

2. 从发展的眼光看来,我国在包括人身权在内的人权保护事业,目前仍然处在稳步发展的过程之中,发展的方向是趋向于符合人权保护的一般国际标准,而不是背离这个标准。

3. 我国的法律制度对人身权的保护是完整的,刑法对人身权保护的结构性缺损是通过非刑事法律和其他规范的补充而得到弥补的。

4. 一般认为,根据一种侵犯人权的行为是否在这个国家中被犯罪化,可以说明这个国家在相关人权方面的保护水平,但是,我国的法律制度目前仍然在相当程度上依靠民事的特别是行政的法律手段来为人身权提供保护,这样的保护方法和保护等级是否符合国际标准,是值得研究的。

5. 一般认为,根据追究侵犯人权行为的法律制度的复杂程度,可以判断出这个国家人权保护的效率和成本:追究不法的制度越复杂,效率越低,成本越高。我国目前这个复杂的法律框架,虽然是在我国特定历史条件下形成的[①],但是,这个法律框架在人身权保护方面是否效率太低以及是否成本太高,是值得研究的。

四、我国刑法对生命权的保护

生命权是最重要的人权,也是最重要的人身权,在现代国际人权法律文件中,生命权总是处于第一人身权的位置。《公民权利和政治权利国际

[①] 关于这个问题的具体研究情况,参见王世洲:《从比较刑法到功能刑法》,长安出版社 2003 年版,第 3 页以下。

盟约》第6条甚至规定:"人人有固有的生命权。这个权利应受法律保护。不得任意剥夺任何人的生命。"这个条文一方面使用了"固有的"这个词,明确说明了生命权具有与生俱来的性质,另一方面,不仅从肯定的方面要求各国承担保护生命的责任,而且从否定的方面要求各国不得任意剥夺生命。①

根据国际人权法律文件的有关规定②,我们可以总结出以下关于对生命权保护的具体国际标准:

1. 国际人权法主张生命权是每个人"固有的"权利,任何个人和国家都没有非法剥夺他人生命的权利。

2. 国际人权法并不要求完全废除死刑,虽然废除死刑已经成为世界性趋势。③

3. 国际人权法虽然同意保留死刑,但是对死刑采取了最严格限制的态度,这就是仅仅同意,"只有最严重的罪行可判处死刑",并且仅仅把"最严重的罪行"理解为"只限于对蓄意而结果为害命或其他极端严重后果的罪行"。

4. 国家可以使用死刑剥夺罪犯生命的条件是:

(1) 所犯罪行是"法律有明文规定该罪行应判处死刑的""最严重的罪行";

(2) "对被告的罪行根据明确和令人信服的证据而对事实没有其他解释余地"的情况下;

(3) 在犯罪之后,法律没有规定可以轻判的;

(4) 对犯罪时未满18岁的人不得判处死刑,对孕妇或新生婴儿的母亲或已患精神病患者不得执行死刑;

(5) 经过一切可能的法律程序之后,并且不是处于法定的上诉或者申诉程序之中;

(6) 被告人在诉讼的每一个阶段都获得了适当的法律协助;

---

① 参见杨宇冠:《人权法——〈公民权利和政治权利国际盟约〉研究》,中国人民公安大学出版社2003年版,第135页以下,该学者认为,这个公约中使用"固有的"一词,同时说明了生命权具有不可放弃或者转让的属性。本文作者对这个说法表示怀疑,因为那样一来,同意"安乐死"以及不追究自杀者责任的国家,就都有违反这个公约的嫌疑了。

② 主要是《关于保护面对死刑的人的权利的保障措施》,见董云虎,刘武萍:《世界人权约法总览》,四川人民出版社1990年版,第1141页。

③ 详见王世洲:《从比较刑法到功能刑法》,长安出版社2003年版,第349页以下。

（7）只能以尽量引起最少痛苦的方式执行死刑。

人们通常都同意，需要承担法律责任的对生命权的侵犯，一般只能来自个人对他人生命的非法侵犯和国家对个人生命的不法侵犯。我国《刑法》在这两个方面都对生命权的保护作出了完整的规定。

（一）我国刑法禁止个人非法侵害他人的生命

根据我国《刑法》，非法侵害他人的生命是最严重的犯罪。

1. 我国《刑法》禁止以故意杀人为典型行为的一切危害生命的行为，并且，几乎所有直接造成生命损失的犯罪行为，都可能承担死刑的刑事责任。其中，至少从刑法典规定的字面意思来看，对故意杀人罪要首先考虑适用死刑（第232条），对"以暴力、胁迫或者其他方法劫持航空器……致人重伤、死亡或者使航空器遭受严重破坏的"（第121条），"以勒索财物为目的绑架他人的，或者绑架他人作为人质……致使被绑架人死亡或者杀害被绑架人的"（第239条），以及"拐卖妇女、儿童"具有法定从重处罚情节，"情节特别严重的"（第240条），只能处死刑。

2. 我国《刑法》也禁止以过失致人死亡为典型行为的一些过失危害生命的行为。这一类犯罪行为虽然没有死刑，但是也要承担相对严重的刑事责任。

3. 我国《刑法》规定了正当防卫制度。我国刑法把非法侵害他人生命的行为规定为犯罪，表现了国家首先承担起了保护生命权的人权责任。根据我国《刑法》，个人一般没有权利侵害他人的生命。但是，为了使国家、公共利益、本人或者他人的人身、财产和其他权利，在受到不法侵害时能够及时进行防卫，我国《刑法》在第20条中规定了正当防卫制度，规定在正当防卫中对不法侵害人造成损害的，属于正当防卫，不负刑事责任；在正当防卫明显超过必要限度造成重大损害时，虽然应当负刑事责任，但是应当减轻或者免除处罚。另外，我国《刑法》为了对生命权和其他重大的人身权提供保护，特别规定："对正在进行行凶、杀人、抢劫、强奸、绑架以及其他严重危及人身安全的暴力犯罪，采取防卫行为，造成不法侵害人伤亡的，不属于防卫过当，不负刑事责任"（第20条第3款）。我国《刑法》对正当防卫的规定，尤其是对公民在防卫自己的生命权和其他重大人身权免受不法侵害时，可以攻击侵害人的人身直至生命的特别规定，是以对生命权的尊重为基础的。

4. 我国《刑法》还规定了紧急避险制度。在第 21 条中,允许为了使国家、公共利益、本人或者他人的人身、财产和其他权利免受正在发生的危险,不得已而采取紧急避险的行为,因此"造成损害的,不负刑事责任。紧急避险超过必要限度造成不应有的损害的,应当负刑事责任,但是应当减轻或者免除处罚"。但是,根据生命权一律平等的原理,我国刑法理论界普遍认为,"生命是最高权利,不容许为了保护一个人的健康而牺牲另一个人的生命,更不容许牺牲他人的生命而保全自己的生命"[①]。

5. 我国《刑法》禁止个人非法侵犯他人生命权的规定,包括了禁止包括司法工作人员在内的一切国家工作人员,在执行职务的过程中,非法侵犯公民的生命权和其他人权。例如,《刑法》第 247 条规定,司法工作人员对犯罪嫌疑人、被告人实行刑讯逼供或者使用暴力逼取证人证言的,致人伤残、死亡的,应当依照故意杀人罪、故意伤害罪定罪从重处罚。

6. 国家工作人员在执法过程中,面对罪犯的凶残犯罪,如果不依法采用包括武力在内的强制手段,是无法履行自己保护人民生命财产的义务的。因此,我国法律和有关规定,也赋予了有关人员使用武器的权利和义务。例如《人民警察使用警械和武器条例》第 9 条规定,人民警察在判明有放火、决水、爆炸、凶杀、劫持人质或航空器等、抢劫枪支弹药等危险物品、破坏重要设施、聚众械斗、暴乱等严重破坏公共安全和社会治安秩序的暴力犯罪行为,用其他方法不能制止时,可以使用武器。这个规定应当是符合有关的国际标准的。例如联合国《执法人员行为守则》第 3 条规定:"执法人员只有在绝对必要时才能使用武力,而且不得超出执行职务所必需的范围。"[②]另外,最高人民法院、最高人民检察院、公安部、国家安全部、司法部在《关于人民警察执行职务中实行正当防卫的具体规定》第 4 条中,甚至还规定:"人民警察在必须实行正当防卫行为的时候,放弃职守,致使公共财产、国家和人民利益遭受严重损失的,依法追究刑事责任;后果轻微的,由主管部门酌情给予行政处分。"可见,我国对于国家工作人员在承担保护生命权等基本人权的责任时,应当承担的权利和义务,是有着严肃、认真的务实态度的。

[①] 例如,高铭暄主编:《刑法学(新编本)》,北京大学出版社 1998 年版,第 144 页。
[②] 引自董云虎,刘武萍:《世界人权约法总览》,四川人民出版社 1990 年版,第 1118 页。另外,参见杨宇冠:《人权法——〈公民权利和政治权利国际盟约〉研究》,中国人民公安大学出版社 2003 年版,第 140 页,该学者还提到了联合国《执法人员使用武力和火器的基本原则》。

（二）我国刑法对死刑的保留和限制

无论是从国际公约还是从我国的法律规定看，在研究对生命权的保护时，对死刑的控制都给予了特别的注意，因为如果不能控制死刑的滥用，那么，生命权将会通过死刑的适用而被"合法地"受到侵犯，生命权的保障就会在以这种保障为对象的法律制度内部丧失。

对照生命权保护的具体国际标准，我们可以对我国的死刑制度作以下的说明和评价：

1. 我国目前的死刑制度基本上贯彻的是"保留死刑，但是严格限制死刑"的政策。① 这个政策基本上是符合国际人权法的标准的。

2. 我国死刑适用的对象，目前主要分布在四大类犯罪之中：危害国家安全的犯罪；危害人身安全的犯罪；经济犯罪；破坏社会管理秩序的犯罪。《刑法》第 48 条第 1 款第 1 句规定："死刑只适用于罪行极其严重的犯罪分子。"所谓"罪行极其严重"，只能是指对国家和人民利益危害特别严重和情节特别恶劣的犯罪。从法律规定和司法实践看，大多数死刑都是以在特定的犯罪中严重侵犯了公民的生命权等人身权为必要条件的。例如，生产、销售假药罪的死刑条件是"致人死亡或者对人体健康造成特别严重危害"（第 141 条）。强奸罪适用死刑的情节为（1）强奸妇女、奸淫幼女情节恶劣的；（2）强奸妇女、奸淫幼女多人的；（3）在公共场所当众强奸妇女的；（4）2 人以上轮奸的；（5）致使被害人重伤、死亡或者造成其他严重后果的（第 236 条）。不具有这些法定情节之一的强奸罪，就不能被判处死刑。我国《刑法》把死刑适用的对象首先对准严重侵犯生命权和其他重大人身权的犯罪，基本符合"只有最严重的罪行可判处死刑"，即死刑"只限于对蓄意而结果为害命或其他极端严重后果的罪行"这个国际标准。但是，我国《刑法》对盗窃罪（第 264 条）、特定诈骗罪（如第 192 条以下）、尤其是非法传授犯罪方法罪（第 295 条）等非暴力性犯罪也规定死刑的做法，是不符合保护生命权的国际标准的。

3. 我国《刑法》第 49 条规定："犯罪的时候不满 18 周岁的人和审判的时候怀孕的妇女，不适用死刑。"对"不满 18 周岁的人""不适用死刑"，包括不能对他们适用死刑立即执行和判处死刑缓期 2 年执行。"审判的

---

① 详见王世洲：《从比较刑法到功能刑法》，长安出版社 2003 年版，第 349 页以下。

时候怀孕的妇女",包括在人民法院审判的时候被告人是怀孕的妇女,也包括审判前在羁押受审时已是怀孕的妇女。对于这种妇女,即使她在羁押或受审期间生产或者流产了,仍应视同审判时怀孕的妇女,不能适用死刑。这个规定是符合国际标准的。但是,我国《刑法》还没有禁止对新生婴儿的母亲判处和适用死刑的规定。另外,我国《刑法》第18条虽然规定了,精神病人在不能辨认或者不能控制自己行为的时候造成危害结果,经法定程序鉴定确认的,不负刑事责任。但是还规定了,间歇性的精神病人在精神正常的时候犯罪,应当负刑事责任。无论从医学还是法学的观点看,间歇性的精神病人都是一种精神病人。我国《刑法》对新生婴儿的母亲和精神病患者没有明确规定禁止死刑,与国际标准的要求相比还是有差距的。

4. 我国《刑法》和《刑事诉讼法》为了保证死刑的正确适用,建立了死刑复核制度,即在经过普通的两级审理之后,死刑案件还要经过一个特殊的对死刑的判决和裁定进行复核审查的程序。根据这个制度,我国中级以上人民法院判处的死刑案件,即使被告人不上诉,对于判处死刑立即执行的案件,也应当由高级人民法院复核后,报请最高人民法院核准(《刑事诉讼法》第200条);对于判处死刑缓期两年执行的案件,也应当由高级人民法院核准(《刑事诉讼法》第201条)。这个有中国特色的限制死刑和保证死刑正确适用的制度,是符合国际标准的要求的。

5. 我国死刑的适用标准还有待统一。我国《宪法》第5条的规定:"中华人民共和国实行依法治国,建设社会主义法治国家。国家维护社会主义法制的统一和尊严。"根据通行的法学观点,法制的统一当然包括适用死刑标准的统一。为了维护这个统一,《刑法》第48条第2款规定:"死刑除依法由最高人民法院判决的以外,都应当报请最高人民法院核准。"然而,在1997年《刑法》修改中提出的这个工作,至今尚未完成。目前,最高人民法院根据《人民法院组织法》第13条,在《关于授权高级人民法院核准部分死刑案件的通知》中规定,在当前严厉打击刑事犯罪活动期间,全国的反革命案件和贪污等严重经济犯罪案件(包括受贿案件、走私案件、投机倒把、贩毒、资运珍贵文物出口案件)判处死刑的,由高级人民法院复核同意后,报最高人民法院核准;对杀人、强奸、抢劫、爆炸以及其他严重危害公共安全和社会治安判处死刑的案件核准权,最高人民法院依法授权由各高级人民法院和解放军军事法院行使。1991年6月6日、1993年8月18日、1996年3月19日和1997年6月23日,最高人民法院又分别发出通知,决定授权云南、广东、广西、四川、甘肃、贵州的高级人民法院以毒品犯罪死刑案件(不包括涉外、涉港澳、涉台案件)的核准权。① 这就是说,目前死刑的核准权,还有相当一部分不是由最高人民法院行使的。目前,行使死刑复核权的省一级(含军队)的高级人民法院共有约33个,也就是说,我国目前在实践中适用的死刑标准,就可能有33个之多。这种情况,不仅不符合国际人权法要求的平等保护原则,而且也是不符合我国《宪法》的要求的。

6. 我国建立的死缓制度,对于减少死刑的适用发挥了重要的作用。我国《刑法》第48条第1款第2句规定:"对于应当判处死刑的犯罪分子,如果不是必须立即执行的,可以判处死刑同时宣告缓期2年执行。"这种对虽然罪该处死,但还不是必须立即执行的人适用的制度,就是著名的"死缓制度"。根据中国的刑事司法实践经验,罪该处死,但具有下列情形之一的,一般可视为"不是必须立即执行的":罪行虽然极其严重,但是民愤不是极大的;犯罪分子投案自首的或者有立功表现的;共同犯罪中有多名主犯,其中的首要分子或者最严重的主犯已判死刑立即执行,其他主犯不具有最严重罪行的;犯罪分子智力发育不全,属于有限定责任能力的;被害人在犯罪发生前或者发生过程中有明显过错,引起罪犯一时激愤而杀人的;其他应当留有余地情况的。② 在两年死刑缓期执行期间期满之后,根据我国《刑法》第50条的规定,如果罪犯在死刑缓期执行期间,没有故意犯罪,2年期满以后,减为无期徒刑;如果确有重大立功表现③,2年期满以后,减为15年以上20年以下有期徒刑;如果故意犯罪,查证属实的,由最高人民法院核准,执行死刑。这种在死缓期满执行死刑的实体性要求(必须有查证属实的故意犯罪事实存在)和程序性要求(必须由最高人民法院核准),在实践中,极大地限制了死刑的最终适用。④ 事实上,在中国的刑事司法实践中,被判处死缓最终又被执行死刑的,是非常罕见

---

① 本文使用的司法解释,除非特别说明的之外,全部出自北京大学法制信息中心与北大英华科技有限公司:《中国法律法规大全(光盘2004版)》,北京大学出版社。
② 参见王世洲:《从比较刑法到功能刑法》,长安出版社2003年版,第356页以下。
③ 根据我国《监狱法》第29条的规定,"重大立功表现"是指:(1)阻止他人重大犯罪活动的;(2)检举监狱内外重大犯罪活动,经查证属实的;(3)有发明创造或者重大技术革新的;(4)在日常生产、生活中舍己救人的;(5)在抗御自然灾害或者排除重大事故中,有突出表现的;(6)对国家和社会有其他重大贡献的。
① 参见王世洲:《从比较刑法到功能刑法》,长安出版社2003年版,第349页以下。

的。因此，死缓制度就成为有中国特色的限制适用死刑的重要制度。这个制度的设立和实施，基本是符合国际标准的。

7. 我国《刑事诉讼法》第212条第2款规定："死刑采用枪决或者注射的方法执行。"我国自1997年11月4日起，在昆明市中级人民法院通过4名走私毒品的罪犯开始使用注射麻醉及致死性药物的方法来执行死刑。① 使用注射方法执行死刑的做法，符合国际人权法"以尽量引起最少痛苦的方式执行死刑"的要求。

8. 在程序方面，我国《刑事诉讼法》对面对死刑的被告人提供了各种辩护手段。死刑被告人不仅可以自己行使辩护权，而且可以聘请律师或者自己的监护人、亲友为自己辩护（第32条）。《刑事诉讼法》第34条规定："被告人可能被判处死刑而没有委托辩护人的，人民法院应当指定承担法律援助义务的律师为其提供辩护。"但是，法律和有关规定都没有为死刑被告人在死刑复核程序中强制性提供律师帮助的规定。对照国际标准，这方面的规定是值得研究的。

（三）堕胎和安乐死问题

在世界性保护生命权的努力中，堕胎和安乐死是备受国际人权法学界和有关国际组织关注的问题。

堕胎是指有意识地终止妊娠的行为。不过，在现代国际人权法中，并没有任何关于生命自何时开始以及到何时终止的规定，因此，堕胎是否侵犯了生命权的问题，在现代国际人权法中并不清楚。我国《宪法》第25条规定："国家推行计划生育，使人口的增长同经济和社会发展计划相适应。"《人口与计划生育法》第18条规定："国家稳定现行生育政策，鼓励公民晚婚晚育，提倡一对夫妻生育一个子女。"第19条规定："实行计划生育，以避孕为主。国家创造条件，保障公民知情选择安全、有效、适宜的避孕节育措施。实施避孕节育手术，应当保证受术者的安全。"在我国，堕胎一般不是犯罪行为，我国《刑法》第336条仅仅规定："未取得医生执业资格的人擅自为他人进行……终止妊娠手术……情节严重的"，构成犯罪。我国《刑法》的这个规定，通过维护国家对医疗卫生活动的管理秩序，尤其是计划生育的管理秩序，保护了公民的生命权和人身权。

---

① 参见《法制日报》1997年11月4日的报道。

另外,《人口与计划生育法》第 39 条对于国家机关工作人员在计划生育工作中,侵犯公民人身权、财产权和其他合法权益的行为,规定:构成犯罪的,依法追究刑事责任;尚不构成犯罪的,依法给予行政处分;有违法所得的,没收违法所得。1997 年 4 月 4 日在最高人民法院《关于不服计划生育管理部门采取的扣押财物、限制人身自由等强制措施而提起的诉讼人民法院应否受理问题的批复》中,要求人民法院根据《行政诉讼法》第 11 条第 1 款第(2)项的规定,受理当事人对计划生育管理部门采取的扣押财物、限制人身自由等强制措施不服依法提起行政诉讼的案件。这些规定基本上不违反现行的国际人权法的国际标准。但是,对于那些违反计划生育怀孕,尤其是怀孕 3 个月以上的妇女,强行进行医学上认为不宜实施的堕胎或者引产手术,是否属于侵犯人权,在我国社会存在着争议。

安乐死一般是指"为解除病人无法忍受的肉体痛苦而采取的一种结束生命的行为"。[1] 在与生命权保护有关的方面,安乐死包括行为人根据死者的请求而实施的安乐死和行为人在死者无法表达自己意志时,为了解除死者的痛苦而主动采取的安乐死。安乐死是否属于一种犯罪,尤其是否属于故意杀人罪,在我国刑法学界存在着争论,但是,我国法律并没有关于安乐死合法的规定,刑事法学界目前基本上主张安乐死有罪,但是可以从轻处罚[2],也有人甚至主张可以免除或者减轻处罚。[3] 我国《刑法》在安乐死方面的规定和理论,基本上是符合国际上在这个方面的一般研究情况和一般国际标准的。

五、我国刑法对健康权的保护

从字面上看,在国际人权法律文件中,从来不使用"健康权"这样的概念来表示人身的完整性不受侵犯的意思,而是使用"人身安全"这个词来表示这个意思。但是,在中文中使用"人身安全"这个概念来表示这个意思,会造成一些不必要的混乱。中文一般认为,人身安全就是指"人身"的

---

[1] 北京大学法学百科全书编委会,《北京大学法学百科全书·刑法学 犯罪学 监狱法学》,北京大学出版社 2003 年版,第 3 页。

[2] 例如张明楷,《刑法学》,法律出版社 2003 年版,第 694 页。

[3] 例如齐文远主编,《刑法学》,司法部法学教材编辑部审,法律出版社 1999 年版,第 524 页。

安全,而"人身"这个概念一般又是指受到保护或者侵害的"个人的生命、健康、行动、名誉等"。① 在国际人权法中,生命权,以及与行动、名誉有关的自由权和人格名誉权,已经在人身安全之外被独立地列明了,人身安全其实指的就是中文意义上的"健康"。因此,如果在中文中再使用人身安全这个概念来表示除了生命、自由和人格名誉之外的人身权,即健康,就很容易陷入概念的混乱。从这个概念的分析中,我们可以一般地同意,我国法学界使用的"健康权"这个概念,基本上是等同于国际人权法中所使用的"人身安全"的概念的。②

从通俗的意义上说,健康是指人体保持没有疾病和缺陷并具有正常生理机能的状态。③ 对健康权的保护,从狭义上说,就是仅仅指个人的身体完整性不受侵犯。但是,从广义上说,人们完全可以认为,诸如对"安全和卫生的工作条件"的要求,对"休息、闲暇"和对"工作时间的合理限制"的要求④,等等,也是属于保护健康权的范畴。然而,无论如何,人们都会同意,对人身完整性的保护,是健康权保护中最重要和最基本的内容。

健康权是与生命权紧密联系但又有区别的另外一种重要的人权。在实践中,对健康权的侵害往往是对生命权侵犯的开始或者是未得逞的结果。因此,我国《刑法》的许多条文并没有把对生命权的侵犯和对健康权的侵犯截然分开。例如,在我国《刑法》规定的强奸罪(第236条),拐卖妇女、儿童罪(第240条),甚至抢劫罪(第263条),运送他人偷越国(边)境罪(第321条)中,"致人重伤、死亡"这个从重处罚的情节,都是规定在同一个条款之中的。然而,至少从《刑法》的角度看来,侵犯健康权和侵犯生命权是属于不同的两种犯罪。一般认为,我国《刑法》规定的故意杀人罪(第232条)和过失致人死亡罪(第233条)就是专门惩治侵害生命权的,而故意伤害罪(第234条)和过失致人重伤罪(第235条)仅仅是惩罚侵害

---

① 见中国社会科学院语言研究所词典编辑室编:《现代汉语词典(修订本)》,商务印书馆1998年版。
② 从医药卫生角度上说,世界卫生组织也给"健康"下过定义,但是,众所周知,那个定义不是在人权意义上使用的。
③ 参见中国社会科学院语言研究所词典编辑室编:《现代汉语词典(修订本)》,商务印书馆1998年版。
④ 参见《经济、社会、文化权利国际公约》第7条,引自董云虎,刘武萍:《世界人权约法总览》,四川人民出版社1990年版,第966页。

健康权的条文。①

在我国刑法保护健康权的法律规定中,主要使用了两种立法技术来禁止对人身完整性和其他健康权的侵害。

1. 以人身的完整性为单一的犯罪客体,为健康权提供直接的法律保护。在这个方面,我国《刑法》规定了一般性的条文和特别性的条文,来禁止一般的侵犯健康权行为和特别的侵犯健康权行为。典型的一般性侵犯健康权的行为,就是故意伤害罪和过失致人重伤罪。我国《刑法》对这个方面的犯罪,没有犯罪对象、犯罪主体、犯罪时间、犯罪地点、犯罪手段方面的限制。任何人非法伤害他人达到法定程度的,就要构成犯罪。其至司法工作人员在对犯罪嫌疑人、被告人实行刑讯逼供或者使用暴力逼取证人证言的过程中,造成他人伤残的,也要依照故意伤害罪定罪从重处罚(第 247 条)。典型的特殊性侵犯健康权的行为,则是仅仅适用于有特定犯罪对象、犯罪主体、犯罪时间、犯罪地点、犯罪手段来侵犯健康权的犯罪。例如,虐待部属罪(第 443 条)仅仅对犯罪的军人适用,战时残害居民罪(第 446 条)仅仅适用于战时和军事行动地区。

2. 以人身的完整性为共同的直接犯罪客体,在保护其他犯罪客体的同时也为健康权提供了法律保护。在这个方面,根据犯罪行为是直接侵犯了还是间接地侵犯了人身的完整性,我国《刑法》规定了直接侵犯健康权的犯罪和间接侵犯健康权的犯罪。

在直接侵犯健康权的犯罪中,根据刑法条文是明示地还是非明示地指出对人身完整性的侵犯,可以把这一类犯罪分为明示地侵犯健康权的犯罪和非明示地侵犯健康权的犯罪。以人身的完整性作为共同直接犯罪客体的明示地侵犯健康权的犯罪,在我国《刑法》的"危害公共安全罪""侵犯公民人身权利、民主权利罪""妨害社会管理秩序罪""军人违反职责罪"等几章中,有着许多的规定,另外,在"生产销售伪劣商品罪"一节,以及"抢劫罪"中,也有明确禁止侵犯健康权的规定。这些犯罪,虽然根据我国《刑法》的安排,侵犯的犯罪客体主要的不是健康权,而是有关的公共安全、特殊人身权利、社会管理秩序、国家的军事利益,以及国家的产品质量管理制度和公私财产权,但是,我国《刑法》要么把对个人健康权的严重侵犯,作为构成严重犯罪的条件,例如,最典型的就是放火罪和爆炸罪(第

---

① 例如,高铭暄主编:《刑法学(新编本)》,北京大学出版社 1998 年版,第 393—394 页。

115条)、聚众斗殴罪(第292条)、寻衅滋事罪(第293条)、虐待部属罪，等等，要么把造成个人身体的严重伤害，作为从重处罚的条件。例如，"致人重伤"就是强奸罪(第236条)和抢劫罪(第263条)中判处"10年以上有期徒刑、无期徒刑或者死刑"的情节之一。以人身的完整性作为共同直接犯罪客体的非明示地侵犯健康权的犯罪，在我国《刑法》中的规定也是多得难以——列举。例如，《刑法》第119条规定："破坏交通工具、交通设施、电力设备、燃气设备、易燃易爆设备，造成严重后果的，处10年以上有期徒刑、无期徒刑或者死刑。"这里虽然没有直接明确地要求对健康权的侵犯，但是，这种犯罪在侵犯公共安全的同时，也会造成人员的伤亡，的确是法律所要求的。① 类似的规定还可以见妨碍公务罪(第277条)，煽动暴力抗拒法律实施罪(第278条)等。

在间接侵犯健康权的犯罪中，犯罪行为并没有直接侵害人身的完整性，而是使人身健康处于危险的状态之中。在这个方面，人们虽然可以说，像"生产不符合安全标准的产品罪"(第146条)以及甚至"妨害传染病防治罪"(第330条)和"雇用童工从事危重劳动罪"(第244条之一)，是间接地侵犯了个人的健康权，但是，人们也可以说，至少像"武装叛乱罪和武装暴乱罪"(第104条)，乃至"非法制造、买卖、运输、邮寄、储存枪支、弹药、爆炸物罪"(第125条)这样的犯罪，都是属于这一类犯罪的。然而，从国际人权法对"国家和政府必须首先承担保护人权的责任"这个法治保护原则和对"人身安全权"进行全面保护的原则出发，在健康权保护方面作这样的理解，并不是错误的。

根据有关国际人权法律文件的规定，我们可以总结出以下关于健康权保护的具体国际标准：

1. 对个人人身完整性的保护，是健康权保护的核心内容；

2. 一切使个人的人身健康处于危险状态的行为，都是国家和政府应当根据保护人权的要求加以禁止的；

3. 禁止对任何人施加酷刑或者给予残忍的、不人道的或者侮辱性的待遇或刑罚；

---

① 参见全国人大常委会法制工作委员会刑法室编著：《中华人民共和国刑法释义》，法律出版社1997年版，第132页以下。周道鸾、张军主编：《刑法罪名精释》(第2版)，人民法院出版社2003年版，第64页以下。

4. 禁止强迫或者强制劳动,在根据法庭判决依法要求罪犯进行的工作中,禁止繁重的劳动;

5. 禁止非自愿的医学和科学试验。

也就是说,国际人权法在保护健康权方面,既有保护人身完整性的一般性要求,又有禁止酷刑、禁止强迫劳动和禁止非自愿的医学和科学试验的特别要求。我国《刑法》在这两个方面对健康权的保护都作出了自己的规定。

(一) 我国刑法对人身完整性的一般保护

我国《刑法》对健康权的一般保护,是给予特别的重视的:

1. 我国《刑法》第 17 条规定:"已满 14 周岁不满 16 周岁的人,犯故意杀人、故意伤害致人重伤或者死亡、强奸、抢劫、贩卖毒品、放火、爆炸、投毒罪的,应当负刑事责任。"虽然该条法律同时规定,"已满 14 周岁不满 18 周岁的人犯罪,应当从轻或者减轻处罚",但是,我国《刑法》把故意杀人、故意伤害致人重伤或者死亡、放火、爆炸、投毒等严重威胁人身安全的犯罪的刑事责任年龄,从年满 16 岁降低到年满 14 岁,体现了对人的生命权和健康权的严格保护,是符合国际公约要求的精神的;在以 14 周岁为起点的侵犯健康权的犯罪中,把刑事责任限制在故意杀人和故意伤害致人重伤或者死亡等直接侵犯人身完整性的犯罪的范围内,体现了国际公约要求的以人身完整性为中心的健康权保护。

2. 我国《刑法》第 20 条规定:"对正在进行行凶、杀人、抢劫、强奸、绑架以及其他严重危及人身安全的暴力犯罪,采取防卫行为,造成不法侵害人伤亡的,不属于防卫过当,不负刑事责任。"第 56 条规定:"对于故意杀人、强奸、放火、爆炸、投毒、抢劫等严重破坏社会秩序的犯罪分子,可以附加剥夺政治权利。"第 81 条规定:"对累犯以及因杀人、爆炸、抢劫、强奸、绑架等暴力性犯罪被判处 10 年以上有期徒刑、无期徒刑的犯罪分子,不得假释。"另外,在犯罪的预备、未遂和中止,共同犯罪,累犯,自首和立功,缓刑等总则性规定中,对侵犯健康权的犯罪规定了从重、从轻和减轻的规定。这些在保护人的生命权和健康权中应当遵守的政策性规定,是符合国际公约的法治保护原则的。

3. 根据我国《刑法》的规定,伤害他人身体的,要区分轻伤和重伤。我国《刑法》第 234 条规定:"故意伤害他人身体的,处 3 年以下有期徒刑、拘役或者管制。犯前款罪,致人重伤的,处 3 年以上 10 年以下有期徒刑;致人死亡或者以特别残忍手段致人重伤造成严重残疾的,处 10 年以上有期徒刑、无期徒刑或者死刑。本法另有规定的,依照规定。"第 235 条规定:"过失伤害他人致人重伤的,处 3 年以下有期徒刑或者拘役。本法另有规定的,依照规定。"《刑法》第 95 条规定:"本法所称重伤,是指有下列情形之一的伤害:(1) 使人肢体残废或者毁人容貌的;(2) 使人丧失听觉、视觉或者其他器官机能的;(3) 其他对于人身健康有重大伤害的。"另外,最高人民法院、最高人民检察院、司法部、公安部颁布的《人体重伤鉴定标准》和《人体轻伤鉴定标准(试行)》,是判断伤害标准的基本法律规定。也就是说,在我国的伤害行为,当行为人是故意犯罪时,至少要造成被害人"轻伤"的程度,当行为人是过失犯罪时,至少要达到"重伤"的程度,才能进入刑事司法程序。没有达到这个法定程度的行为,只能通过行政程序或者民事程序解决。我国《刑法》这种分程度解决伤害问题的规定,是符合国际人权法的法治保护原则的,但是,我国《刑法》完全不管轻微伤害的做法,与国际公约严格保护健康权的要求相比,是值得研究的。

4. 我国《刑法》不仅以人身的完整性为单一的犯罪客体,为健康权提供直接的法律保护,而且以人身的完整性为共同的直接犯罪客体,在保护其他犯罪客体的同时为健康权提供法律保护;不仅规定了直接侵犯人身完整性的行为是犯罪,而且规定了许多间接侵犯健康权的行为是犯罪。我国《刑法》的这些完整规定,是符合国际公约所要求的全面保护原则的,需要考虑的是这种刑法保护是否应当根据社会的发展和科技的进步而逐步得到加强和完善。

(二) 我国刑法禁止酷刑以保护健康权

在禁止酷刑方面,我国参加的国际公约是《禁止酷刑和其他残忍、不人道或有辱人格的待遇或处罚公约》(简称《禁止酷刑公约》)。因为《禁止酷刑公约》是根据《联合国宪章》《世界人权宣言》和《公民权利和政治权利国际盟约》,在《保护人人不受酷刑和其他残忍、不人道或有辱人格待遇或处罚宣言》(简称《禁止酷刑宣言》)之后规定的。[①] 所以,以《禁止酷刑公

---

① 参见《禁止酷刑公约》序言,见董云虎,刘武萍:《世界人权约法总览》,四川人民出版社 1990 年版,第 1512 页。

约》为基础研究来有关的国际标准,是符合我国的立场的。

从概念上说,"酷刑"和"其他残忍、不人道或有辱人格的待遇或处罚"是两个概念。《禁止酷刑公约》在第 1 条中给"酷刑"下了定义,同时在第 16 条中提到,"其他残忍、不人道或有辱人格的待遇或处罚"的行为,是指未达到酷刑程度的行为。另外,联合国大会在 1984 年 12 月 10 日通过的《禁止酷刑公约》之前,也在 1975 年 12 月 9 日通过的《保护人人不受酷刑和其他残忍、不人道或有辱人格待遇或处罚宣言》中,继第 1 条第 1 款给"酷刑"下了定义之后,在第 2 款中明确指出:"酷刑是过分严厉的、故意施加的、残忍、不人道或有辱人格的待遇或处罚。"从这些法律规定中可以看出,至少在《禁止酷刑公约》中,"酷刑"和"其他残忍、不人道或有辱人格的待遇或处罚"这两个概念,在本质上是一致的,两者之间的区别,仅仅是表现在严重程度方面,尽管从"非人道和侮辱性待遇"向"酷刑"转化的"临界点"的争论,是法学界中一直有争论的问题。①

酷刑首先是侵犯个人健康权的行为。② 酷刑虽然也侵犯自由权、人格尊严权等其他重要的人权,但是,至少从作为犯罪的酷刑来说,它首先必须表现为对健康权的侵犯。《禁止酷刑公约》给"酷刑"下的定义是:"酷刑"是指为了向某人或第三者取得情报或供状,为了他或第三者所作或涉嫌的行为对他加以处罚,或为了恐吓或威胁他或第三者,或为了基于任何一种歧视的任何理由,蓄意使某人在肉体或精神上遭受剧烈疼痛或痛苦的任何行为,而这种疼痛或痛苦是由公职人员或以官方身份行使职权的其他人所造成或在其唆使、同意或默许下造成的。纯因法律制裁而引起或法律制裁所固有或附带的疼痛或痛苦不包括在内(第 1 条)。③ 该公约第 4 条规定:"(1) 每一缔约国应保证将一切酷刑行为定为刑事罪行。该项规定也适用于施行酷刑的企图以及任何人合谋或参与酷刑的行为。

---

① 见 M. D. Evans, "Getting to Grips with Torture", (2002) 51 ICLQ 365; N. Rodley, "The Definition(s) of Torture in International Law", in M Freedman (ed), (2002) 55 *Current Legal Problem* 467,转引自 Malcolm D. Evans, "Key Elements and Developments in the International Legal Framework of Torture Prevention and the Experience of the United Kingdom",载 2003 年 11 月 24 日—25 日北京《中英遏制酷刑学术研讨会》论文集,第 37 页,参见第 17 页。

② 关于酷刑罪侵害的客体,参见黄芳:《酷刑及酷刑罪的界定》,载赵秉志主编:《酷刑遏制论》,中国人民公安大学出版社 2003 年版,第 12 页以下。

③ 引自董云虎,刘武萍:《世界人权约法总览》,四川人民出版社 1990 年版,第 1512 页以下。

(2) 每一缔约国应根据上述罪行的严重程度,规定适当的惩罚。"

关于如何理解"酷刑"及其标准的问题,在学术界存在着许多争论,有的学者甚至认为,"酷刑在各国历史上,甚至在当代,都没有一个普遍的认同的标准,更无一个公认的定义"。① 但是,根据《禁止酷刑公约》所下的定义,人们会同意酷刑至少应当具有以下两个标准:

1. 酷刑需要以故意给他人在肉体或精神上遭受剧烈疼痛或痛苦为结果。

2. 酷刑可能在国家官吏为了调查取证、进行惩罚、威吓或者歧视时发生。

同时,根据《禁止酷刑公约》,人们至少会同意,禁止酷刑的最低国际标准应当是:

1. 一切满足酷刑标准的行为都应当作为犯罪加以禁止。

2. 尚未达到酷刑标准的行为可以不作为犯罪加以规定。

根据这些标准,我们可以对我国《刑法》对酷刑的禁止性规定作出如下说明和评价:

1. 我国《刑法》在分则中规定了刑讯逼供罪和暴力取证罪(第 247 条)、虐待被监管人员罪(第 248 条),以及非法拘禁罪(第 238 条),对司法工作人员,即有侦查、检察、审判、监管职责的工作人员(第 94 条),在侦查、取证、审判和监狱管理方面可能实施的酷刑行为,进行了犯罪化,这是基本符合禁止酷刑的国际标准的。

2. 我国《刑法》在总则中规定了共同犯罪,其中特别是关于教唆犯(第 29 条)的规定,以及关于"刑罚的轻重,应当与犯罪分子所犯罪行和承担的刑事责任相适应"的规定,都是对实施酷刑的复杂情况可以适用的,这些规定和要求也是符合禁止酷刑的国际标准的。

3. 我国《刑法》规定的侮辱罪(第 246 条)、故意伤害罪以及滥用职权罪(第 397 条)等其他犯罪,是可以适用于相应的酷刑行为的,这样的规定并不违背禁止酷刑的国际标准。

4. 我国《刑法》对禁止酷刑的规定,主要存在着构成酷刑犯罪的起刑

---

① 陈云生:《反酷刑——当代中国的法治和人权保护》,社会科学文献出版社 2000 年版,第 5 页。

点不当的问题。① 以刑讯逼供罪这个最典型的酷刑犯罪为例,目前有效的由最高人民检察院发布的《人民检察院直接受理立案侦查案件立案标准的规定(试行)》规定:"刑讯逼供罪是指司法工作人员对犯罪嫌疑人、被告人使用肉刑或者变相肉刑逼取口供的行为。涉嫌下列情形之一的,应予立案:(1)手段残忍、影响恶劣的;(2)致人自杀或者精神失常的;(3)造成冤、假、错案的;(4)3次以上或者对3人以上进行刑讯逼供的;(5)授意、指使、强迫他人刑讯逼供的。"对照国际人权公约的要求,人们很容易看出以下问题:

(1)国际公约要求的构成酷刑的实质条件,主要是"故意给他人在肉体或精神上遭受剧烈疼痛或痛苦",至于所实施行为是否"影响恶劣",是否"造成冤、假、错案"的原因,所实施行为的次数和人数,都不是国际条约所要求的。从实践的观点看,我国的标准有可能高于国际公约的要求,但是更有可能低于国际公约的要求。

(2)"致人自杀或者精神失常",虽然是"在肉体或精神上遭受剧烈疼痛或痛苦"的具体表现或者结果,但是,等到"致人自杀或者精神失常"再追究有关人员的刑事责任,显然是不符合国际公约的要求的。

(3)"授意、指使、强迫他人刑讯逼供的",完全符合国际公约的要求,但是,这里的"刑讯逼供"的条件应当仅仅被理解为是采用了"故意给他人在肉体或精神上遭受剧烈疼痛或痛苦"的手段。

应当指出,我国在中国共产党领导下的政府和军队中,那些不是作为犯罪来处理的"非人道和侮辱性待遇",也是受到革命纪律的严格禁止的。例如,在中华人民共和国建立之前的人民军队中执行的著名的"三大纪律八项注意"中,就有"不打人骂人"和"不虐待俘虏"的规定。在1997年2月27日中共中央印发的《中国共产党纪律处分条例(试行)》第120条中也规定,"对他人进行殴打、体罚、非法拘禁、刑讯逼供、非法搜查或者采取其他方法侵犯他人人身自由的,给予警告、严重警告或者撤销党内职务处分;情节严重的,给予留党察看或者开除党籍处分"。在新时期"依法治国""保护人权"的宪法性规定和遵守我国参加的国际公约所规定的义务

---

① 我国刑法学界还有人认为,我国的反酷刑立法存在着对犯罪主体限制过于严格的问题。见赵秉志主编:《酷刑遏制论》,中国人民公安大学出版社2003年,特别是第117页以下,第343页以下。我们认为,如果这个批评成立,那么,对犯罪主体限制过严的问题也可以属于起刑点不当的问题。

面前,我们必须在禁止酷刑方面,按照建立健全革命法治和继承发扬革命传统的要求,认真考虑以"故意给他人在肉体或精神上遭受剧烈疼痛或痛苦"为标准,将有关的行为以犯罪的形式加以禁止。

另外,我们也应当注意,酷刑问题是二次战后国际人权法发展的产物,目前,在酷刑问题上,即使在国际层面上,也仍然存在着许多人们争论不休的问题,例如,酷刑的完整定义问题,"在肉体或精神上遭受剧烈疼痛或痛苦"是根据被害人的感受来决定还是根据普通人的感受来决定的问题,各国的规定如何才算符合了国际公约的要求问题等。也就是说,酷刑的国际标准还存在着许多有待明确的地方。因此,从我国的利益出发,我们一方面要在反酷刑方面至少遵守最低的国际标准;另一方面应当组织和动员我国学者,积极地参与国际规则的讨论和制定,克服我国在国际条约制定方面缺少发言权的问题。

(三)我国刑法禁止强迫劳动以保护健康权

在强迫劳动方面,很明显,这种行为侵犯的不仅是健康权,而且还有自由权、人格尊严权等其他重要人权。因此,对禁止强迫劳动问题的研究,就需要把对健康权保护和其他人权保护的内容结合起来。然而,人们很容易同意,至少繁重的劳动是会首先侵害人的健康的。

根据有关国际公约的规定,我们可以归纳出以下禁止强迫劳动的国际标准:

(1)禁止一切形式的奴隶、奴隶买卖和奴隶制度。

(2)禁止强迫他人劳动。

(3)国家可以将强迫劳动作为刑事惩罚的内容,但是,不得强迫罪犯进行繁重的劳动(hard labour)。

(4)未经法院的合法判决,国家也不得强迫个人劳动,除非是在公约允许的军事服务和抗灾抢险工作。

(5)禁止非法使用童工。

(6)禁止强迫妇女卖淫。

对照这些国际标准,我们可以对我国《刑法》禁止强迫的规定作以下的说明和评价:

1. 在我国《刑法》和法律制度中,没有一般地禁止奴隶、奴隶买卖和奴隶制度的规定,是符合我国国情的。"中国是世界上历史最悠久的国家之一"(《宪法》第1句),在我国的广大地区,奴隶制度至少在2000年前就已经一般地被废除了①;国家禁止买卖人口,至少在孙中山先生领导的辛亥革命,废除了封建帝制,创建南京临时革命政府时,就已经成为法律②;在我国的少数民族地区反对封建农奴制度的历史任务,在20世纪50年代末期的民主改革之后,也最后完成了。③ 因此,我国刑法和法律制度没有一般地禁止奴隶、奴隶买卖和奴隶制度,并不说明我国没有遵守国际公约。但是,由于我国对于已经参加的有关国际公约中所规定的罪行,有可能在所承担义务的范围内,根据我国《刑法》行使刑事管辖权(《刑法》第9条),因此,由于我国《刑法》中没有一般的禁止奴隶、奴隶买卖和奴隶制度的规定,在未来的司法实践中,会不会由于这个法律空缺而影响我国刑事管辖权的行使和我国承担的国际义务,是值得研究的。

2. 我国《刑法》第240条禁止拐卖妇女、儿童,第241条禁止收买被拐卖的妇女、儿童。由于妇女、儿童经常是强迫劳动的牺牲品,因此,这些规定是符合在强迫劳动中的特别保护原则的。

3. 我国《刑法》第244条规定:"用人单位违反劳动管理法规,以限制人身自由方法强迫职工劳动,情节严重的,对直接责任人员,处3年以下有期徒刑或者拘役,并处或者单处罚金"。我国刑法界一般认为,这里的"强迫职工劳动",主要是指"违背职工的意愿,强迫职工进行超体力的劳动,或者强迫进行长时间劳动而不给予必要的休息时间……"④这里的"情节严重",通常是指"因限制人身自由、强迫劳动而致使职工受伤、患病

---

① 在我国历史学界,关于我国历史上奴隶社会和封建社会的分野问题是有争论的。例如,范文澜认为,我国的封建社会始于周秦,至今已有三千多年的历史,见范文澜:《中国通史简编(修订本第一编)》,人民出版社1964年第4版,第14页。但是,今天一般认为:"从公元前770年到公元前221年的春秋战国时期,是我国奴隶社会瓦解和封建社会形成时期"。见人民教育出版社历史室编著:《九年义务教育三年制初级中学教科书:中国历史(第1册)》,人民教育出版社1992年版,第40页。

② 见《大总统令内务部禁止买卖人口文》,载《辛亥革命资料》,中华书局1961年版,第216页。

③ 见国务院新闻办公室:《西藏的主权归属与人权状况》,1992年9月,载中国人权发展基金会编:《中国人权文库之三:中国人权事业的进展——中国人权白皮书汇编》,新世界出版社2003年版,第78页以下。

④ 参见,全国人大常委会法制工作委员会刑法室编著:《中华人民共和国刑法释义》,法律出版社1997年版,第348页以下。

等严重后果……"①我国《刑法》第134条还规定:"工厂、矿山、林场、建筑企业或者其他企业、事业单位的职工,由于不服管理、违反规章制度,或者强令工人违章冒险作业,因而发生重大伤亡事故或者造成其他严重后果的,处3年以下有期徒刑或者拘役;情节特别恶劣的,处3年以上7年以下有期徒刑。"这些规定,在禁止强迫他人劳动方面,是基本符合国际公约的要求的。然而,我国《劳动法》第96条规定:以暴力、威胁或者非法限制人身自由的手段强迫劳动,尚未构成犯罪的,由公安机关对责任人员处以15日以下拘留、(200元以下)罚款或者警告。我国法律对于未达到情节严重程度的强迫劳动不作为犯罪处理的做法,是否能够充分地保护劳动者和禁止这类行为,是值得研究的。

4. 我国《刑法》对于禁止使罪犯从事繁重劳动没有专门的规定。但是,第248条规定:"对被监管人进行殴打或者体罚虐待,情节严重的",构成虐待被监管人员罪。另外,我国《监狱法》第69条虽然规定:"有劳动能力的罪犯,必须参加劳动",但是,在第70条中又明确规定:"监狱根据罪犯的个人情况,合理组织劳动,使其矫正恶习,养成劳动习惯,学会生产技能,并为释放后就业创造条件",同时,第71条规定:"监狱对罪犯的劳动时间,参照国家有关劳动工时的规定执行;在季节性生产等特殊情况下,可以调整劳动时间。罪犯有在法定节日和休息日休息的权利";第72条规定:"监狱对参加劳动的罪犯,应当按照有关规定给予报酬并执行国家有关劳动保护的规定"。因此,监狱管理人员如果不是"根据罪犯的个人情况,合理组织劳动",不遵守"国家有关劳动工时的规定",不给罪犯以"休息的权利"和提供"劳动保护",情节严重的,就可能构成虐待被监管人罪。这样的法律安排,是基本符合禁止使罪犯从事繁重劳动的国际标准的。

5. 我国目前仍然有"劳动教养"制度,对有违法行为,但是尚未构成犯罪,又不宜按照治安管理处罚进行处理的人适用。由于劳动教养是由行政机关(公安机关)而不是法院决定的,因此,这个制度完全不符合国际人权法的要求。

6. 我国《刑法》第244条之一规定:"违反劳动管理法规,雇用未满16

---

① 见周道鸾、单长宗、张泗汉主编:《刑法的修改与适用》,人民法院出版社1997年版,第549页。

周岁的未成年人从事超强度体力劳动的,或者从事高空、井下作业的,或者在爆炸性、易燃性、放射性、毒害性等危险环境下从事劳动,情节严重的,对直接责任人员,处3年以下有期徒刑或者拘役,并处罚金;情节特别严重的,处3年以上7年以下有期徒刑,并处罚金"。我国《刑法》的规定完全符合国际公约,尤其是《儿童权利公约》的特别要求。

7. "强迫妇女卖淫是最恶劣的强迫劳动的形式之一。"① 我国《刑法》对此做了非常全面的禁止性规定。1997年《刑法》修改之后,我国《刑法》在第6章"妨害社会管理秩序罪"中,专门用第8节规定了"组织、强迫、引诱、容留、介绍卖淫罪",严厉禁止组织卖淫罪、强迫卖淫罪、协助组织卖淫罪(第358条);引诱、容留、介绍卖淫罪、引诱幼女卖淫罪(第359条);以及传播性病罪和嫖宿幼女罪(第360条)。我国《刑法》的规定完全符合国际公约对妇女进行特别保护的要求。

(四) 禁止非自愿的医学和科学试验

我国在2001年修订后的《药品管理法》第29条规定,药品的临床试验必须经国务院药品监督管理部门批准。2002年颁布的《药品管理法实施条例》第30条规定,经批准进行的药品临床试验,"应当事先告知受试者或者其监护人真实情况,并取得其书面同意",同时,第69条和第79条规定,擅自进行临床试验的,要受到罚款的行政处罚。我国《刑法》没有直接和明确的关于禁止非自愿的医学和科学试验的规定。

我国《药品管理法实施条例》的规定,是符合禁止非自愿的医学和科学试验的国际人权标准的,没有使用刑事责任的做法基本符合我国目前在这个领域中的实际情况。由于我国目前正处在改革开放向纵深发展的时期,我国在遵守国际公约中是否需要及时增加刑事法律的保护,是值得特别关注的。

六、我国刑法对自由权的保护

现在,人们在法律意义上一般理解的自由权,都是指个人在法律规定

---

① 引自杨宇冠:《人权法——〈公民权利和政治权利国际盟约〉研究》,中国人民公安大学出版社2003年版,第187页。

的范围内,随自己意志活动的权利。① 在国际人权法意义上,自由权不仅包括人身自由权,而且包括像思想、良心和宗教自由这样的内容。但是,在人身权利的意义上,自由仅仅指人身活动的自由。根据国际人权法的表述,人身权利意义上的自由权包括两个方面的内容:(1)一般的人身自由权,这是指任何人有不受任意的、非法的和不合理的逮捕的自由,即人人享有依法行动的自由。(2)特别的人身自由权,主要是指妇女享有的性自主权。另外,婚姻自由也是与性自主权有着密切联系的。

可以说,国际人权法在保护自由权方面,既有保护人身不受非法拘禁的一般性要求,又有保护妇女的特别人身自由权的要求。我国刑法在这两个方面对自由权的保护都作出了自己的规定。

(一) 我国刑法对人身自由的一般性保护

我国《刑法》对人身自由的一般性保护是通过禁止非法拘禁来进行的。非法拘禁就是指没有法律上的根据,任意地、非法地或者不合理地剥夺他人自由的行为,包括非法拘禁、非法拘留、非法逮捕等。任何人有不受任意的、非法的和不合理的逮捕的自由,是在《公民权利和政治权利国际盟约》第9条中,紧接着人身自由和安全之后明确规定的。在现代国际人权法中,在这个意义上理解的自由权,作为一种基本人权,有着非常久远的历史,有人认为可以追溯到1215年的英国《自由大宪章》去。② 人们也许可以从历史的意义上说,这个规定首先是针对反对国家和政府非法侵犯公民的基本权利而言的,但是,人们当然也会在现实的意义上同意,这个规定并不是仅仅针对来自国家和政府的侵犯而设计的。在第9条第2句中,该公约明确指出:"除非依照法律所确定的根据和程序,任何人不得被剥夺自由。"可见,国际人权法在这个问题上的标准是:每个人的人身自由都不受非法剥夺,无论是国家还是个人,在没有法律上的根据和程序的情况下剥夺他人人身自由的,都是非法的。

根据这个国际标准,我们可以从我国《刑法》《刑事诉讼法》和其他法律及规定等几个方面,对我国禁止非法拘禁的规定作以下的说明和评价:

---

① 参见中国社会科学院语言研究所词典编辑室编:《现代汉语词典(修订本)》,商务印书馆1998年版。

② 参见杨宇冠:《人权法——〈公民权利和政治权利国际盟约〉研究》,中国人民公安大学出版社2003年版,第189页。

1. 我国《刑法》第238条规定："非法拘禁他人或者以其他方法非法剥夺他人人身自由的，处3年以下有期徒刑、拘役、管制或者剥夺政治权利。"这是我国刑法禁止非法拘禁的基本规定。我们可以对这个规定作以下说明和评价：

（1）这条法律不仅适用于个人实施的非法拘禁和非法剥夺他人人身自由，而且适用于国家工作人员利用职权实施的非法拘禁案。该条第4款规定，"国家机关工作人员利用职权犯前三款罪的，依照前三款的规定从重处罚"。这些规定是符合国际人权法的法治保护原则的。

（2）但是，这条法律在我国司法实践中，存在着起刑点不当的问题。我国《治安管理处罚条例》第22条规定："非法限制他人人身自由"，"尚不够刑事处罚的"，给予治安管理处罚。为了解决刑事处罚和治安管理处罚之间的区分标准问题，最高人民检察院在《关于人民检察院直接受理立案侦查案件标准的规定（试行）》中规定："国家机关工作人员涉嫌利用职权非法拘禁，具有下列情形之一的，应予立案：① 非法拘禁持续时间超过24小时的；② 3次以上非法拘禁他人，或者一次非法拘禁3人以上的；③ 非法拘禁他人，并实施捆绑、殴打、侮辱等行为的；④ 非法拘禁，致人伤残、死亡、精神失常的；⑤ 为索取债务非法扣押、拘禁他人，具有上述情形之一的；⑥ 司法工作人员对明知是无辜的人而非法拘禁的。"可见，除了侵犯被害人的健康权之外，在侵犯自由权这个范围内，最高人民检察院规定的立案标准是两个：一是时间，"超过24小时"；二是情节，包括非法拘禁的次数、人数或者捆绑等行为。不过，人们可以注意到，我国《刑事诉讼法》规定了拘传、取保候审、监视居住、拘留、逮捕等五种限制或者剥夺人身自由的强制措施。其中，逮捕必须经过人民检察院和人民法院批准或决定适用（第59条），在执行逮捕时必须出示逮捕证（第71条），未经检察院和法院批准或决定的逮捕以及无证逮捕就是非法逮捕；拘留一般不得超过14日，最长不超过37日①，在14日或者37日之后的拘留，就是非法拘留；拘传"持续的时间最长不得超过12小时。不得以连续传唤、拘传的形式变相拘禁犯罪嫌疑人"（第92条），即在12小时之后的拘传就是非法拘传；"人民法院、人民检察院和公安机关对犯罪嫌疑人、被告人取保候审最长不得超过12个月，监视居住最长不得超过6个月"（第58条），即12

---

① 参见陈光中主编：《刑事诉讼法学》，中国政法大学出版社1996年版，第218页。

个月之后的取保候审和 6 个月之后的监视居住都是非法的。对比我国法律的规定和国际人权法的标准,我国司法实践中的做法,在切实保护公民的人身权利免受国家官吏的非法侵犯方面,有许多值得反思的地方。

(3) 我国司法实践中,对司法机关违反法律规定超期羁押问题的处理,也存在着法律根据不当的问题。例如,在 2003 年 11 月 12 日最高人民法院、最高人民检察院、公安部发布的《关于严格执行刑事诉讼法,切实纠防超期羁押的通知》第 5 条中,规定:"本通知发布以后,凡违反刑事诉讼法和本通知的规定,造成犯罪嫌疑人、被告人超期羁押的,对于直接负责的主管人员和其他直接责任人员,由其所在单位或者上级主管机关依照有关规定予以行政或者纪律处分;造成犯罪嫌疑人、被告人超期羁押,情节严重的,对于直接负责的主管人员和其他直接责任人员,依照《刑法》第 397 条的规定,以玩忽职守罪或者滥用职权罪追究刑事责任。"根据 1999 年 9 月 16 日发布的《最高人民检察院关于人民检察院直接受理立案侦查案件立案标准的规定(试行)》规定:"滥用职权罪是指国家机关工作人员超越职权,违法决定、处理其无权决定、处理的事项,或者违反规定处理公务,致使公共财产、国家和人民利益遭受重大损失的行为。涉嫌下列情形之一的,应予立案:① 造成死亡 1 人以上,或者重伤 2 人以上,或者轻伤 5 人以上的;② 造成直接经济损失 20 万元以上的;③ 造成有关公司、企业等单位停产、严重亏损、破产的;④ 严重损害国家声誉,或者造成恶劣社会影响的;⑤ 其他致使公共财产、国家和人民利益遭受重大损失的情形;⑥ 徇私舞弊,具有上述情形之一的"。"玩忽职守罪是指国家机关工作人员严重不负责任,不履行或者不认真履行职责,致使公共财产、国家和人民利益遭受重大损失的行为。涉嫌下列情形之一的,应予立案:① 造成死亡 1 人以上,或者重伤 3 人以上,或者轻伤 10 人以上的;② 造成直接经济损失 30 万元以上的,或者直接经济损失不满 30 万元,但间接经济损失超过 100 万元的;③ 徇私舞弊,造成直接经济损失 20 万元以上的;④ 造成有关公司、企业等单位停产、严重亏损、破产的;⑤ 严重损害国家声誉,或者造成恶劣社会影响的;⑥ 海关、外汇管理部门的工作人员严重不负责任,造成巨额外汇被骗或者逃汇的;⑦ 其他致使公共财产、国家和人民利益遭受重大损失的情形;⑧ 徇私舞弊,具有上述情形之一的。"在这里,超期羁押这个侵犯个人自由权的问题,已经完全改变为是侵犯生命权、健康权,以及财产权和国家声誉的问题了,也就是说,司法工作人员超期羁押这个非法拘禁的问题,已经不再能够适用《刑法》规定的"非法拘禁罪"来处理了。值得注意的是,《刑法》第 397 条在滥用职权罪或者玩忽职守罪中还特别规定:"本法另有规定的,依照规定。"也就是说,"两高"一部的这个通知,完全无视《刑法》的特别规定,把主要是侵犯个人自由权的超期羁押行为,不是依法根据起刑点比较低的"非法拘禁罪"来处理,而是擅自改为起刑点比较高的"滥用职权罪或者玩忽职守罪"了。问题不仅在于,《刑法》第 238 条第 4 款规定的从重处罚"国家机关工作人员利用职权"犯非法拘禁罪的规定,事实上就已经被这个通知废除了!问题还在于,国家官吏利用职权仅仅侵犯公民人身自由的案件,就会从刑法保护中被排除出去了!

(4) 我国《刑法》第 238 条第 3 款规定:"为索取债务非法扣押、拘禁他人的,依照前两款的规定处罚。"也就是说,债务不能成为非法拘押他人的合法理由。这是符合国际人权法的标准的。《公民权利和政治权利国际盟约》第 11 条规定:"任何人不得仅仅由于无力履行约定义务而被监禁。"为了索取债务而关押他人,也是违反国际人权法的行为。

2. 在我国《刑事诉讼法》中,规定了公民对即时犯罪分子的扭送制度,以及对非法拘禁的控告和申诉制度。我们可以对这些《刑事诉讼法》中规定制度作出以下说明和评价:

(1) 我国《刑事诉讼法》在规定了司法机关可以采取的强制措施之后,还允许任何公民可以将正在实行犯罪或者在犯罪后即时被发觉的、通缉在案的、越狱逃跑的、正在被追捕的人,立即扭送公安机关、人民检察院或者人民法院处理(第 63 条)。这是符合国际人权法要求国家首先承担保护人权的责任,同时允许个人依法行使自卫权的标准的。

(2) 我国《刑事诉讼法》规定:"犯罪嫌疑人、被告人及其法定代理人、近亲属或者犯罪嫌疑人、被告人委托的律师及其他辩护人对于人民法院、人民检察院或者公安机关采取强制措施超过法定期限的,有权要求解除强制措施。人民法院、人民检察院或者公安机关对于被采取强制措施超过法定期限的犯罪嫌疑人、被告人应当予以释放、解除取保候审、监视居住或者依法变更强制措施。"(第 75 条)。但是,我国法律没有规定对强制措施的司法审查制度,这是不符合国际人权法的标准的。《公民权利和政治权利国际盟约》第 9 条第 4 款规定:"任何因逮捕或拘禁被剥夺自由的人,有资格向法庭提起诉讼,以便法庭能不拖延地决定拘禁他是否合法以及如果拘禁不合法时命令予以释放"。我国目前还没有建立起这个国际公约所要求的制度。

3. 我国《行政监察法》第 20 条规定：监察机关在调查违反行政纪律行为时，可以根据实际情况和需要，"责令有违反行政纪律嫌疑的人员在指定的时间、地点就调查事项涉及的问题作出解释和说明，但是不得对其实行拘禁或者变相拘禁"。《中国共产党纪律检查机关案件检查工作条例》第 28 条规定：党的纪律检查机关组织的违纪案件调查组有权按照规定程序，"要求有关人员在规定的时间、地点就案件所涉及的问题作出说明"[①]。对这个有名的"两规两指"的规定，我们可以作出以下说明和评价：

（1）根据国际人权公约，合法剥夺他人自由的条件是："依照法律所确定的根据和程序"。我国《立法法》第 8 条规定："对公民政治权利的剥夺、限制人身自由的强制措施和处罚"，只能由法律规定。《行政监察法》作为我国重要的法律，有权规定剥夺或者限制人身自由的强制措施。

（2）《行政监察法》中没有对"指定的时间"作出限制性规定，因此，这个时间可以是多长，才是符合国际人权法标准的，就是一个值得研究的问题。

首先，应当注意的是，监察机关在"指定的时间"内要求有关个人作出解释和说明的问题，只能是有违反行政纪律嫌疑的问题，不能是明确的有犯罪事实或者犯罪嫌疑的问题。我国《刑事诉讼法》第 84 条规定："任何单位和个人发现有犯罪事实或者犯罪嫌疑人，有权利也有义务向公安机关、人民检察院或者人民法院报案或者举报。"第 3 条规定："对刑事案件的侦查、拘留、执行逮捕、预审，由公安机关负责。检察、批准逮捕、检察机关直接受理的案件的侦查、提起公诉，由人民检察院负责。审判由人民法院负责。除法律特别规定的以外，其他任何机关、团体和个人都无权行使这些权力。"监察机关当然应当遵守这些法律规定，因为法律在这里并没有特别授权监察机关行使刑事侦查权。尽管在实践中，通过对行政违纪案件的调查，经常会发现犯罪案件的线索，但是，一旦出现这种情况，监察机关就"有权利也有义务"把案件转交给司法机关。

[①] 参见中央纪委监察部法规室、宣教室编：《党纪政纪条规手册》，中国方正出版社 1996 年版，第 313 页。

其次,应当注意的是,《刑事诉讼法》规定的可以对刑事案件调查适用的最轻微的强制措施是拘传,拘传最长的时间仅仅是 12 个小时。人们很难在尊重法治的意义上想象,法律可以允许对非刑事案件的调查适用比对刑事案件的调查更长的限制人身自由的强制措施。

最后,应当注意的是,如果立法者允许对"指定的时间"作无限制或者长于刑事侦查所需时间的理解,那么,人们只能逻辑地得出这样的结论:国家允许行政(监察)机关进行刑事调查工作,从而使我国的法律制度出现宪法性危机,或者,国家对行政(监察)机关在这个问题上由于这种非法治性规定而可能出现的侵犯人权,是放任不管的。从而使我国法律在这个方面的人身权保护,明显地不符合国际人权法的法治保护标准。

(3) 在我国的法律中,的确有一些规定,明确授权行政机关在特定的情况下,可以采取限制或者剥夺人身自由的强制措施,并且可以超过 12 个小时。① 例如,我国《海关法》第 6 条在海关可以行使的权力中就规定:"在海关监管区和海关附近沿海沿边规定地区,检查有走私嫌疑的运输工具和有藏匿走私货物、物品嫌疑的场所,检查走私嫌疑人的身体;对有走私嫌疑的运输工具、货物、物品和走私犯罪嫌疑人,经直属海关关长或者其授权的隶属海关关长批准,可以扣留;对走私犯罪嫌疑人,扣留时间不超过 24 小时,在特殊情况下可以延长至 48 小时。"另外,《国境卫生检疫法》也规定:"国境卫生检疫机关对检疫传染病染疫人必须立即将其隔离,隔离期限根据医学检查结果确定;对检疫传染病染疫嫌疑人应当将其留验,留验期限根据该传染病的潜伏期确定"(第 12 条)。这些特殊规定符合特定情形下与犯罪作斗争或者保护人民、保卫社会的合理需要,并且规定了合理的期限,因此并不违反国际人权法的有关标准。

(4) 在党组织审查党员的行为时,如果党员没有异议,对党员人身自由进行剥夺和限制的期限,就仅仅受党内规定的约束。不过,党组织对失去人身自由或者人身自由受到限制的党员,仍然负有保护其健康和生命的义务。

(5) 与《行政监察法》的情况一样,党组织对党员进行审查的案件,不能是已经触犯刑律的案件。如果党组织在审查党员违纪案件时,在发现

---

① 参见姜明安主编:《行政法与行政诉讼法(第 2 版)》,北京大学出版社、高等教育出版社 2005 年版,第 328—329 页。

有犯罪事实或者犯罪嫌疑人之后,无论他是否已经诉诸法律对自己的人身保护,继续进行具有刑事侦查性质的"检查工作",都是没有我国现行法律和国际人权法意义上的根据的。

4.《公民权利和政治权利国际盟约》第9条第5款规定:"任何遭受非法逮捕或拘禁的受害者,有得到赔偿的权利。"我国《国家赔偿法》规定了对遭受非法拘禁或者逮捕的被害人,有获得国家赔偿的权利。我国《刑事诉讼法》也规定了"附带民事诉讼"的制度,允许"被害人由于被告人的犯罪行为而遭受物质损失的,在刑事诉讼过程中,有权提起附带民事诉讼"(第77条)。我国的法律规定是符合国际人权法的标准的。

(二) 我国刑法对妇女人身自由的特别保护

我国《刑法》对妇女人身自由的特别保护,主要是指对妇女的性自主权的保护。"妇女的性权利是妇女的一种特有的人身权利。"[①]由于妇女在生理上的特点,使她们成为社会上比较容易成为不法侵犯的对象,因此,在人身权保护的领域中,妇女的性自主权需要法律的特别保护。在犯罪行为侵犯妇女的性自主权过程中,会给妇女造成身体上、精神上甚至生命的损害,并且,对妇女的各种侵犯和攻击也经常会以对妇女性自主权的侵犯为目的或者结果。因此,如果把对妇女人身自由和安全的保护,不是限制在健康权和生命权的程度上,而是提高到性自主权保护的程度,就能够大大提高对妇女的人权保护水平,切实地落实对妇女权益的保护。在这里需要明确的是,在我国《刑法》中,对不满14周岁的幼女有专门的条文进行保护。对幼女的性侵犯,侵害的是幼女的健康权以及生命权,而不是性自主权。

在现代国际人权法律文件中,虽然没有明确的关于妇女性自主权保护的条款和用语,但是,以《公民权利和政治权利国际盟约》为例,人们从关于人身自由和安全的条款(第9条)和关于私生活受法律保护的条款(第17条)中,能够得出妇女在性权利方面享有自主权,并且,这种自主权是应当受到法律保护的结论。

我国《刑法》对妇女性自主权的保护,主要规定在第236条的强奸罪以及有关的法律和规定之中。根据国际人权法的要求,我们可以对我国

---

① 引自杨春洗、杨敦先主编:《中国刑法论(第2版)》,北京大学出版社2001年版,第316页。

《刑法》对妇女性自主权的保护,作出以下说明和评价:

1. 我国《刑法》禁止"以暴力、胁迫或者其他手段强奸妇女",为妇女性自主权的保护提供了最严厉和最完整的法律保护,完全承担起了国家保护的责任,符合国际人权法的保护标准。

2. 我国《刑法》把"奸淫幼女"等同于"强奸罪"的规定,没有充分注意奸淫幼女与强奸罪在犯罪客体上的区别,是值得研究的。我国《刑法》第236条第2款规定:"奸淫不满14周岁的幼女的,以强奸论",同时,2002年3月15日,最高人民法院、最高人民检察院在《关于执行〈刑法〉确定罪名的补充规定》中,取消了"奸淫幼女罪"的罪名,这样就把对性自主权的保护完全混同于对健康权和生命权的保护了。2003年最高人民法院《关于行为人不明知是不满14周岁的幼女双方自愿发生性关系是否构成强奸罪问题的批复》更加剧了这种混乱。该批复规定:"行为人确实不知对方是不满14周岁的幼女,双方自愿发生性关系,未造成严重后果,情节显著轻微的,不认为是犯罪"。问题在于,在如何认定行为人"确实不知"没有严格和清楚的标准和规定的情况下,这种法律和司法解释的安排,在实践中很容易导致以幼女是否同意(即性自主权的行使)来决定刑事责任的漏洞。这不仅会在理论上产生同意"与幼女发生性关系可能不会造成严重后果"的结论,从而与法律禁止与幼女发生性关系的规定相矛盾,而且会在实践中产生不利于幼女保护,以及容易产生对强奸妇女没有造成重大伤亡后果的罪犯适用过分严厉刑罚等后果。

3. 我国《刑法》对保护妇女的性自主权做了非常全面的规定。《刑法》规定:"奸淫被拐卖的妇女的"(第240条),"收买被拐卖的妇女,强行与其发生性关系的"(第241条),"利用职权、从属关系,以胁迫手段奸淫现役军人的妻子的"(第259条),"组织和利用会道门、邪教组织或者利用迷信奸淫妇女"的(第300条),都要依照强奸罪定罪处罚;在组织、运送他人偷越国(边)境中,强奸被组织人的(第318条,第321条),要与强奸罪数罪并罚。另外,强迫他人卖淫的(第358条),暴力干涉他人婚姻自由的(第257条),也是侵犯妇女的性自主权的。这些规定,都是符合国际人权法的原则和标准的。①

---

① 关于妇女在结婚之后是否就放弃了自己的性自主权的问题,国际人权公约并没有明确的说明和规定。

值得注意的是，我国法律和国际人权法对妇女性自主权的保护，是以全社会和全体社会成员的利益为根本出发点的。我国《宪法》要求："中华人民共和国公民在行使自由和权利的时候，不得损害国家的、社会的、集体的利益和其他公民的合法的自由和权利"（第51条）。因此，妇女在行使自己的性权利时，如果损害了社会和他人的合法利益，也要承担自己的法律责任。在这个方面，可以对我国的有关法律规定作出如下说明和评价：

1. 我国《治安管理处罚条例》明确规定禁止性交易。该法第30条规定："严厉禁止卖淫、嫖宿暗娼以及介绍或者容留卖淫、嫖宿暗娼，违者处15日以下拘留、警告、责令具结悔过或者依照规定实行劳动教养，可以并处5000元以下罚款。"我国《婚姻法》明确"禁止借婚姻索取财物"（第3条）。我国法律这种有节制地禁止性规定，反映了我国尊重"基本人权"、"人格尊严"，人所具有的"固有尊严"，在人之间"应以兄弟关系的精神相对待"的国际人权法的基本精神和基本要求。

2. 我国《刑法》禁止的性交易主要是："明知自己患有梅毒、淋病等严重性病卖淫、嫖娼的"和"嫖宿不满14周岁的幼女的"（第360条），"组织（以及协助组织）他人卖淫的"（第358条），"引诱、容留、介绍他人卖淫的"（第359条），以及以牟利为目的，制作、贩卖、传播淫秽物品的各种行为（第363条至第367条）。这些规定也基本是符合国际人权法的精神和要求。

3. 我国《婚姻法》"禁止重婚。禁止有配偶者与他人同居"（第3条）。我国《刑法》禁止滥用性自主权对他人的婚姻和家庭进行的性干涉主要有：禁止"有配偶而重婚的，或者明知他人有配偶而与之结婚"的行为（第258条），禁止"明知是现役军人的配偶而与之同居或者结婚"的行为（第259条）。这些规定是符合国际人权法"婚姻、家庭不受任意侵犯"的标准和要求的。

不过，关于《刑法》第301条规定的"聚众淫乱罪"是否符合国际人权标准的问题，是值得研究的。该条第2款规定的"引诱未成年人参加聚众淫乱活动的"，应当从重承担刑事责任的规定，是符合国际人权法关于对未成年人进行特别保护的原则的。问题在于，成年人自愿、无偿地在一起发生性关系的，是否违反了国际人权法的标准？我国用刑法手段来禁止这种行为，是否违反了国际人权法关于"私生活受法律保护"的规定？

应当注意,"私生活"这个词,在《公民权利和政治权利国际盟约》第17条中的英文原文是"privacy"。国际法律学界一般将享有"privacy"的权利称为"the right of privacy"①。我国学者一般把这个概念翻译为"隐私权"②,也有人直接把"privacy"翻译为"隐私权"的。③ 可见,在国际人权法的意义上,中文中的"私生活"以及其所具有的权利,与"隐私权"是同一概念。同时,在我国法学界,"隐私权"一般理解为"个人控制个人生活私域,不受他人干扰的权利"。隐私权涉及个人信息保密、生活安宁、通讯秘密、隐私利用等许多方面。与"聚众淫乱"问题有关的显然是在私人生活安宁方面,关键在于"个人生活私域"的范围如何确定。一般认为,"个人私域又称私人空间,指个人的秘密范围",通常,"个人居所"和"个人身体的隐私部位"被认为是典型的个人私域。④ 与身体隐私部位有关的活动,例如,"性生活方式"也通常被认为属于隐私权的范畴。⑤

问题的关键就在于,成年人之间自愿、无偿的性生活方式,是否受国际人权法的绝对保护?

从有关国际人权法律文件的字面上看,国际人权法规定私生活或者隐私权不受侵犯,主要目的在于防止国家的任意干涉。在国际人权法律文件中的"受法律保护"的规定,至少说明了三点:(1) 国家可以合理干涉个人的私生活或者隐私权;(2) 国家不得任意或者非法干涉个人的私生活或者隐私权;(3) 国际人权公约并没有允许国家可以使用诸如"公共秩序"或者"道德"这样的理由来干涉个人的私生活或者隐私权。⑥ 人们应当关心的是:国家对个人隐私权的干涉,是否会导致国际人权公约所要防止的任意干涉。从这里出发,我们可以对我国的"聚众淫乱罪"作以下分

---

① 见 *Black's Law Dictionary*, 5th Edition, West Publishing Co., 1983; 8th Edition, Thomson/West, 2004。

② 见北京大学法学百科全书编委会:《北京大学法学百科全书·民法学 商法学》,北京大学出版社2003年版,第1102页以下。

③ 比较 David M. Walker, *The Oxford Companion to Law*, Clarendon Press, Oxford, 1980, p. 992 和北京社会与科技发展研究所:《牛津法律大辞典》,光明日报出版社1988年版,第719页。

④ 北京大学法学百科全书编委会:《北京大学法学百科全书·民法学 商法学》,北京大学出版社2003年版,第1103页以下。

⑤ 杨宇冠:《人权法——〈公民权利和政治权利国际盟约〉研究》,中国人民公安大学出版社2003年版,第335页。

⑥ 试比较《公民权利和政治权利国际盟约》第17条在这一点上与第18条,第19条,第21条等的区别。

析和说明：

1. 我国《刑法》把"聚众淫乱罪"规定在"扰乱公共秩序罪"之中，是值得研究的。的确，"性交足以刺激他人，因而扰乱秩序"，我国古代就有"昼淫于市"应受惩罚的记载。① 因此，如果聚众淫乱是在公共场所进行的，国家当然可以干涉。从现代国际人权法的角度看来，当众淫乱是一种有损人类固有尊严的行为，国家当然可以使用刑法加以禁止。但是，因为"扰乱公共秩序"，尤其是以"严重伤害社会风化"为理由来禁止这种成年人自愿、无偿、在个人住所中隐秘地发生的"聚众淫乱"行为，就有根据不当的问题了。

2. 笔者认为，"聚众淫乱"行为，尤其是多名成年人之间自愿、无偿、隐秘地发生的性行为，威胁的是国际人权法保护的健康权和家庭。现代医学已经证明，预防严重危害人类健康的性病，尤其是预防目前尚无根治手段的艾滋病的有效途径之一，就是遵守性道德，保持专一的性伴侣。从医学科学的角度说，多名成年人之间同时发生性行为这种性生活方式，是一种极其容易造成性病和艾滋病的感染和传播的不健康的生活方式。另外，人类发展史和现代社会学等科学研究都表明，人类社会从群婚制向一夫一妻制的发展，是一种社会的进步。我国《宪法》规定，婚姻、家庭受国家保护（第49条）。《婚姻法》规定，我国实行一夫一妻的婚姻制度（第2条）。多名成年人在一起发生的性行为，即使在采取了防止疾病发生的安全措施的情况下，都是一种实际上的多妻或者多夫的行为，这种行为对我国法律规定的并且为国际人权法所保护的婚姻家庭制度，都是一种严重的威胁。因此，我国法律对"聚众淫乱"的行为，即使这种行为是成年人在自愿、无偿和隐秘的条件下，甚至是采取了安全防护措施之后进行的，也有合理的根据进行禁止。

3. 根据国际人权法的标准，通过对"聚众淫乱罪"合理性根据的探讨，我们就可以清楚地认识到，我国法律在对个人隐私权的刑法性干涉方面，存在着保护不当的情况。保护不当不仅表现在上面所说的法律合理性根据不当，而且表现在法定刑规定不当。在我国《刑法》中，重婚罪的最高法定刑是2年有期徒刑（第258条），破坏军婚罪是3年（第259条），传播性病罪才是5年（第360条），而聚众淫乱罪却规定了最高法定刑5年

---

① 蔡枢衡：《中国刑法史》，广西人民出版社1983年版，第138页。

有期徒刑的刑罚。用我国《刑法》"刑罚的轻重,应当与犯罪分子所犯罪行和承担的刑事责任相适应"(第五条)的规定来衡量,在多名成年人自愿、无偿、隐秘、安全的条件下进行的性行为,即以一夫一妻的婚姻家庭制度为主要犯罪客体的情况下,判处5年有期徒刑,显然是太重了。与在"聚众扰乱社会秩序罪"(第290条)中,对首要分子最高判7年有期徒刑,对积极参加的最高判3年的规定相比,在"聚众淫乱罪"中对"首要分子或者多次参加的"都可以判处5年有期徒刑的规定,也有轻重不当的问题。

4. 如果仔细一点考虑,我们还可以看到,在"聚众淫乱罪"的合理性根据方面的问题,也影响了我国刑法在个人隐私领域方面产生管制不完整的问题。这突出地表现在刑法中没有禁止个人在公共场所进行的性行为和露阴行为,没有对兽奸、直系亲属相奸、强行与成年男子发生的鸡奸等行为作出规定。在适用《治安管理处罚条例》来处理这些行为时,这样适用法律如何才具有合理性以及单纯的治安处罚所产生的预防功能是否充分的问题,都是值得研究的。毕竟,禁止这些严重损害人类尊严、人格,严重威胁人类繁衍的行为,是国际人权法所要求的。

七、我国刑法对人格名誉权的保护

在我国刑法学界,"人格名誉权"基本上是"人格权"和"名誉权"的合称。在我国比较新近的主要刑法教科书中,虽然已经有保护"人格尊严"的提法①,但是,"人格名誉"的说法也仍然还被人们继续使用②。人们必须注意到,在现代国际人权法律文件中,在"人格""名誉"之外,还有"尊严""荣誉"等提法,并且,基本上是以"人格尊严"为这些有关概念的上位概念的。③ 另外,我国《宪法》第38条和《民法通则》第101条所规定的保护对象也是"人格尊严"。

从法律的意义上说,人格尊严是自然人人格利益的集中体现,人格尊

---

① 例如杨春洗、杨敦先主编:《中国刑法论(第2版)》,北京大学出版社2001年版,第319页;何秉松主编(司法部法学教材编辑部编审),《刑法教科书(下卷)》,中国法制出版社2000年版,第868页。
② 例如刘守芬主编:《刑法学概论》,北京大学出版社2000年版,第401页;高铭暄主编:《刑法学(新编本)》,北京大学出版社1998年版,第394页。
③ 例如特别比较《公民权利和政治权利国际盟约》序言和具体条文中的提法。

严权是指自然人享有的人格尊严不受侵害的权利。① 名誉是指社会对一个人的品行、才干、道德、信誉和作风等方面的综合性评价,是社会对这个人价值的认可。名誉权是指个人享有的这种名誉不受非法侵害的权利。② 可见,按照我国法学界目前的观点,名誉权仅仅是人格尊严权的一部分。

从最一般的意义上说,"人格"就是指"人的能作为权利、义务的主体的资格"。③ 但是,"人格"和"人格权"在法律意义上的含义,却是相当复杂的。④ 不过,在人身权这个范围内,一般来说,我国刑法学界所指的"人格权",是指除了生命权、健康权、性的不可侵犯权、人身自由权,甚至名誉权之外的那部分人身权利,主要就是指姓名权、肖像权、荣誉权和其他人格尊严权。

因此,比较国际人权法中的"人格尊严"和我国刑法学界目前仍然还普遍使用的"人格名誉"这两个概念,人们一般都会同意,这两个概念的内容在实际上并没有什么重大差别。笔者同意,我国刑法学理论将来根据国际人权法和我国《宪法》的提法统一使用"人格尊严"这个概念,会是比较规范的做法。本文在这部分使用的"人格名誉权"与国际人权法要求的"人格尊严权"并没有重大差别,指的都是个人依法享有的名誉、荣誉等不可侵犯的尊严和权利。

根据现代国际人权法律文件,我们可以总结出,现代国际人权法在保护人格名誉权方面的基本标准是:

(1) 任何人作为人类家庭成员的固有尊严不可侵犯。
(2) 任何人在法律面前的人格不受歧视。
(3) 任何人的名誉和荣誉不受非法攻击。
(4) 被剥夺自由人的人格尊严应当得到尊重。

在我国,不仅《宪法》有"公民在法律面前一律平等"(第33条)的明确规定,而且在《民事诉讼法》中,也有"民事诉讼当事人有平等的诉讼权利"

---

① 北京大学法学百科全书编委会:《北京大学法学百科全书·民法学 商法学》,北京大学出版社2003年版,第772页。
② 同上书,第656页。
③ 参见中国社会科学院语言研究所词典编辑室编:《现代汉语词典(修订本)》,商务印书馆1998年版。
④ 关于这个概念复杂性的最简明的说明,可以参见北京大学法学百科全书编委会:《北京大学法学百科全书·民法学 商法学》,北京大学出版社2003年版,第770页。

(第8条)的规定,这就切实保障了每个人,尤其是女性在法律上的人格不受歧视。另外,我国除了在《宪法》中规定"公民的人格尊严不受侵犯"(第38条)之外,在《监狱法》中还有"罪犯的人格不受侮辱,其人身安全、合法财产和辩护、申诉、控告、检举以及其他未被依法剥夺或者限制的权利不受侵犯"(第7条),以及对监狱警察侮辱罪犯人格的行为,轻者行政处分,重者刑事责任的规定(第14条)。因此,我国在保护人格尊严权方面的任务,实际上最重要的就是保护与名誉、荣誉,乃至姓名、肖像等与人格尊严紧密相关的权利。根据我国法律的保护方式,我们可以从直接保护和同时保护两个方面对这个方面的任务进行说明和评价。

(一)我国刑法对人格名誉权的直接保护

我国《刑法》对人格名誉权的直接保护,集中体现在《刑法》第246条中。该条规定:"以暴力或者其他方法公然侮辱他人或者捏造事实诽谤他人,情节严重的,处3年以下有期徒刑、拘役、管制或者剥夺政治权利。前款罪,告诉的才处理,但是严重危害社会秩序和国家利益的除外。"在我国当前的刑法理论界,学者们仅仅在这一条法律规定的"侮辱罪"和"诽谤罪"中,对于犯罪客体仅限于他人的"人格"和"名誉"或者"人格尊严"和"名誉权利",没有任何的争论。虽然我国有学者认为,例如,"强制猥亵妇女、侮辱妇女罪"侵害的犯罪客体也是妇女的"人格尊严和名誉权利"①,但是,这种观点至少没有得到刑法学界的一致赞同。因此,人们也可以说,规定了"侮辱罪"和"诽谤罪"的《刑法》第246条,是我国《刑法》中唯一一条专门以人格名誉权为保护对象的法律。

根据国际人权法的标准,我们可以对我国《刑法》规定的侮辱罪和诽谤罪作出以下说明和评论:

1. 我国《刑法》规定的侮辱罪,包括了使用强制方法、言语侮辱、文字侮辱和肖像侮辱等手段进行的侮辱行为,因此,我国刑法的这个规定所要保护的人格名誉权,完整地包括了对个人姓名、肖像、荣誉等与人格尊严有密切关系的权利。这是符合国际人权法的标准和要求的。

2. 根据我国《刑法》规定,对侮辱罪和诽谤罪,除了"严重危害社会秩

---

① 例如,周振想编著、王作富审定:《刑法学教程》,中国人民公安大学出版社1997年版,第491页。

序和国家利益的"之外,"告诉的才处理"。也就是说,这类案件属于自诉案件,如果受到侮辱或者诽谤的人不提出告诉,就不会有犯罪问题。根据我国《刑事诉讼法》第 18 条的规定,"自诉案件,由人民法院直接受理"。我国刑事法律的这种规定,是值得研究的。

(1) 最高人民法院在《关于刑事自诉案件审查立案的规定》第 12 条中规定:"刑事自诉案件的自诉人,应当向人民法院提供被告人犯罪的证据或证据线索。"第 14 条规定:"人民法院在审查立案时,如认为证据不足,可以限期让自诉人补充证据,人民法院也可以自行调查,收集证据"。这些规定说明,在我国,国家对于仅仅侵犯个人人格名誉或者人格尊严的行为,并不是首先承担自己的保护责任。虽然相对于生命权、健康权和自由权来说,人格尊严权和人格名誉权在基本人权的排列地位中会处于相对靠后一些的位置,但是,国际公约和我国《宪法》都认为,人格尊严权是人类"固有的",是属于基本人权范畴之中的重要权利。虽然,侮辱、诽谤的被害人,可能因为行为人是自己的亲属、朋友或者其他与自己有着密切关系的人,而容忍了那些过分举动和胡言乱语,但是,在更多情况下,这种侮辱诽谤行为是不可容忍的,在社会和商业日益发达的今天,这种侮辱诽谤行为对个人人格名誉所造成的损害,对于被害人来说,完全可能是无法承受的,也就是需要国家保护的。在被害人需要国家保护的时候,国家本来就应当承担起自己的责任。

(2) 国家用"刑事自诉"的制度规定:你告我就管,这是合理的。但是,最高人民法院用刑事自诉审查立案制度来规定:我原则上不帮助侮辱诽谤的被害人收集证据,这是不合理的。侮辱诽谤这类犯罪的特点告诉我们,被害人经常是社会中的弱者(否则行为人就难以使用暴力或者公然进行),虽然最高人民法院规定了法院"也可以"调查和收集证据,但是,这种自己对自己应当承担的责任作出灵活规定,在实践中会导致什么样的效果和提供什么样的腐败可能性,是非常令人怀疑的。根据这种规定,对于那些侮辱被剥夺自由人的处理,问题可能就更大了。例如《卖淫嫖娼人员收容教育办法》虽然在第 12 条中规定"严禁打骂、体罚或者以其他方式侮辱被收容教育人员",但是,在这些被侮辱人员既无法提起自诉,他们的控告又只能经过那些侮辱了他们的人才能提交上去的情况下,人们就可以十分清楚地看到这个制度的无效性了。

(3) 在我国的司法实践中,司法解释至今没有对什么是"严重危害社会秩序和国家利益的"情况,作出清楚的说明。例如,《教师法》第35条规定:"侮辱、殴打教师的,根据不同情况,分别给予行政处分或者行政处罚;造成损害的,责令赔偿损失;情节严重,构成犯罪的,依法追究刑事责任。"教育部、公安部、司法部、最高人民法院、最高人民检察院在《关于坚决煞住侮辱、殴打、伤害教师邪风的紧急通知》第1条中明确要求:"对侮辱、殴打、伤害教师、学生的犯罪分子,一律先抓起来,然后根据不同情节,依法作出严肃处理,不能手软"。但是,这种侮辱案件,究竟是属于自诉还是公诉,以及还有什么侮辱诽谤案件可以是公诉,至今还是不清楚的。最高人民法院《人民法院法庭规则》第12条规定:"对哄闹、冲击法庭,侮辱、诽谤、威胁、殴打审判人员等严重扰乱法庭秩序的人,依法追究刑事责任;情节较轻的,予以罚款、拘留。"《人民警察法》第35条规定:使用暴力公然侮辱正在执行职务的人民警察,构成犯罪的,依法追究刑事责任。从目前的有关规定看,只有这些直接侮辱执法人员的案件,才能通过他们自己的裁量权,立即进入刑事程序。问题不在于这样规定不合理,而在于这样规定不完整。

  3. 我国《治安管理处罚条例》规定侮辱妇女(第19条)和公然侮辱他人或者捏造事实诽谤他人的(第22条),尚不够刑事处罚的,处15日以下拘留、200元以下罚款或者警告。另外,《民法通则》第101条规定:"公民、法人享有名誉权,公民的人格尊严受法律保护,禁止用侮辱、诽谤等方式损害公民、法人的名誉。"最高人民法院在"关于贯彻执行《民法通则》若干问题的意见(修改稿)"中规定,"以侮辱或者恶意丑化的形式使用他人肖像的,可以认定为侵犯名誉权的行为"(第159条)。"以书面、口头等形式宣扬他人的隐私,或者捏造事实公然丑化他人人格,以及用侮辱、诽谤等方式损害他人名誉,造成一定影响的,应当认定为侵害公民名誉权的行为。以书面、口头等形式诋毁、诽谤法人名誉,给法人造成损害的,应当认定为侵害法人名誉权的行为"(第160条)。我国法律的这种制度性安排和规定,是值得研究的。

  (1)国家使用行政处罚方法,主要是为了维护社会秩序,《治安管理处罚条例》首先是"为加强治安管理,维护社会秩序和公共安全"(第1条)制定的。由于行政处罚程序比较简单,监督机制难以健全,在案件小、数量大、执法人员素质不高的情况下,行政机关在执法过程中难免会考虑社会秩序的安定多,考虑个人的合法权益少。然而,由于社会秩序的安定完全可以通过被害人忍气吞声地放弃自己的合法权利来实现，又由于在我国的"行政执法队伍中,有些人员的素质不高,有的以权谋私,不给好处不办事,给了好处乱办事,有的甚至贪赃枉法,走上了犯罪道路"的现象①,因此,在这种制度性安排之下,执法质量难以提高或者成本过大,个人受国际人权公约保护的"固有的人格尊严"这种基本人权难以得到可靠的保护,都是显而易见的。

(2)《民法通则》保护的只能是公民"合法的民事权益"(第1条)。仅仅使用民事手段难以给犯罪行为以足够的威慑,犯罪分子也经常把民事赔偿看成是为犯罪所支付的成本。很明显,使用民事方法来保护人所"固有的人格尊严"这种基本人权,是很不充分的。

4. 在《中国共产党纪律处分条例》第119条规定:"侮辱、诽谤他人,破坏他人名誉,情节较重的,给予警告或者严重警告处分;情节严重的,给予撤销党内职务、留党察看或者开除党籍处分。"然而,在我国,在法律上和党纪中的这类"情节"问题,并不总是很清楚的。在具体的侮辱诽谤案件中,行为人究竟应当受到刑事处罚还是行政处罚,在受了党纪处分之后是否还应当受法律制裁或者支付民事赔偿,在法律规范的意义上并不是很明确的。

总之,我国法律在保护人格尊严权的制度性安排,反映出我国对国际人权法和我国宪法规定的"人格尊严权"作为一种基本人权的意义,仍然存在着认识不足的问题。这种在保护人格名誉权方面的复杂的法律框架,在效率和成本方面的问题,都值得认真研究。

(二) 我国《刑法》对人格名誉权的同时保护

我国《刑法》对人格名誉权的同时保护,是指我国刑法不把人格名誉权作为单一的犯罪客体,而是与其他犯罪客体一起,作为复杂的犯罪客体加以保护的各种情况。

实际上,任何犯罪都是对人格尊严的侵犯。但是,我国《刑法》在一些犯罪中规定,如果行为人的犯罪还具有侮辱情节的,应当从重处罚,例如,第238条规定,非法拘禁他人或者以其他方法非法剥夺他人人身自由的,具有殴打、侮辱情节的,从重处罚。另外,在一些犯罪中规定,如果行为人

---

① 国务院《关于贯彻实施〈行政处罚法〉的通知》第3条。

的行为具有侮辱情节的,应当数罪并罚,例如,第241条规定,收买被拐卖的妇女、儿童,具有侮辱犯罪行为的,应当依照有关规定定罪处罚并且数罪并罚。

另外,在我国刑法学理论中,一般认为侵犯了人格名誉权的犯罪至少有:强制猥亵妇女、侮辱妇女罪(第237条),出版歧视、侮辱少数民族作品罪(第250条)。① 还有人认为,在"侵犯他人人身自由、人格尊严的犯罪"中,应当包括:猥亵儿童罪(第237条),非法拘禁罪(第238条),绑架罪(第239条),拐卖妇女、儿童罪(第240条),收买被拐卖的妇女、儿童罪(第241条),聚众阻碍解救被收买的妇女、儿童罪(第242条),非法搜查罪,非法侵入住宅罪(第245条),煽动民族仇恨、民族歧视罪(第249条),强迫职工劳动罪(第244条)。②

一般说来,我国《刑法》在这个领域中对人格尊严权或者人格名誉权的这些保护,基本是符合国际人权法的标准的。

八、我国《刑法》对其他人身权的保护

人身行动自由是人进行各种活动的基础。因此,对人其他自由的侵害,经常会以各种方式表现为对人身自由的侵犯。因此,《刑法》对有关自由权利的保护,会直接或者间接地表现为对人身自由在各方面的保护。根据国际人权法,主要是《公民权利和政治权利国际盟约》的有关要求,我们可以对我国《刑法》的有关规定做如下说明和评价:

1.《公民权利和政治权利国际盟约》第12条规定:个人有迁徙和居住的自由,同时,允许国家在"为保护国家安全、公共秩序、公共卫生或道德、或他人的权利和自由所必需且与本公约所承认的其他权利不抵触"的情况下,对这个自由予以限制。我国目前实行的户口管理制度,出入境管理制度,以及我国《刑法》为了保护这些制度而规定的伪造、变造居民身份证罪(第280条第3款),以及妨害国(边)境管理罪(第六章第三节),基本是符合国际人权公约的要求的。

2.《公民权利和政治权利国际盟约》第13条规定:对合法居住于本

---

① 杨春洗、杨敦先主编:《中国刑法论(第2版)》,北京大学出版社2001年版,有关章节。
② 何秉松主编:《刑法教科书(下卷)》,中国法制出版社2000年版,第868页以下。

国的外侨，只能根据法律作出的决定，才能被驱逐出境。我国明确规定可以对外国侨民适用的驱逐出境主要有三种，分别规定在《刑法》第35条，《外国人入境出境管理法》第30条，《国家安全法》第30条之中。另外，"我国政府已按照国际条约或《外交特权与豁免条例》的规定，对享有外交或领事特权和豁免的外国人宣布为不受欢迎的人或者不可接受并拒绝承认其外交或领事人员身份，责令限期出境的人，无正当理由逾期不自动出境的"，①可以强制其出境。我国的这些规定，全部都是由法律规定的，符合国际人权法的规定。

3.《公民权利和政治权利国际盟约》第17条规定住宅不受侵犯、通信权不受侵犯，第18条规定思想、良心、宗教自由权，第27条规定了对少数民族的尊重。我国《刑法》规定了非法侵入住宅罪，侵犯通信自由罪（第252条），私自开拆、隐匿、毁弃邮件、电报罪（第253条）和故意延误投递邮件罪（第304条），以及非法剥夺公民宗教信仰自由罪（第251条）和侵犯少数民族风俗习惯罪（第252条），这是符合国际人权法的标准的。

4.《公民权利和政治权利国际盟约》第19条规定了个人的表达自由，但是要受到"尊重他人的权利或名誉"和"保障国家安全或公共秩序，或公共卫生或道德"的限制。另外，第20条规定禁止鼓吹战争，禁止鼓吹民族、种族或宗教仇恨。我国《刑法》规定了煽动分裂国家罪（第103条），煽动颠覆国家政权罪（第105条），煽动暴力抗拒法律实施罪（第278条），以及侮辱罪、诽谤罪（第246条）；另外还规定了煽动民族仇恨、民族歧视罪（第249条），出版歧视、侮辱少数民族作品罪（第250条）。这些规定都是符合国际人权法的标准的。

5.《公民权利和政治权利国际盟约》还规定了集会自由（第21条）和结社自由（第22条），除非受"按照法律以及在民主社会中为维护国家安全或公共安全、公共秩序，保护公共卫生或道德或他人的权利和自由的需要而加的限制"。我国《刑法》不仅规定了非法集会、游行、示威罪（第296条），非法携带武器、管制刀具、爆炸物参加集会、游行、示威罪（第297

---

① 引自最高人民法院最高人民检察院公安部外交部司法部财政部：《关于强制外国人出境的执行办法的规定》，载北京大学法制信息中心与北大英华科技有限公司：《中国法律法规大全（光盘2004版）》，北京大学出版社。

条),破坏集会、游行、示威罪(第298条),而且规定了组织、领导、参加黑社会性质组织罪、入境发展黑社会组织罪和包庇、纵容黑社会性质组织罪(第294条),组织、利用会道门、邪教组织、利用迷信破坏法律实施罪(第300条),组织、领导、参加恐怖组织罪(第120条)。这些规定都是符合国际人权法的标准的。

6.《公民权利和政治权利国际盟约》第17条、第23条和第24条规定了对家庭、婚姻和儿童的特殊保护要求。我国《刑法》规定了暴力干涉婚姻自由罪(第257条),重婚罪(第258条)以及虐待罪(第260条),遗弃罪(第261条),拐骗儿童罪(第262条)。这些规定是符合国际人权法的保护标准的。

九、关于我国刑法人身权保护水平的思考

对于我国刑法对人身权保护水平的问题,笔者拟从以下方面,提出自己的思考。

(一) 目前我国《刑法》人身权保护的整体评价

通过以上的说明和分析,我们可以看出,我国已经建立了一个比较完整的人身权保护制度。这个以宪法为基础,以刑法、民法和行政法相互衔接的法律保护制度,为我国人民的人身权,尤其是重大的人身权,提供了基本符合国际人权法律文件所规定的标准的法律保护。

然而,人身权作为现代人权概念最重要的基本内容,对个人、社会和国家的利益和发展都有着紧密的关系。详细对照现代国际人权法律文件,虽然我国的人身权保护目前正处在向符合国际人权标准的方向稳步发展的过程之中,但是,我国的法律和法学,尤其是我国的刑法和刑法学,在人身权保护方面还存在着许多不容忽视的问题。根据以上的研究,我们可以对这些问题总结如下:

1.我国刑法学理论对人身权作为基本人权的概念,即人身权是个人享有的绝对不容侵犯的权利的概念,在认识水平上还待进一步深化;面对我国刑法在人身权保护的范围方面存在的缺损现象,我国刑法学理论有必要根据国际人权法的要求,重新作出有利于完善人身权保护的合理性说明和改革,为我国的刑法人身权提供有说服力的理论根据。

2. 我国在人身权保护的法律框架方面,虽然从法律责任上说不存在结构性缺损的问题,但是,我国的法律制度目前仍然在相当的程度上依靠非刑事法律和其他规范,特别是民事和行政的法律手段来为人身权提供保护,这样的保护方法和保护等级,以及这个复杂制度在追究侵犯人权行为时的效率和成本,都是值得研究的。同时,我国目前还允许行政机关(首先是公安机关)直接使用行政拘留和劳动教养的方法来限制个人的人身自由,这不仅不符合国际人权标准,而且不符合我国法治建设的根本利益。

3. 在生命权保护方面,我国《刑法》对非暴力性犯罪还规定有较多的死刑,对新生婴儿的母亲和精神病患者没有明确规定禁止死刑,在死刑的适用标准方面还存在着不统一的严重情况,这些是不符合国际人权法的标准和要求的;另外,我国《刑事诉讼法》没有为死刑被告人在死刑复核程序中强制性提供律师帮助,与国际标准还有距离。

4. 在健康权保护方面,我国《刑法》完全不管轻微伤害,构成酷刑犯罪的起刑点不当,对于未达到情节严重程度的强迫劳动不作为犯罪处理的做法,是否能为个人提供切实完整的法律保护,是值得研究的。我国《刑法》中没有一般的禁止奴隶、奴隶买卖和奴隶制度的规定,没有禁止非自愿的医学和科学试验,在未来的司法实践中,会不会由于这个法律空缺而影响我国刑事管辖权的行使和我国承担的国际义务,是值得研究的。我国在治安管理处罚中规定了剥夺人身自由的处罚,是否符合国际人权标准,是值得研究的。

5. 在人身自由保护方面,我国《刑法》把"奸淫幼女"等同于"强奸罪"的规定,没有充分注意奸淫幼女与强奸罪在犯罪客体上的区别,没有合理地规定"聚众淫乱罪"以及由此产生的对个人隐私权的刑法保护不当问题和管制不完整问题,都是值得研究的。我国司法机关通过司法解释,在实际上废除了从重处罚国家机关工作人员利用职权犯非法拘禁罪的规定,从而使国家官吏利用职权仅仅侵犯公民人身自由的案件,失去了刑事制裁的可能性,是违反宪法和国际人权法的规定的。

6. 在单纯的人格名誉权或者人格尊严权的保护方面,我国法律对法官和警察在执行职务活动中受侮辱的案件提供了比较好的保障,但是,对于个人受侮辱,尤其是对被剥夺人身自由的人受侮辱的问题,没有提供可靠的保护。我国法律在保护人格尊严权方面的制度性安排,反映出我国对国际人权法和我国宪法规定的"人格尊严权"作为一种基本人权的意义,仍然存在着认识不足的问题。

妥善解决这些问题,对于提高我国人身权的保护水平,有着至关重要的意义。

(二)根据国际人权标准提高我国人身权保护的水平

我国应当提高人身权保护的水平,因为我国更高的社会发展在呼唤更高的人身权保护水平;我国应当根据国际人权标准提高我国人身权保护的水平,因为我国承担的国际义务在呼唤更高的人身权保护水平。

更高的社会发展要求更高的人身权保护水平,因为人身权利受保护的水平表明人身自由享有的水平,而高度的人身自由是在现代商品社会中发展一切事业的基础。

在早期的资产阶级摆脱和反抗封建专制的斗争中,争取人身权利,保障人身自由,摆脱个人在人格上依附于封建地主的状况,是早期的人权法案的重要内容之一。例如《自由大宪章》(1215年)第39条规定:"任何自由人,如未经其同级贵族之依法审判,或经国法判决,皆不得被逮捕,监禁,没收财产,剥夺财产,剥夺法律保护权,流放,或加以任何其他损害。"①在其之后的《权利请愿书》(1628年)、《人身保护律》(1676年)和《权利法案》(1689年)中,不仅有类似的规定,而且对人身权从范围和保护程度方面都有了更详细的规定。例如,《权利请愿书》反对将死刑适用于罪不该死的人,要求不得强迫居民接纳军队住入其家宅;《人身保护律》反对拖延执行人身保护令状,进行枉法监禁;《权利法案》要求国会议员之选举应是自由的,要求保护在国会中的演说自由、辩论或议事之自由,不应在国会以外之任何法院或任何地方,受到弹劾或讯问。②

在稍后资产阶级革命时期的人权法案中,反映争取个人人身权利和自由的"每个人都生而自由、平等"的理想,就成为当时人权法案的主要特点。例如,《弗吉尼亚权利法案》(1776年)规定:"一切人生而同等自由、独立,并享有某些天赋的权利,这些权利在他们进入社会的状态时,是不能用任何契约对他们的后代加以褫夺或剥夺的;这些权利就是享有生命

---

① 董云虎、刘武萍:《世界人权约法总览》,四川人民出版社1990年版,第231页。
② 关于这几个法案的中文出处,参见上注,第227页至242页。

和自由,取得财产和占有财产的手段,以及对幸福和安全的追求和获得"。在《独立宣言》(1776年)中,生命权、自由权和追求幸福的权利,被认为是"不可转让的",而保障这些权利,被认为是"不言而喻的",对这些权利的侵害,被认为是"专制的统治"的表现,并且,推翻这种统治的正义性,更使得"解除对于英王的隶属关系"成为"名正言顺"的。在《人权和公民权宣言》(1789年)中,人的自由、财产、安全和反抗压迫的权利被宣布为是"自然的和不可动摇的权利",国民是"整个主权的本原","未经法律禁止的行为即不得受到妨碍","任何人都不得被迫从事法律所未规定的行为",此外,无罪推定,"言论自由"等保障人身权的原则和自由都提出来了①。这些思想、原则、理念、信条,在资产阶级取得政权之后,立即在资本主义社会的宪法和法律中得到规定和贯彻,以便保证人作为"市民社会成员的人",成为"本来的人,……有感觉的、有个性的、直接存在的人",也就是摆脱了封建的人身依附关系的"独立的个人"②。

争取人身权利,追求人享有真正的人身自由,使人"成为自己本身的主人"③,也是以共产主义为理想的马克思主义所主张的。每个人摆脱对他人的人身依附关系,获得"政治上的自由",是实现人的"社会的自由"和"经济的自由",即摆脱对物的依存关系的前提。④ 毛主席和中国共产党领导中国人民,经过艰苦卓绝的长期斗争,推翻了帝国主义、封建主义和官僚资本主义的统治,建立了新中国,使"中国人民从此站立起来"了,首先就是使我国人民获得了真正的人身权利,使受压迫的人身自由获得了解放。新中国的发展史证明,没有中国人民的自由和解放,就没有新中国各项事业的蓬勃发展。

很明显,没有个人人身权利,就没有个人的人身自由;个人享有的人身权利的程度,就说明了个人获得自由的程度。在现代社会中,没有个人的自由,就没有现代政治、经济、文化等一切事业的发展;对个人人身权利的保障,就是对现代一切事业的基础性保障;个人人身自由获得保障的可靠程度,也就是现代一切事业发展获得保障的可靠程度。

---

① 关于这几个法案的中文出处,参见董云虎,刘武萍:《世界人权约法总览》,四川人民出版社1990年版,第270页,第295—296页。
② 《马克思恩格斯全集》(第1卷),人民出版社1956年版,第442页,第443页。
③ 《马克思恩格斯选集》(第3卷),人民出版社1972年版,第443页。
④ 参见董云虎,刘武萍:《世界人权约法总览》,四川人民出版社1990年版,第156页。

在现代社会中,由于世界各国在历史背景、社会制度、文化传统、经济发展等方面存在的巨大差异,导致了世界各国对于人权认识、人权保障的认识上有不同,然而,以"国际人权宪章"为核心的现代国际人权法律文件,提供了现代国际社会对人权的基本认识和基本保障。我国一贯尊重"国际人权宪章"的各个文件,尊重促进人权和基本自由的宗旨与原则,积极支持和参与国际人权领域的活动,为促进国际人权事业的健康发展作出了自己的贡献。从现代国际人权法律文件的形成过程来看,现代国际人权法是当时世界各国在政治、外交等多方面激烈斗争和妥协的产物,但是,从现代国际人权法的内容来看,以"国际人权宪章"为核心的现代人权法律文件基本是人类文明进步的体现,反映的是当代世界在人权问题上的主流认识。因此,我国在参加有关国际公约之后,一直认真地履行公约所规定的义务。可以说,国际人权法已经为我国加强人身权保护提供了重要的标准。

在近代发展史中,我国由于妄自尊大的封建帝制和自给自足的自然经济的束缚,曾经错失以大国和强国的身份参加国际交流和国际事务的机会,结果最后国运衰落,惨遭帝国主义列强的蹂躏,沦为半殖民地、半封建国家达一个多世纪之久。新中国的建立,特别是改革开放之后,我国才能够重新以独立、自由、民主的大国形象,重新成为世界大家庭中受各国尊重的平等一员。现在,我国面对已经形成的国际人权法律文件,应当作出自己的判断:遵守这些既定的国际规范,是有利于还是不利于我国的根本利益和我国人民的长远福祉的?

我国作为一个有着悠久历史的文明古国,曾经有着自己独特的法律制度和法律观念。近代以来,我国的法律制度和法律观念,先是经受了西方资本主义法律制度和法律观念的改造,后是在马列主义、毛泽东思想的指导下在社会主义制度中获得再生。现在,我国面对国际社会中通行的国际人权标准,应当作出自己的判断:遵守现行的国际人权标准,是有利于还是不利于我国社会主义法治建设的发展的?

在本文所涉及的国际人权法规定的人身权保护这个问题上,很明显,我们对这两个问题都可以作出肯定的回答。至少,我国只有在没有重大不利的情况下加入国际社会,才有可能参与国际人权法的改革。我国承认现行的国际人权公约,遵守国际人权法规定的义务,并在这个标准下对我国的法律制度和法律观念作出改革,与一百多年前封建的中国在帝国主义强权下作出的法律改革,完全不可同日而语。我们参加国际公约,不是被迫的,而是要通过对现行国际规则的认同来向国际社会表示我们的善意和诚意;我们接受国际标准,也不是被迫的,而是要用先进的人类文明成果来促进我国法治建设的发展。

事实上,我们只要认真研究国际人权法律文件,并将其与我国的法律和司法实践相比较,就可以发现:国际人权法允许或者鼓励的一些做法,例如对轻微的人权也应当严格保护,在我国并没有得到妥善的实行;相反,国际人权法不允许或者不鼓励的一些做法,例如对非害命的犯罪适用死刑,在我国却被认为是可以实行的。从现代法律的角度上看,我们主要关心的不仅应当是产生这种现象的历史和社会背景,而且更应当是改变这种现象会给我国人民和我国社会带来的积极的进步意义。

在社会进一步发展的阶段,在我国已经向世界开放的时代,如果国家不能顺应历史发展潮流提高对人权保护的水平,那么,就有可能给国家和社会带来不利的影响甚至损害。因为人身权利与个人的切身利益有着紧密的联系,因此,在任何一个人的人身权利受到侵害之后,无论这种侵害多么轻微,只要他不想忍气吞声地容忍,那么,在他无法从国家这里得到有效保护时,就必然会转向其他方面去寻找可靠的保障;当无法从法律方面获得保护时,就必然会转而寻求权力的保护;当从合法的权力这里无法获得自己所需要的可靠保障时,就必然只好会转向非法的权力那里去寻找这种保护。社会发展提高了人权的价值,也使人们提高了对自己人身权利的认识,因此,如果国家不能有效地承担起保护人权的责任,那么,不仅会在法律制度中为腐败和权力的滥用留下漏洞,而且会在社会中为自己的权威竖立和培养一个替代者。人民在开放时代由于眼界开阔而自然产生的比较,也很容易产生对不能妥善保护自己人权的国家和政府的蔑视甚至谴责。

由此可见,人身权保护不仅在眼前关系着个人的身家性命、痛痒荣辱,而且在长远还关系着社会进步、法治完善和国家权威。难怪国际人权法和各国宪法都给予了十分的重视!

(三) 提高我国人身权保护水平的方向性思考

根据上文的分析,我国目前人身权保护的基本状况是:重大的人身利益得到了保护,但是,轻微的人身利益还是无法得到切实保护;由于轻微的人身利益无法得到保护,也使得重大的人身利益不断地受到威胁。因此,提高我国人身权保护水平的问题,主要就是如何解决全面保护和妥善保护我国轻微人身权利的问题。

在现代法学原理中,人们普遍同意,刑法是保护社会的最后手段,也就是说,刑法保护是最高等级的法律保护。面对我国已经为人身权提供了完整保护的法律框架,在考虑提高我国人身权保护水平的问题时,关键就是思考使用刑法手段来保护全部人身权利的必要性问题。

提高我国人身权保护水平的问题是一个大问题,其中涉及的理论问题和实际问题是不可能在一篇文章中解决的。然而,在法律的改革过程中,人们首先应当思考提高人身权保护的方向。事情很清楚,如果方向错误,人们的努力不仅最终将归于无效,而且可能给国家、民族和个人都带来不利的影响;如果方向错误,人们越努力,就可能造成越大的错误。

在我国保护人身权利的法律框架中,"起刑点"标志着刑法保护和其他(行政的或者民事的)法律保护之间的界限,因此,提高我国人身权保护水平的方向性问题,核心就是应当提高还是降低起刑点的问题。从发展的观点和实际的效果来看,维持起刑点其实就是提高了起刑点。人们很容易看出,起刑点的升降与法律保护的等级成反比:起刑点越高,法律保护的等级越低;起刑点越低,法律保护的等级越高。

维持或者提高起刑点,从国家方面看,是减轻和免除了国家在人身权保护方面应当承担的责任,相应地,从个人方面看,是提高和加重了个人在保护自己人身权利方面的负担,从而最终会加重社会所承受的负担。虽然在国家提供的法律框架中仍然存在着完整的法律责任。但是,在较高起刑点的情况下,个人经常难以利用这些法律责任来保护自己,也就是说,在较高的起刑点框架下,法律责任经常存在着虚假性。这表现在几个方面:首先,在侵害人是国家官吏的时候,被害人由于在法律知识水平、证据收集能力、经济承受能力等方面的限制,难以通过自诉或者民事诉讼的途径为自己的轻微损害获得有效的法律救济;在纪律程序中,有关国家机关由于人情关系、习惯势力和维护士气等方面的考虑,也经常使事情不了了之。其次,在侵害人是个人的时候,被害人除了上述困境之外,还可能遇到腐败的问题。因此,从整体的观点看来,使用较高起刑点的法律框架来保护个人人身权的制度,不仅存在着个人经常负担不起的问题,而且存在着有效性的问题。

从我国法律制度的发展历史看,使用起刑点的法律结构来保护有关的各种利益,基本上是计划经济的产物。随着我国市场经济的建立和发展,现在已经到了只有改革这个法律结构才能符合时代要求的时候了。在计划经济的条件下,为了保障无所不包的国家计划的执行,国家需要庞大的行政机器。在贯彻国家计划的同时,利用这个庞大的行政机器处理轻微的违法事件,是经济有效地利用当时现成制度的巧妙做法。这个法律结构首先利用国家计划和严格的国家管理强烈地压制了犯罪发生的可能性,然后利用行政机器有效地惩罚和遏制了轻微的违法行为。在我国实行计划经济时期,轻微违法行为是要受到行政处分的,但是,受过行政处分的人所背负的耻辱性,完全不亚于今天刑罚所能带来的。问题的关键不在于国家当时是否使用一种被称为"刑罚"的手段惩罚了实施违法行为的人,而是在于国家的确是有效地对这种违法行为进行了干涉。虽然这个工作是由行政机关甚至是代表国家机器的各种单位进行的,使用的主要是被称为"行政处分"的手段,但是,国家在这个制度形式中承担起了保护人权的首要责任,在社会管理上也是十分合理的。

遗憾的是,计划经济在遏制犯罪上的有效性,是以对商品经济和对人在生产活动中的主动性的压制为代价的。的确,客观地说,在商品经济不发达状况下的社会意识,对权利的价值比较容易忽视,对权利的轻微侵犯也比较容易容忍。事实上,由于我国的计划经济制度在当时排斥现代的法治观念,"无法无天"的社会制度造成了个人对国家和自己所属单位的绝对依赖,同时也要求国家对个人的全面保护和照顾。历史的发展证明,这个制度使国家和个人都受不了,于是,改革开始并且在我国全面展开了。现在,市场经济的制度和观念都在我国确立了,竞争机制不仅要求规则,而且要求严格遵守规则,个人的创造性和价值成为社会进步的基础和源泉,保护人权的要求终于写入了《宪法》。侵犯人权的行为,无论多么轻微,已经表现出了巨大的经济价值和社会价值,同时也就具有了应受刑罚惩罚的社会危害性。原来国家所有的机构在商品社会的发展中也分化了:大量的国有企业、公司、单位转为民营,大量的行政机构被撤销或者合并等。人们在这个社会转型过程中出现的各种纠纷,不再能有效地通过原来的行政体制得到公正的解决,而必须转而诉诸重新得到加强的人民法院。在激烈竞争和充满利益冲突的环境下,一个独立而公正的机构——法院,被公认为是商品社会唯一合格的裁判官。一个可靠而有效的法院系统,在商品社会的条件下,成为一个国家法治的重要标志。

然而,从国家制度上看,如果在建立法院系统之后,不能赋予其完全的任务,而且还使用法律允许其他行政机关分享其职能,那么,这个系统的建立不仅在必要性上,而且在有效性上,就都是有问题的。我国如果继续在行政领域中加强人身权保护的努力,那么,就像目前已经非常清楚地显示出来的那样,国家就不仅必须加强行政执法队伍的建设,而且必须加强对这支队伍和这个制度的监督机制的建设。由于这个要建立的队伍和制度与司法机关和司法制度在性质上的重合,不仅将使所产生的(可能过于巨大的)费用在经济上十分不合理,而且在政治上也会产生一些本来可以避免的问题。在事关法治和人权的问题下,国家必须调整自己的制度以适应时代的需要。国家以自己在制度上的不当安排,作为降低人权保障标准的理由,将会非常不妥当。

从国家机构之间的分工合作关系上看,国家在司法和行政机关之间分割本应统一行使的权力,也会产生一些本来可以避免的复杂问题。例如,起刑点的明确性问题,各地不同的起刑标准和法治的统一性问题,起刑点对社会道德观念的冲击问题,不同机关在管辖案件时相互争夺和相互推诿问题,腐败产生的严重可能性问题等。根据制度设计,这种司法机关和行政机关对不法行为进行干涉的分工条件,同时也是限制司法干涉的界限。这种人为分割国家职权的制度,虽然是以避免国家官吏对个人的不法侵害为出发点的,但是,这种复杂的追究不法行为的制度,却会以无法提高国家对人权保护的水平为代价。在国家作为保护人身权的首要力量和作为侵害个人的潜在力量之间,的确存在着矛盾,解决这个矛盾的办法只能是法治。国家依法办事,是法治社会的基础。但是,法律作为对国家授权的手段,既要满足防止国家滥用职权的需要,也要满足国家履行自己职责的需要。因为担心国家会滥用职权而对履行职权所需要的权力进行限制和分割,从而限制和克减了对人权保护的水平,说明了我国的法学理论和立法技术都亟待提高。

笔者认为,在我国改革、开放、发展的时代里,维持或者提高起刑点的制度难以使我国对人身权的保护达到国际人权法律文件所要求的标准,是一种经常无效的、过时的、不经济的、缺乏合理性的、容易产生腐败的和基于落后观念的制度。笔者认为,在提高我国人身权乃至人权保护水平的方向性思考中,降低起刑点才是改革我国刑事法律制度以及法律制度的正确方向。

降低起刑点首先符合基本人权绝对不容侵犯的观念,因此符合国际人权法对人权保护的标准。值得特别注意的是,国际人权法并不反对使用刑法来保护轻微的人身权,对轻微的侵犯人身权利的行为进行刑事追究,不仅不违反保护人权的国际标准,而且是当今世界经济发达地区的普遍做法。以我国香港特别行政区为例:2002年11月22日,美国航空母舰星座号为首的舰队在访问香港期间,船上数千名士兵上岸消遣玩乐,来自得克萨斯州的21岁水兵Salinas Gilbert酒后失态,在街上抚摸一下一名女行人的臀部,被捕后被控有罪。法官练锦鸿面对被告"美国法律会保护我"的叫嚣,坚持依法判处该水兵构成普通袭击罪,罚款2千港元,另外赔偿女事主1千港元。[①] 尽管美国海军一年给香港带来1.5亿港元的旅游收益,但是,香港司法当局严肃法纪,维护法律尊严,严格保护人权的做法,值得高度赞赏。

国际人权法仅仅要求国家避免使用过分严厉的刑罚来保护轻微的人身权。我国目前最轻微的限制人身自由的刑罚是3个月管制(《刑法》第38条),最轻微的剥夺人身权利的刑罚是1个月拘役(《刑法》第42条),最轻微的剥夺财产刑是500元或者1000元罚金(《刑法》第52条,最高人民法院《关于适用财产刑若干问题的规定》第2条)。在起刑点不下降的情况下,上述美国水兵的行为根据我国法律就不能构成犯罪,只能根据《治安管理处罚条例》判处15日以下拘留、200元以下罚款或者警告(第22条)。在起刑点下降之后,我国《刑法》当然不能再使用这些本来是用于惩罚(在较高起刑点基础上的)比较严重的罪行的刑罚,来对付那些(在较低起刑点基础上的)比较轻微的罪行。然而,面对新的较轻的犯罪,我国《刑法》可以增加新的刑罚种类,例如社区劳动;面对新的较轻的犯罪,我国刑事执行制度也可以增加新的或者改进旧的刑罚执行方法,例如建立开放式监狱。当然,罪行和刑罚之间的平衡关系,根据罪刑法定原则,应当得到尊重。我们绝不能在起刑点下降之前,就对比较严重的犯罪适用轻缓的刑罚;也绝不能在起刑点下降之后,对比较轻微的犯罪适用严重

---

① 见我国香港特别行政区九龙裁判法院判决,案件编号:KCCC 18925/02。转引自香港《太阳报》2002年11月27日报道。

的刑罚。因此,降低起刑点的思路,不仅将更新我国的犯罪观念,而且将更新我国的刑罚观念。这样,就可以为我国刑事司法制度改变犯罪和刑罚双双重型化的形象开辟一个实际有效的发展方向,为我国提高人权保护水平开辟出一条符合国际标准的前进通道。

值得特别强调的是,降低起刑点从根本上是符合我国"社会治安综合治理"政策的要求的。"社会治安综合治理"是我国预防犯罪的根本办法。根据"综合治理"这个总政策的要求,国家要通过思想道德教育,精神文明建设,监督制约机制,基层治安、调解、防范制度等多种手段,加上使用刑罚来打击犯罪。[①] 降低起刑点,首先能够有助于在社会上明确是非对错观念,使有利于人权保护的各种道德观念和社会防范机制获得国家强制力的支持。历史证明,在人类文明的发展中,没有国家强制力的支持,任何社会道德和防范机制都是难以长久维持下去的。我国二十年来的经验也证明,没有国家强制力的支持,思想道德建设和社会防范机制如果不是没有效果也是收效甚微的。起刑点的降低将为"社会治安综合治理"政策的贯彻,提供最有力的支持。

以目前我国存在严重问题的矿山安全为例。根据我国目前的《矿山安全法》,尽管该法要求:"矿山企业必须具有保障安全生产的设施,建立、健全安全管理制度,采取有效措施改善职工劳动条件,加强矿山安全管理工作,保证安全生产"(第3条),但是,刑事责任只存在于"矿山企业主管人员违章指挥、强令工人冒险作业,因而发生重大伤亡事故的"(第46条),"矿山企业主管人员对矿山事故隐患不采取措施,因而发生重大伤亡事故的"(第47条),以及"矿山安全监督人员和安全管理人员滥用职权、玩忽职守、徇私舞弊"等三种情况下,简言之,都是要在发生重大伤亡事故之后。在这部法律中,"使用不符合国家安全标准或者行业安全标准的设备、器材、防护用品、安全检测仪器的","拒绝矿山安全监督人员现场检查或者在被检查时隐瞒事故隐患、不如实反映情况的"(第40条),矿山建设工程安全设施的设计未经批准擅自施工的(第42条),未经验收或者验收不合格擅自投入生产的(第43条),都不过是被主管部门责令停止施工,

---

[①] 参见顾昂然:《〈中华人民共和国刑法〉〈中华人民共和国刑事诉讼法〉讲话》,法律出版社1997年版,第40页。

不然就是交点罚款,只有在拒不执行的情况下,才可能由管理矿山企业的主管部门提请县级以上人民政府决定停产整顿,或者由有关主管部门吊销其采矿许可证和营业执照。已经投入生产的矿山企业,不具备安全生产条件而强行开采的(第44条),由劳动行政主管部门会同管理矿山企业的主管部门责令限期改进,逾期仍不具备安全生产条件的,由劳动行政主管部门提请县级以上人民政府决定责令停产整顿或者由有关主管部门吊销其采矿许可证或者营业执照。这样的法律责任,不要说在字面意义上很难遏制故意的违法行为,在法律的实际执行过程中,由于矿山地区艰苦条件的限制和矿主对执法人员的拉拢腐蚀,这种法律能够得到什么程度的执行,在有一段时期,我国矿山事故多发的情况下,不是已经得到充份的展示了吗?假定我国法律能够规定,故意使用不符合国家安全标准或者行业安全标准的设备、器材、防护用品、安全检测仪器的(参考《刑法》第148条"生产、销售不符合卫生标准的化妆品罪"),矿山建设工程安全设施的设计未经批准擅自施工,未经验收或者验收不合格擅自投入生产的,经主管部门责令限期改进但逾期仍不具备安全生产条件而强行开采的(参考《刑法》第139条"消防责任事故罪"),应当承担刑事责任。如果这种降低起刑点的做法能够得到采纳,那么,法律得到遵守的情况,即矿工的生命权能够得到保护的情况,将得到极大的改善。人们当然能够同意,只有在降低起刑点的情况下,国际人权法对人身权保护所要求的全面保护原则,才能得到完整的体现。

社会治安综合治理各项措施在国家强制力的保证下,将大大提高国家对人权的保护程度。社会治安综合治理的落实程度,不仅反映了这个国家法治发展水平的高低,而且反映了这个政府的执政能力的强弱。降低起刑点的发展方向,将有利于提高国家和政府在市场经济的社会环境中的执政能力。只有社会的全面发展和进步,才能为个人提供更强大的保护;也只有个人获得更多可靠的自由,才能为社会的全面发展和进步提供更强大的动力。对个人提供可靠的人身权利保护,是对国家和政府的最基本的要求。降低起刑点的发展方向,将为国家和政府满足人民的这个基本要求,提供切实可行的途径和手段。

在社会主义制度下,社会治安综合治理各项措施是社会主义制度的具体表现。这些措施受到保护的程度,是社会主义制度巩固的标志。事实上,如果没有社会主义制度作为我国刑事法律制度的基础,那么,这样的刑事法律制度不仅没有进步意义,而且将导致社会的崩溃。这样的例子,在我国历史上,人们可以从法家学说在秦王朝后期的实践中见到。用今天的话说,秦王朝兴盛的原因是实行法制,而秦王朝的覆灭是不尊重人权的结果。在人权思想高扬的今天,现代政治和法律的原理都已经证明,社会主义制度是保障人权的最基本的基础,而这个基础不仅会由于法治的加强而得到保护,而且必须由于法治的加强而得到发展,因为落后的社会保障制度是不可能支持先进的法治制度的。因此,降低起刑点的思路不仅会保护社会主义制度,而且会促进社会主义制度的发展。

降低起刑点促进了社会治安综合治理各项措施的落实,有利于社会的稳定、和谐与进步,这就可以为我国在法律上和实践中减少和废除死刑提供安全可靠的社会基础。根据上文的说明和分析,人们可以清楚地认识到,现代国际人权法是主张严格限制死刑的。人们很容易同意,对死刑最严格限制的结果就是不适用死刑。[①] 从当代国内外各种对废除和保留死刑国家统计的分类中,人们可以看出,当代的废除死刑包括三个基本含义:(1) 在法律上全部废除死刑;(2) 在法律上废除部分犯罪的死刑,同时保留另一部分犯罪(原则上是军事犯罪)的死刑;(3) 在司法实践中不适用死刑。[②] 我国由于自己独特的社会发展状态,现在还不能在法律上完全废除死刑。但是,通过加强社会治安综合治理,我国完全有条件首先争取在实践中减少和废除死刑。通过建设使犯罪(尤其是应受死刑惩罚的犯罪)难以发生的条件,完全有可能达到让死刑尽量不被适用的结果。[③] 降低起刑点可以成为我国减少和废除死刑的重要途径和手段。

法律作为国家规定的令行禁止的标准,明确性是至关重要的,尤其对刑法来说,明确性更是"罪刑法定原则"所当然要求的。含糊的法律规定,必然导致否定罪刑法定原则和削弱法律存在的价值。[④] 我国的起刑点制度在行政干涉和司法干涉之间设定界限的做法,很容易导致执法部门难

[①] 关于限制对故意杀人罪适用死刑的问题,参见王世洲:《从比较刑法到功能刑法》,长安出版社 2003 年版,第 357 页。

[②] 例如,目前国内国际对废除死刑国家的统计,都是采取这个标准的。

[③] 参见王世洲:《从比较刑法到功能刑法》,长安出版社 2003 年版,第 367 页。

[④] 关于刑法条文具有的一般预防功能,参见王世洲:《现代刑罚目的理论与中国的选择》,载《法学研究》2003 年第 3 期。

以执法的尴尬局面。在起刑点由于有弹性余地而产生含糊的情况下，执法腐败问题总是难以避免；在起刑点明确而严格的情况下，由于案情并不总是一开始就很清楚，司法性干涉由于担心劳而无功或者越权违法，又经常难免畏首畏尾或者推诿扯皮，导致对违法犯罪反应迟钝，从而降低国家对人权保护的效率和水平。因此，起刑点的降低将大大改善法律的明确性，大大改善第一线执法队伍的工作条件，从而提高执法的质量并从根本上消除执法腐败的可能性。

起刑点的降低，将导致我国犯罪的轻型化，从而为改革"劳动教养"制度，行政拘留制度，乃至改革强制措施制度，也创造有利的条件和前提。

总之，笔者认为，降低起刑点形成的法律制度，是一种符合基本人权绝对不容侵犯观念和符合国际人权保护标准的制度，是一种符合我国"社会治安综合治理"政策和有利于提高国家和政府执政能力的制度，是一种有利于减少和废除死刑的制度，也是一种有利于提高执法质量并消除执法腐败的制度。

当然，降低起刑点的改革方向，在一定时期的执行过程中，主要会遇到以下几个方面的实际困难。但是，笔者认为，这些困难并不是不可克服的。

1. 降低起刑点会增加国家第一线执法力量的费用。但是，应当看到，这种费用的可能增加和付出与提高起刑点所必然产生的费用增加和付出相比较，很明显是更有效率和更符合国际人权标准的。[①]

2. 降低起刑点会导致法院工作量的增加。但是，应当看到，法院工作压力的缓解，可以通过改革刑事诉讼程序和提高法官的审判工作能力来实现。

3. 降低起刑点必然会导致在押罪犯人数在短期内的增加。但是，这个问题可以通过有计划地分阶段分罪名降低起刑点的办法来加以缓解，也可以通过改革刑罚的种类和刑罚适用制度来避免，甚至可以通过创立"中性的惩罚"，即一种虽然由法院判处，但是不与犯罪概念相联系的"惩罚"的方法来解决。

---

① 关于费用问题，参见王世洲：《从比较刑法到功能刑法》，长安出版社2003年版，第1页以下。

无论从长远还是眼前的利益来看，以降低起刑点为方向的改革只会起到提高我国人权保护水平，促进我国法治建设，从而使国家和人民获得可靠的长治久安的效果，而不会有进一步恶化我国人权保护状况和法治环境的作用。

人身权保护，事关人民安危、社会安定、民族兴盛、国家尊严，我国根据国际人权法的标准使用刑法严密加以保护，绝不过分！更不能马虎！

生物医学法的几个重大理论问题[*]

郭自力[**]

一、关于器官移植

如今,器官移植已经成为挽救病人生命、恢复患者器官功能的重要手段之一。器官移植能够获得今天这样的非凡成就,与立法活动是密不可分的。早在20世纪90年代,世界上已约有九十个国家制定了有关器官移植的法律,但也存在一些问题。死亡判断依据以及捐献供体和受体的合法性、合理性选择是器官移植在立法技术层面面临的关键难题。

(一)关键器官的采集时间——脑死亡的标准

由于一些人体关键器官(比如心脏)的移植必须是在确认死亡之后,而很多器官的最佳移植时间是在生物学死亡期,这个时期脑中枢系统已经停止工作,但在呼吸机等人工干预下,呼吸和心跳仍有可能延续,这段时间过长是十分不利于器官移植的。对器官移植的大量需求,使我们必须重新审视长久以来沿用的死亡标准,寻找更科学也更利于最广大人民福祉的标准。

传统的死亡标准是心肺呼吸停止,但随着现代医学的发展,一个新的标准——脑死亡已经逐渐占据主流的地位。医学科学表明,心跳停止从未与死亡时间完全吻合,病人在死亡之前或者死亡之后才停止心脏跳动。心脏并不能最终决定人的生与死,脑部功能一旦丧失,其他器官就变成无

---

[*] 原文刊于《浙江大学学报》2014年第4期。
[**] 北京大学法学院教授、博士生导师。

用之物,随后相继死亡。① 所以用脑死亡来作为生命停止的标准更准确,也更有说服力。

1968年,国际医学科学组织通过了一项关于脑死亡的指导原则。与此同时,美国哈佛大学医学院认为,所谓脑死亡,是指人的整个中枢神经系统的全部死亡,全脑机能丧失的不可逆转状态,这可从四个方面判断:(1)对外没有刺激反应,对内没有需求知觉;(2)没有自主动作和呼吸;(3)没有生理反射反应;(4)脑电图平坦,成一条直线——这一点在脑死亡判断上价值最高。国际上通常采用全脑死亡的概念,少数国家如英国在此基础上,将死亡的时间进一步提前,采用脑干死亡的概念,其理由是,脑干机能一旦丧失,人的其他生命特征会很快消失,一般在1—2周内,心跳也会完全停止。脑死亡的概念是强调全脑髓机能的完全丧失,但这绝不意味着全脑髓的一切细胞都同时死亡。这就像以往判断心脏死亡的道理一样,全身细胞也并非同时死亡。所以,身体的完全死亡是以不同速度而逐渐发生的。② 此外,欧洲的一些国家则认为,脑循环的不可逆停止引起脑死亡,故而将脑死亡称作全脑梗死。其他国家也制定了多种关于脑死亡的判断标准,比如日本脑波学会脑死亡委员会的标准,就是在美国"四项标准"的基础上精细化的成果,分为六项:深昏迷、自动呼吸消失、瞳孔固定、脑干反射消失、脑电图平直呈直线、六小时无变化。③

尽管有很多人反对脑死亡标准,认为这是不近情理的、冷淡的、不人道的,但更多的人还是认可这种标准的。脑死亡概念的确认和推行至少为同种器官移植提供了大量的、合法的器官来源,也有利于医疗资源的节约和病人家属、医院、社会负担的减轻。虽然《悉尼宣言》中关于死亡确定的条目明确说明"医生对于死亡的决定绝不能与器官移植手术直接相联系",但它同时也规定了"病人的死亡一旦确定,停止抢救在道德上就被许可"。据统计,我国每年约有15万名尿毒症患者需要肾脏移植,但仅有2%的患者能够接受手术。由于脑死亡者保持血液灌注的器官可以供移植使用,从而部分解决了长期以来缺乏移植器官的难题。④ 即使我们承认功利主义动机难以接受,但如果继续采用心肺衰竭的标准,则可能阻碍

---

① 郭自力:《生物医学的法律和伦理问题》,北京大学出版社2002年版。
② 克里斯坦·巴纳德:《安乐生安乐死》,陈彪、阳京译,中国工人出版社1990年版。
③ 孙东东:《卫生法学》,高等教育出版社2011年版。
④ 沃中东主编:《卫生法学》,浙江教育出版社2009年版。

医学事业的发展,也会导致医生无所适从。因此,只有采用脑死亡标准,才能改变这种进退两难的境况,促进社会公益事业的发展。

不同观点争论的客观存在能使传统观念得到修正,从而制定出新的科学标准。考虑到现在医学技术和立法技术的不完善,笔者认为可以暂时采用双重标准,即或者一个人的循环和呼吸功能不可逆停止,或者整个脑,包括脑干一切功能不可逆停止时,都可以宣告死亡。除此之外,还应注意以下几点:(1) 宣布脑死亡的程序应由病人的主治医生确定。其他人,特别是参与器官移植的医生、有医疗过失的医生、病人的近亲属都不能参与死亡的确定。(2) 确定死亡的医生,既可以是单数,也可以是复数。但无论是单数还是复数,参与死亡判断的医生必须全体一致,如有任何一个医生提出异议,死亡判断就应立即停止。在死亡判断上,不允许使用少数服从多数的原则。在我国医疗法制条件还不健全的情况下,可以考虑有三名以上医生组成,内科、外科和脑电学医生各一名。然而,无论规则多么严格,都取决于医生的判断,所以医生的自律是最有效和最重要的。(3) 植物人的判定。植物人脑部中的脑干机能并未消失,只是丧失身体正常机能,呈现无意识状态,需依赖他人照顾维生。但从法律及伦理观点上来看,植物人仍是具有权利的人,受到法律保障,所以如果医师未按脑死亡判定的标准把植物人误判为脑死,进而劝说其家属同意器官移植,其行为就可能触犯法律。①

我国已经逐渐转向脑死亡标准。地方性标准早在 20 世纪 80 年代就已经出现,比如 1986 年的"南京标准"、1995 年的"上海华西医院标准"等,全国性的正式标准虽还未出现,但卫生部已经出台了《脑死亡判断标准(成人)征求意见稿》,给出四步判断(排除可逆性昏迷;深昏迷,脑干反射全部消失,无自主呼吸;脑电图呈电静息;12 小时无变化),还制定了《脑死亡判定技术规范》(意见征求稿),使其更具有可操作性。之后卫生部在 2010 年启动的器官捐献试点则执行脑死亡捐献(DBD)、心死亡捐献(DCD)和心脑双死亡捐献(DBCD)三类标准程序。其中 DBCD 标准的流程是:对有器官捐献意愿的患者,即使已作出脑死亡判断,仍须在撤除呼吸机支持后等至心脏停搏,再观察 2—5 分钟,最终宣布死亡后方可启动

---

① 郑立军:《器官移植民法基本问题研究——以捐赠者自己决定权为视角》,法律出版社 2012 年版。

器官获取程序。尽管该标准目前尚未进入公众视野,但在医学界却被视为"中国过渡时期"的最佳方案。最新数据显示,目前我国的人体器官捐献案例中,DBCD事实上已超过一半。① 这种标准结合了医学、人道主义和伦理传统,为器官移植事业的发展打下了良好的基础。这些努力都说明我国脑死亡标准正式确立指日可待。

(二)器官的采集模式

器官采集主要涉及供体及其家属和医生三方之间的关系。我们应当在努力增加器官供应和尽量尊重捐献人之间建立平衡,必须遵循"无反对"原则,即供体或者近亲属对器官捐献未持反对意见。② 因为死体捐献涉及侮辱尸体的相关罪名,所以必须获得承诺,而活体捐献则有可能触犯故意伤害罪的相关规定,所以必须获得受"伤害"的被害人同意才能获得正当性,但这种同意是有范围限制的,比如心脏等关键器官的摘除与死亡直接相关,就很难获得正当性。

世界卫生组织的指导原则是:器官采集可以采取两种模式,即同意方式(opting contracting in)和推定同意方式(opting contracting out)。同意方式包括供体自身的同意和近亲属在其生前或死后表示的同意;而推定同意方式作为对同意的补充,即当无死者生前之同意,但又没有明确的反对意见或无理由相信存在真实的反对时,可以推定供体和近亲属同意。这两种方式都包含了一个原则,即无反对。但对死体捐献来说,事实上得到同意的要求很难得到保证,亲属和医生的推定往往就是对供体本人反对意见温和的反叛,而采取"需要决定"和自动推定的方式摘取尸体器官,那就是公然地漠视死者及其家属的意愿。③

在这个过程中有三步需要明晰。(1)同意和医生决定权的界限。捐赠者在没有违反法律和法理的情况下同意摘除自己的器官并不能完全成为医生摘除器官的免责理由,除非有合法的正当性,因为摘除器官很难说

---

① 成舸、侯乐鑫:《中国器官移植迎来关键时刻》,载《中国科学报》2013年7月22日,第1版。
② 郭自力:《论器官移植的法律问题》,载《中外法学》1998年第5期,第98—101页。
③ 孙敏:《中国的志愿捐献者,你在哪里》,载《医药经济报》1999年5月4日,第3版。

是为了捐赠者的利益。① (2) 如何判定知情同意。这里面包括了医生的告知义务和捐赠者的同意权利。要注意,告知并不等于同意,告知是一个程序性的设定,而知情则是一个实质性的要求;告知是一个一般水平的设定,而知情则是一个较高水平的要求;告知的主体是医生,而知情的主体则是捐赠者。② 为了最大限度地保护捐赠人的利益,"知情同意"应成为器官移植中一项不可动摇的原则,包括对手术危险性和效益的评估。医生有告知捐赠人全部真实情况的义务,否则会受到刑事处罚。因为从人的身体上摘除一个健康的器官,显然会给供体造成很大的伤害甚至引起死亡。即使是摘除两个肾脏中的一个,也会对捐赠人的身体健康造成影响。有人说,人体只需一个肾脏就可以维持正常的生理功能了。这是不负责任的说法。人体之所以是双侧肾而不是一侧肾,自有其天然的道理。破坏了其中一个肾脏,必然会使人体的机能失去某种程度的平衡,对人的身体构成一定的影响。对捐献者来说,除了能够获得一种挽救生命的精神慰藉外,没有其他真正的收益,更何况一次的捐献不能百分之百地保证受赠者生命的长期延续和健康维持。此时就存在一个风险和收益之间的估计和平衡。最后则是捐赠者自己的决定权。凡是活体捐献的,捐赠人必须亲自表达捐赠意愿,任何人包括他的最近亲属都不能代其作出决定。对于未成年人和其他限制行为能力的人,必须取得其法定代理人的同意。由于未成年人和限制行为能力人的特殊性,根据《第14届国际刑法大会决议》,即使已经取得其法定代理人的同意,也必须是为了挽救捐赠人的一名近亲或挚友免于明显而现实的危险,并且是在没有其他符合医学标准的适宜的捐赠人时,才能允许未成年人和其他限制行为能力人捐献其器官和组织。这项规定也适用于监狱里的犯人。但是,法定代理人的同意应经主管机关的复议和批准。

对于尸体器官的采集,也应首先采取自愿的方式,也就是说,在决定死者的某一器官或组织是否可以移植时,具有最优效力的即首先应当遵从的是死者生前所作出的能够直接获得或可推定的意思表示,任何人不能改变。对于捐献同意的冲突解决,如果当事人前后有不同意见,应以后

---

① "The Law Reform Commission of Australia's Report", *Human Tissue Transplants*, No.7 (1977), pp. 22—24.
② 郏立军:《器官移植民法基本问题研究——以捐赠者自己决定权为视角》,法律出版社2012年版。

一种意见为准,捐献人可以随时改变自己的意愿;如果前后意见均为同意捐献,而其中一个为整体捐献,一个为部分捐献时,应以部分捐献为先。自愿捐献原则较好地解决了捐赠人的待遇问题,因而很少发生纠纷。但由于它更多地站在了捐赠方的角度考虑,而忽略了临床上对器官的大量需求。尸体器官无法及时获得,不仅可能使许多可供移植的器官白白浪费,而且对由于没有及时获得移植的病人的立即死亡无能为力,这种资源上的动力不足会严重影响器官移植的发展。建立在这一观念基础之上的另一种模式,必然要在某种程度上牺牲捐献者的利益以满足病人和技术的需要。这样,推定同意作为自愿同意的一种补充制度就自然而然地产生了。

推定同意只在死体捐献场合使用,活体捐献严禁任何推定或变相的推定。当无死者生前之同意,但又没有明确的反对意见时,可以推定供体和近亲属同意。亲属推定是建立在亲情关系基础之上的,我们推定近亲属是最能够理解死者意愿和维护死者利益的人。因此,当死者的意愿不能根据足够可靠的声明或其他因素加以确定时,应尊重其最近亲属的决定。由于受传统伦理观念和亲情的影响,很多人不愿意自己亲人的遗体受损,所以实际操作时也会遇到许多困难。由此发展出了医生同意作为补充,不同于亲属推定具有伦理和法律上的支持,医生同意完全是一种实用主义的考量。即当死者生前和其近亲属都没有明确表示反对时,便推定为允许进行器官和组织的移植。这个规则明显是偏向器官需求方的,但可以在增加器官的供给和尊重家庭的权利之间建立某种平衡。当然,在巨大的利益推动下,这种方式有其天然的缺陷,它容易导致医疗机构滥用自己的权利,而忽视死者和亲属的利益,其解决问题的方式是以牺牲捐献者的利益来满足病人和医学技术上的需要为代价的。因此,医生同意只有在"紧急情况"下始得行使。可见,如何平衡供需双方是一个需要长期和谨慎考虑的问题。

还有人提出"需要决定"的原则。根据这一原则,只要医学临床需要,就不必考虑死者生前的意愿和其亲属的态度,可以直接从尸体上摘取器官。"需要决定"原则违反了《纽伦堡宣言》,是对死者权利的剥夺。死者的遗体根据所谓的"国家需要"而被肢解,关于个人死后权利的观念破灭了,代之以实用主义的公共利益理念。以现代的经济发展水平,当社会福利政策并未使大多数公民从中得到好处时,把这种模式建立在纯粹的政治观念之上是不人道的。器官采集是器官移植的核心问题,它涉及国家、捐献者及其亲属和接受人的权利和相互关系。总的倾向是保障捐献人及其最近亲属的基本权利,限制和否定他们权利的立法是不可取的。①

(三) 受体选择的合理性

受体的选择涉及病人的合理性和公正性问题,要综合考虑各方面的因素。既要照顾病人过去的社会贡献,又要考虑病人未来对社会的作用,还要考虑家庭的角色以及病人生命再生期的长短及质量。不良癖者接受器官移植的权利就有可能受到一定的限制。当一个酗酒成性和吸毒的人与一个先天性疾病的儿童都需要肝脏移植时,无论是医生、护士还是社会大众,都更愿意为患病儿童进行肝脏移植,因为他是完全无辜的,这些情绪都是常人可以理解的②。

伦理学标准不可能依据绝对且量化的标准进行,往往是凭借个人的理性和感知能力对病人的相关情况作出判断,因而带有很浓重的主观色彩,几乎不可能设计出医学上可适用于一切病人的规则和包揽一切的规则③。从伦理学角度看,任何人都有接受同等治疗的权利,不应因其身份地位、价值大小、所处的境况而有所不同,但这很难在道德上得到证明。因此,在情况不确定时,医生的判断尤为重要。医生只有坚持对病人忠诚,排除一切外界的干扰,一切从病人的预后效果和利益去考虑,才能最大限度地体现公平和公正的精神,树立值得信赖的、良好的医学信誉。

医学标准通常是指对器官移植进行风险和效益评估,只有收益大于风险时,才允许进行器官移植。评估的标准涉及医学的适应证和禁忌证两方面的指标:(1)病人的脏器功能衰竭,短期内不进行器官移植将马上死亡。比如2001年我国留学加拿大的一位学生,在剧烈运动后出现呕吐、心脏停搏,造成心肌坏死,被诊断为急性心肌炎。医生采用体外循环维持他的生命,但仅能持续72小时。当供体心脏运抵医院后,尽管还有几位病人等待移植,但医院经过无记名投票,决定将唯一可用的心脏先移

---

① 黄焱:《活体肾移植的道德与补偿原则》,载《医学与哲学》1998年第12期,第655—656页。
② 马先松:《器官移植的效用与公平问题》,载《医学与哲学》1999年第2期,第25—27页。
③ 周浩礼:《医学与社会学》,湖北科技出版社1993年版。

植给生命垂危的中国留学生。①（2）免疫相容性较好，手术后有良好的存活前景，受体健康状态和整体功能好，对移植手术耐受性好，没有禁忌证，易于恢复健康等等。

医学标准着眼于治疗成功与否，而非治疗是否值得，这是一个客观的估计，而非道德评价。因具有客观性而不带个人倾向，医学标准被广泛倡导为选择病人的唯一标准。1987年，欧洲委员会部长会议最后文件规定，器官移植中器官和组织的分配应根据客观的医学标准进行，排除各种政治、种族、宗教、财政或其他标准，且应在欧洲内部对已经注册的外国暂居者以国民待遇。我国立法时也应采取医学标准，适当贯彻对等原则，即在同等条件下，优先选择免疫相容性好的捐赠者本人或近亲属来进行手术。这种优先权的设立客观上也会促进器官捐献活动，为我国的器官组织库提供更加充足的供应源。公正永远都只能是相对的，在卫生资源有限的情况下，形式公正是优先考虑的目标，实质公正只能是终极期待。

（四）供体选择的合法性

根据生命等价的原则，不允许以一个健康人的器官去替换另一个濒死者的器官，即使在特定的情形下可以允许用一个人的健康损失挽救另一个人的生命，也要保证这种摘除手术所带来的危害没有超过合理的可承受的限度。根据这一原则，对于人的活体移植，只有人体中可以再生的组织和不可以再生的双组织器官中的一个才允许捐献。可以再生的人体组织，包括血液和骨髓；不可以再生的双组织器官，包括肾、睾丸、卵巢。根据《第十四届国际刑法大会决议》，禁止性腺（睾丸和卵巢）的移植，因而活体移植主要是指肾脏和骨髓的移植。活体肾移植是一个敏感的问题，实践中主要在父母、兄弟姐妹、夫妻或其他亲属、朋友之间进行，要严格遵循无伤害原则。作为供体，摘取一个健康的肾脏，显然会给供体造成很大的伤害甚至死亡，尤其是术后受体的生活质量及近期远期的风险并没有一个肯定的答案。因此，对手术医生来说，应该加强社会责任感，切实尊重供体的生命健康，只有确实是出于对供受双方利益考虑时才能进行器官移植。病人的利益高于科学利益和社会利益，要严格防止在国家利益和社会利益的口号下，干出一些不道德的事情。所有的活体捐献都必须

---

① 邹德洁：《50个小时，抢救中国留学生》，载《环球时报》2000年2月8日，第20版。

是完全自愿的,对于无行为能力和限制行为能力的人,因为他们在理解能力和健康水平上存在缺陷,所以不能从其身体上摘取器官和组织。对于未成年人,《世界卫生组织人体细胞、组织和器官移植指导原则(草案)》第4条规定:未成年人的任何器官都不能用于移植目的,但在国家法律许可下摘取可再生组织可视为例外,但必须取得未成年人基于理解的同意和他的父母或法定监护人的同意。这一条建议几乎为所有的立法所接受。尽管如此,我们可以说,所谓基于理解的同意,对未成年人来说是难以确定的,否则就和成年人没有区别了。因此,原则上笔者不赞成从未成年人身上摘取器官,任何情况下都不应该有例外,否则就有滥用的危险,最终将导致对未成年人的身体伤害和基本权利的侵犯。对于怀孕的妇女,禁止捐献器官是理所当然的。孕妇以其特殊身份在刑法中享有优待,如果在器官移植法中被当作器官摘取对象,既不符合立法精神统一的原则,也不符合人类的基本道德观念。

胎儿在医学上是最理想的供体,特别是在脑病移植治疗中占有相当重要的地位。利用胎儿组织进行移植和研究并不是什么新鲜事。美国的一些医院就曾经将胎儿的脑组织移植给需要的病人,以治疗帕金森综合征和糖尿病。里根政府时期曾经禁止利用胎儿组织进行研究,但克林顿上台后马上废除了这一禁令。

胎儿作为人生的一个特殊过程,是生命最脆弱的时期。正因如此,它受到两种近乎极端的对待。在一些国家,胎儿是完全没有人格的物,可以被广泛用于医学目的。有些国家甚至以法律的形式制定了利用流产胎儿的组织进行移植的规定;而在另一些国家,胎儿被视为最可珍视的生命萌动,它所影射的是人类寻求生存的顽强意志和新生力量,因而即使是流产的胎儿,也是手术刀的禁区,而不管持刀人的动机是多么高尚。

目前,世界上还没有系统地以法律的形式对胎儿的利用作出明确的规定。虽然许多人都反对利用胎儿组织进行移植手术,但只要没有法律的明文禁止,这种现象就有继续蔓延的趋势。实际上,死胎多数流产于妇科病房,而胎儿的家属也很少关心其未来的命运。在法律限制或禁止堕胎的国家和那些实行计划生育而鼓励甚至强制堕胎的国家里,死胎的命运是截然不同的。一些人坚持认为,胎儿不是一个人,否则他就拥有受宪法保护的权利,包括生命、自由和财产的权利。但事实上,胎儿有着特殊的道德地位,他是人类生命,可又是不具有人格的生命,即不是社会意义上的人。尽管如此,他毕竟与成年人之间有连续性,在逐渐发育成人。胎儿的权利应当受到尊重,即使出于医学研究的目的,也要满足一些条件,否则就会导致无节制的滥用。①

死囚尸体利用并未在世界各国的器官移植法典中得到反映,由于死囚身份地位的特殊性,很容易导致对其尸体器官的非正常使用。一般来说,死囚犯处于弱势地位,他们的意愿很难公开表达,或者根本无法表达,知情同意这一自愿捐献原则很难贯彻在死刑犯身上。死刑犯可以被剥夺政治权利,但他们的民事权利并没有被完全剥夺,尤其是在处置与他们个人有关的事务上,包括处决后对自己身体器官的利用。在很多情况下,鉴于他们所处的地位,他们的基本权利会被忽视。如果事先确定某个犯人的器官可以利用,那么实际的量刑就可能出现偏差,在法官和器官需求者之间就很可能酿出不正当的关系来,使某些本不该处死的犯人成为移植器官的牺牲品,而法官则堕落为器官交易的商人。为了使死刑犯的器官可以有效地用于移植手术,医务人员可能会在死刑执行之前就进行一些初步的处理,这样就违反了不伤害原则,并可能导致医生的道德滑坡。总之,利用死囚犯的器官进行移植手术虽然可以暂时缓解器官供应的短缺,但也容易忽视开辟正当的器官来源的渠道,从长远利益考虑是本末倒置。②

我国法律对利用死囚犯的尸体器官进行移植有一些限制性条件。1984年,最高人民法院、最高人民检察院、公安部、司法部、卫生部联合颁布了《关于利用死刑罪犯尸体或尸体器官的暂行规定》。规定指出,对需要征得家属同意方可利用的尸体,由人民法院通知卫生部门同家属进行协商,并就尸体利用范围、利用后的处理方式和处理费用以及经济补偿等问题达成书面协议。死刑罪犯自愿将尸体交医疗单位利用的,应有死刑罪犯签名的正式书面证明或记载存人民法院备案。在汉族地区原则上不利用少数民族死刑罪犯的尸体或尸体器官。在少数民族聚居地区,要尊重少数民族的丧葬习惯。③ 我国每年有超过100万病人有器官移植需

---

① 鲍勃·伍德沃德、斯科特·阿姆斯特朗:《美国最高法院内幕》,熊必俊、虞孝淮译,广西人民出版社1982年版。
② 邱仁宗:《利用死刑犯处决后的器官供移植在伦理学上能否得到辩护》,载《医学与哲学》1999年第3期,第22—25页。
③ 王怀安:《中华人民共和国法律全书》,吉林人民出版社1989年版。

求,其中约 30 万人符合移植手术要求,终能如愿的仅约 1 万人。在这幸运的 1 万人当中,究竟有多少器官来自死囚不得而知。国家卫生计生委新闻发言人邓海华介绍说,截至 2013 年 7 月 8 日,我国已实现 918 例公民自愿捐献,捐献大器官 2495 个,比例从 3 年前的几乎为零提高到目前的 15%。① 随着供体来源的扩大,一个规范的器官供受体系必须建立。我国过去没有一个国家级别的管理体系,而是各个医院自行摘取和移植,这就给器官交易以可乘之机。国家卫生计生委日前宣布,我国人体器官分配与共享系统将于近期正式上线,在全国强制使用。该系统包括潜在器官捐献者识别、器官捐献者登记及器官匹配、器官移植等待者预约三个子系统,分别设置了不同的访问入口。系统在设计时主要以患者病情紧急程度和器官匹配程度等医学数据作为排序原则,以保障器官分配的公平。今后我国将逐步建立起"N+1"体系:"1"即器官分配与共享系统,"N"则是分布于全国各地的器官获取组织(OPO),后者是保障系统运转的另一关键,"由专业医护人员组成,不隶属于任何一家医院,而是独立运作"。

从总体上说,利用死刑犯的尸体进行器官移植"弊大于利",必将导致伦理困境及对法律公正性和严肃性的怀疑,很难得到伦理上的辩护。世界各国应立即停止利用死刑犯的尸体进行器官移植,我国也正在朝这个方向努力,未来将会完全禁止对死刑犯的尸体进行器官移植。

(五)器官移植中的刑事犯罪

器官移植中涉及的刑事犯罪主要有以下几种:

器官买卖罪,指带有牟利性质的器官转让行为。动机对定罪没有影响。这个罪名包括两种情形:一个是实质的器官买卖,即以获利为目的,直接进行器官交易的行为;另一个则属于准交易行为,即为器官移植而支付报酬或接受报酬的行为,这种行为一般不以获利为目的,报酬只不过是一种感情的价格而已。但即便如此,仍可能构成刑事犯罪。

强迫捐献罪,指强行摘取他人人体器官的行为。这里所说的"强迫"或"强行"与刑法上的含义相同,因而它包括:暴力、暴力威胁、乘人不知或

---

① 成舸、侯乐鑫:《中国器官移植迎来关键时刻》,载《中国科学报》2013 年 7 月 22 日,第 1 版。

不能反抗、利用特殊关系进行要挟等形式。对于医生盗窃病人活体器官行为，也有人主张可以构成强迫捐献罪。强迫捐献罪名的成立是以法律允许捐献器官为前提的。如果从活体或者死体身上摘取器官是被法律禁止的，则不能用强迫捐献来定罪。对活体的强迫捐献，各国的处罚不同，一些国家认定为强迫捐献罪，从重处罚；另一些国家可能认定为谋杀罪或者故意伤害罪。与本罪有联系的罪名还有骗取移植同意罪，这个罪在移植程序上是合法的，因为它并不存在表面的强迫。另外，骗得同意的对象不限于供体，受体也可成为手术刀下的试验品。对于该罪的构成要件，有的国家仅仅是骗取了同意就可以构成犯罪，有的国家则要求实际上进行了摘取和植入的行为。

非法行医罪，指没有取得医生执业资格的人非法行医，属于情节严重的行为。① 器官移植并非普通手术，必须经过主管机关依据法律条件的审批，方能取得手术资格。具体说，医疗机构必须具有医疗条件，医疗机构里从事临床移植手术的医生也必须具备法定的资格，并且得到主管机关的授权。除此之外，在进行具体手术时，实行一例一审的方法，即每进行一个手术都必须得到医疗机构负责人的授权。违反这些规定的，对医生可以判处刑罚，对医疗机构则可以吊销执照或判处罚金。

非人道移植罪，指不是出于治疗或研究目的的一切器官移植行为。此外，人兽杂交和尸体拼合行为也可以构成本罪。异种移植的临床应用受到严格的限制，导致严重后果的，都应作为犯罪对待。生殖系统器官和组织及具有典型外在特征的外表器官如人的五官，都应禁止采用异种供体，而中枢神经系统更自不待言。很难设想，一个人身猪脸或人体猪脑的怪物会被当作人而进入社会关系。对性腺（卵巢和睾丸）的移植，未经同意或合法授权而移取和重新使用人工器官的行为都应予以禁止。②

我国目前还没有制定器官移植法，相关的法律也几乎没有。近年来，一些不法之徒利用我国器官移植中供体缺乏、法律没有规定等现状，组织出卖人体器官，从中牟取巨额暴利，造成了严重后果和恶劣的社会影响。2011年2月颁布的《刑法修正案（八）》第37条增设了"组织出卖人体器官罪"。构成本罪，行为人在客观上必须具有组织出卖人体器官的行为。

---

① 郭自力：《中国刑法论》，北京大学出版社2011年版。
② 冯建妹：《现代医学与法律研究》，南京大学出版社1994年版。

一般情况下,可以判处 5 年以下有期徒刑,并处罚金;情节严重的,处 5 年以上有期徒刑,并处罚金或者没收财产。所谓情节严重,是指多次组织他人出卖人体器官或者获利数额较大等情况。对于未经本人同意摘取其器官,或者摘取未满 18 周岁的人的器官,或者强迫、欺骗他人捐献器官的,依照故意杀人罪和故意伤害罪的条款定罪量刑。这里所说的"摘取",是指违反国家有关规定,非医学治疗需要地摘取人体器官;"未经本人同意摘取其器官",是指在没有得到被摘取器官本人同意的情况下摘取其器官的行为,包括在本人不明真相的情况下摘取器官,及未经本人同意采取强制手段摘取其器官的行为;"摘取未满 18 周岁的人的器官",是指摘取未满 18 周岁的未成年人的器官;"强迫、欺骗他人捐献器官",是指采用强迫、欺骗的手段,使他人捐献器官的行为。另外,违背本人生前意愿摘取其尸体器官,或者本人生前未表示同意,违反国家规定,违背其近亲属意愿摘取其尸体器官的,依照我国 1997 年《刑法》第 302 条的规定,以盗窃、侮辱尸体罪定罪处罚。构成组织出卖人体器官罪,行为人主观上必须是故意,过失不构成本罪。至于犯罪动机,对定罪没有影响,在量刑时也许可以酌情考虑。[①]

二、基 因 治 疗

基因治疗的法律调控如同这门学科自身一样年轻,绝大多数国家只是依靠弹性很大的政府规章或行业伦理规范,仅有极个别国家有正式的刑事立法。

由于基因治疗是一项新技术,对人类社会是一把双刃剑,它既可以用来促进人类健康,也可能给人类带来不良副作用和危险。联合国 1997 年的《世界人类基因组与人权宣言》中秉持重视人性的尊严和平等的原则,强调了对不同遗传特征人群同等的尊重和权利保障以及对基因相关研究的资料保障和调控手段。因为这些研究应当以减轻人类的痛苦以及改善人类的健康为目的。

运用刑法作为一种调整机制,将基因治疗中的某些行为犯罪化,应该是一项最后措施,在此之前,应当已经经过一套完整的民事—行政处理过

---

① 郭自力:《中国刑法论》,北京大学出版社 2011 年版。

程,只有当病人的利益受到的损害以及造成危险性行为的可谴责性都达到应给予刑事惩罚的程度,此时民事赔偿和行政处罚都不能达到规制目的,认定给予当事人刑事处罚最有利时,才能使用刑事处罚。

基于上述原则,世界各国都是先制定行政法规和行业伦理规范来适度介入和谨慎推动基因研究和基因治疗的。1976年6月23日,针对重组DNA研究工作的潜在危险性,美国国家卫生研究院制定了世界上第一个实验室基因工程应用法规——《重组DNA分子实验室准则》;1985年它又发布了《人类体细胞基因治疗的设计和呈批考虑的要点》,基本囊括了开展基因临床研究所必须注意的要点。1989年,英国政府成立基因疗法伦理委员会,作为临床治疗的审批和监督机构。1999年3月,国际人类基因组组织伦理委员会发表了《关于克隆的声明》。该声明认为,不应该试图通过体细胞核移植产生出一个现存的人的遗传"拷贝"。但是,在人和动物身上用体细胞核移植进行基础研究以探讨种种科学问题,包括研究基因表达、衰老以及细胞"凋亡",应该得到支持。2008年12月,英国下议院通过一项法案,允许对14天以内的人类胚胎进行研究,以便制造用于医学移植的各种人体器官和治疗癌症等疑难病症。2011年7月7日,德国议会通过决议,允许对人类胚胎进行基因鉴定,以检查胚胎是否带有遗传疾病或残疾基因,带有疾病基因的胚胎最终会被放弃。但是,2011年10月8日,欧洲法院作出裁决:"在欧盟境内,任何可能导致人类胚胎死亡的干细胞研究不得授予专利权。但用于治疗、诊断用途且被证明有效,对人类胚胎有益的情况下则可以允许获得专利。"[①]

可见,对现代生物医学技术的立法活动应采取非常谨慎的态度,以法的稳定性为优先考量,从行业伦理规范开始,逐步过渡到正式法律。当然,即使是伦理规则或者行政规则,也应当从目标确定、对象选择、技术支持、后果预测、术后跟踪等所有主要行为要素角度提供指导规则,制定严格的审批程序,以保障基因治疗不被滥用。

将基因治疗里的某些行为作为犯罪加以处罚,则需要考虑到这类问题的特殊性。基因犯罪是一种新型犯罪,对传统的社会伦理构成侵犯,所以,是否违反社会伦理就成为一个非常重要的判断标准,并非所有基因治

---

① 《欧洲法院明确干细胞专利授予法律界线》,载《法制日报》2011年10月25日,第11版。

疗行为都是反道德和反传统的。体细胞基因治疗经过多年的临床研究和发展,医学水平已经达到相当高的程度,且技术比较稳定,社会上的大多数人可以接受,虽然在实践中也产生过这样或那样的问题,但总体上是好的,有利于人类福祉和身体健康,即便是实践中发生一些问题,也不能将其作为刑事犯罪加以处罚,以免阻碍医学事业的发展。生殖系统基因治疗从长远的角度看,也有治疗癌症和疑难疾病的可能性,但由于会对人类基因构成重大改变,危害到人类的正常发展和传统的道德伦理,就应当受到刑法的特别关注。而优生基因工程中的某些行为将人类的遗传物质和其他生物结合在一起,制造新的亚人种,进行无性系实验,甚至用于种族灭绝,这些行为毫无疑问应当受到刑法的禁止和制裁。因此,将基因工程中的一些行为犯罪化,集中体现了这类行为反道德伦理的本质特征以及由道德规范过渡到刑事立法的发展过程。根据我国的法学理论,这类犯罪对人的生命权、健康权以及人种的完整性和遗传物质的不可改变性构成了重大挑战。不仅应当以行政法规加以调整,而且应作为严重刑事犯罪加以处罚。否则,就有可能危害人类的生存和长远发展。

基因犯罪的行为人主观上一般都是故意的。例如医生在临床治疗中,出于某种个人原因和不良动机,故意使治疗失败,致病人的身体健康受到损害,甚至危及病人的生命;实验人员通过某种技术手段改变基因,操纵人的情感和生理特征;还有一些人故意宣扬所谓的优生优育,企图通过改变人类基因,实现优胜劣汰,这和纳粹的种族灭绝行为没有区别。尽管基因犯罪主要以故意形态出现,但有些过失行为如果在客观上造成了严重后果,也应承担相应的法律责任。比如行为人明显违反行业技术规范和操作过程导致实验室的病毒外泄,使社会上的一些人感染病毒或引起社会恐慌,就应当根据案件的具体情况追究当事人的刑事责任。虽然行为人在主观上是疏忽大意或者过于轻率,但造成的客观损害后果是大规模的和不可挽回的。为了规范这类行为、警示研究人员,严格刑事责任就是完全必要的。当然,考虑到这类案件的特殊性,给予医生和研究人员以极大的宽容也是世界上通行的规则,如果能通过行政和民事法规加以解决,就没有必要给予刑事处罚。

基因犯罪在客观方面的表现也不尽相同,可以分为检测领域、生态犯罪领域、生殖领域、克隆领域等。囿于基因领域立法技术和医学理论的双重薄弱,界定行为的犯罪化界限是很困难的。"比如对个人基因图谱相关行为的界定。个人的基因图谱是一个人生命的全部秘密,对个人基因图谱的不正当使用,会使一些人的日常生活受到打扰。他们当中的许多人可能仅仅有某种基因缺陷而没有临床表现,完全是正常人;或者只是由于轻微的遗传疾病,就在婚姻、就业和保险等方面受到不公正的待遇和歧视。此外,为破案而使用基因诊断技术,特别是 DNA 指纹图谱资料库的建立,也可能涉及社会生活中的每一个人。"[1] 尽管 DNA 指纹图谱有用于刑事侦查,但当事人的指纹图谱是在其完全不知晓的情况下被搜集的,个人的隐私和其他权利就会受到侵犯。因此,个人基因图谱的保密至关重要,对人类基因图谱的非法利用和泄密行为,也应被规定为刑事犯罪。[2]

三、关于人工生殖(人工辅助生育技术)

(一) 受精卵的法律地位

虽然受精卵技术以及这方面的业务都得到了空前的发展,但关于受精卵的法律地位的问题仍然没有解决。受精卵像其他有生命存在的形式一样有价值吗?受精卵是财产吗?许多人的观点是,受精卵和胚胎不是人,它们与人不是同一的范畴,将它们称之为"遗传物质""生物学物质"或"生物学生命"也许更为合适。但由于受精卵本身携带了人类繁衍的全部生物遗传密码,而受精卵和胚胎又被视为"潜在的"或"可能的人",所以它们又不是一般意义的物,而是具有生命潜力的特殊物。因而对它的控制权与民法上的物权是不同的。美国生育协会的报告认为,受精卵和胚胎是捐赠者的财产,捐赠者对它享有完全的物权。而英国的报告则明确建议,应制定法律保证捐赠者对人的胚胎不具有所有权。

的确,即使认为胚胎不是"社会的人",但它还是一个"生物学生命",具有发展为"社会的人"的巨大潜力,因此,我们不能像摆弄一管试剂或一片树叶那样去处理和操纵胚胎。我们应当考虑冷冻、体外操作、转移胚胎对未来的孩子可能会产生什么样的近期或远期影响。人工生殖技术发展的时间还比较短,最大的试管婴儿也只有三十多岁,需要进一步观察。这

---

[1] 巴塔·M.诺珀斯:《生殖技术和国际上关于保护人的生命的途径》,同心译,载《法学译丛》1988年第3期,第33—39页。

[2] 约翰·奈斯比特:《高科技高思维》,尹萍译,新华出版社2000年版。

就要求我们采取更加谨慎的态度。

将受精卵和胚胎看成物的最大危险性,就是使它们成为人体器官商场中名副其实的商品,这种进一步将生命推向商品化的做法必将产生更大的争议。一个受精卵毕竟与单纯的精子和卵子不一样,受精卵是生命的开端,或者说就是一个人,我们不能容忍将这种有了"人"的本质的受精卵商品化;或者将受精卵和胚胎作为工具、手段来使用,不应该未得到他们本人的同意而操作他们。现代医学表明,胚胎受精后的第14天是个分水岭,此时的胚线能形成胚胎自身的内容,因而第14天以后的胚胎就具有了人类生命的重要特征。法国禁止将胚胎用于优生学实验或其他有损人体完整性的活动。英国和瑞典立法禁止研究14天以后的胚胎。美国政府在里根和布什当政期间禁止研究人类胚胎,但现在有放松的迹象。德国1990年制定的《胚胎保护法》明确宣布胚胎自精卵结合之时就已经具备了人的地位,因而禁止胚胎捐赠以及为了研究而进行的胚胎操纵,包括胚胎基因实验;禁止为研究而从胚胎取出任何能发育成各种组织和器官的全能细胞;把人类胚胎用于非生育的目的将受到刑事制裁。

(二)同源人工授精子女的法律地位

运用同源人工授精(artificial insemination by husband,AIH)技术和使用夫妻自己的精卵并由妻子怀孕的子女,在各国法律或司法判例中均享受相同待遇,即视为该夫妇的亲生嫡出,因为相互之间有完全的生物学联系和基因关系,法律一般并不以"性交"为受胎条件。所谓婚生子女,按正常理解,即婚姻关系存续期间所生子女,除非一方能举证说明亲子代之间没有遗传相关性或丈夫不能生育,从而否认亲子关系。

精子冷藏技术的广泛应用使AIH子女的法律地位复杂化。在婚姻关系存续期间,妻子未经丈夫同意,用以前冷藏的精子怀孕并生下孩子,丈夫是否还是孩子的父亲?考虑到他们之间事实上的婚姻关系和子女之间的血缘关系,就很难否认丈夫和其子女之间的亲子关系。尽管这里的确存在漠视丈夫同意权的事实,但从长远的角度考虑,对丈夫、妻子和子女都较为有利。至于夫妻离婚之后,妻子未经授权使用前夫的冷藏精子人工受孕,则是一个更为复杂的问题。一般来说,未经授权使用前夫的精子进行人工授精,是一种民事侵权行为。这种行为不仅盗用了他人的精子,对他人的民事权利造成了侵害,而且间接干扰了前夫正常的社会生活和精神生活。在双方已经离婚和一方毫不知情的情况下,迫使其承担作为血缘关系上的父亲,无论如何都会对人的心理造成长远的伤害。孩子一旦出生,父亲会自然而然地对子女产生别人无法感受的强烈感情,因为孩子毕竟是自己的亲骨肉,这都会使他在精神上受到极大影响。尽管如此,由于妻子的前夫和子女之间具有自然的血亲关系,也很难在法律上否认他们之间的亲子关系。丈夫死后,妻子利用丈夫遗留下的冷冻精子受孕生下的孩子,无论丈夫生前是否留下遗嘱,都应承认他和所生子女之间的亲子关系,子女享有和婚生子女同样的权利。由于他们事实上存在血亲关系,不能仅仅因为缺少丈夫的生前同意,就以法律的形式剥夺他们的亲子关系,而理应受到公平和合理的对待。这里主要涉及继承权的问题,由于历史条件的限制,过去的法律不可能考虑人工授精子女的财产继承权问题,这是正常现象。但现在情况不同了,应当适时调整我们的法律和政策,而不能墨守成规。以人工授精方式出生的子女,无论是父母婚姻关系存续之时,还是婚姻关系终止之后,无论是否得到父亲生前的明确同意,他们和父亲之间的血亲关系都是无法否定的。正是从这个意义上讲,他们不仅都应一视同仁地被推定为婚生子女,而且应当享有合法的财产继承权。关于这一点,应通过修改现行的继承法来加以合理解决。

(三) 异源人工授精子女的法律问题

异源人工授精(artificial insemination by donor, AID)所生子女面临的全部问题几乎都与亲权问题有关。这些孩子的父亲是谁？他们的法律地位如何确定？怎样判断孩子的亲权归属？他们是否既有生物学上的父亲,又有法律上(社会学意义上)的父亲？如果有,他们是否有知情权？是否有权知道他们生物学上的父亲是谁？

美国制定人工授精法律的32个州规定,接受人工授精的妇女的丈夫是孩子的法定父亲。其中17个州明白无误地声称,捐献精子的人不是孩子的法定父亲。但在其他州中,父亲的法律地位模糊不清,尤其是在未婚的单身妇女通过这种方式生育孩子的情况下。美国法院的判决也不尽相同。有的法院把经过丈夫同意的异源授精所生的子女认定为婚生子女,丈夫是孩子的法定父亲;有的法院则把异源授精所生子女认定为非婚生子女,即使夫妻双方签订了异源人工授精协议也是如此;有的法院则将异源人工授精一概视为通奸,以这种方式生育的子女当然也就不可能认定为婚生子女。在我国,法院的判决也不尽相同。在上海发生的两起 AID 子女的纠纷案中,对于经丈夫同意所生育的 AID 子女,一家法院是以拟制血亲关系,按养父母与养子女的权利义务关系处理,丈夫应支付子女抚养费;另一家法院则认为,AID 子女是在夫妻双方婚姻存续期间经双方同意而生育,他们之间存在父母子女关系,丈夫应当承担抚养义务。①

一般来说,异源人工授精所生子女婚生地位的取得有一定条件的限制,比如必须是在夫妻关系存续期间受孕、夫妻双方同意等等。这应当成为今后立法的一个主要趋势。不管是否承认这些子女的婚生地位,有一点应该肯定,即丈夫应对这些子女尽抚养义务。处理此类案件应当坚持子女利益至上的原则,当协议不明或相关重要事项不明时,从最有利于子女成长的立场出发确定他法律上的父母,特别要禁止利用合法形式损害子女利益的行为。

在异源人工授精的情况下,匿名权也是一个重要的法律问题。因为若捐献者的匿名权得不到保证,那么捐献精子的人数将大为减少,从而导致许多不育者想要孩子的愿望化为乌有。对于捐献精子的人来说,如果他偶然发现了与他有血缘关系的另一个人,他就会在社会生活中或多或少地受到影响。匿名制的一个重要作用就是可以堵塞这种有血缘关系的当事人之间发生联系的任何渠道,为他们之间的交往设置一个不可逾越的障碍,就像两个相爱的人天各一方一样。如果匿名失败,精子捐献者与这些子女的关系再度复萌,法律就会显得束手无策。②

当然,也许会有人对匿名制不以为然。站在孩子的立场上说,任何人都有权了解自己的身世,有权知道自己从哪里来,还有权知道谁是自己血缘关系上的父亲。如果拒绝告诉孩子真相,也许会引起他们的愤怒,使他们感觉自己受到了侮辱。为了摆脱这一困境,在匿名问题上也可以有适当的松动。英国政府 1991 年规定,年满 18 岁时,可以打电话给官方的人工授精及胚胎所,询问他们是不是捐精者的后代。但该机构的工作人员只能回答"是"或"不是",至于孩子的父亲是谁仍然对孩子保密。1999 年,英国卫生部又提出建议,给予该国数千名"试管婴儿"寻找血缘父亲的

---

① 郭自力:《生物医学的法律和伦理问题》,北京大学出版社 2002 年版。
② 钟安环:《生命的追问》,山东教育出版社 1998 年版。

权利。[1]

但是,如果不加限制地将精子提供者的姓名泄露出去,那么由这种方式生出的婴儿算不算是精子提供者的亲生子女?他们有没有财产继承权?如果卵子是妻子提供的,母子(女)之间当然存在血缘关系,而丈夫呢?由于精子是别人提供的,丈夫与孩子之间没有血缘关系,他还是孩子的父亲吗?

精子提供者对AID子女没有法律上的义务和权利,这一点在一般的生育协议上已经说明。因为仅仅凭借生物学或遗传学上的联系而未尽什么义务,在道德和法律上也就没有相应的权利。反之,这些儿女从理论上说对他也没有权利和义务。而对于养育了这些子女的父亲来说,尽管和子女之间没有血缘关系,但多年的共同生活已使他们之间建立了自然而然的感情,这种感情是难以割舍的。一个不育父亲与用AID出生的子女的关系,在道德和法律上应该同一个可育父亲与自然生殖出生的子女的关系是完全一样的,不应过分看重建立在生物遗传关系上的亲子观念。我国的继承法有关领养子女或赡养人继承权的规定,就是根据抚养—赡养原则确定的,这是正确的。抚养是亲代对子代的义务,赡养是子代对亲代的义务,这是相互间的权利和义务。父亲对子女尽了抚养义务,他就是孩子法律上的父亲,尽管不存在血缘关系。

(四) 异源人工授精生育权

在这个问题上争论最激烈的就是哪些人可以利用人工方法受孕。独身者、同居者、女子同性恋者和其他人都可能会主张异源授精生育权。客观地说,婚外的自然生育和婚外的人工授精生育之间没有什么区别,两者都会导致非婚生子女的出生。但就法律而言,婚外自然生育的孩子至少有一些获得父权的机会,而在婚外异源授精的情况下,由于没有性关系,没有丈夫,连捐精者的姓名都是保密的,也就不可能有父权的候选人。婚外异源授精所生的孩子明显要永远成为非婚生子女,注定无法享受父母双亲的抚爱,更谈不上对父亲的继承权了。

在男女同居的情况下,由于存在事实上的婚姻关系,异源人工授精的阻力会缓和一些。如果男方同意女方用匿名者的精子受孕,这种同意可

---

[1] 约翰·奈斯比特:《高科技高思维》,尹萍译,新华出版社2000年版。

以成为强制他对子女承担抚养义务的有力证据。尽管他们仍属于非婚生子女,但至少可能获得受抚养和继承财产的权利。同性恋者是否享有生育权则是一个更为敏感的话题。有人主张,如果同性恋者能够组成一个像一夫一妻制一样的核心家庭的话,法律就应当允许他们通过人工授精或与异性交往怀孕生育。中国是一个恪守传统的国家,传统的婚姻—生育—继嗣的家庭模式在伦理上,至少现在是不可动摇的。而且,现行的户籍、家庭、社会保障等相关法律制度也没有为未婚生育留下多少余地。至于同性恋家庭,在伦理上不被大多数中国人所接受,他们生育孩子的权利更是一个闻所未闻的事情。可见,同性恋是对传统观念的反叛,它所产生的负面影响尚难预料,要使法律承认他们的婚姻家庭关系和生育权问题看来比较困难。[①]

人工生殖技术(人工辅助生育技术)正在成为一个专门学问,它使建立在自然生殖方式上的传统伦理观念和法律制度受到巨大冲击,尤其是无性生殖更将人类推进到一场人种进化大骚乱的边缘。为了引导这个新生的技术朝着符合人类幸福的方向正确发展,刑法控制就显得尤为重要。在这个领域,首先要防止商业化行为,人类遗传物质的买卖应当被禁止。精子的捐献一般不受限制,卵子的捐献可能会被禁止,胚胎的转让更是应当被禁止,因为胚胎具有发育成新生命的能力,转让胚胎就如同转让婴儿,这是有悖人伦的。胚胎的培养和利用只能为了治疗目的,即使为了研究目的而培养和利用胚胎,也应严格限制。对于制造人兽杂交胚胎的,无论目的何在,都应受到处罚。对于经过体外研究的胚胎,应严格禁止再次植入人体,否则构成犯罪。无性生殖(克隆)可能给人类带来巨大灾难,对克隆人类的行为、组织细胞的复制等都应坚决禁止。

现代生物医学技术将极大地改变人类的医疗待遇和生存质量,但也存在巨大的医学风险,适用不当就可能带来灾难性的后果,对此我们应当有清醒的认识。只有严格遵守道德规范和法律法规,才能保证人类社会沿着正确的道路向前发展。

---

① 威廉·杰·欧·唐奈、大卫·艾·琼斯:《美国婚姻与婚姻法》,顾培东、杨遂全译,重庆出版社1986年版。

国际视野中的我国反洗钱罪名体系研究[*]

王 新[**]

洗钱衍生于毒品犯罪,并且是有组织犯罪发展的必经过程。随着"9.11事件"的发生,国际社会和许多国家将打击洗钱的重心转移到恐怖融资。目前,国际的洗钱活动呈现出异常活跃的趋势,洗钱的规模和程度也日益加剧,已经被国际社会视为最严峻的问题之一。因而,国际社会和世界上的许多国家都在打击洗钱方面采取了具体的行动,其中一个基本步骤就是将洗钱行为犯罪化。在我国,首先是基于打击毒品犯罪的需要,在1990年的《关于禁毒的决定》设立涉毒洗钱罪名,然后在1997年修订的《刑法》第191条中首次专门地设立了洗钱罪,再通过2001年的《刑法修正案(三)》和2006年的《刑法修正案(六)》扩大洗钱罪的上游犯罪,最后于2006年10月制定综合性的《反洗钱法》。可以说,我国反洗钱的法律框架已经基本形成。

然而,在国际社会共同打击洗钱和我国实施《反洗钱法》不久的大背景下,面对世界的审视,中国反洗钱和恐怖融资的表现究竟如何,是许多人很关心的问题,也值得立法者、实践者和研究者们仔细揣摩。值得注意的是,在2007年6月29日,国际反洗钱的权威组织"金融行动工作组

---

[*] 原文刊于《中外法学》2009年第3期,又被转载于《人大复印报刊资料》2009年第11期。
[**] 北京大学法学院教授、博士生导师。

(Financial Action Task Force,简称为 FATF)"①公布了第一份中国反洗钱和恐怖融资工作的评估报告,点评了中国反洗钱法律制度、金融机构和非金融行业的预防措施、国内和国际合作等方面的内容,并且依据《40+9项建议》②的标准对我国的遵守水平予以"打分"。该评估报告是 FATF 确定中国是否达到成为其正式成员国要求的重要文本,这就为我们透析中国反洗钱和恐怖融资制度与世界的接轨程度和需要完善的问题,提供了世界性的客观平台。因此,本文拟以该评估报告为切入点,从实然层面和应然关系两个方面来分析我国反洗钱的罪名体系与国际性反洗钱标准的接轨和距离,以揭示我国所需要改进和完善之处。

一、FATF 评估报告的出台和"打分"结果

为了使我国的反洗钱和恐怖融资工作融入国际合作框架,我国积极寻求加入 FATF。我国在 2005 年 1 月 21 日成为 FATF 的观察员之后,根据 FATF 的有关议程和程序,还需要接受 FATF 对中国反洗钱和恐怖融资工作的整体评估,以确定我国是否满足成为该组织正式成员国的要求。在 2006 年 11 月 13—25 日,由 FATF 和欧亚工作组(Eurasian Group)③

---

① 在 1989 年,美国、英国、法国、日本、联邦德国、加拿大和意大利等西方七国的首脑和欧洲共同体主席在巴黎举行了每年一度的高峰会。根据会议形成的关于毒品的相关决议,参会的八方和其他关注毒品问题的八个国家成立了 FATF,以便评估已采取的防止利用金融机构洗钱的合作效果,也进一步考虑其他预防洗钱的措施,其中包括采取增强多边法律支持的法律制度。经过发展,FATF 是目前世界上最具影响力和权威、专门致力于国际反洗钱和恐怖融资的一个政府间国际组织,其目的是为了在国家和国际层面设立反洗钱和恐怖融资的国际标准,以促进国内反洗钱和恐怖融资的立法和制度改革。截至 2007 年 7 月,FATF 的成员达到 34 个。此外,它还包括印度和韩国两个观察国,并且拥有 28 个具有观察员身份的组织和团体。我国在 2007 年 6 月 28 日成为该组织的成员国。关于 FATF 的称谓,在我国已公布的几份《反洗钱报告》等官方文件中,均将其称为"金融行动特别工作组"。但是,在联合国有关文件的中文官方翻译中,却将 FATF 翻译为"金融行动工作组"。参见《联合国第 1617(2005)号决议》,第 7 条。

② FATF《40+9项建议》的内容包括了一个国家在刑事法律和管理制度上、金融机构以及其他行业和职业应当采取的预防措施、在国际合作等方面应具备的反洗钱和反恐怖融资措施,是目前世界上反洗钱和恐怖融资的最具权威性文件,为全球反洗钱和恐怖融资斗争奠定了基本框架和国际标准,对各国立法以及国际反洗钱法律制度的发展起到了重要的指导作用。目前,《40+9项建议》已直接被全球 150 多个管辖区所认可,也已得到联合国、国际货币基金组织、世界银行和其他许多国际机构的确认,成为打击洗钱和恐怖融资的通行国际标准。

③ "欧亚工作组"的全称是"欧亚反洗钱和恐怖融资工作组(Eurasian Group on Combating Money Laundering and Financing of Terrorism)",于 2004 年 10 月在莫斯科成立,是 FATF 所确认的地区性组织之一。

组成的专家评估团来到中国,对中国的反洗钱和恐怖融资工作进行联合的现场评估。专家评估团的成员来自 FATF 秘书处、欧亚工作组秘书处、美国、英国、德国、俄罗斯、比利时,以及我国香港特别行政区等国家和地区,其专业包括刑法、执法和管理等领域。①在我国的行程中,评估团先后共会见了最高人民法院、最高人民检察院、中国人民银行等 30 多个单位,进行了约 40 场会谈,内容涉及我国反洗钱和反恐融资的国内协调、洗钱罪和资助恐怖活动罪的法律规定和适用、《反洗钱法》和中国人民银行颁布的两个反洗钱规定、反洗钱资金监测模式、刑事与行政调查权力、查封与没收等强制性措施的相关规定和执行、金融监管部门的反洗钱职责、金融机构的反洗钱义务、特定非金融机构的反洗钱工作、反洗钱国际合作等方面。②同时,评估团向我国提供一份包括 40 多个项目的调查评估问卷,还亲自到我国的反洗钱机构和银行进行实地参观,并且通过网站等公共资源搜集一切与我国反洗钱相关的事实和各种数据资料。③在 2007 年 6 月 29 日,FATF 公布了第一份中国反洗钱和恐怖融资工作的评估报告,依据《40+9 项建议》的标准对我国的遵守水平予以"打分",并提出需要进一步完善的建议。在该份评估报告的基础上,在 2007 年 6 月 28 日举行的 FATF 全体会议上,一致同意接受中国成为 FATF 的正式成员国。这标志着我国已经融入反洗钱和恐怖融资的国际合作框架。

在该评估报告中,FATF 根据其《40+9 项建议》逐一检查中国的执行程度,认为中国完全达标(Compliant)的有 8 项,大部分达标(Largely Compliant)的为 16 项,部分达标(Partially Compliant)的有 16 项,未达标(Non-Compliant)的多达 9 项。其中,对于第 1 项的关于洗钱犯罪化、第 2 项的关于洗钱罪的主观要素和法人责任、9 项特别建议中第 2 项的关于恐怖融资犯罪化之标准,评估结果都是"部分达标"。④在全球视野中,我国执行 FATF 的 49 项标准之"成绩"是如何呢?请参见以下 FATF 对 6

---

① 参见 FATF:First Mutual Evaluation Report on Anti-Money Laundering and Combating the Financing of Terrorism on the People's Republic of China,29 June 2007,p. 2.
② 参见中国人民银行:《2006 年中国反洗钱报告》,第六章"反洗钱国际合作"。
③ 参见:《国际机构公布中国反洗钱成绩单》,载《南方周末》2007 年 8 月 16 日,A8 版。
④ 参见 FATF:Summary of the Third Mutual Evaluation Report on Anti-Money Laundering and Combating the Financing of Terrorism on the People's Republic of China,29 June 2007,"Table 1. Rating of Compliance with FATF Recommendations"。

个成员国的"打分"结果表①：

	完全达标（C）	大部分达标（LC）	部分达标（PC）	未达标（NC）	在被评估国无此项目
中国	8	16	16	9	
美国	15	28	2	4	
英国	24	12	10	3	
瑞士	11	21	13	3	1
意大利	18	13	12	6	
澳大利亚	12	14	13	10	

二、FATF 评估报告的肯定评价和指出的缺陷

在评估报告中，FATF 赞赏中国在制定《反洗钱法》和《刑法修正案》之后，在很短的时间内就在贯彻和加强反洗钱和恐怖融资制度的工作中取得重大的进步。同时，FATF 认为中国已经积极改革和强化反洗钱和恐怖融资的制度，其措施目前已经适用于更为广泛的金融机构，也积极肯定了中国打击洗钱者滥用法人和法律活动的基本框架。②

在肯定我国反洗钱和恐怖融资工作的同时，FATF 的评估报告也提出了中国在反洗钱方面的缺陷和完善建议。从总体上看，FATF 认为这些缺陷表现在③：(1) 打击洗钱犯罪的效果还需要通过提升司法机关的意识来加强；(2) 虽然中国已经制定和扩大了综合性的预防措施，但依然是有限地符合 FATF 确立的标准；(3) 中国综合性的反洗钱和恐怖融资措施目前只适用于广阔的金融机构，还应当扩充到非金融领域和职业；(4) 没有规定识别和证实受益所有人的义务，这是一个较大的漏洞；(5) 关于恐怖融资，中国还没有独立的预防机制，以便冻结恐怖分子的资产。此外，从具体的 49 项标准的技术层面，FATF 的评估报告也指出了中国在反洗钱制度方面的缺陷，甚至用词十分直接和尖锐。

---

① 此表格系笔者查阅和计算 FATF 对 6 国反洗钱和恐怖融资的互评报告而制作。
② FATF, Summary of the Third Mutual Evaluation Report on Anti-Money Laundering and Combating the Financing of Terrorism on the People's Republic of China, 29 June 2007, "Table 1. Rating of Compliance with FATF Recommendations", para. 2—3.
③ 同上注, para. 3。

鉴于本文的研究焦点在于我国反洗钱的罪名体系，故将论述重点放在评估报告关于洗钱行为的犯罪化、洗钱罪的主观要素和法人责任、恐怖融资的犯罪化等三个方面：

（一）关于洗钱行为的犯罪化问题

在评估报告中，FATF认为中国通过《刑法》的三个条文，已经将洗钱行为犯罪化，它们分别是：第191条的洗钱罪、第349条的窝藏、转移、隐瞒毒品、毒赃罪以及第312条的掩饰、隐瞒犯罪所得、犯罪所得利益罪。由此可见，FATF认为我国的洗钱罪是广义的类罪名，而我们俗称的第191条洗钱罪是狭义的洗钱罪。

FATF在分析我国以上的三个条文时，认为属于特别规定的第191条和第349条的效力要优先属于普通规定的第312条，而第349条是更为具体的条文，侧重于打击通过有限方法来清洗毒品收益的犯罪行为。但是，从立法延续性的角度出发，FATF的评估报告指出了这三个条文存在的缺陷[1]：(1) 第191条第1款所列举的第1项到第4项方式属于通过金融机构进行洗钱的具体和典型的手法，而第5项则超越了前四项所规定的通过金融机构洗钱的方式，已经扩大到金融机构之外的洗钱类型。尽管第5项所规定的术语是非常原则的，但也不能超越该条文的逻辑和前后关系来理解；(2) 在第312条中，也使用了"以其他方法"的概括性术语，意图覆盖第191条所没有规定的领域。与第191条相同，对该术语的理解，也应当与它之前所列举的窝藏、转移、收购、销售等四种具体行为联系在一起。实际上，第312条的文义和主旨是规定发生在洗钱第一阶段[2]中的"接受（receiving）"或"处理（handling）"活动；(3) 在第191条和第349条之间，明显地存在着重叠的内容。除了两个条文所规定的主观要素、行为要件、隐瞒毒品收益的目的要素均相同之外，第191条所规定的"掩饰、隐瞒性质和来源"和第349条所规定的"隐瞒"之间的区别也非常微妙，这会导致在实践中很难把握两者的界限。

FATF之所以对我国关于洗钱犯罪化事项的评估为"部分达标"，还

---

[1] FATF: First Mutual Evaluation Report on Anti-Money Laundering and Combating the Financing of Terrorism on the People's Republic of China, 29 June 2007, para. 81.

[2] 一般认为，洗钱的过程被分为三个阶段，其中第一阶段是"处置（placement）"阶段。

基于以下理由①：(1) 尽管中国的基本法律制度没有禁止将获取(acquisition)、持有(possession)以及使用(use)犯罪收益的行为予以犯罪化，《刑法》中相关的罪名却没有完全覆盖这三种行为②，这不符合《联合国禁毒公约》和《联合国打击跨国有组织犯罪公约》的有关规定；(2) 在《刑法》中，没有规定"收益"这个关键术语的定义③；(3) 关于上游犯罪，FATF认为中国采取了列举和涉及所有犯罪的综合方法。第191条所列举的七类上游犯罪类型只涵盖了一半FATF所指定的犯罪，这个差距却得以被第312条所弥补。但是，由于第120条之一所规定的资助恐怖活动罪并没有全部符合洗钱的上游犯罪之标准，中国法律也就没有完全与FATF所指定的20种上游犯罪保持一致；(4) 关于洗钱的本犯(self-laundering)问题，FATF根据对中国《刑法》三个涉及洗钱的条文分析，认为它们均包含了诸如"提供""协助""代为销售"等帮助或支持的术语，这表明中国的洗钱犯罪只能由第三者实施，而不能由实施上游犯罪的实行犯本人构成。尽管中国司法机关解释说：本犯是上游犯罪的自然延续、可以被上游犯罪所吸收，对其惩治违反了"禁止双重惩罚"的原则，但是评估团并不满意这种解释，认为中国的司法机关曲解了该原则，也忽略了洗钱犯罪的特殊性，而且尖锐地指出我国关于本犯不能构成洗钱犯罪的规定已经严重地影响了反洗钱的实际效果；(5) 中国反洗钱的罪名条文没有得到有效的贯彻，这可以由极少的定罪案件得以证实。根据FATF评估团的统计，截止到2006年10月，我国只有3起案件4名被告人被依据第191条判决有罪④，这与中国这个大国和高风险的洗钱程度相比较是很低的。据

---

① 参见 FATF:First Mutual Evaluation Report on Anti-Money Laundering and Combating the Financing of Terrorism on the People's Republic of China，29 June 2007，para. 83、84、86—88、90—93、107 and 111。

② 在FATF的评估报告中，也认为我国《刑法》第312条所规定的行为方式，在一定程度上也涵盖了这三种行为方式，例如："窝藏"中就隐含了"持有"，"收购"中也带有"获取"之意，而"转移、销售"则蕴涵着"使用"。

③ 在这个问题上，中国有关官方机构向FATF评估团解释到："收益"易于理解，它含盖了所有直接或间接的收益，不仅包括财产和投资利润，还包括相关的所有权和利息，只要它们与犯罪所产生的利益存在因果关系即可。然而，评估团认为并没有实际的法律文件可以证实这点。

④ FATF,First Mutual Evaluation Report on Anti-Money Laundering and Combating the Financing of Terrorism on the People's Republic of China，para. 107。需要说明的是，我国官方机构很少公布司法机关所判决的洗钱案件，结果导致我国学者在研究我国反洗钱的司法现状时，无法用具体的数据来实证研究，只能无奈地用"罕见""鲜有"等模糊的词语来形容。与此形成对比的是，FATF的评估报告中，却详细地列出了具体的数据，真可谓"墙外开花墙里香"。

此,FATF评估团强烈建议我国通过提升司法机关发现和打击洗钱活动的意识,以便加强打击洗钱犯罪的实际效果。

(二)关于洗钱罪的主观要素和法人责任

FATF评估团积极肯定了我国从客观事实情况和行为来证实洗钱犯罪的主观要素之做法,认为这不仅是完全可以接受的,而且符合司法诉讼的实践标准。关于洗钱犯罪的主观要素,评估报告认为我国的规定不包括过失,只能是出于明知和蓄意。至于犯罪主体,FATF评估团认为在我国只有法人可以构成第191条的洗钱罪。既然中国没有基本的法律制度禁止法人可以构成第312条和第349条的罪名,评估报告就建议我国应该将法人犯罪拓展到所有的洗钱罪名,并且认为这也是引起中国只有极少的洗钱案件被定罪,从而导致中国反洗钱的罪名条文没有得到有效贯彻的原因之一。

(三)关于恐怖融资的犯罪化

FATF评估团在肯定中国为了履行联合国《制止向恐怖主义提供资助的国际公约》而在《刑法》第120条之一增设"资助恐怖活动罪"的同时,也指出了该条所存在的缺陷①:(1)第120条之一没有覆盖为了恐怖目的而只募集资金的行为。对于这个问题,中国官方向评估团解释说:在中文的语义中,"资助"包括了行为的所有阶段,诸如"将要资助""正在资助"和"已经资助"等,而募集资金可以被纳入到"将要资助"之中。然而,评估团没有接受这种解释,认为《制止向恐怖主义提供资助的国际公约》要求将那些为特定犯罪而募集资金的行为规定为单独的犯罪,而不是作为资助犯罪的一种类型或组成部分。同时,评估团还认为这种解释会排除那些为了恐怖分子的日常生活或奢侈消费而募集资金的情形。据此,评估报告建议我国应该修正《刑法》第120条之一,认为这有助于资助恐怖活动罪完全地符合洗钱的上游犯罪之标准,从而彻底与FATF所指定的20种上游犯罪保持一致;(2)第120条之一所规定的"资助"的含义太宽泛。

---

① 参见 FATF:First Mutual Evaluation Report on Anti-Money Laundering and Combating the Financing of Terrorism on the People's Republic of China, 29 June 2007, para. 119 and 129—132。

评估团认为:就资助行为是否构成犯罪而言,有关资金不需实际用于实施恐怖活动;(3)第120条之一没有界定所列举的许多关键词之定义,诸如"恐怖组织""恐怖分子"以及"恐怖活动"等。尽管我国官方解释到法官可以依据《制止向恐怖主义提供资助的国际公约》和《打击恐怖主义、分裂主义和极端主义上海公约》的有关规定作为指南,但评估团认为在我国未将这些公约体现在国内法时,这种指南不具有正式和强制性效力;(4)在司法实践中,《刑法》第120条之一没有得到有效地贯彻,这可以由没有案件被定罪的数据得以证实。根据FATF评估团的统计,在2002—2006年期间,共有28件案件被检察机关以"组织、领导、参加恐怖组织罪"予以起诉,其中47人被法院判决罪名成立。然而,截至2006年10月,却没有任何一起"资助恐怖活动罪"的案件被调查、起诉或判决;(5)关于法定刑,FATF评估团在与危害公共安全罪的罪名进行总体比较后,认为第120条之一所规定的刑罚较轻,没有体现罪刑均衡,也不足以威慑资助恐怖活动的行为人。

三、我国反洗钱罪名体系的完善

如上所述,FATF是从广义的角度来评估我国将洗钱行为犯罪化的工作,从而将我国《刑法》第191条所规定的洗钱罪界定为狭义的洗钱罪。从刑事法网上看,狭义洗钱罪是我国反洗钱罪名体系的核心。以FATF对我国反洗钱和恐怖融资工作的评估报告为参照系,笔者认为,该报告对于中国反洗钱罪名体系的完善有以下几方面的借鉴和参考之处:

(一)洗钱罪的上游犯罪:是否还需要再扩充?

我国1997年《刑法典》所规定的洗钱罪之上游犯罪有三类:毒品犯罪、黑社会性质的组织犯罪、走私犯罪;在2001年12月通过的《刑法修正案(三)》中,将恐怖活动犯罪增列为上游犯罪;后来,2006年6月通过的《刑法修正案(六)》进一步扩大洗钱罪的上游犯罪,又增加了3种类型的犯罪:贪污贿赂犯罪、破坏金融管理秩序犯罪和金融诈骗犯罪。至此,我国刑事立法关于洗钱罪的上游犯罪范围就包括了7种犯罪类型。通过以上刑事立法变迁,可以看出我国是通过《刑法修正案》的方式来增加洗钱罪的上游犯罪范围,而且两个《刑法修正案》对洗钱罪的完善也主要集中在上游犯罪的扩大上。然而,人们还一致批评我国洗钱罪的上游犯罪范围过窄。①这就衍生出一个基本问题:我国洗钱罪的上游犯罪范围是否还需要再扩充?对此,若以FATF所指定的上游犯罪种类为标准,我国《刑法》第191条洗钱罪所列举的7类上游犯罪类型只达到其一半的水准,这并没有满足我国加入FATF的门槛条件。然而,FATF的评估报告认为,这个差距被采用所有犯罪为上游犯罪态度的第312条掩饰、隐瞒犯罪所得、犯罪所得利益罪所弥补②,因而并没有对此问题提出质疑,否则FATF就很难吸收我国成为其成员国。由此可见,FATF是从广义洗钱罪的范畴来评估我国洗钱罪的上游犯罪范围,而我国的批评者是从狭义的第191条洗钱罪来理解的,两者评价的定位标准存在着明显的差别。实际上,在我国《反洗钱法》的征求意见稿中,除了将贪污贿赂犯罪、金融犯罪等增加为洗钱的上游犯罪外,还对法定刑在6个月有期徒刑以上的所有其他犯罪的所得和收益所采取的掩饰、隐瞒其来源和性质的活动都定义为洗钱。不过反对者认为《刑法》第191条规定的洗钱罪主要是为了维护金融管理秩序,其针对的上游犯罪是一些通常可能产生巨大犯罪所得的严重犯罪,不能将其任意扩大。此外,根据我国《刑法》第312条的规定,对明知是任何犯罪的所得而予以窝藏、转移、收购或者代为销售的,都可按犯罪追究刑事责任,只是具体罪名没有称为洗钱罪。考虑到我国《刑法》的这些规定实质上符合有关国际公约的要求,没有必要再进一步扩充,因此,我国《反洗钱法》第2条沿袭了《刑法》第191条关于洗钱罪的上游犯罪范围,只是在列举了七种上游犯罪类型的名称之后,又加入了一个"等"字。

(二) 洗钱罪的客观行为方式:列举式与概括式的抉择

在洗钱罪的客观方面,根据当时的现实状况,我国1997年《刑法》列举了以下五种具体的洗钱行为方式:(1) 提供资金账户;(2) 协助将财产转换为现金、金融票据、有价证券③;(3) 通过转账或者其他结算方式协助

---

① 曲新久:《中国反洗钱的法律框架及其主要内容》,载《法学杂志》2007年第2期。
② FATF, First Mutual Evaluation Report on Anti-Money Laundering and Combating the Financing of Terrorism on the People's Republic of China, para. 87。
③ 在2006年6月通过的《刑法修正案(六)》第16条中,细微地调整了洗钱罪的行为方式,在第二种洗钱方式"协助将财产转换"中,又增加"有价证券"为转换的对象。

资金转移;(4)协助将资金汇往境外;(5)以其他方法掩饰、隐瞒犯罪的违法所得及其收益的性质和来源。从行为性质上看,前四种方式的一个"提供"和三个"协助"都属于帮助型犯罪类型,而且均发生通过金融机构转换、转移的交易过程之中,侧重于规定"脏钱"转换的具体表现。至于第五种"以其他方法"的行为方式,从立法技术上看,属于"概括性"的兜底立法方式,这表明了立法者意图覆盖所有可能发生的洗钱行为方式。换言之,一旦犯罪人将来使用前四项以外的方式去洗钱,最高人民法院就可以在总结新情况的基础上,根据《刑法》第191条第5项的规定,作出扩张性的司法解释,以适应打击将来可能出现的新型洗钱行为方式的客观需要。尽管第5项所规定的术语是非常原则的,但也不能超越该条文的逻辑和前后关系来理解,它是对列举式的补充归纳,应该与前四项所列举的方式具有相当性。

关于洗钱的方式,《联合国禁毒公约》《联合国打击跨国有组织犯罪公约》《联合国反腐败公约》在表述洗钱的概念时,均采用了列举洗钱方式的立法技术,从而将洗钱的行为方式列为以下七种:转换、转让、隐瞒、掩饰、获取、占有和使用。其中,联合国三个公约所列出的转换、转让、隐瞒、掩饰等四种清洗方式属于强制性的规定,而后三种则属于选择性规定,缔约国可以"在不违背其宪法原则及其法律制度基本概念的前提下"[①],将它们规定为国内法中的刑事犯罪。对比我国《刑法》第191条洗钱罪所列举的五种行为方式,可以说在一定程度上满足了三个联合国公约所规定的转换、转让、隐瞒、掩饰等四种强制性的方式。然而,虽然我国的基本法律制度没有禁止将获取、持有以及使用犯罪收益的行为予以犯罪化,《刑法》第191条洗钱罪所列举的洗钱方式却没有完全覆盖这三种行为,这不符合三个联合国公约的有关规定。

随着世界性反洗钱措施的改进,洗钱的方式和手段也在不断翻新。现在,各种洗钱手段的组合变得更加复杂缜密。[②] 同时,新技术手段使得瞬间、远程和匿名的大规模交易成为可能,而且会成功地在传统的金融机构未介入的情形下完成交易。[③]因此,从洗钱发生的领域来看,我国也应

---

① 参见:《联合国禁止非法贩运麻醉药品和精神药物公约》,第3条第1款(c)项。
② 参见 FATF:《40项建议》(2003年6月20日),引言。
③ See Annual Report of Financial Action Task Force on Money Laundering (1995—1996), 28 June 1996, para. 24.

当将非金融交易以外的洗钱方式纳入反洗钱刑事立法的视野。事实上，在我国《反洗钱法》第2条关于"反洗钱"的定义中，就没有采取刑法典列举洗钱方式的立法技术，而是笼统地规定"通过各种方式掩饰、隐瞒"。这就既抓住了洗钱的本质，又可以避免挂一漏万的缺陷。实际上，尽管洗钱的行为方式多种多样，其本质和最终目的还在于为非法资金和收益披上"合法"的外衣，实现"脏钱"的安全循环使用，以取得更大的经济利益。这应该是我国规定洗钱罪的客观行为方式之立足点。

（三）洗钱罪的主体范围：是否应包括"本犯"？

关于实施上游犯罪的行为人本人（俗称为"本犯"）能否构成洗钱罪的主体之问题，根据我国《刑法》关于洗钱行为方式中"提供""协助"等帮助型的术语以及主观方面的"明知"要件，说明我国的洗钱犯罪只能由处于第三方的自然人和单位实施，本犯不能构成洗钱罪。我国之所以这样规定，主要是坚持了传统赃物罪的立法思路，认为洗钱罪是针对上游犯罪的非法资产而设立的罪名。洗钱罪在时空方面是在上游犯罪之后发生的，本犯实施洗钱是上游犯罪的自然延伸，应当属于刑法理论中的"不可罚的事后行为"，它可以被上游犯罪所吸收。同时，由于实施上游犯罪的行为人本人已经基于实施上游犯罪而受到了刑事处罚，就不能再以处于下游的洗钱罪论处，否则就违反了"禁止双重惩罚"的原则。

我国关于本犯不能构成洗钱罪的传统立法思路，需要根据洗钱的特殊性以及与上游犯罪的互动关系予以重新审视。这具体表现为以下几个方面：

（1）从传统赃物罪的理论来看，在上游犯罪完成后，出现了在与该犯罪相随而继续存在的违法状态中通常所包含的行为，由于此行为属于被上游犯罪的构成要件所评价完毕的行为，所以是不可罚的事后行为。[①]根据这个理论，日本的判例认为："因为处分赃物不过是伴随着财产罪的事后处分行为，所以，当然不构成另外的犯罪。"[②]然而，判断某个行为是否属于"不可罚的事后行为"还存在着一个判断标准，即：该行为是否属于事

---

① 参见大谷实：《刑法总论》，黎宏译，法律出版社2003年版，第359页。
② 参见木村龟二主编：《刑法学词典》，顾肖荣等译，上海翻译出版公司1991年版，第400页。

前的状态犯所通常包含的、引起新的法益的行为。换言之,若伴有对新的法益侵害的状态犯之构成要件所评价不了的行为,则不属于"不可罚的事后行为",而具有可罚性。① 具体到洗钱罪而言,洗钱罪不仅如同传统赃物罪一样,侵害了司法机关的活动,妨害了司法机关对上游犯罪的追查,而且其侵犯的主要客体是国家的金融管理秩序。洗钱罪所引起的这种新的法益侵害结果,就不是诸如毒品犯罪、走私犯罪等 7 类法定上游犯罪所能包含的,故不能被上游犯罪的构成要件所评价完毕。由此可见,洗钱罪与上游犯罪之间存在着新的互动关系,洗钱犯罪是独立于上游犯罪的另一犯罪过程,我们不能完全拘泥于传统赃物罪的理论而认为本犯所实施的洗钱犯罪属于"不可罚的事后行为"。

(2) 关于本犯可以被上游犯罪所吸收的认识,必须立足于一个基本前提,即:一国审判机关对本犯所实施的洗钱罪和上游犯罪均具有管辖权。然而,在目前纷繁多样的洗钱活动中,可能出现对两罪的管辖权相分离的现象。例如,一个具有美国国籍的外国人在美国境内实施了未针对我国公民或单位的金融诈骗犯罪,然后其在中国境内清洗涉骗的"脏钱"。根据中国《刑法》的适用范围规定,我国对该美国人所实施的上游犯罪(金融诈骗罪)没有管辖权,所以就谈不上适用洗钱罪被上游犯罪所吸收的原则。在这种情形下,由于我国《刑法》不承认本犯能构成洗钱罪,结果只会轻纵犯罪分子。在我国目前大量吸引外资和逐步开放金融市场的经济背景下,不可避免地会出现外国人在我国清洗其在境外所获取的"脏钱"的情形,因此,我国的刑事立法必须对这种情形作出回应,以便弥补目前的法律盲点。

(3) 关于本犯不能构成洗钱罪的认识,在秉承传统赃物罪理论的大陆法系的立法例中,也逐渐地发生了变化,这可以为我国所借鉴。在大陆法系的代表国家——德国,其刑法典第 261 条第 1 款原先也将洗钱罪的犯罪对象限定在"他人的"源于特定犯罪行为的物品,从而将实施上游犯罪的本犯排除在洗钱罪的主体之外,其原因就在于坚持传统赃物罪的理论,认为本犯已经基于参与上游犯罪而受到了足够的处罚,就不需要以处于下游的洗钱罪论处。但是,德国现在已经对第 1 款的规定予以修订,将实施上游犯罪的本犯也纳入洗钱罪的主体,其缘由是认为该规定具有一

---

① 参见赵金成:《洗钱犯罪研究》,中国人民公安大学出版社 2006 年版,第 127—128 页。

个法律漏洞:在能证明行为人实施了洗钱,却不能证明他参与上游犯罪之情形下,就既不能以上游犯罪的罪名论处,也不能以洗钱的规定处罚,结果导致行为人逍遥法外。① 另外,在秉持大陆法系传统的我国台湾地区,也在 1996 年 10 月发布的"洗钱防制法"中,规定"掩饰或隐匿因自己或他人重大犯罪所得财物或财产上利益者"属于洗钱的一种情形②,由此可见,台湾地区将"自己的"源于重大犯罪的所得和收益也纳入洗钱罪的犯罪对象,这实质上是承认实施上游犯罪的本犯也可以构成洗钱罪。

(4) 在 FATF 的评估报告中,对我国关于本犯不能构成洗钱罪的规定提出了尖锐的批评,认为我国忽略了洗钱犯罪的特殊性,指出这是严重削弱我国反洗钱实践效果的原因之一。这可以由 FATF 统计的下列图表反映出来:③

所采取的措施类别	2002 年	2003 年	2004 年	2005 年	2006 年	总计
调查的案件数	0	5	4	3	11	23
拟起诉的案件数	0	0	1	1	1	3
已起诉的案件数	0	0	1	1	1	3
被判决有罪的人数	0	0	1	2	1	4
被判决无罪的人数	0	0	0	0	0	0
被判处 5 年以上有期徒刑的人数	0	0	0	0	0	0
被判处 5 年以下有期徒刑的人数	0	0	1	2	1	4
被判处罚金的人数	0	0	1	2	1	4
被判处没收财产的案件数	0	0	0	0	0	0
只被判处罚金的人数	0	0	0	0	0	0

综上所述,我国有必要将实施上游犯罪的本犯纳入洗钱罪的主体范围,这不仅适应我国反洗钱的立法和司法需要,而且可以附带地回应 FATF 对我国的批评。

---

① 参见欧阳博安:《洗钱的定义和反洗钱法的义务主体》,载俞光远主编:《反洗钱的理论与实践》,中国金融出版社 2006 年版,第 522 页。

② 参见:我国台湾地区"洗钱防制法"第 2 条第 1 款。于 1996 年 10 月 23 日发布,1997 年 4 月 23 日施行。

③ 参见 FATF:First Mutual Evaluation Report on Anti-Money Laundering and Combating the Financing of Terrorism on the People's Republic of China, 29 June 2007, 93 and 104。

(四) 洗钱罪的主观方面：是否应规定犯罪目的和增加过失？

在我国《刑法》第191条中，使用了"为掩饰、隐瞒其来源和性质"之术语，这一范式表明立法者将洗钱罪界定为目的犯，即认为行为人在主观方面必须具有掩饰、隐瞒毒品犯罪等法定7类犯罪的违法所得及其产生收益的来源和性质之目的。然而，我国关于洗钱罪为法定目的犯的立法规定，需要从以下几个方面重新审视：(1) 从我国刑法理论来看，具有犯罪目的的罪过必须具有直接追求性。由于间接故意只具有伴随性，犯罪过失对危害结果具有否定性，都不可能具有犯罪目的。只有直接故意，才能具有犯罪目的。[①]由此可见，若对洗钱罪的成立设置了犯罪目的的要件，则意味着洗钱罪只能由直接故意构成，从而排除了间接故意和过失构成洗钱罪的可能性。但是，从逻辑上说，洗钱罪可以由间接故意构成。例如，行为人明知自己的行为可能导致他人实施法定的7类犯罪的违法所得及其产生的收益被披上合法外衣的结果，却采取听之任之的放任态度。在这种情形下，行为人的主观心理态度就是出于间接故意；(2) 从司法实践来看，我国目前只有极少的洗钱案件被司法机关查处，这在一定程度上也要求我们反思我国关于洗钱罪为法定目的犯的立法模式，这是否会束缚司法机关查处和认定洗钱犯罪的工作呢？犯罪目的具有主观性、抽象性和复杂性等典型特征，表现在诉讼证明上就是证明的标准难于把握，要准确地认定行为人是否具有法定的目的具有相当大的难度，这是目前诉讼证明上最大的难题，常常困扰着司法工作人员。[②]有鉴于此，为了指导各地法院正确理解和适用刑法中关于设置法定目的犯的罪名认定，最高人民法院在先后颁布的一系列司法解释和法律文件[③]中，以列举情形的方式，将行为人是否具有诸如"以非法占有为目的"等法定目的具体化为若干客观行为。我国也有学者认为：金融犯罪目的犯模式严重阻碍了对金融犯罪的追诉、审判工作的顺利进行，反而成为犯罪人逃避刑罚的辩

---

① 参见杨春洗、杨敦先、郭自力主编：《中国刑法论》(第三版)，北京大学出版社2005年第三版，第72页。

② 参见胡常龙：《简论证据法学视野中的金融诈骗犯罪》，载张智辉、刘远主编：《金融犯罪与金融刑法新论》，山东大学出版社2006年版，第416—420页。

③ 例如：最高人民法院于1996年12月16日通过的《关于审理诈骗案件具体适用法律若干问题的解释》、2001年1月21日印发的《全国法院审理金融犯罪案件工作座谈会纪要》等。

词,造成了金融刑事法网的疏漏,从而主张有必要取消目的犯的限制。①笔者赞同我国学者的上述观点。虽然最高人民法院尚未对洗钱罪的适用作出司法解释,但根据最高人民法院制定司法解释的经验和模式,在它将来颁布的关于审理洗钱案件具体适用法律的解释中,关于如何认定行为人是否具有掩饰、隐瞒上游犯罪的违法所得及其收益之目的,依然还会采取列举具体情形的方式。从价值评判的角度看,这并不能从根本上解决司法机关认定目的犯的难点和困境。(3)从我国签署的有关国际公约来看,虽然《联合国禁毒公约》《联合国打击跨国有组织犯罪公约》《联合国反腐败公约》在立法用语上均规定"目的(purpose)"作为洗钱罪构成的主观要素之一,但都只是将其配置在"转换(conversion)"和"转让(transfer)"的洗钱方式中,即:为了隐瞒或掩饰犯罪所得财产的非法来源,或为协助任何参与实施上游犯罪者逃避其行为的法律后果而转换或转让财产。②至于上述三个公约所规定的隐瞒(concealment)、掩饰(disguise)等其他五种洗钱方式中,则只规定"明知"作为洗钱罪构成的主观构成要素,并没有列入犯罪目的。考虑到掩饰和隐瞒是洗钱最本质的行为方式,我国《反洗钱法》就只规定掩饰、隐瞒作为洗钱的两种方式,而且也没有对它们施加目的要求,这不仅符合联合国有关国际公约的要求,而且在另一方面也说明了我国《刑法》第 191 条不需要规定"为掩饰、隐瞒其来源和性质"为洗钱罪的主观要件。

综上所述,我国关于洗钱罪为目的犯的立法模式缩小了洗钱罪的犯罪圈,而且会徒增诉累,严重影响司法机关打击洗钱犯罪的实践效果,因此,有必要取消我国《刑法》第 191 条中目的犯对洗钱罪构成的限制,而这并不会动摇我国《刑法》关于洗钱罪构成要件的实质规定,也不违背相关国际公约对洗钱罪主观要素的要求。

关于洗钱罪是否应包括过失的问题,在《联合国禁毒公约》《联合国打击跨国有组织犯罪公约》《联合国反腐败公约》等国际公约中没有予以规定。在 FATF 的《40+9 项建议》中,则对此问题采取了灵活的立场,并没有对作出硬性的要求。在 FATF 对我国反洗钱的评估报告中,也没有纠

---

① 参见刘守芬、申柳华:《金融犯罪刑事抗制之思考》,载张智辉、刘远主编:《金融犯罪与金融刑法新论》,山东大学出版社 2006 年版,第 112—113 页。

② 分别参见:《联合国禁止非法贩运麻醉药品和精神药物公约》第 3 条第 1 款;《联合国打击跨国有组织犯罪公约》第 6 条第 1 款;《联合国反腐败公约》第 23 条第 1 款。

缠于我国《刑法》第 191 条是否应该增设过失为洗钱罪的主观要件。因此,是否需要以及如何设置洗钱罪的过失要素,则由各国根据打击洗钱犯罪的实际情况而决定。对于过失是否构成洗钱罪的问题,在欧洲是有一个变化过程的,这对于我们理解和认识是否需要将过失洗钱行为犯罪化是有帮助的。

在 1990 年的欧盟理事会《反洗钱公约》中,第 6 条第 3 款(a)项规定:各缔约国在其国内法规定洗钱罪之时,可以采取其认为是必要的措施,在行为人"应当知道"财产是收益的情形时,将洗钱行为确定为刑事犯罪。与《联合国禁毒公约》相比较,欧盟理事会《反洗钱公约》在继续保留和使用前者关于"明知""故意"或"目的"等主观要素的同时,也引进了比《联合国禁毒公约》更为严厉的要求,将"疏忽"纳入到洗钱罪的主观要件。后来,在欧洲长期反洗钱的实践中,欧盟理事会发现:若对洗钱行为人的主观要素提出较高水准的明知要求,则不利于打击洗钱行为,故在 2005 年的《欧盟理事会反洗钱和恐怖融资公约》将过失洗钱行为犯罪化,进一步扩充了洗钱犯罪的主观心态,选择性地要求各缔约国可以采取其认为是必要的立法和其他措施,在行为人"怀疑"或者"应当知道"财产是犯罪收益之情形时,将洗钱行为确定为刑事犯罪。① 为了贯彻欧盟理事会公约的要求,欧盟成员国采取了不同的立法措施,在国内法中予以落实,这尤其以德国和瑞士为代表:(1) 在德国,增设过失洗钱之罪名。例如《德国刑法典》在第 261 条第 5 款规定:行为人在洗钱或者隐瞒非法获得的财产价值之情形下,因过失而不知悉物品源于特定犯罪行为的,则处以 2 年以下的监禁刑或者罚金;(2) 瑞士在洗钱罪的主观要素里列入"应当知道"之术语。例如,《瑞士刑法典》第 305 条之一规定:行为人在明知或者应当知道资产来自犯罪的情形下,对该资产的来源加以掩饰,或者妨碍对其进行调查或没收的,处以 3 日以上 3 年以下的监禁刑,或者 4 万瑞士法郎以下的罚金;在情形严重的情况下,可处以 5 年以下的监禁刑,或者 1 百万瑞士法郎以下的罚金,也可以并处。从立法层面上看,德国刑法的做法更为严谨和科学,这表现在德国将洗钱罪分解为故意洗钱罪与过失洗钱罪,并且在法定刑法的设置上区别对待,对故意洗钱罪规定了更重的法定刑

---

① 参见《欧盟理事会关于清洗、搜查、扣押和没收犯罪收益以及恐怖融资的公约》,第 9 条第 3 款。

(处以 3 个月以上 5 年以下的监禁刑;情节特别严重的,则处以 6 个月以上 10 年以下的监禁刑),从而不仅严密了本国反洗钱的刑事法网,而且也考虑到故意犯与过失犯不同的主观恶性和人身危险性。相比较而言,瑞士的做法则是在同一条文中将故意和过失并列纳入洗钱罪的主观要素,而且对故意洗钱犯与过失洗钱犯赋予相同的法定刑,这虽然简化了刑法条文,但是在法定刑上没有区别地对故意犯与过失犯予以否定性评价。

(五)洗钱罪的刑事处罚:轻抑或重?

从《联合国禁毒公约》《联合国打击跨国有组织犯罪公约》《联合国反腐败公约》以及欧盟理事会的《关于清洗、搜查、扣押和没收犯罪收益的公约》等一系列公约,再到 FATF 的《40+9 项建议》,均要求各国应依照本国法律的基本原则采取必要的立法和其他措施,将洗钱行为确定为的犯罪,但是都没有对洗钱罪的法定刑轻重作出具体的要求。由此可见,在刑事处罚方面,以上国际性的法律文件采取了灵活的立场,这也符合国际条约的本质特征。因此,如何设置洗钱罪的法定刑轻重,就要根据各国同洗钱犯罪作斗争的实际需要并考虑罪刑均衡的原则而定。从立法旨趣看,我国《刑法》第 312 条所设置的法定刑之所以轻于第 191 条的洗钱罪,是因为第 312 条属于传统赃物罪之规定,其所列举的行为方式均发生在洗钱的"处置"阶段,只是改变犯罪所得及其收益的处所和占有关系,并未改变犯罪所得和收益的非法性质和来源而使其成为合法收入,这与洗钱罪有着本质的区别。就洗钱罪而言,它一方面如同传统赃物罪一样,侵害了司法机关的活动,妨害了司法机关对上游犯罪的追查。然而,从我国的实际情况来看,洗钱活动往往通过金融中介使大量的黑钱进入经济领域,其侵害的主要客体是金融管理秩序。另外,在 FATF 对我国反洗钱的评估报告中,并没有对我国《刑法》第 191 条洗钱罪所设置的法定刑予以评价。值得注意的是,该评估报告却认为第 120 条之一的资助恐怖活动罪所规定的刑罚较轻,不足以威慑资助恐怖活动的行为人。由此可见,FATF 并不认为对洗钱罪设置的法定刑轻重是影响我国反洗钱实践效果的原因之一。

(六)关于第 349 条的窝藏、转移、隐瞒毒品、毒赃罪

关于窝藏、转移、隐瞒毒品、毒赃罪,从剖析我国反洗钱罪名体系的角度出发,最为重要的是我们必须厘清它与第191条洗钱罪之间的关系,这不仅有助于两罪的司法适用,而且关系到窝藏、转移、隐瞒毒品、毒赃罪在我国反洗钱罪名体系中的定位和存在的价值。关于窝藏、转移、隐瞒毒品、毒赃罪与第191条洗钱罪之间的相同点,两罪在主观方面皆出于故意,而且从法律用语上看,两罪在犯罪对象上均包括毒品犯罪所得的财物,在行为方式上也都使用了"转移"和"隐瞒"等术语。正是基于此,FATF在对我国反洗钱的评估报告中,认为两罪之间存在着重叠的内容,会导致在实践中很难把握两者的界限。

从窝藏、转移、隐瞒毒品、毒赃罪的立法背景和发展变化来看,我国《刑法》第349条沿用了《关于禁毒的决定》中相对应的罪名。与此形成鲜明对比的是,对于《关于禁毒的决定》中的"掩饰、隐瞒毒赃性质、来源罪",我国立法者考虑到其已经被第191条的洗钱罪所包纳,故取消了该罪名。这在一定程度上也表明了窝藏、转移、隐瞒毒品、毒赃罪是具有立法意义和司法实践价值的,这可以由实证的数据反映出来。在FATF对我国反洗钱的评估报告中,统计出从2002—2006年期间,我国共有146人被法院依据《刑法》第349条判决有罪。①

若从静态的法律术语出发,两罪在犯罪对象和行为方式之间确实存在着交叉的部分,但强调点却有所不同,这具体表现在:虽然两罪的行为方式都包括了"转移"和"隐瞒",但洗钱罪中"转移"和"隐瞒"的对象侧重于法定7类上游犯罪的违法所得及其收益之非法性质和来源,以达到"漂白"的效果,使之能在市场上流通和增值;而窝藏、转移、隐瞒毒赃罪中的"转移"和"隐瞒",则是针对犯罪所得的财物本身,该罪中的"转移"是将财物从一处挪至另一处,属于空间上的转移,这与洗钱罪中的"转移"有着质的区别;而该罪中的"隐瞒",也仅是针对财物存在状态的隐瞒,并未改变财物的非法性质,而不具有使之表面合法化的属性。由此可见,在司法实践中,如果行为人仅仅通过"转移"或"隐瞒"的行为方式,达到掩盖毒品犯罪所得财物的存在状态之效果,并未转换、改变其非法性质和来源的,则应当认定为转移、隐瞒毒赃罪;对于行为人既实施"转移"或"隐瞒"毒品犯罪所得财物的存在状态之行为,又对该毒品犯罪所得财物予以清洗,从而

---

① FATF:First Mutual Evaluation Report on Anti-Money Laundering and Combating the Financing of Terrorism on the People's Republic of China, 29 June 2007, p.104。

实现"转移"或"隐瞒"其非法性质和来源的目的之行为,则前行为是洗钱行为的预备行为或者手段行为,根据我国《刑法》中实行行为吸收预备行为、目的罪吸收手段罪的原理,在此种情形下,应当认定为洗钱罪。

综上所述,我们可以看出,窝藏、转移、隐瞒毒品、毒赃罪与第191条的洗钱罪是性质截然不同的两个罪名,在本质属性方面,两罪之间不存在法条竞合的关系。FATF在评估报告中对两罪重叠内容的评价结论,是建立在我国刑法静态的法律用语之基础上的。在司法实践中,我们可以从设立两罪的强调点和从犯罪对象、行为方式、目的要件、犯罪主体等方面来认定两者的界限。

(七)关于第312条的掩饰、隐瞒犯罪所得、犯罪所得利益罪

从刑事立法的变迁上看,掩饰、隐瞒犯罪所得、犯罪所得利益罪的前身我国1997年《刑法》第312条所规定的是窝藏、转移、收购、销售赃物罪。当时该条款的规定如下:"明知是犯罪所得的赃物而予以窝藏、转移、收购或者代为销售的,处3年以下有期徒刑、拘役或者管制,并处或者单处罚金。"《刑法修正案(六)》第19条则对《刑法》第312条予以了修正,其规定如下:"明知是犯罪所得及其产生的收益而予以窝藏、转移、收购、代为销售或者以其他方法掩饰、隐瞒的,处3年以下有期徒刑、拘役或者管制,并处或者单处罚金;情节严重的,处3年以上7年以下有期徒刑,并处罚金。"若仔细对比修正前后的条款,可以看出以下三个方面的具体变化:(1)在犯罪对象方面,将"犯罪所得的赃物"扩大为"犯罪所得及其产生的收益";(2)关于行为方式,在保留过去的窝藏、转移、收购、代为销售等四种方式之基础上,又加入了第五种兜底性的方式:"以其他方法掩饰、隐瞒";(3)在刑事处罚方面,加入了"情节严重"的第二档次法定刑。根据《刑法修正案(六)》的变化,在罪名的称谓上,最高人民法院和最高人民检察院也相应地取消"窝藏、转移、收购、销售赃物罪",将第312条的罪名确定为"掩饰、隐瞒犯罪所得、犯罪所得利益罪",从而在罪名的称谓中更为简洁地表述了该罪的行为方式。

关于掩饰、隐瞒犯罪所得、犯罪所得利益罪的立法价值之一,如前所述,《刑法》第312条通过规定所有的犯罪为该罪上游犯罪的立法技术,满足了我国加入FATF的门槛条件。然而,这就自然地引申出一个问题:该罪与第191条洗钱罪之间的关系是如何的?从我国《刑法》第191条和

第312条的法律用语看,两罪确实存在着以下相同的部分:(1)在犯罪对象上,"犯罪所得及其产生的收益"均被列入;(2)在客观方面,均规定了"以其他方法掩饰、隐瞒"的行为方式;(3)在主观方面,均要求行为人出自于"明知"的心理状态。然而,两罪以上三点的相同之处只是表面化的静态用语,其实质隐含的内容存在着很大的区别,这具体表现在:(1)关于均被两罪列入犯罪对象的"犯罪所得及其产生的收益"中的关键词"犯罪",其在第191条洗钱罪中体现为特定或具体的严重犯罪,即必须是毒品犯罪等法定的7类上游犯罪;而在掩饰、隐瞒犯罪所得、犯罪所得利益罪之中,关键词"犯罪"则是概括或抽象的,可以将该罪的犯罪对象理解为一切的犯罪所得及其产生的收益。正是基于此,FATF在评估报告中,将我国《刑法》的第191条的罪名翻译为"Laundering Proceeds of Specific Serious Crimes",而将第312条称谓为"All-Crimes Laundering",从而认为我国在将洗钱行为犯罪化时采取了列举和涉及所有犯罪的综合方法。若仅从犯罪对象出发,掩饰、隐瞒犯罪所得、犯罪所得利益罪的外延要大于洗钱罪,两罪之间存在着包含与被包含的关系,据此两罪呈现出法条竞合关系;(2)关于两罪均规定的"以其他方法掩饰、隐瞒"的行为方式,从立法技术上看,都属于"概括性"的立法方式。如前所述,对该术语的理解,不能泛泛地去理解,应当与它之前所列举的行为方式联系在一起。具体而言,对于第312条中的"以其他方法掩饰、隐瞒",它是对前四种列举的窝藏、转移、收购、销售等具体行为式的兜底归纳,应该与前四项所列举的方式具有相当性。换言之,第312条中的掩饰、隐瞒,只是改变犯罪所得及其产生的收益的处所和占有关系,并未改变非法财产的非法性质和来源,这与洗钱罪中的"以其他方法掩饰、隐瞒"有着本质的区别,这也可以通过第312条所设置的较轻的法定刑反映出来;(3)虽然两罪均都规定行为人出自"明知"的心理状态,但是明知的内容却有所不同:第312条只要求行为人明知是犯罪所得及其产生的收益,至于上游犯罪的性质和范围,则在所不问;而对于洗钱罪,则要求行为人必须明知是毒品犯罪等法定7类上游犯罪的所得及其产生的收益。相比较而言,这在一定程度上也赋予了检察机关对于洗钱罪更重的举证责任。

综上所述,掩饰、隐瞒犯罪所得、犯罪所得利益罪与第191条的洗钱罪之间有着很大的区别,在性质上是完全不同的两个罪名。尽管两罪在犯罪对象的外延上存在着包含与被包含的关系,但这只形成表象上的竞合关系,我们应当把犯罪对象置于整体的构成要件中来考察两罪的关系,而不能简单地把两罪归结为普通法与特殊法的竞合关系。

(八) 关于第120条之一的资助恐怖活动罪

为了将我国于2001年10月27日签署的《制止向恐怖主义提供资助的国际公约》落实在国内法中,针对我国日益严峻的恐怖活动,在"9.11事件"发生后仅3个月,九届人大常委会就通过了《刑法修正案(三)》,规定在《刑法》第120条后增加1条,作为第120条之一,从而设置了资助恐怖活动罪。

在前面部分,笔者列举了FATF评估报告对我国恐怖融资的犯罪化问题所指出的五点缺陷。对此,我们应当客观地看待。具体而言,对于前三点"指责",FATF评估团是以西方学者的观点出发,从静态的法律术语比较我国资助恐怖活动罪与有关国际公约的差别,这在一定程度上脱离了我国的语境和实际情况。对于FATF所提出的我国《刑法》第120条之一没有得到有效贯彻的结论,其立论点是我国没有一起案件被判处资助恐怖活动罪的实证数据。这在一定程度上也警示我国的司法机关需要加强打击资助恐怖活动罪的实际效果,否则该条文就等于形同虚设。至于FATF认为我国《刑法》第120条之一所规定的法定刑较轻的评估,是在与危害公共安全罪的罪名进行类罪层面的总体比较后得出的。实际上,关于资助恐怖活动罪的法定刑法设置,我们还可以从资助型的个罪来予以点对点的比较,即第107条的资助危害国家安全犯罪活动罪。若仅从资助危害国家安全犯罪活动罪被归类在"危害国家安全罪"的体例来看,其法定刑应当重于被归类在"危害公共安全罪"中的资助恐怖活动罪。然而经过比较,可看出这两种资助型的罪名在法定刑的设置上是持平的。这在一定程度上说明我国立法者还是用较重的刑法手段来打击资助恐怖活动的犯罪分子。

四、结语和反思

经过我国刑事立法的变迁,我国《刑法》已形成了区别打击洗钱犯罪的罪名体系,从而为遏制洗钱犯罪提供了较为完备的刑法武器:对于涉及毒品犯罪、黑社会性质的组织犯罪、恐怖活动犯罪、走私犯罪、贪污贿赂犯罪、破坏金融管理秩序犯罪、金融诈骗犯罪等 7 类严重犯罪的洗钱犯罪活动,适用第 191 条的狭义洗钱罪规定,予以较严厉的制裁;对涉及其他犯罪的洗钱犯罪活动,则可视情形分别适用第 312 条的掩饰、隐瞒犯罪所得、犯罪所得利益罪以及第 349 条的窝藏、转移、隐瞒毒品、毒赃罪的规定处理。根据国际社会将反洗钱与反恐怖融资紧密联系在一起的共识,我国反洗钱的罪名体系还包括第 120 条之一的资助恐怖活动罪。从价值评判的角度看,"有法可依"毕竟优越于"无法可依"。但是,在今后相当长的一段时期以内,如何有效地实施我国刑法关于洗钱犯罪的规定,而不将它们作为一堆繁杂、空泛的罪名和规范,是摆在我们面前的一个重大而现实的课题,其中对我国《刑法》关于洗钱犯罪的立法规定进行客观、冷静的检讨,分析其应当予以完善之处,无疑是一个不可缺少的途径。

同时,我们还应该看到,在反洗钱的措施中,"除了刑罚的方法之外,金融机构的预防努力也能够产生作用。"[①]正是在这一思路的指导下,一些国家开始以刑事法律责任来有效地推动金融机构建立洗钱防范机制。例如,加拿大在《犯罪收益(洗钱)和恐怖融资法》中,对于明知性地违反记录保存义务的个人和实体,专门设置了"不履行记录保存义务罪";瑞士则在《瑞士刑法典》第 305 条之二设立"在金融交易中不履行勤勉义务罪"。相比较而言,在我国,对于金融机构及有关工作人员不建立和不履行洗钱防范机制的违法行为(诸如未按照规定建立反洗钱内部控制制度、履行客户身份识别义务、保存客户身份资料和交易记录、报送大额交易报告或者可疑交易报告,以及与身份不明的客户进行交易或者为客户开立匿名账户、假名账户等)。尽管我国《反洗钱法》第 31 条和第 32 条规定了限期改正、纪律处分、罚款、责令停业整顿、吊销经营许可证、取消任职资格、禁止从事有关金融行业工作等行政法律责任,并且在第 33 条规定若违反规定,构成犯罪的,依法追究刑事责任,但是,在我国刑法典所设置的反洗钱罪刑规范中,很难找到与此相对应的刑事条款,其结果就导致刑法无法介入对金融机构及有关工作人员违法行为的调控。因此,借鉴加拿大、瑞士等国的反洗钱立法经验,用刑罚手段强化和推动我国洗钱防范机制的建立和完善,也是摆在我们面前的又一重大课题。

---

① 参见《欧洲议会和理事会第 2005/60/EC 号关于防止利用金融系统洗钱和恐怖融资的指令》(也称为欧洲理事会"第三个反洗钱指令"),序言,第 1 段。

自我决定权与刑法家长主义*

车 浩**

公民个人的意思自治,一直是私法领域里的帝王法则,但是对于被认为具有公法气质的刑法来说,公民的自我决定究竟有多大的空间?这个看似突兀的问题并不是理论上的忽发奇想,而是如未浮出水面的冰山一般,长期隐藏在被害人同意这样一个刑法教义学题目之中。所谓被害人同意,是指法益主体同意他人以一种刑法上禁止的方式对自己的法益予以处置。罗马法上早有"得同意者不违法"的格言,同意的出罪功能也向来得到刑法学界的普遍承认。但过去学理上一直认为,得到同意的行为之所以不为罪,是由于被害人对法益的主动放弃而欠缺刑法保护的必要性。如今,同意的出罪功能已经被普遍地解释为对于公民个人的自我决定权的尊重。[①] 当人们从这个角度去展开理解的时候,仿佛打开了一扇暗门,循此进入一个重新思考刑法问题的空间。经由被害人同意而被挖掘和引申出来的自我决定权,在理论的辐射力上已远超出了被害人同意的范围,进一步延伸到被害人自陷风险、诈骗罪中的被害人怀疑与错误、自诉权以及刑事和解等领域,为这些问题的研究提供了新的解释力资源。[②]

---

* 原文刊于《中国法学》2012 年第 1 期。
** 北京大学法学院副教授、博士生导师。
① 这种思想最早由德国刑法学界提出,Vgl. Schmidhaeuser, Strafrecht AT, 1975, 8/123f.; Stratenwerth, Strafrecht AT, 1981, Rn. 210f.; Roxin, Strafrecht AT, 2006, §13 Rn. 14. 一些在日本刑法学界最早讨论被害人同意问题并产生广泛影响的学者,也已经开始普遍地将自我决定看作是被害人同意的主导性思想。参见佐伯仁志、川端博:《关于被害人承诺问题的对谈》,载《现代刑事法》2004 年 6 卷 3 号。
② 但是,本文的任务并不是讨论被害人同意或其他领域中的具体理论,仅仅是在阐述自我决定权的思想在刑法中的应用时,会以被害人同意等一些具体问题为例说明。

但是，按照本文的观点，即使在自我决定权发挥影响力的场合，它也从来都不是唯我独尊的东西，在它的对面始终矗立着家长主义。文中所讨论的家长主义，摆脱了传统理解而被赋予新的内涵。在此基础上，本文提出自我决定权与刑法家长主义互动的一种新的理论解说。这种理论解说的脉络背景，不同于传统刑法理论基于契约关系的比喻，来阐述国家惩罚犯罪人的正当性的模式，而是一种基于家庭关系的比喻，来阐述国家保护被害人的必要性及其限度的视角。这种理论解说的定位，主要是一种中层理论，它的功能主要是"向下"在微观层面为一些具体的被害人教义学观点提供思想支撑。当然，理论框架的内部结构如何搭建，自我决定权与刑法家长主义之间的关系如何阐述，并不是一个纯粹的逻辑论证的产物，它最终仍然需要"向上"取决于解释者的价值立场。

一、自我决定权的一般原理

自我决定权，主要是指个人对自己的利益按自己意愿进行自由支配的权利。它意味着个人是自己命运的决定者和自己生活的作者。公民在自己的生活范围之内自立为王，不受国家、社会以及他人等外界因素的干涉。对这种观念本身，有必要从思想根基、宪法依据以及社会情势发展等方面略加说明。

（一）自我决定权的思想根基

在哲学的层面上，"自我决定就是主体基于对自由的普遍承认和尊重而通过行为来决定和实现自己的自由，它是意志自由的客观表现"[①]。因此，自我决定权的哲学根基是自由主义哲学。"自我决定是自由的核心，个人通过其自我决定而感受并且实现自由。"[②]个人的意思自治是自由主义哲学总结出来的基本概念。在这个哲学中，意思就等于自由。[③] 对自我决定权的尊重常常被理解为一种道德原则，"它植根于个体自由和选择，这一无论是对于政治生命还是个体发展都非常重要的西方自由主义

[①] 冯军：《刑法中的自我答责》，载《中国法学》2006年第3期。
[②] 同上。
[③] 傅静坤：《二十世纪契约法》，法律出版社1997年版，第180—181页。

传统"。① 在康德、黑格尔等经典作家的哲学著作中,人们经常能够发现意思自治的基本思想。"自由的东西就是意志。意志而没有自由,只是一句空话;同时,自由只有作为意志,作为主体,才是现实的。"②外界的控制性干预和非充分的理解常常阻碍了个人有意义的选择,而自我决定就是摆脱这些干预和限制。③ 换言之,"自由以否定的方式被定义为摆脱强制的自由……自由是对每一个人能够自我做主的私人领域的保证。"④相应地,一个人不能够充分地决定,就意味着这个人无法按照自己的意愿和计划来行动;他至少在某些方面被他人控制。这就是一个不自由的人。在这个意义上,(政治)哲学上的自由主义是法学上的自我决定权的思想根基。因此,要想深入理解自我决定权,有必要先厘清自由主义哲学的内涵。

自由主义的理论线条不是单一的,而是具有束的性质。按照一些学者的总结,自由主义哲学的理论谱系主要包括以下几种思想:(1)自由理性主义。萌发自古希腊,兴盛于近代西欧哲学的广义的理性主义,要求认识、立论都建立在可质疑和探究、可推导或论证的基础上,而不是诉诸无法论证的、因人而异的直觉或非理性的体验。(2)个人主义。个人主义是一种赋予个人自由以很高价值的政治和社会哲学,它通常强调自我引导的、相对不受约束的个人。在这种信念体系中,所有价值观都是以人为中心的;个人是目的本身,社会只是个人目的的手段,而不是相反;所有的人在道德上都是平等的,任何人都不能被当作其他人福利的手段。(3)社会契约论。社会契约论的基本理论前提是指个人在特定的环境下为促进其利益而选择规则结构时所表现出来的方法,这一理论假定人们是在原初的状态下通过相互订立协议或契约而确立基本政治和组织原则,建立权力机制和制定法律规则。(4)功利主义。功利主义的基本倾向是认为一切立法、政府政策和道德原则的最终判定标准是其实行之后可能达到的功利水平。功利主义以人的感觉所表现出来的快乐作为判定

---

① Faden, *A History and Theory of Informed Consent*, Oxford, 1986, p.7.
② 黑格尔:《法哲学原理》,范扬、张企泰译,商务印书馆1996年版,第12页。当然,黑格尔与自由主义的关系,向来存在很大争议。参见理查德·贝拉米:《重新思考自由主义》,王萍等译,江苏人民出版社2005年版,第3页以下。
③ Beauchamp, *Principles of Biomedical Ethics*, Oxford, 2001, p.58.
④ 雷蒙·阿隆:《论自由》,上海译文出版社2009年版,第78页。

的基本出发点,由此而推导出个人从事经贸、拥有财产、政治信仰自由、表达与创新的自由可以促进个人功利和社会总体功利的最大化。(5)道德多元主义。道德多元主义认为在政治上对于善与恶的最终性质并不存在一个绝对的标准或基础,由此放弃了以单一的客观道德秩序来界定个人的信条,对于基本的道德争议采取中立的态度。①

　　上述自由主义哲学的各支源流,共同供给了自我决定权的内涵。(1)在愚昧落后、民智未开的时代,民众的理性还没有被启蒙出来,对于世界的认识在很大程度必须依赖于神灵和权威,在这种情况下,是不可能有公民对于自身的理性认识和判断的。因此,没有理性主义的勃兴,公民就从根本上缺乏自我决定的信心和能力;只有理性的地位得到承认,个人的意思自治才可能得到尊重。(2)个人主义强调以个人为中心,强调个体相对于国家和集体的重要性,使得公民从共同体中独立出来,认识到自身的权利不依赖于集体,个人不是社会和他人的手段,由此推动了公民自我意识的觉醒。(3)社会契约论为意思自治提供了更为有利的论据。这表现为,"如果说人的意志具有足够的力量创造一个社会及法律上的一般义务的话,那么人的意志毫无疑问地能够创设约束当事人特别的权利义务。"②从刑法角度看,社会契约论把国家和权力从神坛上拉下来,让个体坚信包括刑罚权在内的公权力本源自个体之间的盟约,因而当公民决定对自己的事务进行特殊化处理的时候——表现为被害人同意的形式——就可以消除刑罚的必要性。(4)功利主义是从个人主义的前提所得出的结论,因为其理论出发点是个人的幸福,而不是抽象的社会福利或总意志。公民在自己事务的范围内可以就什么是自己想要的幸福,什么是自己想要支配的对象作出决定,而不必屈服于他人的意志。(5)道德多元主义为公民的自我决定权提供了选择权上的说服力。当公民以一种他自己喜欢的方式去处理个人事项时,即使不被大多数人的价值观所认同(如自愿挨打和施虐受虐等行为),但是多元化的道德观要求社会对个体的选择予以尊重而不是强求其归于统一。

---

　　① 参见顾肃:《自由主义哲学的基本理念》,中央编译出版社2005年版,第3—22页;李强:《自由主义》,中国社会科学出版社1998年版,第147—172页。
　　② 尹田:《法国现代合同法》,法律出版社1995年版,第19页。

(二)自我决定权的宪法依据

在宪法学上,由于各国的立法和学说不同,对自我决定权的解读往往也呈现出不同形式。下面分别以德国、日本以及中国大陆和我国台湾地区为例,略述其为自我决定权寻求宪法依据的思路。

1. 德国:一般性的行为自由

德国《基本法》第 2 条第 1 款规定:"只要未侵犯他人的权利,未抵触宪法规定以及未违背善良风俗,那么任何人都有权使其人格自由地形成和发展。"德国学界普遍认为,这是宪法对于公民一般行为自由的概括性规定。作为自我决定权的主要表现形式,德国刑法上的被害人同意常常以该条作为其正当化基础。例如,德国学者阿梅隆(Amelung)指出,"根据德国联邦宪法法院的判决,同意作为一般行为自由的组成部分,受到德国基本法第 2 条第 1 款保护。"[1]罗克辛(Roxin)认为,"(同意的)权利人通过行使宪法所保障的一般行为自由,就同时消除了构成要件的满足和不法损害。"[2]

2. 日本:幸福追求权

日本《宪法》并没有明确规定公民的自我决定权,但是,"在近年来的宪法学研究中,将自己决定权作为一项基本人权来认识的见解逐渐取得支配地位。"[3]一般认为,自我决定权是根据日本宪法第 13 条后段的"幸福追求权"推导得出。日本《宪法》第 13 条规定,"所有国民,均作为个人而受尊重。国民对于生命、自由及追求幸福的权利,以不违反公共福祉为限,于立法及其他国政上,须受最大的尊重。"在法条形式上,可以将该条区分为前半段的"人性尊严"规定以及后半段的"幸福追求权"规定。幸福追求权最初被一般地理解为《宪法》第 14 条以下所列举的个别性人权的总称,并不能从中直接推导出具体的法性质的权利。不过,20 世纪 60 年代以来,日本的社会、经济的剧烈变动产生了诸多问题,对此法上加以对应的必要性就随之增大,因而其意义也得到了重新估量。其结果是,基于尊重个人之原理的幸福追求权,就逐渐被解释为未被列举进宪法的新人

---

[1] Amelung, Irrtum und Taeuschung als Grundlage von Willensmaengeln bei der Einwilligung des Verletzten, 1998, S. 29.
[2] Roxin, Strafrecht AT, 2006, § 13, Rn. 14.
[3] 松井茂记:《论自己决定权》,莫纪宏译,载《环球法律评论》1996 年第 3 期。

权的依据,是一般性且概括性的权利,以此幸福追求权为基础的各项权利,也因此成为可受裁判上救济的具体权利。①

3. 我国台湾地区:从概括式规定中推演

我国台湾地区的"宪法"对自我决定权没有明文规定。学界一般认为,其"宪法"第 22 条可作为推导的依据。我国台湾地区"宪法"第 22 条规定,"凡人民之其他自由及权利,不妨害社会秩序公共利益者,均受宪法之保障。"这被一些台湾地区学者称之为"补余权"或"概括式宪法基本权利"的规定。② 事实上,私法自治、契约自由作为自我决定权在民法上的典型体现,都没有在台湾地区"宪法"中明文规定,但均在法官的判决和解释中得到承认。例如,我国台湾地区"最高法院"第 576 号解释中特别提到:"契约自由为个人自主发展与实现自我之重要机制,并为私法自治之基础,除依契约之具体内容受'宪法'各相关基本权利规定保障外,亦属'宪法'第 22 条所保障其他自由权利之一种。"③这很清楚地表明,自我决定权在私法领域的集中体现,是可以通过概括性条款推导出来的。

4. 中国大陆:综合把握宪法的概括性条款

我国现行《宪法》并没有明确直接地规定公民的自我决定权,但是,如果把自我决定权看作是对列举权利之外的一般性行为自由的概称,就可以将以下几个宪法条款联合起来予以把握。这其中包括:"国家尊重和保障人权"(第 33 条)、"中华人民共和国公民的人格尊严不受侵犯"(第 38 条)、"中华人民共和国公民在行使自由和权利的时候,不得损害国家的、社会的、集体的利益和其他公民的合法的自由和权利。"(第 51 条)对这三个条款应该综合理解,前两个条款可以看作一种概括性条款,即把包括被宪法明文规定的基本权利在内的各种人权都涵盖其中,当然也包括公民处理自己事务的自我决定权。后一个条款可以看作从反面限定个人自治的范围,即在没有损害国家、社会和集体的利益以及其他公民的合法的自由和权利的情况下,公民的自由和权利是可以不受干扰地行使。这应该视作与德国《基本法》第 2 条第 1 款有同样的意旨。需要注意的是,自我决定权作为一种基本人权,不必积极地有利于国家、社会或他人,仅仅需

---

① 芦部信喜:《宪法》,林来梵、凌维慈、龙绚丽译,北京大学出版社 2006 年版,第 109 页。
② 林灿都、付美惠:《按捺指纹措施之合宪性问题探讨》,载《法令月刊》2005 年 10 月。
③ 引自苏永钦:《物权法定还是物权自由?》http://privatelaw.com.cn/new2004/shtml/20060628-091321.htm,2010 年 7 月 9 日访问。

要不危害即为已足。

(三) 社会发展与科技进步催发自我决定权意识(特别在医事领域)

自我决定权意识的勃兴与社会发展和技术进步密切相关,这尤其体现在医事领域。自19世纪以来,医疗水平不断提高,医疗案件的数量也随之增长。伴随着医院的组织化与盈利化,医生与患者之间的互动逐渐减少,无形中加剧了医患关系的分离和患者对医生信赖感的降低。患者由此希望在面临与自身重要利益相关的医疗决定时,能充分获知有关自身病情以及治疗方针、危险性和可选方案等信息,以作为自己决定的参考。

在过去,只要医生认为是对病人有利的行为,就可以直接为患者作决定,而不用考虑患者本人的意愿选择。① 以这样的医疗伦理为基础,医患关系就是一种"命令—服从"的关系,由医生替代患者做决定的执业习惯,成了天经地义的事情。但是,在历史经验上有层出不穷的案例,显示病人在不知情的状况下受到损害。直到20世纪中叶之后,医患关系逐渐发生改变:在决定医疗的过程中,患者的知情权和同意治疗的决定权必须得到保证和尊重;同时,医生也必须承担充分的告知义务。这就是学理上所谓"知情同意"原则。② 这一原则的实质是尊重个人的自我决定权,正如有学者指出的,"知情同意法则是自我决定在医疗领域的体现"。③ 这种思想广泛传播的影响已经超出了医疗领域,反过来又进一步促进了对自我

---

① 这就是所谓希波克拉底誓言;医生是为患者而存在的、仁慈的、权威的、以病人最大福利为己任的专家。其职业准则正是尽他最大的良知和能力去追求患者的最大利益,以维持一定的医疗品质。

② 这是由诸多的历史教训和司法判例逐渐发展出来的成果。在二战期间,纳粹医生和日本军队的人体实验开始让世人反思医生的定位,战后,大量的医疗侵害案件也频繁发生。这种情形一直延续到1957年,美国加州上诉法院在 Salgo v. Leland Stanford Jr. University Board of Trustees 一案的判决中指出,在患者同意医生建议的治疗方案之前,医生必须告知患者能够形成有效同意所应知道的信息,否则,医生就是违背了对患者的义务而必须承担责任。此外,医生也不能为了得到患者的同意,而隐瞒、掩饰或减少说明医疗手段的风险。这是法院首次提出患者的同意必须是出于医生的告知后所为,由此创造出"informed consent"(知情同意或充分说明与同意)一词。之后,1972年,美国医院协会率先提出著名的"患者权利宣言";1975年,世界医学协会对《赫尔辛基宣言》进行修改,纳入了知情同意原则;1981年,世界医学协会通过了《里斯本宣言》,将知情同意的适用范围扩大到所有疾病,即任何患者在获知医生的充分说明后,都享有接受或者拒绝治疗的权利。参见黄丁全:《医事法》,台湾月旦出版社1998年版,第236页以下;杨丹:《医疗刑法研究》,中国人民大学出版社2010年版,第175页。

③ 杨丹:《医疗刑法研究》,中国人民大学出版社2010年版,第174页。

决定权的研究。

此外,诸如生命的诞生或消逝,在过去一直是人力所不及的领域,但随着医疗技术的进步,生与死的问题在一定程度上已经可以由医学加以影响甚至决定。例如,在某些情况下,使用呼吸器等设备就可以暂延以往认为无法持续的生命。因此,医疗人员在此类事务上如何介入,而(往往是陷入昏迷或无意识状态的)患者的个人决定又如何判断,这些都不无疑问。因此,一方面,诸如维持和延长生命的技术之类的进步,与个人选择"安乐死"和"尊严死"的自由决定之间存在着紧张关系;①另一方面,诸如人工受精、体外受精等人工生殖技术的蓬勃发展,又前所未有地提升了人类繁衍生殖的自由程度。② 无论是与自我决定权之间的冲突还是扩展了自我决定权的范围,科技特别是医疗科技的发展,正在成为导致自我决定权意识苏醒和加强的背景因素。

二、自我决定权的刑法空间

在刑法语境中,自我决定权与意志自由是两个不同的概念。本文所探讨的自我决定权,虽然其哲学基础是人的自由,但是它与以往刑法理论上所说的意志决定自由并不一样。以往关于人是否具有意志自由的新旧学派之争,主要是围绕着犯罪人作为意志主体来展开。③ 也就是说,刑法上的意志自由,主要是指犯罪人的意志自由。而本文所说的自我决定权的意志主体,则是指刑法上的被害人。因此,刑法上的自我决定权,主要是指被害人的自我决定权。二者的理论起点和目的是完全不同的:讨论犯罪人的意志决定自由,其出发点在于为惩罚犯罪人找到心理和规范上的根据;讨论被害人的自我决定权,特别强调一个"权"字,其出发点在于为被害人自由地处分自己的权益提供规范根据。

笔者认为,通过将被害人理解为"法益主体"或"法益承担者",可以将被害人由以往的犯罪学领域引入刑法教义学领域中,使之成为一个教义

---

① 关于安乐死问题在世界范围内的兴起与发展,参见梁根林:《刑事法网:扩张与限缩》,法律出版社2005年版,第283页以下。
② 关于各种辅助生殖技术的发展及其带来的刑法问题,参见刘维新:《医事刑事法初论》,中国人民公安大学出版社2009年版,第216页以下。
③ 对此详见陈兴良:《刑法的人性基础》,中国人民大学出版社2006年版。

学概念，进而形成刑法上的被害人教义学。讨论自我决定权的刑法空间，就是讨论作为法益主体的被害人在刑法（也延展至刑事程序法）上究竟有多大的自由空间，从而让以往在"国家——犯罪人"的二元范式中沉默不语甚至被遗忘的被害人，重新以一个具体的"法益主体"的形象在刑法教义学上复兴。

（一）自我决定权的对象限于个人法益

在刑法上讨论自我决定权的意义并非不言自明。① 由于刑罚权具有强烈的国家专属性，在某种程度上似乎显示出一种抵御个人自我决定的公法气质。因此，廓清刑法的基本性质，是能够继续在刑法上讨论自我决定权的前提。关键的问题在于，刑法并不是纯粹意义上的公法。将法律体系划分为民法、公法和刑法三大部分，是更为常见的做法。② 在公法与私法的区分问题上，按照历史最悠久、影响力最大的古罗马法学家乌尔比安的划分标准，"凡以保护国家及社会利益为目的的法律便是公法，而以保护私益为目的的法律则为私法。"③按此视角观察，既保护个人法益又保护国家社会等超个人法益的刑法，就具有了公私夹杂的性质。

刑法保护个人法益的传统历史悠久。古今中外的刑法（成文或不成文）中，几乎都可以找到一些超越时空限制的禁止性规范。这些规定是对一些朴素但具有强大生命力的习惯、传统或信仰的确认，它们的起源比较早，且具有较为明显的恒定性。按照现代刑法理论的表述，这些规范针对的主要是"侵害个人法益"的行为，包括对生命、身体、自由、财产和名誉的犯罪等。这些犯罪及其刑罚在早期社会就已出现。④ 如荀子所说，"杀人者死，伤人者刑，此百王之所同，不知其所由来也。"⑤对于这部分内容，虽然刑罚方式有所变迁，刑罚权行使发生过转移，但规范的实质内容却一直

---

① 目前一些学者主要在民法领域讨论自我决定权的问题。参见杨立新、刘召成：《论作为抽象人格权的自我决定权》，载《学海》2010年第5期。

② 在我国台湾地区，传统意义之公法范围较为广泛，除"宪法""行政法"以外，尚包括"刑法"及"刑事诉讼法"等其他法律，但今日德、日等法治先进国家，无论在学术上或实务上，公法均以宪法和行政法为范围。参见朱武献：《公法专题研究》（一）中"自序"，台湾三民书局1991年版。

③ 朱塞佩·格罗索：《罗马法史》，黄风译，中国政法大学出版社1994年版。

④ 例如，在公元前1800年古巴比伦王国的《汉谟拉比法典》中就已经规定了偷盗、暴力犯罪和性犯罪等。公元前621年，古希腊的执政官德拉古制定的雅典第一部成文法，其中就涉及了盗窃、杀人、渎神等。《十二铜表法》中，也包括了伤害、盗窃、杀人以及婚姻与家庭的规定。

⑤ 《荀子·正论》。

延续下来,历经千年而极少变化。这些规范,一向被视作刑法最重要的"核心区域"。与此相对,各国刑法中还有一些条文是根据一时一地的情形而创设的,意在维护社会秩序或保障国家利益。这部分规范的立法标准,往往随着时代变迁而呈现出较大的变易性。按照现代刑法理论,该类犯罪被归入到侵害社会法益或国家法益的犯罪。围绕这类行为的"变法"周期相对较短,并具有一定程度的个别性。① 刑法所保护利益的多元性表明,既不能完全将刑法视作"公法"而排斥个人的自我决定权,也不能完全将刑法当作"私法"而将犯罪问题交由个人自治。正确的理解是,法益的性质决定了自我决定权在刑法上的空间。当侵害行为针对的是个人可支配的法益时,自我决定权的行使才是正当的;相反,当侵害行为超出了这一范围,则没有自我决定权行使的余地。

当然,并非所有个人法益都可以同等程度地成为自我决定的对象,这主要是看自我决定权应用的具体场合。自我决定权究竟藏身于哪些刑法理论,这项挖掘工作仍然在进行之中。依笔者的初步归纳,目前至少在以下几个问题上,刑法学者可以从自我决定权的思想中找到解释力资源和支撑。

(二) 与自我决定权相关的刑法问题

1. 被害人同意

自我决定权的思想辐射到很多刑法教义学领域,其中最有代表性的是被害人同意。得到同意时,针对身体、自由、财产、名誉、性和隐私等个人法益的"侵害"行为不为罪;相反,诸如国家安全、货币、证件等"超个人法益",则是同意的禁区。因为对于"超个人法益"的支配,既不符合"经验事实"②也缺乏规范依据。例如,招摇撞骗罪的保护法益就属于个人不能支配的超个人法益。即使乙得到国家工作人员甲的许可,冒充甲的国家工作人员的身份招摇撞骗,乙的行为仍然构成《刑法》第279条的招摇撞

---

① 这些立法的范围和必要性一直以来受到学理上的严格限制甚至质疑。参见车浩:《刑法公法化的背后——对罪刑法定原则的一个反思》,载《刑事法评论》第11卷,中国政法大学出版社2002年版。

② 这里的经验事实是指,"即使承认一种众口一词的同意效力,但是取得这种集体同意需要对人们的大面积组织,这在实际上存在着不可克服的困难。"Baumann/Weber/Mitsch, Strafrecht AT, 2003, §17. 即使在互联网高度发达的今天,通过网络投票表达意见在多大程度上能够代表民意,也存在着数额比重、准确性和正当性的疑问。

骗罪。刑法在这里保护的不是甲个人对于这个身份的占有,而是国家机关的公信力和正常活动。同理,即使乙请求甲为乙伪造一张身份证,乙的同意也没有意义,因为这种伪造行为妨害的是国家对社会秩序的有效管理。由此可见,大多数与个人身份有关的证件反而都不是个人能够自由支配的对象,是自我决定权行使的禁区。①

2. 被害人自陷风险

除了被害人同意之外,自我决定权也为被害人自陷风险的问题提供了理论解释的资源。所谓被害人自陷风险,是指被害人有意介入犯罪的因果流程,同意他人实施或者参与他人共同实施危险行为而造成损害时,是否以及如何影响他人(行为人)的不法和责任的问题。回答被害人自陷风险的问题,存在多种理论方案。除了可以从被害人同意的角度去解释外,②还有一些学者主张发展出一个独立的自我答责原则予以解答。③ 所谓自我答责,是指如果应该由被害人自己对损害结果的不发生负责,那么就不存在对行为人的归责。在哲学基础上,"自我答责"直接地与"自我决定"联系在一起。"一个人对他的作为或者不作为负责,这无非是说该人在他的行为中不是完全被决定的,而是一个自我决定的主体。"④换言之,权利与责任之间是对应的关系,一个人既然要求且能够自我决定,就应该自我答责。因此,自我决定是自我答责的前提和根据,也是回答被害人自陷风险问题的终极依据。虽然在具体的教义学结构上,可以将被害人同意与被害人自陷风险构建成两个问题(站在刑法或第三人的立场去观察,前者是被害人同意侵害结果发生,后者是被害人虽然自愿陷入风险,却并不愿意承受侵害结果),但是,二者又可以最终追溯到承认被害人的自我决定权,尊重被害人的自由的实现这一共同的思想基础,故本质上可视作

---

① 值得注意的是一个有管辖权的政府机构同意某个个体对公众法益的侵害。例如,法院的执行人员甲允许行为人乙私自搬走本应被扣押的物品。这种情况与同意不同,政府机构所作的许可与个人同意之间的区别在于:后者是由个人自我决定权派生出来的,而行政机关的这种同意的效力,则来自于对行政管理权的一种放弃行使的权利(处分权),它不属于同意的应用,而是一种独立的正当化事由,即所谓的业务行为或者行政许可。

② LK-Schroeder, § 16 Rn. 182.;耶塞克、魏根特:《德国刑法教科书》,徐久生译,中国法制出版社2001年版,第710页;车浩:《论被害人同意的对象》,载《刑法评论》第15卷(赵秉志主编),法律出版社2009年版。

③ MK-Duttge, § 15 Rn. 149ff.; Zaczyk, Strafrechtliches Unrecht und die Selbstverantwortung des Verletzten, 1993.

④ 冯军:《刑法中的自我答责》,载《中国法学》2006年第3期。

是同一思想表现出来的不同形式。

3. 诈骗罪中的被害人怀疑与错误

与自我决定权和自我答责原则有关的另一个教义学问题,是诈骗罪中的被害人怀疑与错误认定的问题。自 1977 年德国学者阿梅隆(Amelung)首次将被害人怀疑这一事实创造性地引入对诈骗罪中的"错误"要素的判断之中去以后,先后有许乃曼(Schuenemann)、哈塞默(Hassemer)等学者对此问题展开了深入持续地研究,逐渐形成一个以诈骗罪为主要演练平台的所谓"被害人教义学"理论。[1] 这一理论强调被害人保护的必要性和刑法辅助性原则,认为当被害人有能力也可被期待实施自我保护时,就不必要发动刑法。具体到诈骗罪的场合,如果被害人已经发现了值得怀疑的事实也确实产生了怀疑,却仍然处分财物,便可以认为被害人在能够尽到谨慎交易义务等比使用刑法更轻微的方式来保护财产的情况下却不予保护,则在评价上属于涉及风险的投机行为,缺乏刑法保护的必要性,故不符合陷入错误的要件,至多构成诈骗罪的未遂。[2] 尽管有的学者主张"被害人教义学"的独立价值并因此批评自我答责原则的"僵化性",但还是承认被害人教义学与自我答责原则之间的"姊妹关系"。[3] 笔者以为,德国学者所发展的被害人教义学,其思考原点必然要追溯到自我决定权和自我答责的思想。因为所谓被害人有能力也可被期待自我保护,前提当然是被害人是一个有自我决定自由也因此能够自我负责的人,只有在这一判断的基础上,才能引申出被害人的需保护性和应保护性的命题,再加进刑法的辅助性(或最后手段性)原则,最后共同构成了被害人教义学的核心骨架。

在这个意义上,德国刑法学语境中的所谓"被害人教义学",与被害人

---

[1] Vgl. Amelung, Irrtum und Zweifel des Getäuschten beim Betrug, in:GA 1977, S. 1ff., R. Hassemer, Schutzbedürftigkeit des Opfers und Strafrechtsdogmatik, zugleich ein Beitraf zur Auslegung des Irrtumsmerkmals in §263 StGB, 1981.;许迺曼:《刑事不法之体系:以法益概念与被害者学作为总则体系与分则体系间的桥梁》,王玉全、钟豪峰、张姿倩译,载许玉秀、陈志辉合编:《不移不惑献身法与正义》,台湾新学林出版公司 2006 年版,第 199 页。我国大陆对于被害人教义学(信条学)的产生和发展进行较为全面丰富的综述的,可参见申柳华:《德国刑法学界被害人信条学研究》,北京大学 2010 年博士论文。

[2] 车浩:《从华南虎照案看诈骗罪中的受害者责任》,载《法学》2009 年第 8 期。

[3] 许乃曼:《刑事不法之体系:以法益概念与被害者学作为总则体系与分则体系间的桥梁》,王玉全、钟豪峰、张姿倩译,载许玉秀、陈志辉合编:《不移不惑献身法与正义》,台湾新学林出版公司 2006 年版,第 199 页。

同意中的自我决定权以及被害人自陷风险中的自我答责原则,在强调被害人的自由意志这一点上殊途同归。三者之间在教义学理论模型上的差异,既是德国刑法理论精细化的产物,也是学者试图从新的视角去创设新的概念表述,进而树立自身学术个性和标签的结果,但是不能因为这种教义学层面的差异而遮蔽或忽视了它们共通共享的思想基础。

4. 刑事自诉权

除了为实体法上的教义学理论提供思想支撑,自我决定权也能够分享一些程序法问题的解释力。刑事诉讼中的自诉权便可视作自我决定权的一个表现侧面。自诉权是与公诉权对称的概念,指依法享有起诉权的个人直接向法院提起诉讼的权利。根据我国《刑法》第246条、第257条第1款、第260条第1款和第270条的规定,侮辱案、诽谤案、暴力干涉婚姻自由案、虐待案和侵占案中的被害人,可以自主决定是否提起诉讼。一般而言,绝大多数刑事案件必须由公诉机关代表国家决定是否发起诉讼,被害人的"事后同意"在刑事案件中是无效的。但是,上列被《刑法》第98条规定为"告诉才处理"的犯罪,即使在行为完成或既遂的事后,也可以由被害人自我决定是否诉诸刑事程序。近年来,有学者提出将民事诉讼法上的诉权理论引入到刑事诉讼领域中的命题,使诉权成为设置各种具体诉讼权利的根据和基础。但是论者同时承认,如何在刑事诉讼中解释诉权的可处分性,是影响诉权理论在刑事诉讼中导入的一个主要的障碍性因素。① 笔者认为,在自诉案件的场合,自我决定权可以为清除这一障碍提供颇具解释力的理论资源。自诉权正是自我决定权在刑事诉讼领域的一种典型表现,"为顾虑被害人之利益,尤其为保护被害人之隐私,刑法遂将若干犯罪规定为告诉乃论,以尊重被害人之追诉意思"②。正是由于刑法对个人自我决定权的尊重,所以对于某些特定的个人法益的轻微损害,"将追诉犯罪的程序启动权交给被害人,由其根据自身利益最大化原则进行选择。"③

5. 刑事和解

刑事和解是指在刑事诉讼中,被害人与被告人以认罪、赔偿、道歉等

---

① 汪建成、祈建建:《论诉权理论在刑事诉讼中的导入》,载《中国法学》2002年第6期。
② 蔡墩铭:《刑事诉讼法》,台湾五南图书出版公司1982年版,第291页。
③ 徐阳:《我国公诉与自诉的协调机制探析》,载《政法论坛》2010年第3期。

方式达成谅解以后,司法机关不再追究加害人刑事责任或者对其从轻处罚的一种制度和理论。① 与被害人行使自诉权决定不启动刑事程序不同,刑事和解是指在启动刑事程序之后,被害人与被告人以协商合作形式恢复原有秩序的案件解决方式。近年来,随着各种形式的刑事和解实践在中国的兴起,刑法和刑事诉讼法学界对这一问题给予了高度关注,出现了大量讨论刑事和解正当性根据的理论文章。有些学者提出,司法机关的收益是促成刑事和解兴起的一个重要原因。例如,在一些取证困难而难以排除合理怀疑的案件中,刑事和解有利于帮助司法机关摆脱困境。此外,刑事和解显然有助于提高诉讼效率、节约司法成本和社会资源。② 但是,仅仅强调司法效益,还难以有力地将刑事和解与辩诉交易区别开来;因为这些理由同样适用于在检察官与被告人及其辩护人之间展开的辩诉交易。

笔者认为,刑事和解虽然在客观上有利于提高司法效率,但在其价值构造中始终居于首要地位的,仍然应该是对被害人利益和意愿的重视。正如有学者指出,以往对被害人诉讼权利的规定,大多是单一地增强被害人的追诉能力,满足其报应情感,但是却很少考虑被害人的物质恢复和心理恢复的问题,导致的直接后果就是被害人地位的工具化。③ 刑事和解的兴起,正是要克服这一弊端,以被害人利益为中心,尊重被害人的意愿,由被害人自己来决定是否愿意以及以何种方式与被告人达成和解,而国家则在合法空间内对这种和解意愿给予充分地重视。即使在法院主持下的调解,也必须得到被害人认可并在调解书上签字才发生法律效力,这些都体现了对被害人自我决定权的承认和尊重。

三、刑法家长主义的新界定

在基本观念上,个人的自我决定权并非是一个无限制的、孤立存在的概念。从个人自治的观念比较明确地被密尔在《论自由》一书中提出来起,作为其限制思想的家长主义在理论表述上就同时产生了。换言之,自我决定权的天生对立面就是家长主义。

---

① 陈光中、葛琳:《刑事和解初探》,载《中国法学》2006 年第 5 期。
② 杨兴培:《刑事和解制度在中国的构建》,载《法学》2006 年第 8 期。
③ 向朝阳、马静华:《刑事和解的价值构造及中国模式的构建》,载《中国法学》2003 年第 6 期。

(一) 家长主义的传统涵义

家长主义又称父爱主义,意思是指像父亲那样行为,或对待他人像对待孩子一样。这一思想较早在《论自由》一书中出现时,是指为了儿童或神经错乱者的自身利益,可以允许实施家长式干预。① 后来哈特在《法律、自由和道德》一书中提出,"在谋杀案或者伤害案的指控中,排除受害者的同意作为辩护理由的规定,堪谓一种家长主义的极佳典范"。② 与密尔式家长主义相比,哈特式家长主义显然扩展了法律干涉的范围,将干涉对象延伸到一般的成年人。不过,无论是密尔式的家长主义还是哈特式的家长主义,都是借助"家长往往会干涉子女的自我危害行为"这一现象和观念,来比喻国家、政府和法律对公民个人的某种干预。

家长主义存在多种分类③,但其基本理据主要来自以下两点:(1) 保护原则。面对现代社会变迁,法律中的"人"并不总是强者的形象,而是"弱而愚"的、需要保护的人,对于那些年老、贫穷、柔弱、迷惑的人们所遇到的困境,就更不应完全将其放到贴有自治标签的盒子里去而置之不理。④ 考虑到个体的脆弱,法律应该保护个体免受外界伤害。(2) 社会连带思想。如果说保护原则是基于一种爱的立场的考虑,那么社会连带思

---

① 参见密尔:《论自由》,程崇华译,商务印书馆 1996 年版,第 115 页。

② 哈特对家长主义持一种赞成态度,试图以此与德夫林勋爵的道德主义相区分。哈特认为,在密尔所处的时代,人们生活愿望稳定且不易受到外界干扰,清楚地知道什么事自己所需的,因此家长主义受到批评是可以理解的;但是随着时代变化,家长主义重新获得了其正当性。因为"我们普遍地越来越不相信,一个个个体才是最了解他们自身利益的人……一种明显的自由选择或者同意的重要性被削弱了。"哈特:《法律、自由与道德》,支振锋译,法律出版社 2006 年版,第 30—32 页。

③ 例如,以干涉程度为标准,可区分出弱家长主义与强家长主义。前者是指以救助性原则为基础,防止他人非自愿性、实质上非自治性的行为发生。弱家长主义只对受到削弱的决定进行限制和干预;而没有意思瑕疵的决定是值得尊重的。因此,弱家长主义"不是阻碍自治,而是在实际上保护和提升自治"。相比之下,强家长主义是指在他人已经获知相关信息,并且是自愿的作出有风险的选择时,基于对他人有利的目的而进行干预。因此,强家长主义是指干涉人出于增加当事人利益或使其免于伤害的考虑,不顾当事人的主观意志,来限制其自由的行为。参见孙笑侠、郭春镇:《法律父爱主义在中国的适用》,载《中国社会科学》2006 年第 1 期。也有学者以使用领域为区分标准,将家长主义区分为家庭关系领域的家长主义、政治领域的家长主义和伦理与法律意义上的家长主义三类。参见黄文艺《作为一种法律干预模式的家长主义》,载《法学研究》2010 年第 5 期。

④ 参见孙笑侠、郭春镇:《法律父爱主义在中国的适用》,载《中国社会科学》2006 年第 1 期。

想则是一种基于利害立场的考虑。涂尔干早已指出有机社会中人们之间的连带关系,狄骥从实证主义法学的角度进一步论证,社会连带关系无关道德,而是存在这种客观需求。① 个人与社会的关系既然无法完全割断,个人自然也不能无视社会的要求。如果这个社会要求的力量足以透过法律将其意志加之于他人身上时,就体现了一种家长主义。② 由此可见,家长主义中的"家长",范围可扩大至政府、社会力量甚至所有能引发顺从和同意的能力。国家、社会团体甚或个人,如果在人类生活体制的建构和法律秩序的形成中具有优势地位,往往会将自身的价值观强加于他人,从而替代他人作价值判断。在此意义上,法律家长主义就是作为一种法律干预模式的家长主义,它是基于个人的利益考虑而限制个人的自主,是个人自我决定、自我管理、自我判断的对立面。

(二) 重新界定刑法家长主义的必要性

上述法律家长主义的正当性依据,基本上也适用于刑法家长主义。但是,在其基本内涵方面,考虑到以下因素,有必要作出新的解读和界定。

首先,家长主义本身不应该被固化为一个僵硬的概念,而应被视作内容与时俱进的一种思想。所谓"像父亲那样行为;对待他人像对待子女一样",首先需要明确当代生活中的父亲实际或者应该如何对待子女,这个比喻才有对应的意义。家长对待子女的方式远不止像传统的家长主义理论所指涉的"干涉子女自我危害"这么单一,对家长主义而言,"干涉个人自危行为"的寓意仅仅是一个局部的摘取,显然远远没有提炼出"家长——子女"关系的全部内容。此外,作为家长主义这一理论喻体的"家长",随着时代演进和社会变迁,其自身形象也在发生变化。今日社会中的"家长"角色,早已不同于密尔或哈特的时代。若把家长与子女之间的

---

① 狄骥:《公法的变迁/国家与法律》,郑戈、冷静译,春风文艺出版社1999年版,第443—444页。

② 从社会连带的角度证成的家长主义,可能会遭到一些学者的反对。这些学者主张,家长主义的干预模式,必须是基于个人利益而对个人进行干涉。相反,基于社会利益或公共利益的法律干预模式,是一种"非家长主义"的干预模式。参见黄文艺:《作为一种法律干预模式的家长主义》,载《法学研究》2010年第5期。但是,这种分区事实上并不如想象中那么有意义,因为在家长主义的语境中,对所谓"个人利益"的判断主体都不是个体自身,而是政府或法律等"超个人";而只要拥有了对"个人利益"的界定权,也就拥有了将社会利益或公共利益表述成个人利益的能力。仅仅在概念内涵上强调"家长主义"与"非家长主义"的区分,对于降低政府侵犯个人自由的风险而言,可能并无多大实益。

关系仅限于"基于爱的干涉",未免过于片面和单薄。现代的"家长——子女"关系,至少应该加进下列的内容:家长既要保护子女免受自我伤害,也要保护其免受外界伤害,有时也要放手让子女从自以为是所导致的挫折中成长而不是一味呵护。相应地,以这一关系形象命名的"家长主义"理论,若不想成为博物馆中的陈列物,就必须与时俱进地改造其内容,将上述寓意容纳进来。其次,刑法的特殊性,决定了本文所说的刑法家长主义,既有法律家长主义的一般性,也显示出衍生于刑法自身属性的独特气质。总之,在今天的中国社会和刑法学的特殊语境下讨论家长主义,不应也没有必要再局限于密尔或哈特的家长主义概念探求经典原义的阐发,而应该在新的视野中赋予理论新的内涵。

(三) 当代刑法家长主义的新内涵

1. 提供了不同于契约论的另一种解读刑法的进路

刑法家长主义以家长——子女的关系来比喻刑法与社会成员的关系,这为人们理解刑法的基本问题提供了不同于传统的契约论的另一种解读方法。

刑法理论的"元问题"之一是刑罚的正当性。传统模式是从国家惩罚犯罪人的角度出发来回答这一问题,其思想根据主要是社会契约论。由于国家与个人之间存在着契约关系,刑罚权是公民缔约让渡形成的一部分国家权力。因此如黑格尔所说,对犯罪人的惩罚其实是他自己同意的自由的结果。[1] 由此可见,传统模式是凭借契约关系的比喻,证成了国家惩罚犯罪人的正当性。相反,如果从国家保护被害人的角度出发,就可以以刑法家长主义为根据回答这一问题。由于国家和个人之间存在着"家长——子女"的关系,所以刑法负有保护个人免受侵害的职能,因此对于侵犯者实施刑罚制裁。由此可见,这里是凭借家庭关系的比喻,首先着眼于国家保护被害人的正当性。[2]

---

[1] 参见黑格尔:《小逻辑》,贺麟译,生活·读书·新知三联书店 1957 年版,第 329—330 页。

[2] 当然,本文对这种新的模式的初步阐发和利用,并非要去替代传统模式的解读,而是希望形成一个有益的补充。要想全面完整地理解刑法的根基,仅仅从国家与犯罪人的关系出发显然是不够的,必须要把被害人的问题纳入进来。上述讨论说明,不仅在具体的刑法教义学观点上争讼不断是平常之事,就是在刑法"元问题"的基础层面,也不是一神主宰的天下,而是可以并且能够存在着多种理解进路的竞争和补充。

此外，当代刑法的家长形象不是单向度的，它不仅面向犯罪人来保护被害人，同时，也站在家长的立场保护犯罪人。刑法的家长形象应当面向所有社会成员。强调这一点，首先是由于近年来在国际上被热烈讨论的"敌人刑法"。"敌人刑法"的观念主要由德国学者雅科布斯（Jakobs）提出和阐述，是目前欧陆刑法学界争论最为激烈的命题之一。按照雅科布斯的看法，"敌人"是指那些完全无视社会的底线秩序、试图瓦解社会的"不具有人格的人"，这部分人不同于一般的犯罪人，应对其适用特别的刑法手段，即所谓"敌人刑法"。① 但是，绝大多数犯罪人并不是雅科布斯意义上的"敌人"，而与被害人一样同样是社会的成员，因此也是位于刑法的"家长"形象之下的"子女"。犯罪人也可能成为被害人，一起案件中的被害人也可能是另一起案件中的犯罪人。因此，家长主义的刑法，不能一味满足被害人的复仇心理，也不能追求严刑酷罚，而同时必须兼顾考虑对犯罪人惩罚的效果。家长主义的刑法如何谦抑地使用如两刃之剑的刑罚，保持克制和平衡，是这个部门法中的核心问题。

总之，刑法家长主义注重从保护的角度出发来解读刑法，这与传统契约论刑法观从惩罚的角度出发来理解刑法相映成趣，将二者结合起来，可以更加全面完整地理解刑法。

2. 刑法天然地具有家长形象

从被害人对刑法的期待和刑法干涉的角度看，与其他部门法相比，刑法对被害人的保护天然地具有家长主义的特征。

以民法为参照，可以清晰地看出这一点。普通的民事纠纷是公民主动参与社会生活和经济交往的伴随物和正常的副产品。一般而言，民事纠纷并不会对个人身心造成不可逆转的巨大伤害。因此，遭遇民事纠纷的当事人，能够相对比较理性地看待违约者或侵权者；同时，国家权力只需居中裁判，并不能立场先行地支持平等主体中的任何一方。但是，犯罪是一种病态的社会越轨行为，无辜被卷入犯罪的被害人，常常处于一种被动的、难以预料也无法预防的劣势地位，在这种地位上遭受了由行为人实施的、常常是不可逆转的巨大伤害。在这种情境下，被害人及其家属的身

---

① Vgl. Jakobs, Bürgerstrafrecht und Feindstrafrecht, HRRS, 2004/3; Hoernle, Deskriptive und normative Dimensionen des Begriffs "Feindstrafrecht", GA 2006, S. 91. 国内学界对此问题也多有讨论。参见刘仁文：《敌人刑法：一个初步的清理》，载《法律科学》2007 年第 6 期；何庆仁：《对话敌人刑法》，载《河北法学》2008 年第 7 期。

心往往都会陷入极度痛苦甚至渴望复仇的不理性状态。此时,刑法不能像民法那样不告不理,而是必须积极主动地支援被害人,通过警察和检察机关主动侦查犯罪、提起公诉,要求法院对犯罪人实施严厉制裁。只有通过这种方式,公民才能从缔约而成的政府中得到有效的保护和安抚。如果说,公民对于民法保护的诉求是基于一种在纠纷发生时寻找中立者予以评断并分配利益的心理,那么,公民对于刑法保护的诉求,更增加了一种无助绝望、诉苦申冤、希望国家为自己做主的心态。换言之,与民法的保护相比,公民对刑法的求助心理和期待愿望更迫切,依赖感也更强烈。人们寄予刑法的,不是希望通过判决而使合同履行或者得到经济补偿,而是希望刑法为其主持公道,希望通过刑法之手惩罚侵害者。这种对刑法庇护的高度期待,映射在心理学上,正是一种处于困境时渴求"父母长辈"帮助的人类潜意识。在某种程度上,可以说刑法的家长形象是为犯罪所困的被害人主动赋予的。此外,刑法在实体和程序运作上,也都相应地表现出浓厚的家长主义色彩。例如,在程序上,除了极少数自诉案件外,刑事诉讼的发动一般都不允许被害人自己决定;刑事诉讼的终了也不允许双方调解。在实体上,检察机关提起公诉的罪名和刑罚不能由被害人选择。这些都充分体现了主动性、强制性的家长主义形象。

3. 中国语境下的刑法家长主义带有"父母官为民做主"的传统色彩

刑法家长主义虽然是一个当代法学上的概念,但在有着数千年家长式统治传统的中国社会中,类似于刑法家长主义的观念一直存在。

首先,家国思想在中国社会根深蒂固,源于古代的皇权统治具有深厚广泛的社会伦理基础。中国社会虽自母系源起,但整体上一直是父权社会,"子孙违犯父的意志,不遵约束,父亲自可行使威权加以惩责。……父亲对于子孙的笞责实际并不只限于竖子婴儿,子孙成年以后依然不能坚持自己的意志,否则仍不能避免这种处罚。"[1]儒家力主这种绝对服从父母的"孝",最终目的是为了"移孝作忠""以孝事君",即要求人们像服从父权那样绝对服从君权。[2] 家庭中的父权扩展到国家层面,就成了以大家长形象统治万民的皇权。代表皇权去具体统治国家各地的官员,也被相

---

[1] 瞿同祖:《中国法律与中国社会》,中国政法大学出版社2004年版,第16页。
[2] 刘广安:《中华法系的再认识》,法律出版社2002年版,第140页。

应地赋予"父母官"的形象。① 而父母官据何为民做主？基本根据之一就是在历代治理工具中都居于核心地位的刑律。因此，在传统中国社会，皇权的家长统治正是以刑律为制度符号，通过"父母官"的司法裁判，渗透到"子民"的日常生活中。作为家长式统治的基本工具，刑法最为直接地代表着能为民做主的皇权，也最能唤起一般民众对"父母官"的期待心理。

另外，中国刑律自身也具有"儒家化"②的特点。自汉儒董仲舒提出德主刑辅、礼法结合，开春秋决狱、以经解律之风，直至《唐律疏议》"一准乎礼，而得古今之平"(《四库全书提要》)，中国历代的刑律中都在不同程度上渗透和传达着等级差序的儒家精神。因此，刑法家长主义在传统中国社会中有着特殊的意义：一方面，作为传统法律的主要表现形式，刑法的有效适用，关系到皇权的"大家长"形象及各级官员的"父母官"形象的树立。国家通过刑法的适用树立起管理社会、伸张正义的形象。所谓"当官不为民作主，不如回家卖红薯"的思想，特别地体现在一些重大刑事案件中，主要是指国家通过审查案件，适用刑律来为百姓申冤，主持公道。另一方面，传统刑律本身就传播和捍卫着某种以皇权和父权为核心的家长主义的威权思想。在这个意义上，中国语境下的刑法家长主义，往往带有浓厚的"父母官为民做主"的传统色彩。

4. 刑法家长主义不可能抽空道德内涵

家长主义与道德主义的区分，是哈特在与德夫林论战的过程中提出的命题。德夫林站在"法律强制推行道德"的立场，认为在伤害罪中不能以被害人同意作为辩护理由，是因为"一个社会必须要有一些必须遵从的行为的标准或者道德的原则"。相反，哈特认为，之所以排除被害人同意作为辩护理由，不是由于法律要保护道德，而恰恰是"一种家长主义的极

---

① 隔岸的韦伯对此洞若观火，"中华帝国的司法行政具有浓厚的家产制色彩……中国的法官(典型的家产制法官)以彻底家父长主义式的方式审案断狱。"参见韦伯：《中国的宗教》，康乐、简惠美译，广西师范大学出版社 2004 年版，第 215 页。

② 中国刑律儒家化的命题，已经在法史学界形成相当程度的共识。陈顾远先生在20世纪30年代提出，"儒家之礼治，不特高居刑律之上，抑且深入刑律之中，使刑律之为礼化也。"陈顾远：《中国法制史》，商务印书馆1934年版，第55页。此后，陈寅恪先生明确提出"刑律儒家化"的概念。参见陈寅恪：《隋唐制度渊源略论稿》，河北教育出版社2002年版，第102页。瞿同祖先生对此命题进行了系统阐释，基本上奠定了定论的地位。参见瞿同祖：《中国法律与中国社会》，中国政法大学出版社2004年版。对这一命题的质疑，参见郝铁川：《中华法系研究》，复旦大学出版社1997年版；苏亦工：《明清律典与条例》，中国政法大学出版社2000年版，第13—17页。

佳典范"。哈特引证密尔的划分,认为"因为那样会对他更好""因为那样会使得他更快乐"与"因为在别人看来这是适当的"是能够明确区分的两种类型。① 一些刑法学者也持区分二者的看法。例如,日本学者曾根威彦认为,家长主义是与道德主义并列的两种不同的关于刑法介入的正当化原理,前者解决的是"自己是被害人的犯罪",后者应对的是"没有被害人的犯罪"。②

但是,这种乍看起来很清晰的区分,可能仅仅具有形式和修辞的意义。如果人们追问,当一个"被害人"基于自己的特殊利益考虑而要求他人"伤害"自己时,当他根本不承认这种"伤害"的痛苦相反却视作是自己人格的自由展开时,难道不也是一种"没有被害人的犯罪"吗?就哈特所说的区分而言,所谓"因为那样会对他更好"以及"因为那样会使得他更快乐"中的"好"和"快乐",如果不是按本人立场而是按国家立场去认定的话,与"因为在别人看来这是恰当的"其实并无实质性差别,都是国家介入了什么是个人的美好生活这一判断。无论说成是"家长式"的还是"道德式"的,都不能改变这一判断的本质。支振锋博士也看到了哈特论证中这一漏洞,"他(哈特)以防止未成年人堕落的家长式关怀为由,支持法律继续禁止未成年人与成年人之间的同性恋行为。这里,他就留下了一个'小辫子',因为堕落一词本身就是道德见解。而且,家长式关怀也富于道德意味。这样,他就很难将其法律与道德相分离的观点毫无困难地坚持下去。"③

从各国的立法与司法实践的发展来看,当代意义上的刑法家长主义已不可能抽空道德内涵。例如,《德国刑法典》第 228 条规定:"在被害人同意的情况下所为之伤害行为,仅在该行为违背善良风俗时,才是违法行为。"这一立法本身表明,脱离开对"善良风俗"这一道德内容的考虑,国家已经没有其他理由对得到被害人同意的伤害行为进行限制。再如,我国《刑法》第 234 条规定,"故意伤害他人身体的,处 3 年以下有期徒刑、拘役或者管制。犯前款罪,致人重伤的,处 3 年以上 10 年以下有期徒刑;致人死亡或者以特别残忍手段致人重伤造成严重残疾的,处 10 年以上有期徒

---

① 哈特:《法律、自由与道德》,支振锋译,法律出版社 2006 年版,第 30 页。
② 曾根威彦:《刑法学基础》,黎宏译,法律出版社 2005 年版,第 34 页。
③ 支振锋:《刑罚的限度》,载哈特:《法律、自由与道德》,法律出版社 2006 年版,第 86 页译后记。

刑、无期徒刑或者死刑。"刑法家长主义要想成为对这一问题进行限制的支配性根据，就必须融入社会观念的内涵，对"特别残忍"作出道德意义上的解释。① 因此，一个与道德完全无涉的刑法家长主义的概念，是想象中的乌托邦，在理论逻辑的自洽上是没有前途的。

刑法家长主义与道德的关系，也可以从刑法通过保护底线规范来维系社会的角度加以理解。刑罚的发动，不仅仅在于为已经遭受侵害的被害人撑腰，更是在于发挥一般预防的功能，通过心理威慑（消极的一般预防）和规范培养（积极的一般预防），达到保护所有潜在被害人免受此类侵害的目的。刑法通过捍卫包括一些基础性的道德伦理在内的底线规范，发挥维系社会共同体的功能。如果刑法任由底线规范被任意漠视，社会就会面临解体的危险，所有成员都将处于无保障的状态中。因此，通过保护底线规范来维系社会，最终保障每一个社会成员的生活，是当代刑法家长主义的题中应有之义。

四、自我决定权与刑法家长主义的关系

在对刑法家长主义的内容进行重新解读和演绎之后，才可能在一个新的基础上搭建起自我决定权和刑法家长主义的复调框架。在这个理论框架中，自我决定权与刑法家长主义之间既有冲突和限制，也有依赖和保障。二者之间的多层张力，形成了对各种被害人问题进行解释的思想框架。

（一）排斥关系：自我决定权排斥家长主义的干涉

按照自我决定权的观点，个人按照意愿处置自己的财产甚至身体，是个体人格的展开，是实现个体价值的一种途径。因此，同意他人砸毁自己的财物，或自愿乘坐危险的交通工具，都是个体自由的表现，不需要外界干预。但是，站在刑法家长主义的立场，会认为上述行为对决定者而言，仍然存在客观的侵害或侵害的危险；而刑法要保护公民，要对公民负责，就不能光以公民自己的想法为准，不能任由个人作出在刑法看来是不理智、不成熟、危及自身的决定。因此，刑法也就不能允许行为人以得到被

---

① 车浩：《被害人同意在故意伤害罪中的界限》，载《中外法学》2008 年第 5 期。

害人同意作为辩解的理由。

在法学理论史上,被害人同意以及自我决定权曾经一度被冷淡甚至搁置。① 例如,在哈特的观念中,伤害案中的被害人同意不能作为辩护理由,是家长主义的最佳典范。② 但是,随着社会发展和科学进步,个人主义思想广泛传播,多元化时代来临,人们不再盲信即使是出于良好意愿的权威,而希望在尽可能大的空间内自主决定,自由发展。在这些变化的冲击下,刑法所禁止的、曾经由国家做主代替个人判断而被认为是不能接受的行为,在今天的个体选择中面临被正常化的可能。如今,即使在故意伤害罪的场合,各国刑法也已经普遍承认被害人同意的出罪功能。此外,在被害人自陷风险的情况下,也往往不再对行为人归责。

(二) 制约关系:刑法家长主义对自我决定权的制约

但是,基于刑法的特殊性质,家长主义始终是限制自我决定权的重要力量。个人的自我决定权的对象仅仅适用于个人法益,但是即使在这些领域,自我决定权仍然要受到刑法家长主义的制约。

例如,生命虽然属于个人,但是各国刑法理论和实践一致认为,生命不能被个人任意地支配,得到他人同意的杀人行为,仍然要受到刑法追究。对此存在多种解释,但无论是生命权优先于自我决定权的观点,或是生命属于超个人法益的主张,还是尊重生命的风气高于个体意愿的看法,在根本上都是从被害人角度替代被害人去思考的家长主义立场。刑法一方面担心公民在仓促、冲动和不理智的状态下作出了不可逆转和无法弥补的决定;另一方面,也担心其他人利用被害人的意思瑕疵,造成这种无法证明死者意愿的状态。③ 因此,通过惩罚得同意杀人的行为,对于个人放弃自己生命的自决权起到一定的限制作用。

再如,身体在一般情况下可以由公民个人自我支配。当得到保护被害人同意时,即使实施了造成被害人身体重伤的行为,也不再适用

---

① 例如,历史法学派的追随者们就基本上否认被害人同意的效果,认为刑法作为国家制度的历史表现形式,不能为个人的支配所决定。Vgl. Honig, 1919, 32ff., 51ff.

② 哈特认为,"利用刑法阻止对他人的伤害,甚至在有受害者自身同意或者为伤害自身提供帮助的情况下,也依然如此。"哈特:《法律、自由与道德》,支振锋译,法律出版社2006年版,第32页。

③ Sternberg-Lieben, Die objektiven Schranken der Einwilligung im Strafrecht, 1997, S. 146.

《刑法》第234条故意伤害罪。但是,在同意他人以"特别残忍的手段"伤害自己的场合,自我决定权就会受到相对的限制,因此这种"特别残忍的"的行为本身已经对维系社会的善良风俗造成冲击,不能够再交由被害人自我决定,在这种情况下,即使存在被害人同意,行为人仍构成故意伤害罪。①

此外,需要特别强调的是,死刑案件(指的是行为人罪行极其严重、依法罪该处死的案件)中的刑事和解必须受到严格限制。一方面,对于造成被害人死亡的死刑案件,已经不可能再有任何自我决定权的存在空间,被害人家属不可能代替死者行使自我决定权,特别是在被害人家属得到赔偿后作出的谅解表示,不应该被表述为对死者意思的尊重进而成为刑事和解的理由,因为真正从肉体上遭受毁灭性侵害的始终是被害人自己而不是其家属,刑法保护的是个体的生命权而不是其他人对该生命毁灭的哀痛之情。另一方面,即使在被害人没有死亡而与行为人达成谅解协议甚至向法院提出对其不适用死刑的场合,如果行为人属于《刑法》第48条规定的"罪行极其严重的犯罪分子",那么被害人的自我决定权的空间也是极其有限的。这是因为一般来说,能够适用死刑的案件,行为人所犯罪行的严重性往往达到了攻破社会伦理底线的程度,尽管首当其冲者是被害人一个个体,但实际上受到巨大冲击、面临崩溃危险是联结社会关系、维系社会存在的底线规范。为了捍卫这些底线规范,发挥一般预防的功能,刑法家长主义在死刑案件中必须限制个人的自我决定权。换言之,对于这一类死刑案件的刑罚权,国家必须牢牢掌握在手中。在这个意义上,梁根林教授的批评无疑是正确的,"尽管刑法的私法化走向可以在一定程度上解释对轻微犯罪的刑事和解,但是,仍然无法为死刑案件的刑事和解提供法哲学的支持。……为了维护国家与社会的集体存在与法秩序的整体统一,国家对关乎重要法益保护的核心刑罚权必须予以垄断性与强制性的行使,不能允许加害人或被害人根据其个人意志或私利随意左右或变更刑法的适用。"②

---

① 车浩:《被害人同意在故意伤害罪中的界限》,载《中外法学》2008年第5期。
② 梁根林:《死刑案件被刑事和解的十大证伪》,载《法学》2010年第4期。

(三）保障关系：自我决定权需要家长主义的护航

公民的自我决定并不总是能取得个人预期的良好效果。法律中的"人"并不总是强者的形象，而往往是"弱而愚"的个体。尽管在个体自我决定的时候，会拒绝刑法家长主义的干涉，但却常由于自身和外界的原因，并不能真正地实现理想中的自治。相反，个人的自我决定，常常是一种被削弱的自治，往往并不能察觉到其意志决定中隐藏的风险。这里面有各种原因，包括同意能力的欠缺、由于自身大意或人格缺陷而产生的评估错误、在欺诈或强制下作出的决定，以及由于一时的兴奋或冲动作出决定而事后又后悔等等情形，可以说都是一种存在瑕疵和缺陷的虚假自治，或者说实质上并不是真正的自由。个人因为这种虚假自治而受到了损害，这时，个人还能不能再次向曾经因为干涉而被排斥的刑法伸出求助之手呢？笔者认为，作为家长形象出现的刑法，原则上始终不能放弃保护公民的责任，这不仅是一种仁爱，也是它的制度使命。在个人需要救助的时候挺身而出，而不能再计较个人自我决定权对其干涉表现出的排斥。刑法家长主义应该具有宽容的心态，在个人决定排斥干涉时保持沉默，在个人决定受挫时给予援手。这种场合下的刑法家长主义，应该是一种具有同情心和理解心的"弹性家长主义"。

例如，由于行为人的欺骗，被害人对法益损害的性质、范围或危险性产生了错误认识而作出的同意是无效的，此时，刑法应该通过惩罚行为人的方式，来保障被害人的自我决定权。在医生甲向患者乙隐瞒了手术部位和范围的情形下，乙的同意是无效的，由此产生的结果应该以伤害罪归责于甲。同理，A冒充B的丈夫C（A与C长相酷似），以C的名义获得B的同意而与B发生性关系，对此应该认定A构成强奸罪。这就是刑法保护被害人同意必须体现真正的意思自治。

再如，当个人的自诉权的行使受到阻碍时，被害人有权获得检察机关的帮助以克服障碍，从而在检察机关的帮助下完成追诉犯罪的任务。正如有学者指出，"国家追诉主义并不必然排斥被害人诉权，相反，却以被害人诉权保护为终极目的。若非如此，国家追诉主义就蜕变为了国家专断主义，丧失了法治的内在核心价值。"[①]《刑法》第98条规定，对告诉才处

---

① 徐阳：《我国公诉与自诉的协调机制探析》，载《政法论坛》2010年第3期。

理的案件,如果被害人因受强制、威吓无法告诉的,人民检察院可以告诉。这就是公诉权对自诉权的支持。

(四)教育关系:刑法家长主义不能提供无限制的保障

保护被害人的自我决定权是刑法家长主义的常态,但也有例外。在某些场合下,刑法也会拒绝提供保护,由此向所有公民表明刑法反对此类决定的态度,进而树立和稳定社会规范,这同样也是家长主义的题中之义。

例如,A 为了得到报酬而自愿被 B 伤害甚至出卖器官的场合,或者是为了得到报酬而决定与 C 发生性关系的场合,如果 B 和 C 从一开始就是抱着欺骗的心态,事后也拒绝给付,A 能否就此向刑法求助?刑法能否为此追究 B 故意伤害罪或者 C 强奸罪的责任?传统刑法理论基于全面保护被害人的"溺爱型"的家长主义立场,认为受到欺骗的被害人同意一律无效,从而追究行为人的责任。这就是所谓"全面无效说"。这种观点主要是强调错误与同意之间的因果关系,认为若无错误则被害人就不会同意,那么这个同意就是无效的。"全面无效说"在相当长时期内是统治德国司法实务界的通说。① 按照这种观点,在因打算得到报酬而同意被打或同意性交的案件中,就会得出因欺骗而导致同意无效,进而追究行为人故意伤害罪和强奸罪责任的结论。

但是,如果刑法保护这种对于受损法益本身并无错误认识,只是在回报期待上受到欺骗的同意,那么,这种保护可能会从反面以刑法方式助长一种人身法益"商品化"的趋势。② 因为这种保护实际上意味着刑法是在帮助稳固这种交易行为中双方的信任度,是作为靠山为买卖人身法益的

---

① 德国法院早期的很多判决遵循了这一观点。Vgl. OLG Muenchen NJW 1972, 2275; OLG Stuttgart NJW 1982, 2265 (2267); RGSt 74, 91 (93); BGHSt 4, 88 (90); BGHSt 16, 309 (310). 近年来,一些坚持"全面无效说"的学者,也对该理论进行修正,其中最令人瞩目的成果是阿梅隆(Amelung)提出的区分"无效性"和"归责"的双层结构方案:将同意效力判断与归责判断相互脱钩,分为两个层次分别判断。在同意的效力判断上遵循传统"全面无效说"的观点(凡有错误即导致同意无效),但是最终如何归责又当别论。Vgl. Amelung, Irrtum und Taeuschung als Grundlage von Willensmaengeln bei der Einwilligung des Verletzten, 1998. 这种新的"全面无效说"结构清晰,形式新颖,但是在归责问题上与传统的犯罪论体系之间存在重大摩擦,因而在受到广泛重视的同时也是非议不断,目前尚不能算是有力学说。

② Vgl. Arzt, Willensmaengel bei der Einwilligung, 1970, S. 20.

行为撑腰,而这将起到刑法并不希望看到的鼓励效果。因此,通过拒绝提供保护,刑法就设置了一种承担风险的压力,从而能够在一定程度上阻止个人将重要的人身法益进行交换甚至买卖,引导公民珍爱自己的个人法益。这就是近年来被逐渐成为主流观点的"法益错误说",即对于这种不涉及法益侵害的程度、范围和方式而是仅仅涉及回报的错误,仍然承认其同意的效力,不追究行为人的责任而由被害人自己承担损害后果。正是在这个教义学模型的设置上,体现出刑法家长主义不能坚持溺爱立场,而应有所为有所不为,从而让公民在挫折中成长的良苦用心。

由此可见,现代的刑法家长主义要在强硬与溺爱之间保持平衡。既不能采取"强硬型"的家长立场,完全排斥被害人的自我决定,也不能陷入"溺爱型"的家长立场,对被害人的自我决定实行绝对的、无限度的保护。一方面,过于强硬地干预,会造成国家威权和专制的印象,也使得公民逐渐丧失自我选择和决断的能力;另一方面,一味溺爱甚至不分青红皂白的保护,会使得刑法丧失对正确、积极和健康的个人生活态度的引导,却从反面鼓励和支持了公民从事不当或高危行为。因此,刑法家长主义面对自我决定权的合理定位,应该是在保护与不保护之间保持一种适度的张力。这种张力能够使得每一个社会成员,无论是意图侵犯他人而成为罪犯的人,还是冒险或投机因而可能被害的人,都会在或被刑法惩罚或丧失刑法保护的风险面前,感受到压力,从而谨慎地规范自己的行为。只有这样,才能达到减少和保护潜在被害人的最终目的。

五、理论框架的定位与功能

如果按照问题的抽象度来区分理论层次,那么,本文所提出的自我决定权与刑法家长主义互动的理论框架应属于一种中层理论。一方面,这种中层理论为进一步的教义学观点的建构和具体问题的解释,提供了作为基础的思想根据。另一方面,这种中层理论本身并非无可辩驳的终极原理,在其背后仍然是解释者个人的价值立场发挥着作用。按照笔者的一贯主张,对于刑法问题的解释,归根结底,具体的结论总是可以溯源到解释者的价值立场上面。但是,在解释者的价值立场与具体问题的结论之间追溯的过程,并不是两点间的直接连线——那样就会变成直接凭借感觉、偏好、激情或权力来断案而丧失其正当性——而是必须经由一系列可反复检验的理论管道,使得抽象的、隐含的价值观逐层被具体化和显露出来,最终落在具体的案件中。

一个按照抽象程度递增来表示的思考顺序,可以简单地图示如下:

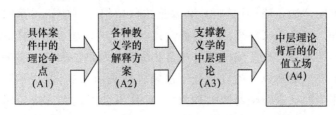

在上述思考过程的各个环节中,A1 环节主要是归纳事实,转化为刑法理论上的争议点(有罪还是无罪?此罪还是彼罪?既遂还是未遂?正犯还是共犯?有效还是无效?等等);A2 环节可能会出现多种解释方案(即一般在论文中经常出现的"各种观点"),各个方案要想有竞争力,首先或者主要是必须在逻辑上自洽;A3 环节会进一步地追溯到各个教义学模型(或各种观点)背后的中层理论,当然,这些所谓"中层理论"对于刑法学理论来说,已经基本上位于专业领域的最基层,因此也可以说是刑法理论的"元概念";在 A4 环节,则最终要逼得构建或选用这些中层理论背后的(解释者的)价值立场现身。需要特别指出的是,上述图表中的箭头是按照从微观到宏观的层次递进来标注的,但是一个人的实际思考过程,却完全可能是与之相反,即在 A1 环节的争点确定之后,首先受到 A4 环节的价值取向的影响而在内心已经有了某种决断,然后又在各个环节之间往返来回地寻找合适的解释管道来论证和具体地落实其价值观,最终达到在法理和解释上自圆其说的目的。

本文所讨论的自我决定权和刑法家长主义基本上属于 A3 环节的中层概念,但是,对这两个概念的把握却不能悬空、孤立地停留在该层面泛泛而论。自我决定权与刑法家长主义的理论框架,能够"向下"对进一步的教义学观点构建提供思想支撑。换言之,一种教义学上的观点,应该能够由其背后的中层概念所搭建的理论模型得到有效、合理地说明。[①] 例如,对于被害人基于受骗而作出的同意是否一律无效,理论上存在不同观

[①] 这是因为就法律教义学本身而言,是以未经检验即视为真实的条件为前提,是在"现有的情况下"思考。依据康德的说法,"纯粹理性在现有理论架构上运作,而未先行批判它自身的能力。"参见考夫曼:《法律哲学》,法律出版社 2004 年版,第 15 页。

点。"全面无效说"认为,凡是被害人知道真相便不会同意的决定一律无效;"法益相关错误说"则认为,只有那些与法益相关的错误才会导致同意无效,至于其他仅仅是在回报上面受骗的同意,错误并不影响其效力。若进一步追问,"法益错误说"为什么要把这些回报落空的错误排除在刑法保护之外?这个教义学理论缘何被设计出来?学者基于什么样的考虑而提出这样的观点?这些问题就可在自我决定权与刑法家长主义的理论框架内得到妥当的解释。站在现代刑法家长主义的立场,刑法不赞成个人将身体作为商品进行交易来换取报酬,即使不会因此去直接惩罚出售行为,但至少也不会表现出支持的态度,即对这种人身法益商品化的"交易自由"拒绝再用刑罚手段提供保护。由此可知,"法益错误说"就不是一种凭空而来的理论遐想,而是可以追溯出扎实厚重的思想根基。

这是中层理论"向下"的功能,即为下一级的教义学层面的观点和理论提供支撑。但是,需要注意的是,其实中层理论本身已经隐含了非逻辑性的价值选择,例如,上述"刑法不赞成个人的人身法益商品化"的观点,实质上是由某种哲学或政治哲学上的理念导出。这就是中层理论"向上"的关联。只有揭示出这一层关联性的存在,解释者个人的价值立场才不会在刑法专业术语和概念的堆砌组合中被有意或无意地遮蔽。

"向上"追溯的话,如何看待和解释自我决定权与刑法家长主义之间的关系,实际上涉及解释者在自由主义或保守主义等基本价值立场上的倾向(无论其自知或不自知)。如果解释者是一个把个人自由看得至高无上的自由主义者,就会认为,一个自由国家不能公开奉行某种美好生活的观念或把这种价值观强加给公民,而必须在什么是美好生活这一问题上保持中立。"就什么可以被称作是美好生活的问题来说,政府必须保持中立的态度。……政治决定必须尽可能地独立于任何一个特殊的美好生活观,或者,政治决定必须尽可能地独立于什么东西赋予生活以价值的任何特殊观点。"[1]也就是说,由于无法比较各种人生理想之间的高下,因此我们对一个人想要追求怎么样的理想人生没有干涉的权利,每个人都有自由去追求及实现他所认为的理想的人生。[2] 按照这种国家在价值观上必须保持中立的逻辑,显然就会坚决维护自我决定权的自由行使,将人身法

---

[1] 罗纳德·德沃金:《原则问题》,张国清译,江苏人民出版社2005年版,第239页。
[2] 石元康:《当代西方自由主义理论》,上海三联书店2000年版,第6—7页。

益的交易也看作一种个人自主决定的自由。由此推出的结论是,作为"家长"形象出现的刑法就应该充分保障这种交易自由,最终在教义学层面,就会支持"全面无效说"。

反之,一个在自由问题上偏向保守主义立场的人会批评说,上面这种自由主义观念在教导人们各种欲望都是平等的同时,也使得人们丧失了羞耻感,摧毁了自尊。这种标榜中立性的自由主义否认崇高也否认了卑鄙,否认了人畜之别。① 因此,"真正自由人今天最紧迫的责任莫过于要全力对抗那种堕落的自由主义,这种堕落的自由主义宣扬人的唯一目的就是只要活得开心而不受管教,却全然忘了人要追求的是品质高贵、出类拔萃、德性完美。"②如果解释者更加青睐这种保守主义立场,认为人们应该追求一种崇高庄严的美好生活,真正的"自由教育"应该让人们变得"品质高贵""德性完美",那么,他就非常可能对人身法益的商品化和器官的自由买卖忧心忡忡,进而主张刑法对这些做法至少不应表现出支持的态度,也就是不应该用刑罚手段为这些"堕落的"行径保驾护航。这种基础上的刑法家长主义,会坚持有所为有所不为,拒绝为自我决定权提供无节制的保障。最终,在教义学层面,就会认同对被害人的错误进行选择性保护的"法益错误说"。

理清了上述价值立场与具体观点的关系,每一个解释者都可以由此自省,其他人也都能够看清解释者的内心倾向。至于笔者个人的价值立场,在前述关于自我决定权与刑法家长主义的关系的阐述中已经表达得很清楚了。自由既是形而上学这座庙宇里供奉的最高神,也是政治哲学理论座架上的冠冕。③ 但她不应该是漫无边际、毫无节制的纵欲者。就这一点而言,对自我决定权既有制约又有保障的刑法家长主义,应该算是保守主义在刑法专业领域中的一个代言人。④

---

① 参见列奥·施特劳斯:《古今自由主义》,马志娟译,江苏人民出版社 2010 年版,第 259 页。
② 列奥·施特劳斯:《自然权利与历史》,彭刚译,生活·读书·新知三联书店 2003 年版,第 33 页。
③ 应奇、刘训练编:《第三种自由》,东方出版社 2006 年版,第 1 页。
④ 保守主义不应该被看作与自由主义完全对立的东西。保守主义的关键不在于保守与否,而在于保守什么。若撇开了保守的具体对象,保守主义便空洞无物。"保守"是任何人都可能具有的一种天然倾向,并不自动构成"主义"。因此,由柏克创立的保守主义所保守的是对自由亲和的制度和对自由友善的传统。对此参见刘军宁:《保守主义》,天津人民出版社 2007 年版,第 20 页。事实上,保守主义与自由主义分享着很多共同的基础,在这个意义上,也可以说保守主义是一个大的自由主义阵营中的"保守派"。

六、小　　结

作为被害人教义学的重要组成部分，本文尝试构建自我决定权和刑法家长主义之间复调式的理论框架。一方面，自我决定权作为被害人同意等刑法问题的思想地基，是公民的基本人权。涉及个人法益的场合，是自我决定权在刑法领域的存在空间。强调被害人在刑法上的自我决定权，可以看作一种复兴被害人角色和功能的努力。另一方面，现代的刑法家长主义思想，与个人的自我决定权之间的关系呈现出复杂的形态。首先，在个人应该也能够充分实现意思自决的场合，刑法应该以一种宽容的态度放松不必要的保护，不宜推行"强制的爱"。其次，宽容并不意味着完全放任，在涉及生命、身体等极端重要的个人法益或牵扯进公共利益的场合，刑法家长主义仍需发挥一定的制约功能。再次，当个人由于一种虚假的、实质上存在瑕疵的"自我决定"而受到损害时，刑法不能旁观而需要积极介入以保障自我决定权的行使。最后，有些决定，刑法本来就不赞成，但是个人仍然执意为之并因此遭受侵害时，刑法只能保持沉默和不作为；因为在这种情况下，家长主义需要给公民一个合适的教育和引导，而不是无保留的溺爱。

总之，刑事实体法和程序法上的一系列问题，均能够从自我决定权的思想中找到支撑，但是也时刻受到刑法家长主义的影响。排斥、制约、保障与教育，构成了刑法家长主义与自我决定权之间的复调结构关系。这里需要的是公民个人理性、审慎的自治，也需要一种宽容、成熟、有力的刑法家长主义，后者应该以保障前者真正有效的实现为目标。本文的上述观点是站在以自由主义为基底、偏向保守主义的价值立场上展开研究所得出的结论。

财产犯罪的保护法益:法律—经济财产说之提倡[*]

江　溯[**]

财产犯罪是司法实践中最为常见、多发的犯罪类型,由于我国《刑法》规定本身缺乏足够的明确性,加上司法解释对于各种财产犯罪的规定较为复杂,因此财产犯罪成为我国司法实践中争议较多的一个领域。为了合理地解决司法实践中的这些问题,近年来,我国学者通过引入德日刑法理论,围绕财产犯罪的保护法益以及与之相关的具体解释论展开了丰富多彩的讨论,试图为司法实践中相关问题的处理提供较为明确的理论指引。本文将在我国立法、司法实践和现有理论学说的基础上,对财产犯罪的保护法益及其相关具体问题进行一个初步的探讨。

一、财产犯罪保护法益的两种视角

关于财产犯罪的保护法益,我国传统见解采取所有权说。近年来,由于受到日本刑法理论的影响,学界的讨论主要集中在本权说和占有说以及由此派生出的各种中间说。与这种视角有所不同的是,由于受到德国刑法理论的影响,有些学者开始从刑法上的财产概念入手来研究财产犯罪的保护法益,目前主要存在法律—经济财产说与经济财产说之间的对抗。在对财产犯罪的具体问题进行分析之前,首先有必要明确的是:我们应当采取上述两种视角中的哪一种视角?为了回答这一问题,有必要正本清源,对上述两种视角的适用范围和具体含义进行分析。

---

[*] 原文刊于《法学评论》2016 年第 6 期。
[**] 北京大学法学院副教授、博士生导师。

(一)第一种视角:所有权说、本权说与占有说及中间说

我国传统见解对财产犯罪的保护法益(客体)采取所有权说。例如,在高铭暄教授主编的刑法教科书中指出:"侵犯财产罪侵犯的客体,主要是国家、集体和公民的财产所有权。《民法通则》第71条规定:'财产所有权是指所有人依法对自己的财产享有占有、使用、收益和处分的权利。'对财产的占有、使用、收益和处分四种权能,构成所有权整体,其中最核心的是处分权,即按照所有人自己的意志对财产进行自由处置(消费、出卖、赠与、抛弃、毁灭等)的权利。一般来说,对任何一种权能的侵犯,都是对所有权不同程度的侵犯,而对处分权的侵犯,则是对所有权整体的最严重的侵犯,这也是绝大部分侵犯财产罪的最本质的特征。"[1]很显然,所有权说的根据在于《刑法》第91条和第92条关于公私财物的规定,由于这两个条文中均使用了"所有"这一概念,于是所有权说将其直接等同于物权法意义上的"所有权",然后顺理成章地按照物权法上关于所有权的概念来界定刑法上的财产所有权。但是,这种理解至少存在以下问题:(1)从《刑法》第92条的规定来看,公民私人所有的财产包括储蓄、股份、股票、债券等财产,而这些财产并不是物权法上的所有权的客体,而是应当被视为债权。(2)例如《刑法》第210条第1款规定了盗窃增值税专用发票或者可以用于骗取出口退税、抵扣税款的其他发票,按照盗窃罪定罪。但是,这里的发票显然不是所有权的客体;《刑法》第265条规定以牟利为目的,盗接他人通信线路、复制他人电信码号或者明知是盗接、复制的电信设备、设施而使用的,按照盗窃罪定罪。但这里的电信资源也不属于所有权的客体;《刑法》第276条之一规定了拒不支付劳动报酬罪,其所保护的显然不是财产的所有权而是劳动者获得报酬的权利即债权。(3)从我国关于财产犯罪的司法解释和司法实践来看,财产犯罪的客体范围已经远远超过了动产和不动产,各种财产凭证、违禁品和虚拟财产等均被包含在刑法的财产犯罪范围之内。因此,将《刑法》第91条和第92条中的"所有"理解为物权法上的所有权,很显然是一种望文生义。由此可见,传统见解将我国刑法财产犯罪的保护法益概括为公私财物所有权,并不符合我国《刑法》和司法解释的具体规定。

---

[1] 高铭暄主编:《新编中国刑法学》(下册),中国人民大学出版社1998年版,第756页。

近年来,由于受到日本刑法理论的影响,我国学者在批判传统的所有权说的基础上引入了本权说、占有说和各种中间说。本权说认为,财产犯罪的保护法益是所有权及其他本权(包括质权、留置权、租赁权等);[1]与本权说形成鲜明对立的占有说则主张,财产犯罪的保护法益是占有制度,即为了保护财产所有权,首先必须保护对财产的占有本身。从稳定现实的占有关系的角度来说,无论基于善意的无本权占有,还是基于恶意的无本权占有,都应毫无例外地予以保护。[2] 除此以外,在本权说与占有说之间形成了各种中间说。例如,张明楷教授认为,财产犯的法益首先是财产所有权及其他本权,其次是需要通过法定程序恢复应有状态的占有。但在相对于本权者的情况下,如果这种占有没有与本权者相对抗的合理理由,对于本权者恢复权利的行为而言,则不是财产犯的法益。[3] 黎宏教授指出,财产犯罪的保护法益,首先是公私财产的所有权以及租赁权、借贷权等本权,其次是"未经法定程序不得没收的利益"。[4] 周光权教授主张,财产犯罪的保护法益既包括所有权,也包括平稳的占有。[5]

暂且不论根据这些学说对具体问题得出的结论为何,首先应当指出的是,上述各种学说是围绕"所有权(本权)/占有"这一框架展开的,在这一框架的基础上,我国学界对财产犯罪的诸多具体问题展开了错综复杂的讨论。但问题是,"所有权(本权)/占有"是否足以为财产犯罪的保护法益问题提供一个充分的话语平台?换言之,"所有权(本权)/占有"这一框架可以为财产犯罪的保护法益提供一个共通的、统一的理论基础吗?很显然,在上述各种学说的争论中,这是一个没有回答或者被完全忽视的前提性问题。本文认为,围绕"所有权(本权)/占有"这一框架的各种学说无法为财产犯罪的保护法益提供一个共通的、统一的理论基础,理由在于:(1)无论是所有权(本权)说还是占有说,都是用来说明行为客体为财物(有体物)的财产犯罪的保护法益,对于行为客体为财产性利益的财产犯

---

[1] 文献例示如,高翼飞:《侵犯财产罪保护法益再探究——为本权说辩护》,载《中国刑事法杂志》2013年第7期。

[2] 郭泽强等:《对传统盗窃罪客体要件的追问》,载《鄂州大学学报》2001年第1期;陈洪兵:《财产罪法益上的所有权说批判》,载《金陵法律评论》2008年第1期。

[3] 张明楷:《法益初论》,中国政法大学出版社2000年版,第596页以下。

[4] 黎宏:《论财产犯罪的保护法益》,载顾军主编:《侵财犯罪的理论与司法实践》,法律出版社2008年版,第50页。

[5] 周光权:《刑法各论》,中国人民大学出版社2011年版,第76—77页。

罪没有任何解释的能力。民法上所有权的客体只能是动产或不动产,因此财产性利益不可能是民法上所有权的客体。而且,财产性利益也不可能是占有的客体。对于财产性利益的侵害不能称之为占有侵害,而只能称之为夺取财产性利益的支配权和管理权。从德国刑法的规定来看,盗窃罪的客体仅限于动产,因此认为盗窃罪的保护法益是动产的所有权,这是没有任何问题的。从日本刑法关于本权说和占有说的讨论来看,其主要是围绕盗窃罪的保护法益展开的,而日本刑法上盗窃罪的行为客体只能是动产以及极其例外的拟制动产(电),因此主张盗窃罪的保护法益是本权或者占有也是完全可能的。但是,我国刑法上盗窃罪的行为客体是"公私财物",由于我国刑法对财物和财产性利益并没有作出明确的区分,因此盗窃罪的行为客体完全可能包含财产性利益。这样一来,即使采用"所有权(本权)/占有"的框架来解释我国刑法上盗窃罪的保护法益,恐怕都会显得捉襟见肘,无法对盗窃财产性利益的情形作出合理说明,更遑论运用"所有权(本权)/占有"的框架来解释我国刑法上其他财产犯罪的保护法益了!随着财产性利益在现代社会中的作用越来越大,通过刑法上的财产犯罪对之加以保护的需求也不断增强。相应地,刑法理论也必须对财产性利益相关的财产犯罪的保护法益作出合理的解释,而"所有权(本权)/占有"这一框架由于自身适用范围的局限性,显然无法承担这一解释任务。因此在这一框架基础上发展出的各种学说也不足以成为财产犯罪保护法益的一般性理论。(2)占有是财产犯罪的独立保护法益或者辅助保护法益此一主张,存在将作为占有转移罪之构成要件的占有与占有转移罪的保护法益相混淆的嫌疑。由于占有是行为人事实上对财物的支配,因此在占有转移罪的情况下,实际上都必然会出现占有被侵害的事实。但是,占有是否被侵害与保护法益是否受到侵害,这是两个不同的问题。在日本刑法理论上,存在将这两个问题混为一谈的倾向,因此才会出现将占有视为占有转移罪的独立保护法益或者辅助保护法益的观点。①与此相关,即使主张占有是财产犯罪的独立保护法益或者辅助保护法益的学说,至多也只能说明行为客体为财物的占有转移罪的保护法益,但对

---

① 当然,日本刑法理论之所以出现这种倾向,一方面与战后日本最高裁判所的判例有关,另一方面可能与《日本刑法典》第242条的规定有关,该条规定:虽然是自己的财物,但为他人所占有,或者基于公务机关的命令由他人看守的,就本章犯罪(盗窃罪、侵夺不动产罪、抢劫罪等),视为他人的财物。

于行为客体为财产性利益的犯罪或者非占有转移罪（例如侵占罪）的保护法益,是没有任何解释能力的。由此可见,"所有权(本权)/占有"这一框架以及源于这一框架的各种学说,都不具备为财产犯罪的保护法益提供一个共通的、统一的理论基础的能力。

(二) 第二种视角:法律财产说、经济财产说与法律—经济财产说

不可否认的是,财产犯罪的保护法益是"财产",因此,为了寻求一个共通的、统一的财产犯罪保护法益理论,应当从什么是刑法上的"财产"这一问题入手。《德国刑法典》将侵犯财产的犯罪主要区分为侵犯所有权及个别财产价值的犯罪(Eigentumsdelikte und Straftaten gegen einzelne Vermögenswerte)与侵犯整体财产的犯罪(Straftaten gegen das Vermögen als Ganzes)[①]。其中,侵犯所有权的犯罪包括盗窃罪、侵占罪、毁坏财物罪、抢劫罪等;而侵犯整体财产的犯罪则包括诈骗罪、敲诈勒索罪、背信罪等。侵犯所有权的犯罪重视对所有权本身的保护,至于被害人的财产在整体上是否减损,在所不问;相反,侵犯整体财产权的犯罪保护的是被害人财产的整体价值,构成这种犯罪要求被害人财产总量有所减损。在我国《刑法》上,并不存在侵犯所有权的犯罪;相反,由于刑事立法[②]和司法实践[③]对财物和财产性利益不作区分,而且对财产犯罪的成立通常要求有财产损失,因此可以认为我国绝大多数财产犯罪是侵犯整体财产的犯罪。从这个意义上说,德国关于整体财产犯罪(Vermögensdelikt)保护法益的理论,就有可能为我国财产犯罪的保护法益提供一个统一的理论基础。

在德国司法实务和刑法理论上,关于整体财产犯罪中的"财产"是什么,主要是针对诈骗罪中的财产损失中的"财产"(Vermögen)概念来展开的。对此,主要存在法律财产说、经济财产说与法律—经济财产说等三种学说。"法律财产说"认为,所谓财产就是财产性权利的总和。不为(以民法为核心的)法律所承认的主张或利益,不能被认定为财产。法律财产说采取的是刑法从属于民法的立场,即刑法上财产性权利的判断完全由民

---

① Vgl. Wessels/Hillenkamp, Strafrecht BT/2, 36. Aufl., 2013, Rn. 1.
② 参见陈洪兵:《经济的财产说之主张》,载《华东政法大学学报》2008 年第 1 期。
③ 参见周旋:《我国刑法侵犯财产罪之财产概念研究》,上海三联书店 2013 年版,第 143 页。

法来决定。法律财产说源于德意志帝国法院早期的判决,但因为其过分强调个人的主体权利而受到批评,在当今德国已经没有支持者。法律财产说有时候过分宽泛,因为并不是所有的主体权利都具有财产权的特征;有时候又过于狭窄,因为许多财产利益并没有以财产权利的形式而存在,例如客户信息、商业秘密、劳动力等。[①]

与这种法律财产说相对立的是"纯粹的经济财产说"。该说认为,所谓财产就是所有具有经济价值的物或者利益。即便是通过非法或者违反公序良俗的行为所获取的物或利益,只要其具有一定的经济价值,依然是刑法上的财产。经济财产说首先为德意志帝国法院所承认,第二次世界大战后被德国联邦最高法院所继承。经济财产说是以刑法完全独立于民法的思想为基础的。从刑事政策的角度上看,经济财产说似乎具有优越性,因为除了不具有经济价值的财产,该说认为,其他所有财产都值得刑法保护,对于这些财产的侵害行为,均构成财产犯罪。如此一来,在财产犯罪的领域就不存在法外空间了。[②] 但经济财产说无视刑法在法益保护方面的辅助性,过度地扩张财产犯罪的成立范围,甚至将民法上合法的行为认定为刑法上的犯罪行为,这是完全不可接受的。

处于法律财产说与经济财产说之间的是"法律—经济财产说",这一学说虽然原则上认为有经济价值的物或者利益都是财产,但是同时又要求相应的物或利益必须为法秩序所承认。法律—经济财产说符合法秩序统一性的原理,即刑法最重要的任务在于保护法益,而保护法益必须得到法秩序的承认。违反法秩序的利益,即使从纯粹经济的角度上看是有价值的,也不值得刑法的保护。总体而言,当前德国司法判例的立场比较接近"法律—经济财产说"。根据德国司法判例,有经济价值的物或利益原则上都是财产。另一方面,为了维护法秩序的统一性、避免与民事法律规范的冲突,德国司法判例又会在一些场合基于法律规定限缩财产的范围。根据德国司法判例,违反公序良俗、非法的尤其是应当受到刑事处罚的劳动或服务,即便是有偿提供的,也不能被认定为财产。

问题是,我国《刑法》对于财产犯罪采取了哪一种财产理论呢?对于

---

① Kindhäuser, in: Nomos Kommentar zum StGB, 4. Aufl., 2010, § 263 Rn. 19; Tiedemann, in: Leipziger Kommentar zum StGB, 12 Aufl., 2010, § 263 Rn. 128.
② Krey/Hellmann, Strafrecht BT/2, 15. Aufl., 2008, § 11 Rn. 433—435.

这一问题的回答,显然不能脱离我国的立法规定和司法实践。

首先,与德国和日本不同的是,我国《刑法》第91条和第92条明文规定了公私财产的概念。第91条规定:(第1款)本法所称公共财产,是指下列财产:(1)国有财产;(2)劳动群众集体所有的财产;(3)用于扶贫和其他公益事业的社会捐助或者专项基金的财产。(第2款)在国家机关、国有公司、企业、集体企业和人民团体管理、使用或者运输中的私人财产,以公共财产论。第92条规定:本法所称公民私人所有的财产,是指下列财产:(1)公民的合法收入、储蓄、房屋和其他生活资料;(2)依法归个人、家庭所有的生产资料;(3)个体户和私营企业的合法财产;(4)依法归个人所有的股份、股票、债券和其他财产。根据《刑法》第101条的规定,本法总则适用于其他有刑罚规定的法律,但是其他法律有特别规定的除外。因此,第91条和第92条当然适用于《刑法》第五章"侵犯财产罪",对该章各罪的构成要件中所规定的"公私财物",就应当根据《刑法》第91条和第92条来解释。一方面,《刑法》第92条对于公民私人所有的财产的规定,明确要求必须是"合法的";另一方面,虽然《刑法》第91条没有对公共财产作出这样的限定,但按照通常的理解,合法性是公共财产的当然属性。无论是哪一种财产,其成为财产犯罪之对象的前提是具备合法性,即并非法秩序所禁止之物或利益。由此可见,我国《刑法》对于财产犯罪采取的是一种类似于法律财产说的财产理论。

其次,不可否认的是,我国《刑法》所规定的"公私财产"的规范内涵并不是非常清晰,在司法实践中难以直接为案件裁判提供明确的指引。因此,通过司法解释和司法实践来廓清"公私财产"的规范内涵是极其必要的。一方面,从最高人民法院及最高人民检察院关于盗窃罪、抢劫罪、抢夺罪以及诈骗罪的司法解释中可以看出,凡有经济价值之物,无论其为合法所有或占有之物,抑或事实上占有之非法财物(例如毒品等违禁品),皆被认为是"公私财物";[①]另一方面,从司法实践上看,许多案件的判决理由中指出,公私财物必须具有一定的经济价值,这里的经济价值既包括可公开交易的法律予以认可的价值,也包括非公开交易不为法律所认可甚至为法律所禁止的价值,如违禁品。由此可见,我国司法解释和司法实践

---

① 参见周旋:《我国刑法侵犯财产罪之财产概念研究》,上海三联书店2013年版,第110页。

对财产犯罪采取的是经济财产说。

通过上述简要分析可以看出，我国《刑法》与司法解释和司法实践所秉持的财产概念是有所不同的，即存在法律财产说与经济财产说之间的分歧。应当承认的是，为了回应社会生活的变化以及处罚犯罪的需要，适当地扩大公私财物的范围，将凡是有经济价值之物或利益纳入财产犯罪的保护范围，这不仅是必要的，而且是《刑法》本身所允许的。但是，司法解释和司法实践完全无视《刑法》第91条和第92条对公私财产之合法性的要求，将非法之物（例如毒品等违禁品）也纳入财产犯罪的保护范围，就明显违背了罪刑法定原则。本文认为，从立法和司法两个角度出发，我国刑法上财产犯罪的对象应当是具有经济价值且为法律所认可（即并非法秩序所禁止）之物或利益。在这个意义上，我国《刑法》对于财产犯罪的保护法益采取的是法律—经济财产说。因此，对于财产犯罪相关问题的探讨，应当以法律—经济财产说作为理论基础。

二、违禁品作为财产犯罪的对象？

在毒品交易中，如果一方抢劫了另一方持有的毒品，或者盗窃他人非法持有的毒品，是否构成抢劫罪或者盗窃罪？对此，我国最高司法机关的回答是肯定的，即盗窃、抢劫毒品等违禁品的行为构成盗窃罪或者抢劫罪。例如，2000年最高人民法院《全国法院审理毒品犯罪案件工作座谈会纪要》指出：盗窃、抢劫毒品的，应当分别以盗窃罪或者抢劫罪定罪。认定盗窃罪的数额，可以参考当地毒品非法交易的价格。2005年最高人民法院《关于审理抢劫、抢夺刑事案件适用法律若干问题的意见》第7条规定：(第1款)以毒品、假币、淫秽物品等违禁品为对象，实施抢劫的，以抢劫罪定罪；抢劫的违禁品数量作为量刑情节予以考虑。(第2款)抢劫违禁品后又以违禁品实施其他犯罪的，应以抢劫罪与具体实施的其他犯罪实行数罪并罚。抢劫赌资、犯罪所得的赃款赃物的，以抢劫罪定罪，但行为人仅以其所输赌资或所赢赌债为抢劫对象，一般不以抢劫罪定罪处罚。构成其他犯罪的，依照《刑法》的相关规定处罚。2013年最高人民法院、最高人民检察院《关于办理盗窃刑事案件适用法律若干问题的解释》第1条规定：盗窃毒品等违禁品，应当按照盗窃罪处理的，根据情节轻重量刑。对于司法解释的这一立场，我国绝大多数学者持赞成态度，但各自的理由却有所不同。

传统的见解是从社会危害的角度来说明盗窃、抢劫毒品等违禁品构成盗窃罪或抢劫罪的。传统的见解指出,违禁品是按法律规定是不准许私人持有的物品,例如,军用枪支、弹药、假币、鸦片、海洛因等毒品、淫秽物品等,除法律另有规定以外,可以成为侵犯财产罪的对象。例如,盗窃他人持有的毒品,构成盗窃罪。这不是为了保护持有人的所有权。《刑法》第64条规定:"违禁品和供犯罪所用的本人财物,应当予以没收"。如果允许任何人非法占有他人手中的违禁品,就会使这类物品继续留在社会发挥其危害社会的作用,构成在社会上的隐患。[①] 既然传统的见解认为财产犯罪的客体(保护法益)是财物的所有权,而这一见解中承认毒品的持有人并不享有毒品的所有权,那么符合逻辑的结论应当是毒品根本就不是财产犯罪的对象,因此盗窃、抢劫毒品等违禁品的行为就不能成立财产犯罪。换言之,既然毒品本身不是财产犯罪的对象,财产犯罪的保护法益怎么可能受到侵害呢?正所谓"皮之不存,毛将焉附"!

有学者认为所有权说可以为上述司法解释提供合理根据。例如,陈兴良教授认为,在我国《刑法》中,并没有专门的盗窃毒品罪。对于盗窃毒品的行为,只能认定为盗窃罪。毒品虽然是一种违禁品,国家不允许个人持有,更不允许流通,但不能就此否认毒品可以成为盗窃对象。因为毒品是违禁品,不受国家法律的保护,但不能认为谁都可以任意占有,更不能以盗窃等手段占有。根据法律规定,违禁品应当没收归国家所有。因而,盗窃毒品的行为侵犯的不是毒品持有人的所有权,而是侵犯国家对毒品的所有权,因而可以构成盗窃罪。[②]

针对上述两种观点,张明楷教授提出了批评意见。对于传统的见解,张明楷教授认为其否定了毒品持有人的所有权,但没有回答盗窃毒品究竟侵犯了什么法益。根据传统的见解,盗窃违禁品时,就不属于侵犯财产罪,而是单纯的行政犯罪。对于陈兴良教授的观点,张明楷则指出:首先,国家并非对所有违禁品都享有所有权,例如,国家追缴淫秽物品后会予以销毁,但这不是以所有人的身份行使对财产的处分权。其次,即使国家对

[①] 参见高铭暄主编:《新编中国刑法学》(下册),中国人民大学出版社1998年版,第758页。
[②] 陈兴良:《盗窃罪研究》,载陈兴良主编:《刑事法判解》,法律出版社1999年版,第13页;陈兴良:《规范刑法学》(第3版),中国人民大学出版社2013年版,第835—836页。

部分违禁品可能享有所有权,但在国家还没有没收该物品时,国家对该物品实际上也没有所有权。因为没收是一种原始取得所有权的方式,只有国家现实地实施了没收行为时,才取得对所没收之物的所有权。在国家应当没收而还没有没收的情况下,国家对应当没收之物实际上并没有所有权。既然如此,盗窃他人持有的毒品的行为,尚未侵犯国家的财产所有权。基于以上批评,张明楷教授指出:尽管违禁品是国家禁止任何人持有的物品,但并不意味着任何人都可以非法取得他人占有的违禁品;换言之,对于他人占有的违禁品也必须通过法定程序予以追缴或者没收,故他人对违禁品的占有仍然属于需要通过法定程序恢复应有状态的占有,是刑法所保护的法益;盗窃或者抢劫他人占有的违禁品的行为,仍然能侵害了刑法所保护的法益,分别成立盗窃罪和抢劫罪。①

应当说,张明楷教授针对传统见解和陈兴良教授的批评是不无道理的,但这并不意味着其所主张的所谓"需要通过法定程序恢复应有状态的占有"这一观点就无懈可击。正如有学者所批判的那样,如果按照张明楷教授的观点,销毁他人非法持有的毒品等违禁品也侵害了占有,应该按照故意毁坏财物罪来处理,但很显然,这种行为是对社会有益的行为,不应作为犯罪来处理。既然如此,为什么这种销毁毒品的行为不构成犯罪,抢劫、盗窃毒品等违禁品的行为却要按照侵犯财产罪来处理呢?此外,按照张明楷教授的观点,毒品的非法持有状态是刑法所保护的法益,则毒品的持有者为保护自己的持有状态而对侵夺毒品的人实施反击就应当构成正当防卫,但这显然无法得到公众的接受。②

由此可见,无论按照上述哪一种观点,都无法对盗窃、抢劫毒品等违禁品的行为构成盗窃罪或抢劫罪作出合理的解释。事实上,上述三种观点的根本问题在于,既然盗窃罪或抢劫罪是财产犯罪,那么首先必须明确毒品等违禁品是否属于我国《刑法》财产犯罪的行为客体。如果毒品等违禁品根本就不是财产犯罪的行为客体,那么侵夺这些违禁品的行为就根本不可能符合相关财产犯罪的构成要件。本文认为,由于我国刑法对财

---

① 参见张明楷:《法益初论》,中国政法大学出版社2000年版,第582—584页。黎宏教授表达了与张明楷教授类似的观点,参见黎宏:《论财产犯罪的保护法益》,载于顾军主编:《侵财犯罪的理论与司法实践》,法律出版社2008年版,第52页。

② 高翼飞:《侵犯财产罪保护法益再探究——为本权说辩护》,载《中国刑事法杂志》2013年第7期。

产概念采取的是法律—经济财产说,因此应当根据这一学说来判断毒品等违禁品是否属于我国法律所允许且具有经济价值之物。不可否认的是,毒品等违禁品仍然具有一定的经济价值,但在被国家没收之前,其不仅在民法上无法成为任何人的所有权客体,而且也是行政法上禁止私人持有的物品,因此并不属于我国财产犯罪的客体。当然,《刑法》对持有毒品等违禁品的行为也规定了相关犯罪,但这并不是为了保护财产法益,而是为了保护社会管理秩序。正如刘明祥教授所言:"作为财产罪侵害对象的财产,必须能够体现财产所有权关系。法律禁止私人所有、持有的物品,如毒品、伪造的货币等物品,由于不能体现财产所有权关系,因而不能成为财产罪的侵害对象。采用盗窃等手段夺取这类物品,虽然也可能构成犯罪,但却不宜定为财产罪。惩罚这类犯罪所要保护的也并非是财产所有权。"[1]当然,盗窃、抢劫毒品等违禁品的行为并非不构成犯罪,而是完全可能构成故意伤害罪、故意杀人罪等罪名,在行为人取得毒品后又贩卖、运输或者持有的,可以构成贩卖毒品罪、运输毒品罪或者非法持有毒品罪。[2]

三、所有人擅自取回他人合法占有的本人财产与财产犯罪

在我国司法实践中,所有人擅自取回他人合法占有的本人财产的案件屡见不鲜,主要包括以下两种类型:

(一)所有人擅自取回由公权力机关依法查封、扣押的财产

在司法实践中,所有人擅自取回由公权力依法查封、扣押的财产案件时有发生。例如,在陆惠忠、刘敏非法处置扣押的财产案中,被告人陆惠忠因未按期支付贷款,其所有的轿车被法院扣押。被告人到法院停车场,乘无人之机,将被依法扣押的轿车开走。法院最终认定被告人构成非法

---

[1] 刘明祥:《德日刑法学中的财产罪保护法益问题之比较》,载《华中理工大学学报(社会科学版)》2000年第1期。
[2] 高翼飞:《侵犯财产罪保护法益再探究——为本权说辩护》,载《中国刑事法杂志》2013年第7期;蔡桂生:《论诈骗罪中财产损失的认定及排除——以捐助、补助诈骗案件为中心》,载《政治与法律》2014年第9期。

处置扣押的财产罪。裁判理由指出:盗窃他人占有的本人财物的行为,如果有证据证明行为人窃取法院扣押的财物后,有向法院提出索赔的目的,或者已经获得赔偿的情况,则应当以盗窃罪定罪处刑。本案被告人陆惠忠、刘敏在法院发出执行令以后,非法转移并隐藏了已被司法机关依法扣押的轿车,属于非法转移扣押财产的行为。① 在叶文言、叶文语等盗窃案中,被告人叶文言、叶文语等共同从事非法营运业务,车辆被辖区交通管理所查扣。随后,叶文言、叶文语与他人一起将轿车偷偷开走并出售。后又以该车被盗为由,向交通管理所申请赔偿。经多次协商,获赔11.65万元。法院最终认定被告人盗窃罪。裁判理由指出:本人所有财物在他人合法占有、控制期间,能够成为盗窃的对象,但这并不意味着行为人窃取他人占有的自己财物的行为都成立盗窃罪,还应结合行为人主观目的而定。如果行为人秘密窃取他人保管下的本人财物,是借此向他人索取赔偿,这实际上是以非法占有为目的,应以盗窃罪论处。相反,并无借此索赔之意的,不以盗窃罪论处。②

　　从上述案例可以看出,我国司法机关对于所有人擅自取回由公权力机关依法查封、扣押的财产案件的立场是相当明确的,即如果所有人只是擅自取回公权力机关依法查封、扣押的财产,没有进一步的索赔行为,那么所有人就不构成相关的财产犯罪;相反,如果所有人有后续的索赔行为,那么就构成相关的财产犯罪。这一立场的理由在于:在所有人只是擅自取回而没有后续索赔行为的情况下,其由于欠缺非法占有目的,因此不构成财产犯罪;相反,如果所有人在擅自取回之后实施了后续索赔行为,则因为具备非法占有目的而构成财产犯罪。这一立场得到了我国学界一些学者例如陈兴良教授③、于志刚教授④的支持。与此相对,另一些学者例如张明楷教授、黎宏教授则不同意司法实践的上述立场,他们认为,行为人的财物被司法机关依法扣押时,虽然财物仍属于行为人所有,但司法

---

① 最高人民法院刑事审判庭编:《中国刑事审判指导案例》(妨害社会管理秩序罪),法律出版社2012年版,第171页。
② 最高人民法院刑事审判庭编:《中国刑事审判指导案例》(侵犯财产罪),法律出版社2012年版,第322页。
③ 陈兴良:《规范刑法学》(第3版),中国人民大学出版社2013年版,第837页。
④ 于志刚、郭旭强:《财产罪法益中所有权说与占有说之对抗与选择》,载《法学》2010年第8期。

机关对财物的占有也值得刑法予以保护。①

本文认为,无论是赞成还是反对司法实践上述立场的观点,均存在一定的问题:首先,就赞成司法实践立场的观点而言,其问题在于以所有人事后索赔的行为来回溯性地建构一个其擅自取回所有之财物时的非法占有目的,显然不符合主观目的与客观行为必须同时存在的原理。换言之,要证明行为人在擅自取回所有之财物时具备非法占有目的,必须以其实施该行为时的事实加以判断,而不能以事后的索赔行为来加以解释,因为此时行为人的行为已经实施完毕。当然,行为人事后索赔的行为的确可以说明其具备非法占有目的,但这一非法占有目的并不是针对自己被扣押的财物,而是针对公权力机关的财物即赔偿款。② 其次,就反对司法实践立场的观点而论,其问题在于直接将公权力机关的占有认定为财产犯罪的保护法益。正如车浩教授所指出的那样,占有只是转移占有型的财产犯罪的一个隐形的构成要件要素,而不是财产犯罪的保护法益。对于财产犯罪的认定,应当根据各自的构成要件要素来加以判断。在上述案件中,在客观构成要件的检验阶段,虽然被告人均打破了他人对涉案财物的占有状态并建立了新的占有关系,但因为行为客体符合"公私(所有的)财物"而应当排除盗窃罪的成立。即使不将这里的"公私财物"解释为"公私所有的财物"而是解释为"公私占有的财物",认定上述案件中的被告人已经符合相应财产犯罪的客观要件,仍然可以通过主观构成要件的"非法占有目的"来出罪,因为上述案件中的被告人均属于财物所有人,而所有人不可能对属于自己所有的财物具有"非法占有目的"。③

本文基本赞成车浩教授的观点,即对于财产犯罪的判断,应当立足于各个构成要件要素的检验和判断,而不是根据本权说或者占有说的立场来加以确定,否则就会架空犯罪论体系的功能。但是,应当指出的是,我国的占有转移型财产犯罪的客观构成要件与德国有所不同,除了"打破他

---

① 张明楷:《法益初论》,中国政法大学出版社 2000 年版,第 605 页;黎宏:《拿走被依法扣押财物定盗窃罪:法理充足,实践认可》,载《检察日报》2010 年 12 月 14 日第 003 版。

② 类似见解,参见车浩:《占有不是财产犯罪的法益》,载《法律科学(西北政法大学学报)》2015 年第 3 期;姚万勤:《盗窃罪保护法益的理论嬗变与司法抉择——新修正的所有权说之提倡》,载《时代法学》2014 年第 4 期。

③ 同上注,车浩文。车浩教授将这里的"非法占有目的"解释为"非法所有的目的",可能过于狭窄。我国财产犯罪中的"非法占有目的"应当为"非法获利的目的",即排除权利人(不限于所有人,也包括特定情况的其他合法权利人)并加以利用的目的。

人的占有并建立新的占有"这一核心要件以外,还要求有财产损失。对于这一财产损失的判断,应当根据法律—经济财产说来进行。在上述案件中,被告人的行为不构成财产犯罪,其根本原因在于公权力机关并未遭受财产损失。从表面上看,在所有人擅自取回被公权力依法扣押、查封的财物之时,公权力机关的"财物"的确遭受了损失。但从本质上看,公权力机关与依法扣押、查封的财物之间并不是一种财产关系,而是一种公法上的行政管理关系。虽然因为所有人擅自取回被公权力依法扣押、查封的财物,导致公权力机关无法正常维持这种行政管理关系,但并不能因此说公权力机关的"财物"遭受了损失。[①] 当然,由于公权力机关对依法扣押、查封的财物的管理秩序遭受破坏,被告人当然构成非法处置查封、扣押、冻结的财产罪。至于被告人事后的索赔行为,由于其采取了虚构事实和隐瞒真相的方式,使公权力机关陷入认识错误并基于认识错误而积极给予赔偿,从而遭受财产损失,因此完全符合诈骗罪的构成要件。[②]

(二)所有人擅自取回他人基于质押、抵押、留置等合法占有的财产

在司法实践中,除了上述所有人擅自取回由公权力依法查封、扣押的财产案件以外,还存在所有人擅自取回他人基于质押、抵押、留置等合法占有的财产案件。在孙潇强盗窃案中,孙潇强向债权人借款人民币600元,同时孙潇强将自己的 VCD 机作为质押物交给了债权人。之后,孙潇强将该 VCD 机偷偷取回。法院认为,孙潇强以非法占有为目的,秘密窃取他人所有的或保管的财物,数额较大,其行为构成盗窃罪。[③] 在郭玉敏盗窃案中,郭玉敏夫妇因为女儿出国向吕鸣山借款人民币86,000元,并将署名郭玉敏的面值10,000美元的尚未到期的存单交给吕鸣山作为质

[①] 《刑法》第91条第2款规定:在国家机关、国有公司、企业、集体企业和人民团体管理、使用或者运输中的私人财产,以公共财产论。这一规定的立法原意在于:"因为这部分财产虽然属于私人所有,但当交由国家机关、国有公司、企业、集体企业和人民团体管理、使用或者运输时,上述单位就有义务保护该财产,如果丢失、损毁,就应当承担赔偿责任。"(郎胜主编:《中华人民共和国刑法释义》,法律出版社2011年版,第112页)。因此,本条的规定并未改变相关私人财产的权利归属。

[②] 参见车浩:《占有不是财产犯罪的法益》,载《法律科学(西北政法大学学报)》2015年第3期;姚万勤:《盗窃罪保护法益的理论嬗变与司法抉择——新修正的所有权说之提倡》,载《时代法学》2014年第4期。

[③] 最高人民法院中国应用法学研究所编:《人民法院案例选》2002年第4辑(总第41辑),人民法院出版社2003年版,第64—65页。

押。之后,郭玉敏将该存单窃走。法院认为,虽然该存单署名为郭玉敏,在形式上所有权并未转移,但事实上该存单已为吕鸣山合法占有,故该存单应视为吕鸣山的合法财产。被告人郭玉敏以非法占有为目的,采取秘密窃取的方式,非法占有了吕鸣山的合法财产,其行为显系盗窃犯罪行为,故该存单的款额应计入盗窃数额。①

从上述案例可以看出,我国司法实践对所有人擅自偷回债权人基于质押而合法占有的财产案件的立场是比较一致的,即所有权人构成盗窃罪。本文赞成这一立场,因为这些案件中所有权人的行为符合盗窃罪的构成要件:首先,所有权人通过偷回质押给债权人的财产,破坏了债权人对质押的财物的合法占有,同时建立了自己对该财物新的占有。更为重要的是,所有权人的窃取行为对基于质押而合法占有财产的人造成了财产损害,因为质押权是民法保护的担保物权,其效力优先于所有权,债务人将其财产出质或留置于债权人之后,其所有权的行使就受到担保物权的限制。所有权人未经债权人的同意将质押物取回,使得债权人由于丧失对质押物的占有而丧失对质押物的质押权(质押权的行使以占有质押物为前提),而这种质押权显然是法律所保护的财产(法律—经济财产说)。其次,所有权人在未经债权人同意的情况将质押物取回,显然具备非法占有目的,即排除作为权利人的债权人并对财产加以利用的目的。因此,所有人擅自偷回债权人基于质押而合法占有的财产,应当按照盗窃罪来处理。同理,所有人擅自取回他人基于抵押、留置等合法占有的财产,也应当作相同的处理。

四、不法原因给付与财产犯罪

所谓"不法原因给付",是指基于违反强制性法律法规或公序良俗的原因而为之给付。② 为了解决不法原因给付所涉及的财产犯罪问题,首先有必要对民法上不法原因给付的含义及其法律后果有所了解。根据王钢博士的研究,不法原因给付要求给付者有意识、有目的地将财产终局性

---

① 最高人民法院中国应用法学研究所编:《人民法院案例选》2003 年第 1 辑(总第 43 辑),人民法院出版社 2003 年版,第 31—35 页。
② 参见谭启平:《不法原因给付及其制度构建》,载《现代法学》2004 年第 3 期。

地给予受领人,这种给予必须是出于不法原因,而且给付人必须对不法原因有所认知。按照这一理解,不法原因给付的构成要件包括:(1)给付是给付者有意识、有目的地将财产终局性地给予受领人,包括积极增加受领人的财产或者减少其消极财产。其中,特别需要注意的是所谓的"终局性标准",即只有在使受领人终局性地获得财产时,才能构成给付。相反,如果给付者只是意图使受领人暂时性地获取财产利益或者使之在特定时间范围内支配或利用相应财物,则其并未将相应财产给予受领人,从而不构成民法意义上之"给付"。这意味着,在民法上,不法原因给付与不法原因委托是不同的。(2)给付是出于不法原因,这里的不法原因是指给付目的主观的不法,即动机不法,而不法的判断标准是违反法律法规(特别是强制性法律法规)或者违反公序良俗。(3)给付者主观上认识到了给付原因的不法性。[①]不法原因给付的法律后果主要是排除给付人的不当得利返还请求权和所有物返还请求权,但在给付人因受到受领人的欺骗而实施不法原因给付之时,给付人并不丧失损害赔偿请求权。[②]根据民法上对于不法原因给付的上述理解,以下对刑法上不法原因给付与侵占罪、不法原因给付与诈骗罪以及不法原因给付与抢劫罪的问题进行探讨。

(一) 不法原因给付与侵占罪

就侵占罪而言,不法原因给付主要涉及两种情形:(1)甲出于行贿的目的将10万元交付给国家工作人员乙,但乙在得款后并未帮甲办事,而且将该10万元拒不退还;(2)甲为了向乙行贿,于是找到与乙关系较好的丙,将10万元交给丙,但丙并未将该笔款项交给乙,而是自己私自留下,拒不退还给甲。在上述两种情况下,行为人除了构成相关贿赂犯罪以外,是否还构成侵占罪?很显然,第一种情形完全符合不法原因的构成要件,因此甲就丧失了该10万元的返还请求权,乙因此成为该笔款项的所有权人(赃物没收的问题暂且不论)。既然如此,根据法律—经济财产说,乙对该笔款项的所有权是值得法秩序保护的财产,其拒不退还的行为就不构成侵占罪。第二种情形如何处理,在理论上存在争议。如果承认不法原因给付与不法原因委托之间的区别,那么由于甲并未丧失该笔款项

[①] 王钢:《不法原因给付与侵占罪》,载《中外法学》2016年第4期。
[②] 同上注。

的所有权,因此对于行为人而言,其仍属于他人财物;虽然甲与乙之间并无委托信任关系,但仍然可以认定为"代为保管"。因此,乙拒不退还他人代为保管的财物,当然构成侵占罪。但是,如果不承认不原因给付与不法原因委托之间的区别,则会得出与上述第一种情形同样的结论。

本文赞成上述王钢博士对于民法上不法原因给付的研究,认为在第二种情形下,由于行为人缺乏终局性给付的意思,因此并非不法原因给付而是不法原因委托,行为人应当构成侵占罪。在我国司法实践中,存在上述第二种情形的案例。例如,被告人李华2006年6月至2008年5月任河南省某县旅游接待局副局长。2007年2月的一天,时任某县宣传部副部长的张挺为谋取某县粮食局局长的职位,利用被告人李华与时任某县县委书记赵钧的密切关系,委托李华向赵钧行贿20万元,后被赵钧拒绝。案发前李华归还张挺现金5万元,将15万元据为己有,拒不退还。① 本案争议的焦点在于被告人李华到底是构成受贿罪(斡旋型)、利用影响力受贿罪还是介绍贿赂罪(未遂)。除此以外,另一个值得探讨的问题就是李华拒不退还15万元钱的行为是否构成侵占罪。对此,最高人民法院的一位法官给予了肯定回答。② 虽然这不代表司法实践的普遍立场,但至少说明肯定说还是有一定实践作为支撑的。

(二) 不法原因给付与诈骗罪

不法原因给付与诈骗罪的问题可以分为几种类型:(1) 骗取不法服务型,例如没有支付报酬的意思而骗妓女为其提供卖淫服务,或者骗他人去杀害自己的仇人;(2) 骗免不法债务型,例如开始有提供杀人酬金或者嫖资的意思,但事后采取欺骗方法免除该酬金或嫖资;(3) 骗取财物型,例如没有替人杀人的意图而骗取杀人酬金,或没有提供卖淫服务的意图而骗取他人的金钱。根据法律—经济财产说,骗取不法服务型和骗免不法债务型的情况下,由于所涉及不法服务或者不法债务并非法秩序所保护的财产,因此不能认为被害人存在财产损失,行为人不构成诈骗罪。有争议的是骗取财物型,由于在这种情形下,被害人处分财物是基于一个不

---

① 参见牛克乾:《介绍贿赂未实现但拒不交还财物行为人的处理》,载《中国审判新闻月刊》(总第84期),2013年2月3日版。

② 同上注。

法的目的,因此符合不法原因给付的构成要件,问题是,这是否意味着行为人同样不构成诈骗罪呢?

关于骗取财物型的不法原因给付,在我国司法实践中出现较多的是明知是假毒品而加以贩卖与设置圈套设立赌局而骗取他人财物("骗赌")的案件。对于前一种类型的案件,最高司法机关的态度比较一致,即肯定行为人构成诈骗罪。例如,1991年4月2日最高人民检察院《关于贩卖假毒品案件如何定性问题的批复》(高检发研字〔1991〕2号,已失效)指出:对贩卖假毒品的犯罪案件,应根据不同情况区别处理:明知是假毒品而以毒品进行贩卖的,应当以诈骗罪追究被告人的刑事责任;不知是假毒品而以毒品进行贩卖的,应当以贩卖毒品罪追究被告人的刑事责任,对其所贩卖的是假毒品的事实,可以作为从轻或者减轻情节,在处理时予以考虑。1994年12月20日最高人民法院《关于执行〈全国人民代表大会常务委员会关于禁毒的决定〉的若干问题的解释》(法发〔1994〕30号,已失效)第17条规定,对明知是假毒品而以毒品进行贩卖的,应当以诈骗罪追究被告人的刑事责任。

而在"骗赌"的情况下,最高人民法院的立场是比较明确的,即对于设置圈套诱骗他人参赌获取钱财的案件,通常按照赌博罪来处罚,而不认为是诈骗罪。例如,1991年3月12日最高人民法院研究室《关于设置圈套诱骗他人参赌获取钱财的案件应如何定罪问题的电话答复》(已失效)认为:"对于行为人以营利为目的,设置圈套,诱骗他人参赌的行为,需要追究刑事责任的,应以赌博罪论处。"1995年11月6日最高人民法院《关于对设置圈套诱骗他人参赌又向索还钱财的受骗者施以暴力或暴力威胁的行为应如何定罪问题的批复》(法复〔1995〕8号)也提出相同意见,行为人设置圈套诱骗他人参赌获取钱财,属赌博行为,构成犯罪的,应当以赌博罪定罪处罚。参赌者识破骗局要求退还所输钱财,设赌者又使用暴力或者以暴力相威胁,拒绝退还的,应以赌博罪从重处罚;致参赌者伤害或者死亡的,应以赌博罪和故意伤害罪或者故意杀人罪,依法实行数罪并罚。在司法实践中,一些判决遵循了最高人民法院的上述立场。但是,绝大多数判决则认为,在"骗赌"的情况下,行为人构成诈骗罪而非赌博罪。

暂且不论"骗赌"的情况下是否成立诈骗罪,先看看这种情况下是否成立赌博罪。所谓赌博罪,是指以营利为目的,聚众赌博或者以赌博为业的行为。赌博行为的本质是凭偶然之事实决定输赢,其目的在于通过赌博达到营利的目的(至于是否实际营利,并不影响赌博行为的性质);而在"骗赌"的情况下,行为人与被害人不是以偶然因素来决定输赢,而且行为人的目的在于非法占有被害人的财物。由此可见,在"骗赌"的情况下,行为人的行为根本不符合赌博罪的构成要件。[①]

那么,明知是假毒品而加以贩卖以及"骗赌"的案件中,行为人是否构成诈骗罪呢?如前所述,不法原因给付的法律后果主要是排除给付人的不当得利返还请求权和所有物返还请求权,但是,在给付人因受到受领人的欺骗而实施不法原因给付之时,给付人并不丧失损害赔偿请求权。在明知是假毒品而加以贩卖以及"骗赌"的案件中,给付人正是因受领人的欺骗而实施不法原因给付,因此给付人并未丧失损害赔偿请求权。这意味着,给付人所给付的财产仍然是法秩序保护的财产,其因受到欺骗而遭受了财产损失,行为人因此应当构成诈骗罪。

(三) 不法原因给付与抢劫罪

在我国司法实践中,除了上述与不法原因给付相关的侵占案件和诈骗案件以外,还存在与抢劫罪相关的案件。在赖忠等故意伤害案中,被告人赖忠携带人民币 1 万元与被害人谢春生一起赌博,在赌博中输给被害人谢春生人民币 9500 元。被告人赖忠怀疑谢春生在赌博中作弊,即回到城区内,邀集数人,使用暴力强行索回输掉的 9500 元。法院认为:被告人赖忠索回的财物仅是自己输掉的赌资,主观上不具有非法占有的目的,不符合抢劫罪的构成要件,不构成抢劫罪。[②]

应当指出,本案的裁判依据是最高人民法院《关于审理抢劫、抢夺刑事案件适用法律若干问题的意见》(2005)第 7 条第 2 款规定:抢劫赌资、犯罪所得的赃款赃物的,以抢劫罪定罪,但行为人仅以其所输赌资或所赢赌债为抢劫对象,一般不以抢劫罪定罪处罚。构成其他犯罪的,依照《刑法》的相关规定处罚。按照这一司法解释,由于被告人赖忠采用暴力手段夺回自己所输的赌资,因此不构成抢劫罪而构成故意伤害罪。但问题是,

---

[①] 张明楷:《法益初论》,中国政法大学出版社 2000 年版,第 584 页。
[②] 最高人民法院刑事审判庭编:《刑事审判参考》(总第 38 集),法律出版社 2004 年版,第 106—110 页。

这一司法解释是否具有合理性？设想一下，甲乙丙与丁赌钱，三人均输了3000元给丁，如果甲将9000元赌资全部从丁那里抢回来，那么甲就构成抢劫罪（问题是，抢劫数额如何计算）；但如果甲只是将自己输掉的3000元抢回来，那么甲就无罪（如果抢夺行为本身构成其他犯罪，另当别论）。必须承认，这9000元全都是通过赌博这种不法原因给付给丁的钱款，为什么甲全部抢走就构成抢劫，而只抢回3000元就不是犯罪呢？唯一合理的解释是：司法解释认为该3000元的所有权仍然属于甲，而超过部分则不归其所有。这显然违反了不法原因给付的基本原理，即给付人不再具有该笔赌资的返还请求权，更不要说对该笔赌资具有所有权了。既然如此，无论甲是抢回9000元还是抢回3000元，都应当构成抢劫罪，因为其所侵害的正是受领人丁的所有权。

五、权利行使与财产犯罪

在民事法律上有权取得财产者，通过威胁等非法手段实现该权利的，是否成立财产犯罪，这就是权利行使与财产犯罪的问题。① 根据王昭武教授的分类，权利行使与财产犯罪包括两种情形：（1）"所有权实现型"，即所有权人通过威胁等手段取回为对方所非法占有的自己之物，例如所有权人从盗窃犯家里将自己的笔记本电脑取回。在这种情况下，所有权人之所以不构成盗窃罪，是因为相对于所有权人而言，盗窃犯对该电脑的占有并不是法秩序所保护的财产，因此，所有权人取回该电脑，就不可能给盗窃犯造成财产损失；（2）"债权实现型"，即债权人通过威胁等手段实现其合法债权的情形，例如甲欠乙78万元，但一直不还，于是乙想办法将甲骗出，对甲进行威胁，并从甲驾驶的汽车上拿出55万元，又令甲写下"尚欠乙23万元"的欠条。②

在我国司法实践中，权利行使主要涉及敲诈勒索罪。例如，在夏某理等敲诈勒索案，被告人夏某理等由于对拆迁、迁坟等赔偿款不满，以及其他家庭原因，产生了重新向开发区管委会等单位索取拆迁、迁坟相关损失赔偿费等的想法。夏某理先后起草了一份要求开发区管委会、香港某公

---

① 王昭武：《法秩序统一性视野下违法判断的相对性》，载《中外法学》2015年第1期。
② 同上注。

司与浙江某集团有限公司等单位赔偿住宅和祖坟毁坏及精神损失费计61万元的索赔材料，一份举报香港某公司与浙江某集团有限公司、开发区在项目开发过程中存在违规、违法行为的举报信，将索赔材料交给开发区管委会，并将举报信交给县信访局。后来，拟成立的旅游公司的执行总裁唐某某得知夏某理举报该公司开发的项目后，担心对工程进展不利，为不使举报行为对项目产生不利影响，答应对夏某理赔偿，最终确定唐某某方赔偿给夏某理等人民币共计25万元，案发时已经给付10万元。一审法院判决被告人构成敲诈勒索罪，二审法院改判无罪，裁判理由指出：虽然三被告人以要挟为手段索赔，获取了巨额钱财，但被告人夏某理、夏某云的索赔是基于在房屋拆迁、坟墓搬迁中享有一定的民事权利提出的，故认定三被告人具有敲诈勒索罪构成要件中"以非法占有为目的"的主观故意，证据不足，不能认定三被告人有罪。[①]

与上述案例不同，在孙吉勇敲诈勒索案中，被告人孙吉勇在得知妻子任燕和宋新华发生不正当性关系后，精神上受到了很大的打击。为了让自己痛苦的心得到解脱，孙吉勇决意报复宋新华，将宋新华约至自己家中，并迫使宋新华按其意思打下欠任燕54,800元的欠条。之后，被告人孙吉勇在与宋新华无法联系的情况下，将宋新华起诉到法院，要求宋新华偿还借款54,800元，并当日申请法院对宋新华的住房采取财产保全措施。法院在宋新华未到庭的情况下，缺席作出了一审判决，判决宋新华偿还任燕借款54,800元，并承担诉讼费用2822元。一审法院判决被告人孙吉勇构成敲诈勒索罪（未遂），二审法院维持原判。裁判理由指出：被告人孙吉勇不仅主观上具有了非法占有的主观故意，客观上实施了用枪恐吓、逼使被害人出具借款54,800元的借条的行为，侵害了被害人的财产权益和人身权益，其行为构成敲诈勒索罪。[②]

在上述夏某理等敲诈勒索案中，由于被告人具有相应的民事权利（获得拆迁补偿的权利），因此，虽然采取了举报或者检举揭发等不当方式实现权利，但法院认为其缺乏非法占有目的，因此不构成敲诈勒索罪。而在孙吉勇敲诈勒索案中，被告人在没有债权的事实基础的情况下，要求被害

[①] 最高人民法院刑事审判庭编：《刑事审判参考》（总第64集），法律出版社2009年版，第45—53页。
[②] 最高人民法院中国应用法学研究所编：《人民法院案例选》2007年第2辑（总第60辑），人民法院出版社2007年版，第88—93页。

人出具欠条,并依据欠条主张债权,由于其并非权利行使行为,因此具备非法占有目的,从而构成敲诈勒索罪。由此可见,司法实践的立场是比较明确的:权利行使的行为一般不构成财产犯罪;相反,并非权利行使的行为则可能构成财产犯罪。

司法实践的这种立场得到了我国学界的普遍赞同。例如,陈兴良教授认为:"财产犯罪的有因与无因的问题,即我们通常所说的有无纠纷。如果客观上采取了属于财产犯罪的手段,但之前存在经济纠纷或其他特殊的原因。在这种情况下,行为人即使实施了刑法所规定的某些财产犯罪手段取得了财物,也不能构成财产犯罪。"[1]张明楷教授则指出:"债务人对财物的占有相对于所有权人而言不是财产犯罪的法益。所有人即使索回财物的手段是法律所不允许的,但是,我国没有规定胁迫罪,故对此种行为只能以无罪论处。如果行为人采取了非法手段触犯刑法规定的其他罪名,则理当以其他犯罪论处,但不能以财产罪定罪量刑。"[2]王昭武教授则从法秩序统一性的角度认为,刑事违法性的判断从属于民事违法性,行为人有无合法的债权、"被害人"有无实质性财产损失,才是判断是否成立财产犯罪的本质要素。因此,若行为人在行使债权的目的之下实现了民法上的合法债权,就不能认定行为人的行为具有财产犯罪的违法性。[3]

本文支持司法实践和刑法理论关于权利行使和财产犯罪问题的立场。根据法律—经济财产说,在行为人行使权利的情况下,之所以不构成财产犯罪,其理由在于:在这种情况下,行为人在民事法上具有要求他人返还财物或者偿还债务的权利,而他人则负有返还财物或者偿还债务的义务。由于在民事法上他人不履行返还财物或者偿还债务的义务是违法的,因此在该权利义务的范围内就没有值得财产犯罪加以保护的法益;另一方面,在他人不履行上述义务的情况下,即使行为人采取威胁等方法行使权利,也不能认为他人受法秩序保护的财产遭受了损害。此外,正如上述案件的判决所指出的那样,由于行为人是在行使权利,因此无法认定其具备"非法占有目的"。因此,行为人的权利行使在实质上不符合财产犯罪的构成要件。对于这一观点,持经济财产说的学者可能会提出反对意

---

[1] 陈兴良:《论财产犯罪的司法认定——在北京德恒律师事务所的演讲》,载《东方法学》2008年第3期。
[2] 张明楷:《法益初论》,中国政法大学出版社2000年版,第607—608页。
[3] 王昭武:《法秩序统一性视野下违法判断的相对性》,载《中外法学》2015年第1期。

见,认为在权利行使之时,当事人之间的权利义务关系尚不明确,如果就此认定行为人不符合财产犯罪的构成要件,无异于是在纵容私力救济。[①]在国民认为自己的权利遭受侵害的情况下,不应该选择私力救济,而是应该提起民事诉讼来维护自己的权利。毫无疑问,法治社会原则上禁止私力救济,但是这并不意味着没有合法地通过民事诉讼来行使权利的行为人应当作为财产犯罪来处理。理由在于:首先,行为人是否具有相应的民事权利,是由法官在审判时来加以判断的,即使是在权利行使之时权利义务尚不明确,但法官在审判时完全可以予以明确。[②] 如果审判之时明确了行为人的权利是合法存在的,那么就应当判定行为人无罪;如果审判之时无法排除合理怀疑地证明行为人是否有合法权利,应当按照"存疑时有利于被告"的原则,作出对行为人有利的无罪判决。事实上,在上述夏某理等敲诈勒索案的判决理由中,已经包含着这样的观点:由于争议的补偿费,并非明显地不属于夏某理等人所有,而是处于不确定状态,因此应当作出有利于被告人的判断;其次,财产犯罪所保护的是财产,而不是民事诉讼制度,行为人没有选择民事诉讼而是采取私力救济,不能当然作为财产犯罪来加以处罚。

当然,应当指出的是,权利行使是应当有一定限度的,超过限度仍然可能构成财产犯罪。实际上,夏某理等敲诈勒索案中已经对权利行使的限度有所讨论:在夏某理等敲诈勒索案的裁判理由中,法院实际上强调了权利行使的方式(被告人没有采取过激的方式)和权利的范围(被告人没有超过其应得的数额索要赔偿)。权利行使毕竟是一种私力救济行为,因此司法判决作出这样的限定是完全正确的。

六、结 论

当今刑法理论普遍认为,法益对于具体犯罪的解释具有重要意义。对此,林山田教授指出,法益通过对构成要件的解释得来,并规范着解释

[①] 事实上,即使是主张经济财产说,也不会马上得出权利行使构成犯罪的结论,而是会转向考虑违法性层面的私力救济,从而排除权利行使的违法性。但是,由于私力救济是一种超法规的违法性阻却事由,其适用条件比较严格,而且在实务中适用的频率极低,因此往往无法排除权利行使的犯罪性。

[②] 参见林干人:《刑法各论》(第2版),东京大学出版会2007年版,第163页。

者对罪名的解读和罪与罪之间的区分。"并非每一个不法构成要件均能轻易立即可以看出其所要保护的法益,亦即有些不法构成要件是无法直接从单一构成要件所使用的构成要件要素看出其所要保护的法益,而是必须通过单一构成要件与其他同一类型而列在同一个罪章的不法构成要件的刑法解释工作,才能得知。……法益乃成为解释和适用不法构成要件所不可或缺的指标,唯有通过构成要件所要保护的法益,才能妥适而明确地解释不法构成要件,正确无误地把握不法构成要件本所要掌握的犯罪行为,精确地界定各个不相同的单一构成要件彼此间的界限。"[①]但是,应当注意的是,财产犯罪的保护法益并不是一个先验之物,而是必须根据各国的刑事立法和司法实践来加以确定的。从我国的刑事立法和司法实践来看,由于"所有权(本权)/占有"这一框架的适用范围有限,因此无法为绝大多数财产犯罪的保护法益提供一个共通的、统一的理论基础。源于德国刑法的法律—经济财产说则与我国财产犯罪的刑事立法和司法实践之间存在暗合。根据法律—经济财产说,只有法秩序保护的财产才是财产犯罪的保护法益。在对我国各种财产犯罪的成立与否进行判断之时,除了对构成要件进行形式判断以外,还应该从实质上判断是否存在法秩序所保护的财产。

我国现在正处于刑法理论的转型时期,以四要件犯罪构成为核心的传统刑法理论的影响力尚未完全消退;与此同时,德国、日本的刑法理论则通过各种途径不断引入,大有取代传统理论的趋势。本文赞成通过德国、日本刑法理论来改造或者推进中国刑法理论发展的主张,但认为在这个过程中要注意的是:(1)由于哲学、历史、文化等因素以及刑事立法和司法实践的不同,虽然德国和日本均采取阶层犯罪论体系,但两国刑法理论的差别是不能忽视的,特别是在具体问题(例如财产犯罪)的处理上,彼此之间的差别可以说是非常明显的。当然,这里并不存在德国和日本刑法理论孰优孰劣的问题。不过,在借鉴德国、日本刑法理论的时候,我们必须要注意的是各种理论学说的适用范围,否则就可能产生张冠李戴的错误。(2)无论是德国理论还是日本理论,最终都要服务于中国司法实践具体问题的解决。因此,在借鉴的过程中,应当始终从中国的刑事立法和司法实践出发,以便为中国问题提供妥当的解决方案。

---

① 林山田:《刑法各罪论》(修订5版)(上册),北京大学出版社2012年版,第10页。

法律继受中的"制度器物化"批判

——以近代中国司法制度设计思路为中心[*]

李启成^{**}

  自 1906 年清廷在中央设立法部和大理院,分掌司法行政和审判,在地方筹设独立于官府的各级审判厅,意味着中国司法近代化正式展开,开始逐步确立以司法独立为指导的新司法架构。从晚清到民国,政府虽在司法改革具体目标上有差别,但都基本认同分权思想,继承了晚清将传统官府定性为行政机构的认识,为推进司法独立,他们在原有衙署外新建审判机构、以新式法官行使司法权。换句话说,整个近代中国尽管有或大或小的政治变动,但晚清所确立的这个司法革新模式仍一以贯之。有意思的是,我发现在近代中国司法改革发端的晚清,还有与这个主流模式很不一致的司改思路。先来看下面三则材料:

  (1) 1903 年初,其时晚清司法改革尚待启动,在京师编书局供职的孙宝瑄,受梁启超介绍边沁《政法论》文章的启发,结合他对传统治道的洞悉,萌生了以司法权为核心的改革设想,云:

> 人民之立法、行法、司法三权结合而成国,亦宇宙之公例,何必于三者外更议增加,是蛇足也。若虑无所统一……即以司法为主权,统兼立法、行法未为不可……故鄙意议院属立法之一部,宰相属行法之一部,国君当属司法之一部。凡国内立法官由人民选举,行法官由宰相选用,司法官当由国君选任……遇立法、行法二部互争不下时,国

---

 * 原文刊于《法学研究》2016 年第 2 期。
 ** 北京大学法学院教授、博士生导师。

君可命司法官判决之。①

(2) 1910年底,直隶总督陈夔龙上折,认为以新设审判厅负责司法审判事务,实施中颇多窒碍难行之处,故提出新的制度设计思路供朝廷参考。他主张扩大行政区划,保留知府代替州县官为初级行政官,而以州县官衙署建设审判厅,以州县官公费代替审判厅日常经费:

> 行政区域不妨稍广,俾施措易于见功;而行法区域必宜从小,庶诉讼得以便利。查各省府厅州县向分二级,今宜留知府以统各属,专办行政事宜,裁厅州县之员缺,仍留厅州县之治名,每属设地方审判分厅,并附设初等审判厅于其内,即以厅州县之衙署为之……仍留厅州县之名,百姓忘于改制之繁,而庶事已奏灵通之效……以厅州县之衙署为审判各厅,以厅州县之公费为推捡及佐治各员薪俸,一转移间,行政、司法各已独立,经费不假另筹。②

(3) 1911年8月,两江总督张人骏亦因新式审判厅实际运作不尽人意,向朝廷建议:地方审判厅由州县衙门改设,州县官另建较简易之衙署,并兼任检察官:

> 司法独立为宪政要端,自不能不依限实行,但行法首重宜民,若于民情习惯不能相洽,必致滋生事端,求安反扰。中国郡县之制行已一二千年,乡民心目中只知州县衙门为其本管官衙,应行服从。若于州县之外别设法庭,乡民少见多怪,必致别生疑虑……近来各处新设审判厅,每滋纷扰,是其明证。乡曲愚氓,难以理喻,惟有顺其习惯,使之不觉,自然默化于无形。窃谓各直省府厅州县地方审判厅,皆宜以原有州县衙门改设,而别给州县官以屋舍,乡民涉讼仍在州县衙门,必无不服……州县为地方行政官……若将检察官一职皆令州县官兼任,则既可省设官之费,而民情尤易相安。③

这三则材料并非稀见,却并未引起学界注意。这可能跟该材料所主张的方案未能产生什么影响,在后来仅作为历史资料存在有关。我以为,

---

① 孙宝瑄:《忘山庐日记》(上册),上海古籍出版社1983年版,第615—616页。
② 故宫博物院明清档案部编:《清末筹备立宪档案史料》(上册),中华书局1979年版,第546页。
③ 同上书,第594页。

它们在当时出现,至少提供了这样的信息:在晚清司法改革启动前后,尽管主流做法是借鉴列强在原有官府外新设审判厅,来配合预备立宪推动司法独立,但还有人认为可从固有治道中发掘精华,从而更有效地达到司法独立和预备立宪之目标。经过他们的思考,断定固有治道并非与当时司改所追求的司法独立完全对立:欲追求司法独立,需进行具体制度设计,改革者要考量固有治道之内涵,发掘其优长,而不是机械的效颦步趋。前述三人的具体意见,虽有差异,但其主张有一共同点:全新创设审判机构未必能保证其司法权威,必须借助固有官厅的权威地位,如陈夔龙和张人骏都建议把州县衙署作为法院的审判场所,即是将官府对百姓的权威移用于新审判机构。张人骏更主张州县官兼任检察官,法官可裁决检察官提交来的案件,以提升法官在百姓面前的威严。

  这三则材料最重大的意义,并不在具体规划本身,而是它们所提出的问题:以西式司法独立为目标的近代司法改革,并不意味着在具体制度设计方面放弃思考、简单照搬照抄,而要充分照顾相沿数千年之久的治道及其所塑造的民性民习。作为制度的法,有推动社会演进的"法教"功能,但同时"法教"亦有其限度。① 继受而来的新法律制度因受制于继受国的民性民习,致使效果与在其母国迥异。在推进司法独立设计具体制度时,整个近代中国的主流做法是照搬域外,于传统官府外新设法院行使司法权,由新式法官负责具体案件审理。在此思路下,传统治道即便没被视为新式制度设计的对立面,至少也跟其漠不相关。晚清决策者如何接受此种忽略传统治道及其影响下的民性民习之制度设计模式?此模式又是怎么在近代中国被视为理所当然?它与近代中国司法转型步履维艰且结果不尽人意有无内在联系?从这个为诸多研究者所忽略的角度来反思近代中国的司法变革,乃本文主旨所在。

一、晚清新设审判机构的根据

  自19世纪下半叶,近代中国即有了一些关于司法独立思想和制度方面的知识传播,为20世纪初清廷司法改革进行了一些知识准备。庚子国变后,清廷决意变法图强。作为前期变法的纲领性文献,《江楚会奏变法

---

① 王伯琦:《近代法律思潮与中国固有文化》,清华大学出版社2005年版,第74页。

三折》的宗旨之一是"采西法以补中法之不足",其中有较翔明的法律和司法改良之举措,但无一语涉及司法独立。①

晚清司法改革以司法独立为目标,主要为收回领事裁判权,尤其是仿行宪政所需。②清廷于1906年9月下预备立宪之谕,明确指出预备须从改革官制入手。这种决断非常顺理成章。盖官制因政体而生,政体既由专制而立宪,官制必随之改革。立宪政体及其与之相适应的官制,在中国既无"旧章"可循,改革者自然只能借鉴于异域的通常做法,即以三权分立原理为据来革故鼎新,逐步形成新官制。在这个宏观背景下,司法独立遂因此成为晚清朝廷司法改革的目标。司法独立既已成为司法改革的目标,接下来即需具体规划如何推行司法独立。

(一) 固有官府的定性:"行政兼理司法"

具体到操作层面如何推行司法独立,牵涉诸多机构和相应人事职位的巨大变动,朝廷不能不慎重其事。这集中体现在让臣工以上折进言的方式来表明朝廷在决策时能集思广益。《清末筹备立宪档案史料》一书有"官制"专栏,共搜录档案资料93件,其中奏折和条呈等73件,上谕20件。在73件奏折和条呈中,司法领域的共有12件。晚清筹备立宪以三权分立为指导原则,同作为三权之一,为什么绝大多数臣工所上折呈谈及司法的数量较之行政和立法少得多呢?个中原因,主要是传统衙署在分权理论中被朝廷归入行政范畴,在立宪政治下议会天然要对行政进行制约,较之新创建的司法系统,两者都跟官制改革中的利益再分配更为密切相关。

在新官制方案正式出台之前,朝廷应御史王步瀛之请,令臣工各抒己见。③该书收录这一时期30名官员所上奏折和条呈33件,其内容跟司法改革相关的有6件,主张司法独立并在行政官署外新设各级审判衙门只有2件,分别为考察政治大臣戴鸿慈和出使德国大臣杨晟所上奏折,建议

---

① 参见苑书义等主编:《张之洞全集》(第二册),河北人民出版社1998年版,第1407页以下。
② 韩涛:《晚清大理院:中国最早的最高法院》,法律出版社2012年版,第11页以下;李启成:《领事裁判权制度与晚清司法改革之肇端》,载《比较法研究》2003年第4期,第16页以下。
③ 故宫博物院明清档案部编:《清末筹备立宪档案史料》(上册),中华书局1979年版,第432页。

由原衙门仍旧行使司法权而不宜过度更张的有4件,分别是户部员外郎闵荷生、翰林院撰文李传元、御史胡思敬和叶苕棠所上奏折。尽管该书所搜录的奏折等档案并非齐全,但据此至少可见在官制改革上谕明发之前,尚有不少官员对在传统官府外设立新式审判机构以推行司法独立为指针的改革持反对意见。在1906年10月清廷公布中央官制改革上谕后,该书收录了官员所上折、呈40件,其中涉及司法者6件,分别为军机章京鲍心增、考察宪政大臣李家驹、在籍编修邵章、直隶总督陈夔龙、出使大臣张荫棠和两江总督张人骏所上奏折,都是赞同新设审判机构,只有陈夔龙和张人骏有自己的一些改进设想。可知:清廷官制改革上谕明确表达了朝廷建立新司法机构以推进司法独立的明确态度,对晚清司法改革的走向很关键。因该上谕是对总司官制编纂大臣奕劻等上奏所作裁定,其内容较简略,故考察该上谕关于司法改革背后的理由和思路,必须重点分析奕劻等所上奏折。在中央衙门,原本即有专门法司之设置,谕令将刑部改为法部负责司法行政、大理寺改为大理院专掌审判,除部院具体权限划分有所争执外,关于大方向和思路,争议较少。而在地方,原先是各官署层层节制,正印官总揽一切,现今司法要独立,不乏争议。故奕劻等关于各直省官制奏折中这段话值得特别注意:

> 分设审判各厅以为司法独立之基础……国家因仍明制,分设布政、按察两司,亦复各有专官,截然不紊。自州县身兼其事,始不免凭恃以为威福,今日为外人藉口,而自失其权者,正坐于此……如虑行政官一日不兼司法,号令难施,则不知行政处分之权,尚为地方官所有,况地方保卫,自有警政担其责成。又有虑及法官独立,将有枉法以行其私者,又不知法者,天下之公,岂容其意为左右;且监督之官,检查之法,一切具在,正不必鳃鳃过虑。现在法部、大理院,既经分设,外省审判之事,自应由此划分权限,别立专司,俾内外均归一律。此各省审判各厅不能不按级分立者也。①

上谕裁可该折,表明朝廷已确定在固有官府外新设各级审判机构来行使审判权。在朝廷决策者看来,要实现司法独立,顺理成章的方案就

---

① 故宫博物院明清档案部编:《清末筹备立宪档案史料》(上册),中华书局1979年版,第504页。案:这段文字从很大程度上是在回应张之洞反对司法独立电文,张氏电文见后,读者自可覆按。

是：按照泰西三权分立学说，国家机构有行政、立法和司法之别；中国从古至今无分权学说，当然无从产生建立在分权理论基础上的国家机构；中国固有的各级官府属行政机构，从而无专门的立法和司法机构。朝廷欲仿行宪政，首先就需按照分权原则改组国家机构，进行官制改革。其最要者是设立资政院和各省咨议局，为立法机构之预备；建设大理院和各级审判厅为专门司法机构，负责案件之审判。随后推选议员、考试法官，充实于各该新机构之中，从而保证新机构能顺利运作，立法权和司法权得以与固有的行政权相配合，从而切实推进预备立宪。在这个方案里，有一个核心前提，那就是中国固有官署，尤其是地方官署在分权学说框架内的定性问题，即它们主要是不是行政机构。奕劻在前述奏折里以委婉的方式为其定性，即其所言"州县身兼其事……如虑行政官一日不兼司法"等，这实际上告诉世人，传统地方官是"行政兼理司法"。

身膺法律和司法改革直接领导重任的沈家本对晚清筹建独立司法机构发挥了重要影响，故很有必要考察沈氏对该问题的论证。他首先断定传统地方官的"行政兼理司法"定性，进一步分析此制度的危害，从而完成在行政衙署外筹建新司法机构的论证。

在沈氏看来，当时在地方"行政司法混合为一"，[①]是"行政官兼理司法"，其危害有四：(1) 行政官员没有专门的法学知识；(2) 胥吏易营私舞弊；(3) 上诉制度流于虚设；相关法规几乎形同具文；(4) 有碍于收回领事裁判权。[②] 这种种弊端，可进一步归纳为两点，即对内不能公正审理案件，对外不能维护国权。

在沈氏论证中，推行西式司法独立与在固有衙署外筹建新式审判机构是同一个问题。换言之，只需论证司法独立之必要，筹建新机构就为事理之当然。在晚清论证司法独立是否应行、可行的根本就是判断司法独立的"籍贯"问题，即它主要是中西问题还是古今问题。如它主要是中西问题，那即属制度继受范畴，当然就要重点关注继受国的传统与现实，需继受者超越具体条文和制度的简单因袭，更多从作为系统的文化社会环境及其所限定的功能等诸多层面进行审慎考虑，创制更合适的具体制度。

---

① 沈家本：《寄簃文存》，商务印书馆 2015 年版，第 206 页。
② 沈家本：《调查日本裁判监狱情形折》，《调查日本裁判监狱报告书》，北京农工商部印刷科 1907 年铅印本，第 2 页以下。

如它主要是个古今问题,改革者重点就应考虑古今之间的变与常,尤其是变,从而确定在具体制度上何者当因、何者应革。沈氏抓到了该根本性问题,通过撰写《历代刑官考》等著述,从设官分职的角度论证了古代专设刑官的合理性①,据此追寻司法独立之源,判定司法独立乃我国固有之良规,从而将中西问题转换为古今问题,证明司法独立在今日不仅应行,而且可行。

到底司法独立究竟是否为我固有良规？在晚清推行司法独立主要是个古今问题而非中西问题？其论证是否能真正从学理和事实两方面充分讲通,不是沈氏关注重心,只是将之作为一种为证成既定决策的论证策略,试图堵住反对者之口。他作为朝廷高官中少有的技术官僚,主要聚焦于司法独立如何在技术层面上进行操作,即如何筹建独立的司法机构、法官的培养与选拔等。

其实,他自己很明白,这种"托古改制"式的论证只是为减少变法改制的阻力而不得不为之的策略。为了防止这种论证可能带来司法独立走样这一副作用,沈家本在《裁判访问录序》文中即点出了司法独立在西方的精义,概括了它与中国现制之基本差异,进而指出学习西法之正确途辙：

> 西国司法独立,无论何人皆不能干涉裁判之事。虽以君主之命,总统之权,但有赦免而无改正……方今世之崇尚西法者,未必皆能深明其法之原,本不过藉以为炫世之具,几欲步亦步,趋亦趋。而墨守先型者,又鄙薄西人,以为事事不足取……中国今者方议改裁判之制,而礼教风俗不与欧美同。即日本为同洲之国,而亦不能尽同。若遽令法之悉同于彼,其有阻力也固宜然。我法之不善者当去之,当去而不去,是之为悖。彼法之善者当取之,当取而不取,是谓之愚。夫必熟审乎政教风俗之故,而又能通乎法理之原,虚其心,达其聪,损益而会通焉,庶不为悖且愚乎……是在讲究斯法者,勿求之于形式,而求之于精神,勿淆群言,勿胶一是,化而裁之,推而行之,斯变通尽

---

① 沈家本在《历代刑官考序》明言："有一官即有一官之职分,故任是官者,必皆能各尽其职分,而后国家乃非虚设此官。稽之于古,未闻无是事而虚设一官者,亦未闻设一官而可以不事其事者；未闻任是官而不必问是官之职分当如何乃克尽者,亦未闻是官而不必问职分之相当不相当可以漫居是官也。此理之易晓者也。"沈家本:《寄簃文存》,商务印书馆 2015 年版,第 198 页。

利……古今中外之见,又何必存哉。①

这段话最能代表沈氏对司法独立的真正认识水平,是其多年学习和思考的结晶。他之所以时而强调司法独立乃"固有良规",有时肯定它属"彼法之善",是因应现实之所需、所急而"行权"。作为手段的论证虽差异很大,但其所欲达到的目标则一,即是在晚清创设新机构以推进司法独立。既然这个目标先已存在,他关于制度继受要"损益而会通"等告诫就很可能沦为高明的标榜,难以落实。

沈氏是传统士大夫,且长期在刑曹任职,熟谙固有司法模式,又适逢其会,成为晚清司法改革的重要主持者,同时自然成为中国司法近代化的奠基人。他对传统地方官"行政兼理司法"定性的强调在当时和后世都产生了巨大的影响,尽管后人不大认同司法独立乃我固有良规的论断,但能理解他那"托古改制"的苦心。其实,他并没有深入论证为什么传统地方官就是"行政兼理司法"而不是相反呢? 假若传统地方官不是"行政兼理司法"而是"司法兼理行政",那可能就会采取新设各种行政机构而不是新设审判机构的方式在晚清推进司法独立了。于此可见,被沈氏基本视为同一的司法独立和新设审判机构,实际上是相关但绝非同一的两个问题。这启示我等后人:以分权视野来观察传统地方官,究竟是归于行政官序列还是司法官范畴,实在值得结合固有治道进行深入考量。

朝廷决策者将施行司法独立视为筹备宪政、收回领事裁判权的核心要目,本没什么问题,但在晚清这样一个广土众民、有极其深厚文化传统的国度,究竟该采取什么具体制度设施以实现司法独立,理应深入、广泛地探讨。但实际上,如沈家本那样的佼佼者都没能充分认识到该问题的重要性,遑论他者。随着日本司法模式对晚清司法改革的压倒性影响,强化了决策者设立新机构以推进司法独立的思维模式,完全以取消或回避问题的方式来取代了对该问题的思考及随之而来的回答。

(二) 司法制度继受与日本影响

晚清司法制度变革,本质上是一种外来制度继受。既然是继受,则继受主体先要对继受对象有一定认知。对迥异于我国传统的域外司法制度,国人的认知过程非常漫长。早在鸦片战争前后,即有些简介,但难免

---

① 沈家本:《寄簃文存》,商务印书馆2015年版,第205页以下。

郢书燕说。之后进展缓慢,直到甲午、戊戌前后,因政治革新之需,才形成一短暂高潮,认知较前有所提升。

在这一阶段,中国对域外司法制度的认知主要由外国来华人士、驻外使节、留学生以及那些出入租界的国人所传播,尚无明显的排他性抉择。司法独立制度,发端于英,渐及于欧陆诸强,流风所被,至于美国,颇有后来居上之势。同文同种之日本,继受了法、德等国的司法制度。此时,美国在国际事务中的地位较今日为逊,其司法制度亦非特别显赫于当时。即便如此,国人亦不乏关注者。如曾留学美国的章宗元于1902年前后有《美国宪法》《美国民政考》等书,较为系统地介绍了美国司法制度。他逐条翻译了《美国宪法》,并用"案语"阐述自己的理解和评判。观察他关于司法权的四则案语,足见其对美国司法有较准确的理解。① 沈兆祎在《新学书目提要》、顾燮光在《译书经眼录》都有评介。② 这可证明直到20世纪之交,近代中国人尚未将哪个国家锁定为主要学习对象。

日本因与中国同文同种且地属东邻,对晚清法政改革必然产生重大影响,日俄战争获胜更提升了它对清廷的吸引力。即便如此,1905年清廷派大臣出洋考察宪政,还是将重心放在欧美诸国。但到朝廷决策预备立宪、官制改革直至清亡,日本政法模式成为清廷变法改制最主要的、甚至是唯一的模范对象。

有学者经详细比对考察政治大臣戴鸿慈和端方所进呈的《欧美政治要义》与有贺长雄的《国法学》,断定《欧美政治要义》的原作者就是有贺长雄,而"清政府预备立宪的整体思路与重要环节、步骤的设计,乃至宪法拟订、官制编纂,与考政大臣奏陈的主张相似"③。

清廷新设大理院和各级审判厅的规划,决定于官制草案的厘定和《法院编制法》的纂拟。在清廷专门设立的官制编制馆,其成员多为日本法政留学生和到日本考察过的官绅。该馆以孙宝琦、杨士琦为提调,分设各课。金邦平、张一麐、曹汝霖、汪荣宝为起草课委员,陆宗舆、邓邦述、熙彦、陈毅为评议课委员,吴廷燮、黄瑞麒为考定课委员,周树模、钱能训为

---

① 《美国宪法》,章宗元译,上海文明书局1902年版,第33页以下。
② 熊月之主编:《晚清新学书目提要》,上海书店出版社2007年版,第439页以下、第258页以下。
③ 孙宏云:《清末预备立宪中的外方因素:有贺长雄一脉》,载《历史研究》2013年第5期,第99页以下。

审定课委员。其中负责官制起草的金邦平、曹汝霖、汪荣宝和评议课委员陆宗舆都在早稻田大学学习过;陆宗舆、邓邦述、陈毅、黄庭瑞、周树模等都随五大臣出洋,考察过日本宪政。① 据张一麐回忆:"编纂官制局设于海淀之朗润园……各员多东西洋毕业生,抱定孟德斯鸠三权分立宗旨……对于司法独立,说帖尤多"②。曹汝霖讲"此次修改官制,唯一收获,只是司法独立"③。此次官制改革之成果见于 1906 年 10 月拟定的《各部官制通则》和 1907 年 6 月出台的《各省官制通则》,确立了在原有的行政衙署外设立由大理院、高等审判厅、地方审判厅和初级审判厅组成的四级三审司法新体制。④

为了更好推行君宪,清廷于 1907 年再次派员考察日英德三国的君宪事宜,到日本的达寿和李家驹被任命为宪政编查馆提调,而考察英国和德国君宪的汪大燮和于式枚却未获进入该机构任职的机会,"这等于明白宣示,当时的立宪要以日本为师法对象"。⑤ 司法作为立宪之一部,自不例外。

在清廷出台《各省官制通则》三个月后,沈家本即督率修订法律馆同僚赶出了《法院编制法》草案并上奏。沈氏奏折扼要叙述了编制之经过,其中日本法学者冈田朝太郎出力不少,"令法律学堂日本教习法学博士冈田朝太郎,帮同审查。该教习学识宏富,于泰西法制靡不洞彻,随时考证,足资甄择"⑥。该法律草案经宪政编查馆审查,于 1910 年初颁行。这是清廷第一次以法典形式正式确立四级三审制新司法制度。将它与日本当时的《裁判所构成法》相比较,不论是篇章结构还是具体条文,皆非常相近。⑦

从清廷宣布预备立宪国策后,在司法制度革新方面受日本的影响越来越大。刚开始还有几分参酌各国法律之气象,不久即全盘"以日为

---

① 参考曾田三郎:《立憲國家中國への始動——明治憲政と近代中國》,思文閣 2009 年版,第 104 页。
② 张一麐:《古红梅阁笔记》,上海书店出版社 1998 年版,第 45 页。
③ 曹汝霖:《曹汝霖一生之回忆》,传记文学出版社 1970 年版,第 43 页以下。
④ 故宫博物院明清档案部编:《清末筹备立宪档案史料》(上册),中华书局 1979 年版,第 470、510 页。
⑤ 彭剑:《清季宪政编查馆研究》,北京大学出版社 2011 年版,第 25 页。
⑥ 故宫博物院明清档案部编:《清末筹备立宪档案史料》(下册),中华书局 1979 年版,第 843 页。
⑦ 参见李启成:《晚清各级审判厅研究》,北京大学出版社 2004 年版,第 79 页以下。

师"了。

尽管与欧美国家相比,我国与日本文化相近,日本自明治维新以来已收富国强兵之效,更成功收回了领事裁判权,学习日本进行司法改革有许多便利,但全盘"以日为师",改革者难免忽略中日两国之间的国情差异。这主要体现在两方面,一是疏于了解日本维新之前的司法状况,二是对固有治道缺乏有意识深入探究的动力,不能发掘其中有助于司法改革之积极要素。我将在后面专门论述第二点。关于第一点,最直接的证据来自晚清人士考察日本法政的文字记录。泛观这类为数不少的材料,基本上没能涉及日本维新之前的司法状况,即便偶有提及,也是一两句话带过,大致不出因其法律不完全、行政兼理等原因而不适应现今文明社会等,而将考察重心放在日本人对欧美司法的考察和他们的司法革新举措上。① 如受沈家本之派,董康、王仪通等赴日考察裁判和监狱情形。回国后,他们撰写了《调查日本裁判监狱报告书》,随即刊刻行世。关于日本维新前的司法,仅云:"考维新以前,裁判制度,同于中国,俱以行政官兼任。"②

由于中国改革者对日本维新之前的法律和司法没兴趣进行深入探究,影响所及,即相对忽略了法律与社会的适应性问题。日本维新前,因封建之影响,"尚无统一而独立的司法制度"。因固有司法相对落后,日本在废藩置县后推行新司法制度,阻力自然较小。即便如此,日本自明治维新伊始,到司法独立制度的较完全确立,亦用了二十多年。③ 晚清中国因文化、政体和面临的任务与日本相近,推行司法改革"以日为师"自有许多便利,但改革者亦应考虑到中日两国国情间的巨大差别,关注固有治道,尤其是我国已有形成数千年之久、颇成系统尚称完备的法律和司法体系,充分留意新制度和社会之间的适应性问题。

---

① 参见刘雨珍等编:《日本政法考察记》,上海古籍出版社2002年版,第55、64、87—89、112、135、283、329—339、363、404页。

② 沈家本在《历代刑官考序》明言:"有一官即有一官之职分,故任是官者,必皆能各尽其职分,而后国家乃非虚设此官。稽之于古,未闻无是事而虚设一官者,亦未闻设一官而可以不事其事者;未闻任是官而不必问是官之职分当如何乃克尽者,亦未闻任是官而不必问职分之相当不相当可以漫居是官者。此理之易晓者也。"沈家本:《寄簃文存》,商务印书馆2015年版,第1页。

③ 参见林明德:《日本近代史》,台湾三民书局1996年版,第95页。

二、固有治道与"司法"职能

自秦汉开始,中国即进入家天下的帝制时期,其间尽管经历多次改朝换代,但君主集权于上,选拔贤能为官以教民治民的模式未发生根本性改变。该模式当然谈不到权力分立,亦没有权力分立意义上的司法权,更无司法独立的理念和相应的制度设施。历代圣君贤相名儒公卿着眼于王朝长治久安,集中关注和探讨的是治理天下之道,即"治道"。

牟宗三借鉴孙中山政权和治权划分理论,认为古代中国只有治道而无政道,"有政道之治道是治道的客观样态,无政道之治道是治道的主观样态,即圣君贤相之形态";"言治道惟是自'在上者'言……在上者涵盖愈广,而治道亦随之而愈广大精微。故中国以往对于治道的讲论,已达极端微妙之境界"。① 传统中国政法思想和制度设计都围绕治道而日渐发达和成熟。

(一) 君道与臣道

自秦始皇一统天下,废封建设郡县,帝制中国的基本政治架构大致成型,即皇帝选拔贤能为官,通过官员来治理百姓,这是韩非"明主治吏不治民"思想在制度层面上的落实。但法家的主张是一种物化的治道,只能为帝制中国政治架构确立大致框架。帝制中国更需要儒家德化的治道,来维持其良性运转,提供正当化根据。西汉中期以后,外儒内法成为政治架构的思想依据。韩愈将其特征归纳为:"君者,出令者也;臣者,行君之令而致之民者也;民者,出粟米麻丝,作器皿,通货财,以事其上者也。"② 在帝制中国,治道的原动力在君主,直接推行者是各级官吏,最后风吹草偃及于百姓,整个社会藉以获得秩序。故君主和官吏的素养优劣直接决定了治道之良窳。一方面,良好治道的形成须君臣通力合作,故治道所要求于君臣的素养有诸多相通之处;另一方面,君主和官吏因各自位分不同,其道遂异:君有君道,臣有臣道。

---

① 牟宗三:《政道与治道》,《牟宗三先生全集》,台湾联经出版事业股份有限公司2003年版,第10册,第29页以下。
② 韩愈:《韩愈集》,岳麓书社2000年版,第146页。

早在春秋时期,齐国贤相晏婴即讲:"君人执信,臣人执共。忠、信、笃、敬,上下同之,天之道也"①。但素养非天生,有待于学而后明,故探讨治道的前提是要有"学"。自庙堂表儒家彰后,君臣欲济世,必先明道,从经术中"学"。故伊川先生讲:"道不行,百世无善治;学不传,千载无真儒"②。顾炎武于明清天崩地裂之际,以数十年之功撰著《日知录》,自信"有王者起,将以见诸行事,以跻斯世于治古之隆",其体例颇有讲究:分上中下三篇,上篇经术、中篇治道,下篇博闻。③ 他深信,经术乃治道之前提和基础。

先看君道。在帝制中国,治道之原动力出之于君,且经由官、民归宿于君,"中国过去所谈的治道,归根到底便是君道"④。惟其极端重要,故历代先哲对君道的探讨尤其尽心。从汉初贾谊《治安策》、陆贽之《陆宣公奏议》、司马光编《资治通鉴》到海瑞《治安疏》、孙嘉淦《三习一弊疏》等,无一不是对君进言,以明君道为首务。如海瑞上疏,开篇即斩钉截铁指出:"正君道、明臣职、求万世治安"为"天下第一事",其原因在于"君者,天下臣民万物之主也。惟其为天下臣民万物之主,责任至重,凡民生利瘼一有所不闻,将一有所不得知而行,其任为不称。"⑤

综观这类探讨,君道之核心内容大致可分三层:(1)君非天生圣贤,有讲求君道之必要。君虽贵为天子,位在官、民之上,但不能率性妄为。理想之君由其"以天下之心为心"而表现为"与民同其好恶"。退而求其次亦须敬天法祖,约束一己之欲求。(2)君道之要在修身。君需不断修身才有可能成为圣君,造福天下苍生。没有不断的修身,君不能自为圣贤、自封圣贤。故《四书》之首的《大学》明言"自天子以至于庶人,壹是皆以修身为本"。⑥ (3)君之修身,重在养其爱民、亲贤之心。"聚古今之精英,实治乱之龟鉴"⑦的《陆宣公奏议》明确讲:"自昔王业盛衰,君道得失,史册尽在,粲然可征。与众同欲靡不兴,违众自用靡不废,从善纳谏靡不固,远

---

① 《左传·襄公二十二年》。
② 《二程集》(上册),中华书局1981年版,第640页。
③ 顾炎武:《日知录校注》(上册),陈垣校注,安徽大学出版社2007年版,第24页。
④ 徐复观:《中国思想史论集续篇》,上海书店出版社2004年版,第308页。
⑤ 海瑞:《海瑞集》(上册),中华书局1962年版,第217页。
⑥ 朱熹撰:《四书章句集注》,中华书局1983年版,第4页。
⑦ 苏轼:《苏东坡全集》(下册),中国书店1986年影印版,第568页。

贤耻过靡不危"①。张居正讲得更直接:"讲学、亲贤、爱民、节用,又君道所当先者"②。这些名臣关于君主修身养性之讲论,有助于王朝之长治久安,一般能得到君主认可。

再观臣道。君主一人居于臣民之上,不管其资质如何,都不能独治天下,必须用一套制度和伦理体系来选官、治官。从民中选拔出来的官吏,不论职位高低,皆为君主之臣,为臣即有为臣之道。臣道首先要求臣在客观上尽其职分。臣要尽其职分,即先要明其具体内容和目标。君主出于治吏之需,经历代斟酌损益,已有较完备的制度设施予以规范,明清之会典及其事例为其集大成者。臣道还要求臣在主观方面恪尽职守,即如何能将伦理内化于心以自觉尽其职分。这就需一套较完整的官员伦理。这套官员伦理,其细目见于帝制中国卷帙浩繁的各种官箴之中,它最核心的价值是忠。

作为帝制中国重要价值观念,忠的对象主要是君主个人还是作为王朝代表的君主,历来不乏争议。治道虽要求君主以天下之心为心,"以天下治天下",君上无为而臣下有为,但这只是一种"理想"状态。实际上,不论人君修为如何,他毕竟是一个人,更是天下一人,注定了他不能完全消解自己在政治上的主体性,必同时具有双重身份,即作为君主的个人和作为王朝代表的君主。作为个人,难免按照一己主观之好恶而行事。如此行事既久,遂不以为非,且视为理所当然,分所当为。这就与作为王朝代表的君主所应持之行为发生冲突。在帝制中国,忠自然就有了两种不同的解释:到底是为君主个人尽忠抑或是为王朝、乃至天下苍生尽忠。纵观史乘,尽管臣下在事实上多选择向君主个人尽忠以换取较可靠的现实利益,但自从儒家成为思想文化主流后,臣民尽忠的对象应是作为王朝代表的君主。换言之,即臣下应对苍生社稷负责,对皇帝尽忠的重要表现方式是当君主为私欲私情所蒙蔽而行为有所差池之时,采取不同的方式向皇帝进谏,促使其返归正轨。"格君心之非",向君主上疏进谏就成为臣道的重要内容。海瑞对传统治道有切己体认,明确指出明臣职是正君道的先决条件,"养君之道,宜无不备,而以其责寄臣工,使尽言焉。臣工尽言而

---

① 陆贽:《奉天论前所答奏未施行状》《陆宣公奏议注》,郎晔注,(十万卷楼丛书本),卷二。
② 张居正:《谢召见疏》,《张太岳先生文集》,万历四十年唐国达刻本,卷三十七。

君道斯称矣。"①历代名臣之奏议,都有大量进谏性文字。故臣道主要包含恪尽职分和进谏尽忠这两方面内容。

在帝制中国,君遵君道,臣尽臣道,二者相互合作,共同构成传统治道。它具有下述特征:(1)帝制中国政治原动力和归宿皆为君主,故君道是治道的最重要部分,相应地臣道需服从和服务于君道。(2)君道之实现必寄寓于臣道,即让"臣下有为"而"君无为"以达"无不为"之效果。(3)臣道要求臣下有为,要求臣工恪尽职分和进谏尽忠。

在这个治道中,不可能有权力的截然划分。首先因君主是政治之主体,其权力无所不赅、无远弗届。正因君权无限,才有"无为"之君道。其次,就臣道而言,虽包含臣下间的职能分工,如明清中央六部职掌各别,地方布政、按察两司管辖有差,但历代大臣之所以为"大",原因之一就是其职掌并不限于具体事务,是"君子不器"在现实政治中的实现。陈平所归纳的宰相职掌多为后世称引,足见一斑:"宰相者,上佐天子理阴阳,顺四时;下育万物之宜;外镇抚四夷诸侯;内亲附百姓,使卿大夫各得任其职焉。"②这个为文帝"称善"的回答,认定宰相之职权乃上下内外无所不包。再次,臣道之内涵包括臣下须进谏以规劝君主行君道,进言之范围并无明确限定。可知:帝制中国的治道,根本不需要分权,最多只有因治理事务之繁剧和官员权力太大以防尾大不掉而有一定职能分工而已。

(二) 作为官府核心职能的听讼断狱

君主所发布的法律和政令需各级官吏推行于民间,共同维护王朝统治秩序。在官吏群体里,州县官被称为亲民官,地位尤其重要。帝制中国士大夫有关论述极多,清代谢金銮讲得尤其透彻:"天下真实紧要之官,只有两员,在内则宰相,在外则县令。学者果有修己治人之术,痌瘝在抱,不为宰相,必为县令。盖宰相所措置者在天下,而县令所措置者在一方。至于目击生民之疾苦,亲见其利害,则宰相有不如县令者矣。"③其职掌,以清代为例,《清史稿·职官三》云,"知县掌一县管理,决讼断辟,劝农赈贫,讨猾除奸,兴养立教。凡贡士、读法、养老、祀神,靡所不综"。在这些职责

---

① 海瑞:《海瑞集》(上册),中华书局1962年版,第217页。
② 司马迁:《史记》(第六册),中华书局1959年版,第2061页以下。
③ 谢金銮:《居官致用》,徐栋辑:《牧令书》,道光戊申刻本,卷一,第52页。

中,最重要的是维持秩序和征收赋税。要维持好秩序,就要负责教化百姓、公平听讼断狱。① 因教化功在平时之累积,其效果可通过征税和诉讼而体现,故可说州县官最重要职责是后两者,即"钱谷"和"刑名"。孙宝瑄即据官场"常识"讲:"三代以后,官家与民所交涉之事,以敛赋税、决狱讼二者为最大。"② 当今有学者经缜密研究指出:"承平之时,除灾荒救治外,地方政务大多以刑名钱谷为要项。"③

孟子善治必须人法兼重之论为很多帝制中国士大夫所崇奉。征税是朝廷得以存在的经济前提,当然很重要,故历代皆有较严密的赋税法制。除有良好法制外,征税还须州县官在执行时有抚恤、教养之意,至少不能因征税而破坏秩序。如吕坤在乡间居病期间担任乡官,向巡按条陈地方利弊时即剀切陈词:"夫有美意而无良法,则美意反为恶意;有良法而无良吏,则良法反成弊法。"④ 袁枚在回答门生关于如何做好州县官时明确指出征税与教化息息相关:"钱谷役侵者多,民负者少……催科中寓抚字也。"⑤

州县官除收税外,更需在辖地代表君主承担教化百姓之责。在传统治道中,讲究自上而下,以风吹草偃的方式化民成俗。作为民之父母,州县官所承担的教化职责至重。官箴书告诫尤多,如清代人讲,"只一'亲'字,则内外上下诸弊皆绝。州县乃亲民之官,为之者别无要妙,只一'亲'字认得透,做得透,则万事沛然,无所窒碍矣"。⑥ 事实上,州县官不一定都能善体天理人情,做到教化得当;民乃蚩蚩者氓,未必皆能教化。教化不行,民与民间自有争竞。争竞不已,则可能向官府兴讼,故裁决争讼成了州县官的重大职责。

教化与争讼之关系,大致可分两层。(1) 君主和各级官吏治民,以教化为主、为先;教化因人因时因事而穷,遂有争讼。教化大行自然会减少

---

① 瞿同祖运用清代的《钦颁州县事宜》和黄六鸿的《福惠全书》等资料,对于州县官职责有类似结论:"除了维护治安这一首要职责外,最重要的是征税和司法"。至于二者孰轻孰重,大致取决于州县官"处理问题的态度和方法,究竟他是从司法还是从政府税收的角度考虑问题。"瞿同祖:《清代地方政府》,范忠信等译,法律出版社2003年版,第31页。
② 孙宝瑄:《忘山庐日记》(上册),上海古籍出版社1983年版,第670页。
③ 关晓红:《从幕府到职官:清季外官制的转型与困扰》,生活·读书·新知三联书店2014年版,第111页。
④ 《吕坤全集》(上册),王国轩等整理,中华书局2008年版,第257页。
⑤ 袁枚:《小仓山房诗文集》(第三册),上海古籍出版社1988年版,第1527页。
⑥ 谢金銮:《居官致用》,徐栋辑:《牧令书》,道光戊申刻本,卷一,第55页。

讼争,尽管不能完全无讼。历代都有些大儒出任州县官,极力教化百姓,力争将讼端消弭于无形。如明道先生任晋城县令时,"民以事至邑者,必告之以孝弟忠信,入所以事父兄,出所以事长上……诸乡皆有校。暇时亲至,召父老而与之语。儿童所读书,亲为正句读。教者不善,则为易置……乡民为社会,为立科条,旌别善恶,使有劝有耻。邑几万室,三年之间,无强盗及斗死者。"① 反过来说,争讼少则是风俗醇厚的表现,争讼多则意味着民风浇薄。很多文献把某地某时段内诉讼多定性为民众"好讼""健讼"之结果,赋予其贬义,朝廷和官府反复向百姓告诫"兴讼"之危害,以"息讼"来教化百姓,其主要道理即在于此。(2)君主及各级官吏裁决民间争讼,固然要着眼于解决眼前的讼争,更需尽可能根除讼争之源,使得涉讼两造不再争讼。止争才是目的,定分须服从和服务于止争。换言之,朝廷和官府决讼是另一种教化。

决讼与教化之关系紧密如斯,足见其重要。且教化功夫多在平时,其效以积累而致,非立时可见,上司考核较难;争讼乃非常事件,能否妥当裁决,实效立竿见影,上司易于考察。在各类职掌之中,州县官在刑名方面受到处分或升迁的概率较大。清代律例更规定只有正印官可审理词讼,其任专,其责亦重。州县官"在司法方面,稍有疏失、过犯,便有种种处分,甚至是其下属佐贰、杂职、幕友、门丁、书吏、衙役的过犯,仍要知县负其总责,而受失察或纵容的处分"。② 上司考核既严,加之州县官能妥当裁断案件,尤其那种别人不能很好裁断的疑难案件,是他作为父母官爱民实政之最形象表现,从而声誉鹊起,大有助于升迁,故州县官尤为重视处理争讼。到清代,刑名幕友地位较高,出现了像汪辉祖那样的名幕,与官府重视讼案这个大背景有关。

州县以上的各级地方官府职能具有相当高的同质性。除应付上级官府之监督与督促下级官府之外,保证司法公正(主要是审转)是其核心职能。历代官员重视判案的言论在典籍中俯拾皆是,兹不赘述。

---

① 《二程集》(上册),中华书局1981年版,第632页。案:此文乃弟为兄所撰"行状",难免让人觉得有溢美虚词,但鉴于明道、伊川兄弟皆为理学家,讲究"诚",律己以严,待人以恕,不至于在行文中公然作伪;当时党争剧烈,也不会作伪予人以攻击之口实,伊川先生撰此文时,相关当事人多健在,自不容其作伪。故该文基本事实当较可靠。

② 张伟仁辑著:《清代法制研究》,台湾"中央研究院历史语言研究所"专刊之七十六,第164页。

司法是历代地方官府的核心职能,那它在朝廷职能中是否也是如此呢?受法家指导、甚至连皇帝都以"昼断狱,夜理书"闻于后世的秦王朝自不待言,从汉到清,儒家思想影响逐步渗透到法律和司法活动之中。承担司法职能的机构,中央逐步发展出成系统的专业司法机关,即三法司。除此之外,如有重大疑难命案,基本上所有中央机构都可参与审判活动中。到清代,更发展出了针对死刑监候案件的秋审制度,它以制度化的形式将朝廷所有重要官员和机构都纳入到此类案件的定拟过程中。清廷核心机构军机处和内阁更可常规参与到重大司法活动中。① 降及晚清变法改制,对新政贡献很大的袁世凯于1906年为薛允升《读例存疑》作序,尚云:"刑者,生人之大命,王者之大政,一有出入,无以为平。"②

关于司法在帝制中国官府职能中的重要性,谢冠生认为用"司法官兼理行政"来描述更准确:"中国旧时之地方司法组织,以行政官掌理讼狱,表面观之,似有蔑视司法之嫌。但立法用意,并不如是,或者恰恰相反"。其理由有三:(1)从地方官职责来分析,"历代以来,地方亲民之官,其最主要的职责,厥惟听讼断狱……故中国古代之司法组织,与其谓为以行政官兼理司法,毋宁谓为以司法官兼理行政之更切实际。在当时人之心目中,地方官除为人民排难解纷,平亭曲直,诛锄强暴,安定社会,其他庶政,皆末节矣。"(2)从官吏断狱错误处罚之严足见国家的重视程度。"国家既如此重视司法,故对治狱不直者,科责至重,无论失出失入,皆有严厉之惩处。"(3)从断狱的要求亦可见之,"必先求妥,而后求速,方为尽司法之能事也。"③ 谢氏这一"司法官兼理行政"的论断,可谓卓识。

在晚清为是否要学习西方推行司法独立之初,张之洞即予以坚决反对。他认为仿行宪政固然必要,国会亦可速开,但在地方新建审判机构以推行司法独立则万万不可。其理由除了推行司法独立妨碍镇压乱党、保有督抚大权等现实考虑外,更重要的一层是这种在传统官府之外另设法院以法官坐堂问案的做法与历代相沿之治道相悖。张之洞少年高第,仕而为清流、为学政,更历任多年封疆,对传统治道有深切体认。他指出:

---

① 那思陆:《中国审判制度史》,上海三联书店2009年版,第248页以下。
② 薛允升著述、黄静嘉编校:《读例存疑重刊本》,台湾成文出版社有限公司1970年版,第1册,第55—56页。
③ 谢冠生:《弁言》,汪楫宝:《民国司法志》,商务印书馆2013年版,第3—5页。

每省设高等审判厅，行政、司法各有专职一节，尤所未喻……假使万一采用其言，则以后州县不亲狱讼，疆臣不问刑名。昔孔圣知本，专论听讼；鲁庄胜齐，惟恃断狱。若州县不审判，则爱民、治民之实政皆无所施，以此求治，未见其可。①

张之洞这段话，学者多引证其反对司法独立的重点文句，而忽略了其态度背后的思想根源，即传统治道对司法之极度重视，"孔圣知本，专论听讼；鲁庄胜齐，惟恃断狱"。它们分别出自于《大学》和《左传》。不论是作为古本的《礼记·大学》还是程朱所改定的《大学章句》，皆引《论语》所载孔子听讼一语以阐释儒家修齐治平中的本末关系。②《左传》载：庄公十年，齐伐鲁，曹刿与鲁庄公论战，当庄公言及"小大之狱，虽不能察，必以情"时，曹刿评价此乃"忠之属也"，载《正义》解释为："以情审察，不用使之有枉，则是思欲利民，故为忠之属也。"③在上位者能为百姓考虑，百姓当然愿意保卫居上位者，故曹刿断定弱鲁能胜强齐。

总之，帝制中国发展出了高度发达的治道，即君主作为治道的主体，不能独治天下，须从民间选拔贤能为各级官吏以临下治民维护秩序。君臣须通力合作，各循其道，尽其职分。君主应努力修身纳谏以尽力克服一己之私，无为而无不为；臣下在尽其本职之外，更有义务对君主不当言行诤谏尽言。故这不可能产生权力分立，最多因治理事务之繁剧和治官治吏之需有一定职能分工。从直接亲民之州县到中央官署，甚至在君主那里，听讼断狱都是其核心职责。自晚清开始模范列强，仿行宪政，进行大规模深层次的变法改制，倘若决策者能在改制之时不为列强尤其是日本新制所宰制，能心平气和探究固有治道，即便以权力分立为视角，也不会将传统官府断然定性为"行政兼理司法"而纳入行政系统内，通过筹建独立于各级官府的新式审判衙门来推进司法独立；可能会产生一些新的制度选项来推动中国自身的司法独立，如将传统官府定性为"司法兼理行政"，通过新设各类行政衙门将其行政职能逐步剥离出去，让地方官成为各级首席司法官。即便这有种种困难，不能成为现实，但至少也可给时人

---

① 参见苑书义等主编：《张之洞全集》（第11册），河北人民出版社1998年版，第9560页。
② 《十三经注疏·礼记正义》（下册），北京大学出版社1999年版，第1598页以下；朱熹：《四书章句集注》，中华书局1983年版，第6页。
③ 《十三经注疏·春秋左传正义》（上册），北京大学出版社1999年版，第240页。

和后代在创建制度时一些启发和思考的空间。

司法独立要实现其保障人权之功能，除追求断案的公平和效率之外，还应提升司法在整个社会的权威。在中国固有治道体系中，司法审判和裁决由君主和各级正印官承担，故极具权威。新式审判衙门和承担审判任务的法官能否保有并强化权威，与整个近代中国司法改革和法律转型之路密切相关。

三、晚清民国时期的司法权威

自晚清开始确立以新筹设的各级审判机构专辖审判事务，并由新式法官具体负责案件审理的司法模式后，出现了一耐人寻味现象：与帝制中国的司法相比，不论是司法机构还是司法人员的权威都在下降；社会上司法独立之声越响，司法却越来越边缘化。

晚清中央设立大理院、地方筹建各级审判厅专掌审判伊始，即有人担忧司法权威不再，提出了当时中国实现司法独立在制度层面的改进举措。本文导论所引三则材料即是这方面的例子。除机构设置外，法官遴选方式也关乎司法权威。晚清朝廷确立了考试选拔办法，考试内容以新式法政知识为主，辅以传统律例。法政新知多来自日本，故应试考生主要是法政留学生，还有少数刑名幕友等。① 瞿同祖曾据《缙绅全书》统计，清代知州由科举正途出身者约一半，知县将近70%，其中进士居多数。② 进士都参加过殿试，被尊为"天子门生"。州县官裁决案件具有权威，除制度因素外，跟其"尊贵"出身很有关系。将州县官与新式法官相比较，其出身当高下立见：在晚清，应考者只要通过法官考试，然后分发到审判厅或检察厅学习较短时间即可出任正式法官。浙江巡抚增韫于1910年11月上奏："以人民生命财产极为重要之端，托之资格不齐一无历练之人，临事张皇，全体哗然，虽有神圣不可侵犯之法律，亦将见轻于民矣……昔日州县重寄，一切移之法官，若所入不足自存，不独不能保持独立之地位，而流弊亦

---

① 李启成：《宣统二年的法官考试》，台湾《法制史研究》，2002年第3期，第206页以下。
② 瞿同祖运用清代的《钦颁州县事宜》和黄六鸿的《福惠全书》等资料，对于州县官职责有类似结论："除了维护治安这一首要职责外，最重要的是征税和司法。"至于二者孰轻孰重，大致取决于州县官"处理问题的态度和方法，究竟他是从司法还是从政府税收的角度考虑问题。"瞿同祖：《清代地方政府》，范忠信等译，法律出版社2003年版，第35页以下。

且不可胜言"①。邮传部主事陈宗蕃亦有类似担忧："以此托民生,寄民命,授以民事、刑事之柄,予以判决、判覆之权,诸事草创,端绪茫然,讼庭初开,毫无历练,诚恐非独不能企各国司法独立之盛轨,且较之中国旧日司法未独立者,流弊更无穷也。"②曾深度参与晚清法制改革的吉同钧,入民国后反思："自各省设审判厅而以未经历练之法官审断命盗大案,既无刑幕佐理,又不经上司复审,不知冤死几多良民矣。"③不论上述诸人立场保守或激进,但至少可证实,新式法官的权威尚待确立。

清亡后,民国政府依旧面临该难题,且更严峻。因当时中国有数千年的皇权历史,皇权神圣观念在一般民众心目中根深蒂固。晚清预备君主立宪,于1908年将《钦定宪法大纲》颁行,它规定皇帝总揽司法权,通过委任审判衙门遵钦定法律行使。④ 各级审判厅及其法官行使司法权的依据是皇帝授权,其司法权威可借神圣皇权得到强化。民国成立,主权在民代替了主权在君,审判厅及其法官行使司法权的主要依据本应是宪法。但整个北洋时期,没有一部正式生效的宪法,其他宪法性文件也没什么权威。宪法自身即不具权威,更不能保证由其授权的审判厅及其法官的权威。

问题还要解决。许世英于1912年出任司法总长,提出司法改革方案。他认为,中国须在追求司法独立道路上坚定地走下去,才能真正克服眼前不满人意的司法现状,但在设置新司法机构时,必须考虑到人、财等诸多困难情形,调整晚清设置审判厅的冒进倾向,改为分期分区域逐步设立。在大多数未设立地区,选拔合格人员充任专审员,使司法行政逐渐分离。等到条件具备,再把新式审判机构渐渐推行全国。⑤ 随后梁启超短期出任司法总长,于去职前夕,据其观察和思考,提出司改建议。他不认

---

① 故宫博物院明清档案部编:《清末筹备立宪档案史料》(下册),中华书局1979年版,第882页。
② 故宫博物院明清档案部编:《清末筹备立宪档案史料》(下册),中华书局1979年版,第883页以下。案:清末民初在舆论界甚有影响的黄远庸即与陈宗蕃交好,对陈氏该条陈评价甚高,认为它是朴实有心人写的朴实文。远生:《陈宗蕃条陈司法独立书书后》,《丛志日刊》,一九一〇年十一月初四日,第7页以下。
③ 吉同钧:《律学馆第五集课艺序》,载《乐素堂文集》(卷五),北平杨梅竹斜街中华印书局铅印本。
④ 上海商务印书馆编译所编纂:《大清新法令》(点校本),商务印书馆2010年版,第一卷,第119页。
⑤ 《许总长司法计划书》,载《司法公报》,1912年12月第3期。

同许世英将司法现状不满人意的原因归于大转型过程中的应有现象,而是"前此改革太骤,扩张太过。锐进之余,乃生反动……今当矫枉,宜勿过正"。①

尽管两人司改主旨有别,但他们都观察到司法现状让人不满意,重要表现之一是新式司法机构和法官在民众中的权威成问题。许世英曾感慨:"吾国司法方在萌芽,基址未致巩固,非常之原,又为黎民所惧。闻人且侈为平议,矧在庸流? 通都尚胥动浮言,矧为僻壤? 况法律知识未尽灌输,骤语以宪法之条文、共和之真理,鲜不色然骇者。至于法院,则更多不识其名"。②梁启超亦云:我国推行司法独立之制"亦既经年,乃颂声不闻,而怨吁纷起……人民不感司法独立之利,而对于从前陋制,或反觉彼善于此……法庭之信用日坠,而国家之威信随之,非细故也"。③ 如何才能挽救日坠的司法权威?

不论是较稳健的许氏司改主张,还是被目为更保守的梁氏司改方案,以及受此影响出台的审检所制度、县知事兼理司法制度等,都没能明显提升民初的司法质量,人们对司法依旧很不满意。故在大革命成功后,即在"党治"理论指导下,即开始了部分摈弃司法独立精神的"司法党化"。近代中国司法改革不已,改来改去其效果皆不如人意,甚至予人每况愈下之感,其中原因,除了整个社会转型难度太大、尤其是政治不上轨道等外在原因外,是否还有司法制度设计方面的内在原因呢?

北洋时期除较少数区域有新式审判厅负责司法事务外,在绝大多数地方,曾短暂推行过审检所制度,后由县知事兼理司法制度取代。在审检所制度下,设专审员或帮审员负责案件之审判,由县知事承担检察事务。该制度本是许世英以司法独立为旨归、为未设法院各县将来创设法院的过渡举措,但在施行过程中必然遇到专审员或帮审员与县知事的权力配置问题且难以化解,是此制度"兴勃亡忽"的根本原因。④ 县知事兼理司法制有回归传统州县官坐堂问案之形,但其神却与传统迥异。既是"兼",

---

① 《司法总长梁启超呈大总统敬陈司法计划十端留备采择文》,载《政府公报》,1914年5月9日第720号,第21页以下。
② 《许总长司法计划书》,载《司法公报》,1912年12月第3期。
③ 《政府大政方针宣言书》,《饮冰室文集》(卷二十九)。载《饮冰室合集》(第四册),中华书局1989年版,第121页以下。
④ 唐仕春:《北洋时期的基层司法》,社会科学文献出版社2013年版,第69页。

即表示县知事的本有职权不包含司法在内;在传统治道里,州县官坐堂问案乃天经地义,不可能有"兼""不兼"问题存在。该制度是袁世凯应梁启超建议而予以施行。① 梁氏之所以建议施行此制,源于他眼见新式审判厅、审检所在民众中缺乏威信。② 他希望运用传统州县官的权威,以县知事兼理司法的形式来缓解人们对现有司法制度的不信任。这种新旧杂糅、名不正言不顺的兼理司法制度不能唤起人们对司法的信任,也不能真正树立司法权威。因为在兼理制度下,尽管法令赋予了承审员一定的司法权,但作为县知事的佐理属员,承审员只不过是从国家领取俸禄的刑名师爷。

清末民初的所有政法改革都以推动立宪而获得正当性根据,其间两次帝制复辟,主事者皆不敢撇开立宪回归专制,他者更遑论矣。且每经过一次政治上大变动,当权者更明白认识到立宪和宪政作为政法意识形态的威力,尽管内心多未必以为然,但口号却喊得更高更响亮。在这种氛围中,思不出其位就成为常态。即便有人像梁启超那样,看到了司改后司法机构和法官在民众中的权威下降,也只能在通常所认为的司法独立架构下展开批评或提出相应的改革举措,而没能反思在传统官府外新建各级审判厅是否真正有助于司法独立这一宪政理念的实现。筹建新式审判厅,由法官行使司法权这一本属具体举措范畴的制度选项,已与司法独立乃至整个立宪连为一体,渐渐演变成一种根深蒂固的思维定式和极具力量的意识形态。

政治不上轨道,兼理司法制度本身名不正言不顺,整个北洋时期不仅没能建立起司法权威,反而离一般民众的期望越来越远。及至国民政府以党治理论为指导,发动民众进行国民大革命,司法领域也掀起了革命运动,要求司法党化,大部反对晚清以降的司法独立。之所以说是"大部"而非"全部",一是革命者不仅不反对于行政机构外建设各级法院,反而努力推进法院设置工作;二是他们也不反对法官审判案件,不论是前期的司法官党人化还是后期的党义化,都只是要求法官掌握党义,能用党义来判

---

① 《司法总长梁启超呈大总统详陈司法改良各办法恳特颁明命一力主持等情请钧鉴文》,载《政府公报》,1913年12月31日第597号,第35页以下。

② 1913年底梁启超在"复魏祖旭书"的信函中讲:"改革以来,法官尊严不立,法庭威信不行,来函所称赣省各处法院精神形式较旧日州县衙署且有过之,斯则益予反对者以口实,大为司法前途之累。"丁文江等编:《梁任公先生年谱长编(初稿)》,中华书局2010年版,第360页。

案,借助其对案件的审理来推动革命。既然要进行司法革命,那革命者当然不可能从传统中国"旧制"中汲取某些具有实质性内容的因素,而是希望以党在民众中的权威来重建司法之权威。连司法独立本身在很大程度上都成了司法革命的障碍物,更遑论从传统治道中汲取合理因素来推进近代中国的司法独立。

结语:法律继受中的"制度器物化"特征及其根源

尽管固有治道中没有权力分立与制衡的观念、司法独立理念和相关制度设计,但在帝制中国,与近代司法最相近似的"刑名"事务却是各级官府的核心职能。用近代权力分立系统下的语词来描述这一现象,"司法官兼理行政"较之"行政官兼理司法"更切合实际。近代中国的中心问题是要建设宪政国家,当然要实现司法独立。要真正实现司法独立,就需更牢固树立司法权威。欲树立司法权威,固有治道中有相当的资源可予参酌运用。完全新起炉灶的近代司法机构和人员未必能有效树立起与司法独立相应的司法权威,因权威的树立,尤其是制度权威的树立需要长时间的经验积累,非朝夕可为功;如能吸收那些已经无数代人千锤百炼累积起来的相关经验,当可收功倍之效。可惜司法改革者没能充分注意及此,导致固有治道与近代司法革新基本没有正面关联。即便偶有联系,尚属负面,即固有治道与权力分立和制衡凿枘不投而成为近代追求司法独立所需制度革新的障碍。晚清民国持续进行改革,司法现状却难以令人满意,司法权威长时期没能有效树立。尽管原因较多较复杂,但这跟司法革新没能从固有治道吸取养分有关。

近代司法革新是如此,整个法律领域又何尝不然。中国法律近代化是中国近代社会转型的一方面,而中国近代社会转型又是分阶段逐步演进的。梁启超于20世纪20年代应《申报》馆之约,著有"五十年中国进化概论"一文。他总结了之前五十来年间中国历史演进之特征,即近代中国向西方学习先后经历了器物、制度和文化三阶段。梁氏的归纳在细节上不无可议,但与近代中国向西方学习轨迹大体吻合。近代中国第一次大规模学习西方制度的时间集中在自甲午到新文化运动间的二十年,在这个阶段,"都是觉得我们政治法律等,远不如人,恨不得把人家的组织形式，一件件搬进来，以为但能够这样，万事都有办法了。"①这一时期的制度变革成为中国近代法制的最重要奠基阶段，以后的演变终归"丸不能出于盘"。

中国人学习西方所经历的器物、制度和文化三阶段，并非截然泾渭分明；在接受器物阶段也有零星的制度和文化方面的介绍，在制度继受阶段不免还有前一阶段学习器物时的特征。近代中国人在继受制度时带有前一阶段模仿器物方面的惯习，我将这种惯习称为法律继受中的"制度器物化"，即继受主体在继受制度时，长期沿袭了前一阶段学习器物的思维模式，即将制度当成一孤立、静止的器物来看待，从而将制度物化。中国近代司法独立制度在晚清的初创，即带有这种"制度器物化"特征。其重要表现是机械照搬域外、尤其是日本的相关具体制度设计，而基本忽视制度所要发挥的功能乃至其背后所承载的文化精神。及经此种机械照搬，由继受而来的新制度明显产生不了该制度在其母国所具有的良性功能，反而引发意想不到的副作用之际，继受主体先是强撑，待强撑已是势所难能，遂轻率改换门庭，病急乱投医，或另觅继受对象，将原先的继受过程再来一遍；或者将眼光转向传统，择其与继受制度多不相容之部分遽尔恢复，美其名曰矫枉过正，以粉饰其苟且简陋之习。影响所及，不论是继受新制还是传统旧制，皆因此蒙上恶名，而为国人所鄙弃。久而久之，渐成积重难返之势，白纸上画新图，遂成为不二之选择。这种种现象，在近代中国一再出现，县知事兼理司法即为其著者。

关于法律继受，大致可分制度、功能和精神三个层面。其中，制度继受最容易，功能抉择较难，精神层面的融汇更是难上加难。换言之，即成功进行法律制度继受，继受主体先需把握制度背后的精神，接着侧重从功能层面思考，最后根据继受方的具体情况灵活创设合适新制度。换言之，继受主体在进行具体的制度设计时，切忌胶瑟鼓柱、照抄照搬，而要充分考量具体制度在其母国所发挥的功能及相关条件，在所属文化系统中发掘其精神内涵，然后因继受国时地之宜，灵活创设新制度。

在法律继受初期，因继受主体对继受对象缺乏较深入系统了解进而产生寻新猎奇的心理，出现程度不同的制度器物化倾向，本为一常见现象，不足为怪。但这种制度器物化倾向基本贯穿了近代中国法演变之始

---

① 梁启超：《饮冰室合集》（第五册），中华书局1989年版，第43页以下。

终,且有愈演愈烈之势。如以复兴中华法系作为重要目标的国民政府,其引以为傲的立法事业就是"六法全书"之出台,《中华民国民法》更为其代表。吴经熊曾这样评价该法典:"我们试就新《民法》从第1条到第1225条仔细研究一遍,再和《德意志民法》及《瑞士民法》和'债编'逐条对校一下,倒有95%是有来历的,不是照账誊录,便是改头换面"。关于其原因,吴氏认为立法者煞费苦心,进行了艰苦细致的选择工作,只不过是特殊社会情势导致条文偶合,"刚好泰西最新法律思想和立法趋势,和中国原有的民族心理适相吻合,简直是天衣无缝"①。蔡枢衡不认同吴氏的解释,他认为此种情况恰恰反映了近代中国法律与社会不相适应,乃"殖民地半殖民地风景"之表现,深层原因是法律和法学缺乏民族自觉。② 蔡氏对近代中国法制和法学的批判,因其坚实的理论基础和对社会状况的尖锐洞察,无论在当时还是今日看来都非常深刻。很可惜,它出现在烽火连天的对日战争时期,结集出版已在1947年,紧接着即政治情势剧变,故这种批判对近代中国法律和法学的影响极其有限,不能不说是个遗憾。

　　在包括司法制度革新在内的近代中国法律继受过程中,制度器物化现象之所以长期存在、且势头并未随继受主体对继受对象的认识逐渐深入而稍煞,其背后确实有极其浓厚且普遍的社会思想意识根源。关于这一点,蔡枢衡实际上已概略性点出,即近代中国法律和法学缺乏国族自觉。我拟略作引申。其实,缺乏国族自觉不单单存在于近代法律和法学领域,它广泛存在于近代中国的方方面面。帝制中国在周期性的王朝衰落期遭遇列强,无力进行有效抵御,在多次丧权辱国后,被迫学习西方,开始近代转型。在这转型过程中,因列强过分迷信武力和中国自身难以近代化以寻求自保③,随着中国民族危机日深,国族心态日渐失衡,自卑与自大这同一心理的一体两面,交互激荡,愈趋极端:持自卑心理者多主张不加抉择充分西化,持自大心理者多坚持固有传统;前者不免惟洋是从,后者沦于抱残守缺。法律改革者多有自卑心理,且希望急于求成,最好毕其功于一役,故在选择继受对象时,侧重最简单省事的最新具体制度和条

---

① 吴经熊:《法律哲学研究》,清华大学出版社2005年版,第172页以下。案《中华民国民法》颁布时共五编1225条,参考居正等编:《新订国民政府司法例规》(第1册),1940年版,第647页以下。
② 蔡枢衡:《中国法理自觉的发展》,清华大学出版社2005年版,第28页以下。
③ 郭廷以:《近代中国的变局》,台湾联经出版事业股份有限公司1987年版,第93页以下。

文的照搬，根本不愿、同时也无暇无能力从制度在母国所发挥的功能及所属文化系统之内在精神层面加以审慎深入的考量以决定去取，遂不免择焉不精。反对论者则多有自大心理，对改革者照搬制度和条文不以为然，多从该新制度、新条文在继受国所生之消极后果立论予以激烈批评，但因他们对继受对象的了解一般较改革者为逊，只能诉诸情感或以有限的经验立论，故多语焉不详。因国族自觉意识的匮乏，故不论是法律改革者还是反对者，都难以平心静气探究本国固有传统和继受对象在其母国所发挥功能及相关条件，更遑论其背后成系统的文化，只能进行最表层、同时也是最简单的条文照搬和制度模仿，难以在功能和文化精神层面进行较高层次的制度继受，制度器物化遂成为近代中国法律继受的明显特征。

近代中国法律继受的制度器物化在司法领域的最集中表现就是从条文上照搬、具体制度模仿列强，尤其是日本，根本没有深入考察固有治道之得失，将传统官府归入行政范畴，在对传统官府略作变革之后，新建各级审判衙门，以经考试合格并略加培训的法官来行使司法权。这种完全没能借助固有资源来进行的制度建设，是近代中国司法权威难以有效确立的重要原因。

尽管如此，近代中国在行政官署外新建法院系统并以新式法官行使司法权的模式在晚清被确立之后，经民国延续至今，已成新传统。往者已逝，来者可追。法史研究既要直面过去，又需关照现在和未来。故本文对该模式及其背后的法律继受制度器物化特征的批判，并非是要颠覆此种新传统，而是藉此指出在法律继受依然进行且变得越来越重要的当下和未来，必须超越制度器物化阶段——继受主体进行条文照搬和具体制度的简单复制——重点从作为具体制度的继受对象在其母国所发挥功能及其条件的分析入手，充分考量其所属文化系统之精神，结合本国传统及其影响下的相关国情，灵活设计具体的制度设施。换言之，继受主体须要超越机械制度移植，更多从功能和文化系统的深层次来处理法律继受问题。要做到此点，最关键的是继受主体须具相当的国族自觉。如此，方有可能促进法律转型之顺畅，进而成功推进整个国家和社会转型，切实减少国人在转型中的诸多苦难。

论类似案件的判断[*]

张 骐[**]

在当代中国,案例指导制度和指导性案例越来越受到法律人的重视。这可以从各类学术期刊中有关指导性案例研究文章的数量和分量,从多种法律出版物中有关指导性案例、案例指导的文章种类和数量看出。但是,目前指导性案例的实践效果却差强人意。笔者以为,"类似案件类似审判"[①]既是案例指导制度理论研究中的一个尚未真正解决的重要问题,也是提升指导性案例实践效果的一把钥匙。笔者在此所说的类似案件类似审判,既指最高人民法院《关于案例指导工作的规定》第 7 条所说的"最高人民法院发布的指导性案例,各级人民法院审判类似案例时应当参照",也指笔者在其他文章和下文将要提到的对广义指导性案例的类似案件类似审判。实现类似案件类似审判需要解决两个关键问题:如何判断类似案件?怎样做到类似审判?本文拟集中讨论第一个问题,同时在一定程度上兼顾第二个问题。如果人们不知道什么样的案件是与指导性案例相类似的案件,指导性案例就很难有用武之地。笔者将首先讨论目前有关上述问题的学术观点及现有研究中存在的问题,接着,探讨判断类似案件的观念与理论基础;然后,讨论判断案件类似性方法的两个方面:(1)确定并运用比较点;(2)判断相关类似性的规则与逻辑。笔者期望

---

[*] 原文刊于《中外法学》2014 年第 2 期。本文的写作得益于陈明国法官、蒋敏法官、William Alford 教授、哈佛大学法学院 Scott Brewer 教授、Margaret Woo 教授、美国麻州最高法院 Margot Botsford 大法官、美国联邦波士顿地区法院 Mark Wolf 院长、北京大学法学院博士研究生孙海波同学等学友的讨论、指教和帮助,在此特别感谢。

[**] 北京大学法学院教授、博士生导师。

[①] 笔者这里所说的类似案件类似审判,与张志铭教授等学者讲的"同案同判"的意思是一致的。但是类似案件类似审判是更准确表达笔者思想的用词。

这些探讨有助于我们解决使用指导性案例的方法论困难,以真正发挥指导性案例的作用。

一、现有观点及存在的问题

关于判断类似案件的标准与方法,王利明教授提出类似性应当具有四个特点:案件的关键事实相似、法律关系相似、案件的争议点相类似、案件所争议的法律问题具有相似性。① 四川省高级人民法院、四川大学联合课题组倡导一种简便易行的相似性识别技术,提出"以'裁判要点'为判断相似性的基准;待决案件的事实与'裁判要点'所包括的必要事实具有相似性;待决案件所要解决的法律问题与裁判要点与'裁判要点'涉及的法律问题具有相似性。"②张志铭教授进一步提出,应当"立足于案件事实与具体法律条文的联系,即以案件事实的法律特性为线索,来确定两个案件的事实在整体上是不是涉及相同的法律问题,是不是属于同样法律性质的案件。"③刘作翔、徐景和两位教授认为:应当"分析案件事实,明确主要问题。通过对案件事实的分析,明确当事人争议以及法院需要裁决的主要问题。"④黄泽敏同学和张继成教授提出了实现同案同判的认识规则、断定同判的判断规则等,指出"同案同判的最终标准是实质理由论证"。⑤

在什么情况下会发生类似案件类似审判的问题?刑事案件是否可以运用指导性案例做到类似案件类似审判?周光权教授通过对目前已经发布的刑事指导性案例进行深入细致的分析,给出了肯定的回答。周教授提出:"对被告人有利的刑法解释,即便属于类推,也应该允许。"⑥同时,周教授经过对指导性案例第13号的分析,指出指导性案例第13号在不

---

① 王利明:《成文法传统中的创新——怎么看案例指导制度》,载《人民法院报》2012年2月20日,第2版。
② 四川省高级人民法院、四川大学联合课题组:《中国特色案例指导制度的发展和完善》,载《中国法学》2013年第3期。
③ 张志铭:《中国法院案例指导制度价值功能之认知》,载《学习与探索》2012年第3期。
④ 最高人民法院研究室:《审判前沿问题研究——最高人民法院重点调研课题报告集》,人民法院出版社2007年版,第441页。
⑤ 黄泽敏、张继成:《案例指导制度下的法律推理及其规则》,载《法学研究》2013年第2期。
⑥ 周光权:《刑事案例指导制度:难题与前景》,载《中外法学》2013年第3期。

修改以往司法解释的前提下，对有关司法解释进行了澄清，属于"拓展司法解释"型的指导性案例。①

我们可以看到，当代中国学者在有关类似案件类似审判的探讨中已经达成了一定的共识，取得了一定的进展。这些共识与进展是：认识到案件事实的重要性，特别是案件的关键事实（必要事实）的重要性；认识到存在于必要事实中的争议问题或者说是待决案件所要解决的法律问题与指导性案例的裁判要点（包括必要事实）和裁判要点涉及的法律问题相似是重要的；认识到相关法律规定与案件事实的关联性；刑事案件也可以运用指导性案例类似案件类似审判。上述共识与进展有助于我们更深刻地认识类似案件类似审判，更好地发现类似案件类似审判的方法。

但是学者们在有些问题上仍然存在分歧，有些问题还有待于进一步研究。这些分歧及有待解决的问题有：

1. 类似案件审判的内涵与表述。对于最高人民法院《关于案例指导工作的规定》第7条"最高人民法院发布的指导性案例，各级人民法院审判类似案例时应当参照"的表述与涵义，张志铭教授用"同案同判"来概括这项规定，并从表述形式和表述内容两个方面对第7条进行了分析，认为这里的"同案"应当表述为"同样案件"，因为"同类案件"的意思重心在"异"而不是"同"，"同样案件"的意思重心在同而不是异；并且，"同类案件"容易使人误以寻找指导性案例只涉及案件事实的比较，而案件比较应当是"以案件事实的法律特性为线索，来确定两个案件的事实在整体上是不是涉及相同的法律问题，是不是属于同样法律性质的案件。"②所以，张志铭教授认为"同样案件"比"同类案件"的表述更可取。③

2. 何为案件的"关键事实"？何为刘作翔、徐景和两位教授在上面引文中所说的"主要问题"？刘作翔、徐景和两位教授在谈到排除适用指导性案例的原则时认为："只要找出两案在事实方面的差异，甚至是细微的事实差异就可能达到排除指导性案例适用的目的。"④笔者以为，这是需

---

① 周光权：《刑事案例指导制度：难题与前景》，载《中外法学》2013年第3期，第487页。
② 张志铭：《中国法院案例指导制度价值功能之认知》，载《学习与探索》2012年第3期，第67页。
③ 同上。
④ 最高人民法院研究室：《审判前沿问题研究——最高人民法院重点调研课题报告集》，人民法院出版社2007年版，第443页。

要条件的。因为很难想象随便什么细微的事实差异就可以排除指导性案例的适用。那么需要什么样的条件？在什么情况下细微的事实差异就可以排除指导性案例的适用？周光权教授认为应当认真研究判决理由与事实概要，"建立二者之间的联系，从中寻找与该案件的事实关系有紧密关联的判决的核心意思(本意、要旨)，防止边缘事实不同而彻底'架空'指导性案例。"①周教授的主张与刘、徐教授的观点既有共同点又有不同，周教授所说的"与该案件的事实关系有紧密关联的判决的核心意思(本意、要旨)"与刘、徐二教授所说的"主要问题"和王利明教授所说的"关键事实"的观点很相似。但什么是"与该案件的事实关系有紧密关联的判决的核心意思(本意、要旨)"呢？我们怎样寻找它们？同时，周教授所说的"防止边缘事实不同而彻底'架空'指导性案例"的意见与刘、徐教授"细微的事实差异就可能达到排除指导性案例适用的目的"的观点各执一端。那么，谁正确呢？四川省高级人民法院、四川大学联合课题组提出的属于区别技术的"决定性理由"与前面学者们的观点英雄所见略同。② 那么，什么是、怎样确定"决定性理由"或"实质理由"？我们是否有可能制定许多法官所希望的那种"案例相似性比对规则？"③

笔者接下来将针对如下问题进行讨论：

（1）为什么案件事实在实现类似案件类似审判时重要？什么是实现类似案件类似审判案件所需要的事实？什么是实现类似案件类似审判所需要的关键事实（必要事实）？何为案件的"主要问题"？

（2）为什么存在于必要事实中的争议问题、或者说待决案件所要解决的法律问题与指导性案例的裁判要点（包括必要事实）、或者说裁判要点涉及的法律问题在判断类似案件的相似性时重要？为什么需要将相关法律规定与案件事实关联起来？

如何确定存在于必要事实中的争议问题？它与裁判要点（包括必要事实）或裁判要点涉及的法律问题是什么关系？如何比较待决案件所要解决的法律问题与指导性案例的裁判要点（包括必要事实）、存在于必要事实中的争议问题以及裁判要点涉及的法律问题是否类似？

---

① 周光权：《刑事案例指导制度：难题与前景》，载《中外法学》2013年第3期，第494页。
② 四川省高级人民法院、四川大学联合课题组：《中国特色案例指导制度的发展和完善》，载《中国法学》2013年第3期，第45页。
③ 同上注，第42页。

（3）如何对待指导性案例与待判案件在事实方面的差异？在什么情况下细微的事实差异就可以排除指导性案例的适用？怎样防止由于边缘事实不同而彻底'架空'指导性案例？

（4）什么是"与该案件的事实关系有紧密关联的判决的核心意思（本意、要旨）"？如何确立判决理由与事实概要二者之间的联系，怎样从判决书中寻找与该案件的事实关系有紧密关联的判决的核心意思（本意、要旨）？是否存在区别技术的"决定性理由"？什么是，以及怎样确定区别技术的"决定性理由"？

（5）我们是否可以制定某种"案例相似性比对规则"？

二、判断类似案件的观念与理论基础

（一）类似案件判断与类比推理

判断类似案件是一个理性思考的过程。类比推理作为一种理性的思考方式，是人们判断类似案件的重要方法。布雷克顿在13世纪谈论类推时指出："如果出现任何新的和不寻常的情况，而且已经出现过与之类似的事情，就以相似的方式（like manner）来裁判该案件，'以此类推'"。① 运用类比推理判断类似案件是一个自然而然的选择。在普通法系国家，由于类似案件必须类似审判（like cases must be decided alike）要求对前一个判例中的判决进行类推扩展，所以遵循先例原则使得法官们按照类推的方式进行推理。当然，类似案件必须类似审判要求的另一面，就是必须要注意相反的规则，不类似的案件必须有不同的判决。② 所以，美国哈佛大学法学院布儒教授指出：类比与先例是法律职业所独有的、独特的工作方法。"类推在许多领域，尤其是在决疑的道德与法律推理中发挥着重

---

① 转引自：Rupert Cross, J. W. Harris, Precedent in English Law, Fourth Edition, Clarendon Press, Oxford, 1991, p. 26；鲁伯特·克罗斯, J. W. 哈里斯：《英国法中的先例》（第四版），苗文龙译，北京大学出版社2011年版，第31页。中文译本将"like manner"翻译为"同样的方式"似乎不是最佳翻译，笔者根据英文原词和原文上下文译为"相似的方式"。

② 同上注，第32页。"like cases must be decided alike"，从英文原词和上下文来看应译为："类似案件必须类似审判"，而不宜如中文译本为"同案必须同判"。

要作用"。① 克罗斯和哈里斯指出,就一个单独的先例而言,类推司法推理有三个阶段,首先,是对先前判例和法院面前的案件之间的相似性的判断;其次,是确定先前判例的判决理由;最后,是决定把该判决理由适用于当下案件。类比推理在这三个阶段中的第一阶段和第三阶段发挥作用。尤其是在第三阶段,"在该阶段,法官必须考虑他面前这个案件的事实和先前那个判例的事实是否类似到足以适用其判决理由"。② 在民法法系国家,类比推理的质量对于先例作用的发挥具有重要的影响,"一个先例的力量与合理性就是这些案例之间类比的力量"。③

根据《西方哲学英汉对照辞典》,从词源上讲,类比(analogy)由希腊文 ana(起来、通过)和 logos(理性)结合而成。这个词原来指不同事物之间的数学比例,现在已经扩展来指不同事物之间的类似和相像。④ 布儒教授认为:"类比的古代意思是作为比例的平等"⑤。美国实用主义哲学家皮尔士对类比的说明非常精到:"类比是如下推断:一组数目不大的对象如果在许多方面都一致,很可能在另一方面也一致"⑥。《美国遗产词典》关于类比推理的定义是:"一种建立于这样一种假定之上的逻辑推论方式或者是这种推论的一个结果,即如果已知两个事物在某些方面相类似,那么它们一定在其他方面类似"⑦。《牛津英语词典》的定义是:"从相似案件中所做的推理过程;基于如果事情在某些方面属性类似那么它们其他的属性也将类似的假设的假定推理。"⑧

---

① See Scott Brewer(布儒), "Exemplary Reasoning: Semantics, Pragmatics, and the Rational Force of Legal Argument by Analogy", 109 *Harvard Law Review*, 956 (1996).

② 鲁伯特·克罗斯、J. W. 哈里斯:《英国法中的先例》(第四版),苗文龙译,北京大学出版社 2011 年版,第 209 页。

③ D. Neil MacCormick, *Robert S. Summers, Interpreting Precedents: A Comparative Study*, Ashgate, 1997, p. 474.

④ 尼古拉斯·布宁、余纪元:《西方哲学英汉对照辞典》,人民出版社 2001 年版,第 41 页。

⑤ See Scott Brewer(布儒), "Exemplary Reasoning: Semantics, Pragmatics, and the Rational Force of Legal Argument by Analogy", 109 *Harvard Law Review*, 942 (1996).

⑥ 皮尔士:《文集》(第 1 卷),第 68 页,转引自鲁伯特·克罗斯、J. W. 哈里斯:《英国法中的先例》(第四版),苗文龙译,北京大学出版社 2011 年版,第 41 页。

⑦ American Heritage Dictionary 66 (3d ed. 1992),转引自 See Scott Brewer(布儒), "Exemplary Reasoning: Semantics, Pragmatics, and the Rational Force of Legal Argument by Analogy", 109 *Harvard Law Review*, FN81, 951 (1996)。

⑧ Oxford English Dictionary 432 (2d ed. 1989),转引 See Scott Brewer(布儒), "Exemplary Reasoning: Semantics, Pragmatics, and the Rational Force of Legal Argument by Analogy", 109 *Harvard Law Review*, FN81, 951 (1996)。

笔者引述这些论述和词典的目的,是想请读者注意有关类比推理的三个关键词:比较、扩展、推论。即类比推理是有关事物之间的比较;它是把人们对已知事物的认识扩展到未知事物上;它是一种或然性的推论,而不必然是颠之不破的真理,其正确性取决于许多因素。

案件类比虽然以类比推理为工具,但案件类比并不是一个简单的逻辑作业过程。我们以往多是在形式逻辑的框架下谈论类比推理,难免使我们对类比推理的理解和使用具有唯理主义的倾向。这反倒限制了我们运用类比推理判断类似案件。诚如考夫曼教授所说,类推结论是或然的、有疑问的判断,而"创造性的、崭新的知识几乎都不是以一种精确的逻辑推论来进行"。① 笔者以为,我们在思考类似性判断方面需要一种观念的改变、升级。所以,我们在讨论类似案件判断的具体问题之前,需要先讨论影响类比判断正确性的因素与类比扩展的特点。

(二) 类似性判断与人的主动性。

对事物进行类似性判断,就是进行某种形式的分类。中国古代先哲对此有着丰富的、对我们非常具有启发性的论述。《周易·系辞下》讲:"古者包羲氏之王天下,仰则观象于天,俯则观法于地,观鸟兽之文,与地之宜,近取诸身,远取诸物,于是始作八卦,以同神明之德,以类万物之情。"②《荀子》讲:"有法者以法行,无法者以类举。以其本知其末,以其左知其右,凡百事异理而相守也。庆赏刑罚,同类而后应。政教习俗,相顺而后行。"③我们从这些论述中可以学到:中国古代先哲把类比作为认识世界的重要方法;事物虽各有不同,但人们可以通过对事物的比较、关联、类比,由此及彼,认识、把握客观事物。《庄子》则从另一个角度告诉我们类比的奥秘:"自其异者视之,肝胆楚越也,自其同者视之,万物皆一也。"④客观事物千差万别,但是人们可以通过从不同角度对这些事物的比较、关联、类比,根据对事物进行类比的不同标准,发现事物多侧面的相

---

① 亚图·考夫曼:《类推与事物本质——兼论类型理论》,吴从周译,颜厥安审校,学林文化事业有限公司1999年版,第77、79、135页。
② 黄寿祺、张善文:《周易译注》,上海古籍出版社1980年版,第573页。在这个问题上,笔者受到郑智博士在2013年10月19日中国法学会比较法学研究会年会论文《身体思维下的情实"问题及其巫术根源"》的启发。
③ 章诗同:《荀子简注》,上海人民出版社1974年版,第303页。
④ 陈鼓应:《庄子今注今译》,中华书局1983年版,第145页。

同点或不同点。换言之,类比推理就是人们根据一定的标准把不同事物相同处理,而这些标准是被证明为正当的。德国考夫曼教授在谈到类推时表达了类似的观点。他指出,类推是"在一个已证明为重要的观点之下,对不同事物相同处理,或者我们也可以说,是在一个以某种关系为标准的相同性中(关系相同性,关系统一性),对不同事物相同处理"。① 类推的实质是"以一个证明为重要的观点为标准,而将不同事物相同处理之思想"。②

现代社会的"类型"概念最早由生物分类学转化而来,后广泛用于建筑学、语言学等许多领域。在建筑学上,"'类型'表现更多的是一种元素的观念,这种观念自身就应该作为特定模式的规则"。③ 人们把自然科学的分类行为称为"分类学",而把社会领域的分类行为称为"类型学"。"类型学"研究可变性和过渡性。因为一个类型只需研究一种属性,所以类型学可以用于各种变量和转变中的各种情势的研究。根据研究者的目的和所要研究的现象,可以引出一种特殊的次序,而这种次序能对解释各种数据的方法有所限制。所以对类型学进行研究的学者认为,分类的规则不是客观的,而是一种"人类心灵的建构"。④ 在人对于分类与类比的主动性上,法律分类与类比法律推理同社会领域的分类具有共性。克罗斯和哈里斯就认为,"对先前案件和法院面前的案件之间的相关类似或区别的感知在很大程度上取决于情境。"这甚至"主要是一个心理学问题"。⑤

(三) 类似案件判断与法律的密不可分联系。

我们从上文的讨论可以看出,人们通过从不同角度、按照一定的标准对事物进行比较、类比,发现不同事物的相同点或不同点,从而得出某些事物类似或不类似的结论。那么,人们在法律生活中对案件进行比较、类比,根据什么标准确定不同案件的相同点或不同点、从而得出案件类似或

---

① 亚图·考夫曼:《类推与事物本质——兼论类型理论》,吴从周译,颜厥安审校,学林文化事业有限公司 1999 年版,第 59 页。
② 同上注,第 61 页。
③ 沈克宁:《建筑类型学与城市形态学》,中国建筑工业出版社 2010 年版,第 21 页。
④ 《关于类型学》,参见 http://blog.sina.com.cn/s/blog_472767a30100iabi.html,2013 年 10 月 20 日访问。
⑤ 鲁伯特·克罗斯、J. W. 哈里斯:《英国法中的先例》(第四版),苗文龙译,北京大学出版社 2011 年版,第 212—213 页。

不类似的结论？法律：法律是人们判断案件相似性的重要标准。可是，人们进行类似案件判断往往是由于制定法不能给我们提供审判案件的标准，所以需要在判例的指导下审判案件。这就给人一个错觉，以为对类似案件的判断是不需要法律或者没有法律可做依据的。其实，我们所说的案件类似都是规范性、法律性的类似，所以对案件类似的判断还是以法律为基础。哈佛大学法学院布儒教授指出："一个人如果不首先形成用来处理相关的同一性的法律规则，永远不可能声称甲在法律上同乙类似。为什么？因为那正是法律相似、平等、相同或类似所意味的。它们意味着按照既定的规定性处理规则，甲和乙规定性的相同。"① 佩赞尼克教授在谈到民法法系国家判例方法时指出："判例之间的类比需要建立它们之间的联系，这种联系不会是别的，就是涵摄这些判例的规范，这种规范或者已经先在、或者由解释者所创造，但它一定是可思议的。"②

（四）判断类似案件所依据的法律和所使用的推理方法

我们说"类似案件类似审判"与法律有密不可分的关联，但这里的法律并非规范思维模式（规则主义）下的法律规则，而是卡尔·施密特所说的法律秩序思维模式中的法律③，或者是考夫曼教授所说的"实质的具体的法"。考夫曼指出：对真实的生活事实而言，法律是实证的、具体的、有历史性的。考夫曼称这种实证法的具体性与现实性为实质的实证性，它包含在具体的法律判决中，而与制定法规范（或'习惯法'或'法官法'规范）并不完全是一回事。考夫曼认为，制定法的内容是普遍的，因此并非实质—具体的，而只是形式的（亦即概念上的）被具体化，考夫曼称之为"形式的实证性"。④ 考夫曼所说的真实的、具体的法的实质，是"本质不同者间对应的统一性：在当为与存在间、在规范与生活事实间对应的统一

---

① See Scott Brewer(布儒), "Exemplary Reasoning: Semantics, Pragmatics, and the Rational Force of Legal Argument by Analogy", 109 *Harvard Law Review*, 958—959 (1996).
② D. Neil MacCormick, Robert S. Summers, *Interpreting Precedents: A Comparative Study*, Ashgate, 1997, p.474.
③ 卡尔·施密特：《论法学思维的三种模式》，苏慧婕译，中国法制出版社 2012 年版，第 46、51 页。
④ 亚图·考夫曼：《类推与事物本质——兼论类型理论》，吴从周译，颜厥安审校，学林文化事业有限公司 1999 年版，第 23 页。

性"。① 他认为:"法是一种对应,因此法的整体并非条文的复合体,并非规范的统一体,而是关系的统一性:关系统一性。"②简言之,这种法律是应然与实然的统一。理解并实现这种法律可能并非易事,但也并非玄事。可以说,一个国家法律秩序或法律制度的情况体现在一个国家的法律判决的情况中;我们国家目前的许多法律判决缺乏法律根据和法律说理,未尝不是我们国家目前法律状况的反映。

判断类似案件所使用的基本推理方法是类比推理。而类比推理是一种"类型的思维方式"。它在法律实践中的作用具有双重性:它既是形成法律统一性的纽带,又是法律获得现实性(事实性)的桥梁与钥匙(关键)。换言之,类比推理,既是构成法律的要素,又是理解法律、实现法律的方法。考夫曼认为"'在法之中,当为与存在既非同一亦非相异,而是类似地(:对应地)联系在一起'——可以说,法的现实性本身是根基于一种类推,因此法律认识一直是类推性的认识。法原本即带有类推的性质。"③所以,考夫曼指出:"关系统一性,对应:这正意味着类推。'Ανα-λογοδ',字义就是:使一对话,合乎理则,……类推既非相同亦非相异,而是两者兼具:……或者如黑格尔所说的'辩证的统一','同一与非同一之同一'。"④考夫曼对法律实质的论述不同于中国学者通常所理解的法律。但是借助于前文所引《荀子》的论述,我们似乎可以接受、同意考夫曼的观点。⑤ 由于类推具有这种双重作用,尤其他是"生法者"实现法律规定与客观现实间统一性的纽带,所以,人们运用类比推理的方法进行案件类似性判断以使用先例的过程,实际上就是运用类比展现法律、发展法律的过程。⑥

类推的双重作用使得类推的意义(significance)也具有双重性:"一方面使制定法能够有创造力,历史性,适应力,另一方面也限制法律发现者

---

① 亚图·考夫曼:《类推与事物本质——兼论类型理论》,吴从周译,颜厥安审校,学林文化事业有限公司1999年版,第43页。
② 同上注,第41页。
③ 同上注,第43、45页。
④ 同上注,第41、43页。
⑤ "有法者以法行,无法者以类举。以其本知其末,以其左知其右,凡百事异理而相守也。庆赏刑罚,同类而后应。政教习俗,相顺而后行。"章诗同:《荀子简注》,上海人民出版社1974年版,第303页。
⑥ 所以长期以来,普通法国家的法官认为他们运用、发展判例法是"发现法律",而非造法。

的恣意"。① 当我们运用类比推理判断类似案件时,我们并不是在进行无规范的法律发现,我们可能确实没有具体的制定法规则可作依据,但是,我们是在一个法律体系、一个法律秩序内进行法律发现,而类比推理在帮助法官进行法律发现并规范法官的法律发现活动的同时限制其恣意。考夫曼认为:除了制定法之外,法官据以运用类比推理判断类似案件的法律秩序还包括:道德、习惯、"普遍的文化与世界观""所有公平与公正思维者的礼仪感"或裁判者本身的法律感情与良心。② 考夫曼的这个观点与德沃金有关法律原则的来源的观点具有相通之处,也与施密特对法律的秩序思维模式的观点有相通之处。从施密特的秩序思维模式看,运用类比推理判断类似案件所依循的法律,是法律秩序;而司法先例、法律原则都是此法律秩序的具体体现。③

总之,我们以类比推理的方法判断类似案件,而类似案件的判断和类比推理的运用与人的主动性有直接关系,也就是要以法律为标准进行判断;但这里的法律是法律秩序或作为整体的法律,而非具体的法律规则;类比推理一方面有助于法官判断类似案件,另一方面也规制法官对类似案件的判断,限制司法专横。

三、确定与运用比较点

(一) 相关类似性、比较点与争议问题

一定的法律秩序是判断类似案件的依据。但是仅有法律秩序还不足以对案件是否类似作出判断。事物类似的方面可以是无限广泛的。对解决案件争议有帮助的类似性,是相关的类似性,即这种类似对于解决待判案件有直接帮助。由于类似性判断、类比是人的一种有特定目的的认识活动,所以,判断两个或数个案件是否类似需要确定案件的比较点,以便确定案件在什么意义上类似? 这种比较点是比较者进行案件比较的支

---

① 亚图·考夫曼:《类推与事物本质——兼论类型理论》,吴从周译,颜厥安审校,台湾学林文化事业有限公司1999年版,中文版序言,第7页。
② 同上书,第25页。
③ 卡尔·施密特:《论法学思维的三种模式》,苏慧婕译,中国法制出版社2012年版,第98页;亚图·考夫曼:《类推与事物本质——兼论类型理论》,吴从周译,颜厥安审校,台湾学林文化事业有限公司1999年版,第29页。

点,也是决定类似性是否相关的支点。例如,在英国,一个由于姜汁啤酒瓶内进入死蜗牛而使原告受到伤害的案件,与一个由于生产商的粗心大意(carelessly)而使过量硫黄进入内衣裤商品从而导致购买者饱受皮炎之苦的案件是否类似?如果单从作为重要事实之一的产品上讲,一个是饮料,一个是衣物,两个案件不类似;但是如果从由于生产者疏忽生产了缺陷产品而导致受害者身体受伤这点看,两个案件是类似的。因此适用于先前案例的法律解决方案,也应当适用于当下案件。当年的英国法院就是如此审判的。①

从上述案例可以看出,确定比较点的过程并非一个单纯的事实发现过程。发现比较点,一如考夫曼所说的法律发现,是"一种使生活事实与规范相互对应,'一种调适',一种同化的过程"②。类似案件的判断,既有事实问题,又有法律问题;既不是单纯的事实比较,也不是单纯从定义、概念出发进行类比的逻辑作业,而更多地是从案件和法律的意义,从法律拟规范的生活事实的本质中得出。③ 这是一个在规范与事实之间循环往复的判断,是同时进行的双向"自我—开放"过程。④ 这个过程包括两个方面:"一方面针对规范调适生活事实,另一方面针对生活事实调适规范"。这种过程的目的是要发现意义(meaning, meaningfulness)、事物的本质;也就是发现法律所秉承和所体现的价值,人们制定、实施、遵守法律的目的,它代表特殊与普遍,是特殊中的普遍,是类推的关键点和基础。⑤

在这里,意义(meaning, meaningfulness)的作用是作为类似性判断的支点,作为调适法律理念或法律规范与生活事实、"当为与存在"的媒介,在双方之间形成一种关联、对应,帮助人们进行先例与待判案件之间

---

① 鲁伯特·克罗斯、J. W. 哈里斯:《英国法中的先例》(第四版),苗文龙译,北京大学出版社 2011 年版,第 55 页。"carelessly"译为"粗心大意"比"不小心"更合适原意,See Rupert Cross, J. W. Harris, *Precedent in English Law*, Fourth Edition, Clarendon Press, Oxford, 1991, p. 48.
② 亚图·考夫曼:《类推与事物本质——兼论类型理论》,吴从周译,颜厥安审校,学林文化事业有限公司 1999 年版,第 87 页。
③ 同上注,第 89 页。
④ 此处所讨论的类似案件的判断当主要是针对涉及疑难案件先例适用的判断。
⑤ 从此种"事物本质"产生的思维是"类型式的思维。"亚图·考夫曼:《类推与事物本质——兼论类型理论》,吴从周译,颜厥安审校,学林文化事业有限公司 1999 年版,第 91、103、107、109 页。

具有相关类似性的判断。① 意义不是放之四海而皆准的真理,而是一种语境化、情境化的判断和认识。例如,在上述案例中,生产者因疏忽造成产品缺陷导致的被害人伤害是否应当承担法律责任?一个由于姜汁啤酒瓶内进入死蜗牛而使原告受到伤害的案件与一个由于生产商的粗心大意而使过量硫黄进入内衣裤商品从而导致购买者饱受皮炎之苦的案件是否类似?在这里,法官的判决不仅必须正确评价法律规范的意义,还必须在法律规范所意含的类型性中掌握生活事实②,以便作出符合公正和生活发展道理的有关案件相关类似的判断。

法律人的任务和才能,主要是"在法律的—规范的观点之下分析生活事实",而不是拘泥于对制定法的了解进行三段论作业。③ 在前述案件比较中,法官要解决的问题是:对生产者因疏忽造成产品缺陷导致的被害人伤害是否应当承担法律责任?这里,生产者疏忽造成产品缺陷导致的被害人伤害是个事实问题,由何种产品导致的伤害也是个事实问题。但怎样界定产品缺陷则是一个法律问题。④ 缺陷产品导致被害人伤害是否应当承担责任也是个法律问题。疏忽是侵权法上的一个重要概念,如何界定疏忽则既有事实问题也有法律问题。⑤ 可以说,所有这些问题都既不是一个单独的事实问题,也不是一个单独的法律问题,而是事实与法律、事实与规范、事实与价值相混合的问题。由于该问题在既定的法律规则中没有现成答案,所以需要法官根据法律秩序、法律原则、司法先例通过

---

① 亚图·考夫曼:《类推与事物本质——兼论类型理论》,吴从周译,颜厥安审校,学林文化事业有限公司1999年版,第133、135页。
② 这里所说的类型是指"规范类型",即"法律理念与生活事实的这个中间点,所有法律思维最后都围绕在该中间点上;亦即,它是规范正义与事物正义的中间点。"亚图·考夫曼:《类推与事物本质——兼论类型理论》,吴从周译,颜厥安审校,台湾学林文化事业有限公司1999年版,第115、113页。
③ 亚图·考夫曼:《类推与事物本质——兼论类型理论》,吴从周译,颜厥安审校,台湾学林文化事业有限公司1999年版,第87页。
④ 在产品责任法发展的早期只是对产品制造缺陷追究责任。随着经济、社会以及人们对公正、法律需求的发展,才逐渐有了对设计缺陷、警示缺陷及其相应法律责任的规定;而对制造缺陷、设计缺陷和警示缺陷的判断,需要依照法律。法官在判定一个特定案件的产品是否存在缺陷时,往往要根据产品缺陷的法律规定、法律精神和法理进行综合判断。
⑤ 根据美国侵权法,是否构成疏忽,主要取决于行为人是否尽到了合理注意(reasonable care),而在中国则取决于是否违反了法律所规定的标准。法官在判定一个特定案件的行为人是否尽到了合理的注意或是否违反了法律规定的标准时,往往要根据有关合理注意或有关法定标准的法律规定、法律精神和法理进行综合判断。

类比推理作出决定。①

充当案件比较支点的比较点,需要面对事实与法律、事实与规范或事实与价值双重争议。换言之,案件比较点常常是兼具事实与法律、事实与规范或事实与价值双重争议的问题。比较点一般不是单纯的事实问题,单纯事实认定而没有任何法律因素的问题,是科学问题或技术问题,不大会成为需要参照先例的法律疑难问题;单纯的法律问题而没有任何与具体案件的事实因素相关联的问题,是纯粹的学术研究、理论探讨或制定法规定,与有争议的案件解决没有直接关系,同样不构成比较点。比较点是法律与事实的结合,是"已经与价值关联的事实"②,涉及并融入了比较者的价值判断。所以比较点既具有事实性,又具有"意义性与价值性",人们根据这个支点对比较对象进行有意义和有特定价值的观察和比较。因此考夫曼说,比较对象的"类似性透过一种'目的论'的程序而被确定"。③而且比较点可能不止一个。这是因为,类似性判断是人的一种有特定目的的认识活动,所以类似性判断不是线性的、只有一个方向、一个可能,而是有多重可能、多种方向,取决于比较者的需要和目的、取决于比较者在什么意义上比较。④

所以,我们可以说,我们决定类似案件的比较点、判断两个案件之间的类似性是否相关,就是看争议问题是否类似或具有同类性,而争议问题一定兼有事实性和法律性。这就回答了我们前面所提出的问题:为什么案件事实在实现类似案件类似审判时重要?因为法院的任务就是解决有争议的问题,只就争议、纠纷问题作出决定,而争议问题存在于具体的案

---

① 所以,考夫曼认为"'制定法比立法者聪明',亦即,从制定法中可以解读出立法者根本未作规定的判断。如果我们把具体法律判决的获得单纯理解为一种'法律适用',那么上述这种现象将是个无法解答的迷。"亚图·考夫曼:《类推与事物本质——兼论类型理论》,吴从周译,颜厥安审校,台湾学林文化事业有限公司1999年版,第95页。也就是说,法律适用,尤其是有关司法先例和指导性案例的法律适用,其实是一个法律创制的过程,是以司法的方式对立法加以发展的过程。

② 亚图·考夫曼:《类推与事物本质——兼论类型理论》,吴从周译,颜厥安审校,学林文化事业有限公司1999年版,第31页。

③ "所谓的'涵摄'无非就是一种'内在构成要件的类似推论'"。亚图·考夫曼:《类推与事物本质——兼论类型理论》,吴从周译,颜厥安审校,台湾学林文化事业有限公司1999年版,第81、83、85页。

④ 正如考夫曼所说:"比较点不是永远只有一个而且同一个,一只狗是否只与狮子类似,无法绝对地这么说;因为在此取决于何种类似性范围,何种比较点:'家畜'或者是'温血的脊椎动物'"。参见考夫曼:《法律哲学》,刘幸义等译,法律出版社2004年版,第120页。

件事实当中。所以,在普通法系国家,法官会仔细检视实质性事实以确定相关类似性的程度,学者会使用事实的相关性或不相关性作为对其论证的支持,律师会强调事实的相似性或不相似性作为他们向法庭陈述立场的一个主要的结构性组成部分。①

(二) 争议问题与判决理由、实质事实

进行类似案件判断的比较点是案件的争议问题,或案件的"主要问题"。争议问题与案件的重要事实直接相连,这些重要事实是判断类似案件所需要的"关键事实",或称"必要事实"。美国哈佛大学法学院的布儒教授谈到先例的重要事实(必要事实)时指出:"根据理由规范,一个先例的权威效力只限于该先例所要解决的争议的、被先例(法律)证成的相关必要部分的特定事实性特点。"②在普通法系国家,与争议问题相关联的实质事实是适用先例中判决理由、法律解决方案的前提,是判例法规则的逻辑构成中的前提和先例的重要组成部分。只有明了实质事实,"才可能确保受先前判例约束的法院以与其他法院相同的方式来裁决新案件"。③司法先例中的实质事实(必要事实)相当于制定法规则的'行为模式',是衡量行为人行为的法律后果的充分必要条件。如抢劫罪,是否实施抢劫行为,是对抢劫者定罪量刑的根据。我们在进行案件比较时,只有将相关法律规定与案件事实关联起来,才能够发现问题的意义和实质,即确定案件类似性的比较点。在普通法国家,如果法官要遵循先例审判案件,那么,先例中判决理由的法律论点是三段论推理的大前提,而据以作出判决的案件事实就是小前提,法院的判决则是这个三段论的结论。④ 类似案件类似判断的首要步骤之一,是将待判案件的争议事实与先例中的实质事实进行对比。如果经过对比,构成类似案件,就应当遵循先例,按照先例的法律解决方案进行审判,如果不构成类似案件,则不应当按照先例中的法律解决方案进行审判。

---

① D. Neil MacCormick, Robert S. Summers, *Interpreting Precedents: A Comparative Study*, Ashgate, 1997, p.387.
② See Scott Brewer(布儒), "Exemplary Reasoning: Semantics, Pragmatics, and the Rational Force of Legal Argument by Analogy", 109 *Harvard Law Review*, 1019 (1996).
③ 鲁伯特·克罗斯、J. W. 哈里斯:《英国法中的先例》(第四版),苗文龙译,北京大学出版社2011年版,第49页。
④ 同上注,第54页。

有的学者以为将待判案件的争议事实与先例中的实质事实进行对比的过程是一个单纯的事实比对过程。其实不然。将待判案件的争议事实与先例中的实质事实进行对比的时候需要同时考虑先例中的判决理由，其中涉及对有关法律问题的辨析和判断。这是因为，一个案件有许多案件事实，用来比较、判断相关类似性的案件事实，一定是在争议中具有重要意义、而且具有法律意义的事实。例如前述姜汁啤酒瓶内进入死蜗牛而使原告受伤害案与过量硫黄进入内衣裤案的比较。通常，审案法官会在先例的判决理由中说明他是根据什么样的事实作出判决的，那些在判决理由加以说明的事实就是实质性事实，就是重要事实。① 因此，在普通法系国家，判决理由对于确定案件的必要事实具有重要的意义。

在此，我们遇到了一个问题的"连环套"：先例中的实质事实是判决理由的前提，而对实质事实的判定又有赖于对判决理由的理解。这不是故弄玄虚，而是多年判例法实践积累的"人为理性"。对于如何确定"判决理由"，许多学者都进行了深入地研究，得出了各自不同的结论。克罗斯、哈里斯指出古德哈特确定判决理由的方法有更大的优点。他们指出：

> 按照古德哈特博士的观点，一个判决的判决理由要通过查明法官认为属于实质的（必要的——引者）事实来确定。要根据这些事实，从法官的判决里得出原则。任何受该判例约束的法院必须得出类似的结论，除非它面前的案件另有其认为属于实质的事实，或者除非某些在前面判例中被认为属于实质的事实在该案件中是缺乏的。②

---

① 所以，在英国，"一般而言，一份没有理由的判决的权威是非常弱的，因为很难说的出哪些事实重要，哪些事实被认为是不重要的"。但是，这并不是绝对的。克罗斯、哈里斯指出："某些早起的判例汇编收入了对没有陈述理由的判决的详尽说明。认为这样的判决必然缺乏使其能够被引作先例的判决理由是错误的，因为它们必须依赖的法律论点可以或多或少地从事实和结论中推论出来。"鲁伯特·克罗斯、J. W. 哈里斯：《英国法中的先例》（第四版），苗文龙译，北京大学出版社2011年版，第54、56、59、175页。他们的观点对我们具有启发意义。因为在当代中国，根据笔者的田野考察，有些法官面对疑难案件，有可能会作出合理合法、值得其他法官以后审判类似案件参照的判决，但是限于时间和理论能力，她们可能不能在判决书中作出充分的法律论证。所以，一方面，我们呼吁中国法官在判决书中说理，以便为指导性案例的发展创造条件；另一方面，在寻找、编辑指导性案例的时候，我们不应当拒绝那些虽然缺乏判决说理但适用法律正确、判决得当的对疑难案件的判决。

② 鲁伯特·克罗斯、J. W. 哈里斯：《英国法中的先例》（第四版），苗文龙译，北京大学出版社2011年版，第72页。

古德哈特博士在一起涉及银行担保的案件中,对于"被告从这个欺诈行为中受益这个事实属于实质事实还是非实质事实"进行了讨论。法官认为被告从这个欺诈行为中受益属于实质事实,所以,该案的判决理由是"雇主要为雇员或代理人在受雇期间或为了雇主的利益犯下的任何错误负责"。① 由于被告从这个欺诈行为中受益属于实质事实,如果雇主没有从雇员或代理人受雇期间的欺诈行为受益,就不能根据这个先例要求则雇主为雇员或代理人的错误行为负责。

在 1910 年代的美国纽约发生了与英国的 Donoghue v. Stevenson 案相似的 MacPherson v. Buick Mfg. Co. 案,该案是一起由于汽车缺陷导致用户受到严重伤害,用户作为原告要求汽车生产者予以赔偿的案件。此前,这类案件是根据合同法审判的。由于此案原告与被告没有合同关系,如果按照合同法审判该案,没有合同关系就没有责任,原告就无法得到赔偿。卡多佐法官是该案的上诉审法官。他援引 Thomas v. Winchester② 及其他有关判例认定:该先例所确立的法律原则不仅限于毒药、爆炸物或此类物品;如果可以合理地确定一种物品被疏忽制造就会使生命与肢体遭遇危险,那该物品就是危险物品;如果该物品会被买主以外的人不加检测地使用,那么与合同无关,该危险物品的制造商就有仔细制造的义务;如果把最终产品投入市场的制造商疏忽,而危险是可以预见的,就有责任。③ 这种责任是不同于合同责任的侵权责任。正是基于上述理

---

① 鲁伯特·克罗斯、J. W. 哈里斯:《英国法中的先例》(第四版),苗文龙译,北京大学出版社 2011 年版,第 77—78 页。
② 在托马斯诉温切斯特(Thomas v. Winchester)案件中,被告给颠茄错贴了蒲公英标签,之后它被卖给药店;药店又转卖给消费者。消费者从最初贴标签的卖主(与消费者没有"契约当事人关系")处得到了赔偿。法院认为,被告的疏忽将人类的生命置于迫近的危险。一种错贴了标签的毒药,可能会伤害得到它的任何人。由于危险是预知的,所以就有义务避免这种伤害。这种对契约当事人以外的人的义务在托马斯案中属于特例,即只是在有"迫近的危险"(imminent danger)的情况下。See 6 N. Y. 397 (1852)。
③ 卡多佐对托马斯诉温切斯特案进行了新的解释:"我们认为,托马斯诉温切斯特的原则不仅限于毒药、爆炸物,以及此类性质的东西,那种在其正常操作中就是破坏性工具的东西。如果事物的性质可以合理地肯定一旦过失地制造就会置生命和肢体于危险中,它就是危险物品。……如果对于危险的成分有进一步的了解即此物将会被买主以外的人使用并且不会再行检测,那么,与合同无关,这种危险物品的制造商就有仔细制造它的义务。……必须知道危险很可能发生而不仅仅是可能发生。以某种方式使用几乎任何东西,如果其有缺陷,都可能产生危险。在其单独的合同义务范围内追究制造商是不够的。……这种关系的近或远是一个考虑因素。我们现在正在处理最终产品的制造商的责任问题,是他将产品投入市场而他的顾客会不加检查的使用。如果他有过失,危险是可预知的,就有责任。"See MacPherson v. Buick Mfg. Co., 217 N. Y. 382。

由，由生产者疏忽生产的有缺陷的汽车造成用户身体伤害的 MacPherson v. Buick Mfg. Co. 案，与由于生产者将有毒药品错贴标签致人伤亡的 Thomas v. Winchester 案是类似的。在作为先例的 Thomas v. Winchester 案中，被告并没有因无合同关系而免责，那么 MacPherson v. Buick Mfg. Co. 案中的被告也不应因无合同关系而免责。卡多佐的上述论点就是判决理由。它揭示了事物的本质，是人们判断案件事实是否类似的根据。卡多佐后来总结说："在纽约，只要制造的产品可能对生命造成威胁，不管合同的相对性，都可以依据侵权法针对有过错的生产者申请救济"①，上述判断被不断用作衡量案件事实是否类似的标准。借用考夫曼的话说，判断案件相似性的比较点，是发现"规范正义与事物正义的中间点。"②在这里，我们看到了真实版的施密特的法秩序思维，并可以具体理解他说的"英国式的案例法就会成为具体秩序思维的演示，完全以特定个案内部的法为依归。"③

代表民法法系法律方法的佩赞尼克教授认为，类似案件的判断"可以通过掂量与平衡各种理由、常常是原则，而得到正当性证明"。"人们需要一个'相关性的钥匙'，一个使掂量与平衡各种理由得以可能的概念"。这一点与上述我们谈到的普通法系国家的判决理由的作用相似。佩赞尼克教授认为，相关的相似性与许多不同的东西有关，诸如：人、物、文件、权利、义务、与时空有关的情形以及相关"故事"中判例的地点。④ 这些因素对于人们确定和使用那个"相关性的钥匙"、对于掂量与平衡各种理由、原则并进行正当性证明具有重要的意义。

我们可以这样总结我们上面的讨论：首先，判决理由及实质事实是争议问题的具体体现；其次，判决理由的确定不是静止不变的，而是动态的——判决理由以及实质事实是由后来的法官加以认定的。在以侵权法追究缺陷产品制造商的责任、为受害人提供法律救济方面，卡多佐指出，

---

① 本杰明·N. 卡多佐：《法律的成长、法律科学的悖论》，董炯、彭冰译，中国法制出版社 2002 年版，第 44 页。
② 亚图·考夫曼：《类推与事物本质——兼论类型理论》，吴从周译，颜厥安审校，学林文化事业有限公司 1999 年版，第 113 页。
③ 卡尔·施密特：《论法学思维的三种模式》，苏慧婕译，中国法制出版社 2012 年版，第 98 页。
④ D. Neil MacCormick, Robert S. Summers, *Interpreting Precedents: A Comparative Study*, Ashgate, 1997, p. 474.

随着这种救济的适用范围不断扩展,被列为危险的事项也持续增加,从错贴了标签的有毒物质,到脚手架和汽车,甚至包括在其中发现了钉子或者其他异物等说明书中未提及的配料的馅饼和蛋糕。① 可见,比较点或相关的类似性事项是可以延展的。关键问题是"将不同的案件视如相同,在什么情况下是正当的?"② 这就是佩赞尼克所说的确定和使用"相关性的钥匙"。

四、相关类似性判断的规则与逻辑

当我们运用类比推理判断类似案件时经常遇到的问题是:我们怎样判断甲案件与乙案件而不是丙案件相似? 同时,当我们说两个案件或几个案件类似的时候,我们是说这种(些)类似是相关的。那么我们怎样判断、衡量这种相关性? 当我们判定甲案件与乙案件而不是丙案件相似的时候,我们根据什么相信这样一种判断是合理的、正确的? 类似案件的判断是不是变戏法,人们可以为所欲为、各显神通? 是否存在属于区别技术的"决定性理由"? 一些中国法官所希望的那种"案例相似性比对规则"是否可能? 笔者以为,我们是有可能制定某种"案例相似性比对规则"的,我们确实可以找到、形成判断类似案件的方法和规则,虽然这些规则不会像酸碱试纸那样简明灵便,也不能放之四海而皆准。在有些情况下,问题的意义和事物的本质比较容易发现,人们比较容易取得共识。但有时,上述问题的意义和事物的本质就不那么显而易见,更谈不上取得共识了。此时,一定的规则和理由,对于我们进行比较复杂的类似案件的判断就显得十分必要。这种规则可以一方面辅助我们进行类似性判断,另一方面规范我们的判断、防止进行类似性判断时的专断和失误。

哈佛法学院的布儒教授对有关样例推理(exemplary reasoning)的类比保证规则(analogy-warranting rule——AWR)和类比保证理由(analogy-warranting rationales.——AWRa)的研究对我们研究类似案件的判断具有启发意义。我们可以从布儒教授对具体案例的分析中了解他所提出的类

---

① 本杰明·N.卡多佐:《法律的成长、法律科学的悖论》,董炯、彭冰译,中国法制出版社 2002 年版,第 44 页。
② 艾德华·H.列维:《法律推理引论》,庄重译,中国政法大学出版社 2002 年版,第 6 页。

比保证规则和类比保证理由的含义和作用。

在亚当斯案中,旅客亚当斯放在所乘轮船客舱的贵重物品被偷。轮船老板没有失职疏忽。旅客也不存在疏忽。争议的问题是:轮船老板是否对旅客的丢失物负有严格责任? 有两个不同的先例可以用来比较。在一个先例中,旅馆老板对旅客贵重物品的被偷承担严格责任;在另一个先例中,铁路公司对旅客在开放式卧铺车厢里的贵重物品被偷不承担严格责任。需要回答的问题是:以法律的眼光看,如果轮船旅客贵重物品被偷案要依照判例法得到类似法律处理的话,那么轮船与旅馆更类似,还是与火车更类似?①

布儒教授总结并分析了审案法官进行案件对比时的基本推理步骤。为了方便、简明地分析判例之间的关系,他将待判案件称为目标案例,此处是需要比较的发生失窃案的轮船老板案,以 y 表示;用来比较的先例被称为源案例,此处是用来比较的旅馆老板案,以 x 表示。

目标案例(y)=轮船老板案;

源案例(x)=旅馆老板案。

两个案例共享的特点是:

F:有一位基于特定理由 R(隐私,等)得到一个的房间的旅客。

G:有欺骗和偷窃旅客的诱惑性机会。(旅客由于身居相对私密的房间而会把贵重物品放在房间里,因而存在欺骗和偷窃旅客的诱惑性机会。)

推导出来的特点是:

H:老板负严格责任。

我们知道,进行类似案件的判断,就是运用类比推理进行归类,在这里进行的归类是:"在目标案例和源案例共有一个和多个共同点的基础上,推理者推论出目标案例也具有已知的源案例所具有的(其他——引者加)特点。"②

法官的论证步骤是:

(1) y 有 F 和 G(目标案例前提)

---

① See Scott Brewer(布儒),"Exemplary Reasoning: Semantics, Pragmatics, and the Rational Force of Legal Argument by Analogy", 109 *Harvard Law Review*, 1003—1004 (1996).

② 同上书,第 967 页。

(2) x 有 F 和 G(源案例前提)

(3) x 还有 H(源案例前提)

(4) 类比保证规则:如果某事件有 F 和 G 并且有 H,那么所有事件都有 F 和 G 并且有 H;

(5) 所以,y 有 H。①

布儒教授指出:这是一个样例论证,其中第四步是此论证的类比保证规则,在整个论证中至关重要。在此案中,样例论证提供了为适用审判案件所需要的判例法(先例)进行证成解释的必要语境——即待判案件是否与先例相类似;而类比保证规则在重构此类比论证中满足了衍推(蕴涵)需要,即由于两案相类似,先例的法律解决方案可以衍推至待判案件。类比保证规则作为与"待判案件前提"一起的前提,演绎地推出结论,满足了为样例推理(语境)进行正当性证明的目的。②

这里,类比保证规则的获得,是通过演绎推理得到的。③ 其推理步骤是:

大前提:如果有 F 和 G,就有 H

小前提:乙(所有事件)有 F 和 G,

结论:乙(所有事件)有 H。

类比保证规则(AWR)的作用是"表明已知的可共享的、被比较项目的那些特点与那些待推断的特点之间的逻辑关系",保证在某个具体特点或者某些具体特点的类比项目的提出中,允许人们从某个具体特点或者某些具体特点得出推断项目来;"把规范精确化以便在相关的类似案件中提供指导"④。它保证了类似案件的类似是"相关的类似性"⑤。

并不是在所有类比论证中都需要类比保证规则。类比保证规则适用于类比论证出现疑问的语境。⑥ 如此这般的道理在于,法官必须在相关

---

① See Scott Brewer(布儒), "Exemplary Reasoning: Semantics, Pragmatics, and the Rational Force of Legal Argument by Analogy", 109 *Harvard Law Review*, 1005 (1996).

② 同上。

③ 考夫曼教授曾经指出,"类推是一种演绎法与归纳法混合的形态。"亚图·考夫曼:《类推与事物本质——兼论类型理论》,吴从周译,颜厥安审校,台湾学林文化事业有限公司 1999 年版,第 77、79、135 页。

④ See Scott Brewer(布儒), "Exemplary Reasoning: Semantics, Pragmatics, and the Rational Force of Legal Argument by Analogy", 109 *Harvard Law Review*, 965、981 (1996).

⑤ 同上书,第 1015 页。

⑥ 同上书,第 980 页。

的概然辩论性先例中解释该论证,以便决定什么是它建立的规则(理由),以及该规则是否应当影响她自己的决定。法官寻求重构一个特定的论证以便她可以理解该特定论证从前提到结论的推演并受它的指导。①

类比保证理由是另外一个在有说服力的类比论证中十分重要的部分。类比保证理由通过彼此具有密切关联的解释与证成支持类比保证规则。② 所谓类比保证理由解释类比保证规则是说:以法律的眼光看,为什么人们获得或者应当获得由类比保证规则所说明的那些特点之间的逻辑关系?③ 例如,在旅馆老板承担责任案中,类比保证理由解释说明:之所以轮船老板责任案与旅馆老板担责案相类似,是因为旅馆老板担责满足论证推断特点的充分条件,即对其客户的严格责任。由于旅馆老板所拥有的特殊便利,所以他对客人承担严格责任。这是公平合理的。在这个问题上,拉兹的观点从另一个角度加强了布儒的观点。拉兹认为,规则的理由,即规则的合理性(rationale)或规则所服务的目的,证明了规则的正当性。④

需要说明的是,类比保证规则与类比保证理由以普通法为法律基础,以样例推理与假说推理(Abduction)为理论基础,并以语义学和语用学等理论为学术工具。笔者在此简化了布儒教授提出的类比保证理由对类比保证规则的解释与证成。

推理者在进行类比推理时,使用描述事物及其相互关系的谓词逻辑和关系逻辑。因为对有待认识的事物,是在一个与另一个比它更为众所周知的事物的关联(关系)中加以认识的。⑤ 所以,"类型无法被'定义',只能被'描述'"。⑥ 布儒教授指出:"在有关某种谓语的扩展或某个文本的意思出现疑问的语境下,就有假说推理"。⑦ 法律论证中的"疑难语

---

① See Scott Brewer(布儒),"Exemplary Reasoning: Semantics, Pragmatics, and the Rational Force of Legal Argument by Analogy", 109 *Harvard Law Review*, 986 (1996).
② 同上书,第965页。
③ 同上书,第1012页。
④ 约瑟夫·拉兹:《法律的权威》,朱峰译,法律出版社2005年版,第176—177页。
⑤ 考夫曼:《法律哲学》,刘幸义等译,法律出版社2004年版,第116、118、136页。
⑥ 亚图·考夫曼:《类推与事物本质——兼论类型理论》,吴从周译,颜厥安审校,台湾学林文化事业有限公司1999年版,第117页。
⑦ 假说推理"是一些哲学家用以描述发现过程的术语。"See Scott Brewer(布儒),"Exemplary Reasoning: Semantics, Pragmatics, and the Rational Force of Legal Argument by Analogy", 109 *Harvard Law Review*, 962 (1996).

境",是法官或律师遇到或者面对几个判例,而无法确定是否将其适用于某一个待判案例。在这种疑难情况下,推理者(如法官)寻求"发现"一种规则整理这些事例,这种所发现的规则就是类比保证规则。① 类比保证规则和类比保证理由的作用是提供为类比判断所必需的意义基准和范围。②

因为不类似的案件不能同类处理,所以我们还需要有判断非类似案件的方法。有关轮船老板责任案与铁路公司老板免责案之间的对比,就是对两个案例不相类似、从而作出区别判断的典型。审案法官有关案件不相类似的基本论证是:

> 当天在卧铺车厢使用开放卧铺的铁路旅客,既没有期待也不应当期待他的贵重物品将会得到对抗盗贼的保护。与旅馆客人和轮船客人不同,铁路旅客并没有通过得到一个带锁的、可以在其中睡觉的隔舱,以使自己放松、得到虚假的安全感。所以铁路旅客没有基于与轮船旅客或旅店旅客同样的隐私理由等使用(当天的)卧铺车厢。而且,基于同样的理由,铁路卧铺车厢的老板没有旅店和轮船老板所有的,欺骗和偷窃旅客的诱惑性机会——因为旅客并没有在开放的卧铺留存贵重物品以使自己放松。③

布儒把铁路卧铺车老板案称为第二个目标案例,用 z 表示;我们补充的排除类似性论证的公式是:

(z)=铁路卧铺车老板案。

(2a) z 并没有 F 和 G。

因为在这个案例中,取得 H 的唯一方式是同时满足得到 H 的充分条件——F 和 G。

所以,人们不能得出 z 有 H 的结论。④

由于 z 没有 H,所以,z 与 y 不同,也就是说,铁路公司老板案与轮船

---

① See Scott Brewer(布儒), "Exemplary Reasoning: Semantics, Pragmatics, and the Rational Force of Legal Argument by Analogy", 109 *Harvard Law Review*, 962 (1996).

② 即《庄子》所说的:"自其异者视之,肝胆楚越也,自其同者视之,万物皆一也。"陈鼓应:《庄子今注今译》,中华书局 1983 年版,第 145 页。

③ See Scott Brewer(布儒), "Exemplary Reasoning: Semantics, Pragmatics, and the Rational Force of Legal Argument by Analogy", 109 *Harvard Law Review*, 1004 (1996).

④ 同上书,第 1015 页。

老板案不相类似。这是一个"非类比论证"。前面亚当斯案所使用的类比保证规则在这里起着非类比保证规则(disanalogy-warranting rule—DWR)的作用。根据此规则,第二目标案例与源案例或者(第一)目标案例在共享特点与推断特点方面不具有相关的类似性。① 为了解释、说明非类比保证规则的合理性,需要非类比保证理由(Disanalogy-warranting rationale—DWRa)。后者的功能是解释:以法律的眼光看,为什么由非类比保证规则所说明的那些特点之间的逻辑关系获得或者应当获得?② 在这里,非类比保证理由说明,铁路老板免责案与旅馆老板担责案或者轮船老板责任案,之所以在共享特点与推断特点方面不具有相关的类似性,是因为铁路老板并未满足具备推断特点的充分条件,即铁路老板并没有对其客户的严格责任。③ 铁路老板并不拥有可以欺骗和偷窃旅客的特殊便利,所以他对客人并不承担严格责任。这也是公平合理的。

五、有关中国指导性案例的类似性判断

(一) 有关指导性案例的类似性判断实践

中国的指导性案例与案例指导制度在案例表现形式、案例性质、案例在法律体系中的地位和作用等,既不同于普通法系国家的判例法,也不同于民法法系国家的先例和先例制度。所以,在研究与中国的指导性案例有关的类似案件判断时,我们需要考察在中国法律体系的语境中使用指导性案例时进行类似案件判断的情形。在直接考察有关指导性案例的比较判断之前,我们需要首先明确研究中国指导性案例使用的几个限制性因素。首先,由于中国大陆有规模的指导性案例应用实践还不多,所以可供研究和总结的素材有限;其次,目前中国的指导性案例可以分为两类,即:狭义的指导性案例和广义的指导性案例。狭义的指导性案例单指最高人民法院按照《关于案例指导工作的规定》发布的指导性案例;广义的指导性案例则包括《最高人民法院公报》《人民法院案例选》《人民法院报》

---

① See Scott Brewer(布儒), "Exemplary Reasoning: Semantics, Pragmatics, and the Rational Force of Legal Argument by Analogy", 109 *Harvard Law Review*, 1015—1016 (1996).
② 同上书,第 1012 页。
③ 同上书,第 1014 页。

最高人民法院及其业务庭、一些高级人民法院发布的具有指导性的案例。①再次,中国的狭义指导性案例的形成过程基本上是行政性的,指导性案例的表现形式是编写式的,其结构不同于判决书的结构;最后,许多中国法律人(法官、检察官、律师、法学工作者等)是在制定法体系或者制定法文化②中想象、期待指导性案例的。在明确上述限制性因素后,我们来考察几个运用指导性案例进行类似性判断的范例。

范例一,广东高院等于1993年发布指导性案例指导处理房地产诉讼案。人民法院报社课题组研究报告指出:

> 1993年国家实行宏观调控措施导致海南和广东、广西部分地区房地产市场经济泡沫破裂以后,为了规避市场风险,出现大批房地产诉讼案件,其基本模式是房地产转让出让方主张合同有效,要求履行,受让方主张合同无效或者请求解除合同返还转让款。这种情况下,案件较多的高级人民法院及时发布一批指导性案例指导相关案件的审判,配合政府的宏观调控措施取得很好的社会效果。③

范例二,麦当劳餐厅顾客物品丢失案。待判案件是于2004年11月13日发生在北京市朝阳区农光里麦当劳餐厅的顾客物品丢失案。原告在餐厅就餐时丢失了挎包及包内的手机、现金等。原告要求被告赔偿。被告,麦当劳餐厅以自己不存在违反经营者的合同附随义务和安全保障义务的情况等为理由,拒绝承担赔偿责任。朝阳区人民法院在审理该案时,参考了北京市崇文区人民法院(2001)崇民初字第2780号和北京市第二中间人民法院(2002)二中民终字第1043号民事判决书。崇文区麦当劳案的案情是:2001年8月14日,一位顾客与其10岁的儿子在位于崇文区的北京市麦当劳食品有限公司前门老车站餐厅就餐时,装有照相机、变焦镜头、闪光灯等物品的手提包丢失。顾客作为原告起诉餐厅赔偿,在一审、二

---

① 最高人民法院《关于切实践行司法为民大力加强公正司法不断提高司法公信力的若干意见》称之为"参考案例"。见《人民法院报》2013年10月29日,第2版。
② 美国法学家米尔伊安·R.达玛什卡在讲到民法法系国家法官对待司法先例的态度时指出:"法官在'先例'中所寻找的是更高的权威所作出的类似于规则的表述,而案件的事实却被弃置一旁。"参见米尔伊安·R.达玛什卡:《司法和国家权力的多种面孔》,郑戈译,中国政法大学出版社2004年版,第51页。
③ 最高人民法院研究室:《审判前沿问题研究——最高人民法院重点调研课题报告集》,人民法院出版社2007年版,第455页。

审中都败诉。刘作翔和徐景和二位教授分析了两个案件的相同事实和不同事实,以及两案原告的主张及两案被告的主张,之后,刘、徐教授指出:

> 在这两个案件中,双方当事人争议的焦点是:被告是否具有保管消费者所携带的物品的随附义务,被告是否存在违约行为以及是否承担违约责任。承担违约赔偿责任必须具有违约行为、财产损失、因果关系的构成要件。违约行为、财产损失、因果关系属于案件的基本事实。在朝阳区案与崇文区案中,上述三个方面具有完全的相似性。所以,按照崇文区案的判决,朝阳区法院判决驳回原告的全部诉讼请求,第二中级人民法院驳回上诉,维持原判。[①]

范例三,是四川省高级人民法院、四川大学《中国特色案例指导制度的发展与完善》课题组研究总结的"案例应用试点案件审理报告实例"(一份真实的法院审理报告[②]),四名刑事被告人盗窃案。法院说明:四名被告人为非法占有他人财产,采取假冒老乡身份、虚构事实等欺骗手段,趁被害人不备窃取其储蓄卡,再背着被害人秘密取走存款,被告人的诈骗行为是为其后的盗窃行为创造条件,最终通过秘密窃取完成对他人财产的非法占有,因此,被告人行为构成盗窃罪而不是诈骗罪。审案法院的上述观点参考了四川省高级人民法院公布的《案例指导》第20号案例。"审理报告"引述了第20号案例的"裁判规则":行为人以欺诈手段骗取被害人的信任,假装进行交易,但最终通过秘密窃取方式非法占有被害人财物的,构成盗窃罪。[③]

上述三个范例各有特点,但都展示了中国使用指导性案例的方式和方法。笔者在此将着重总结范例二和范例三。在范例二中,刘、徐二位教授将判断类似案件的着眼点置于案件的基本事实,认为此处属于案件基本事实的违约行为、财产损失、因果关系"三个方面具有完全的相似性",

---

[①] 最高人民法院研究室:《审判前沿问题研究——最高人民法院重点调研课题报告集》,人民法院出版社2007年版,第438—439页。

[②] 审理报告是法官审判案件而制作的仅在法院内部阅读的工作卷宗,其中包括了承办法官对案件事实的查证、认定以及对审理案件中有关法律适用问题的意见和见解,反映了法官审判案件的全部真实过程。

[③] 案号分别是(2008)内刑初字第41号(一审)、(2009)川刑终字第35号(二审)。见:《四川省高级人民法院、四川大学〈中国特色案例指导制度的发展与完善〉课题组附件》,第188—189页。

所以两个案件属于类似案件。笔者同意二位教授对于基本事实的确认以及它们在判断类似案件中作用的看法。但是补充一点,即法律在此类似案件的判断中具有不可缺少的作用,甚至是关键性的作用。此案的"违约行为"就是具有法律意义的事实。法官需要根据法律来分析原告与被告之间的合同关系的内容与性质。此处的关键是经营者的合同附随义务包括哪些?显然,法院并不认为为顾客看管物品属于经营者的合同附随义务,因此,作为经营者的麦当劳餐厅就不存在由于顾客物品丢失而违约的行为;两个案件因此相似。在范例三中,法律在类似案件的判断中同样具有不可缺少的作用,即需要根据犯罪嫌疑人的全部行为事实,结合刑法典关于盗窃罪与诈骗罪的规定,对嫌疑人行为的性质作出判断。范例三所要解决的是犯罪嫌疑人的犯罪性质问题。《案例指导》第 20 号案例的行为人以诈骗行为开路,以盗窃行为得手,所以构成盗窃罪。这里的"诈骗"与"盗窃"都是以刑法典及相应的司法解释为基准来进行判断的。待判案件的嫌疑人在行为表面上与《案例指导》第 20 号案例的行为人的行为相似,经过对照刑法典及相应的司法解释,我们理解了法律的精神实质后,就可以有把握地认定两个案件是相类似的。

(二)有关指导性案例类似性判断的关键事实、判决理由

现在似乎可以回应我们在上节开始所提出的问题:是否存在属于区别技术的"决定性理由"?什么是、怎样确定"决定性理由"?什么是"与该案件的事实关系有紧密关联的判决的核心意思(本意、要旨)"?如何确立判决理由与事实概要二者之间的联系,怎样从中寻找与该案件的事实关系有紧密关联的判决的核心意思(本意、要旨)?

笔者以为,中国虽然不是普通法系国家,但是在判断待判案件与指导性案例的类似性时,同样要以争议问题作为类似性判断的比较点。因为争议问题是案件比较的缘由。具体来说,可以成为判断相关类似性比较点的,是待判案件所要解决的争议问题与指导性案例的裁判要点。后者集中了指导性案例的争议问题及其解决方案。与裁判要点中的法律问题有不可分割、内在的、结构性联系的事实,就是关键事实或实质事实。所谓"与该案件的事实关系有紧密关联的判决的核心意思(本意、要旨)",是与关键事实或实质事实紧密关联、解决有关关键事实争议的法律解决方案,也是判决的核心意思(要旨)或"决定性理由"。在待判案件中,与争议问题有

不可分割、内在的、结构性联系的事实,则可能是待判案件的实质事实。

那么,如何比较待判案件所要解决的争议问题、及其中所涉及的法律问题与指导性案例的裁判要点、裁判要点涉及的法律问题是否类似?这个问题涉及四个因素:事实、法律、争议、相关的类似性。首先,它一定与事实有关;其次,它一定具有法律意义;再次,它是有争议的,即该问题在法律评价上是有疑问的;最后,它们的争议问题是类似的,即它们的类似具有相关性。例如,在上述麦当劳餐厅案中,两个案件争议的问题都是"被告是否具有保管消费者所携带的物品的随附义务,被告是否存在违约行为以及是否承担违约责任"?这种类似的相关性是显而易见的,即都涉及被告人是否承担责任的充分必要条件。范例三是一个刑事案件,在此案中没有公诉人与被告人的争议问题,但是存在对法官而言的待决问题,此待决问题相当于前述争议问题。待判案件的待决问题是,对嫌疑人以虚构事实等诈骗行为为手段、最终通过秘密窃取完成对他人财产的非法占有的行为应该如何定性、处理?这与指导性案例所解决的问题是类似的。这种类似也是相关的,都涉及嫌疑人以骗而盗的行为性质的认定。因此,此待决问题就是案件类似性的比较点。

狭义指导性案例的结构包括七个部分:关键词、裁判要点、相关法条、基本案情、裁判结果、裁判理由。从类似案件的判断上讲,其中尤以裁判要点和裁判理由最为重要,它们都有可能成为判断基础。最高人民法院的权威人士对裁判要点的定位是:"裁判要点是指导案例的概要表述,是人民法院在裁判具体案件过程中,通过解释和适用法律,对法律适用规则、裁判方法、司法理念等方面问题,作出的创新性判断及其解决方案。"[1]可以说,裁判要点包括了对争议问题的精当、简明的概括。因此,它可以成为判断类似案件的比较点。而且,按照中国指导性案例的制度设计,要求法院"应当参照"的也是裁判要点。所以裁判要点在判断类似案件中具有更明显的作用。

但是,如果我们从说服力的角度理解中国的指导性案例,我们可能不能排除,裁判理由中的某一点,有可能被后来法院识别出来,作为具有指导意义的部分和判断类似案件的比较点,尤其是在裁判要点可能没有将

---

[1] 胡云腾、吴光侠:《指导性案例的体例与编写》,载《人民法院报》,2012年4月11日,第8版。

指导性案例中的所有要点都包括进来的情况下。① 不过,我们需要注意周光权教授所指出的问题,在目前的指导性案例的结构模式下,"目前公布的两批指导性案例,大多简明扼要,并不详列证据,指导性案例是否和法官当下处理的案件属于相同情形,不好判断,所谓的'应当参照执行'也就无从谈起。"②换言之,如果裁判理由不能把案件事实及支持性证据、必要的证明过程、法律适用的论证过程撰写充分,不仅会影响根据裁判理由的比较,也会影响对裁判要点的比较。黄泽敏、张继成二位学者就认为:"裁判理由本身会在判定待决案件与指导性案例是否属于同案的标准中,成为论证待决案例与指导性案例是否相同的实质理由"。他们认为:"实质理由就是在裁判理由中给出了证明裁判要点能够成立的理由。"③

(三) 有关指导性案例类似性判断的规则

虽然中国不是普通法系国家,前述美国哈佛大学法学院布儒教授提出的类比保证规则与类比保证理由不一定完全适用于中国,但是,在有些情况下,某种形式的类比保证规则与类比保证理由是需要的。比方说,假如前述麦当劳案的原告提出一个店主对顾客遗失物品承担责任的案例,并要求法官类似案件类似审判,法官就需要证明为什么不要店家承担责任的两个案例更为类似、而与要求店家承担责任的案例不相类似?我们可以把论证步骤简写如下:

目标案例(y)=朝阳区农光里麦当劳餐厅的顾客物品丢失案;
源案例一(x)=崇文区麦当劳案。

---

① 笔者认为裁判理由在法律推理、法律论证方面同样可能对后来的法院具有指导意义。请参见张骐:《指导性案例中具有指导性部分的确定与适用》,载《法学》2008年第10期。在这方面,周光权教授似乎有类似的见解:"未来的刑事指导性案例,其内容应当包括推理过程以及控辩双方观点详细的展示",参见周光权:《刑事案例指导制度:难题与前景》,载《中外法学》2013年第3期。但是,制作指导性案例的司法机关是否"应当尊重下级裁判结论、推理过程的原则?"参见林维:《刑事案例指导制度:价值、困境与完善》,载《中外法学》2013年第3期。笔者以为,只要尊重结论就可以了,不必须拘泥于原审判决书的推理过程。因为有时原审法院可以作出出色的法律判决,但未必可以写出同样出色的判决书,后来的指导性案例制作机关可以根据原判决写出类似于笔者以往提出的案例评析一样的裁判理由来。
② 周光权:《刑事案例指导制度:难题与前景》,载《中外法学》2013年第3期,第491页。
③ 黄泽敏、张继成:《案例指导制度下的法律推理及其规则》,载《法学研究》2013年第2期,第52—55页。按照他们的看法,狭义指导性案例2号、3号、4号、5号、6号、7号、10号给出了实质理由,而指导性案例1号、8号、9号、11号和12号没有给出实质理由。但这种评价可能会使读者提出一个新的问题:"实质理由的标准是什么?"

两个案例共享的特点是：

F：顾客在餐厅就餐时丢失物品。

G：经营者的服务合同附随义务不包括为顾客看管物品。

推导出来的特点是：

H：店主不承担责任。

用公式表示上述论证步骤是：

（1）y 有 F 和 G（目标案例前提）

（2）x 有 F 和 G（源案例前提）

（3）x 还有 H（源案例前提）

（4）类比保证规则：如果某事件有 F 和 G 并且有 H，那么所有事件都有 F 和 G 并且有 H；

（5）所以，y 有 H。

两个案例都有 H，所以两个案例类似。

这里的类比保证规则是：如果某事件有 F 和 G 并且有 H，那么所有事件都有 F 和 G 并且有 H。

上述论证及其中的类比保证规则需要一个理由来加以解释和论证，亦即需要类比保证理由。我们可以撰写如下：原告与被告之间虽有餐饮服务的合同关系，但是经营者的合同附随义务并不包括为顾客看管物品，因此，作为经营者的麦当劳餐厅就不存在由于顾客物品丢失而违约的行为。所以，两个案件类似。这是公平合理的。

笔者在此提供一个被告对顾客丢失物品承担赔偿责任的案例。这是一个餐厅将顾客遗落 LV 包错还他人、餐厅因顾客物品丢失而承担责任的案例。在此案中，顾客在餐厅就餐时将 LV 公文包遗落在座位上，虽然餐厅服务员及时将包保管，但 LV 包却被别的顾客冒领走。法院判决餐厅承担赔偿责任。担任一审的北京市东城法院的办案法官表示，餐厅没有尽到善良管理人的义务，是本案判决餐厅承担责任的关键。① 假如朝

---

① 审案法官解释：餐厅之所以作为善良管理人，是由于其应该具备一定的知识经验，和其职业有关，在有人来领包时，餐厅服务员需要详细核实包的特征，核实包里的物品。也就是说，餐厅服务员所需尽到的注意义务，比普通市民要高得多。"如果是普通市民捡到了包，如果出现冒领的情况，承担的责任与餐厅不同。"法官说，根据具体案情，普通市民有可能不承担责任，或者承担的责任很小。就本案来讲，法院在判决时并未支持原告对于包内物品索赔的诉求，因为原告没有包内放有物品的证据，所以仅对包本身的价值酌情判决餐厅赔偿。"餐厅将顾客遗落 LV 包错还他人被判赔四千"，参见 http://news.xinhuanet.com/legal/2012-01/18/c_122600857.htm，2013 年 12 月 18 日访问。

阳区麦当劳餐厅的原告人提出这个案例作为类似案例,要求法官类似案件类似审判,法官就需要进行排除类似性的论证。

我们可以看到,在 LV 包案中,餐厅服务员保管 LV 包产生的善良管理人的义务,是朝阳区麦当劳店案所没有的,我们可以把这个因素用 I 表示。

我们把论证步骤简写如下:

源案例二(z)=餐厅将顾客遗落 LV 包错还他人案。

I:善良管理人义务

(2a) z 并没有 G,有 I(源案例前提)

即此案不存在餐厅服务合同附随义务不包括为顾客看管物品的问题,但是存在因餐厅服务员保管 LV 包产生的善良管理人义务。

(4a) 排除类比保证规则一:如果某事件有 F 和 G 并且有 H,那么所有事件有 F 和 G 并且有 H;

(4b) 排除类比保证规则二:如果某事件不具有 I 就有 H,那么所有事件不具有 I 就有 H;

(4) 所以,z 没有 H。(将顾客遗落 LV 包错还他人案的餐厅不免除责任。)

源案例二没有 H,所以与目标案例不类似。

因为取得 H 的唯一方式是同时满足得到 H 的充分条件——F 和 G,在源案例二 z 中并不具备;而且 z 有 I。这两个因素使得这两个案件不相类似。

在这里,步骤 4,是非类比性规则(DWA)。相应的支持排除类比性规则的排除类比性保证理由是:朝阳区麦当劳案的店家既没有基于合同附随义务并不包括为顾客看管物品的义务,也不具有包保管顾客物品产生的善良管理人的义务,所以,朝阳区麦当劳店不存在违约行为,因而不承担责任。所以,人们不能得出 z 有 H 的结论;也就是说,z 与 x 不具有相关类似性,餐厅将顾客遗落 LV 包错还他人案与朝阳区麦当劳案不相类似。

笔者以为,类比保证规则与类比保证理由可以在一定程度上作为许多中国法官所希望的那种"案例相似性比对规则"。虽然它们在中国的表现形式和存在方式可能与判例法国家的类比保证规则与类比保证理由的表现形式和存在方式有所不同,但是,从类比保证规则的角度判断案件相似性，对于我们有效地使用指导性案例是大有助益的。

从类比保证理由的角度看，根据我国法院现在对指导性案例裁判理由的界定①，裁判理由与此处讨论的类比保证理由没有必然的对应关系。从裁判理由的功能看，裁判理由有可能起到为裁判要点进行解释和证成的作用②，也就是说有可能成为类比保证理由。在这种情况下，裁判理由就具有类比保证理由的作用。这种情况下的类比保证理由大体相当于黄泽敏、张继成二位学者所称的"实质理由"。虽然我们不能说指导性案例的裁判理由就是类比保证理由，但是我们可以从类比保证理由的角度思考未来裁判理由的撰写。因为这会使得裁判理由与裁判要点的联系更加紧密，更有利于指导性案例的使用和案例指导制度的发展。

与指导性案例类似性判断中的关键事实相关但方向相反的一个问题，是如何对待指导性案例与待判案件在事实方面的差异？在什么情况下细微的事实差异就可以排除指导性案例的适用？怎样防止由于边缘事实不同而彻底"架空"指导性案例？例如，云南非医师美容失败赔偿案与贾国宇案是否类似？前者是一个因美容失败引起的损害赔偿案件，后者是一个产品责任案件。③ 我们如果从诉讼标的、案件事实等因素看这两个案件，它们有很大的区别，是完全不同的两个案件。但如果我们从案件的争议问题看，两个案件是类似的。它们的类似性是：由于行为人的不当行为给被害人造成了身体和精神损害，对于精神损害是否应当承担法律责任？所以，在进行案件类似性判断时，事实差异不一定导致我们对案件类似性的否定性判断，只要案件的争议问题类似，就属于类似性案件，可以参考或参照指导性案例进行类似性审判。由此看来，直接针对案件争议问题所提出的判决理由就是判决的核心意思（本意、要旨）、决定性理由；审案法官在撰写判决书的判决理由、其他法官或法律人在撰写指导性

---

① 胡云腾、吴光侠二位先生指出："裁判理由是指导案例裁判要点的来源和基础，是联系基本案情和裁判结果的纽带。"胡云腾、吴光侠：《指导性案例的体例与编写》，载《人民法院报》，2012年4月11日，第8版。

② 胡云腾、吴光侠二位先生指出：论述裁判理由应注意把握的第一个要点是："把握重点，紧紧围绕案件的主要问题、争议焦点或者分歧意见，有针对性的展开论述，充分阐明案例的指导**价值**和**裁判为什么这样做的道理**（黑体字为引者所标）。"胡云腾、吴光侠：《指导性案例的体例与编写》，载《人民法院报》，2012年4月11日，第8版。

③ 参见张琪：《论寻找指导性案例的方法——以审判经验为基础》，载《中外法学》2009年第3期。

案例的裁判理由时,都需要紧紧围绕案件的争议问题进行论证。这对后来进行类似案件判断、从而决定是否使用指导性案例,具有十分重要的意义。

总之,类似案件的判断是发挥指导性案例作用的重要前提。判断类似案件的过程是一个理性思考的过程。类比推理是这种理性思考的重要方法。类比推理是一种人们依照某种标准进行的以比较、扩展、推论为特点的思维活动。人们在运用类比推理进行类似案件判断时的标准是法律,是作为整体的法律或法律秩序,而不一定是某种具体的法律规则。因为事物类似的方面可以是无限广泛的,所以仅有法律秩序还不足以对案件是否类似作出判断。对解决案件争议有帮助的类似性,是相关的类似性,即这种类似对于解决待判案件有直接帮助。所以,判断类似案件的首要方法是确定案件的比较点,即确定案件的争议问题是否类似或具有同类性。案件的争议问题兼有事实性和法律性。与确定案件的比较点紧密相关的问题,是把握先例的判决理由及实质事实,而对判决理由的确定不是静止不变的,而是动态的。在进行案件相似性判断时,一定的规则有助于我们进行案件类似性判断、防止类似性判断的专断和失误。类比保证规则和类比保证理由就是有助于我们判断类似案件的规则和理论方法。随着中国指导性案例的发展,类比保证规则与类比保证理由可以在一定程度上成为许多中国法官所希望的那种"案例相似性比对规则"。我们可以从类比保证理由的角度改进未来裁判理由的撰写,使裁判理由与裁判要点的联系更加紧密,以有利于指导性案例的使用和案例指导制度的发展。

《刑事诉讼法》的核心观念及认同[*]

汪建成[**]

刑事诉讼法治的现代化是刑事诉讼立法和刑事司法良性互动的结果。促进这一理想状态达成的因素很多,其中最为关键和最为重要的是先进的思想观念对刑事诉讼立法和刑事司法的指导。我国新修订的《刑事诉讼法》就是在一些重要观念的指导下进行的,许多条文的修改和增设都是这些观念所追求的价值的直接体现;《刑事诉讼法》的有效贯彻实施同样离不开这些观念的指导,只有坚守这些观念,才能准确把握《刑事诉讼法》的基本精神和立法原意,才能面对纷繁复杂的司法实践严格执行《刑事诉讼法》的规定。

影响刑事诉讼立法和刑事司法的观念很多,程序法定观念、人权保障观念、证据裁判观念、正当程序观念和诉讼效益观念居于核心地位。其中,程序法定观念反映了刑事诉讼立法和司法之间的差异;人权保障观念体现了刑事诉讼法的"小宪法"特质;证据裁判观念决定了司法裁判的过程及其正当性根据;正当程序观念折射了刑事诉讼法的程序法本质属性;诉讼效益观念揭示了程序的正当化和司法资源之间的紧张关系及其解决路径。

修订后的《刑事诉讼法》实施一年多来,从整体上看实施效果较为良好,但有些方面的实施效果不甚理想,个别地区甚至以各种方法和借口规避《刑事诉讼法》的规定。例如,虽然《刑事诉讼法》修订后律师会见难的问题得到了很大改观,但仍有一些地方的看守所在律师会见问题上设置障碍,有调研报告就介绍了全国 11 个省市的 16 个看守所对律师会见设

---

[*] 原文刊于《中国社会科学》2014 年第 2 期。
[**] 北京大学法学院教授、博士生导师。

立的种种限制。① 这无疑会使《刑事诉讼法》的执行力大打折扣。"徒法不能以自行"②,法律制定出来以后,能否得到有效贯彻实施,不仅取决于立法中要贯彻正确的观念,更取决于这些观念被执法者、司法人员乃至社会公众接受和认同。良性的制度能够培育和养成正确的观念,正确的观念亦能推动良性制度的建立和运行。在当前刑事诉讼基本制度已经确立的前提下,正确观念的建立和夯实也应当引起人们的高度关注。纸面的、普遍性的法律向现实的、个案中的法律的转化,是通过执法者和司法者乃至社会公众的具体行为实现的。而行为都是在一定的思想意识支配下进行的,思想意识水平的高低决定了人们行为的价值取向。只有执法者、司法者认同正确的思想观念,才能建立起对待法律的正向态度,积极投身到法律的学习和执行中,投身到执法环境的改善与执法保障措施的构建中去。

一、程序法定观念

程序法定观念,是现代法治国家原则派生出的一个重要观念。在刑事法领域,法治的基本内涵是指已经制定的刑事法律能够得到有效贯彻实施的法律良性运行状态。衡量刑事法治水平的高低,不能以是否存在刑事法典作为依据,而应当考察刑事法典得到遵守的情况。

由于刑事司法权由实体意义的刑事处罚权和程序意义的刑事追究权共同构成,支撑刑事法治的思想观念也必然会出现实体意义上的罪刑法定观念和程序意义上的程序法定观念的分野。罪刑法定观念已经深入人心,往往以"法无明文规定不为罪,法无明文规定不处罚"③这一朴素而形象的语言所表达,并且其基本精神写入了许多国家的刑法典。而程序法定观念则受"重实体、轻程序"的传统思维定势影响而未引起足够的重视。

然而,欲达刑事法治之理想状态,仅有实体层面的罪刑法定是不够的,还必须辅之以程序层面的程序法定,因为国家刑罚权是不可能也不应

---

① 《新刑事诉讼法实施状况调研报告(2013年第一季度)》,2013年4月23日。http://www.sqxb.com/content/details19_3037.html,2013年11月12日访问。
② 《孟子·离娄上》,万丽华、蓝旭译注,中华书局2006年版,第145页。
③ 周振想主编:《中国新刑法——释论与罪案》(上册),中国方正出版社1997年版,第33页。

当自动运用到任何具体个人身上的。相反,只有通过国家的刑事追诉和审判活动,国家刑罚权才能真正得以实现。因此,程序法定观念的塑造和勃兴,是实现刑事法治的必然选择。"法定原则并非仅仅约束有关规定犯罪以及犯罪人之责任与重罪、轻罪及违警罪之刑罚的法律。因为,本义上的法律,也就是立法权力机关通过的法律,还确定着有关刑事诉讼程序的规则并创设新的法院制度;只有法律才能确定负责审判犯罪人的机关,以及它们的权限,确定这些法院应当遵守什么样的程序才能对犯罪人宣告无罪或者作出有罪判决。所有这一切,都要由立法者细致具体地作出规定。"①

程序法定的基本含义是,国家执法和司法机关的职权及其追诉犯罪的程序,只能由立法机关所制定的法律预先明确规定;任何执法和司法机关及其工作人员都不得超出法律设定的职权进行刑事诉讼活动,也不得违背法律规定的程序任意决定诉讼的进程。简言之,"法无明令不可为"是程序法定的基本内核。

程序法定观念追求的是立法权对司法权的制约,而不是依从。法国思想家孟德斯鸠曾指出:"司法权如果与立法权合并,公民的生命和自由就将由专断的权力处置,因为法官就是立法者。"②程序法定观念主张通过由立法机关制定的法律,来明确限定国家司法机关的权限及其追究和惩罚犯罪的程序,以"避免发生任何专断行为,以便受到追诉的个人能够进行自我辩护,防止个人受到不公正的有罪判决,或者说,避免犯罪人遭到法院的错误判决"。③ 程序法定观念坚守的是形式理性,而不是实质理性。形式理性是一种逻辑判断,实质理性是一种价值判断。在一个法治国家,实质理性应当在立法过程中贯彻,将实质正义的内容写入法典之中;司法活动中则只能强调形式理性,即对法律的逻辑推演与运用。我国有学者指出,法治和人治的分水岭就在于司法活动中是否坚守形式理性。人治社会中也有法,甚至可能存在相当完备的法律体系。有法与无法并不能区分法治与人治,关键在于这种法是否在司法活动中得到了切实的

---

① 卡斯东·斯特法尼等:《法国刑事诉讼法精义》(上册),罗结珍译,中国政法大学出版社1999年版,第10页。
② 孟德斯鸠:《论法的精神》(上册),许明龙译,商务印书馆2009年年版,第167页。
③ 卡斯东·斯特法尼等:《法国刑事诉讼法精义》,罗结珍译,中国政法大学出版社1998年版,第10页。

贯彻。① 形式理性和实质理性都需要在刑事法治中坚守,只不过,实质理性只能在立法中体现,而形式理性则必须在司法中贯彻。对《刑事诉讼法》而言,实质理性就是立法中要坚持整体制度的价值平衡,如立法上坚持犯罪控制和人权保障的平衡,坚持公平和效益的平衡等;而形式理性要求在司法中坚持对法律的无条件遵守,不得以任何借口拒绝执行立法。

程序法定观念呼唤的是对刑事诉讼法的信仰,而不是漠视。哈特指出,任何一个法体系都包含某些人或团体所发布的以威胁为后盾的命令,这些命令大致上受到服从,且被规范的群体大体上相信:当违反这些命令时,制裁将会被执行。② 这一论述包含的一个重要思想就是:法律是一种带有强制力的普遍性命令,法律必须被遵守,并且可以通过强制力而被遵守。但是如果仅有强制力,而没有一个信仰法律的文化,没有一个守法的传统,那么法律的遵守将变得十分没有效率。"法律必须被信仰,否则它将形同虚设。它不仅包含有人的理性和意志,而且还包含了他的情感,他的直觉和献身,以及他的信仰"③。我们强调树立程序法定观念,就是要在刑事法律领域营造一种自觉遵守法律、践行法律的社会风尚。它的本质是在事前自觉遵守法律,而不仅仅是在事后对违法行为进行追究。它是一种从内心产生的对法律的信仰,而不是一种迫于压力对法律的被动遵从。

强调程序法定观念,必须认真审视我国司法解释的状况。《刑事诉讼法》修订后,最高人民法院、最高人民检察院和公安部,为实施《刑事诉讼法》,相继出台了各自的司法解释或者规定。其中,最高人民法院制定的《关于适用〈刑事诉讼法〉的解释》(以下简称《最高法解释》)共计740条;最高人民检察院制定的《人民检察院刑事诉讼规则(试行)》(以下简称《最高检规则》)共计708条;公安部制定的《公安机关办理刑事案件程序规定》(以下简称《公安部规定》共计376条,这些解释或者规定统一于2013年1月1日与修订后的《刑事诉讼法》同时生效执行,形成了刑事诉讼法典之外的另一庞大的刑事诉讼法律渊源。这一现象已经引起部分学者的警惕和批评。有学者指出:司法解释日益增多、内容庞杂,呈现出主动性、

---

① 参见陈兴良:《刑事法治论》,中国人民大学出版社2007年版,第7页。
② 参见哈特:《法律的概念》,许家馨、李冠宜译,法律出版社2011年版,第23—24页。
③ 参见伯尔曼:《法律与宗教》,梁治平译,中国政法大学出版社2003年版,第3页。

创制性、专断性的特征，出现了"立法化"的倾向。①

从法理上讲，公检法机关的上述做法侵犯了立法机关所独享的立法权。虽然程序法定并不排斥法官对《刑事诉讼法》进行司法解释，但"只有当法律运用到个别场合时，根据他对法律的诚挚的理解来解释法律"②。而如果超出这一范围，最高司法和执法机关制定普遍的抽象性规则，便是对立法权的侵犯，是对程序法定观念的公然违背。

从法律依据上来看，公检法机关的上述做法缺乏法律依据。我国《宪法》没有任何条文规定检察院或法院可以进行法律解释，而在其第67条第4款将"解释法律"规定为全国人大常委会的一项职权。《立法法》第42条也规定法律解释权属于全国人民代表大会常务委员会。司法解释合法性的唯一依据，可能就是1981年通过的《全国人民代表大会常务委员会关于加强法律解释工作的决议》，该决议规定："凡关于法律、法令条文本身需要进一步明确界限或作补充规定的，由全国人民代表大会常务委员会进行解释或用法令加以规定。凡属于法院审判工作中具体应用法律、法令的问题，由最高人民法院进行解释。凡属于检察院检察工作中具体应用法律、法令的问题，由最高人民检察院进行解释。"但即使是这一看上去有部分授权的规定，也仅限于对"具体应用法律、法令的问题"作出司法解释，同时这种解释只能由最高人民法院和最高人民检察院进行，从来就没有对公安机关进行法律解释的授权。

从具体规定的内容上看，各机关解释或者规定中，有些内容明显违背《刑事诉讼法》的规定，存在法外自我扩充授权现象，已有不少学者对此进行了有针对性的评述。③ 由于篇幅所限，本文在此选取几个条文作为分析样本。

样本1：关于行政机关收集证据的使用问题。《刑事诉讼法》第52条第2款规定："行政机关在行政执法和查办案件的过程中收集的物证、书证、视听资料、电子数据等证据材料，在刑事诉讼中可以作为证据使用"。

---

① 袁明圣：《司法解释"立法化"现象探微》，载《法商研究》2003年第2期。
② 张志铭：《法律解释操作分析》，中国政法大学出版社1999年版，第233页。
③ 详细内容可参见2013年中国刑事诉讼法年会交流论文：陈卫东：《立法原意应当如何探寻：对〈人民检察院刑事诉讼规则（试行）〉的整体评价》；韩旭：《限制权利抑或扩张权力——对新刑诉法"两高"司法解释若干规定之质疑》；胡铭：《技术侦查：模糊授权抑或严格规制——以〈人民检察院刑事诉讼规则〉第263条为中心》。

《最高检规则》第 64 条第 3 款规定:"人民检察院办理直接受理立案侦查的案件,对于有关机关在行政执法和查办案件过程中收集的涉案人员供述或者相关人员的证言、陈述应当重新收集;确有证据证实涉案人员或者相关人员因路途遥远、死亡、失踪或者丧失作证能力,无法重新收集,但供述、证言或陈述的来源、收集程序合法,并有其他证据相印证,经人民检察院审查符合法定要求的,可以作为证据使用。"对照这两个条文,后者无论在收集证据的主体上,还是在证据的种类上都突破了前者的规定。

样本 2:关于鉴定人应当出庭而不出庭的处理问题。《刑事诉讼法》第 187 条第 3 款规定:"公诉人、当事人或者辩护人、诉讼代理人对鉴定意见有异议,人民法院认为鉴定人有必要出庭的,鉴定人应当出庭作证。经人民法院通知,鉴定人拒不出庭作证的,鉴定意见不得作为定案的根据。"《最高法解释》第 86 条第 2 款规定:"鉴定人由于不能抗拒的原因或者有其他正当理由无法出庭的,人民法院可以根据情况决定延期审理或者重新鉴定。"对照这两个条文,后者在处理方式上明显有违前者规定的立法原意。

样本 3:关于发回重审后的审判法院和审判组织问题。《刑事诉讼法》第 228 条规定:"原审人民法院对于发回重新审判的案件,应当另行组成合议庭,依照第一审程序进行审判。"《最高法解释》第 21 条规定:"第二审人民法院发回重新审判的案件,人民检察院撤回起诉后,又向原第一审人民法院的下级人民法院重新提起公诉的,下级人民法院应当将有关情况层报原第二审人民法院。原第二审人民法院根据具体情况,可以决定将案件移送原第一审人民法院或者其他人民法院审判。"对照这两个条文,后者既改变了前者所规定的审判法院和审判组织,又默许了刑诉法没有在本阶段赋予检察机关撤诉职权而检察机关予以撤诉的违法做法。

也许,中国现实国情会成为回应上述质疑的重要依据,我们也承认任何一部法律必须深深扎根于现实生活之中,但法律与现实国情和现实生活的结合,只能在立法过程中而不是在司法过程中去实现,我国新修订的《刑事诉讼法》的各种条款也正是在充分考虑我国国情的基础上制定的。尽管在立法过程中,基于利益选择和价值追求的不同,必然会产生学术观点上的争论,但是,一旦立法在全国人大通过并且生效实施,就应当无条件地予以遵守和执行,这些争论就必须画上句号。在司法过程中,不能再以"中国国情"为借口,阻挠法律的实施或对法律进行曲解。如果允许司法过程中进行第二次利益选择和价值平衡,那么人们难以养成对法律的信仰,法律的权威也必将丧失。

二、人权保障观念

在刑事诉讼中,国家公权力与公民个人权利发生直接的碰撞和对话,因此人权保障的重要性不言而喻。刑事诉讼中的人权保障观念源远流长,贝卡里亚早在其经典之作《论犯罪与刑罚》中,就明确提出了对刑讯的反对:"要求一个人既是控告者,同时又是被告人,这就是想混淆一切关系;想让痛苦成为真相的熔炼炉,似乎不幸者的筋骨和皮肉中蕴藏着检验真相的尺度……这种方法能保证使强壮的罪犯获得释放,并使软弱的无辜者被定罪处罚。"[①]贝氏的论述中主要强调使用刑讯逼供等侵犯人权的手段,极有可能造成冤假错案,不利于正确地惩罚犯罪。如果说他的人权保障观念还带有一定的功利性目的,那么第二次世界大战以后的一系列国际公约,如《世界人权宣言》《公民权利和政治权利国际公约》等,将反对酷刑、反对不人道待遇、获得公正审判的权利、无罪推定原则、不被强迫自证其罪特权等内容公开宣告,则更加强调人权保障的独立价值,体现了人类的人权保障观念上升到一个较高的境界。发展至今,人权保障被赋予了十分丰富的内涵。田口守一教授将人权保障分为消极和积极两个方面,指出犯罪嫌疑人、被告人不仅有不受国家机关非法侵害的权利(消极的人权保障),而且可以在涉及自己的刑事案件中积极主张自己的权利(积极的人权保障)。[②]

修订后的《刑事诉讼法》在人权保障水平上得到了很大提升。其最鲜明之处是第2条增加了"尊重和保障人权"内容,并将其作为刑事诉讼法的任务之一确定下来。这是2004年"国家尊重和保障人权"写入宪法以来,第一次在部门法中规定"尊重和保障人权",充分体现了刑事诉讼法"小宪法"的特点。除此之外,刑事诉讼中的各项具体制度也相应提高了人权保障水平。主要有以下内容:在辩护制度中,辩护人的诉讼权利增

[①] 贝卡里亚:《论犯罪与刑罚》,黄风译,中国法制出版社2005年版,第38—39页。
[②] 参见田口守一:《刑事诉讼的目的》,张凌、于秀峰译,中国政法大学出版社2011年版,第48页。

加,例如《刑事诉讼法》第 38 条赋予律师全面阅卷权,阅卷范围由以往的部分材料扩大到全部案件材料,第 39 条赋予律师申请调取有关证据的权利,防止有利于被告人的证据被遗漏;在强制措施体系中,监视居住制度被改造成为逮捕的替代性措施;在逮捕的审查批准程序中,增加了人民检察院讯问犯罪嫌疑人、听取律师意见的规定;在证据一章中,第 56 条规定了"不得强迫任何人证实自己有罪";在证据规则领域,建立了非法证据排除规则;在死刑复核程序中,扩大了律师的参与权;在特别程序中,增设未成年人刑事案件诉讼程序、依法不负刑事责任的精神病人的强制医疗程序,以加强对特殊人群的保障等。

上述这些规定都是为了提高刑事诉讼人权保障水平而设定的,应当自觉贯彻到《刑事诉讼法》的实施中去。然而,人权保障条款虽然写进了《刑事诉讼法》中,人权保障观念却远没有深入人心。为保证上述人权保障条款能够真正得到贯彻落实,树立和坚守人权保障观念,有必要突出强调几个问题:

1. 不能泛化人权的概念。实践中经常会出现这样的现象,人们以保障被害人和其他社会成员的人权为由,否定对刑事被追诉者人权保障的重要性。这无疑泛化了人权的概念,对于落实人权保障条款不利。人权有其特定的内涵,其主旨在于强调国家公权力应当依照法律的授权和程序运行,而不能超出法律的授权或者违背法律规定的程序对公民个人的基本权利恣意侵犯,从这个意义上讲,无公权力运行便无须言人权。因此,不能说某一个公民个人侵犯了另一个公民的人权,只能说某一个公民侵犯了另一个公民的人身权、财产权等具体权利。① 这种权利的侵犯可以通过司法途径予以救济,而无法也不应该通过人权保障条款来解决。相反,在刑事诉讼中,作为国家公权力的司法权的作用对象当然是刑事被追诉者,而不是被害人和其他社会成员,因为刑事诉讼是实现国家刑罚权的活动,刑罚权的承受者只能是刑事被追诉者,而不可能是被害人和其他社会成员。由是观之,只有当掌握国家刑罚权的执法者和司法者不按照法律的授权和法律规定的程序恣意侵犯被追诉者的基本权利时,才构成对人权的侵犯。《刑事诉讼法》所规定的人权保障条款正是基于此而设定

---

① 例如,公民 A 盗窃了公民 B 的手表,我们不能说 A 侵犯了 B 的人权,而只能说 A 侵犯了 B 的财产权;而如果公安机关非法扣押了 B 的手表,则可以说公安机关侵犯了 B 的人权。

的。如此看来,公民个人的权利和人权是两个不同的概念,两者的实现途径和保护方式是不同的,不能有意泛化人权的概念,将两者对立起来,作为抵制刑事诉讼贯彻人权保障条款的理由。

2. 应当正确解读犯罪控制和人权保障并重的提法。司法实践中存在的另一种现象是以犯罪形势比较严重,犯罪控制的呼声较高为理由,拒绝执行人权保障条款,并且往往冠之以犯罪控制和人权保障并重的名义。犯罪控制和人权保障的确是刑事诉讼的两大基本价值目标,而且这两个价值目标应当兼顾,我国有学者就将刑事诉讼的直接目的概括为犯罪控制和人权保障的统一。[①] 从宏观上讲,刑事诉讼确实应当兼顾犯罪控制和人权保障两大基本价值目标,而在具体的制度安排上则不能处处要求二者都能兼顾,应该对某一价值目标有所侧重。在任何时候都强调犯罪控制和人权保障的统一,可能会导致两种价值目标都难以落实。整体来看,此次《刑事诉讼法》修改,犯罪控制和人权保障两方面都得到加强,但在具体制度构建上又对这两种价值各有侧重:有些侧重人权保障,如未成年人刑事案件诉讼程序,非法证据排除规则等;有些则侧重犯罪控制,如技术性侦查措施,犯罪嫌疑人、被告人逃匿、死亡案件违法所得的没收程序等。既然立法上对这两种价值作出了选择,在司法实践中就不应对那些旨在加强犯罪控制的制度严格执行,而对那些旨在加强人权保障的制度却存在偏见,以各种借口阻挠其实现。而且,在适用那些侧重人权保障的规则时,要着重进行人权保障,对于犯罪控制的价值只能尽量兼顾,有时甚至要牺牲犯罪控制的价值。例如,在非法证据排除规则中,其核心价值不在于保证证据的真实性,而在于即使证据是真实的,如果其非法取证手段达到法律规定予以排除的程度,也要放弃采用这一证据,因为人权保障是这一制度的侧重价值。

3. 应当明确刑事诉讼中人权保障的受益者是全体社会成员。在司法实践还有一种现象,即一旦强调人权保障,便认为是在保护罪犯,并以此为理由,拒绝人权保障条款的执行。虽然刑事诉讼中人权的主体是犯罪嫌疑人和被告人,但这并不意味着刑事诉讼中人权保障的受益者仅仅

[①] 参见宋英辉:《刑事诉讼目的论》,中国人民公安大学出版社1995年版,第84—88页。

是犯罪嫌疑人和被告人。[1] 刑事诉讼中的人权保障是为了全体社会成员的利益。这一论断可以从以下四个方面加以理解：(1) 任何人都是潜在的犯罪主体。"天生犯罪人"和"永恒守法者"的天然划分是不科学的，这两者之间的界限往往是模糊的、可转化的。对于经济犯罪、职务犯罪等法定犯，行为人很多时候是在对刑罚后果和犯罪收益进行成本收益分析之后，作出的选择；而对于杀人罪等自然犯，也存在"激情杀人""激情犯罪"的现象，一个合法的公民转瞬之间即可滑入犯罪的漩涡。(2) 风险刑法理论扩大了公民入罪的风险。随着现代科技的发展，风险成为现代社会的重要特征，传统刑法也逐步向风险刑法发展。"从基本立场看，风险刑法理论侧重安全（秩序）而非自由，侧重行为无价值而非结果无价值；从具体主张看，风险刑法理论试图通过刑事立法和刑事司法层面的扩张来控制风险，化解风险社会的危机。刑事立法层面的扩张主要体现为法益保护的前置化，比如增设预备犯、着手犯、行为犯、持有犯、危险犯，预备行为的独立化，未遂行为的既遂化。刑事司法层面的扩张主要体现为归责原则和因果法则的扩张，比如严格责任的适用。客观上，这种刑事立法和刑事司法层面的扩张使得犯罪圈全面扩大。"[2]受风险刑法理论的影响，我国刑法典将危险驾驶罪、生产销售有毒、有害食品罪等一批抽象危险犯纳入刑法打击范围，增加了个人成为刑事诉讼被追诉方的风险。(3) 每个人都可能受刑事侦查活动的侵犯。从广义上来看刑事诉讼程序，侦查程序也是刑事诉讼程序的一个有机组成部分。随着恐怖活动犯罪、黑社会性质的组织犯罪、毒品犯罪的发展，监听、通讯截留等技术侦查手段在刑事诉讼中广泛采用，这些侦查活动的开展有一个广泛筛选的过程，如不合理规制，对每一个公民的基本权利都有可能构成侵犯。(4) 由于各种主客观原因，公检法机关在某些情况下会错误地对公民进行立案、侦查、追诉，每个合法公民都有可能被错误地卷入刑事诉讼中。可以说，在现代社会，任何人都是潜在的刑事诉讼被追诉方，都有可能被卷入刑事诉讼程序当中，成为国家机器"拷问"的对象。这时，法律所设定的人权保障条款就会对其发生作用。正是在这个意义上，刑事诉讼人权保障的受益者是全

---

[1] 参见汪建成：《冲突与平衡——刑事程序理论的新视角》，北京大学出版社2006年版，第117—118页。

[2] 南连伟：《风险刑法理论的批判与反思》，载《法学研究》2012年第4期。

体社会成员，绝不仅仅是刑事被追诉者。

总之，人权保障观念的树立和坚守，既是刑事诉讼法立法变革的基本要求，又是贯彻实施刑事诉讼法的基本保障。只有从根本上消除上述种种对人权保障的误解，才能使人权保障的观念深入人心，《刑事诉讼法》中所规定的各种人权保障条款，才能真正转化为广大执法者和司法者的自觉行动。

三、证据裁判观念

刑事诉讼不是现场表演，刑事案件的亲历者只能是被告人、被害人与目击证人，事实裁判者则是案件的非亲历者；刑事诉讼也不是科学发现，不能在没有期限的条件下进行各种科学实验，不可能期待刑事诉讼像科学发现那样精确。这两个原因决定了刑事诉讼中对案件事实的认定只能是再现，而再现事实的唯一科学手段就是坚持证据裁判主义，只有通过证据所再现的案件事实才能获得司法的权威。司法实践中很多错案也从反面表明了证据裁判主义的重要性。通过对20世纪80年代以来我国发生的50起刑事错案进行实证分析，得出的结论是：只有两起不存在证据问题，另外48起都存在两种以上的证据问题。[①] 可以说，证据问题上出错是导致冤假错案的一个主要原因。在刑事诉讼中，要防止出现错案，就必须防止证据的错误使用。而防止证据出错，最为重要的一点就是要在办案过程中树立证据裁判观念，严格坚守证据裁判主义。

证据裁判主义就是强调在案件审理中要使用证据认定案件事实，并正确使用证据作为定案的依据。田口守一教授曾经分析了证据裁判主义的两种含义：第一种含义从历史意义上否定所谓的神明裁判，即认定事实必须依据证据，其他任何东西都不是认定事实的根据；第二种含义是规范意义上的，即据以裁判的证据必须具有证据能力，而且只有经过调查之后才能认定构成犯罪核心内容的事实。[②] 他敏锐地观察到证据裁判主义中的证据能力概念，无疑具有十分重要的意义。

[①] 参见何家弘、何然：《刑事错案中的证据问题——实证研究与经济分析》，载《政法论坛》2008年第2期。

[②] 参见田口守一：《刑事诉讼法》，张凌、于秀峰译，中国政法大学出版社2010年版，第267页。

修订后的《刑事诉讼法》在证据制度上进行了许多重大变革：完善了证据的定义和种类；确立了举证责任制度；建立了非法证据排除规则和程序；细化了证明标准的内容；增加证人出庭和证人保护制度等。这些规定无疑在贯彻证据裁判主义上迈进了一大步，然而立法的规定只是一个起点，要使这些立法规定落实到办理具体案件的实践中，则仍然有很长的路要走。

坚持证据裁判观念，应当强调证据收集、使用的客观性、全面性。这种客观性和全面性，一方面要求我们在证据收集、使用过程中不能对不同证据带有不同看法，而是既要收集不利于被告人的证据，也要收集有利于被告人的证据；既要对不利于被告人的证据进行审查，又要对有利于被告人的证据进行审查。另一方面，不能只从假设的事实去寻找证据，而对有矛盾的证据视而不见。如果只是片面收集支持自己假设的证据，而忽视与自己假设相矛盾的证据，有可能导致在错误的假设、错误的方向上越走越远，最后很难再现案件的真实情况。

坚持证据裁判观念，应当侧重证据能力规范的使用。本次《刑事诉讼法》的修订涉及多个证据能力方面的问题，不仅非法证据排除规则正式入律，而且意见证据规则、最佳证据规则和有限的传闻证据规则也初步形成。过去在司法实践中，对证据的证明力比较重视，而对证据能力则很少考虑。今后应当将关注的焦点转移到证据能力上来，对于不具备证据能力的证据，绝不允许进入证据裁判的视野，更不得作为定案的根据。

坚持证据裁判观念，应当注意证据的综合运用。一方面，要着重审查证据之间是否相互印证、是否形成一个完整的证据锁链；另一方面，要有证明标准意识，着重审查全案证据是否排除合理怀疑。前一个方面强调"证立"（相互印证），后一方面强调"排伪"（排除合理怀疑）。《刑事诉讼法》第53条第2款对"确实、充分"的证明标准进行了解释：（1）定罪量刑的证据都有证据证明；（2）据以定案的证据均经法定程序查证属实；（3）综合全案，对所认定事实已排除合理怀疑。这非但没有降低，反而提高了证明标准，因为新的证明标准注意到了证据综合运用中"证立"和"排伪"的两个方面。很多时候，缺乏证据的综合运用，缺乏对合理怀疑的排除，就会导致冤假错案的发生。一些冤假错案的产生，很重要的原因就是缺乏对证据的综合运用，只是紧紧盯住被告人的口供不放；而且缺乏证明标准意识，缺乏对"合理怀疑"的认识，对于明显存在"合理怀疑"的疑点证据，法庭没有予以足够重视。

坚持证据裁判观念，应当慎用司法证明的替代方法。刑事诉讼中，推定是最重要的一种司法证明的替代方法，也是最应当被重视的一个问题。证据裁判主义要求用证据并经司法证明去认定事实，对推定事实不经司法证明即予以认定，在某种程度上是对证据裁判主义的一种突破。刑事诉讼中的推定十分复杂，许多问题还处在理论探讨阶段，正如有学者指出的那样，"所谓推定概念及其内涵在法学界长期处于不确定状态"。[①] 对于推定的适用就应当十分谨慎，必须坚持两个基本前提。第一个前提是法律中存在明确的推定规范。必须有法律的明确规定，才可以适用推定。否则，必须严格按照诉讼证明的要求，对每个证明对象逐个证明，以得出有关事实，而不能凭臆想的"推定"去"跳跃性"地认定事实。实践中很多时候把推定等同于推理，其实是忽略了两者的区别：推理是一种逻辑分析方法，属于司法证明的范畴；推定是法律对某种价值的理性选择，是司法证明的例外，没有法律明确规定则不能适用。推定适用的另一个前提是必须对基础事实进行充分、严格的证明。例如，在巨额财产来源不明罪中，检察机关对于行为人的国家工作人员主体身份、财产与合法收入存在巨大差额这些基础事实必须严格证明，否则，不能得出这些收入来源非法的推定事实。

坚持证据裁判观念，应当践行判决理由制度。判决理由包括事实认定和法律适用两个方面，与证据裁判观念相关的是前者。自由心证原则要求法官心证的过程必须公开，法官的裁判文书因此必须重视对事实问题的说理。判决必须建立在通过理性思维形成并检验的理由基础之上；要求书面解释判决理由可以使判决过程更为合理化，而且受到上诉法院的监督。[②] 如果判决书的说理不充分，会影响当事人、社会公众对司法的信任。我国司法判决文书往往忽视对于事实问题的说理，对于所认定的事实，不说明心证形成过程，而只是简单地进行列举："本庭查明以下事实……"另外，对于辩方提出的看法，法庭不给予足够重视，对于不予采纳

[①] 汉斯·普维庭：《现代证明责任问题》，吴越译，法律出版社2006年版，第72页。
[②] 参见托马斯·魏根特：《德国刑事诉讼程序》，岳礼玲、温小洁译，中国政法大学出版社2004年版，第149页。

的看法,也不在判决书中说明不予采纳的理由,而往往只是简单地说一句:"与事实不符,不予采纳"。判决书对于事实问题的书写应当注意以下两个问题:(1)所认定的事实与所依据的证据必须清楚写明,并且这种事实与证据之间的关联性必须用一种清楚明了的语言表达出来;(2)不予认定的事实也必须写明理由,这种理由必须清楚、充分表明法庭不予采信的原因。

坚持证据裁判观念,应当严格遵守证明责任规范。《刑事诉讼法》第49条明确规定:"公诉案件中被告人有罪的举证责任由人民检察院承担,自诉案件被告人有罪的证明责任由自诉人承担",载《刑事诉讼法》第195条也规定了证据不足、指控的犯罪不能成立的无罪判决方式。证明责任规范虽然不是认定案件事实的首选规范,却是认定疑案事实的最佳规则。因此,在司法实践中,对于证据不足,事实真伪不明的案件,应当依据证明责任的规范,确定证明责任承担方败诉,宣告被告人无罪。应当坚决摒弃长期存在的疑案从轻、留有余地的习惯做法。

四、正当程序观念

"正当程序"(due process)思想最早可追溯到1215年英国大宪章,其第39条规定:"非经贵族的合法审判,或有法律上的依据,任何人皆不得遭到逮捕、监禁、剥夺财产、褫夺公权、流放或其他任何妨碍或控诉"。正当程序概念本身最早出现在1354年爱德华三世第28号法令第3章中:"未经法律的正当程序进行答辩,对任何财产和身份的拥有者一律不得剥夺其土地或住所,不得逮捕或监禁,不得剥夺其继承权和生命"。后来,该思想在美国进一步得到升华,美国联邦宪法第5条和第14条修正案中均规定:"不经正当法律程序,不得剥夺任何人的生命、自由或财产"。

丹宁勋爵认为正当程序是"法律为了保持日常司法工作的纯洁性而认可的各种方法",[①] 谷口安平教授认为"合乎程序正义的程序就是正当程序"。[②] 正当程序观念的核心强调必须通过合法、正当的程序,才可以

[①] 丹宁勋爵:《法律的正当程序》,李克强、杨百揆、刘庸安译,法律出版社2011年,前言,第2页。

[②] 谷口安平:《程序的正义与诉讼》(增补本),王亚新、刘荣军译,中国政法大学出版社2002年版,第4页。

对公民的基本权利予以褫夺。刑事诉讼中的正当程序至少应当包含以下几个要件:(1)要有中立的裁判官审理;(2)要同时听取控辩双方的意见;(3)辩方能够实质公平地参与诉讼,获得手段上的平等武装;(4)刑事诉讼程序要公开、透明。

此次《刑事诉讼法》修改,在程序的正当化上做了积极努力。不仅刑事诉讼法的条款数量大大增加,更为重要的是,程序规则的可操作性大大增强。这主要体现在以下几个方面:(1)许多规则的运行程序得到细化。例如在非法证据排除规则中,规定非法证据排除程序的两种启动方式,并明确规定由人民检察院对证据收集的合法性予以证明,且需要证明到确实、充分的程度。(2)新增条文的例外边界比较清楚,原则和例外的关系更加明晰,降低了程序法规则的模糊性。例如,侦查期间律师会见在押的犯罪嫌疑人是一项原则,但是也有例外,有些案件律师会见犯罪嫌疑人需要侦查机关批准。对于这个问题,新旧《刑事诉讼法》采取了完全不同的立法例。"旧《刑事诉讼法》"采取的是"规则＋裁量"的立法例,1996年《刑事诉讼法》第96条第2款规定涉及国家秘密的案件需要经侦查机关批准,可以发现"涉及国家秘密"是一个非常模糊的概念,很有可能导致"例外"成为"原则";现行《刑事诉讼法》采取的是"规则＋特例"的立法例,第37条第3款将例外情形限定在危害国家安全犯罪、恐怖活动犯罪、特别重大贿赂犯罪三类案件。如此明确和清晰的例外规定,从根本上解决了例外规定的普遍化适用问题。(3)增加了许多程序性违法后果条款,使得违法成本上升。例如,第58条规定:"对于经过法庭审理,确认或者不能排除存在本法第54条规定的以非法方法收集证据情形的,对有关证据应当予以排除。"第187条第3款规定:"公诉人、当事人或者辩护人、诉讼代理人对鉴定意见有异议,人民法院认为鉴定人有必要出庭的,鉴定人应当出庭作证。经人民法院通知,鉴定人拒不出庭作证的,鉴定意见不得作为定案的根据。"第188条第2款也规定了:"证人没有正当理由拒绝出庭或者出庭后拒绝作证的,予以训诫,情节严重的,经院长批准,处以10日以下拘留。"(4)一审程序、二审程序与死刑复核程序在程序正当化上都进行了相应的完善。例如,增加了证人、鉴定人出庭的规定,以增强庭审的实质对抗性;明确列举了二审程序中应当开庭审理的案件范围,以解决二审程序开庭率过低的现状①;死刑复核程序适度诉讼化,增加了讯问被告人和听取辩护律师意见的规定,等等。

可以看出,此次《刑事诉讼法》修改,从不同的侧面增强了程序的可操作性。但是,如何将立法的精神贯彻到实践中去,还需要在司法实践中提高对正当程序的价值认同。

正当程序将法治和人治区分开来,程序在一定程度上是法治的根基。美国联邦法院威廉姆·道格拉斯法官曾说:"权利法案的大多数条款都是程序性条款,这一事实绝不是无意义的,正是程序决定了法治与恣意的人治之间的基本区别"。② 有学者也指出,"缺乏完备的程序要件的法制是难以协调运作的,硬要推行之,则极易与古代法家的严刑峻法同构化。其结果,往往是'治法'存、法治亡"。③ 可以说,是否存在正当合理的法律程序,是否严格依照设定的程序办事,是法治和人治的主要区别。

正当程序对限制公权力的滥用具有重要意义。"所有拥有权力的人,都倾向于滥用权力,而且不用到极限绝不罢休。"④针对滥用权力的问题,孟德斯鸠提出的解决方案是以权力制约权力。权力间的分立和制衡,对于从体制上保障自由,有十分重要的作用,因为"立法权和行政权如果集中在一个人或一个机构的手中,自由便不复存在","司法权如果和行政权合并,法官就将拥有压迫者的力量"。⑤ 其实,除了依靠权力间的相互制约,还可以通过程序的细化来限制权力的行使,达到防止权力滥用的目的。如果我们仅仅规定某一种权力由某一机关行使,而不规定行使这一权力所应当遵循的程序,那么这种权力行使的后果可能是十分可怕的。例如,如果仅仅规定执行逮捕的权力由公安机关行使,而不规定逮捕时必须出示逮捕证、逮捕后立即送看守所、逮捕后24小时内进行讯问等具体程序,那么逮捕权的行使也难免会陷入恣意。通过这种精致化的规则设计,可以对权力进行分化、细化,发挥程序自身对于权力进行规范、约束的

---

① 根据学者的实证调查显示,原《刑事诉讼法》实施过程中,即使在某些发达地区,上诉案件开庭率最高时也不过10%左右,而且呈下降趋势。参见陈光中主编:《我国刑事二审程序改革之研究》,北京大学出版社2011年版,第8页。
② 参见季卫东:《法律程序的意义——对中国法制建设的另一种思考》,载《中国社会科学》1993年第1期。
③ 同上。
④ 孟德斯鸠:《论法的精神》(上),许明龙译,商务印书馆2009年版,第166页。
⑤ 同上书,第167页。

作用。如果说公权力是河流中的激流,那么程序就如同河流两岸的堤坝,为公权力的运行设置了边界,防止公权力越权、泛滥。

正当程序不仅保护诉讼参与人,同时也在保护执法者自身。在刑事诉讼实践中,有一个极为流行的观点:程序仅仅保护诉讼参与人,对执法者来说却增加了其执法负担。这种观点是十分片面的。(1)按程序办事,可以避免很多错案发生;即使有时无法避免,也可以在今后可能的错案追究中尽可能保护执法者。不同的检察官、法官的法律水平与对案件的认识水平,可能存在差别,但对程序的认识则应当有同样的标准。程序是办案经验的总结,按照法定的程序办案至少能够减少错案的发生。即使有时错案无法避免,但如果案件程序上没有瑕疵,也可以对执法者构成一重保护。比如,合议庭合议中少数意见要记入笔录,司法人员要善于利用这一程序规定,敢于表达自己的少数意见。(2)程序保护执法者的另一个表现在于,程序可以有效吸纳公众对司法的不满,减少上访、信访现象的发生。英美国家的司法裁判比较容易获得公众认同的一个重要原因就是其精良的程序设计:被告人诉讼权利在诉讼中获得充分保障;律师的参与权在诉讼中可以尽情施展;证人、专家证人积极出庭接受交叉询问;陪审团的制度设计增强了公众对司法的信任……程序的意义不仅仅在于防止错案发生,更在于让正义以看得见的方式实现,让被害人受伤的心灵获得抚慰,让被告人不羁的灵魂受到法律的洗礼。如果公众对案件有所不满,其情绪在公平、公开的程序中也可以得到释放,可以说,刑事诉讼程序是调和公众对司法不满的稀释剂。① 因此,程序不仅可以保障诉讼参与人的合法权利,而且可以吸纳公众不满,减少上访、信访现象的发生,以最终树立司法的权威。

总之,正当程序有其自身独立的价值。虽然,从总体上说正当程序的设计有利于实体公正的实现,因为程序本身也是对诉讼规律和案件事实认知规律的反映,"正如平等保护条款所提醒我们的那样,宪法合理性包括程序公平和实体公平两个方面,而且这两者往往是紧密交织在一起的"②。也正是从这个意义上讲,才在理论界有实体公正与程序公正并重

---

① 参见汪建成:《论刑事诉讼程序》,载《法学评论》2000 年第 2 期。
② 参见 Akhil Reed Amar, *The Constitution and Criminal Procedure*, Yale University Press, 1997, p. 38.

的提法。但是,不能回避的一个现实问题是,有时两者之间会发生冲突。正当程序观念所强调的就是要尊重正当程序的独立价值,程序公正应当优于实体公正。正如最高人民法院常务副院长沈德咏所言:"这里强调程序公正优先,不是说程序公正比实体公正更重要,而是说要高度重视程序公正的独立价值。从一个案件的处理过程看,客观上程序公正是先于实体公正而存在的,更为重要的是,程序公正作为一种'看得见的正义',对于人格尊严的保障、诉讼的公开、透明、民主以及裁判的终局性和可接受性等方面,都具有更深层次的独立价值和意义。"[1]

五、诉讼效益观念

程序的正当化和诉讼成本之间往往呈现一种反比例关系,即诉讼程序越正当,诉讼成本就越高,而在特定的时间点上,一国的刑事司法资源是恒定的。因此,强调程序的正当化所带来的一个无法回避的问题就是诉讼成本的上升,这与司法资源的有限性之间构成巨大的紧张关系。美国学者威廉姆 T. 匹兹先生曾观察到,在美国烦琐的诉讼程序可能会造成诉讼资源的浪费,他指出:"有些被指控犯有轻微罪行的被告人被审前羁押数月之久,有时羁押的时间比最终被判刑期还有长。"[2]因此,如何处理这种紧张关系,是世界各国刑事诉讼制度构建过程中所不得不面对的问题。

解决这一问题的根本出路在于树立诉讼效益观念,实现司法资源的优化配置。为此,各国普遍采取了繁简分流的制度设计,即对于那些被告人不认罪的案件,通过严格的正当程序予以解决,不惜投入大量的司法资源;而对那些被告人自愿认罪的案件,则通过各种速决程序解决。例如,美国的正当程序无疑是非常复杂的,但是真正使用这一程序的案件很少,在 90% 以上的案件中,被告人都是认罪的,并经由辩诉交易程序解决。[3]

---

[1] 沈德咏:《树立现代刑事司法观念是正确实施刑事诉讼法的必由之路》,2012 年 6 月 5 日,http://www.court.gov.cn/xwzx/yw/201206/t20120605_177331.htm,2013 年 10 月 31 日访问。

[2] 参见 William T. Pizzi, *Trials Without Truth*, NewYork University Press, 1999, p. 1.

[3] 参见宋冰编:《读本:美国与德国的司法制度及司法程序》,中国政法大学出版社 1998 年版,第 393 页。

英国的治安法院程序、德国的略式命令程序以及日本的简易处罚令程序等，都很好地起到了案件分流的作用。

反观我国过去的刑事司法实践，存在比较严重的平均用力现象，简易程序范围过于狭窄，鼓励被告人自愿认罪的机制亦没有建立，不得不将大量的司法资源投入到被告人认罪的案件以及轻微刑事案件中。而对那些重大的被告人不认罪的案件，程序又很粗陋，特殊时期甚至在从重从快的刑事政策的驱使下，草草结案，案件质量难以保证。

对于这一问题，修订后的《刑事诉讼法》在两个方面做了较好的解决：一方面，通过辩护权的扩张、强制措施的规范化及严格适用、证人出庭和强制作证制度的建立、庭前会议的引进、二审开庭审判范围的明确、二审发回重审次数的限制、死刑复核程序的准诉讼化，以及包括非法证据排除规则在内的大量证据规则的确立，使普通程序更加正规、严密和规范。另一方面，又通过简易程序的范围扩展到基层人民法院审理的被告人自愿认罪的全部刑事案件中、轻微刑事案件和解程序的建立，以及被告人认罪从宽处理的法定化等制度和程序设计实现了案件的繁简分流，据此可以极大地节省司法资源。

然而，传统的思维定势存在着巨大惯性。面对法律制度的巨大变革，我们的执法者和司法者的观念并没有完全转移到诉讼效益的轨道上来。一方面，辩护权的行使仍未得到充分保障、非法证据排除极少适用、超期羁押现象并没有从根本上杜绝，刑讯逼供现象仍有发生，证人出庭的比例仍然不高，死刑核准的比例呈反弹和上升趋势。凡此种种，充分说明正规程序在司法实践中的运行效果远没有达到立法者所预想的程度。另一方面，人们对实现案件分流的简易程序和刑事和解程序又心存芥蒂，不敢大胆使用，以致这些程序设计的功效大打折扣。

为使诉讼效益观念深入人心，消除人们的思想顾虑，使得《刑事诉讼法》已经建立起来的案件分流机制能够顺畅运行，有必要突出强调几个问题。

1. 要保证犯罪嫌疑人、被告人认罪的自愿性。在简易程序中，如何保证被告人是自愿认罪，是一个十分重要的问题，因为司法实践中确实存在犯罪嫌疑人、被告人"被迫认罪"的现象，这种现象在审前程序中表现得尤为明显。如果在简易程序中，犯罪嫌疑人、被告人认罪是非自愿的，就会背离任何人不被强迫自证其罪原则，使得制度设计背离立法者的初衷。

特别是在简易程序适用范围扩大的背景下,一大批比较严重的犯罪也有可能被纳入到简易程序中来,如何防止被告人"被迫认罪",关系到犯罪嫌疑人、被告人的重大切身利益。因此,在这些程序的运行中,应建立一种自愿认罪的审查机制,保证犯罪嫌疑人、被告人认罪的自愿性。美国联邦法院在接受被告认罪之前,一方面必须审查被告认罪声明是否为自愿,是否为强暴胁迫或不当承诺的产物;另一方面,法院必须确认被告了解其所认之罪刑及其所放弃的权利。①

我国应当借鉴美国做法,在刑事诉讼法简易程序中确立对于自愿认罪的多重审查机制:(1)庭审正式开始之前,法官要亲自询问被告人认罪是否出于自由意志,是否受到胁迫或变相胁迫,并告知被告有权声明无罪,有权接受法院普通程序的审理;(2)如果被告否认认罪的自愿性,则及时转为普通程序;如果被告承认认罪的自愿性,则法官必须亲自告知被告认罪所可能产生的法律后果(包括实体法上所认之罪的性质和刑期,以及程序法上所可能导致的程序简化和权利克减),并确信被告了解其含义;(3)在此之后,法官应当再次询问被告是否自愿认罪,如果此时被告否认认罪的自愿性,仍应及时转为普通程序;如果此时被告仍坚持认罪具有自愿性,则法庭可以确认其认罪的自愿性、真实性,但仍应告知被告有权在简易程序中委托辩护人,对于可能判处较重刑罚的被告人,法庭可以考虑为其指定辩护人。

2. 在简易程序中,要保证当事人享有适当的程序参与权。我国修改后的简易程序适用范围比很多国家宽泛:在德国,简易程序只适用于判处1年以下自由刑的案件;②在日本,适用简易程序不得判处自由刑,而且罚金的最高数额不得超过50万日元。③ 在我国,许多比较严重的犯罪案件都可能适用简易程序审理,法官在简易程序中拥有很大的量刑裁量权。针对这一问题,此次《刑事诉讼法》修改也相应加强了简易程序的正当性,如人民检察院应当派员出庭,可能判处3年以上有期徒刑的应当组成合议庭等。除了这些措施以外,在简易程序中,还应当从以下几个方面保障当事人的程序参与权:(1)应当听取辩方对量刑的意见。一旦确认被告

---

① 参见王兆鹏:《美国刑事诉讼法》,北京大学出版社2005年版,第538—539页。
② 参见克劳思·罗科信:《刑事诉讼法》,吴丽琪译,法律出版社2003年版,第568页。
③ 参见松尾浩也:《日本刑事诉讼法》(下卷),丁相顺译,中国人民大学出版社2005年版,第324页。

人属于自愿认罪，法庭审理的重点就应当由事实问题转向量刑问题，这时，法庭就应当听取辩方提出的量刑请求与量刑有关的事实和材料，并予以重视，合理的请求应当在量刑上得到体现。(2) 辩护人的参与权要充分保障，简易程序已经对许多诉讼环节进行了简化，如果没有辩护人的参与，被告人合法权益很难得到保护。德国简易程序中，对于可能判处 6 个月以上有期徒刑的被告人，法院需要为其指定一名辩护人。① 在我国简易程序中，逐步考虑为比较严重案件中没有委托辩护人的被告人指定辩护人，也应当是一个发展方向。目前，至少应当在被告人已经委托了辩护人的案件中，充分保障辩护人的诉讼权利。(3) 在简易程序中，被告人最后陈诉环节不能省略，这是保障被告人参与权的重要内容。

3. 审级制度要保持适度的灵活性。审级制度构建是否合理影响着司法资源的有效配置。一审法院应当充分发挥自身在事实审上的优势，在一审中坚持进行充分的事实审；严格贯彻直接言词审理原则，提高证人、鉴定人的出庭作证率；对有争议的事实、证据问题充分调查、质证；保障控辩双方的程序参与权，充分听取控辩双方在争议问题上的意见；落实非法证据排除规则，并在证据排除的程序启动、证明标准上实现控辩双方的实质平等；法官只依据庭审情况认定证据和事实，保证对证据的全面审查，保证内心确信的独立形成等。因为初审法院与案件和当事人联系最为密切，是最适宜解决事实问题、证据问题的法院，如果初审法院将事实问题解决好，则上级法院可以花更多精力实现审级制度的公共性目标。从审级制度的远景规划上看，在一审法院进行充分事实审的基础上，应当对死刑案件、有重大法律意义和普遍指导作用的案件以及涉及地方保护主义的案件，构建有弹性的三审制。对死刑案件设置三审程序，目的在于从程序上进一步控制死刑的适用，适应刑罚和缓化的国际潮流；对有重大法律意义和普遍指导作用的案件设置三审程序，目的在于通过较高审级的法院统一法律适用，并逐步由较高审级法院构建一批指导性案例；对涉及地方保护主义的案件设置三审程序，主要是针对司法实践中广泛存在的司法地方保护主义现象，用审级制度防止地方政府用刑事手段干预民事活动、经济活动。对于死刑案件的第三审程序，可以采取强制上诉制；对于后两类案件，可以采取上诉许可制，在经历两审之后，有选择性的进行三审。

---

① 克劳思·罗科信：《刑事诉讼法》，吴丽琪译，法律出版社 2003 年版，第 568—569 页。

结　　语

"立法的作用是有限的。将所有的法治理想统统塞进一部成文法典当中是一个不可能实现的幻想。"①法治的真正实现需要立法和司法的共同作用,如果司法实践中不能遵守法律,那些倾注了立法者美好理想的愿景,将难以在司法实践中真正实现。

每一部法律都或多或少面临执行力的问题,这是法治理想主义与现实主义难以回避的矛盾。但是,当我们将视野投射于不同法律之间,我们会发现,不同部门法在司法实践中体现出不同的约束力特点。以《刑法》和《刑事诉讼法》为例,刑法往往比刑事诉讼法更容易得到实施和执行。在一般意义上来说,刑法属于授权性规范,而刑事诉讼法属于限权性规范。每一个刑法条文都暗含着国家刑罚权的设立,是一种对公权力的授权;而每一个刑事诉讼法条文都为国家刑罚权划定行使的边界,暗含着对公权力的限制。刑法的规制对象是所有公民个人和组织,而刑事诉讼法的规制对象主要是从事刑事诉讼活动的各个公权力机关。在刑法的实施过程中,受到约束、制裁的是触犯刑法的犯罪嫌疑人、被告人,公权力机关无需面临刑法上的不利后果;而在刑事诉讼法的实施过程中,公权力机关往往会有一种掣肘之感,如果违反了《刑事诉讼法》有关条文,公检法机关有可能会面临刑诉法所规定的程序上的制裁。正是在这个意义上,刑法的贯彻和执行,由于公权力机关的配合较为积极而容易得到落实;而刑诉法的贯彻和执行,由于公权力机关天然具有一种心理上的抵触态度,在实践中容易受到曲解,甚至排斥。

刑诉法在司法实践中执行力的不足,是所有司法实务人员与刑诉法学人必须面对的现实。对于刑诉法中那些"宣言性条款",即只规定了假定和行为模式,而没有规定法律后果的条款,需要司法人员自觉遵守;对于那些规定了法律后果的条款,也同样离不开司法人员转变固有错误观念和对上述观念的认同,在司法实践中自觉适用这些"制裁性条款"。立法者所意图表达的刑事法治理想,不可能通过一次修法就得以实现。这

---

① 参见汪建成:《刑事诉讼法再修订过程中面临的几个选择》,载《中国法学》2006 年第 6 期。

需要司法实务工作者乃至全社会思想观念的转变。本文提到的几种观念，虽然已经在刑事诉讼立法中得到了充分的体现，但欲使这些观念深入人心，转化成刑事司法过程中人们严格遵守和执行刑事诉讼法的自觉行动，则需要一个过程。这一过程虽然漫长，却是任何一个法治化进程中都无法跨越的阶段。

程序性制裁理论的基本框架*

陈瑞华**

一、问题的提出

在刑事诉讼中,负责案件侦查、公诉和审判的官员一旦违反了法定的诉讼程序,究竟应承担怎样的法律责任,或者在诉讼程序的层面上应受到怎样的制裁?对于这一问题,法学者过去很少作出过全面、系统的分析和考察。中国学者最为关注的通常是非法证据排除规则问题,并对于这一规则的内涵、适用范围及其在中国法中的移植问题展开过讨论。应当说,排除规则作为一种具体的程序性制裁措施,是法院通过将警察非法侦查所得的证据排除于法庭之外的方式来惩罚程序性违法行为的一种制度。对排除规则研究的展开显示出中国法学者开始关注程序性违法的法律后果问题。但是,由于受研究视野和研究方法的限制,法学者对于警察、检察官、法官违反法律程序的法律后果问题,还没有给予充分的重视,更缺乏深入、系统的法理分析。这种研究深度的不足和反思性思维的欠缺必然导致有关制度设计的粗糙和规则实施的不尽如人意,也从根本上限制了程序性制裁制度在中国的进一步发展。

相比之下,这一问题在西方法学界较早引起了重视,并有一系列研究这一问题的论著。其中,英美学者对于非法证据排除规则以及宪法性侵权的程序救济问题给予了高度重视,对于其他程序性救济措施也作出过

---

* 原文刊于陈瑞华:《程序性制裁理论》,中国法制出版社,2017年版,第98页至189页。
** 北京大学法学教授、博士生导师。

一定的研究。① 但是，对于程序性违法的法律后果问题，英美学者同样很少从整体的角度展开分析，而往往局限于对具体程序性制裁措施的实证分析。而长期以来，在法国、德国等大陆法学者的论著中，有关刑事诉讼行为的无效理论一直占据着极为重要的地位。② 但对这一理论的研究明显偏重于概念分析和规则运用问题，而少有深入解释其法理根据的论述。至于那种站在两大法系理论和制度之上，从较为宏观的角度阐释程序性制裁之哲学基础的研究，则无论中外都属于凤毛麟角。

但是，随着对西方刑事诉讼制度以及相关诉讼理论了解的日渐深入，也由于对中国刑事司法实践观察得越来越细致，法学者确有必要全面思考程序性违法的法律后果问题，尤其需要对作为一种特殊法律责任的程序性制裁问题作出整体上的理论分析。只要我们不满足于对西方国家排除规则的技术性考察和"拿来主义"式的实用性分析，而打算思考这一规则背后的理论基础的话，那么，我们就有必要重新讨论以下几个基础性问题：法庭对非法证据的排除，实质上在于作出非法证据无效之宣告，这种排除是否属于一种对程序性违法者的制裁方式？在排除规则之外，是否还有其他重要的制裁程序性违法行为的方式？而在这些具体的制裁方式之上，是否存在着一种普遍适用的程序性制裁之哲学，使得宣告无效成为法院制裁警察、检察官乃至下级法院之程序性违法行为的有效方式。

近年来，随着中国《刑事诉讼法》和最高人民法院司法解释对于非法证据排除规则的部分确立，有关排除刑讯逼供所得的"非法证据"问题也越来越受到法学者的关注，并成为法庭审判中一种新的律师辩护策略。而由于现行的"非法证据排除规则"不仅在制度设计上还极不成熟，而且在实施上也陷入极为艰难的境地，因此一种全面"引进"排除规则的立法努力正勃然兴起，并势必成为影响未来刑事诉讼制度改革的重要因素。③ 但是，假如不站在更高的角度思考程序性违法及其治理方式问题，而只是

---

① Andrew L. T. Choo, *Abuse of Process and Judicial Stays of Criminal Procedure*, Clarendon Press · Oxford, 1993. p. 7.

② 有关大陆法国家的诉讼行为无效理论，参见陈瑞华：《大陆法国家的诉讼行为无效制度——三个法律文本的考察》，载《政法论坛》2003 年第 5 期。另参见陈瑞华：《程序性制裁理论》，中国法制出版社 2017 年版，第 570 页以下。

③ 对于中国现行非法证据排除规则和"撤销原判、发回重审"制度的详细分析，可参见陈瑞华：《程序性制裁制度研究》，载《中外法学》2003 年第 4 期；陈瑞华：《审判之中的审判——程序性裁判之初步研究》，载《中外法学》2004 年第 3 期。

就事论事地议论排除规则的引进和移植问题,那么,我们很可能会在以下几个基本问题上陷入困惑:中国法真的能容忍排除规则的存在吗?中国现行的司法制度以及法律理论真的能接受这种通过宣告诉讼行为无效来制裁程序性违法的哲学吗?中国人真的能认同这种"为维护程序法之实施而不惜牺牲实体正义"的观念吗?不仅如此,对于警察、检察官、法官在刑事诉讼中违反诉讼程序的行为,我们究竟是采取容忍的态度,从而维护实体正义的实现,还是通过宣告无效的方式来维护程序法的实施,却要因此损害或者牺牲实体正义的目标?

有鉴于此,本文拟对程序性制裁制度的法理基础作一初步的分析。笔者首先要讨论程序性制裁的性质,揭示这一制裁制度在追究程序性法律责任方面的独特之处;然后,笔者将重点论证程序性制裁制度的基本诉讼功能和制度优势,同时也分析这种以宣告无效为特征的程序性制裁制度的主要局限性,以及未来建立相关替代性制度的可能性。在文章的最后,笔者将对程序性制裁制度作出总结性评论,并对这一制度未来的发展方向提出若干意见。

二、程序性制裁的基本模式

在以前的研究中,笔者已经对西方国家刑事诉讼中的程序性制裁制度作过初步的考察。在英美法中,排除规则、撤销起诉制度以及"撤销原判"制度构成三种最重要的程序性制裁制度。[①] 而在大陆法中,有关刑事诉讼行为的无效制度属于其主要的程序性制裁措施。当然,这种通过宣告诉讼行为无效来制裁程序性违法行为的制度,所适用的对象不仅包括警察的非法侦查行为和检察官的非法公诉行为,还包括法官的非法预审行为和非法审判行为。[②] 不仅如此,在德国、意大利、葡萄牙等国家,那种针对警察非法侦查行为而建立的排除规则,也得到了初步的建立和发展。

考虑到非法证据排除规则和"撤销原判、发回重审"制度已经在我国刑事诉讼中得到初步的确立,而这种通过宣告无效来制裁程序性违法的

[①] 参见陈瑞华:《问题与主义之间——刑事诉讼基本问题研究》,中国人民大学出版社2003年版,第二章。

[②] 参见陈瑞华:《大陆法国家的诉讼行为无效制度——三个法律文本的分析》,载《政法论坛》2003年第5期。

制度设计已经开始融入中国刑事司法制度之中[1]，因此，我们有必要从整体上研究程序性制裁的基本属性和功能。事实上，包括非法证据排除规则、撤销原判、发回重审制度在内的一些程序性制裁制度，已经不再属于哪个国家或哪个法系所独有的制度，而成为各国刑事诉讼制度的有机组成部分。而通过"宣告无效"来制裁警察、检察官和法官程序性违法行为的做法，也已经成为各国普遍采纳的追究程序性法律责任的方式。有鉴于此，笔者拟采用模式分析方法，对几种典型的程序性制裁制度作一整体性考察。在这种考察中，笔者将淡化各种程序性制裁的国别特征和法系属性，而讨论其中的普遍规律。

要运用好模式分析方法，研究者需要考察研究对象的整体构造，并抽象出若干项足以体现研究对象整体属性的要素。表面看来，这种分析似乎忽略了研究对象的细枝末节，显得过于抽象和概括，但实际上，这种抽象和概括本身却可能体现了研究对象的本质属性。尤其是在比较研究方面，模式分析方法有时会发挥出神入化的效果。毕竟，真正体现两种法律制度之差异的并不是那些具体的制度设计，而是其中的关键要素。[2]

在以下对程序性制裁制度的模式的讨论中，笔者也将尝试抽象出若干个足以体现各种程序性制裁制度之属性的构成要素。（1）任何程序性制裁都是针对程序性违法行为而确立的，所针对的"**程序性违法样式**"应当为程序性制裁制度的第一个构成要素；（2）任何程序性制裁都有其独有的逻辑构成要素，也就是发挥制裁作用的法律后果，这种由制裁而引发的"**实体性法律后果**"应为程序性制裁的第二个构成要素；（3）**法院在实施程序性制裁时是否享有自由裁量权，有无适用上的例外**，这也是足以体现任何一种程序性制裁制度之特征的构成要素；（4）法院对于有关程序性制裁的申请所采取的裁判方式，对于程序性制裁制度的构建和发挥作

---

[1] 陈瑞华：《问题与主义之间——刑事诉讼基本问题研究》，中国人民大学出版社 2003 年版，第三章。

[2] 例如，笔者在研究刑事审判程序的模式问题时，就曾运用模式分析方法，将刑事诉讼程序的基本构成要素分解为三个：(1) 刑事审判程序在历史上的来源和发展；(2) 体现刑事审判程序核心特征的诉讼控制分配情况；(3) 在刑事审判程序背后起着支配和制约作用的基础性价值观念和思想。掌握了这三个构成要素，笔者就可以对大陆法中的职权主义模式、英美法中的对抗制、日本和意大利的混合模式以及中国本身的刑事审判模式，作出崭新的分析，而不在流于对那些审判制度的具体讨论了。参见陈瑞华：《刑事审判原理论》，北京大学出版社 2003 年版，第 298 页以下。

用具有极为重要的影响,因此,制裁所引发的"**程序性后果**"也属于程序性制裁的基本构成要素。

上述四项基本构成要素是笔者研究程序性制裁制度的基本着眼点。当然,对于这些构成要素的概括和归纳本身也是需要论证的,否则,它们就只能算作一种理论上的假设。因此,在以下的分析中,笔者将对非法证据排除规则、诉讼终止制度、撤销原判制度以及大陆法中的诉讼行为无效制度,作一比较性的考察。不仅如此,针对各种不适当的未决羁押措施,英美法赋予被告人申请保释和申请人身保护令的权利,而大陆法则建立了司法复审制度。这种旨在解除未决羁押措施的制度,实际属于一种新的程序性制裁制度,也是本文所要考察的第五种制裁模式。通过这种考察,笔者一方面运用了上述模式分析方法,另一方面也可以对上述四个构成要素的成立进行具体的检验。

(一) 非法证据排除

广义上的排除规则是指有关法院将那些不具有可采性或不具有证据能力的证据排除于法庭之外的规则。例如,对于检控方提交的某一证人证言笔录,法庭可以违反传闻证据规则为由,禁止其出现在法庭上,或者在已经出现在法庭上的情况下将其从合法证据中排除出去。其中,检控方假如将侦查人员非法取得的证据提交到法庭上,法院也可以基于该证据不具有可采行为由而将其排除。因此,所谓的"非法证据排除规则",其实是一种狭义上的排除规则,它所针对的不是一般的不具有可采性的证据,而是那种在取证手段和搜集程序上违反法律的证据,也就是通常所说的"非法证据"。当然,与其他排除规则不同的是,非法证据排除规则的适用对象并不包括辩护方的证据,而只限于检控方所提交的据以起诉的证据。而这些证据通常都是由侦查人员依据其所享有的公共权力所搜集的。与此同时,法院之所以要排除非法证据,并不是因为这些证据不可靠或者不具有关联性,而仅仅因为侦查人员在获取这些证据时存在违法行为,从而使得它们不具有可采性或者证据能力。换言之,仅仅因为检控方的证据在取证手段上不具有合法性,法院就可以将它们排除于法庭之外,而不论它们是否具有证明力。

非法证据排除规则是一个十分复杂和庞大的制度体系。在有限的篇幅内解释清楚这一制度,恐怕是一件十分艰巨而又充满风险的工作。毕竟，无论是美国、加拿大、英国还是德国、法国、意大利，都有着各不相同的非法证据排除规则。有时候，非法证据排除规则在不同的国家具有如此明显的差异，以至于足以令那些准备对这一问题作出整体性研究的人士望而却步。不过，几乎所有国家的非法证据排除规则都存在着一些大致明晰的脉络，而我们只要掌握了这些脉络，并按照那些足以支撑排除规则体系的基本要素来进行讨论，我们还是可以将问题解释清楚的。甚至相对于那种具体问题具体分析式的研究方法来说，这种整体研究还有可能得出一些更令人信服的结论。

如前所述，非法证据排除规则所针对的是"非法证据"，也就是侦查人员非法取得的证据。作为一种程序性制裁措施，非法证据排除规则所要惩罚的恰恰是侦查人员违反法定侦查程序的行为，当然也附带地包括检控方错误地将非法证据提交法庭以作为指控根据的行为。那么，侦查人员违反法律程序的行为究竟具有什么样的特征呢？

在那些通过成文法确立刑事诉讼程序的国家，违反法定侦查程序也就是违反了成文法所明确规定的程序规则的行为。例如，法国、德国、意大利等大陆法国家都有完备的"刑事诉讼法典"，而这些法典都对各种侦查手段的诉讼程序作出了明确的规范和限制。举凡逮捕、羁押、讯问、搜查、扣押、秘密监听、查封、冻结、勘验、检查等具体的侦查行为，都在实施机构、先期条件、相关期限、所需手续、所作决定、抗辩方式以及相关救济途径等方面有着详细程度不等的规定。甚至有的法典还存在明确的禁止性规则。从形式上看，侦查人员违反了这些程序规则，也就等于实施了"非法侦查行为"。

但是，并不是任何非法侦查行为都会导致法院作出排除非法证据的决定。法国法中的"无明文则无无效"的谚语，就已经说明只有那些有明确规定的无效后果的非法侦查行为，才会产生法院排除非法证据的后果。而后来的"无利益则无无效"原则的产生，以及法国刑事诉讼法典对于"实质性无效"制度的确立，则足以说明那些非法侦查行为只有达到损害重大利益的程度时，才可以成为法院宣告诉讼行为无效——包括排除非法证据的直接依据。当然，这里所说的利益不仅包括当事人的基本权利，还包括由一系列基本法治原则所体现的公共利益。① 事实上,导致法院作出排除非法证据之决定的根本原因,是侦查人员的非法侦查行为直接损害了当事人的基本权利或者破坏了基本的法治原则。在那些足以成为法院排除非法证据之依据的非法侦查行为背后,实际存在着侦查人员的公共侵权行为这一核心问题。

而在那些不存在系统的成文诉讼法典的国家,排除规则更是直接针对公共侵权行为甚至宪法性侵权行为而确立的。例如,美国联邦宪法所确立的公民宪法权利内容十分庞杂,范围也非常广泛。但排除规则所要救济的不是所有的宪法权利,甚至不是刑事被告人所享有的全部宪法权利。根据美国联邦最高法院的解释,能够作为排除规则救济对象的通常是以下四项宪法权利:(1) 联邦宪法第四修正案关于不受无理搜查和扣押的权利;(2) 联邦宪法第五修正案关于不被强迫自证其罪的权利;(3) 联邦宪法第六修正案关于被告人获得律师帮助的权利;(4) 联邦宪法第五和第 14 修正案关于未经正当法律程序不得被剥夺自由、财产和生命的权利。② 由此,排除规则的适用范围可以包括非法逮捕所得的证据,非法搜查、扣押所得的实物证据,非法讯问所得的被告人供述,非法辨认所获取的证据等。③

而在加拿大,1982 年通过的《权利与自由大宪章》不仅确立了被追诉者在侦查阶段所享有的一系列权利,如不受无理搜查和扣押、不受任意拘留和监禁、在被逮捕是享有被迅速告知理由、毫不迟延地获得律师帮助、获得人身保护令救济等权利,而且还在第 24 条(2)确立了排除规则,并将排除非法证据作为对那些侵犯上述权利行为的宪法性救济手段。

很显然,至少在美国、加拿大等普通法国家,所谓的"非法侦查行为"其实就是侦查人员侵犯和剥夺公民相关宪法性权利的行为。在这些国家,非法证据排除规则所针对的其实不仅是警察的公共侵权行为,而且更主要的是宪法性侵权行为。而在德国,尽管存在系统的成文刑事诉讼法典,也存在着源自刑事诉讼法典的排除规则,但自 20 世纪 60 年代以来,

---

① 陈瑞华:《大陆法国家的诉讼行为无效制度——三个法律文本的考察》,载《政法论坛》2003 年第 5 期。

② Joel Samaha, *Criminal Procedure*, Wadsworth Publishing Company, 1999, p. 431.

③ Wayne R. LaFave and Jerold H. Israel, *Criminal Procedure*, second edition, West Publishing Co., 1992, pp. 459—498.

联邦宪法法院通过一系列判例的累积，逐渐发展出了以宪法为依据的证据禁止制度，使得排除规则不仅针对那些违反刑事诉讼法典所针对的非法侦查行为，而且还将那些并没有包括在刑事诉讼法典之中的宪法性侵权行为，列为证据禁止制度的适用对象。①

在解释了排除规则的适用对象之后，我们需要讨论这一规则的适用所带来的实体性法律后果。原则上，法院一旦作出排除检控方非法证据的决定，即意味着检控方所提交的某一指控证据失去法律效力。换言之，非法证据排除规则所带来的直接后果是检控方的证据无效。这一点有两方面的含义：(1) 对于那些尚未被提交法庭的非法证据，法庭可以拒绝使其出现在法庭上，从而防止事实裁判者接触这些证据并受到它们的影响；(2) 对于那些已经出现在法庭上的非法证据，法庭可以强制手段将该证据排除于法庭之外，不仅不再记载于审判记录之中，而且还要说服事实裁判者不得将该证据作为对被告人加以定罪的依据。

法庭对非法证据的排除会带来更为深远的实体性后果。一般说来，检控方所提交的某一证据被法院排除于法庭之外，这至少会使检控方所赖以起诉的证据体系受到削弱，检控方证据的证明效果有所减弱，甚至无法达到法定的证明被告人有罪的证明标准。当然，这种对非法证据的排除是否会造成被告人因此被裁判无罪，还要看该证据在检控方提交的整个证据体系中的价值和分量。假如法庭将某一至关重要的控方证据排除于法庭之外，而这种排除已经足以影响到检控方其他证据的证据价值，甚至影响到检控方证明标准的达成，那么，排除非法证据所带来的就不仅仅是削弱检控方起诉的效果，而是整个检控方证据体系的崩溃，以及检控方起诉主张的被推翻。在这种情况下，检控方将无法将其指控的主张证明到法定的证明标准，无罪的推定也就等于没有被推翻，法庭只能作出被告人无罪的判定。当然，假如法庭作出排除某一关键控方证据之后，检控方认为几乎无法满足法定的证明责任和证明标准，整个案件的起诉几乎没有成功的希望，该方也可能主动放弃继续支持起诉，而作出撤销起诉的决定。而这种撤销起诉在一些西方国家往往也就意味着被告人被裁判无

---

① 赵彦清：《受基本人权影响下的证据禁止理论——德国刑事诉讼中的发展》，载《欧洲法通讯》（第四辑），法律出版社2003年版，第137页以下。另参见克劳斯·罗科信《刑事诉讼法》（第24版），吴丽琪译，法律出版社2003年版，第210页以下；托马斯·魏根特：《德国刑事诉讼程序》，岳礼玲等译，中国政法大学出版社2004年版，187页以下。

罪,检控方也不得对该项罪行再次提出起诉。

正因为如此,所谓的"排除非法证据可导致被告人被裁判无罪",在有些案件中确实是可能发生的。或许,这也属于排除规则的适用所带来的一种略显极端的效果。美国著名的卡多佐大法官所批评的"因为警察违法就放纵犯罪",就是针对排除规则的适用所带来的这种极端效果而言的。

排除规则不仅仅被用来排除那些作为非法侦查行为直接结果的非法证据,而且还适用于那些由这种违法行为所间接派生出来的证据。对于这一点,德国联邦宪法法院称为证据禁止制度的"放射效力"。① 而在美国,根据"毒树之果规则"(fruit of the poisonous tree doctrine),如果警察以违反宪法的手段所获取的证据是不可采纳的,那么,所有由该证据所派生出来的其他证据也同样应被排除。不难看出,警察在以违反宪法的手段获得物品、书证和有罪的供述之后,按照其从这些"非法证据"中所得到的线索和信息,继续展开讯问、搜查、扣押、辨认等侦查活动,从而又获得了某种证据。这种证据虽然不是直接来源于违宪行为,但仍为其所派生而来的证据,也就是受到了违反宪法行为的"污染",因此也应在被排除之列。典型的"毒树之果"主要有:警察在对被告人采取非法逮捕后,经过讯问所获得的被告人有罪供述;警察经非法讯问并获得供述后,又根据供述的信息逮捕了新的被告人,从而获得了新的供述;警察经过非法讯问后,了解到某一实物证据的所在地,从而经过搜查获取了该证据。②

那么,对于这种由非法证据所派生出来的证据,法院究竟是如何确定排除的标准和范围的呢?我们还可以继续追问:对于那些由侦查人员非法侦查而获取的"非法证据"本身,法院是否会采取一律排除的做法吗?

在这一方面,美国与其他西方国家的做法有着明显的区别。从20世纪60年代美国联邦最高法院领导的"正当法律程序革命"以来,非法证据排除规则就逐渐适用于从非法搜查、非法扣押到非法逮捕、非法讯问、非法窃听、非法辨认等各种侦查行为之中,并被解释为针对多项宪法性权利的救济措施。遇有警察以违反宪法的方式所获取的证据,法院通常采取

---

① 参见克劳斯·罗科信:《刑事诉讼法》(第24版),吴丽琪译,法律出版社2003年版,第210页以下。

② Jerold H. Israel and Wayne R. LaFave, *Criminal Procedure: Constitutional Limitation*, West Publishing Co., 1993, pp. 296—310.

直接排除的做法。其至对于那些有证据证明属于非法证据所派生出来的证据的情况,法院也可以将该证据继续受到警察"违宪行为的污染"为由,继续将其排除于法庭之外。当然,从20世纪70年代以来,联邦最高法院基于对排除规则消极作用及其合理性的认识,逐渐确立了一些例外规则,使得法院在符合条件的情况下即使对于"非法证据"也可以作出不予排除的决定。这显然表明,美国最高法院所确立的排除规则在适用上具有"原则加例外"的显著特征。换言之,法院对于任何通过违反宪法的手段所获取的非法证据及其派生出来的"毒树之果",原则上都有权将其排除于法庭之外。但对于法定例外情况下所出现的"非法证据"以及"毒树之果",则可以不加以排除。当然,对于"非法证据"以及排除规则适用之例外的确认,法官还是享有一定的自由裁量权的。

与美国不同的是,其他西方国家几乎都不采取这种"在一律排除的原则上确定例外"的做法,而是采取"强制排除"与"自由裁量的排除"相结合的排除方式。具体而言,对于那些违法情况较为严重的"非法证据",法律确立的是"自动排除"的原则,也就是不问情节、后果以及案件的严重程度,直接否定其可采性。而对于其他一般的"非法证据",法律则授权法官在全面审查各种因素的前提下作出是否排除的决定。这种需要由法官审查的因素可以包括警察违法取证的情况和严重程度、案件的性质及其严重程度、采纳这种证据对于司法公正所带来的消极影响、不采纳这种证据的消极后果等。当然,那些作为"自动排除"之对象的非法证据毕竟属于少数,尤其限于非自愿的供述证据上面,而那些属于"自由裁量的排除"之对象的则为绝大多数非法证据。

例如,根据英国1984年《警察与刑事证据法》第76条(2)和(3)的规定,控方律师所提交的被告人供述证据如果具有以下两种情况之一的:(1)供述系通过强迫(oppression)手段而获得;(2)供述系通过那些可能导致任何陈述不可靠的语言或者行为所取得的,那么,法官在排除该供述方面就不再拥有任何自由裁量权,也不需要对不同的利益进行所谓的"权衡",而可以直接排除。相对于对其他证据的"自由裁量的排除"而言,这种排除可以称为"强制性的排除"(mandatory exclusion)。当然,根据该法第78条之规定,法庭在考虑了包括证据取得在内的所有情况之后,如果认为采纳该证据将会对诉讼的公正性造成不利影响的,就可以将检控方提出的证据加以排除。这就意味着在上述强制性排除或者自动排除的情况之外,法庭要仔细考虑警察非法侦查行为是否足以造成刑事诉讼的不公正,并根据这种评估结果作出是否排除的决定。因此,对于绝大多数非法证据而言,英国法院在是否排除方面其实是拥有自由裁量权的。

又如,按照德国的证据禁止制度,作为与英美排除规则相似的证据使用禁止规则,又可以分为"非自主性证据使用禁止"与"自主性证据使用禁止"两种,前者是以刑事诉讼法典为依据的排除规则,而后者则是以宪法为依据的证据使用禁止规则。德国刑事诉讼法典第 136 条 a 确立了禁止使用的非法讯问方法:(1) 对被告人意思决定和活动自由加以侵犯的行为,如虐待、伤害身体、服用药物、折磨、欺诈和催眠等;(2) 在刑事诉讼法准许的范围之外实施强制措施;(3) 以刑事诉讼法所禁止的措施相威胁;(4) 以法律没有规定的利益相许诺;(5) 有损被告人记忆力、理解力的措施。该法还明确规定,对于违反上述禁止性规则所获取的被告人陈述,即使被告人本人同意,法院也不得采用为证据。

很显然,上述规定实际授予德国法庭自动排除非法所得的被告人供述的权利。甚至德国法庭还可以不顾被告人本人是否提出相关申请,而依据职权主动作出排除的决定。但对于其他通过违反刑事诉讼法的手段所获取的非法证据,以及违反《德国基本法》所获取的非法证据,德国法庭则不享有这种自动排除的权力,而只能对案件的各种具体情况进行综合审查,并对非法证据所涉及的诸多利益进行仔细的权衡,然后才可以作出是否排除的决定。事实上,德国宪法法院对于"自主性证据使用禁止"规则的创立和发展,就足以说明这类证据使用禁止规则所针对的都是那些侵犯个人隐私、人格、人身自由等宪法性权利的非法侦查行为。而在确定这类证据禁止之适用范围时,即使是宪法法院也无法作出"绝对排除"或者"自动排除"的裁决,而只能根据个案的具体情况,结合大法官对于宪法条款的解释,来小心翼翼地划定证据使用禁止的范围。[①]

最后,我们将要分析的是非法证据排除规则的程序后果。一般而言,被告人因为与排除规则的适用具有直接的利害关系,因此通常以行使诉权的方式向法庭提出排除非法证据的申请。当然,在英国、加拿大等普通法国家,法官一旦发现某一控方证据可能属于非法证据——尤其可能属

[①] Craig M. Bradley, "The Exclusionary Rule in Germany", in 96 *The Harvard Law Review*, 1032, March, 1983.

于非自愿的供述证据——时,可以主动要求检控方证明该证据的合法性。而在大陆法国家,法官还可依据职权主动调查某一证据的可采性问题。这显然说明,非法证据排除规则要么可以通过被告人行使诉权的方式来适用,要么可以由法院以主动行使裁判权的方式而实施。但排除非法证据的程序无论以何种方式启动,法院都会对非法证据是否存在以及警察侦查程序的合法性实施司法审查。换言之,非法证据排除规则的适用所带来的程序后果是,法院通过司法审查的方式对侦查程序的合法性加以裁判。

这种针对侦查程序的合法性问题所启动的"程序性裁判",在不同的国家具有不同的形式。例如,在美国,辩护方可以在"审前动议"(pretrial motion)阶段提出排除非法证据的申请,法庭据此举行一次专门的"证据禁止之听证"(the suppression hearing)程序。[①] 而在英国,被告方对某一证据的可采性提出质疑,或者法官对证据的可采性产生怀疑时,法官会命令中止其他诉讼程序,而举行专门的预先审核(voire dire)程序。由于这一程序发生在正式的审判程序之中,并且属于对证据可采性这一专门问题所作的独立裁判活动,因此,英国法律界经常将其形象地称为"审判之中的审判"(a trial within a trial)。[②]

在这种程序性裁判过程中,控辩双方围绕着警察的侦查程序是否合法以及有关证据是否受到违法行为或者违宪行为的污染等问题,展开交互辩论。如果双方在基本事实认定方面存在明显的争议,法庭还可以举行证据调查程序。届时,控辩双方可以向法庭提出各自的证据和传唤各自的证人,并可以对对方的证据展开质证活动。通常情况下,法庭可以传唤负责侦查的警察出庭作证,以说明侦查行为的合法性,并接受辩护方的对质和询问。作为一种相对独立的裁判程序,有关排除非法证据的听证程序具有相对独立的证明责任分配原则,被告人其实处于一种"程序意义上的原告"地位,而被指控实施了非法侦查行为的警察则处于"程序性被

[①] Joel Samaha, *Criminal Procedure*, Wadsworth Publishing Company, 1999, pp. 570—583. 另参见爱伦·豪切斯泰勒·斯黛丽·南希·弗兰克:《美国刑事法院诉讼程序》,中国人民大学出版社 2002 年版,第 76 页以下。

[②] Michael Zander, The police and Criminal Evidence Act 1984, revised second edition, Sweet & Maxwell, 1990, p. 196. 另参见 John Sprack, *Emmins on Criminal Procedure*, eighth edition, Blackstone Press Limited, 2000, pp. 150—151, 280—282.

告"的地位,法庭裁判的对象则是侦查行为的合法性以及非法证据要否排除这一程序问题。最后,法庭还要对此作出专门的裁判结论,控辩双方还有可能对此提出专门的上诉,从而启动上级法院对下级法院有关排除非法证据问题的上诉审查程序。

(二) 终止诉讼

作为一项普通法上的重要程序救济制度,终止诉讼(judicial stays)制度最早产生于英国,并逐渐为加拿大、澳大利亚等普通法国家所接受和确立。美国联邦最高法院尽管很少提及终止诉讼制度,却确立了一种诉讼功能较为相似的"撤销起诉"(dismiss of charge)制度。原则上,对于警察、检察官利用其掌握的诉讼资源操纵诉讼程序、滥用诉讼权利的行为,英国、加拿大等普通法国家的法官都可以决定终止诉讼程序,从而使某一业已启动的起诉不再继续进行。而对于那些侵犯被告人"不受双重危险""获得迅速审判""获得律师帮助"等宪法性权利的行为,美国法官则可以作出撤销起诉的决定。无论是终止诉讼还是撤销起诉,客观上会使被告人不再受到刑事追诉,法庭实际作出了相当于宣告被告人无罪的决定。

作为一种程序性制裁措施,诉讼终止制度所针对的主要是警察、检察官滥用诉讼程序、侵犯被告人基本权利的行为,其中既包括警察的非法侦查行为,也涵盖了检察机关的非法起诉行为。在英国和加拿大普通法中,存在着一种重要的"滥用诉讼程序"(abuse of process of court)原则。根据这一原则,遇有警察、检察官滥用诉讼程序的情况,法官有权作出终止诉讼的决定。

所谓"滥用诉讼程序",其实是指控方律师利用其所享有的公诉权和所占有的诉讼资源,故意操纵诉讼程序,在诉讼中不公正地占据诉讼优势,从而非正当地损害被告人的辩护效果的行为。① 在英国判例法中,这种被法庭所禁止的"滥用诉讼程序"行为,主要有两种表现方式:(1)检控方对于某一业经法庭宣告为无罪或有罪的行为,再次提出重复的起诉;

---

① 在 1977 年对 DPP v. Humphrys 一案的判决中,Lord Salmon 对终止诉讼与滥用诉讼程序的关系作出了精辟的说明:"法官没有也不应该有责任干预检控方的起诉,他没有权力仅仅因为政策的因素而拒绝使一项起诉进入法庭审理程序。只有在起诉会导致滥用法庭程序并且带有强迫性和无根据的时候,法官才有权利对起诉加以干预。"see John Sprack, *Emmins on Criminal Procedure*, eighth edition, Blackstone Press Limited, 2000, p. 273.

(2) 控方律师故意拖延诉讼,在合理的诉讼期限内迟迟不向法庭提起公诉。在前一情况下,检控方的重复起诉行为将被告人置于被反复追诉的不利境地,使得被告人因为同一行为而无休止地陷入困境,其财产、自由长期处于被追究的危险之中,其命运也因此处于不确定的状态。而在后一种情况下,检控方的故意拖延势必导致潜在的辩方证据难以保存甚至被毁灭,潜在的辩护证人则可能遗忘有关事实、移民出境甚至死亡,从而导致辩护方难以提出足以削弱或推翻指控的证据。上述两种起诉方式都构成了一种恶意滥用诉讼资源的行为,并足以使被告人的辩护效果受到损害,被告人也因此无法获得公正的审判。

而在美国,尽管法官对于那些针对同一行为提出的重复起诉以及警察、检察官在提起公诉后存在的拖延诉讼行为,可以作出撤销起诉的决定,但是,这种撤销起诉的依据却不是普通法上的"滥用诉讼程序"原则,而是联邦最高法院所确立的宪法救济原则。毕竟,美国法官之所以要对那种重复提出的起诉作出撤销起诉的决定,是因为这种行为违背了美国宪法第五修正案有关"禁止双重危险"的原则;而那种造成诉讼拖延的起诉行为则被视为违背了宪法第六修正案有关"迅速审判权"的条款。换言之,英国法官的诉讼终止决定是针对警察、检察官滥用诉讼程序的行为而作出的,而美国法官的撤销起诉决定尽管与前者具有相同的适用对象,却是作为针对宪法性侵权行为的救济措施而实施的。

当然,相对于英国的诉讼终止而言,美国的撤销起诉要具有更大的适用范围。除了重复起诉和诉讼拖延行为以外,美国法官还可以针对以下行为实施撤销起诉措施:(1) 警察在讯问过程中剥夺了嫌疑人获得律师帮助的权利;(2) 警察以违反正当法律程序的手段实施了非法绑架和非法逮捕行为;(3) 警察通过诱惑手段,诱使一个本没有犯罪意图的被告人产生了犯罪意图,并实施了犯罪行为。①

而在加拿大,尽管诉讼终止制度是传统普通法的产物,所针对的也是警察、检察官滥用诉讼程序的行为,但自 1982 年加拿大《权利与自由大宪章》通过之后,加拿大法院根据《大宪章》第 7 条、第 11 条 b 以及第 24 条(1)等条款的规定,逐渐将终止诉讼制度的适用范围界定为各种宪法性侵

---

① Joel Samaha, Criminal Procedure, Wadsworth Publishing Company, 1999, pp. 451—460.

权行为。原则上,法庭只要认定警察、检察官存在滥用诉讼程序的情况,也就是以压迫的或无根据的方式滥用法庭程序,以至于损害被告人公正审判权、破坏基本正义原则的行为,都可以成为终止诉讼的适用对象。根据这一原则,无论是警察的不当诱惑侦查行为、非法逮捕或绑架行为,还是检察官拒不向辩护方展示本方证据的行为、不当的审前公开案情的行为、多次重复地对同一案件提起公诉的行为,以及警察和检察官严重的拖延审判行为等,都可能属于终止诉讼的适用对象。在这一方面,终止诉讼可以说具有开放性的适用范围。不过,在加拿大刑事诉讼中,法庭对终止诉讼适用最多的还是那些存在不当的诱惑侦查以及严重的拖延审判行为的案件。前者被认为违反了《大宪章》第 7 条有关"每个人都享有生活、自由及个人安全权利"的宪法条款,而后者则被认为违反了大宪章第 11 条(b)有关"在合理时间内接受审判的权利"的宪法条款。①

无论是英国、加拿大的终止诉讼还是美国的撤销起诉,都会带来同样的实体性法律后果:(1) 法官一旦命令诉讼程序暂时终止,就意味着检控方的起诉被宣告无效,相关的审判程序不再继续进行;(2) 诉讼程序的终止和起诉的撤销,还意味着那种针对被告人的刑事追诉程序的结束,被告人因此不再处于被追诉的地位,而事实上等同于被宣告无罪。

例如,英国的诉讼终止就是一种旨在阻止刑事诉讼程序继续进行的司法命令。顾名思义,"诉讼终止"就是法官命令某一诉讼程序不再继续进行,检控方提出的有关起诉被法官拒绝继续审理。从形式上看,法官所作的诉讼终止决定仅仅具有终结诉讼程序的效力,但在大多数情况下,诉讼终止往往具有宣告被告人无罪的实体效果。因为英国法官对于检控方滥用诉讼程序的行为在宣告诉讼终止之后,既可以责令检控方以后不得对同一事实再次提出起诉,也可以允许检控方在去除原先被非法行为所污染的程序的前提下,对同一行为重新提出起诉。但无论如何,未经法官的批准,检控方擅自对法官也已宣告诉讼终止的起诉事由再行提起公诉,这本身就属于一种新的"滥用法庭程序"行为,一般将招致法官宣告终止

---

① 参见柯特·T.格雷弗斯、西蒙·N.维登—琼斯:《当前刑事诉讼中存在的问题探讨》,载江礼华,杨诚主编:《外国刑事诉讼制度探微》,法律出版社 2000 年版,第 233 页以下。另参见蒂姆·魁格雷:《加拿大宪章中权利、救济及程序的介绍》,载江礼华,杨诚主编:《美国刑事诉讼中的辩护》,法律出版社 2000 年版,第 324 页以下。

诉讼的后果。①

在加拿大刑事诉讼中,法庭一旦作出终止诉讼的决定,整个针对被告人有关犯罪行为的诉讼程序即告终止,被告人在法律上也就等于具有无罪公民的身份。因此,终止诉讼尽管形式上不等于无罪释放,但其效果与无罪判决是相似的。只不过,法庭有权决定是否允许检察官对于某一已经被终止诉讼的案件再次提出起诉。而没有法庭的许可,检察官时不得重新提起这种起诉的。

那么,在法官作出终止诉讼或者撤销起诉的决定之后,检察官还能否针对同一行为重新提出新的起诉呢?这显然涉及终止诉讼制度的法律效力问题。在英国和加拿大,对于一般的滥用诉讼程序行为,法官在作出终止诉讼的决定之后并不禁止检察官重新提起公诉。但是,检控方对于有关行为再次提出起诉之前,必须取得法官的同意,并消除了原来的滥用诉讼程序的消极影响或污染。但是,对于那些存在严重滥用诉讼程序或者侵犯公民宪法性权利的案件,法庭也可以作出永久性的终止诉讼决定(a permanent stay of proceedings),检察官将永远失去对该案件再次提出起诉的机会。

而在美国,撤销起诉根据其法律后果的不同可以分为两类:(1)"无不利影响的撤销"(dismiss without prejudice);(2)"有不利影响的撤销"(dismiss with prejudice)。在前一情形下,法院撤销起诉仅仅导致审判活动的终止,但并不阻止起诉方针对同一事项重新提起第二次起诉。相反,后一种撤销则相当于法院对该项指控的最终判决,任何针对同一事项而重新提起的起诉都是被禁止的。②

对于滥用诉讼程序和侵犯宪法性权利的行为,法官究竟在哪些情况下才会禁止检察官再次提出起诉呢?更进一步地说,法官遇有警察、检察官滥用诉讼程序或者侵犯宪法性权利的情况,究竟在什么情况下才可以作出终止诉讼的决定呢?这显然涉及法官的自由裁量权问题。

一般而言,普通法国家的法官在作出诉讼终止决定时享有较大的自由裁量权。作为普通法上的一项救济措施,终止诉讼本身就是法院通过

---

① Andrew L. T. Choo, *Abuse of Process and Judicial Stays of Criminal Procedure*, Clarendon Press·Oxford, 1993. p. 7.
② 彼得·G. 伦斯特洛姆:《美国法律辞典》,中国政法大学出版社1998年版,第245页以下。

判例法而创制并逐渐发展出来的,而不是成文法的产物。在英国和加拿大,终止诉讼与对蔑视法庭行为的制裁一起,被视为法院司法裁判权的内在组成部分。法院在解释何谓"滥用诉讼程序"行为时,就主要考虑警察、检察官是否存在滥用诉讼资源、操纵诉讼程序、违反公平游戏规则以及损害被告人的公正审判权等方面的情况。而法官在作出终止诉讼的决定时还要考虑警察、检察官滥用诉讼程序的具体情况及其对司法公正所造成的消极后果,所涉及的刑事案件的性质和严重程度,以及终止诉讼所带来的消极后果等。例如,英国、美国和加拿大的判例法在对待诉讼拖延问题上几乎采取了惊人相似的态度:遇有警察、检察官故意拖延诉讼的情况,法官不是直接作出终止诉讼或者撤销起诉的决定,而是要综合考虑案件的具体情况,如诉讼拖延的具体时间、检察官拖延诉讼的理由、被告人是否存在放弃权利的情况、诉讼拖延给被告人所造成的损害后果等。只有在综合考虑了上述多方面的因素之后,法官才会作出是否终止诉讼的决定。

而在作出终止诉讼或撤销起诉的决定之后,法官在考虑是否允许检察官再次提起起诉的问题时,更要考虑多方面的因素,对不同的利益作出适当的平衡。例如,根据1974年美国国会通过的《迅速审判法案》,对于那些不遵守法定的诉讼期限的案件,法官可以选择作出"有不利影响的撤销"或者"无不利影响的撤销"措施。在确定是否适用"有不利影响的撤销"时,法官必须考虑以下三个方面的因素:所涉及罪行的严重程度;导致撤销起诉的具体事实和情节;对被告人重新起诉可能对确保迅速审判以及实现司法正义所带来的影响等。而在1988年对 U. S. v. Taylor 一案所作的判决中,联邦最高法院认为,1974年迅速审判法案并没有对"有不利影响的撤销"或"无不利影响的撤销"表现出明确的偏爱。它只是要求法院正确地行使自由裁量权,在这两种撤销起诉之间作出适当的选择。法院在适用救济手段时除了要考虑该法所确立的三种因素以外,还应审查诉讼拖延是否使被告人的辩护受到了损害。①

与非法证据排除规则一样,诉讼终止制度的适用也要经过专门的司法裁判程序。原则上,在法庭审判开始之前,被告人必须向法庭提出诉讼

---

① Stephen A. Saltzburg and Daniel J. Capra, *American Criminal Procedure: Cases and Commentary*, Sixth Edition, p. 1025.

终止或者撤销起诉的动议,并提出必要的证据和理由。当然,在法庭审判开始之后,这种动议还可以继续提出。对于被告人的这种动议,法官一般需要举行专门的程序性裁判程序,以便对警察、检察官是否存在滥用诉讼程序或者侵犯宪法性权利的行为进行司法审查,并在确认这种行为存在之后继续判定是否需要作出终止诉讼或者撤销起诉的决定。与排除规则一样,诉讼终止制度的适用程序实际也是一种审查警察、检察官相关诉讼行为合法性的裁判程序,警察、检察官实际属于"程序上的被告",而被告人则为"程序上的原告",法庭审查的对象则是相关侦查、公诉行为的合法性,或者案件是否存在侵犯宪法性权利的行为。

(三) 撤销原判

与非法证据排除规则和终止诉讼制度都不相同的是,撤销原判制度所针对的并不是警察、检察官在审判前阶段的程序性违法行为,而是下级法院在审判程序中存在的违法行为;有关的撤销原判之裁决也是上级法院经过对下级法院审判程序的合法性进行审查后,所作的宣告程序违法和判决无效的决定。因此,所谓的"撤销原判",也可以称为"宣告原审判决之无效"。

一般而言,上级法院撤销原判的直接根据是下级法院在审判过程中存在程序性违法行为。大体上,这种程序性错误可分为两类:(1) 下级法院的审判程序本身违反了成文法的规定,或者侵犯了被告人的宪法性权利;(2) 下级法院对于警察、检察官所实施的程序性违法行为,采取了不作为的态度,既没有及时宣告其侦查和公诉行为之非法性,也没有作出排除非法证据或者终止诉讼的制裁性措施。相比之下,两者在促成审判程序的错误的产生方面,具有明显的差异:前者是下级法院积极地实施了程序性违法行为,而后者则是下级法院以消极和不作为的方式纵容了警察和检察官的程序性违法行为。

下级法院在审判过程中主动违反法律程序的情况在不同的国家具有不同的表现形式。例如,美国联邦最高法院通常将那些侵犯被告人宪法性权利的"程序性错误"作为上诉法院撤销原审判决的直接依据。如初审法庭在审判中剥夺了被告人被指定律师帮助的宪法性权利、法庭侵犯了被告人获得公开审判的权利、法官向陪审团作出了错误的法律指示、法庭违反了法定的回避制度和管辖制度,侵犯了被告人获得由中立无偏之法庭进行审判的机会等,就都属于这种程序性错误。① 而在英国,初审法院错误地行使审判管辖权、严重违反"自然正义"原则或者存在其他审判程序违法行为的,上诉法院和高等法院就有可能作出撤销原判之裁决。又如,按照德国刑事诉讼法典的规定,那些足以构成第三审上诉理由的程序错误可以包括很多方面,最典型的这类程序错误是:审判庭的组成不符合法律规定;法庭违反了法定的回避和管辖制度;判决书没有明确载明判决理由;法庭错误地限制了辩护方的诉讼权利等等。

不难看出,初审法院的这些程序错误不仅具有形式上的违法性,而且还明显侵犯了被告人、辩护人的诉讼权利,剥夺了后者获得公正审判的机会,从而已经破坏了公平游戏和程序正义原则,造成一种审判程序之内在的非正义。与此相似的是,下级法院以消极、不作为的方式违反法律程序的行为,也同样侵犯了被告人的基本权利其至宪法性权利,并严重地损害了刑事审判程序的内在正当性。只不过,这种程序错误的发生并不是下级法院主动实施的结果,而是该法院通过纵容警察、检察官的程序性违法行为所造成的。

例如,美国联邦最高法院通过判例认为,初审法院在审判中错误地采纳了某一经非法搜查、扣押、窃听乃至辨认所得的证据,这完全可以成为上诉法院撤销原判的直接依据。但是,如果检控方根据其他剩余的证据也能够证明被告人有罪,并能达到排除合理怀疑的程度,那么,采纳该非法证据并不会对案件的裁决结果产生影响。在此情况下,采纳非法证据的行为就可以被认定为无害错误。不过,初审法院如果错误地采纳了被告人的非自愿供述,则这一审判错误仍然不受"无害错误规则"的检验,而可以直接导致原有罪裁决的撤销。这一情况一直延续到20世纪90年代。而在1991年就 *Arizona v. Fulminante* 一案的判决中,最高法院开始将"无害错误规则"适用到法院对非自愿供述的采纳问题上。根据这一判决,上诉法院如果确信即使初审法院错误采纳的被告人供述根本不曾存在过,陪审团根据其他证据也能够作出有罪裁决,它就可以继续维持原有罪裁决的效力。②

---

① 参见陈瑞华:《问题与主义之间——刑事诉讼基本问题研究》,中国人民大学出版社2003年版,第二章。

② Ronald L. Carlson, *Criminal Justice Procedure*, Anderson Publishing Co. 1993, pp. 284—286.

那么,上级法院的撤销原判决定一般会带来哪些实体性后果呢?(1)这种撤销原判所导致的直接后果是下级法院的判决被宣告无效。尤其考虑到下级法院的审判程序错误通常都是不利于被告人的法律错误,而上级法院所作的撤销原判之裁决通常都具有权利救济之功能,因此,撤销原判所带来的一般还属于"宣告原有罪判决无效"的后果。(2)原审判决的无效所进一步带来的通常有两种后果:一是随着原审有罪判决被推翻,上级法院直接作出被告人无罪之宣告;二是上级法院在推翻原审有罪判决之后,将案件发回原审法院或者其他法院重新审判,使得案件的审判程序重新启动和举行。不过,"审判程序违法直接导致被告人无罪"的情况发生得较少,上级法院在撤销原判后通常所作的都是发回重审的裁决。

在美国,上诉法院撤销原来的有罪裁决后,一般不会直接宣告被告人无罪,而是将案件发回下级法院重新审判。当然,下级法院必须遵从上诉法院的裁决,消除原来的法律错误,然后才能开始其重新审判程序。就连1966年判决的著名的米兰达案件,联邦最高法院都是在撤销亚利桑那州最高法院的判决之后发回重新审判的。[①] 而德国上诉法院经过第三审程序,认为下级法院存在实体性或程序性法律错误,而这种错误又符合相对的或绝对的第三审上诉理由的,一般都是撤销原判,发回重新审判。但是,负责重新审判的法院必须是与其判决被撤销的法院同级的另外一所法院。假如案件被发回原审法院重新审判,则该法院必须另行组成合议庭。值得注意的是,负责重新审判的法庭必须受上诉法院所做裁定的约束。对其所做的判决,当事人还可以继续对其法律错误提起第三审上诉。[②]

与非法证据排除规则、终止诉讼制度一样,撤销原判制度在具体适用中也有自动撤销的情况,当然更存在法院行使自由裁量权的大量情况。一般来说,几乎所有西方国家都确立了上诉法院自动撤销原判的制度。这种主要是针对那些严重侵犯被告人诉讼权利、破坏公正审判原则甚至存在宪法性侵权行为的情况而设定的。这就意味着上诉法院一旦遇有下

[①] Ronald L. Carlson, *Criminal Justice Procedure*, Wadsworth Publishing Company, 1999, pp. 284—286.

[②] 参见托马斯·魏根特:《德国刑事诉讼程序》,岳礼玲等译,中国政法大学出版社2004年版,228页。

级法院存在严重的程序错误的情况,就不再对该种法律错误的性质及其法律影响作出任何形式的评估,而是直接据此作出撤销原判的裁决。

例如,美国联邦最高法院就将一系列特别严重的宪法性错误,直接列入上诉法院自动撤销原判的根据,而不再考虑该种错误是否对被告人的实体性权利造成消极的影响,更不必考虑这一错误是否可能对原审判决结果产生直接的影响。诸如下级法院剥夺被告人被指定律师帮助、剥夺被告人获得中立无偏执法庭审判的机会、剥夺被告人获得公开审判的机会等方面的程序错误,就属于这种可直接导致上诉法院自动撤销原判的严重错误。① 又如,德国刑事诉讼法典确定了8条绝对的第三审上诉理由。这8种情形全部都是初审法院不适用或者错误适用程序法的情况,属于最严重的程序性法律错误。初审法院的审判只要存在其中任何一种情形的,上诉法院就不再审查这些法律错误与判决结果之间究竟有无实际的关联性,而一律推定这些程序性法律错误必会对初审法院的判决产生影响。因此,遇有这8种情形中的任何一种,上诉法院都会作出撤销原判的裁定,也就是自动撤销下级法院的判决。这种所谓的"绝对的第三审上诉理由"主要包括法庭组成不合法、法官、陪审员违反了回避制度、下级法院错误地行使了管辖权、依法应当参与审判的人没有参加某一诉讼活动等8个方面。

当然,在更多情况下,下级法院的审判程序错误并不会导致上诉法院的自动撤销之后果,而至多成为上诉法院在作出撤销原判之裁决时所要考虑的一个重要因素。换言之,上诉法院对于存在一般程序错误的上诉案件,在作出撤销原判之裁决方面享有一定的自由裁量权。对于这种撤销原判,我们可称之为"自由裁量的撤销"。

上诉法院在作出撤销原判的裁决时,需要重点考虑的是下级法院的审判程序错误与原审判决之间的关系。原则上,只有在这种程序错误已经达到可能影响原审判决结果的程度时,上诉法院才会作出撤销原判之裁决。换言之,上诉法院只有认为下级法院假如不存在有关程序错误就不会作出原审判决的时候,才会将这种受到程序错误之直接影响的原审判决加以撤销。反过来,假如下级法院的某一程序错误不会对原审判决

---

① 陈瑞华:《问题与主义之间——刑事诉讼基本问题研究》,中国人民大学出版社2003年版,69页以下。

结果产生任何直接的影响,那么,上诉法院就没有必要作出撤销原判的裁决。

在美国,法院基于所谓的"无害错误规则",可以将那些不会对原审判决结果产生影响的程序错误视为"无害错误",而将那些足以影响原审裁判结果的程序错误则称为"可撤销的错误"。在英国,上诉法院在对下级法院审判程序的合法性进行上诉审查时,只有对那些足以影响原审判决之"可靠性"和"安全性"的程序错误,才会作出撤销原判的裁决。而根据德国刑事诉讼法典,对于那些属于"绝对上诉理由"之外的程序错误,上诉法院均将其视为"相对的第三审上诉理由",并只有在认为这些错误与原审判决结果之间存在直接因果关系的情况下,才会作出撤销原判的裁决。

与非法证据排除规则和终止诉讼制度不同的是,撤销原判制度的适用程序是上级法院针对下级法院审判程序的合法性所实施的上诉审查。当然,对于初审法院放纵警察、检察官的程序性违法而不予制裁的行为,上级法院也会实施进一步的司法审查。这似乎意味着上级法院对警察侦查行为、检察官公诉行为的合法性间接地实施了司法审查。但即使在这种情况下,上级法院所直接审查的仍然是下级法院审判程序的合法性。毕竟,上级法院只有首先判定下级法院存在审判程序上的错误,然后才能通过撤销原判、发回重审的方式,责令下级法院修正原来的法律错误。

原则上,上级法院面对被告人所提出的程序性上诉请求,一般会通过专门的上诉审查程序,对于案件是否具备程序性上诉的理由以及应否作出撤销原判的裁决等问题,加以审查并作出裁判。这种上诉审查通常会采取开庭的方式,给予控辩双方就程序错误是否存在以及应否撤销原判等问题进行当庭辩论的机会。经过上诉审查,上级法院会作出附具理由的裁判。尤其是对于那些撤销原判、发回重审的案件,上级法院还会着重解释为什么下级法院的审判程序存在错误以及这种错误为什么需要纠正。在案件发回重审后,负责重新审判的下级法院需要在消除原来的程序错误的前提下,重新举行法庭审判程序。

(四)诉讼行为无效之宣告

在前面所分析的三种程序性制裁模式中,除终止诉讼制度以外,其他两种制度都已经为英美法和大陆法所普遍确立。但与英美法不同的是,大陆法国家还存在着一种独有的程序性制裁制度——刑事诉讼行为无效制度。所谓"刑事诉讼行为无效",是指法院对于那些存在着严重程序性违法或者程序瑕疵的诉讼行为,直接宣告其丧失法律效力的制度。目前,包括法国、意大利、葡萄牙在内的大陆法国家均确立了刑事诉讼无效制度,并将这一制度直接确立于刑事诉讼法典之中。

与前面所分析的任何一种程序性制裁模式都不同的是,诉讼行为无效制度所针对的程序性违法的范围极其广泛。它既可以适用于审判前的预审程序(如法国),又可以适用于初步侦查和正式侦查程序(如意大利),还可以适用于法庭审判程序(如法国、意大利、葡萄牙)。

法国刑事诉讼法典对于一些重要的预审(也就是正式侦查)行为在提出了义务性或禁止性要求之后,为使那些违反这些要求的行为受到制裁,提出了明确的"违法即无效"的要求。但对于其他预审行为,则不明确提出这方面的要求。也就是说,对于那些不属于法定无效情形的程序性违法行为,刑事诉讼法典并没有规定"宣告无效"的后果。例如,根据该法典第 30 条的规定,省长如果在和平时期行使司法警察的职权,从事侦查工作,就应立即通知设在国家安全法院的检察官,并且在开始行动后的 48 小时内,将有关证据材料和捕获的嫌疑人移送检察官,"否则,逾期的全部诉讼程序无效。"又如,根据该法典在第 56 条、第 56-1 条、第 57 条以及第 59 条就搜查、扣押、封存等侦查行为作出程序规定之后,又在第 59 条明文规定,"如果欠缺本法第 56 条、第 56-1 条、第 57 条和本条所规定的程序,其行为应视为无效。"[1]

意大利刑事诉讼法典对于警察的非法搜查、扣押、电话监听等,更多地通过适用非法证据排除规则来加以制裁。但在对违法侦查行为适用排除规则的场合之外,该法典仍就侦查行为无效的情形作出了一些规定。这些情形主要涉及非法辨认、非法采取防范措施等方面。例如,根据法典第 213 条和第 214 条之规定,在进行辨认活动时,法官应要求辨认者描述有关人员的情况,列举他所记得的特征,询问他以前是否对该人进行过辨认,在案件发生前后是否见过被辨认者或其照片,是否有人向其作出或描述过该人,以及是否存在其他可能影响。同时,对于所有的辨认活动,法官都必须在笔录中加以载明。违反上述法律程序的辨认行为,一律无效。

---

[1] John Hatchard and others, *Comparative Criminal Procedure*, Wadsworth Publishing Company, 1999, p. 48.

又如,司法警察在实施逮捕或者拘留之后,应在 24 小时之内将被逮捕者或被拘留者交给公诉人,并在同一期限内将被逮捕者或被拘留者解送到有关的羁押场所。不遵守上述期限的逮捕或者拘留应被宣告为无效。公诉人认为应当继续羁押的,应在逮捕或拘留后的 24 小时之内,要求负责初期侦查的法官给予认可。法官应在随后的 48 小时之内作出是否认可的决定,并立即通知公诉人和辩护人。如果上述法定期限未能得到遵守,则逮捕或拘留应被宣告为无效。再如,对于法官所作的有关适用某一防范措施的裁定,被告人可以在法定期限内向有关法院提出复查的申请,如果该法院在法定期限内未就复查申请作出决定,则有关适用防范措施的原裁定立即丧失效力。

诉讼行为无效制度还将那些审判程序中的错误作为制裁的对象。例如,在意大利,诸如法庭违反公开审判原则、未告知证人有关义务和责任、在变更起诉时未保障被告人辩护权、未给予被告人最后陈述机会等方面的行为,都属于可宣告无效的程序错误。而根据法国刑事诉讼法典的规定,那些可适用诉讼行为无效制度的审判程序错误可包括:法庭的组成不合法、部分法庭成员没有出席案件全部庭审活动、法庭的裁决是在没有检察官出席的情况下作出的、审判违反公开审判原则、判决和裁定没有说明理由等等。

诉讼行为无效制度的关键在于法院宣告那些在程序上存在瑕疵的诉讼行为失去法律效力。这究竟意味着什么后果呢?首先,依据该项无效诉讼行为而制作的诉讼文书应被视为"不曾制作",要从诉讼案卷中予以撤除。如果只是部分文书不符合法律规定,则该文书可以存留在案卷之中;但如果该诉讼文书全部不符合法律规定,则该无效文书就不应继续留在案卷之中,而应被全部撤除,并不再对诉讼程序的进展有任何积极的影响。无论是司法官员还是律师,都不得再从那些被撤销的诉讼文书中引述任何对某一方当事人不利的情况。其次,诉讼行为无效制度的适用不仅会导致那些有瑕疵的诉讼行为被宣告无效,而且还会使依附于该行为之各诉讼行为,以及可能受该无效宣告影响的其他诉讼行为均失去法律效力。但是,无效之宣告并不影响那些不受该无效行为影响的其他行为继续有效。例如,法国上诉法院预审庭经过审查,如果认为搜查、扣押所得的文件材料不符合法律规定的手续,那么,依据该文件材料所作出的决定或裁定均不具有法律效力。甚至在一些极端的情况下,特别严重的程序性违法将导致整个预审程序的无效。

很显然,某一诉讼行为一旦被宣告为无效,即导致诉讼程序退回到无效行为出现的诉讼阶段和审级,所有存在瑕疵的诉讼行为连同受其直接影响的诉讼行为或有关裁决结论本身,都不再产生任何法律效力。这样,诉讼行为无效制度就与非法证据排除规则和撤销原判制度一样,可以发挥其程序性制裁之功能。

那么,法院在宣告诉讼行为无效时究竟是否享有自由裁量权,又究竟在多大范围内作出宣告无效之裁决?在这一方面,大陆法国家确立了系统而发达的诉讼行为无效之分类理论。

法国刑事诉讼法典提出了"法定无效"与"实质性无效"的重要概念。根据所谓"无明文则无无效"的传统原则,该法典对于一些重要的诉讼行为在提出了明确的义务性或禁止性要求之后,为使那些违反这些要求的行为受到制裁,会提出明确的"以无效论处"或者"否则无效"的保障性条款,使得那些不遵守法定诉讼手续的预审行为丧失法律效力。但对于其他诉讼行为,则不明确提出这方面的要求。也就是说,对于那些不属于法定无效情形的程序性违法行为,刑事诉讼法典并没有规定"宣告无效"的后果。但在"法定无效"的情形之外,警察、检察官或者预审法官的程序性违法行为只有在侵犯了当事人权利或者损害了当事人利益的前提下,才可以被宣告无效。换言之,即使法律并没有对某一诉讼程序规定"否则无效"之保障条款,但假如某一在程序上存在瑕疵的诉讼行为侵犯了当事人的权益,则法院仍然可以宣告该诉讼行为无效。这种"无利益则无无效"原则的适用,显示出法国的诉讼行为无效制度越来越突破传统的制裁程序性违法的局限性,开始具有权利救济的诉讼功能。[①]

意大利和葡萄牙所确立的尽管主要是"法定无效"制度,也就是以法律明文规定的无效为基础的诉讼行为无效制度,但又提出了十分重要的"绝对无效"与"相对无效"概念。根据所谓的"诉讼行为无效的合法性原则",对于所有违反法律程序的诉讼行为不应确立完全整齐划一的程序后果,而应区别对待,并只在法律明文规定的情况下才确立诉讼行为无效的后果。不过,即使对于那些法律明文的无效也应继续区别对待:对于那些

[①] 卡斯东·斯特法尼等:《法国刑事诉讼法精义(下)》,罗结珍译,中国政法大学出版社1999年版,第662页以下。

严重影响公正审判的程序瑕疵,可规定"绝对无效"的后果;而对于更大量的一般程序错误,则确立"相对无效"的后果。①

所谓"绝对无效",又可称为"不可补正的无效"。顾名思义,这种无效是指在任何情况下都不可补救而必然带来无效后果的诉讼行为无效。在一些大陆法系国家,这种"绝对无效"所针对的都是最严重地损害公正审判原则的程序错误。例如,有关法庭组成方面的违法、公诉人参与刑事诉讼程序方面的违法、被告人、辩护人参与诉讼程序方面的违法、非法跳跃法定侦查、预审程序等,就都属于这种"不可补正的无效"。"绝对无效"不仅具有不可补正的效力,而且还会产生以下法律后果:不仅利害关系人可以提出宣告无效的申请,而且法院可依据职权主动宣告诉讼行为之无效;诉讼行为之无效可以在任何诉讼阶段提起。

相反,"相对无效"又可称为"取决于抗辩之无效"或者"可补正的无效"。在刑事诉讼法明确规定以宣告无效作为制裁手段的场合下,如果法律没有特别指明需要宣告不可补正之无效,则这种诉讼行为之无效需要由利害关系人提出抗辩,也就是提出要求法院宣告无效的申请。否则,法院在任何诉讼阶段将不会依据职权自行作出无效之宣告。这种"取决于抗辩之无效",在大陆法国家的刑事诉讼法典中占据了诉讼行为之无效的绝大多数情形。这种无效之所以又被称为"相对无效",不仅因为它们以利害关系人提出有关申请为前提,而且因为它们都属于"可补正的无效",也就是在符合法定条件的情况下,这种无效也可以获得补救并不再导致无效之法律后果。不仅如此,"相对无效"在提出的诉讼期间上要受到较为严格的限制。

"相对无效"制度所面临的一个重要问题是"诉讼行为无效的补正"问题。所谓"诉讼行为无效之补正",是指有瑕疵的诉讼行为由于有法定的情况发生,其本应被宣告无效的法律后果不再发生。换言之,诉讼行为之无效一旦获得补正,该诉讼行为即与合法行为一样,能够产生法律所规定的效果,从而变成有效行为了。例如,如果取决于抗辩之无效在法律规定的期限之外才提出,则有关诉讼行为就将获得补正,从而变成有效行为。除此以外,有利害关系之诉讼参与人一旦明示放弃就该诉讼行为之无效提出抗辩的,或者明示对有关可撤销的诉讼行为加以接受的,则有关诉讼

---

① 徐京辉、程立福:《澳门刑事诉讼法》,澳门基金会,1999年版,50页以下。

行为之无效也可以获得补正。当然,这些无效可获得补正的情况,一方面是基于对利害关系人自由选择权的尊重而确立的,另一方面也是根据诉讼经济原则,对那些并没有造成消极法律后果的违法行为,没有必要非得采取宣告无效这一制裁措施不可。

与大陆法国家所实行的职权主义诉讼模式相适应,诉讼行为无效的适用程序也既可以由利害关系人提出申请,也可以有法院依据职权主动作出诉讼行为无效之宣告。其至在法国,就连预审法官都可以主动向上诉法院提出宣告无效的请求。法院通过对有关诉讼行为合法性的审查,确认警察、检察官或法官的行为存在程序瑕疵的,就可以作出诉讼行为无效之宣告。当然,对于法院所作的这种裁决,利害关系人还有提出上诉的机会。

(五) 解除羁押

在以往的研究中,笔者曾注意到西方国家针对未决羁押问题建立了专门的司法救济制度。在英美法中,这种司法救济的主要形式是申请保释和申请人身保护令;而在大陆法中,司法救济则是通过司法复审制度来实现的,这种司法复审的启动方式则可进一步分为法官依据职权主动实施和被告人申请实施两种。① 而在研究程序性制裁问题时,笔者曾试图将这种针对未决羁押的司法救济制度视为一种独立的程序性制裁模式,却发现这样的归纳面临一些解释上的困难。毕竟,上述有关未决羁押的司法救济措施带有明显的程序性裁判的特征,而其实体上的"制裁性"以及"宣告无效属性"表现得并不很充分。②

但是,假如我们将程序性制裁定位为"通过宣告无效而惩罚程序性违法"的措施的话,那么,诸如"申请保释""申请人身保护令""申请司法复审"之类的针对未决羁押的救济措施,就不再仅仅属于一种诉权行使方式,而实际存在着一种旨在制裁违法未决羁押行为的宣告无效机制了。这种机制的核心要素是法院宣告那些某一未决羁押措施不再具有法律效

---

① 参见陈瑞华:《问题与主义之间——刑事诉讼基本问题研究》,中国人民大学出版社2003年版,第185页以下。
② 笔者在一些论著中将西方国家的程序性制裁模式概括为"非法证据排除规则""撤销起诉制度""推翻原判制度"以及"诉讼行为无效制度",而没有将那种针对未决羁押的司法救济制度列入其中,就是出于这种考虑。参见陈瑞华:《问题与主义之间——刑事诉讼基本问题研究》,中国人民大学出版社2003年版,第二章和第三章。

力，从而导致未决羁押措施的终止。当然，法院在解除未决羁押措施之后，有可能作出无条件的释放决定，也有可能将强制措施加以变更，尤其是变更为保释等非羁押性强制措施。由此可见，这种针对非法的未决羁押行为的司法救济，其实也属于一种独立的程序性制裁机制。至少，诸如排除规则、终止诉讼、撤销原判和诉讼行为无效等典型的程序性制裁模式，并不能将这种司法救济措施包含其中，我们有必要将其作为一种新的模式加以分析。

作为一种程序性制裁措施，解除羁押制度所针对的程序性违法行为具有特殊性：它不是一般意义上的非法侦查行为，而是预审法官或侦查法官在不具备法定羁押理由的情况下所实施的未决羁押措施。换言之，假如法官在当初的羁押审查程序中没有认真审查羁押理由是否存在，或者法官明显实在没有羁押理由的情况下作出了羁押命令，那么，被告人还可以通过申请保释、申请人身保护令或者申请司法复审的方式，获得法院作出解除未决羁押措施的机会。另一方面，即使预审法官或侦查法官当初确实是在存在羁押理由的情况下作出了羁押命令，但随着诉讼程序的进展，这种羁押理由可能在后来的程序中变得不复存在，或者继续实施未决羁押已经变成不合理的事情。对于这种未决羁押措施，被告人也可以申请法院作出解除羁押的裁决。

法院经过对未决羁押的司法审查，一旦确认羁押本来就不具有法定的羁押理由，或者继续实施未决羁押是没有法定根据的，或者未决羁押在其他方面违反了法定的诉讼程序，就可以作出解除未决羁押的裁决。不过，法院在解除未决羁押措施之后，还可能作出进一步的裁决。在英美法中，这种裁决可以保释、减少保释金、人身保护令等名义发布；而在大陆法中，这种裁决则可以变更强制措施或者无条件释放的名义作出。

法院在审查被告人有关解除未决羁押的申请方面，享有不同程度的自由裁量权。这种自由裁量权将集中在以下几个方面来行使：对被告人的继续羁押是否具备法定的羁押理由，如是否出于保障诉讼顺利进行的需要，是否有助于防止发生社会危险性的行为等；未决羁押的延续是否损害了被告人获得迅速审判的宪法性权利；未决羁押的期限是否给被告人带来了消极的法律后果；保释金的金额是否属于明显的"过度"，以至于从根本上损害了被告人获得保释的权利等。

当然，对于被告人提出司法救济之申请，负责受理的法院一般都要举行专门的羁押合法性之听证程序。在这种听证程序中,控辩双方会就未决羁押的合法性进行辩论。辩护方一般会证明继续羁押不具有羁押理由,未决羁押期间的继续延长将损害被告人的权利。而检控方则会力图说明继续羁押具备法定的理由,案件的性质和所涉及的罪行的严重性决定了继续羁押的合理性。经过这种对于未决羁押合法性的司法审查程序,法院会就是否解除羁押以及是否作出保释、减少保释金金额、发布人身保护令或者变更羁押措施等问题作出专门的附具理由的裁决。

三、宣告无效——程序法的独特制裁方式

所谓"程序性制裁",其实是指警察、检察官、法官违反法律程序所要承受的一种程序性法律后果。与那种通过追究办案人员的行政责任、民事责任甚至刑事责任来实施的"实体性制裁"措施不同,程序性制裁是通过宣告无效的方式来追究程序性违法者的法律责任的。在大陆法系国家的刑事诉讼制度中,这种宣告无效也就是通常所说的"诉讼行为无效制度",也就是法院按照特定的程序宣告那些违反法律程序的诉讼行为不具有法律效力,并撤销其所产生的直接法律后果。而在英美法中,最典型的"程序性制裁"莫过于排除非法证据、撤销违反法律程序的起诉以及撤销下级法院的违法裁判等三种宣告无效措施,因为它们意味着法院可以分别宣告警察违反所得的证据无效、检察官违法所作的起诉无效、法院违法所作的裁判结论无效。不仅如此,几乎在所有针对审前羁押建立了司法审查机制的国家,法院一旦发现某种未决羁押不具有合法性,还可以直接宣告终止该羁押措施的适用,这也意味着未决羁押措施的无效。[1]

当然,上述程序性制裁制度的基本范本主要存在于西方国家的法律之中。不过,中国现行刑事诉讼制度中业已存在的非法证据排除规则以及撤销原判、发回重审制度,其实就是沿袭西方国家的相关程序性制裁制度而建立起来的。[2] 无论这两种制度在发挥程序性制裁之作用方面存在

---

[1] 有关西方国家程序性制裁的主要模式,可参见陈瑞华:《程序性制裁理论》,第161页以下。

[2] 有关中国现行刑事诉讼中的程序性制裁制度及其评价,可参见陈瑞华:《程序性制裁制度研究》,载《中外法学》2003年第4期。另参见陈瑞华:《问题与主义之间——刑事诉讼基本问题研究》,中国人民大学出版社2003年版,第三章。

怎样的局限性，我们至少可以认为，一种通过"宣告无效"来制裁程序性违法行为的制度，已经出现在中国刑事诉讼制度之中，并逐渐成为一种有别于实体性制裁制度的独特制裁方式。有鉴于此，我们有必要深入到不同国家的制度设计和不同的程序性制裁模式的背后，全面讨论程序性制裁制度的基本属性。

要讨论程序性制裁的性质，我们必须首先确定一个可作为比较对象的参照物。事实上，"程序性制裁"代表了一种独特的追究法律责任的方式，它所对应的应是"实体性制裁"，也就是从实体上追究办案人员法律责任的方式。其实，现代社会的绝大多数法律，包括民法、行政法和刑法等典型的"实体法"，所确立的都是实体性法律责任。无论这些"实体性制裁"相互间存在多大程度的区别，它们相对于"程序性制裁"而言又都具有一系列的相似之处。因此，以下的讨论就将实体性制裁作为程序性制裁的参照对象，并透过对两种责任追究方式的差异，来深入揭示程序性制裁的基本属性。

（一）从所针对的违法行为来看，程序性制裁制度所要惩罚的是侦查人员、检察人员和法官在刑事诉讼过程中违反法律程序的行为。

一般情况下，实体性制裁所追究的都是违法者个人的法律责任，所针对的也是一般违法者的民事违法行为、行政违法行为或犯罪行为。换言之，实体性违法的主体都是不特定的行为人，既可以是普通的民众，也可能是国家工作人员。相对于实体性制裁而言，程序性制裁所针对的都是警察、检察官或法官违反诉讼程序的行为，而不是民事侵权行为、行政违法行为或犯罪行为；所要制裁的不是警察、检察官或法官个人，他们一般不会因为这种程序性制裁而承担民事的、行政的或刑事的法律责任；这种制裁是法院对违反诉讼程序的警察、检察官或者下级法院的法官所实施的，这意味着法院直接宣告侦查机关、检察机关以及下级法院的行为违法，并令其承受了消极的程序性法律后果。

程序性制裁所依据的事实不仅是警察、检察官或法官存在程序性违法行为，而且是他们在刑事诉讼中破坏了刑事诉讼法所确定的基本法律准则，或者侵犯了被告人的人身权利或诉讼权利。一般说来，程序性制裁制度所针对的程序性违法行为尽管种类多样、形式各不相同，但几乎都是警察、检察官、法官在刑事诉讼中所存在的程序错误。例如，警察的非法搜查、非法扣押、非法监听、非法逮捕、非法讯问、非法辨认等行为,就属于非法证据排除规则的适用对象;警察、检察官的诱惑侦查、拖延诉讼、重复追诉等滥用诉讼程序行为,就可能成为终止诉讼制度的制裁对象;而初审法官侵犯被告人诉讼权利、损害公正审判的行为,就有可能成为上级法院撤销原判的直接依据。而在大陆法中,凡是刑事诉讼法典有"违反规则即告无效"之规定的违法诉讼行为,就有可能被法院以宣告无效的方式加以处罚。至于那种以解除未决羁押为目的的司法救济制度,就更是将那种不具有羁押理由或违反法律程序的非法羁押行为,作为制裁的对象。

当然,作为程序性制裁所惩罚的直接对象,警察、检察官、法官的程序性违法行为不仅具有形式上的违法属性,而且在实质上具有公共侵权属性或者破坏法治特征。特别是在英美法中,由于一般不存在完备、系统的刑事诉讼法典,因此,程序性违法的技术特征并不是十分明显。但只要一项侦查、公诉或审判行为严重侵犯了被告人的权利,尤其是侵犯了被告人十分重要的宪法性权利,那么,负责司法审查的法院就有可能作出排除非法证据、终止诉讼或者撤销原判等程序性制裁措施。不仅如此,一些程序性违法行为即使并没有明显侵犯被告人的重要权利,但如果违反了基本的法治原则,破坏了基本法治秩序,法院也有可能作出宣告无效之决定。例如在法国、意大利等大陆法系国家,诸如预审法官错误地充当了审判法官、法庭组成不合法、刑事诉讼跳跃了法定的侦查、预审程序等程序错误,尽管其公共侵权的属性不是特别明显,但由于破坏了基本法治原则,因而也被视为一种可被宣告无效的程序错误。法国学者甚至直接将这种无效称为"公益性无效"。①

(二) 从实体性法律后果来看,程序性制裁所带来的是宣告无效的后果,也就是那些受到程序性违法行为之直接影响的证据、起诉、判决、行为以及羁押命令,不再具有法律效力,也不能产生其预期的法律后果。

实体性制裁的基本方式是追究违法者个人的民事责任、行政责任或者刑事责任,使得那些民事侵权者、违约者承担民事赔偿责任,行政违法

---

① 卡斯东·斯特法尼等:《法国刑事诉讼法精义(下)》,罗结珍译,中国政法大学出版社1999年版,第662页以下。

者受到行政处罚,构成犯罪者被定罪科刑。与此不同的是,程序性制裁所带来的追究责任方式则是"宣告无效"。

所谓"宣告无效",是指法院以权威的方式宣告那些受到程序性违法行为直接影响的证据、起诉、判决、羁押命令等失去法律效力,也不再产生预期的法律效果。例如,非法证据排除规则的实质在于非法证据被宣告无效,也就是不再具有可采性或证据能力;终止诉讼制度的适用所带来的则是有关起诉无效,有关该项起诉的刑事诉讼程序不再继续进行;撤销原判的实质则是原审判决无效。甚至按照大陆法中的诉讼行为无效理论,被宣告无效的诉讼行为将被视为"从未发生过",任何一方都不得在诉讼中引用该项诉讼行为作为支持本方诉讼主张的依据。

对于与案件结局存在直接利害关系的警察、检察官而言,"宣告无效"的制裁方式带有"剥夺违法者违法所得的利益"之性质。毕竟,无论是排除规则还是终止诉讼制度,所针对的都是警察、检察官的指控证据或起诉本身,这种制裁所带来的要么是起诉被严重削弱,要么则是整个起诉被完全推翻。通过制裁使得警察、检察官证据、起诉被宣告为无效,使得他们所意图追求的诉讼目的和利益得不到实现,从而对于警察、检察官的诉讼利益产生程度不等的阻碍作用。而解除未决羁押制度的实施,所带来的是剥夺被告人人身自由状态的终结。而这种未决羁押措施的解除对于警察、检察官的诉讼利益而言,显然也是一种明显的损害。因为被告人在恢复人身自由之后将具有更加明显的对抗能力,其辩护的准备将会更加充分,辩护的效果也会更为明显。这对于检察官起诉的成功而言显然构成一种障碍。

上级法院对下级法院存在程序错误的案件作出撤销原判之裁决,这一般不能被解释为"剥夺法官违法所得的利益"。毕竟,法官、法院与案件的结局一般不能存在直接的利害关系。但是,如果我们仔细考察撤销原判的后果,就不难发现这种制裁所导致的仍然带有对违反法律程序的法官加以制裁的意味。这是因为,上级法院以下级法院违反法律程序为由将裁判结论推翻,这一般会给下级法院传达三个方面的信息:(1)作为控辩双方上诉争议的对象,下级法院审判程序的合法性不仅受到辩护方的质疑,而且已经接受上级法院的司法审查;(2)经过上诉审查,上级法院宣告下级法院的审判程序存在重大的程序错误,或者侵犯了被告人的宪法性权利,或者破坏了公认的公正审判原则,这本身就属于对下级法院违法审判的一种谴责;(3)上级法院将原审判决加以推翻和撤销本身,等于否定了下级法院的审判结论,并实际确认了原审判决已经受到审判程序错误的直接影响。很显然,与排除规则、终止诉讼制度、解除羁押制度、诉讼行为无效制度一样,撤销原判制度对于作为程序性违法者的法官而言,也带有一定的惩罚、警戒、规训的意味。

仔细分析起来,与实体性制裁的逻辑构成要素一样,程序性制裁在实体后果上也具有双重性:(1)法院需要宣告警察、检察官、法官的某一诉讼行为违反法律程序或者侵犯了被告人的基本权利,这类似于实体性制裁中首先需要宣告违法事实的存在是一样的;(2)与实体性制裁所包含的制裁措施一样,程序性制裁的追究责任方式即是宣告无效。可见,"宣告无效"实施的前提是发现并宣告某一侦查、公诉或者审判行为违反法律程序。与此同时,法院宣告无效的一般不是违法诉讼行为本身,而是该违法行为所产生的具体结果,如非法所得的证据、滥用诉讼程序的起诉、通过违法程序所产生的裁判结论等。这些非法证据、非法起诉、非法判决、非法羁押命令都必须与程序性违法行为存在直接的关联性,直接受到程序性违法行为的影响。用英美法官所习惯的说法加以形容,就是这些非法证据、起诉、判决结论必须受到了程序性违法行为或者宪法性侵权行为的"污染"。

当然,程序性制裁还具有一种间接的法律后果:作为程序性违法行为"受害者"的嫌疑人、被告人,将因为法院宣告诉讼行为违法和宣告该行为的结果无效,而获得有利的诉讼结局。毕竟,这些程序性制裁所带来的无论是证据无效、起诉无效还是判决无效,其后果都是将检察机关提起的公诉予以推翻或者削弱,并最终使其代表国家追究犯罪、实现国家刑罚权的意图得不到实现。这是因为,法官一旦作出了排除控方"非法证据"的裁决,就至少意味着某一重要的指控证据被排除于法庭之外,而不能转化成为证明被告人有罪的证据。这轻则导致检控方的指控受到削弱,加大了该方获得有罪判决的难度,重则导致检控方指控证据的基础被瓦解,甚至直接导致该方证明被告人有罪的证据不足,法庭据此判定被告人无罪。而撤销起诉和推翻原审判决的裁决,则更明显地会带来被告人在法律上被宣告为无罪的结果。

（三）从法院在宣告无效方面的裁量空间来看，对于违反诉讼程序的行为，应当依据行为不完善或者瑕疵的严重程度，选择严厉程度不同的制裁方式，而不应一律采取无效这种最严厉的制裁方式。

根据前面所作的分析，几乎所有的程序性制裁制度都存在着"自动无效"和"自由裁量的无效"之别，而在大陆法系中的诉讼行为无效制度中则存在着十分重要的"不可补正的无效"与"可补正的无效"之区分。这显然表明，法院对于情节不同的程序性违法行为确定了相应的不同程序性制裁后果：对于最严重的程序性违法行为或者宪法性侵权行为，法院可以自动地宣告无效，而没有任何自由裁量的空间和余地；而对于一般的程序性违法行为，法院则不一定都作出宣告无效的裁决，而必须考虑案件的具体情况，并对不同的利益进行权衡，然后才能作出选择。另一方面，对于最严重地侵害当事人诉讼利益或者破坏公正审判原则的程序性错误，法院可以宣告诉讼行为无效，并且不再给予利害关系人任何补救的机会；相反，对于仅仅存在一般程序错误的诉讼行为，法院尽管也可以宣告无效，却可以给予利害关系人很多的补救机会。

正如刑法中确立了罪刑相适应原则一样，刑事诉讼中的程序性制裁制度其实也存在着一种"程序错误与程序性制裁相适应的原则"。不仅最严厉的程序性制裁只能针对那些最严重的程序性违法行为，而且对于一般的程序性违法行为，法院还可以对是否宣告无效行使自由裁量权，并在不得不宣告无效的情况下作出可补正的附加条件。当然，在大陆法国家的刑事诉讼法典中没有确立宣告无效之后果的程序性违法行为，可能一般不会被宣告无效；而在英美法中，一旦法官对于某一程序性违法行为应否受到程序性制裁问题享有自由裁量权，则法官完全有可能在很多情况下拒绝作出无效之宣告。有些英美学者甚至批评说，所谓的"自由裁量的排除非法证据"，其实就等于"自由地不排除非法证据"。

（四）从适用程序来看，程序性制裁要通过一种独立的司法审查程序加以实施，这种司法审查程序相对于那种为确定被告人刑事责任问题而进行的实体性裁判而言，构成了一种独立的程序性裁判。

英国学者通常将非法证据排除规则的裁判程序称为"审判之中的审

判"(a trial within a trial),将其视为一种"诉中诉"和"案中案"。① 其实,这不仅非常形象地指出了程序性裁判与实体性裁判的关系,而且揭示了所有程序性制裁在适用程序所共同存在的特征。

按照前面的分析,无论是排除规则、终止诉讼制度、撤销原判制度还是诉讼行为无效制度、解除羁押制度,在适用上都要举行一种独立的司法审查程序。这种将警察、检察官、法官诉讼行为的合法性置于裁判对象的司法审查程序,尽管发生在刑事诉讼程序过程中,属于法院为解决被告人刑事责任问题所举行的实体性裁判的派生程序,但它具有独立的诉讼当事人、独立的诉讼请求和裁判对象、独立的证据规则、独立的听证机制以及独立的裁判方式。(1)作为程序性违法行为之受害者的被告认为这种司法审查之诉的启动者,也就是所谓的"程序意义上的原告";而被诉称实施了程序性违法行为的警察、检察官、法官实际成为被控告的一方,也就是所谓的"程序性被告";(2)这种司法审查程序所要裁判的问题是警察、检察官、法官是否存在程序性违法行为或者相关的诉讼侵权行为,法院应否对该种程序性违法行为实施相应的程序性制裁措施;(3)为裁判这一问题,法院需要确定适当的程序性裁判方式,对于必须经过听证程序的事项还要举行专门的程序性听证程序,以便给予控辩双方当庭陈述本方意见和进行辩论的机会;(4)在这种程序性裁判过程中,法院需要确定相应的证据可采性之标准、郑明责任分配原则以及相应的证明标准,以便使控辩双方有机会进行理性的辩论和对抗,也藉此防止法官滥用其自由裁量权;(5)法院经过这种独立的司法审查行为,应就警察、检察官、法官是否存在程序性违法行为以及应否实施相应的程序性制裁措施的问题,作出专门的裁判结论,并给予利害关系人提出上诉救济的机会。

四、为什么要选择宣告无效的制裁方式

在以前的研究中,笔者曾就程序性制裁制度的理论基础作出过初步的探讨,认为只有在刑事诉讼中建立这种宣告无效的制度,才可以确保程

---

① Michael Zander, *The police and Criminal Evidence Act 1984*, revised second edition, Sweet & Maxwell,1990, p. 196. 另参见 John Sprack, *Emmins on Criminal Procedure*, eighth edition, Blackstone Press Limited, 2000, pp. 150—151, 280—282.

序法的实施、使得违法行为的受害者获得有效的司法救济。① 但是,这似乎只是论证了制裁程序性违法行为的必要性,而没有解释清楚我们为什么要采取一种宣告无效的制裁方式。而在美国法律界讨论非法证据排除规则的正当性时,也一直是围绕着诸如"宪法权利理论"(constitutional rationale)、"司法诚实性理论"(judicial integrity rationale)与"抑制理论"(deterrence rationale)来展开对此问题的分析。② 至于从 20 世纪 70 年代后期以来,美国联邦最高法院仅仅将排除规则的理论基础归结为"有效抑制警察的程序性违法行为"③,就更是将这一问题的讨论带入一个十分狭隘的领域了。

在以下的讨论中,笔者将从三个方面论证程序性制裁的独立价值:(1)为维护程序法的实施而不惜牺牲所谓的实体公正结果,这体现了一种程序中心主义的游戏规则;(2)法院通过宣告违反法律程序的诉讼行为无效,不仅不再充当警察、检察官和下级法院程序性违法行为的"帮凶",而且还为那些程序性违法行为的受害者提供了"为权利而斗争"的机会,这显然有助于司法非正义的纠正;(3)从一种经验主义的视角来看,不宣告违反法律程序的诉讼行为无效,就根本无法促使警察、检察官和法官遵守刑事诉讼法所确定的程序规则,刑事诉讼法的实施就将成为一句空话。

(一) 维护程序法的独立价值

从程序性制裁对刑事诉讼活动的影响来看,程序性制裁所体现的是一种典型的纯粹程序主义的制裁方式,也就是"只要程序存在错误,则受该错误直接影响的结果即告无效"。

程序性制裁的实施前提是法院宣告警察、检察官或者下级法官存在程序性违法行为,实施的直接后果则是宣告受前者直接影响的证据、起诉、判决等失去法律效力,从而导致检控方的起诉受到削弱或者推翻。这

---

① 参见陈瑞华:《程序性制裁制度研究》,载《中外法学》2003 年第 4 期。
② 参见 Joel Samaha, *Criminal Procedure*, Wadsworth Publishing Company, 1999, pp. 431—433. 另参见 Ronald L. Carlson, *Criminal Justice Procedure*, fourth edition, The W. H. Anderson Company, 1991, pp. 173—174.
③ 参见 Wayne R. LaFave and Jerold H. Israel, *Criminal Procedure*, second edition, Wadsworth Publishing Company, 1999, p. 107.

种制裁方式蕴含着"违反程序规则即宣告结果无效"或者"违反公平游戏规则的结果不具有正当性"等纯粹程序主义的思维方式。根据这种思维方式,法院排除某一证据的根据不是该证据不可靠或者不具有关联性,而是该证据的取得方式违反了法律程序;法院终止某一诉讼程序的根据不是检察官没有提出充足、可靠的有罪证据,而是检控方存在滥用诉讼程序、侵害被告人宪法性权利以及破坏公正审判原则的行为;上级法院撤销原判的理由也不是原审判决不具有充足的事实基础或者令人信服的实体法律依据,而是该判决所赖以产生的审判程序存在法律错误或者破坏了公正审判原则。因此,程序性制裁所带来的是"违反法律程序则导致实体结论无效"的制裁方式,诉讼程序的合法性这种追究责任的方式中已经具有决定实体结局的效力。

很显然,这种"程序违法直接导致实体结论无效"的制裁方式,已经赋予法律程序以完全独立的价值。程序法不再是实体法的附庸,遵守诉讼程序也不再仅仅被视为发现案件事实真相的手段或者实现实体法的工具,而具有自身独立的意义。这种意义可体现在三个方面:(1)维护刑事诉讼法这一国家基本法的实施;(2)为那些程序性违法行为的受害者提供权利救济;(3)维护基本的程序正义原则。换言之,在程序性制裁所蕴含的思维方式中,维护刑事诉讼法的有效实施本身就是目的。另一方面,程序性制裁制度的实施还在很大程度上将法律程序的重要性置于实体法之上,使得法院在一定条件下可以为确保程序法的实施而不惜牺牲实体法的实施和追究犯罪目标的实现。不难看出,法院排除非法证据的根据不是有关证据不确实或者不具有相关性,而是该证据的取证手段违反法律程序,甚至违反宪法条款;法院宣告终止某一诉讼程序的直接原因不是该项起诉没有事实基础和实体法依据,而是检控方存在滥用诉讼程序或者宪法性侵权行为;上级法院之所以作出撤销原判的裁决,至少在一部分情况下是因为下级法院的审判不仅违反了法律程序,而且损害了基本的公正审判原则,从而造成了一种审判程序自身的法律错误……这种为惩罚警察、检察官、法官违反法律程序而实施了程序性制裁制度,显然不仅不把发现事实真相和实施实体法作为其"安身立命"的根基,而且还不惜削弱针对犯罪的刑事指控,甚至完全放弃刑事追诉的目标。这样,诸如发现犯罪事实、实施实体法以及将有罪者"绳之以法"等实体层面的目标,就被法院以维护程序法的实施和实现司法正义原则的名义,彻底地牺牲掉了。

或许,正是根据制裁方式的重大区别,我们对实体法和程序法的不同功能才会有一些新的认识。如果说实体法所调整的是所有人的权利、义务关系,所要制裁的也是所有人违反实体法的行为的话,那么,程序法(尤其是刑事程序法)所要规范的则主要是作为公共权力行使者的侦查人员、检察人员和审判人员与当事人以及其他诉讼参与者的法律关系,所要制裁的则主要是警察、检察官和法官违反诉讼程序的行为。而通过这种制裁,法院一方面促使警察、检察官和法官遵守法律程序,维护基本的诉讼法律秩序和基本法律准则,另一方面则给予作为公共侵权行为受害者的嫌疑人、被告人,以获得有效的司法救济的机会,从而使他们的人身权利和诉讼权利都获得尊重和补救。在实体性制裁中,法院作为裁判者所要惩罚的是任何人违反刑法、民法和行政法规的行为。而在程序性制裁中,法院尽管仍为裁判者,所要惩罚的却是警察、检察官或法官的违反诉讼程序的行为,所接受的则是被告人对警察、检察官或法官公共侵权行为的指控。或许,正是由于程序性制裁机制的存在,才使得刑事程序法具有控制公共权力、提供权利救济的功能,并最终具有"人权法"的性质。而又由于程序性制裁所要惩罚的更多属于那些侵犯宪法所确立的公民权利的违法行为,所要救济的则是宪法所确立的公民权利,因此,它们才具有"宪法性救济"的特征,刑事诉讼法最终才被视为"动态的宪法"或"宪法的适用法"。

(二) 发挥司法权之作为正义守护神的作用

按照拉德布鲁赫的论点,"行政是国家利益的代表,司法则是权利的庇护者"。[①] 笔者曾根据这一思路,分析了司法权的性质,并认为司法权存在的基础就在于"为各种各样的权利提供一种最终的救济机制",以及"为各种各样的国家权力施加一种特殊的审查和控制机制"。[②] 换言之,作为一种特殊的国家权力,司法权对于那些容易侵犯公民权利的行政权、立法权可以产生强大的制衡力量,并足以成为防止公民权利受到国家公共权力机构任意侵害的法律屏障。

[①] 拉德布鲁赫:《法学导论》,米健译,中国大百科全书出版社 1997 年版,第 100 页。

[②] 陈瑞华:《司法权的性质——以刑事司法为范例的分析》,载《法学研究》2000 年第 5 期。另参见陈瑞华:《问题与主义之间——刑事诉讼基本问题研究》,中国人民大学出版社 2003 年版,第一章。

程序性制裁所蕴含的针对侦查权、公诉权和审判权的惩戒机制,显示出这种追究法律责任的制度可以最充分地发挥司法权之作为正义守护神的法律功能。(1)对于被告人就侦查、起诉和裁判程序的合法性所提出的司法审查之诉,法院加以受理,这本身就体现了司法权对于警察权、检察权的制衡作用,以及上级法院对下级法院的司法权加以制约的力量。(2)这种司法审查之诉所引发的是法院对于警察、检察官、下级法院诉讼程序合法性的裁判,这就使负责侦查的警察、负责公诉的检察官以及负责裁判的法官处于被指控和被裁判的地位,其诉讼程序的合法性要接收辩护方的全面挑战以及法院的全面检验。(3)法院对于那些被证明存在程序错误的诉讼行为作出宣告无效的裁决,这本身就是对警察侦查之有效性的否定,对检察官公诉主张的推翻,也是对下级法院有罪裁判结论的撤销。通过作出宣告无效之裁决,法院确认了被告人所提出的司法审查之诉的成功,被告人的诉权借此成功地转化为胜诉权;那些处于被指控地位的警察、检察官和法官则被判定违反了法律程序,他们依据非法程序所收集的证据、所提出的公诉以及所作出的裁判结论,也宣告不再发生任何法律效力。于是,曾经被破坏的法治秩序在一定程度上得到恢复,那些被任意践踏的基本权利甚至宪法性权利则得到有效的救济,刑事诉讼程序的内在正当性则重新得到维护。

这种程序性制裁制度的实施,可以从两个方面显示司法权对于救济公民权利、维护司法正义的意义:(1)从消极的方面来看,法院通过对违法侦查和公诉行为的程序性惩罚,显示出司法权相对于警察权和检察权的独立性,体现了法院至少没有充当警察、检察官程序性违法行为之"共犯"或"帮凶"的角色;(2)从积极的方面来看,法院还将自身置于警察、检察官以及下级法院诉讼程序合法性的裁判地位,从而能够对于这种发生在普通民众与侦查、检察和裁判机关之间的程序合法性之争议,经过正当的法律程序,作出权威的裁判结论。

法院至少不能充当警察、检察官程序性违法行为的"共犯"和"帮凶"。这是一个国家司法权之所以成为社会正义最后一道堡垒的首要原因。事实上,假如法院对于警察的非法侦查行为、检察官滥用公诉权的行为置若罔闻,不仅不受理作为公共权力之受害者的被告人的诉讼申请,反而对这种违反法律程序的行为加以庇护,使其经过法律程序的"过滤"而产生"洗钱"效应,那么,法院实际上就成为警察之非法侦查、检察官之非法起诉行为的"共犯"。当然，与一般所说的"实体上的共同犯罪"不同的是，这种"共犯"行为发生在刑事诉讼规程之中，属于一种"程序性违法的共犯"。

典型的例子为警察实施酷刑的情况。假如警察对被告人实施了酷刑，并借此获取了被告人的有罪供述笔录，然后将此有罪供述笔录转交给检察官。后者以该有罪供述为根据，向法院提起公诉，并将该有罪供述作为起诉的直接依据。被告人尽管向法院提出该有罪供述系警察以"刑讯逼供"手段所获取，并要求法院将该供述笔录排除于法庭之外，但法院拒绝了被告人的诉讼请求。法院要么不经过任何司法审查程序即确认了该供述的可采性，要么经过审查仍然将该有罪供述作出对被告人加以定罪的直接依据。在这种由"警察实施酷刑""检察官利用酷刑之结果""法院采纳酷刑所得证据"所组成的程序流水线上，法院实际与警察、检察官在刑讯逼供行为的实施上产生了千丝万缕的联系，并在客观上使得刑讯逼供行为产生了直接的效果，从而帮助完成了刑讯逼供的最后一道工序。相反，假如法院断然拒绝采纳警察经酷刑所得的证据，并明显宣示刑讯逼供行为的违法性，给予受到刑讯逼供的被告人以权利救济的机会，那么，法院就等于在这种酷刑流水线上只身退出，不再充当酷刑庇护者的角色。这样的法院就在维护司法正义、督促警察遵守法律程序的道路上迈出了坚实的第一步。

当然，作为司法正义的守护神，法院仅仅拒绝采纳酷刑所得的证据，还是远远不够的。从积极的方面来说，法院还必须给予被告人申请宣告侦查程序违法以及宣告排除酷刑所得证据的便利和机会，没有正当理由，不得拒绝被告人的司法审查之诉。甚至在发现警察有可能实施了酷刑的情况下，即便被告人没有主动提出司法审查之诉，也应依据职权责令检控方承担证明责任，以证明有关案件中不存在刑讯逼供的行为。法院在确定证明责任分配原则和具体证明标准时，必须将被告人供述的自愿性和非强迫性置于首要的地位。这样，通过法院的程序性制裁制度的实施，警察在侦查过程中将不得不遵守法律程序，也不得不减少对酷刑手段的使用和畸形依赖。

酷刑问题只是一个具体的例子。在实施程序性制裁制度的过程中，法院同样不仅不能充当警察、检察官程序性违法行为的庇护者，而且还应当积极地帮助公民抵御警察、检察官甚至下级法院对其权利的侵犯。对于公民与行政机关之间发生的法律争议，法院通过司法审查作出权威的裁判，这是行政诉讼制度所要解决的基本问题。但是，无论是警察的侦查行为还是检察官的起诉行为，都不属于典型的行政行为，而属于带有"司法属性"的刑事诉讼行为。对于这些行为，法院固然无法将其纳入行政诉讼的"受案范围"，但通过程序性制裁制度的实施，法院却仍然可以将其纳入司法审查的对象。其实，为实施程序性制裁而举行的司法审查程序，属于继行政诉讼之外又一种将公共权力机构的权力行使方式纳入司法审查的裁判程序。不仅如此，对于下级法院审判程序合法性的上诉审查，也不再局限于传统的事实复审和实体审查，而具有程序性审查的特征。通过这种针对下级法院程序错误的程序性制裁措施，下级法院审判程序的合法性实际成为上级法院司法裁判的对象。

这样，作为被告人所提起的司法审查之诉的裁判者，法院不仅给予被告人与警察、检察官当庭辩论侦查、公诉程序之合法性的机会，而且还给予被告人挑战下级法院审判程序合法性的权利。法院对这种特殊的"民告官"案件的司法审查，以及对存在程序错误的诉讼行为的直接制裁，显示出司法权在为公民提供权利救济、约束公共权力方面的独特作用。可以说，一种建立了基本的程序性制裁制度并能够保证该项制度得到顺利实施的司法制度，注定将赋予司法权以社会正义守护神之地位。或许，这是程序性制裁制度所能发挥得最为显著的功能。

（三）促使警察、检察官、法官遵守法律规则的基本保障

为什么程序性制裁方式仍然具有旺盛的生命力？为什么这种通过宣告无效来制裁程序性违法行为的救济方式是不可完全替代的？实际上，这是由程序性制裁的内在惩罚方式所决定的。按照笔者前面的分析，程序性制裁所包含的宣告警察、检察官和法官的诉讼行为违反法律程序的潜在要素，不仅不会任何争议，反而属于现代法治的内在应有之义。作为一种解决争端和适用法律的活动，刑事诉讼必须符合最基本的公平游戏规则，并贯彻公正审判的基本理念，否则该项活动纵然在发现事实真相和惩罚犯罪行为方面具有明显的积极效果，也不具有内在的正当性。而警察的非法搜查、非法扣押、非法监听、非法羁押甚至滥用诱惑侦查的行为恰恰破坏了这种公平游戏规则，检察官的重复追诉、拖延诉讼等行为也造成了司法资源的滥用和被告人被剥夺了有效辩护的机会，法院在审判中违反法律程序的行为也直接破坏了公正审判的基本原则。因此，正如法

院要对行政机关行政行为的合法性实施司法审查一样，法院同样可以对警察侦查行为、检察官公诉行为的合法性实施司法审查，并对下级法院审判程序的合法性进行上诉审查，并对其中显属违法的侦察、公诉和审判行为宣告其违法性。事实上，法院宣告侦查、公诉和审判行为的违法性，这本身就是对警察、检察官和法官诉讼行为的否定性评价，也具有对作为这些程序性为法治受害者的被告人实施权利救济的效果。

至于容易引起争议的"宣告无效"之惩罚，则属于程序性制裁的第二个构成要素。事实上，法院将某一非法侦查行为、非法公诉行为或非法审判行为宣告为无效，并使得那些受到这些行为直接的证据、公诉、裁判结论等失去法律效力。这本身就如同法院在行政诉讼中宣告某一行政行为违法并撤销其法律效力一样，是一种无可厚非的救济措施。按照笔者前面所作的评价，这是属于典型程序主义和规则主义的制裁方式，并在人类社会的许多活动中都得到了广泛使用。例如，在体育竞赛过程中，参与竞技的一方只要违犯游戏规则（通常都属于程序规则），其竞赛结果即失去效力，无论他本人事实上有多大的竞技能力，也无论这种违反规则的行为与其竞赛结果是否具有因果关系。又如，在现代政治选举活动中，只要参与竞选的一方违反选举规则，如暗箱操作、贿买选票、伪造选票等，他所获得的成功当选结果就有可能被取消，而他本人可能具有卓越的政治才能，他当选的结果可能与违反游戏规则的行为没有直接的因果关系。再如，在投标、招标、拍卖等经济活动中，只要参与其中的一方违反相关的游戏规则，就有可能被排除出去，从而失去获得某一经营和采购资格。而这个违反规则的人也完全有可能最能胜任这一经济活动。这些情况都表明，至少在那些存在着竞争关系的社会活动中，任何一方对规则的破坏都将使其受到不利的结局。换言之，违反程序性规则的直接后果不仅是有关竞赛、选举和经济竞争行为失去法律效力，而且那些受到这种违反规则行为之直接影响的结果也因此被剥夺效力。

很明显，程序性制裁所体现的恰恰就是这种"程序违法则实体结论无效"的惩罚方式。表面看来，非法所得的证据、非法公诉和非法制作的裁判结论本身并不具有典型的"违法属性"，甚至可能是有着证据、事实和实体法律依据的"正确结论"。但是，恰恰是因为证据的获取过程违反法律程序，公诉的程序本身具有违法性，裁判结论的制作过程本身违反了公正审判原则，才导致这些证据、公诉和裁判结论受到了程序性违法的直接影响或"污染",并因此而演变成为"非法证据""违法起诉"和"非法判决",其法律效力也因此受到否定性的评价。

　　反过来,假如我们仅仅对非法侦查、非法公诉和非法审判行为本身宣告其违法性,甚至作出强烈的谴责,而对通过这些程序性违法行为所获取的各种"结果"——包括证据、公诉和裁判结论,则全部予以采纳和接受的话,那么,这就不仅等于肯定了程序性违法行为之结果的正当性,而且还等于承认了非法侦查、非法起诉和非法审判行为本身的正当性。从实用角度来看,假如对于违反程序的实体结果一概承认其法律效力,则程序规则将完全名存实亡。这不是什么逻辑思辨的结论,而是由基本的社会经验和常识所决定的。

　　正因为如此,我们需要承认程序性制裁方式的正当性,接受这种以宣告程序违法和宣告无效为标志的制裁方式的不可替代性。这种为促使警察、检察官、法官遵守法律程序而不惜放弃那些起诉证据、公诉甚至裁判结论的制裁方式,所维护的不仅是法律程序自身的尊严和权威,更包括了法律程序背后所体现的基本权利和司法正义理念。

五、程序性制裁的局限性

　　在对程序性制裁的独特价值作出分析之后,我们还需要反思一下这种制裁方式的局限性。从基本的经验事实来看,法院通过宣告无效的方式来制裁警察、检察官的非法侦查、非法公诉行为,会带来一系列的消极后果,如放纵事实上有罪的人,无法维护被害人的权利,导致犯罪率居高不下,等等。尽管几乎所有法治秩序的建立都无一例外地会使一个社会付出一定的代价,但我们仍然需要追问:这种代价是必要的和"物有所值"的吗?而从理论研究的角度来看,诸如非法证据排除规则、终止诉讼制度等略显"极端"的程序性制裁制度,从其产生之日起,就一直面临着一系列的批评和非议。目前,已经有英美学者提出了"废除非法证据排除规则"和"以民事侵权赔偿方式取而代之"等同样显得"极端"的改革建议。[①]

[①] 最典型的代表人物为美国耶鲁大学法学院的 Amar 教授。参见 Akhil Reed Amar, *The Constitution and Criminal Procedure—First Principles*, Wadsworth Publishing Company, 1999, pp. 1—45. 另参见阿克希尔·瑞德·艾玛:《第四修正案的基本原则:禁止'无理'搜查、扣押和逮捕》,见江礼华、杨诚主编:《美国刑事诉讼中的辩护》,法律出版社 2000 年版。

有鉴于此，我们就不能置这种经验事实和反对声音于不顾，而单方面地论证"程序性制裁的理论基础"等问题。我们需要具备一种理性的反思能力，一方面正视那些不同的甚至对立的观点和主张，另一方面也要对我们所"倡导"的观点之局限性进行深入的思考。任何理论和制度都不是"放之四海而皆准"的，都有其固有的适用范围和外部边界。审慎地对待自己所主张的观点，仔细地厘清该种观点的适用范围，清楚地了解自己的观点在哪些情况下是不适用甚至不正确的，这是一个研究者对待科学所应采取的最起码的"证伪"态度。

假如我们将程序性制裁方式分解为宣告程序违法和宣告无效这两个有机组成部分的话，那么几乎没有人会对法院宣告警察、检察官、下级法院的诉讼程序违法这一点的正当性提出异议。毕竟，允许法院对于警察侦查、检察官公诉以及下级法院审判程序的合法性进行司法审查，这是现代法治的内在应有之义。或许，容易引起争议的主要是法院针对非法侦查、非法公诉和非法审判行为直接宣告无效这一问题。换言之，在警察、检察官、法官存在程序性违法行为的情况下，法院直接宣告某一控方证据无效、公诉无效或者有罪判决无效，这种制裁方式本身难道没有什么值得反思之处吗？

事实上，从英美学者和法官对排除规则和终止诉讼制度所提出的批评和质疑来看，尽管在一些方面可能存在着误解和偏见，但这种通过宣告无效来制裁程序性违法行为的方式，确实具有一些自身所难以克服的缺陷和不足。客观地认识这种缺陷和不足，并不意味着要抛弃这种程序性制裁方式，而是有利于弄清这种制裁方式的适用范围和外部边界，并为这种制度的存在和发展设定合理的界限。

在笔者看来，英美学者和法官所质疑的主要是程序性制裁的实际抑制效果，也就是对于减少和预防警察违法所具有的实际作用。正如笔者前面所分析的那样，迄今为止还没有充分的证据说明排除规则、终止诉讼制度和撤销原判制度是没有任何效果的。相反，一些实证研究的成果则显示，这些程序性制裁制度对于减少警察的非法侦查行为，甚至促使警察养成依照法律程序办理案件的习惯，都是有着积极作用的。而且，排除规则和终止诉讼制度的适用，也没有像个别学者和法官所形容的那样，造成了大范围的放纵犯罪甚至直接导致社会治安的恶化。由此看来，要从实用主义的角度评判"程序性制裁所带来的消极后果"，由于缺乏足够的经验事实根据，因此还面临一系列的困难。程序性制裁的反对者仅仅从抑制效果的角度对这一制度加以质疑，这显然是找错了对象。

其实，程序性制裁方式的真正缺陷倒不在于什么抑制效果问题，而是这种制裁方式具有一些内在的不合理性。在一种制裁方式具有内在不合理性的情况下，纵然它具有非常良好的抑制效果，其正当性也是需要反思和批评的。正如酷刑对于警察破案或许具有积极的效果，但人们仍然否定其正当性一样，一种对于抑制警察违法效果良好的程序性制裁措施，也并不具有天然的正当性。从这一方面来看，程序性制裁方式具有以下四个方面的缺陷和局限：(1) 所有程序性制裁并不对程序性违法的实施者加以惩罚，它们所剥夺的恰恰是没有实施违法行为的人和机构的利益；(2) 程序性制裁所付出的代价过于高昂，在宣告无效与制裁程序性违法之间缺乏应有的因果联系；(3) 程序性制裁的实施使被告人获得了额外的收益，而这并不具有正当性；(4) 程序性制裁的实施使得犯罪的被害人因为诉讼程序违法就失去获得正义的机会；(5) 程序性制裁的实施使得整个社会为诉讼程序的违法而承受巨大的代价。下面对这五个方面的局限性依次加以说明。

(1) 几乎所有程序性制裁制度都无法使作为程序性违法者的警察、检察官、法官个人受到实际的惩罚。这就意味着一种法律责任追究制度没有建立在责任自负的原则上，没有令那些违反法律程序的警察、检察官和法官受到诸如民事侵权赔偿、行政纪律惩戒和定罪判刑等方面的处罚。毕竟，法院无论是宣告控方证据无效、公诉无效还是原审判决无效，都不会导致违法的警察、检察官和法官个人之利益遭受损失。因此，英美学者所说的"剥夺违法者违法所得的利益"命题，并不是没有可非议之处的。事实上，作为程序性违法行为的实施者，警察的利益并没有因为排除规则的适用而被剥夺，检察官个人的利益也没有因为法院终止诉讼而有所损害，至于违反审判程序的法官个人，就更不会因为上级法院撤销原判而受到明显的利益损失。

程序性制裁不仅没有使违法者个人受到惩罚，却在客观上使那些没有实施任何违法行为的个人和机构受到利益损害，这显然是不公平的。因为法院宣告控方证据无效，起诉最终没有成功，犯罪的被害人显然无法获得复仇和赔偿的机会；因为法院终止诉讼，案件以被告人被宣告无罪而告终，真正的犯罪人得不到追究，整个社会的安全和秩序无法得到恢复，社会正义无法得到实现;因为初审法官违反法律程序,案件的原审判决被上级法院撤销,法院因此受到程序违法的指责,所有业已进行完毕的审判程序也告无效,法院为审判所投入的司法资源和诉讼成本没有取得任何积极的收益。这显然表明,程序性制裁所惩罚的是没有任何过错的个人、机构甚至整个社会的成员。我们不仅要质疑:为什么在警察、检察官和法官存在程序性违法情况时,被害人、有关机构乃至全体社会成员都要为这种与他们无关的违法行为付出代价?

(2) 法律制度为程序性制裁的实施所付出的代价过于高昂。当年卡多佐大法官的著名疑问——"因为警察违法,就使有罪的人逃脱法网",就是针对这种代价而提出的。以排除规则为例。法院排除非法所得的证据所隐含的问题在于,警察实施了非法搜查、非法扣押行为这一事实,与法院排除受该行为直接影响的证据之间存在必然的因果关系吗?还可以更进一步地追问:法院因为警察违反法律程序,就作出无罪判决,这之间究竟存在合理的逻辑联系吗?

事实上,对于警察违反法律程序问题,法院在追究法律责任问题上可以有多种选择:它可以简单地宣告这种侦查行为不具有合法性;可以给予受害者提起民事侵权诉讼的机会;可以告知受害者向警察惩戒部门提起纪律惩戒之诉;可以责令警察恢复原状;可以命令警察在消除原来存在的程序性违法行为的前提下重新实施侦查行为……但是,法院面对这些选择,却单单选择其中最严厉的惩罚措施,不仅宣告警察违反法律程序,而且将那些非法所得的证据永远排除于法庭之外,甚至不给予警察任何补救的机会。人们不禁会提出疑问:仅仅因为警察违反法律程序,就排除非法证据,甚至裁判被告人无罪,这是否是一种过度使用的惩罚措施?

(3) 程序性制裁制度使得被告人获得额外的利益,而这种收益的正当性却是需要质疑的。这种制裁方式的逻辑结构是:"因为被告人受到侵权,就裁判其无罪"。对于那些侵犯被告人基本权利甚至宪法性权利的侦查行为、检察行为和审判行为,法院固然要为其提供权利救济的机会,但是,排除非法证据、宣告终止诉讼和撤销原判却与权利救济没有直接的关系。实际上,这种宣告无效的制裁方式并不是在提供权利救济,而是给予作为公共侵权行为之"受害者"的被告人以额外的利益——通过削弱起诉、撤销起诉、推翻原判的方式作出有利于被告人的裁判结论,甚至宣告被告人在法律上无罪。于是,一种值得关注的救济模式就发生了:被告人事实上并没有从法院那里获得与侵权行为相适应的权利救济,因为他既没有得到民事侵权赔偿,也没有得到其他实际的利益补偿;他所得到的是一个出乎意料的收益——无罪判决。但是,这种无罪判决既不是因为有罪证据不充足、不可靠、不具有关联性,也不是因为被告人事实上根本没有实施过犯罪,更不是因为被告人依据刑法提出了积极的无罪抗辩,而仅仅是因为警察、检察官、法官违反了法律程序。

(4) 程序性制裁制度的实施给被害人带来了消极后果,使得没有任何过错的被害人受到了利益损失。这种程序性制裁的逻辑结构还可以被描述成:"因为刑事诉讼程序存在错误,就放弃被害人的利益之维护"。被害人所固有的借助国家司法制度的力量寻求复仇和赔偿的欲望得不到实现。但是,被害人何过之有?为什么法院要通过宣告无效的方式来剥夺被害人的利益呢?难道在"刑事程序存在错误"与"被害人利益受到剥夺"之间,存在什么内在的因果关系吗?

更何况,作为与案件结局有着直接利害关系的当事人,被害人在法院作出排除非法证据、终止诉讼、撤销原判的裁决结论时,要么被完全剥夺了参与裁决制作过程的机会,要么只能发挥公诉辅助者的角色,而根本无从充分而有效地影响裁判者的裁判结论。这种程序设计难道是公正的吗?

(5) 程序性制裁制度给整个社会带来了消极的影响:一方面,"因为诉讼程序存在瑕疵,就不再追究犯罪,甚至放纵犯罪人",社会的安全和秩序因此受到损害;另一方面,因为法院宣告无效而导致业已进行的刑事诉讼程序毫无实际效果,这已经构成对作为纳税人的社会成员的利益损害。

法院仅仅因为刑事程序存在错误和瑕疵,就放弃追究犯罪的责任,甚至使可能有罪的被告人逃脱法网。这在一般案件中可能还不会发生太大的消极后果。但在那些恶性的、残忍的和影响较大的暴力犯罪案件中,假如法院动辄因为程序错误就放弃追究犯罪的责任,这岂不会引起社会公众的普遍不满?社会公众真的能忍受法院对于犯罪的放纵吗?尤其是排除规则、终止诉讼制度等略显极端的程序性制裁制度,在适用过程中很容易造成公众的逆反心理,并使得司法的公信力受到消极的影响。毕竟,任何司法制度的设计都不能试图挑战社会成员的最低承受力和心理底线,否则,这种理想化的制度设计反而可能为法治虚无主义种下可怕的祸根。

六、程序性制裁的未来

尽管在抑制程序性违法的实际效果上存在诸多方面的争议,而在其内在正当性上也有一些显著的缺陷和局限性,但是,程序性制裁方式仍然具有其固有的生命力。迄今为止,除了非法证据排除规则和终止诉讼制度在英美法学界面临着尖锐的批评以外,其他诸如撤销原判以及撤销未决羁押等方面的宣告无效制度则不仅没有衰落的迹象,反而在不少方面存在进一步加强的趋势。至于大陆法中的刑事诉讼行为无效制度,则在历经半个多世纪的剧烈司法改革运动之后,仍然对刑事程序的维护以及当事人基本权利的保障具有举足轻重的作用。而即使是在制裁方式上被一些学者指责为"过于极端"的排除规则和终止诉讼制度本身,也不可能被完全废弃不用。

英国 1984 年将自动地排除非法证据确立与成文法之中,加拿大 1982 年史无先例地将非法证据排除规则确立在"权利与自由大宪章"之中,使其成为一种宪法性救济措施,就都说明排除规则在不少国家还属于一种得到扩大适用的救济方式。至于一些大陆法国家,即使在同时存在诉讼行为无效制度的情况下,非法证据排除规则也纷纷被确立于刑事诉讼法典之中,被用来制裁那些通过非自愿的手段获取口供的行为以及严重的非法搜查、非法扣押甚至非法监听行为。尤其是在德国,那终于排除规则功能相似的"证据使用禁止"制度已经产生了明显的分野:一方面,法院可以刑事诉讼法典有关非法供述的排除规则为基础,逐渐将证据使用禁止的适用范围扩大到非法讯问、非法剥夺律师帮助权、非法剥夺沉默权等程序性违法方面;两一方面,从 20 世纪 60 年代以来,德国联邦宪法法院逐渐以德国基本法中的权利条款为依据,创立并发展出了"自主性证据使用禁止"制度,也就是"以宪法为根据的证据使用禁止"制度,从而破天荒地使证据使用禁止制度具有宪法性救济的功能。当然,美国自 20 世纪 70 年代以来在排除规则的使用上出现了越来越多的例外,使得这一制裁方式在很多情况下不再适用。不过,例外规则的建立所反映的往往是一种制度的持久生命力。因为在例外情况之外的一般场合下,这一规则仍然是可以适用的。

排除规则的情况是如此,终止诉讼制度的情况也不例外。英国的经验显示,这种建立在法官自由裁量权基础上的终止诉讼制度连同所谓的"滥用诉讼程序规则"不仅丝毫没有衰落的迹象,反而在适用范围上又逐渐扩大的动向。① 而加拿大联邦最高法院则根据 1982 年权利与自由大宪章第 24 条(1)的救济条款,逐渐将普通法上的终止诉讼制度改造成为一项重要的宪法性救济制度,使其与排除规则一起发挥救济公民宪法性权利的作用。在美国,尽管有学者对"有不利影响的撤销起诉"制度提出了质疑,但并没有提出彻底废除撤销起诉制度的观点。他们所主张的是限制撤销起诉尤其是有不利影响的撤销起诉制度俄适用范围。例如,Amaterdam 教授就认为,应当继续建立一系列适应不同违法情况的救济方式,而不应将撤销起诉作为救济侵犯迅速审判权行为的唯一途径。② 他特别推崇"人身保护令"的救济方式,认为诉讼拖延的后果应当是被告人通过申请人身保护令,来促使法院适用保释或其他有条件的释放。这既可发挥惩戒违法者的作用,又不至于带来放纵犯罪的后果。③ Akin 教授则主张通过减少刑罚或者将被告人直接释放的方式,来发挥对迅速审判权的救济作用。④

程序性制裁方式尽管具有内在的正当性,也是不可完全被替代的,但是,鉴于这一制裁方式确实具有一些内在的缺陷和局限,在司法实践中也确实会产生一些负面作用,因此,我们需要提出一系列旨在减少这一制裁方式消极效果的理论思路,以便对这一制裁方式的进一步发展作出可能的预测。

(1)考虑到程序性制裁所具有的宣告无效之后果确实容易引发激烈的争议,尤其是像非法证据排除规则和终止诉讼这样的宣告无效制度还会带来一些"极端"的后果,因此,对于这种制裁方式应当严格限制其适用

---

① 根据英国判例法,终止诉讼制度不仅仍然在检控方重复起诉和拖延诉讼这两个传统领域中适用,而且逐渐扩展到警察非法逮捕和非法绑架等方面的"滥用诉讼程序"案件之中。参见 Andrew L. T. Choo, *Abuse of Process and Judicial Stays of Criminal Procedure*, Wadsworth Publishing Company, 1999, p. 7. 另参见 Andrew L. T. Choo, "Halting Criminal prosecutions: The Abuse of process Doctrine Revisited", in *Criminal Law Revirew*, 864(1995).

② Akhil Reed Amar, *The Constitution and Criminal Procedure—First Principle*, Wadsworth Publishing Company, 1999, pp. 115—116.

③ Anthony G. Amsterdam, "Speedy Criminal Trial: Rights and Remedies", *Stanford Law Review*, Vol. 27, Feb. 1975.

④ Arkin, "Speedy Criminal Appeal: A Right Without a Remedy", 74 *Minn. L. Rev.* 437, 482 (1990).

对象和适用范围。原则上,只有对于那些特别严重的程序性违法行为,尤其是那些严重侵犯当事人人身权利和诉讼权利、损害公平游戏和公正审判的行为,法院才可以作出宣告无效的制裁措施。当然,那些明显侵害了当事人宪法性权利的侵权行为,应被视为最严重的程序性违法行为。对于上述严重违法和严重侵权行为,法院不仅可以采取宣告无效的制裁,而且还可以做"自动的宣告无效",也就是不需要经过任何自由裁量的"绝对无效"。同时,对于这些严重的程序性违法行为,法院不应给予侵权者任何补救或者重新实施相关诉讼行为的机会。

(2) 有必要根据侵权情况和危害后果,对程序性违法行为作出三种必要的区分:一是"技术性违法";二是"一般的侵权性违法";三是"违宪性错误"或"宪法性侵权"。对于上述三种不同的程序性违法,应当分别确立不同的法律后果,而没有必要采取整齐划一的宣告无效措施。如上如述,对于"违宪性错误"或者"宪法性侵权"行为,应将其视为最严重的程序性违法行为,并按照"自动无效"和"不可补救的无效"之理念,作出无效之宣告。而对于"一般的侵权性违法"行为,法院可以将其视为"自由裁量的无效",也就是经过综合考虑案件的各种因素和平衡各方面的利益,然后作出是否宣告无效的裁决。在行使自由裁量权的过程中,法院需要考虑的因素有:犯罪案件的性质、危害后果极其社会影响,程序性违法的性质及其危害程度,作出无效宣告后可能带来的消极效果和积极收益,等等。法院需要平衡的利益有:被告人获得公正审判的利益,被害人获得救济的利益,社会的整体安全和秩序,等等。当然,经过综合权衡和考虑,法院即使最终作出了宣告无效之宣告,也还可以给予违反法律程序的警察、检察官和法官以必要的补救机会。至于一般的技术性违法,由于所违反的都是带有技术性和手续性的程序规则,而其本身的侵权属性和破坏法治后果并不是十分明显,因此,可以不直接采取宣告无效的制裁措施,而可以考虑单独采取诸如民事赔偿侵权、行政纪律处分等实体性制裁措施。当然,即使在法院宣告无效的场合下,这些实体性制裁措施也还是可以交叉适用的。

(3) 通过改革实体性制裁制度,加强对程序性违法行为的实体性制裁效果。根据责任自负的基本原则,任何实施违法行为的人都要为其违法行为承担相应的法律责任。因此,对于采取了非法侦查行为的警察、实施了非法起诉行为的检察官以及在审判中违反法律程序的法官,都需要建立相应的追究个人责任的机制。而按照基本的社会经验和常识,只有让那些实施违法行为的个人受到直接的法律惩罚,他们的违法动机才可以真正消除,他们也才真正可能被"剥夺违法所得的利益"。否则,除此以外的制裁方式都无法彻底消除违法者个人的违法动机,其制裁效果也往往较为有限。

有鉴于此,民事侵权诉讼制度却有必要建立起来,并更加切合追究警察、检察官和法官个人责任的需要。与此同时,也可以考虑追究警察与警察机构、检察官与检察机关、法官与法院的连带责任,使得在警察、检察官、法官个人无力承担民事赔偿责任时,而该由其所属的警察机构、检察机关和法院来承担侵权赔偿责任。至于行政纪律惩戒制度,则更应考虑建立独立或半独立的惩戒机构和程序程序,以避免那种传统的在警察机构、检察机关内部实施惩戒的制度所具有的局限性。不仅如此,未来的刑法修改也可以考虑增设一些新的罪名,如妨碍司法公正罪、破坏程序法实施罪等,以便使得几乎各种严重的程序性违法行为,都能有相应的罪名加以制裁。至于刑法典业已确立的一些相关罪名,如刑讯逼供罪、非法拘禁罪、滥用职权罪等,则应适当地从实体性危害后果向程序性侵权后果方向转移,使得那些实体危害后果虽不明显但程序性侵权后果较为突出的行为,也能被纳入刑法惩罚的对象。

(4) 对于程序性制裁本身,也有必要进行适当的改造。除了传统的宣告非法证据无效、非法起诉无效、非法裁判结论无效、非法诉讼行为无效、非法未决羁押措施无效的措施以外,还可以建立一些"不太极端的程序性制裁措施",如变更强制措施,责令重新实施诉讼行为,减轻刑罚,责令恢复原状等。尤其是尽量选择那种带有补救性的制裁措施。

例如,对于不是特别严重的拖延诉讼和超期羁押行为而言,法院可以尽量避免采用撤销起诉或者终止诉讼这种极端严厉的制裁措施,而该采用变更强制措施、发布保释令或者人身保护令,甚至宣告立即解除未决羁押状态,对被告人作无条件的释放。又如,除非下级法院在重新审判程序中又一次违反法律程序,否则,上级法院对于下级法院违反法律程序的行为,应当优先选择撤销原判、发回重审,而不是撤销原判、宣告被告人无罪。再如,对于警察以非法手段获得的非法证据,法院在将其排除于法庭之外后,还可以尽量给予警察在消除非法侦查的影响之后,重新实施侦查行为,从而可以重新搜集该项指控证据。那种排除之后不许重新调查和搜集的制裁,只应针对那种特别严重的非法侦查行为。

证据保管链制度研究*

陈永生**

一、问题的提出

随着不得被迫自证其罪原则在 2012 年修正的《刑事诉讼法》中得到正式确立,我国刑事诉讼将逐渐弱化对言词证据,尤其是口供的依赖,强化对实物证据的收集和运用。大多数实物证据,从侦查人员收集到最终提交法庭,都要经历收集、运输、保管、鉴定等多个环节,任何一个环节操作不当,都可能损害其证明价值:轻则,可能导致其被污染或者发生变化;重则,可能导致其被损毁、灭失,甚至被替换、被盗。那么,应当建立何种机制规范证据的收集、运输、保管、鉴定等行为,确保证据在这些环节不会发生变化?当辩护方提出控诉方的证据被污染、损坏或者被替换时,控诉方应当采用何种方式证明其提交法庭的证据就是在犯罪现场收集的证据,并且没有被污染、损坏?法官又应当如何对证据的真实性和关联性进行审查判断?这些都是现代证据制度必须解决的基本问题。

从法治发达国家的经验来看,建立证据保管链制度是保障实物证据同一性与真实性的关键措施。所谓证据保管链(chain of custody),是指"从获取证据时起至将证据提交法庭时止,关于实物证据(real evidence)的运动和位置(movement and location)的基本情况,以及保管证据的人员的沿革(history)情况"。"证据保管链要求每一个保管证据的人提供证言证明对证据的保管是连续的(requires testimony of continuous posses-

---

* 原文刊于《法学研究》2014 年第 5 期。
** 北京大学法学院副教授、博士生导师。

sion);不仅如此,还要求每一个人提供证言证明在其保管证据期间,证据实质上保持相同的状态(in substantially the same condition)……证据的真实性问题越重要,就越需要否定改变或替代的可能性"。[1]

而我国法学界对证据保管链制度的研究一直非常薄弱。在中国知网上对标题中含有"保管链"一词的论文进行检索,一共只搜索到两篇:一篇发表在《云南警官学院学报》2009年第3期上,全文2000多字,仅对侦查、鉴定人员收集、保管证据的程序要求进行了简单阐述,而没有全面、深入探讨证据保管链制度;[2]另一篇发表在《河北法学》2000年第5期上,全文1000多字,只对审查收集和保管证据的程序有助于质疑证据的证明力进行了论述,也没有全面、深入探讨证据保管链制度。[3] 另外,虽然还有一些论文涉及证据保管链制度,比如陈瑞华教授发表在《法学研究》2011年第5期上的《实物证据的鉴真问题》,何家弘教授、刘晓丹博士发表在《中国司法鉴定》2002年第1期上的《论科学证据的采纳与采信》等,都提到了证据保管链制度,但由于这些论文研究的主题都不是证据保管链制度,而只是在研究其他问题时附带涉及证据保管链制度,因而都没有对证据保管链制度进行全面、深入的探讨。

由于理论研究基本处于空白状态,我国立法对证据保管链制度基本未作规定。就实物证据的收集和出示而言,刑事诉讼法只要求对证据收集时的状态进行记录,并不要求对证据运输、保管等环节进行记录,更不要求接触证据的人员出庭作证。这种立法上的疏漏导致我国实践中有些公安司法机关对证据的保管极为混乱,因保管不善以致证据发生变化,被污染,甚至灭失的现象屡屡出现。近年媒体报道的不少案件都存在类似问题。譬如,在2003年至2006年轰动全国的湖南黄静案中,法院尚未对被告人姜俊武是否构成强奸罪作出认定,被害人黄静的尸体就严重腐败,作为检材的内脏丢失,被害人的衣物,包括内裤神秘失踪。[4] 再如,2009

---

[1] Bryan A. Garner (ed.), *Black's Law Dictionary*, 9th ed., Minnesota: West, a Thomson Business, 2009, p.260.

[2] 参见刘璇、刘燕、任玉苓:《刑事物证中的"保管链"》,载《云南警官学院学报》2009年第3期。

[3] 参见崔巍岚、王有才:《追查证据"保管链"质疑证据之效力》,载《河北法学》2000年第5期。

[4] 参见龚春霞:《法治社会和司法公正——从黄静案说开》,载《法制与社会》2007年第3期。

年,河南省汝南县公安机关在侦办一起1994年发生的故意杀人案件时因案卷丢失,导致检察机关被迫"降格"处理,以故意伤害罪对三名被告人提起公诉。[①] 又如,自1996年至2003年,海南省三亚市公安机关在侦办一起故意杀人案时,因案卷丢失,导致犯罪嫌疑人6年逍遥法外。[②] 因证据收集、运输、保管等程序存在问题导致鉴定结论出错的案件更层出不穷。笔者曾选择2005年及此前几年媒体披露的20起冤假错案为样本,研究冤假错案的成因,结果发现有15起案件在鉴定方面存在问题,司法鉴定出错是导致冤假错案的第二大原因。其中,有5起案件检材来源不明,甚至与案件根本没有关系。[③]

那么,证据保管链制度包括哪些要求?诉讼价值何在?我国在相关制度建构方面存在哪些问题?应当如何修改和完善?本文试图对这些问题进行深入探讨。

二、证据保管链制度的基本要求

从西方国家立法和司法实践来看,证据保管链制度包含两个层面的要求:第一个层面是对证据记录体系的要求,如前所述,也就是要求执法机关建立"从获取证据时起至将证据提交法庭时止,关于实物证据的运动和位置的基本情况,以及保管证据的人员的沿革情况"的完整而连贯的记录体系。如美国学者李·勒纳(Ed. K. Lee Lerner)和布伦达·威尔莫斯·勒纳(Brenda Wilmoth Lerner)所言:"证据保管链通常是指和物证或者电子数据的收集(无论是通过采样还是扣押的方式收集)、保管、控制、转移、分析、保存以及最终处理有关的书面记录、证据日志,或者其他形式的文献记录。"[④]就这一层面而言,证据保管链制度要求,对于每一份实物证据,从其被发现时起,至被提交法庭时止,都必须有可以被相关记录确定的人员对其进行实物保管(physical custody)。不仅如此,对这一

[①] 参见石玉:《警方丢失案卷,杀人嫌犯难定罪》,载《南方都市报》2010年11月1日。
[②] 参见江舟、友政:《谁之过?杀人案卷宗材料丢失,嫌疑人六载逍遥法外》,载《今日海南》2005年第7期。
[③] 参见陈永生:《我国刑事误判问题透视》,载《中国法学》2007年第3期。
[④] Ed. K. Lee Lerner & Brenda Wilmoth Lerner, *World of Forensic Science*, Kentucky: Gale, 2005, p.548.

期间的每一次交接(transaction),都必须按照时间顺序(chronologically)完整地记录下来,以证明证据的真实性(authenticity)。①

证据保管链制度第二个层面的要求,是保管链中所有参与证据的收集、运输、保管等工作的人员除非符合法定的例外条件,都必须出席法庭并接受控辩双方的交叉询问,以证明保管的规范性以及证据的真实性与关联性。司法实践中,"当涉及证据保管链问题时……必须判断哪些人构成保管链条中的链接者(the links in the chain)。总的原则是,任何占有过物品的人都构成证据保管链中的链接者"。② 而一旦任何人被确定为证据保管链中的"链接者",其就有可能被要求出席法庭接受控辩双方的交叉询问。链接者出庭作证,主要围绕以下两个方面的问题提供证言:第一,提交法庭的证据就是案件所涉及的证据;第二,提交法庭时证据的状态与案发时证据的状态保持实质上的一致。正如美国阿肯色州高等法院斯潘塞•鲁滨逊(Spencer Robinson)所言:"只有确立了足够的基础,才能采纳实物证据。这里所谓足够的基础,通常要求包括以下证言:提交法庭的证据与争议事件涉及的证据具有同一性,并且该证据与事件发生时保持实质上的相同状态"。③

证据保管链制度第一个层面的要求与第二个层面的要求互为表里。

1. 如果侦查、起诉机关对证据的收集、运输、保管等充分满足第一个层面的要求,即建立了严密的记录体系,那么,链接者出席法庭接受交叉询问的必要性将会减弱,出庭作证的人数将会随之减少。因为侦查、起诉机关建立证据保管链的一项重要目的是为了向法庭证明,其提交法庭的证据就是案发现场收集到的证据,并且证据的形态与收集时保持实质上的一致性。如果控诉方建立了连贯而完整的记录体系,证明从收集证据时起至提交法庭时止,一直都有特定的人员对证据进行保管,并且根据书面记录对各个交接环节证据基本形态的描述,证据一直保持实质上的相同状态,那么,辩护方很可能不对证据的真实性和关联性提出质疑,法官也很容易接受和采纳证据,链接者出庭作证的必要性就随之降低。正如

---

① See Wikipedia, Chain of Custody, available at: http://en.wikipedia.org/wiki/Chain_of_custody, 2013 年 8 月 15 日访问。
② Spencer Robinson, "Chain of Custody: Problems in its Application", *Arkansas Law Review*, 1976, vol. 30, p. 346.
③ 同上注, p. 345.

美国学者保罗·贾内利(Paul Giannelli)所言:"证据保管链记录文件的惯常使用(the habitual use of chain of custody documents)是确保链条不存在断裂之处的最值得信赖的方法"。[1] 美国阿拉巴马州民事上诉法院更进一步指出:"建立'证据保管链'记录文件的目的在于让裁判者在无须数量庞大的(numerous)实验室人员出庭作证的情况下确认存在证据保管链"。[2]

2. 要求所有保管证据的人员都出庭作证有利于保障辩护方行使交叉询问的权利,有利于揭露证据保管链记录体系中可能存在的虚假和不实之处。就其本质而言,证据保管链记录是证据保管人员在法庭之外制作的有关证据保管情况的书面陈述,属传闻证据。不仅如此,证据保管链记录多数是由侦查、起诉人员制作的,并且他们在制作记录时通常没有受到来自辩护方或者审判方的监督,因而作为诉讼的一方当事人,侦查、起诉人员可能出于获得胜诉的目的制作虚假的记录,甚至对相关记录进行篡改。在此情况下,如果不要求证据保管人员出庭作证,直接采纳书面记录,一方面不利于保障辩护方对保管证据的人员进行交叉询问的权利,另一方面可能导致法官采纳虚假的书面记录。事实上,在美国证据保管链记录文件不仅属于传闻证据,而且由于这些记录文件通常是警方制作的,因而有些法院认为对这些文件不能适用传闻证据规则的例外,在诉讼中不具有可采性。在美国立法史上,有这样一种信念(belief):"由于刑事案件中警方与被告方之间存在天然的对抗性,因而警方对犯罪现场的观察记录(observations)……不如其他案件中公共政府官员的观察记录(observations)可靠"。[3] 正是基于这一信念,美国《联邦证据规则》第803条在规定传闻证据规则的若干例外时并没有将"刑事案件中警察官员或者其他执法官员观察到的问题(matters)"列为公共记录(public records)例外的范围。[4] 具体而言,要求证据保管链的链接者出庭作证具有以下价值:(1)有利于保障辩护方行使交叉询问的权利,获取有利于本方的证据

---

[1] Paul Giannelli, "Forensic Science: Chain of Custody", *Criminal Law Bulletin*, 1996, vol. 32, No. 5, p. 455.

[2] J. E. B. v. State, 606 So. 2d 156, 157(Ala. Civ. App. 1992).

[3] Paul Giannelli, "Forensic Science: Chain of Custody", *Criminal Law Bulletin*, 1996, vol. 32, No. 5, p. 463.

[4] 参见同上。

信息。通常情况下,辩护方没有机会介入侦查、起诉机关收集、运输、鉴定和保管证据等活动,因而,在法庭上对证据保管人员进行交叉询问是其全面了解证据收集、运输、保管、鉴定等各个环节详细信息的最重要途径。通过交叉询问,辩护方可能获知追诉机关没有记录的有关证据的信息,而这些信息很可能是对辩方有利而对控方不利的。(2)有利于揭示证据保管记录中的虚假和不实之处,确保记录的真实性。之所以如此,是因为如果证据保管记录存在虚假或者不实之处,那么面对辩护方刨根究底的交叉询问,记录制作者的回答很容易出现违背事实或者违反逻辑、常理之处。不仅如此,由于证据保管链涉及证据的收集、运输、保管、鉴定等多个环节,所有接触证据的人员通常都必须出庭接受交叉询问,如果证据保管链记录存在虚假或不实之处,那么面对辩护方精心设计的盘问,保管人员的回答很可能与书面记录不一致,甚至可能出现不同保管人员的证言相互矛盾的现象,这无疑有助于法官发现证据保管链记录体系中的虚假和不实之处。正如美国联邦第七巡回法院在"美国诉金"(United States v. King)案中指出的:"书面记录的作者在法庭上作出的伴随记录的证言(the accompanying testimony)把记录不可信的危险降到最低限度,因为这给了事实裁判者评价其可靠性的机会,并使裁判者能够判断制作记录时的环境情况"。[1]

由此可见,证据保管链制度两个方面的要求是相辅相成的,两者有机结合有利于最大限度地保障证据的真实性。正如美国学者保罗·贾内利(Paul C. Giannelli)所言:"准许采纳证据保管链表格(form),正如军方刑事诉讼实践中所做的那样,同时再加上关键链接者(major links)的证言是较好的实践。根据规则制作的表格,确保证据保管过程的每一次交接都被记录下来。关键链接者的证言确保被告人有机会质疑对证据的处置是否遵循了适当的程序"。[2]

---

[1] United States v. King, 613 F. 2d 670, 673 (7th Cir. 1980).

[2] Paul C. Giannelli, "Chain of Custody and the Handling of Real Evidence", *American Criminal Law Review*, 1983, vol. 20, p. 567.

三、证据保管链制度的价值

(一) 有利于规范侦查、起诉人员收集、保管证据等行为,保障证据的证明力

在刑事诉讼中,自侦查人员在犯罪现场收集证据到将证据提交法庭,往往需要经过运输、保管、鉴定、有关人员查阅等很多环节,如果操作不慎,极易导致证据发生变化,影响其证明力。建立严密的证据保管链制度,有助于规范侦查、起诉机关收集和保管证据等行为,防止各种主客观因素对证据的证明力造成消极影响,保障法院准确查清案件事实。

1. 有利于防范证据无人监管现象的出现,防止证据被损坏、遗失或者被盗

在侦查实践中,如果缺乏有效的监控机制,很容易出现证据无人监管的现象,导致证据被损坏、遗失,甚至被盗。以证据的收集为例,到犯罪现场收集证据的侦查人员往往同时有多位,并且有些侦查人员可能同一时期参与了多个不同案件的侦查,在此种情况下,如果缺乏严密的制度确保每一份证据都有特定的人员对其进行监管,很可能导致出现疏漏,以致有些证据无人监管。以美国著名的辛普森案为例,在勘验现场的时候,"一名叫做富尔曼(Fuhrman)的侦查人员在大门背后发现一枚清晰的血指纹,并在他的笔记本上对这枚血指纹做了记录。然而,富尔曼没有对该证据进行拍照,也没有通知其他侦查人员在现场发现了这枚血指纹,更没有向上级报告该血指纹的存在,因而没有建立关于该证据的保管链,不能证明该证据存在",最终导致该证据被法院裁定排除。[①] 如果建立了完善的证据保管链制度,这种现象通常能够得到避免。

2. 有利于督促所有接触证据的人员恪尽职守,妥善保管证据

即使证据自收集至提交法庭每个环节都有专人负责保管,但如果收集、运输、鉴定的人员没有恪尽职守,违反保管和处置证据的相关规则,仍然有可能导致证据被损坏、污染,以致丧失证明力。以证据的收集为例,在现代法庭科学实践中,"就包装证据而言,独立而安全地包装和密封不

[①] See Marie-Helen Maras, *Computer Forensics: Cybercriminals, Laws, and Evidence*, Sudbury: John & Bartlett Learning, LLC, 2012, p.209.

同的物品以避免交叉污染(cross-contamination)是至关重要的"。① 如果收集证据的人员疏于职守,没有采用合适的材料对证据进行独立包装,很可能导致证据被污染或者损坏。仍然以辛普森案件为例,该案侦查人员在犯罪现场发现了微量物证(trace evidence)毛发和纤维,这些毛发和纤维能够证明辛普森到过案发现场,然而,"负责收集这些证据的人员严重违反相关规则,随意地将两种证据放置在一个容器当中……最终导致证据不可采,因为一个证据可能会污染另一个证据"。②

如果建立了严格的证据保管链制度,将有助于减少和避免类似问题的发生。因为证据保管链制度要求在每一次交接证据时详细记录交接证据的人员、时间,根据证据保管链的相关记录,能够清楚地查明每一个阶段负责保管和处置证据的具体人员。因而如果证据因操作不当导致发生变化,最终没有被法庭采纳,甚至导致案件被错判,侦查、起诉机关可以根据证据保管链的记录追究有关人员的责任。这种严格的责任机制的存在,将有助于督促办案人员恪尽职守,妥善保管证据,保障证据的证明力。

3. 有利于强化对证据保管行为的监督,防止办案人员蓄意篡改证据

在刑事诉讼中,侦查、起诉人员是承担控诉职能的,主要目标是证明犯罪嫌疑人、被告人有罪、罪重,有些侦查、起诉人员可能为了追求控诉的成功而对证据进行篡改。此外,有些办案人员可能与案件或案件当事人存在利害关系,或者因收受当事人的贿赂,而蓄意篡改证据。建立严密的证据保管链制度,将有助于防范办案人员蓄意篡改证据,保障证据的真实性。

(1) 证据保管链制度要求,自发现证据时起,就必须对证据的基本情况进行详细记录;此后,每一次交接证据时也必须对证据的基本情况进行详细记录。这种严密的记录制度意味着一旦保管证据的人员对证据进行了篡改,那么在其将证据移交给下一位保管人员时,下一位保管人员对证据基本状态的记录就与上一位保管人员的记录不一致,因而很容易查清证据到底是在哪一个环节、谁保管时发生了变化,这有助于通过追究相关人员的法律责任,警戒和遏制类似问题再次出现。

---

① Ed. K. Lee Lerner & Brenda Wilmoth Lerner, *World of Forensic Science*, Kentucky: Gale, 2005, p. 548.

② Marie-Helen Maras, *Computer Forensics: Cybercriminals, Laws, and Evidence*, Sudbury: John & Bartlett Learning, LLC, 2012, p. 210.

(2) 证据保管链制度要求,保管链中的主要链接者(links)都应当出席法庭接受控辩双方的交叉询问。因而,即使证据保管链中不同的链接者相互串通,对证据保管链的各个环节都作不真实的记录,导致证据保管链的记录体系在形式上没有瑕疵,但是,在法庭上,面对辩护方挑剔的询问和质证,参与造假的人员的回答很容易出现违背常识和情理之处,甚至可能出现不同链接者的回答相互矛盾的现象,这将有利于裁判者发现记录的虚假和不实之处。由此可见,证据保管链制度要求保管证据的人员出庭接受交叉询问,相当于设置了一道检验证据保管链记录体系真伪的强有力的审查机制,这一审查机制的存在,对保管证据的人员形成巨大的精神压力,迫使其不敢随意篡改证据。

(二) 为法官审查判断证据提供了可操作的标准,有利于防止错误认定案件事实

在刑事诉讼中,法官审查判断实物证据的真伪主要考察以下两个方面的问题:(1) 提交法庭的实物证据是否是案件所涉及的物品;(2) 提交法庭时实物证据的状态与收集时相比是否发生了实质性的变化。"实物证据的真实性(authentication)或者同一性(identification)是指证明该证据为真(genuine)的要求。麦考密克(McCormick)以这种方式表达这一要求:'当提交实物证据时,要建立足够的可采性的基础(adequate foundation for admission),就必须提供以下证言:(1) 该物品就是事件所涉及的物品(the object which was involved in the incident),不仅如此,该物品的状态本质上没有发生变化(is substantially unchanged)'"。[1]

在审查第一个方面的问题,即提交法庭的实物证据是否就是案件所涉及的物品时,法官主要考察以下两点:首先,证据是否与侦查、起诉机关指控的犯罪活动有关;(2) 证据是否与侦查、起诉机关指控的被追诉人有关。在对这两点进行审查时,证据保管链都发挥着至关重要的作用。对此,美国学者保罗·贾内利曾以李·哈维·奥斯瓦尔德(Lee Harvey Oswald)刺杀美国前总统肯尼迪一案为例进行分析。在该案中,警方收集到一把来复枪。保罗认为:"来复枪具有逻辑相关性,因为它趋向于证明奥

---

[1] Paul C. Giannelli, "Chain of Custody and the Handling of Real Evidence", *American Criminal Law Review*, 1983, vol. 20, p. 531.

斯瓦尔德就是实施了犯罪行为的人。在此意义上,使用来复枪包含两个步骤的分析:(1)将来复枪与杀人行为联系起来(connecting the rifle to the homicide);(2)将来复枪与奥斯瓦尔德联系起来(connecting the rifle to Oswald)。而完成这两个步骤的分析,取决于另外两个事实:第一,由于将来复枪确定为杀人凶器的认定是在FBI实验室中通过枪械鉴定的方式实现的,因而有必要证明警方扣押的来复枪就是送检的来复枪"。[1] 要证明这一点,最有效的手段就是依靠证据保管链:"必须证明来复枪的证据保管链(从犯罪现场到实验室)"。[2] "第二,由于将来复枪确定为奥斯瓦尔德所有的认定是在预审程序(hearing)中通过奥斯瓦尔德妻子的证言实现的,因而有必要证明警方扣押的来复枪就是奥斯瓦尔德妻子辨认的那把来复枪",[3] 而要证明这一点,也必须依靠证据保管链,要"追踪(tracing)发现时起至预审时止来复枪的证据保管链"。[4]

在审查第二个方面的问题,即提交法庭的实物证据是否发生了实质性的变化时,更需要借助证据保管链。如果虽然侦查、起诉机关提交法庭的证据就是其收集到的证据,但是提交法庭时证据的状态与收集时相比已经发生了实质性的变化,那么依据此种证据认定案件事实,仍然会导致发生错误。那么,法官依靠何种机制审查证据是否发生了实质性变化呢?对证据保管链进行审查仍然是最有效的手段。美国学者爱德华·伊姆温克里德(Edward J. Imwinkelried)曾对此进行论证。他举了这样一个例子:假设一架飞机坠毁,而坠毁时飞机引擎某一精密装置的设置情况决定着责任的最终划分。"如果装置的设置情况与出厂时的状态保持一致,生产者必须承担责任;如果装置的设置情况与出厂时的状态不一致,航空公司必须承担责任"。在证人经辨认,认定提交法庭的引擎就是发生事故的飞机的引擎之后,"审判法官是否有理由要求证明证据保管链呢?答案很可能是肯定的。证人证言证实了物品的同一性,但关键问题是该装置作为证据提交法庭时的设置情况与飞机坠毁时的设置情况是否相同。由于该装置属于精密仪器(delicate instrument),法官有理由裁量决定要求证

---

[1] Paul C. Giannelli, "Chain of Custody and the Handling of Real Evidence", *American Criminal Law Review*, 1983, vol. 20, p. 532.
[2] 同上。
[3] 同上注,第532页以下。
[4] 同上注,第533页以下。

明证据保管链。如果在收集后至审判前,该物品被粗心而野蛮地处置(subject to careless or rough handling),处置行为很可能改变了该装置的设置情况(the handling might have jarred the instrument into a different setting)。即使该物品易于识别,但是根据案情也需要证明证据保管链"。①

四、证据保管链制度的主要内容

(一)证据保管链的长度

合理确定证据保管链的长度极为重要,因为"只有在证据保管链时间范围内出现的未能持续占有证据的断裂才会影响证据的可采性(admissibility)"。② 要确定证据保管链的长度,关键是确定证据保管链的起点和终端。

1. 证据保管链的起点(the initial link)

一般认为,证据保管链的起点始于侦查机关收集到证据。但是,刑事案件纷繁复杂,司法实践中经常存在此种情况:证据没有在案发后第一时间被侦查人员收集到,而是在案发后经过数小时、数天,甚至数月之后才被侦查人员收集到。例如,侦查人员在第一次勘验现场时没有发现某一证据;或者没有意识到其与案件事实之间存在关联,因而没有收集该证据;或者案发后证据因某种原因被第三方占有,经过一段时间之后,第三方才将该证据交给侦查机关。在这些情况下,证据保管链应当从案件发生时开始,还是从侦查人员收集到证据时开始?关于这一问题,主流观点认为,在这种情况下,证据保管链的起点仍然始于侦查机关收集到证据,也就是说,控诉方只要证明自侦查机关收集证据开始,证据一直处于其连续保管之下即可。譬如,美国印第安纳州高等法院在"威廉姆斯诉州政府"(Williams v. State)案中明确指出:"在执法人员控制证据之前,不需

---

① Edward J. Imwinkelried, "The Identification of Original, Real Evidence", *Military Law Review*, 1973, vol. 61, pp. 154—155.

② Paul Giannelli, "Forensic Science: Chain of Custody", *Criminal Law Bulletin*, 1996, vol. 32, No. 5, p. 452.

要建立证据保管链"。① 美国联邦第五巡回法院在"美国诉怀特"(United States v. White)案中从反面论证:"这不是一个常规的证据保管链情形,在常规情形中,链条的断裂出现在警方从被告人处收集证据到随后的审判期间。相反,本案中,辩护方指称的断裂发生在政府占有海洛因之前"。② 主张证据保管链始于侦查机关收集证据时的理论基础在于,在政府没有占有证据时,"不能要求政府对证据的保管情况负责"。③

2. 证据保管链的终端(the final link)

通常情况下,证据保管链的终端止于控诉方将证据提交法庭。然而,在有些案件中,需要对证据进行实验室分析,此时,证据保管链的终端是仍然必须延续到法庭审判阶段,还是延伸到交付实验室分析时即可,则存在一定的争议。

实物证据包括两种:一种是不需要进行实验室分析的,另一种是需要进行实验室分析的。在美国,对于这两种证据,保管链终端的确定有所不同:对于第一种证据,也就是不需要进行实验室分析的证据,由于"其逻辑相关性取决于证人(包括被害人、被告人,引者注)在法庭上对其进行的辨认",因而"保管链必须从收集时开始直到被作为证据提交法庭"。④ 对于第二种证据,由于需要进行实验室分析,因而其关联性建立在专家证人在法庭上所做的专家证言的基础上,对于这类证据,"主流观点认为保管链只需要从扣押时起延续到分析或者实验时止"。⑤

但是,有些学者和法院持不同观点,他们认为,即便对于需要进行实验室分析的证据,证据保管链也必须持续到法庭审判阶段。他们持这一观点最重要的理由是,在控诉方对某一证据进行实验室分析之后,辩护方也有可能需要对该证据进行实验室分析,如果控诉方在分析证据之后不再对该证据进行保管,可能导致证据遗失,甚至被毁弃,严重侵犯辩护方的正当程序权。譬如,在"人民诉摩根"(People v. Morgan)案中,科罗拉多州最高法院裁定排除在凶杀案现场收集到的与被告人被切下的指尖

---

① Williams v. State, 379 NE2d 981, 984 (Ind. 1978).
② United States v. White, 569 F. 2d 263, 266 (5th Cir. 1978).
③ Zupp v. State, 283 NE2d 540, 543 (Ind. 1972).
④ Edward J. Imwinkelried, "The Identification of Original, Real Evidence", *Military Law Review*, 1973, vol. 61, p.155.
⑤ 同上注,第156页。

(severed fingertip)有关的多个证据,由于警方在实验室分析一个月之后将该指尖扔掉了(threw it away),法院认为,由于控诉方没有保存证据,导致辩护方的法庭科学专家不能对证据进行检验,这侵犯了辩护方的正当程序保障(due process guarantee)。①

(二) 哪些证据应当对保管链进行证明

由于建立证据保管链有利于督促侦查、起诉机关妥善保管证据,保障证据的真实性,因而就侦查、起诉机关而言,其应当就所收集到的所有实物证据都建立完整的证据保管链记录体系。然而,在审判阶段,如果要求控诉方对每一个实物证据的证据保管链都进行证明,要求所有链接者(links)都出庭作证,无疑会导致审判程序拖沓冗长,耗费大量司法资源;并且在有些情况下,实物证据的真实性毋庸置疑,此时要求控诉方对证据保管链进行证明确实没有必要,因此各国立法和司法实践都不要求控诉方对每一个实物证据的证据保管链都进行证明。通常情况下,只有当证据的真实性、关联性与证据保管链的状况息息相关,甚至建立在证据保管链完整性的基础上时,才要求控诉方对证据保管链进行证明。具体而言,从西方国家立法与实践来看,在以下几种情况下,控诉方通常必须对证据保管链进行证明。

1. 证据属于种类物(fungible items)

对于种类物,法官通常会要求控诉方对证据保管链进行证明。之所以如此,是因为:(1)种类物没有独一无二的特征(unique characteristics),证人很难对其进行辨认,因而如果证据属种类物,即使有证人证言等言词证据与其相互印证,法官也可能对印证的真实性产生疑问,因而要求控诉方通过证明证据保管链确认证据的真实性。正如俄亥俄州上诉法院在州政府诉康利(State v. Conley)一案中所指出的:"一粒白色药丸与另一粒白色药丸看起来非常类似,因而只靠观察作出肯定的同一认定通常是不可能的,"②因而,必须通过证明证据保管链确认该种类物就是案件所涉及的证据。(2)由于种类物难以辨识,很容易与其他物品相混淆,被替换的可能性相对较高,因而为防止被替换,也必须对证据保管链进行

---

① See People v. Morgan, 606 P. 2d 1296, 1300 (Colo. 1980).
② States v. Conley, 288 NE2d 296, 300 (Ohio App. 1971).

证明。"这些物品(指种类物,引者注)的性质常常使得它们特别容易被篡改或者遗失"。① 因此,应当通过证明证据保管链确认证据的真实性。

2. 证据需要进行实验室分析(lab analysis)

有些证据与案件事实之间的关联性无法被审判人员直接感知,必须借助法庭科学实验室对其进行分析检验,此种证据即使不属种类物,证人可以凭借其某些特点在法庭上对其进行准确辨认,控诉方也必须对证据保管链进行证明。原因在于,对于此种证据,即使证人能够准确辨认提交法庭的就是案发现场收集到的证据,但这并不能说明法庭科学实验室分析检验的就是案发现场收集的证据。而法院的裁判恰恰建立在法庭科学实验室分析报告的基础上,因而控诉方仍然有必要对证据保管链进行证明,从而证明送检的实物证据就是收集到的证据,以确保鉴定意见与案件的关联具备客观的事实基础。以前文所述的李·哈维·奥斯瓦尔德刺杀美国前总统肯尼迪案为例,虽然警方在提取枪支时记录了枪支的序列号,并在枪支上标注了警察的姓名缩写(initials),因而枪支被特定化,很容易被辨认,"但仍然有必要证明这支来复枪就是联邦调查局实验室中火器鉴定专家所检验的那支来复枪"。②

3. 证据的关联性与其状态(condition)紧密相关

"如果不仅物品的同一性(identified),而且其状态(condition)也是相关议题的话,必须要求建立证据保管链以证明物品在警察保管期间没有发生变化"。③ 正如前文美国学者爱德华·伊姆温克里德所举的飞机引擎的例子,在该案中,不仅飞机引擎的精密装置本身与案件存在关联,而且飞机引擎精密装置设置的情况也直接决定着案件裁判结果,因而提出证据的一方必须通过证明证据保管链确认在其保管该引擎期间,引擎精密装置的设置情况没有发生实质性变化。事实上,刑事诉讼中有很多类似证据,其状态非常容易发生变化或者受到污染,而其状态对认定案件事实又至关重要。以血样和尿样为例,"如果盛有血液或者尿液样本的容器自提取时起或者在实验室中被暴露在含有灰尘或者水分的空气中,而这

---

① Paul Giannelli, "Forensic Science: Chain of Custody", *Criminal Law Bulletin*, 1996, vol. 32, No. 5, p. 451.

② Paul C. Giannelli, "Chain of Custody and the Handling of Real Evidence", *American Criminal Law Review*, 1983, vol. 20, p. 537.

③ 同上。

些灰尘和水分又含有可氧化的有机物质（oxidizable organic materials），这将导致其中明显酒精成分的上升（can cause an increase in the apparent alcohol）"。① 因而，"血液样本……应当以最大程度的谨慎进行处置，并且所有处置样本的人都应当做好准备以辨认该样本，并作证证明样本的保管链情况以及没有被改变状态"。②

五、我国在证据保管链方面存在的问题

我国没有建立完整的证据保管链制度，只有零星规定初步体现了证据保管链制度的某些要求。如《刑事诉讼法》第140条规定："对查封、扣押的财物、文件，应当会同在场见证人和被查封、扣押财物、文件持有人查点清楚，当场开列清单一式二份，由侦查人员、见证人和持有人签名或者盖章，一份交给持有人，另一份附卷备查。"《公安机关办理刑事案件程序规定》（以下简称公安机关《规定》）第225条、《人民检察院刑事诉讼规则（试行）》（以下简称检察院《规则》）第236条也作出了类似规定。

应当承认，上述规定在一定程度上体现了证据保管链制度的要求，有值得肯定之处。然而，由于我国没有建立系统的证据保管链制度，因而实践中证据保管存在不少问题，实务中，因管理不善导致证据发生变化、被污染，甚至灭失的现象屡屡发生。那么，从《刑事诉讼法》、相关司法解释以及规范性文件的规定来看，我国在证据保管链方面存在哪些问题呢？

（一）不要求建立完整而连贯的证据保管链记录体系，对控方收集、保管证据等行为缺乏严密的规制

1. 不要求建立完整而连贯的证据保管链记录体系

如前文所述，证据保管链制度第一个层面的要求是建立从收集证据时起至将证据提交法庭时止，关于实物证据的运动和特征的基本情况，以及保管证据的人员的沿革情况的完整而连贯的记录体系，这个记录体系不应当存在断裂或者不连贯之处。而从《刑事诉讼法》及相关规范性文件的规定来看，我国只要求在收集证据时制作笔录或清单，并不要求在运输

---

① Andre A. Moenssens & Fred E. Inbau & James E. Starrs, *Scientific Evidence in Criminal Cases*, 3rd ed., Wisconsin: The Foundation Press inc., 1986, p.96.

② Ritter v. States, 3 Tenn. Crim. App. 372, 462 S. W. 2d 247, 249 (1970).

和保管证据等环节对证据的基本情况作出记载,也不要求建立无缝对接的证据保管链记录体系。譬如,除收集证据的人员外,负责运输证据的人员是否也应当在相关笔录上签名?在保管证据期间,保管人员是否有义务对每一个接触过证据的人员都进行记录?交接证据时是否应当对证据的基本特征进行审查和记录等,立法都没有作出规定。

2. 对控方收集、保管证据等行为缺乏严密的规制

我国立法不仅不要求建立严密的证据保管链记录体系,而且对证据的收集、鉴定规定得极为简单,对运输、保管等则几乎未作规定,结果导致实践中,因缺乏有效的规制,以致证据被污染、损毁,甚至遗失的现象屡屡发生。

就证据的收集而言,除检察院《规则》第236、239条规定在收集某些特殊物品和文件时必须进行密封以外,《刑事诉讼法》及其他规范性文件对于收集其他物品、文件时是否必须根据物品、文件属性的不同采取不同的收集和包装方式都没有作出规定。而从检察院《规则》第236、239条的规定来看,需要进行密封的主要是金银珠宝、文物、名贵字画、存折、信用卡、有价证券、现金等物品,或者涉密的电子设备和文件。从条文列举来看,检察院《规则》之所以规定对这些物品要进行密封处理,主要是因为这些物品价值可能比较贵重或者涉及国家秘密,密封的目的是为了防止损害这些物品的经济价值或者泄露国家秘密,而不是为了保障其作为证据的证明力。根据这一逻辑,如果某一物品的经济价值比较贵重,无论其作为证据的证明力高低如何,都应当采用密封的方式进行保管;反之,如果某一物品的经济价值不高,那么即使其作为证据的证明力非常高,甚至很容易被污染、损毁,也并非必须密封。这种主要根据物品经济价值的大小而非证明力的高低决定保管方式的立法导向,暴露出我国立法者对于妥善保管证据的忽视,缺乏建立证据保管链的观念和意识,这在实践中极易导致公安司法人员在收集证据时无视证据的妥善保管,对保障证据的证明力极为不利。

就收集证据之后的保管而言,公安机关《规定》第225条以及检察院《规则》第236条都要求在收集证据之后应当将证据交保管人,但是对于保管证据涉及的许多重要问题都未做规定。譬如,公安司法机关是否应当设置专职的证据保管人员?是否应当建立专门的证据保管场所?是否应当对不同的证据分门别类,分别保管?是否应当杜绝无关人员接触证据?是否应当对每一个接触过证据的人员都进行登记等,相关立法都没有作出

规定。这导致实践中有些侦查机关对证据的保管极为混乱,"许多侦查机构都缺乏足够的物证存放空间或者足够的设施,从而无法对物证进行正确的存放……后勤警察不得不将现场物证存放在物证存放柜或者档案柜上面,或者将之放置于装有数百件同类物品的大厨柜之中"。[①] 更有甚者,有些办案机关在案件尚未审结时,就已经将证据非法处理或者变卖。[②]

就证据的鉴定而言,值得肯定的是,《公安机关物证鉴定规则》第28条明确规定:"对鉴定方法可能造成检材、样本损坏或者无法留存的,应当事先征得鉴定委托单位同意"。应当承认,这一规定对于督促鉴定人采用合理的方法鉴定证据,避免对证据造成不必要的损害具有一定的意义,然而遗憾的是,该条并没有明确确立无损鉴定规则,要求鉴定人在鉴定时必须尽量采用不会对证据造成损害或者损害最小的方式。这可能导致在实践中,鉴定人基于降低成本或提高效率等目的,在存在不对证据造成损害的鉴定方式时,征得委托人同意后采用造成损害的鉴定方式;在存在对证据造成较小损害的鉴定方式时,征得委托人同意后采用造成较大损害的鉴定方式。此外,这还可能导致在使用较少检材即可进行鉴定的情况下,却使用大量检材,导致检材留存过少,以致无法重新鉴定,或者重新鉴定的次数受到限制。

就证据的运输而言,《刑事诉讼法》及相关规范性文件的规定完全空白。在诉讼过程中,自侦查机关收集证据到将证据提交法庭,可能需要对证据进行多次运输。在此过程中,如果有关人员没有恪尽职守,采取妥当的方式进行运输,很可能导致证据的形态发生变化,甚至灭失,影响案件事实的发现。譬如,对于玻璃器皿和电子设备等易碎物品,必须采用特殊材质进行包装,并遵循特殊的运输和装卸规则,否则很容易导致证据被毁损,但遗憾的是,我国立法对这些问题完全未作规定。

(二)不要求证据保管链的链接者出庭作证,忽视对证据的收集、保管等进行严格审查

1. 不要求证据保管链的链接者出庭作证

虽然2012年修订的《刑事诉讼法》建立了侦查人员出庭作证制度,但

---

① 刘静坤:《证据动态变化与侦查阶段证据保管机制之构建》,载《山东警察学院学报》2011年第1期。
② 参见王功豪、李劼:《必须注意对未决案件物证的保管》,载《人民司法》1981年第11期。

是根据该法规定,侦查人员出庭作证主要针对两种情况:(1)第57条规定的:"现有证据材料不能证明证据收集的合法性的","人民法院可以通知有关侦查人员或者其他人员出庭说明情况"。(2)第187条规定的:"人民警察就其执行职务时目击的犯罪情况作为证人出庭作证"。其中,第187条是指警察就其履行职务过程中目击案件事实的情况出庭提供证言,与实物证据的收集、保管等问题无关,可能与实物证据的收集、保管等问题有关的是第57条。然而,第57条规定的是非法证据排除规则的举证责任和证明方式,法院很难以审查控方收集实物证据的程序是否合法为由,要求侦查人员出庭作证,就证据的运输、保管等问题作出说明。之所以如此,原因在于:

(1)按照刑事诉讼法理,非法证据排除规则是指政府执法人员在收集证据时违反法定程序,严重侵犯公民权利,因而所收集的证据不具有可采性,不应当用作认定案件事实的根据。换言之,非法证据排除规则是对违法收集证据的行为进行审查的,不涉及证据的保管、运输、鉴定等程序。实际上,《刑事诉讼法》第57条也对此做了明确规定,只有"现有证据材料不能证明证据收集的合法性的",人民法院才可以"通知有关侦查人员或者其他人员出庭说明情况"。因此,如果法官只是认为证据的运输、保管等程序不合法,而不是认为证据的收集程序不合法,是不能援引《刑事诉讼法》第57条,要求侦查人员出庭作证的。

(2)就收集证据的程序而言,法官也很难援引《刑事诉讼法》第57条,要求侦查人员出庭作证。之所以如此,是因为按照刑事诉讼法理,尤其是我国《刑事诉讼法》第54条对排除非法证据范围的规定,排除非法物证的条件非常严格,即使侦查人员不出庭作证,非法收集的物证通常也不会被排除,因而侦查人员缺乏出庭作证的强烈动机,法官也几乎不可能以审查物证的收集程序是否合法为由要求侦查人员出庭作证。

首先,按照刑事诉讼法理,非法证据排除规则的"非法"是有特定含义的,并非只要收集的程序违反了法律的规定,该证据就属于非法证据。具体而言,非法证据排除规则的"非法证据"是指收集证据的程序严重违法,严重侵犯公民权利的证据,例如,未取得许可证实施搜查、扣押获得的证据。反之,如果虽然收集证据的程序违反了法律的规定,但所违反的只是技术性程序,而没有侵犯他人的合法权利,此种证据不属于非法证据排除规则意义上的非法证据。譬如,检材送检的时间略有延误;搜查、扣押物证的清单对物品个别属性记录不完整；个别侦查人员没有在搜查、扣押清单上签字等。实际上，我国《刑事诉讼法》第 54 条也对此作出了明确规定：收集物证、书证不符合法定程序，必须"可能严重影响司法公正的"，才"对该证据应当予以排除"。而证据保管链制度规制的对象主要是证据收集、运输、保管、鉴定等环节的技术性问题，其目的侧重于保障证据的真实性，而非被追诉人的权利。因此，违反证据保管链制度要求的行为很难被认为严重影响司法公正，因而法官很难以此为由援引第 57 条要求侦查人员出庭作证。

其次，按照《刑事诉讼法》第 54 条的规定，即使法官认为"收集物证、书证不符合法定程序，可能严重影响司法公正"，其也并非必须通知侦查人员出庭作证，而是应当给予控诉方"予以补正或者作出合理解释"的机会。而由于立法没有对"补正或者作出合理解释"的方式作出限制，因而侦查人员完全可以以书面方式为之，而不出庭作证。事实上，最高人民法院《关于适用〈刑事诉讼法〉的解释》第 101 条第 2 款规定："公诉人提交的取证过程合法的说明材料，应当经有关侦查人员签名，并加盖公章"。这意味着，侦查人员提交的书面材料，只要经过有关侦查人员签名，并加盖公章，就可以用作证明取证程序合法的证据。正因为《刑事诉讼法》及相关司法解释对排除物证的程序规定得极为严格，因而在 2010 年最高人民法院等五部门联合发布的《关于办理刑事案件排除非法证据若干问题的规定》以及 2012 年《刑事诉讼法》实施后，虽然实践中偶尔有法院就侦查机关获取被告人的有罪供述是否合法启动审查程序，也偶尔有侦查人员应法院的要求出庭就讯问犯罪嫌疑人是否合法进行说明。但实践中几乎没有一起案件法院就侦查机关收集物证的程序是否合法启动审查程序，也几乎没有一个侦查人员就物证的收集程序是否合法出庭作证。

2. 忽视对证据的收集、保管等进行严格审查

从逻辑上说，法官在对实物证据的真实性进行审查判断时通常有以下两条路径：（1）从该证据本身入手，即审查证据收集、运输、保管、鉴定时的属性、特征、状态等，以判断其真实性。（2）从该证据与其他证据的关系入手，即将待审查的证据与本案其他证据进行比对，考察该证据能否与其他证据相互印证，以判断其真伪。在我国司法实践中，公安司法人员普遍习惯于，甚至片面倚重相互印证的审查判断模式，而忽视对证据自身情况的审查判断。正如龙宗智教授所言，"我国刑事诉讼通行'印证证明

模式',将获得印证性直接支持证据视为证明的关键;注重证明的'外部性'而不注重'内省性'"。① 然而,值得注意的是,相互印证的审查判断方式存在严重缺陷,在审查判断证据时不能完全依赖这种方式。原因在于,相互印证审查模式功能的发挥建立在一个前提的基础上,即作为"印证证据"的本案其他证据具有真实性,如果"印证证据"的真实性无法得到保障,那么审查判断的结果很可能发生错误。譬如,有罪供述是侦查人员在掌握一定物证之后指名问供的结果,此种情况下,物证与口供之间似乎能够相互印证;又如,犯罪现场是犯罪人伪造的,在此情况下,犯罪人所伪造的多个物证之间也经常能够相互印证。显然,根据这些"相互印证"的证据认定案件事实,很容易发生错案。

那么,为什么我国法官普遍只注重审查证据之间的相互关系,而忽视对证据自身情况的审查呢?笔者认为,一个非常重要的原因即在于证据保管链制度的缺失。如前文所述,由于我国立法并不要求建立涵盖证据收集、运输、保管、鉴定等各个环节的连贯而完整的证据保管链记录体系,因而法官很难通过审查相关记录准确判断证据是否在运输、保管等环节被污染、毁损或者发生其他改变。同时,如前文所述,根据我国相关立法,法官也很难要求证据保管链的相关链接者出庭作证,在此情况下,法官几乎没有对实物证据的收集、运输、保管等进行审查判断的机制和手段。既然如此,法官就只得倚重相互印证的审查判断模式,将对证据可靠性的判断建立在不同证据相互印证的基础上,而这很容易导致发生错案。

六、证据保管链制度在我国的构建

为了严格规制公安司法人员收集、运输、保管证据等行为,提升法官审查判断证据的能力,我国有必要借鉴西方法治发达国家的成功经验,建立完善的证据保管链制度。

(一)要求公安司法人员在诉讼过程中建立严密的证据记录体系,并遵守证据的收集、运输、保管、鉴定等的严格规则

1. 建立严密的记录体系

如前所述,建立严密的证据记录体系是证据保管链制度的第一项要

---

① 龙宗智:《印证与自由心证——我国刑事诉讼证明模式》,载《法学研究》2004年第2期。

求。要实现这一要求,应当做到以下几点:

(1) 对每一份证据都必须在外包装上加贴标签,载明证据的主要特征。对证据进行标示,目的是帮助办案人员对不同的证据进行识别,防止发生混淆,并在证据的基本特征发生变化时及时发现和记录,并采取必要的保护措施。"作为证据保管链的开端,储存证据的容器就必须清楚载明收集人员的姓名缩写、获取证据的日期和时间;同时还必须对证据本身以及收集证据的具体地点作出详细而具体的描述;此外,还要记载调查机构的名称以及案件编号"。①

(2) 要求所有接触证据的人员都必须对保管证据的情况进行记录,从而形成一个严密的记录体系。具体而言,从侦查人员收集证据到将证据提交法庭,除法定的例外情形,所有接触证据的人员都必须对证据保管的情况进行记录,并且记录必须环环相扣,能够完整地、"无缝对接"地证明证据在整个诉讼过程中所处的状态。"如果证据保管链在任何一个环节出现断裂,证据可能将不被采纳,或者丧失法律价值"。② 记录的内容应当非常详细,"必须包括对收集证据的地点和环境的具体描述,必须记录每一位处理证据的人的身份及可能的证件号(identity and possibly the credentials),证明每一个处置环节持续的时间,每一个处置环节的安全水平,以及证据的整体储存情况。"③

(3) 在每次交接证据时,交接双方都必须对证据的具体特征进行查验,在查明证据的各项特征与标签、笔录的记载相符的情况下,双方均须在证据保管笔录上签字,并由接受证据的一方向移交证据的一方出具收据。要求交接证据时履行严格的审查和确认程序是为了使不同的证据保管人员能够相互制约,确保证据不会被篡改、调换或发生其他变化。"为了证明真实性(establish authenticity),同时也为了对对方提出的篡改证据的指控进行防御……涉及每一份证据的每一个交接环节(every single transaction),都必须按照时间顺序做详尽无遗的记录(documented in

---

① Ed. K. Lee Lerner & Brenda Wilmoth Lerner, *World of Forensic Science*, Kentucky: Gale, 2005, p.548.
② 同上。
③ 同上。

minute detail)"。①

2. 制定并执行有关证据收集、运输、保管、鉴定的严格规则

值得注意的是,为了防止证据在收集、运输、保管、鉴定等环节被毁损、污染或者遗失,西方法治发达国家普遍根据实物证据的不同种类,制定了大量的指南性文件。例如,美国仅联邦调查局就制定了《法庭科学DNA鉴定实验室质量保证标准》(Quality Assurance Standards for Forensic DNA Testing Laboratories)、《微量物证收集指南》(Trace Evidence Recovery Guidelines)、《文书鉴定操作指南》(Guidelines for Forensic Document Examination)等多份指南性文件。② 又如,英国仅首席警察协会(Association of Chief Police Officers)就制定了《现场扫描式提取指纹良好操作守则》(Live Scan Taking of Fingerprints Good Practice Guide)、《数据证据良好操作指南》(Good Practice Guide for Digital Evidence)等多份指南性文件。③ 这些文件针对不同证据的特点,对其收集、运输、保管和鉴定等问题作出了非常详尽、可操作性极强的规定。他山之石,可以攻玉。为规范侦查人员收集、运输、保管证据等行为,我国有必要借鉴域外经验,针对不同种类的证据,制定具体的规范性文件。

(1)就证据的收集而言,首先,应当要求对每一份证据独立包装,并在封口处加贴封条。独立包装的目的在于避免证据之间相互污染,加贴封条的目的在于防止有机会接触证据的人员故意篡改证据。为实现这一目的,还应当明确要求,每次开启封条和重新封存时,都必须至少有两名相关人员在场,进行见证和记录。其次,应当要求根据证据的不同属性,采取不同的收集和包装方式。之所以如此,是因为不同的证据属性不同,如果不根据其属性的差异采用不同的收集和包装方式,极可能导致其发生变化,丧失证明力。以生物物证(biological evidence)为例,由于该类证据很容易腐败或者霉变,因而对包装材质有着特殊要求。具体言之,除少

---

① Ed. K. Lee Lerner & Brenda Wilmoth Lerner, *World of Forensic Science*, Kentucky: Gale, 2005, p. 548.

② 参见美国联邦调查局官方网站:http://www.fbi.gov/fbi-search#output=xml_no_dtd&client=google-csbe&cx=004748461833896749646%3Ae4llgwqry7w&cof=FORID%3A9%3BNB%3A1&ie=UTF-8&siteurl=www.fbi.gov%2F&start=10&q=guidelines+,2014年5月11日访问。

③ 参见英国首席警察协会官方网站:http://www.acpo.police.uk/ProfessionalPractice/Crime.aspx,2014年5月11日访问。

数生物物证(如抽取的血液、尿液等)可以使用塑料容器包装之外,对于多数生物物证,都应当采用透气的容器(breathable storage container)进行包装。正如美国国家司法研究中心在其《生物证据保全处理最佳操作守则》中指出的,"透气的容器非常重要,因为它们可以避免冷凝(condensation),而冷凝可能导致细菌的滋生以致 DNA 生物样本被降解。"①

(2)就证据的保管而言,应当做到以下两点:首先,各追诉机关应当设置专职的证据保管人员。证据保管人员不参与侦查工作,其主要职责是妥善保管证据,防止证据因各种主客观原因被污染、毁损或者遗失。在保管证据期间,保管人员有义务杜绝无关人员接触证据,对于依法确有必要接触证据的人员,保管人员应当在保管链记录文件中详细记载其姓名、接触证据的原因和时间,以及证据在其接触前后的具体情况。其次,各追诉机关应当建立专门的证据保管场所。该场所应当有足够的存储空间,并根据当地刑事案件发案的种类情况进行必要的分区,如有的区域专门储存文书类证据,有的区域专门储存生物物证,有的区域专门储存大体积物证等。不仅如此,由于有些物证对储存条件有特殊要求,因而为保管此类证据,还应当建设专门的场所,并配备相应的保管设备。以生物物证为例,有些生物物证,如尿液、粪便以及 DNA 提取物(DNA extracts)等,最适宜在冷冻的状态下储存;有些生物物证,如液态血液,最适宜在冷藏的状态下储存;有些生物物证,如干燥的生物浸染物证(dry biological stained items)、骨头、毛发、生物拭子证据(swabs with biological material)等,最适宜在温控条件下储存,因而储存生物物证的区域应当配备相应的冷冻、冷藏设备,并具备一定的温控条件。②

(3)就证据的运输而言,首先应当遵循及时原则,要求侦查人员在收集证据后迅速将其运输到鉴定机构或者物证保管场所,避免不必要的延误。许多实物证据对运输时间有着严格的要求,如"血液和其他潮湿的证据必须……在两小时之内从犯罪现场运送到实验室,以避免导致污染的

---

① National Institute of Justice, The Biological Evidence Preservation Handbook: Best Practices for Evidence Handlers, available at: http://www.crime-scene-investigator.net/BiologicalEvidencePreservationHandbook.pdf, 2014 年 5 月 11 日访问。

② 同上文。

细菌的产生和繁殖"。① 其次,应当根据不同证据的属性采取合理的方式进行运输。以电子设备为例,在运输时,"应当确保电子设备远离无线电发射装置等造成的磁场环境……要避免电子设备长期处于运输工具之中,因为高温、寒冷或者潮湿的环境都会损害甚至毁损电子数据……要确保运输中的电子设备被妥善包装和安置,以避免冲击和震动造成损害"。②

(4) 就证据的鉴定而言,应当明确要求必须遵循无损鉴定原则,即要求鉴定人员尽量采取不对检材造成损害的鉴定方式,如果必须对检材造成损害,应当尽量降低损害的程度。为避免检材在鉴定环节受到不必要的损害,导致未来难以进行重新鉴定,法治发达国家都要求对实物证据的鉴定必须遵循无损鉴定原则(nondestructive testing)。以美国为例,联邦调查局制定的多份有关鉴定的指南性文件都对无损鉴定原则作出了明确规定。譬如,联邦调查局 2000 年修正的《文书鉴定操作指南》第 9 条"生物污染文书证据鉴定技术"明确规定:"应当首先使用无损的光学技术",如果使用光学技术无法实现鉴定目的,可以使用损害程度相对较低的"潮湿法"(humidity),只有在采取上述方法均无法实现鉴定目的时,才能使用"水洗法"(washing solution),"水洗是有损技术,只能用作最后的手段(a last resort)"。③

(二) 合理界定出庭作证的人员范围,在保障公正的同时兼顾效率

由于一起刑事案件可能有多个实物证据,每个实物证据往往先后有多名公安司法人员参与收集、运输、保管或者鉴定,如果要求所有接触证据的人员都出庭作证,可能导致需要出庭作证的人员范围太广,严重影响诉讼效率,因此有必要在保障证据真实性的基础上,适当限制出庭作证的人员的范围。借鉴西方法治发达国家的经验,并结合我国实际,笔者认为

---

① Ed. K. Lee Lerner & Brenda Wilmoth Lerner, *World of Forensic Science*, Kentucky: Gale, 2005, p. 548.
② National Institute of Justice, Electronic Crime Scene Investigation: A Guide for First Responders, 2nd ed., available at: http://www.nij.gov/publications/ecrime-guide-219941/ch6-packaging-transporting-storing/Pages/transporting.aspx, 2014 年 5 月 11 日访问。
③ The Federal Bureau of Investigation, Guidelines for Forensic Document Examination, available at: http://www.fbi.gov/about-us/lab/forensic-science-communications/fsc/april2000/swgdoc6.htm, 2014 年 5 月 11 日访问。

有必要从以下方面设定我国相关人员出庭作证的范围。

1. 相关人员出庭作证的证据范围

如前所述,根据西方法治发达国家的经验,对于以下三类证据,证据保管链的链接者通常必须出庭作证:(1)证据属种类物;(2)证据需要进行实验室分析;(3)证据的关联性与其状态紧密相关。笔者认为,对于这三种证据,链接者通常必须出庭作证,这是没有疑问的,但在特殊情况下,即使是这三类证据,相关人员也可以不出庭作证。譬如,在强奸案件中,在被害人大腿内侧提取到被告人的精斑。由于精斑属于需要进行实验室分析的证据,因而侦查人员原则上必须出庭作证,证明其送交鉴定人的精斑就是在被害人大腿内侧提取的精斑。但笔者认为,如果被告人及其辩护人对此并无异议,法官对该鉴定结论的真实性也不存在疑问,那么侦查人员也没有必要出庭作证。因此笔者认为,对于需要链接者出庭作证的证据范围,还可以做进一步的限制。具体而言,对于以上三类证据,在以下两种情况下,相关链接者应当出庭作证。

（1）辩护方对证据的可靠性存在异议的。如果辩护方对证据的可靠性存在异议,通常表明证据在收集、运输、保管等环节发生变化,被篡改、伪造,或者因其他原因导致虚假的可能性较大,因而有必要要求相关链接者出庭,以便法官审查证据的真伪。退一步而言,即使证据在收集、运输、保管等环节没有发生变化,但如果辩护方对证据的可靠性提出异议,此种情况下,如果相关链接者不出庭作证,将很难说服辩护方相信控方证据的真实性,这将严重影响法院裁判的公信力。因此,只要辩护方对证据的收集、运输、保管等程序提出异议,法院就应当要求相关人员出庭作证。

（2）法官对证据的可靠性存在疑问的。在刑事诉讼中,法官承担着发现案件真相,实现司法正义的职责,因此即使辩护方对证据的真实性不存在异议,但如果法官对证据收集、运输、保管等程序存有疑问,怀疑证据的真实性,也有权要求相关链接者出庭作证。

2. 相关人员出庭作证的时间范围

相关人员出庭作证的时间范围,也就是前文所述的证据保管链的起点和终端问题,也即从何时起至何时止,接触证据的人员必须出庭作证。

如前文所述,对证据保管链的起点,主流观点认为应当始于侦查机关收集证据;即使对于案发后侦查机关没有在第一时间收集到,而是过了一段时间才收集到的证据,主流观点认为保管链的起点也始于侦查机关收集到证据。但笔者认为,这一观点并不合理,中国在进行制度建构时,应当规定,对于侦查机关没有在第一时间收集到的证据,其保管链应当从案件发生时开始。之所以如此,是因为证据保管链制度的功能不仅仅在于规范追诉机关收集、保管证据等行为,还在于确保证据的真实性。如果控诉方只证明在侦查机关收集证据之后,证据没有发生变化,而没有证明在侦查机关收集以前,证据也没有发生足以影响其证明力的变化,那么,证据的真实性仍然难以得到充分的保障。原因很简单,在侦查人员正式收集证据之前,证据可能因为第三人的行为或者自然因素发生变化。此时,如果运用该证据认定案件事实,显然很容易发生错案。美国有学者对此进行论证:"这一规则(指证据保管链,引者注)不是为了追究警察的责任,而是为了确保证据的关联性。警察的责任只是实现这一目的的手段",因而证据保管链应当从案发时开始,"例如,如果一个第三方在犯罪现场附近发现了一支来复枪并在犯罪后数小时或者数天之后将该枪支交给警方,那么控诉方有必要对第三方占有来复枪期间枪支的保管情况进行证明,以将枪支与犯罪发生的地点联系起来(tie the rifle to the place where the crime occurred)"。①

就证据保管链的终端而言,如前所述,通常情况下,证据保管链止于控诉方将证据提交法庭时。然而,就需要进行实验室分析的证据而言,则存在不同看法:一种观点认为,此种情况下,证据保管链的终端仍然必须延续到法庭审判阶段;另一种观点认为,此种情况下,只需延伸到交付实验室分析时即可。笔者认为,就此类证据而言,证据保管链第一个层面的要求与第二个层面的要求应有所不同。就第一个层面的要求而言,控诉方必须对证据进行全程保管,并建立自收集时起至提交法庭时止的完整记录体系,以满足对此类证据进行重新鉴定的要求。但是,就第二个层面的要求而言,如果法庭要求控诉方对证据保管链进行证明,控诉方只需要证明自收集时起至鉴定时止的证据保管链即可,也就是说,只有保管链条中自收集时起至鉴定时止的相关链接者有出庭作证的义务。之所以如此,原因在于:首先,在需要对实物证据进行实验室分析的情况下,法庭进行关联性审查时直接依据的是鉴定人的鉴定意见,而非实物证据本身,因

---

① Paul C. Giannelli, "Chain of Custody and the Handling of Real Evidence", *American Criminal Law Review*, 1983, vol. 20, p. 539.

而需要保证的是鉴定意见的客观性基础,而要保证这一客观性基础,只需要证明自收集时起至鉴定时止的证据保管链就可以了。其次,对于需要进行实验室分析的证据,法庭通常会通知鉴定人出庭,就其鉴定意见向法庭进行陈述和接受质证,而不要求控诉方在法庭上出示实物证据本身,就此而言,该实物证据的保管链也没有必要延续到审判阶段,以免造成司法资源的不必要浪费。

"互联网+医疗"风险的认识与防控*

孙东东**

"互联网+医疗"(Internet+medical)是利用信息通信技术以及互联网平台,使互联网与传统医疗行业进行深度融合,提升医疗行业的创新力和效率,创造新的医疗健康发展生态。就我国当前的医疗现实状况而言,实现"互联网+医疗"的目的,旨在改善看病难、看病贵等长期难以解决的问题以及实现分级诊疗,在这种改变传统的医患模式中,患者普遍存在事前缺乏预防,事中体验差,事后无服务的现象,让患者从互联网医疗数据端监测自身健康数据,做好事前防范。在诊疗服务中,尽管依靠移动医疗实现网上挂号、询诊、购买、支付,节约时间和经济成本,提升事中体验,并依靠互联网在事后与医生沟通,抱有极大的希望。但现实却未尽人意,且"互联网+医疗"的风险已有所显现。

所谓风险是指某一事物发展过程中,出现不良结果的不确定性。互联网可以说是科学与民主"联姻"的结晶,它开放、平等、快捷的特征已发挥得淋漓尽致,但同时其风险也充分显现,即其所承载的信息真实性、安全性存在着严重的不确定性,网络诈骗、个人信息泄露、黑客入侵等涉网案件屡见不鲜。医疗是人类对自身疾病预防和治疗的过程。由于科学技术的局限性,人类对自身的认识极其有限,医疗行为结果的不确定性尤为突出,所以在现实中医疗风险位居所有自然科学之首。"互联网+医疗"在充分发挥互联网在传统医疗行业配置中的优化和集成作用,将互联网的创新成果深度融合于医疗过程之中,提升医疗行业的创新力和效率,形

---

* 原文刊于《科技导报》2017年第1期。
** 北京大学法学院副教授。

成全新的医疗健康生态的同时,将二者的风险也集成于这一平台。

"互联网＋医疗"的应用模式可分为互联网医疗和医疗互联网两大类。

互联网医疗(Internet medical)是患者或其他用户利用互联网平台向在网络空间里所有的人求医问药的诊疗模式。即所谓"P2P"(Peer to Peer)模式。其主体是患者或其他用户,客体是不特定的医务人员或其他人员。其特点是打破了传统医疗医患双方在同一个现实空间里面对面地望触叩听、望闻问切的诊疗模式,简便快捷。但由于医患双方不见面,医务人员对患者提供的信息是否真实可靠难以判断,即便是患者提供了相关的实验室检查数据和影像资料,但医务人员无法亲自检查患者,在不掌握第一手资料的情况下无法制定准确的治疗方案。纵观时下互联网医疗的运行模式,基本都是类似于电商的线上互动、直销的运行模式。

医疗互联网(Medical Internet)则是医疗机构内部,或医疗机构与医疗机构之间利用通讯、计算机及网络技术等信息化技术进行医疗数据信息的交换、传递,开展诊疗技术的医疗服务模式。即所谓的"B2B"(Business to Business)模式。目前医疗互联网技术应用最为广泛的是包括远程病理诊断、远程医学影像(影像、超声、核医学、心电图、肌电图、脑电图等)诊断、远程监护、远程会诊、远程门诊、远程病例讨论等。它有效地使优质医疗资源由中心城市向偏远、基层地区延伸,在一定程度上解决了老百姓看病难、看病贵的问题,同时对身处偏远、基层的医务人员诊疗水平的提高起到了带动作用。暴露出的问题主要是远程会诊两端医疗机构的硬件设施条件、医务人员技术水平、药品种类等软硬件条件严重的不匹配,在一定程度上加大了诊疗行为结果的不确定性。

本文不单独讨论互联网医疗或医疗互联网某一具体模式风险的认识与防控,而是综合"互联网＋医疗"新业态,从政策法律、监管、技术和经营等四个方面对"互联网＋医疗"风险认识与防控加以讨论。

首先,是政策法律不配套所致的风险认识与防控。目前我国"互联网＋医疗"在政策法律层面的状况可以概括为"政策明朗,法律缺失"。2015年7月日国务院发布《关于积极推进"互联网＋"行动的指导意见》提出"推广在线医疗卫生新模式。发展基于互联网的医疗卫生服务,支持第三方机构构建医学影像、健康档案、检验报告、电子病历等医疗信息共享服务平台,逐步建立跨医院的医疗数据共享交换标准体系。积极利用移动互联网提供在线预约诊疗、候诊提醒、划价缴费、诊疗报告查询、药品配送等便捷服务。引导医疗机构面向中小城市和农村地区开展基层检查、上级诊断等远程医疗服务。鼓励互联网企业与医疗机构合作建立医疗网络信息平台,加强区域医疗卫生服务资源整合,充分利用互联网、大数据等手段,提高重大疾病和突发公共卫生事件防控能力。积极探索互联网延伸医嘱、电子处方等网络医疗健康服务应用。鼓励有资质的医学检验机构、医疗服务机构联合互联网企业,发展基因检测、疾病预防等健康服务模式。"但相关法律的制定极其滞后,到目前为止,国家层面没有一部专门针对"互联网＋医疗"的法律法规。2014年8月29日国家卫生计生委下发《关于推进医疗机构远程医疗服务的意见》,其中虽然就加强统筹协调、明确服务内容、完善服务流程以及加强监督管理等内容进行了原则性的表述。但由于该《意见》属政策性文件,不具有法律效力。如该《意见》明确提出"非医疗机构不得开展远程医疗服务",但现实是已有众多的网络运营商进入这一领域。特别是那些互联网巨头们,利用资金雄厚、占有大数据和网络圈地优势,在不具备医疗机构资质的情况下为网络用户提供医疗服务,且所展开的互联医疗业务已形成一定规模。卫生监督机构对他们无可奈何。实事求是地讲,在"互联网＋医疗"业态中,非法及违规行医、药品销售现象也十分普遍。

我国《执业医师法》第14条规定"医师经注册后,可以在医疗、预防、保健机构中按照注册的执业地点、职业类别、执业范围执业,从事相应的医疗、预防、保健业务"。这里所称的"执业地点"应为现实空间传统意义上各类医疗机构。目前开展"互联网＋医疗"业务的网络运营商都或多或少签约了若干医生,在虚拟空间的互联网上为用户提供医疗保健服务。依照法律规定,此行为应属非法行医。"注册"(Register)是一种法定的登记许可制度。依照《执业医师法》规定,医师只有经过注册后,才能执业。"签约"(Signing the Contract)是民事主体间签署合同。前提是合同所约定的事项必须符合法律规定。医师在未变更或增加注册执业地点的情况下,与网络运营商签约提供医疗服务显然是违法的。虽然国家鼓励医务人员多地点执业,但并没有制定或修改相应的法律规定。一旦出现问题,医务人员很难得到法律的保护。

2015年,国家卫计委发布《关于印发推进和规范医师多点执业的若干意见》,简化了医师多点执业的注册程序,并探索备案制。随后北京、浙江和深圳等地也开始逐步放开医师多点执业,推行备案制。但在现实中,地区间的政策差异,不仅不能减少违法风险,反而会增加新的风险。面对"互联网+医疗"对现行法律制度的挑战,在当前现实环境下,笔者建议开展"互联网+医疗"的各类机构,应先到机构所在地政府卫生行政管理机关按照《医疗机构管理条例》的规定,注册成立一个医疗机构;有意与其签约的医务人员在签约前,应将上述医疗机构列为增加的执业地点,到上述卫生行政管理机关注册或备案后方可行医。这样对医患双方都是有效的保护。

另外,目前我国医疗保险、新型农村合作医疗以及部分国家机关事业单位的公费医疗体制等医疗费用分担机制与"互联网+医疗"业态的衔接没有相应法律规范。在制度上制约了"互联网+医疗"的发展。

综上,按照国务院《关于积极推进"互联网+"行动的指导意见》,"互联网+医疗"须坚持安全有序的基本原则。"完善互联网融合标准规范和法律法规,增强安全意识,强化安全管理和防护,保障网络安全。建立科学有效的市场监管方式,促进市场有序发展,保护公平竞争,防止形成行业垄断和市场壁垒。"笔者呼吁国家有关部门加快专门针对"互联网+医疗"的立法工作,使其在法律框架内有序发展。

第二,是监管缺位所致的风险认识与防控。实践证明,对于任何行业加强监管是防范风险、保障安全的有效措施。由于前文所述我国目前尚无专门针对"互联网+医疗"的法律法规,卫生监督部门则以无法可依为由放任不管。结果导致"互联网+医疗"呈现脱序式发展的趋势,尤以互联网医疗为甚。

相对于我国"互联网+金融"业态的发展,"互联网+医疗"无论是发展的速度还是规模都明显落后。但从监管角度而言并非坏事,建立"互联网+医疗"监管体系有可借鉴的成功样本。

自2008年爆发国际金融危机以来,世界各国都采取了尽可能完备的措施,加强对金融机构的监管。我国也不例外,自上而下建章建制,先后修订或制定了多部法律法规、部门规章以及行业规范。除了进一步加强国务院及其银行、证券、保险监管部门的监管职责外,还建立了以国务院为首,银监、证监、保监、公安、工信、网络安全等多部门的监管联动机制,最大限度地实现了非系统性金融风险管控和防范。防控金融风险的核心内容是合规,即通过严格的监管措施,对金融机构及其从业人员的执业行为进行合法合规地约束,令其养成合规意识,形成合规文化。

建立"互联网＋医疗"监管体系除须国家有关部门尽快制定专门的法律法规外,须在卫生计生行政管理部门内设立专业的监督管理机构,对所有从业人员的执业行为进行合法合规的监管。借鉴金融机构监管的经验,建立以国务院为首,卫生计生、食药监、工商、公安、工信、网络安全等多部门的监管联动机制。充分发挥行业协会自律与维权的作用,制订切实可行的行业规范,教育从业人员树立合规意识。确保"互联网＋医疗"的安全运行。

目前世界上美国针对"互联网＋医疗"的监管体制相对成熟。在立法方面美国国会于 2012 年 7 月通过《安全和创新法案》,将美国移动医疗(Mobile health)的监管职责授予美国食品与药品监督管理局(FDA)。多数州在立法中要求提供州内远距医疗服务的医疗机构或医师在提供服务前应先进行注册。在具体监管方面实行以美国食品与药品监督管理局为主,美国联邦贸易委员会、美国联邦通讯委员会为辅的三部门联合监管。同时美国远程医疗协会(ATA)承担着行业的自律与维权工作。实践证明,美国的这套监管体制具有可操作性,监管效果基本满意,可为我国建立"互联网＋医疗"监管体系参考。

第三,是技术操作所致的风险认识与防控。所谓技术操作风险既包括网络信息技术操作的风险,也包括诊疗技术实施的风险。

笔者通过调研发现,我国网络信息技术领域从业人员中,除少数高端的领军人物、老板、高管外,多数中低端从业人员以及自由职业者的共性具有十分突出的两面性,这种两面性主要体现在青年男性的群体:一面有活力、好奇心强、知识新、计算机操作技术娴熟、对网络信息技术有极强的探索欲和创造力。但另一面因所受传统工科教育的局限以及长期默默无闻的在虚拟空间人机对话,生活懒散,知识结构相对较窄,价值取向以计算机操作技术占先,我行我素;主观上缺少人文关怀和社会法制意识。甚至有部分人,在从业活动中抗拒监管,一旦欲望与现实发生冲突,便产生反社会情绪,行为无节操无底线,故意破坏网络信息安全。这一为数庞大的"IT族",既是互联网信息技术产业创新发展的主力军,也是危及互联网信息安全的主体。有鉴于此,在网络信息安全监管上,除要建立以制度为导向、以技术为切入点的全方位系统监控体系外,还应针对特定人群实施重点监控,将消极被动监控变为主动积极监控。因此,建议国家教育行政部门应当督导工程技术院校调整课程设置,适当减少内容重复、操作层面的技术型课程,增加人文、法律等课程,着力培养在校学生的人文精神和社会责任意识。

医学是实践学科,古今中外医生都必须通过亲自调查了解病人的病史、对病人身体检查,才能对病人的病情能作出诊断和实施治疗措施。我国《执业医师法》第23条以立法的形式,将医师"亲自诊查、调查"作为强制性的执业规则予以规定,即"医师实施医疗、预防、保健措施,签署有关医学证明文件,必须亲自诊查、调查,并按照规定及时填写医学文书,不得隐匿、伪造或者销毁医学文书及有关资料。医师不得出具与自己执业范围无关或者与执业类别不相符的医学证明文件。"医务人员在互联网平台上不可能亲自检查病人的情况下,进行的诊断和治疗是不折不扣的违反医学科学规律的违法行为。即便是医疗互联网平台上医疗机构之间的远程会诊,由于两侧终端医疗机构硬件设施技术条件、医务人员业务水平、看问题角度等主客观条件的差异,将直接影响诊疗的准确性。人民法院在审理互联网医疗纠纷案件时,因出现纠纷的互联网诊疗行为不合法,有可能增加患者的误诊风险,一般都会判决医疗机构或者运营商承担一定的责任。医务人员参与"互联网+医疗"活动,必须要对互联网和医学科学的特征有清醒的认识,谨言慎行。卫生监督机构依照《执业医师法》《医疗机构管理条例》以及各学科的诊疗规范对互联网平台上的诊疗行为加以监管,维护"互联网+医疗"的秩序,保障民众的生命安全。

第四,是经营活动所致的风险认识与防控。经营活动所致的风险主要指"互联网+医疗"网络运营商在经营活动中产生医疗损害责任的风险。对此风险网络运营商、医疗机构、医务人员普遍存在严重的认识不足,缺乏预警和防控机制。

我国《侵权责任法》第36条对网络运营商在经营活动中侵害他人民事权益情形应承担的法律责任作出明确规定:"网络用户、网络服务提供者利用网络侵害他人民事权益的,应当承担侵权责任。网络用户利用网络服务实施侵权行为的,被侵权人有权通知网络服务提供者采取删除、屏蔽、断开链接等必要措施。网络服务提供者接到通知后未及时采取必要措施的,对损害的扩大部分与该网络用户承担连带责任。网络服务提供者知道网络用户利用其网络服务侵害他人民事权益,未采取必要措施的,与该网络用户承担连带责任。"《消费者权益保护法》第44条规定:"消费者通过网络交易平台购买商品或者接受服务,其合法权益受到损害的,可以向销售者或者服务者要求赔偿。网络交易平台提供者不能提供销售者或者服务者的真实名称、地址和有效联系方式的,消费者也可以向网络交易平台提供者要求赔偿;网络交易平台提供者作出更有利于消费者的承诺的,应当履行承诺。网络交易平台提供者赔偿后,有权向销售者或者服务者追偿。网络交易平台提供者明知或者应知销售者或者服务者利用其平台侵害消费者合法权益,未采取必要措施的,依法与该销售者或者服务者承担连带责任。"具体到医疗损害,《侵权责任法》第 54 条规定"患者在诊疗活动中受到损害,医疗机构及其医务人员有过错的,由医疗机构承担赔偿责任。"第 57 条"医务人员在诊疗活动中未尽到与当时的医疗水平相应的诊疗义务,造成患者损害的,医疗机构应当承担赔偿责任。"第 58 条"患者有损害,因下列情形之一的,推定医疗机构有过错:(1) 违反法律、行政法规、规章以及其他有关诊疗规范的规定;(2) 隐匿或者拒绝提供与纠纷有关的病历资料;(3) 伪造、篡改或者销毁病历资料。"该法所谓过错是指法定的医疗机构及其医务人员在诊疗活动中违反诊疗规范、法律法规的行为。即:网络运营商具备医疗机构资质、签约医务人员具备资格,在网络平台上实施诊疗行为,因违反诊疗技术或程序规范以及违法违规范造成患者损害的,由网络运营商承担赔偿责任。网络运营商是"互联网+医疗"诊疗行为的责任主体,医务人员是行为主体。若出现 58 条所列情形,依照该法第 6 条"根据法律规定推定行为人有过错,行为人不能证明自己没有过错的,应当承担侵权责任。"之规定,须由网络运营商举证。网络运营商若不具备医疗机构资质、或医务人员不具备资格、或有其他非法行医情形的,直接追究非法行医的法律责任。

互联网上经营药品、医疗器械是"互联网+医疗"业态的主营业务之一。药品、医疗器械是关乎人生性命安全的特殊商品,对生产、储藏、批发、配送、零售等经营行为国家实行行政许可经营制度。未取得经营许可任何机构和个人不得从事经营活动,否则为非法经营。针对近年来电商在网上销售药品出现的质量问题、不良反应的防治等安全用药问题,国家食品药品监督管理总局明确划定了如处方药不得在网上销售;药店给购买者送药需由本店工作人员配送,不得通过快递配送等经营红线。因网售药品、器械质量问题引起纠纷,《侵权责任法》第 59 条规定"因药品、消毒药剂、医疗器械的缺陷,或者输入不合格的血液造成患者损害的,患者可以向生产者或者血液提供机构请求赔偿,也可以向医疗机构请求赔偿。患者向医疗机构请求赔偿的,医疗机构赔偿后,有权向负有责任的生产者或者血液提供机构追偿。"由于网售药品取证困难,购买者以所购药品、器械质量有问题为由起诉网络运营商求偿,网络运营商若拿不出证据证明自己没错,人民法院将会判决网络运营商承担赔偿责任,至少是承担先行赔付责任。

由于互联网是开放的,其所承载的信息也都是开放的公开信息,即使是经过特殊技术加密的信息也存在着被黑客攻击、操作人员泄露的风险。患者或其他用户在网络平台上咨询或诊疗,若相关信息未经患者或其他用户同意被泄露,依照《侵权责任法》第36条,以及第62条"医疗机构及其医务人员应当对患者的隐私保密。泄露患者隐私或者未经患者同意公开其病历资料,造成患者损害的,应当承担侵权责任"的规定,网络运营商应当承担侵权责任。

在医患关系紧张的今天,不论是"互联网医疗"还是"医疗互联网",医疗纠纷随时都有可能发生。一旦发生,患者或其他用户根据最高人民法院《关于适用〈民事诉讼法〉的解释》第25条"信息网络侵权行为实施地包括实施被诉侵权行为的计算机等信息设备所在地,侵权结果发生地包括被侵权人住所地"的规定,既可以选择网络运营商注册地法院提起诉讼,也可以在自己住所地法院提起诉讼。这就意味着网络运营商将被动地跟着原告奔走于全国各地打官司,不仅要耗费大量的人力和财力,而且胜诉的可能性很小。

综上所述,笔者罗列了若干"互联网+医疗"的风险,目的不是要否定这一新业态,而是为关注"互联网+医疗"发展的人们提供一个思考的空间,尽可能地防控风险的发生,保障医疗安全。狂热的互联网崇拜,是陷入所谓"工具理性"(Instrumental Reason)误区的浮躁表现。回顾互联网技术和医学科学的发展历史,"互联网+医疗"不可能独立地存在于虚拟空间。"互联网+医疗"的关键,是医疗!没有医学科学的支撑,互联网的速度再快、效率再高,也解决不了民众对健康的需求,甚至有可能因人们过于追求大数据、经济效益,忽视基础医学科学的研究,阻碍了医学科学的进步。随着人们对互联网这一现代信息传播工具认识的深入,理性地思考已经逐渐开始取代狂热的感性认识。因此,笔者认为"线上健康咨询,线下疾病诊疗"是"互联网+医疗"发展的必然结果。

论建构民事程序权利救济机制的基本原则[*]

潘剑锋[**]

一、问题与语境:司法改革背景下民事程序权利救济的优化路径

随着新一轮司法改革的全面部署和分步推进,深化司法体制和司法机制改革成为了新时期理论研究和实务运行的"中轴"[①],具体到民事司法领域,如何完善司法责任制、如何强化审判权的监督制约机制、如何切实保障当事人的合法权益,自然是学术讨论和实践操作的关注焦点。在此背景下,民事程序权利救济机制作为保障审判权依法公正行使的程序内部装置,不仅与司法改革的总体目标相契合,也与新《民事诉讼法》的有效施行以及相关司法解释[②]的合理制定密切相关。"无救济则无权利、有侵害就有救济",权利与救济的相伴相生是法律意义上权利的最基本构成要件,然而反观我国现行的民事程序权利救济机制,可以发现,其中存在

---

[*] 原文刊于《中国法学》2015年第2期。
[**] 北京大学法学院党委书记、副院长,教授,博士生导师。
[①] 有关新一轮司法改革的总体思路和主要内容,请参见《中共中央关于全面深化改革若干重大问题的决定》《关于深化司法体制和社会体制改革的意见及贯彻实施分工方案》《关于司法体制改革试点若干问题的框架意见》以及《上海市司法改革试点工作方案》等。
[②] 自新《民事诉讼法》正式施行至今,"两高"陆续出台了一些司法解释,以期提升民诉法典的可操作性并实现修法的预设目标,具体内容请参见:2012年12月24日通过的最高人民法院《关于修改后的民事诉讼法施行时未结案件适用法律若干问题的规定》(法释〔2012〕23号);2013年9月23日通过的《人民检察院民事诉讼监督规则(试行)》;2015年1月7日起施行的最高人民法院《关于审理环境民事公益诉讼案件适用法律若干问题的解释》(法释〔2015〕1号);2015年2月4日起施行的最高人民法院《关于适用〈民事诉讼法〉的解释》(法释〔2015〕5号)。

着救济缺位或过剩、救济方式不当、救济程序粗疏、救济对象模糊、救济标准混乱以及救济路径混同或错位等问题,这一方面减损了救济机制的预设功能和当事人程序权利的实效性,另一方面也削弱了诉权对审判权的权利性制约功能。针对这一问题,值得深入思考并回应的是:面对程序类型、权利性质、制度功能、效益价值等诸多变量,如何为各种民事程序权利配置相适宜的救济机制?如何确保救济方式、救济力度和救济时间与相对应权利或制度的预设功能和本质属性相吻合?如何确保救济机制与民事程序的核心价值目标相一致?如何平衡救济的充分性与程序的高效性之间的关系?如何平衡救济程序主体相互间的权益和关系?如何保障不同程序之间、同一程序内部各种救济机制的衔接和协调?以上述问题为指引,本文将以我国《民事诉讼法》及 2015 年 2 月 4 日起正式施行的《最高人民法院关于适用〈民事诉讼法〉的解释》(以下简称"新《民诉解释》")①为规范依据,结合司法实践和学术研究的最新动态,围绕程序类型、权利性质、制度功能和价值关系等变量,尝试根据权利救济的基本原理来阐明建构民事程序权利救济机制的基本原则,以期为我国民事程序权利救济领域的理念更新和制度优化提供些许启示。

二、对应性原则:救济机制与程序类型、制度功能相适应

借助系统论和类型化的研究方法对我国现行的相关法律规范进行解构后可以发现,民事程序权利救济机制的设置与程序类型、制度功能、权利内容等要素存在着紧密的内在关联。从程序类型方面来看,诉讼程序、非讼程序和执行程序在本质属性、功能定位、价值选择和运行原理等方面的差异,决定了在配置救济机制时应当以其各自的特质为出发点,进行相

---

① 最高人民法院《关于适用〈民事诉讼法〉的解释》已于 2014 年 12 月 18 日由最高人民法院审判委员会第 1636 次会议通过,自 2015 年 2 月 4 日起施行,全文请参见最高人民法院网站:http://www.court.gov.cn/fabu-xiangqing-13241.html,2015 年 2 月 4 日访问。

应的区别化设计;从制度功能方面来看,当保障性制度①失灵而需要救济机制发挥作用时,应当以相对应制度的预设功能为出发点,确保救济方式与制度的核心功能或特有优势相契合;而从救济机制自身的属性来看,其与一般异议制度和保障性制度的不同,决定了其作用范围和运行目标均不得超越被救济民事程序权利的主旨。依此,在建构民事程序权利救济机制体系的过程中,应当遵循对应性原则的基本要求,以确保救济方式与程序类型、制度功能及自身属性相适应。

(一) 救济机制与程序性质相适应

民事程序由民事审理程序和民事执行程序两大部分构成,其中审理程序又分为诉讼案件的审理程序和非讼案件的审理程序。从应然层面来说,诉讼程序、非讼程序和执行程序三者在本质特性和功能上的差异,决定了其遵循不同的价值理念、基本原则以及具体制度和规则,因此,在为这三类程序配置救济机制时也应契合其各自的特性。

首先,从民事诉讼程序领域的权利救济机制来看,(1) 为了保障涉纷主体接近司法、获得公正审理的权利,我国采行两审终审为原则、一审终审为例外的审级制度,当事人对绝大部分的诉讼判决享有上诉权,对不予受理、驳回起诉、管辖权转移和管辖权异议等裁定享有上诉权;与此同时,法律还赋予了当事人对不予受理和驳回起诉的裁定申请再审的权利以及对法院关于回避申请的决定申请复议的权利,等等。(2) 为了保障当事人调取和提供证据并有效质证的权利,法院驳回当事人要求法院依职权调查收集证据的申请时,当事人有权对该通知申请复议,且依据《民事诉讼法》第 200 条第(5)项的规定,当事人有权针对法院违法拒绝调查收集证据的不作为行为申请再审;依据新《民诉解释》第 171 条的规定,当事人若不服法院作出的有关证据保全的裁定,有权自收到裁定书之日起 5 日内向作出裁定的法院申请复议一次,但复议期间不停止保全裁定的执行;

---

① 所谓保障性制度,是指保障法律规范中程序权利得以实现的具体手段和方式,其不同于救济性制度。后者是在当事人无法利用或无法充分利用保障性制度来实现程序权利时,所提供的一种后顺位的救济手段,其针对的对象通常是人民法院就当事人实体性诉讼权利所作出的裁判行为。概言之,保障性制度作为实现程序权利的具体手段,是第一顺位的制度,具有直接性和基础性等特点;而救济性制度作为保障性制度失灵时才发挥功能的制度,处于第二顺位,具有后备性、间接性等特点。

如果原判决、裁定认定事实的主要证据未经质证,当事人有权依此申请再审,等等。(3)为了保障当事人的程序参与权、程序选择权和辩论权,当事人有权以违法缺席判决、遗漏当事人、违法剥夺辩论权、未获法定代理、非自愿调解等为由申请再审,等等。此外,法律还为部分辅助性制度提供了救济机制,当事人对有关财产保全、行为保全和先予执行的裁定不服时,有权申请原审法院复议,对罚款和拘留的决定不服时,有权向上一级法院申请复议,但复议期间均不停止相关裁定或决定的执行。

其次,从民事非讼程序领域的权利救济机制来看,该类程序以确认某种法律事实是否存在或确认某种功能权利的实际状况为核心功能,在程序运行过程中限制或排除处分原则的适用,采行职权探知主义并实行书面审理;在价值选择上侧重快速、简易和经济等目标,法院裁判的拘束力受到排除或缓和,[1]因此其对程序权利的救济模式与诉讼程序存在着明显的不同:特别程序、督促程序和公示催告程序中均不适用上诉和再审,其中特别程序案件的救济方式是请求法院作出新判决、撤销原判决;督促程序的救济方式是债务人提出异议和债权人对程序自动转换的拒绝权;而在公示催告程序中,因正当理由不能在判决前向法院申报权利的利害关系人,可以在法定期限内向作出判决的法院起诉。

再次,从民事执行程序领域的权利救济机制来看,不同于以定纷止争、确认实体权利义务关系为基本功能的审判程序,执行程序以实现生效法律文书所确定的实体权利为主要目的,因此其在配置救济机制时更加注重对执行效益的维护。依据《民事诉讼法》和相关司法解释的规定,当事人对执行管辖异议和执行行为异议的裁定有权向上一级法院申请复议;对执行法院逾期未执行的不作为行为,申请执行人有权向上一级法院申请执行。

通过以上的类型化梳理(见表1),可以提炼出救济机制与程序类型之间的一些内在规律。

---

[1] 参见江伟主编、傅郁林副主编:《民事诉讼法学》,北京大学出版社2012年版,第301—302页。

表1 我国现行的民事程序权利救济机制

程序类型	救济方式	救济对象		救济效力	未配置救济机制的事项
诉讼程序	上诉	大多数一审判决①		阻断一审判决效力	裁定:准许或不准许撤诉;中止或终结诉讼;补正判决书笔误;简易程序转为普通程序;二审撤销原判;二审驳回上诉、维持原判;延长期限;驳回再审申请;启动再审;决定再审后中止执行;按撤回上诉处理;扣押、冻结、划拨、变价财产决定:是否准许重新勘验、鉴定、调查
		裁定:不予受理、驳回起诉、管辖权转移、诉讼管辖异议		阻断裁定生效	
	复议	原级	通知:驳回调取证据的申请		
			裁定:保全、先予执行	复议期间不停止裁定的执行	
			决定:回避、诉讼费用减免缓	复议期间相关人员不停止参与工作	
		上级	罚款、拘留的决定	不停止决定的执行	
	再审	裁定:不予受理、驳回起诉		启动再审程序时,原则上中止原判决、裁定、调解书的执行	
		法定情形的判决:违法缺席判决、遗漏当事人、违法剥夺辩论权、未获法定代理、审判组织不合法、法院违法拒绝调查取证等等			
		调解书:违反自愿或合法原则			
	复核	关于诉讼费用承担的决定			
非讼程序	作出新判决、撤销原判决	判决:宣告失踪;宣告死亡;认定公民为无或限制民事行为能力人;认定财产无主		撤销原判决	裁定:确认调解协议案件;实现担保物权案件;驳回当事人支付令申请;终结公示催告程序;
	转入诉讼程序	督促程序终结、支付令失效时		债权人有权拒绝转换	
	起诉	除权判决作出后,利害关系人可以向作出除权判决的法院起诉			
执行程序	向上一级法院申请复议	有关执行行为异议、执行管辖异议的裁定			裁定:中止或终结执行;驳回案外人异议;撤销或不予执行仲裁裁决;承认和执行外国法院裁判

① 实行一审终审的诉讼判决包括:小额诉讼的判决;最高人民法院作出的一审判决;确认婚姻效力的判决。

具体来说,三大类程序在功能定位和适用场域方面的不同,决定了某些救济方式的专属性和局限性,例如,非讼程序在审理目的、程序主体和审理方式上的特殊性,决定了上诉和再审这两种争讼性的救济方式无法适用于非讼领域,进而佐证了"作出新判决、撤销原判决"这一非讼程序所特有的救济机制的合理性;执行权与审判权在性质、功能和定位上的不同,执行程序与审判程序在核心价值和主要功能上的差异,决定了以偏重公正价值为取向的争讼性救济方式无法适用于执行领域,进而佐证了"复议为主、救济与效率并重"的执行救济模式的正当性。

依循这些基本原理和规律,有必要再次反思近来尚存争议的热点论题:是否应当为司法确认和实现担保物权这两种新增的特别程序案件配备救济机制?可否将再审作为这两类案件的救济路径?从救济的必要性来看,确认调解协议效力的裁定和拍卖、变卖担保财产的裁定均具有执行力,并且关涉当事人的实体权益,因此自然应当为之提供必要的救济路径。[①]但那些将这两种裁定纳入再审范围的主张,无疑是违反了救济机制与程序性质相适应原则的要求,将诉讼领域的争讼性救济方式套用在非讼程序中,不仅超越了再审制度的应然适用范围,更是扭曲了司法确认和实现担保物权程序的本质属性,导致救济目的与程序功能相混同、救济方式背离了救济对象的本质属性。相较于《民事诉讼法》典的粗疏规定,新《民诉解释》对上述问题给予了关注,给出了比较符合民事诉讼基本原理和规律的回应:依据第374条第1款的规定,当事人、利害关系人若认为适用特别程序作出的判决、裁定有错误,可以向作出该判决、裁定的法院提出异议。法院经审查,异议成立或者部分成立的,作出新的判决、裁定撤销或者改变原判决、裁定;异议不成立的,裁定驳回。此外,新《民诉解释》第380条明确规定,适用特别程序审理的案件,当事人不得申请再审。

(二)救济机制与制度功能相契合

当事人的各项程序权利依托于具体的制度和规则予以实现,当这些法定的制度或规则未能发挥预设功能并损害当事人的合法权益时,便产生了启动救济机制的必要,也正是相应救济机制的配备,确保了当事人程序权利的实效性。与当事人程序权利及其实现方式的多样性相一致,在

---

① 参见潘剑锋:《论司法确认》,载《中国法学》2011年第3期。

设置救济机制时也应当确保具体的救济方式与相关制度的功能相适应,换言之,须以能够促进制度核心功能有效实现的方式来提供救济,所选用的救济手段不得超越、削弱或背离相对应制度的预设功能。具体来说,不同程序类型中的制度以及同一程序类型中的不同制度,在具体功能、自身优势和运行原理等方面均存在着程度不同的差异,当这些制度未能有效运行而诉诸救济时,应当选择与该种制度的预设功能和特有优势相契合的救济路径,避免因为救济方式不当而减损了制度的应有功能或阻碍了原有优势的发挥。

结合新《民事诉讼法》的施行困惑以及新《民诉解释》的相关规定,有必要以救济机制与制度功能相契合的原则为指引,来反思如何为新增的小额诉讼程序配置适宜的救济机制。此问题争议的焦点是:在一审终审的背景下,适用小额诉讼程序所作出的裁判可否再审?持"肯定说"的主体认为,我国的小额诉讼程序采用强制性适用的模式,案件一旦落入了法定的适用范围,就必须适用小额程序进行审理,当事人对此无拒绝权,这种硬性剥夺上诉权的制度设计,决定了应当赋予当事人申请再审的权利。诚然,现行小额诉讼程序在适用条件等方面的不足,充分论证了为其提供权利救济途径的正当性和必要性,但是否应当提供救济与提供何种方式的救济是两个完全不同的问题,存在救济的必要性并不能当然证明再审是适当的救济路径。小额诉讼的预设功能和特有优势是程序运行的高效、快捷和低成本,体现了程序保障力度与权益重要性程度相适应的原理,因此在为该种程序配置救济机制时,必须首先尊重并确保这些独有优势的实现,也即救济方式与制度功能相适应。借此,如果将小额诉讼纳入再审这一特殊性救济机制的适用范围,不仅会严重削弱其程序简便、高效裁判等特有优势,更是会架空一审终审的审级制度并酿成异化现象:原本为了提高诉讼效率而在设计小额程序时舍弃了上诉救济,但其生效判决经过再审后就可以获得上诉的机会。这种偏误的救济方式既抹杀了程序的预期功效,又扭曲了新程序的基本原理,显然不符合救济机制与制度功能相契合的要求。因此,小额诉讼原则上不适用再审,小额诉讼适用再审应当有较一般诉讼更为严格的限制。然而遗憾的是,刚刚开始施行的新《民诉解释》虽然专门规定了"简易程序中的小额诉讼",其中列举了不适用小额诉讼程序审理的案件类型①并赋予了当事人提出程序异议的权利②,但仍旧未配置适合小额诉讼程序本质特性的救济机制,依据新《民诉解释》第426条第1款的规定,当事人有权对小额诉讼案件额的判决、裁定向法院申请再审,申请再审事由成立的,应当裁定再审,组成合议庭进行审理,作出的再审判决、裁定,当事人不得上诉。这样的规定,虽然形式上解决了小额诉讼的救济问题,但小额诉讼的制度功能被削弱了;此外,又提出了一个再审适用一审为何不能上诉的问题,相关制度、程序之间的协调性受到了冲击,可谓是"摁下了葫芦翘起了瓢"。问题的根源就在于这样的规定没有深入探究救济机制与制度功能之间的契合。

(三) 救济机制与自身属性相吻合

对应性原则除了要求救济机制和救济手段与程序类型及制度功能相适应外,还要求各种救济机制的运行不偏离自身的根本属性,也即围绕有效救济当事人的程序权利这一主旨展开。救济机制的正当性基础和核心功能就是为受到或可能受到侵害的当事人提供救济,因此其在形式和实质上都不得超越这一功能定位,不能借救济之名来发挥其他功能,这也是防止救济机制被滥用的必然要求。但从民事程序权利救济机制的运行实况来看,出现了一些偏离自身属性和功能的异化现象,背离了救济机制与自身属性相吻合原则的要求,其中尤其值得探讨的是二审程序中"一撤到底"问题,即二审中撤回起诉的正当性问题。

无论是全面修订后的新《民事诉讼法》抑或此前的旧法,均没有对第二审程序中当事人是否可以直接撤回第一审阶段的起诉进行明确规定。围绕该问题,目前理论界和实务界主要形成了"完全肯定说""有限肯定说"和"否定说"三种观点。持"完全肯定说"的主体认为,允许当事人在二审程序中撤回起诉,是高度尊重当事人意思自治原理的具体表现,也是处分原则的基本要求,并且有助于避免实务操作中的不便,因为一旦撤回上诉,一审裁判即发生法律效力,但当一审裁判的结果与当事人在二审中的合意内容不一致甚至恰相反时,不允许撤回起诉将酿成一些荒谬的情

---

① 参见新《民诉解释》第275条。
② 参见新《民诉解释》第281条。

况。① 还有学者援引德国和日本民事诉讼法的相关规定等比较法资源来论证其主张的正当性。与此有所不同,持"有限肯定说"的主体认为,二审程序中当事人应当享有申请撤回上诉和撤回一审起诉的权利,但是这些权利应当受到法院审查权的制度性制约和已经作出攻击防御的被告人的同意。② 而持"否定论"的主体认为,撤回起诉的法律效果等同于未曾起诉,原审原告还可以在此后重新起诉,这可能导致三方面的弊端:(1)浪费了宝贵的司法资源,使得原先审判权的运行成果"归零";(2)对方当事人在原先诉讼过程中进行的攻击防御和所花费的时间、精力、成本被浪费;(3)可能被一审败诉、二审胜算不大的原告恶意利用,借助撤回起诉的手段来否定一审判决,之后再换方式"重来"。笔者认为,如果允许当事人在二审中撤回起诉,将导致形式上为救济、实质上是提出了一个新的诉讼,因为当事人撤回起诉并再起诉时,往往会变更诉讼请求或诉讼标的,此时撤诉不再是一种救济机制,而是被异化利用而沦为一种背离程序基本规律和一般原理的投机手段,这显然不符合救济机制与自身属性相吻合的原则,导致撤诉背离了本来的救济属性。值得特别关注的是,新《民诉解释》第338条回应了上述问题,依据该条的规定,原审原告在第二审程序中申请撤回起诉的,经其他当事人同意且不损害国家利益、社会公共利益、他人合法权益的,法院可以准许。准许撤诉的,应当一并裁定撤销一审裁判;原审原告在第二审程序中撤回起诉后重复起诉的,法院不予受理。由此可见,最新的司法部分解释采纳了"有限肯定说",但同时确定当事人再起诉的,法院不予受理。这样的规定,约束了撤诉之后再起诉,但撤诉为何能产生消除一审未生效判决的效力的问题仍然是值得思考的一个问题。

与上述"一撤到底"的非正当性相关联,需要进一步讨论适用二审程序进行再审时可否发回重审的问题。依照《民事诉讼法》第170条的相关规定,若一审裁判认定基本事实不清,二审法院可以发回重审;若原判决存在遗漏当事人或违反缺席判决等严重违反法定程序的情形,二审法院应当发回重审。此时留有疑问的是:普通二审案件发回重审的事由是否

---

① 参见李海涛:《论民事二审程序中原告申请撤回起诉的几个问题》,载《法律适用》2011年第2期,第79页。
② 参见王亚新:《二审中申请撤诉的处理》,载《中国审判新闻月刊》,2013年2月(总第84期),第96页。

同样适用于再审案件？所谓适用二审程序审理再审案件究竟是"完全适用"抑或有差异的"准适用"？笔者认为，依循救济机制与自身属性相吻合的原理，适用二审程序进行再审时应当严格限制发回重审，在具体事由的设置上应当与普通二审案件有所区分：除了存在严重的程序错误且可能影响案件公正审判的情形外，不应允许审理再审案件的法院将案件发回重审。换言之，若仅存在实体错误或一般程序违法，再审法院不应将案件发回重审，否则将进一步加大再审对裁判终局性、程序安定性乃至司法权威性的冲击，削弱再审相较于普通二审案件的特殊性和独立性，并模糊了特殊救济机制与通常救济机制之间的功能界限。

三、比例原则：救济力度、救济手段和适用顺位的配置准则

除了程序类型、制度性质和功能等要素外，在配置救济机制时还需要考量作为救济对象的权利的重要性程度、救济路径的可行性和实效性、不同性质救济方式相互间的关系以及当事人意思的作用等因素，因此，在建构民事程序权利救济机制的过程中还应当遵循比例原则。按照该项基本原则所包涵的适当性、必要性和均衡性等分支原则[①]，在设置程序权利救济机制时应当确保救济力度与权利的重要性适应、救济方式与救济对象相适应、救济方案与当事人意思相协调，并理顺救济机制体系内部的适用顺位。

（一）救济力度与权利的重要性相适应

如前所述，程序类型和权利内容的不同，决定了各种救济方式在适用范围和适用条件上的差异，当事人的民事程序权利种类多样、功能不一，因此其所牵涉的具体权利的重要性程度也有所不同，这就要求在配备救济机制时，应当确保手段与目的相适应、救济力度与权利的重要性程度相适应，以实现救济手段的多样性和层次性，这也是适当性和妥当性原理的应有之义。

民事程序领域的救济机制主要有三，即复议、上诉和再审，其中复议

[①] 参见姜昕：《比例原则释义学结构构建及反思》，载《法律科学》2008年第5期。

又包括了原级复议和上级复议两种具体方式,这些救济途径不仅在适用领域、救济对象、运行方式及组合模式等方面有所不同,在救济的法律效果方面也存有差异。(1)在本质属性方面,复议和上诉均为通常性救济机制,而再审由于突破了既判力理论和程序终局性原理的拘束,属于例外性、特殊性的救济机制。(2)在适用对象方面,复议针对部分关涉程序性事项的裁定和决定,上诉针对大部分的判决和部分重要的裁定,而再审仅针对符合法定情形的判决、调解和两种直接关涉诉权的裁定。(3)在预设功能和法律效果方面,复议制度的立法本意是快捷、有效地解决针对程序性事项的裁决的不满,从而提升诉讼程序的效率、避免程序过分迟延[1],因此复议主体大多是作出原裁决的法院,并且复议程序的启动不妨碍裁决的执行力;上诉则旨在救济当事人的实体权益和重要的程序权益,因此其更加侧重公正价值的实现并直接阻断相关裁判的生效;而再审是以救济当事人在诉讼程序中所遭受的严重侵害为目的,其以牺牲既判力为代价来追求实体公正和程序公正的实现,因此一旦启动再审程序,原则上会中止原判决、裁定和调解书的执行。由此可见,复议、上诉、再审这三种救济机制在救济力度上呈递增的关系,按照比例原则的要求,救济力度与救济对象的重要性程度应当成正比,当起诉权、辩论权、处分权等重要的程序权利受到侵害时,应当为当事人提供力度最强的救济路径,而对于一般的程序权利,只需配置相适应的普通救济手段即可。换言之,从救济机制体系内部的关系来说,特殊性救济机制应当仅针对最为重要的程序权利,各种通常性救济机制也应当依据自身的法律效力与所救济权利的重要性程度之间的关系,进行相适应的搭配,从而确保诸种救济方式自身的精细化和相互间关系的层次性,以因地制宜、量体裁衣的方式来提供救济,避免"用大炮打小鸟",这也符合司法资源优化配置的原理。

(二)适用顺位与救济机制的类型相适应

建构一个完备的救济机制体系,不仅要求各种救济方式自身的合理性和科学性,还要求不同性质的救济机制之间、同一性质但不同种类的救济机制之间,能够相互协调和衔接,从而满足比例原则对必要性的要求。因此,在配置救济机制时应当采用宏观与微观相结合、个体与系统相协

---

[1] 参见黄良友:《试论民事诉讼复议制度》,载《现代法学》1995 年第 6 期。

调、动态与静态相兼顾的方法,在保证各种救济机制自身质量的基础上,进一步确保系统内部各类和各种救济方式相互间的清晰分工和有机协作,以期实现机制运行效益的最大化。

首先,应当确保通常救济机制与特殊救济机制在适用顺位上的合比例性,没有经过通常救济机制,不应直接适用特殊救济机制,以防降低救济所可能产生的负面效应并提升救济方式的妥适性。① 正如俗语所说,"杀鸡焉用牛刀",司法实践中常见的、高发的程序性侵权往往只需借助复议或上诉等通常机制即可实现救济的目的,但法律有时却赋予了当事人再审的救济手段。我们应当认识到只有当穷尽了常规手段但仍旧无法满足救济需求时,才可能需要启用特殊救济机制,否则不仅会浪费本已十分紧张的司法资源,更会造成救济机制系统内部的关系混同。以当事人上诉和申请再审为例:当事人未对一审裁判提出上诉,可否在一审裁判生效后直接向法院申请再审?现行《民事诉讼法》和司法实践对此都予以了肯定。笔者认为,除非当事人因为不可归责于己的事由而未能行使上诉权,否则就不应允许其在主动放弃上诉权的情况下转而诉诸特殊救济机制,这样不仅可以规制某些当事人"跳过二审打再审"的投机行为,同时也契合了比例原则的要求。与此同理,小额诉讼程序采用一审终审的特殊审级制度,因此在不允许适用上诉这一通常救济机制的情况下,自然在原则上也不应允许直接适用再审这一特殊救济机制,否则不仅不符合对应性原则的要求,更是背离了比例原则的基本精神。其次,应当确保通常救济机制与特殊救济机制在搭配方式上的合比例性,避免重复救济和过度救济。一方面,应当限制通常救济机制与特殊救济机制叠加适用的情形,除非涉及至关重要的权利且通常救济无法满足救济的需要,否则不应为同一项权利同时配备通常和特殊两种救济手段。以管辖问题为例,法律已经赋予了当事人对诉讼管辖异议的裁定提出上诉的权利,加之管辖事项在重要性程度方面的有限性,显然不应将之再纳入再审的救济范畴,否则势必造成救济过剩,不符合比例原则和适当性原理。② 2012年全面修改后的《民事诉讼法》删除了"管辖错误"这一原先的法定再审事由,无疑是契合比例原则的正确修正。另一方面,特殊救济机制内部同样存在适用

---

① 参见潘剑锋:《程序系统视角下对民事再审制度的思考》,载《清华法学》2013年第4期。
② 参见潘剑锋:《论"管辖错误"不宜作为再审事由》,载《法律适用》2009年第2期。

顺位的问题，比如，当事人向法院申请再审与向检察机关申诉之间的关系问题，在2012年《民事诉讼法》修改前，法律并未对当事人向法院申请再审与向检察机关申诉的顺位作出规定，因此实践中出现了当事人多头申请、法院和检察院重复审查等现象，造成了结果冲突、资源浪费等消极后果，为了扭转这一局面，新《民事诉讼法》把向法院申请再审增设为当事人向检察机关申诉的前置条件，从而矫正了两种特殊救济手段在启动条件和适用顺位等方面的关系。

（三）救济方式与救济对象相适应

救济机制在搭配方案和适用顺位上的适当性，仅仅是从应然的层面确保了救济制度和规则的合理性，但其究竟能否实现权益保障和程序公正等根本目标，取决于各种救济机制的运行实效，因此，在建构救济路径时还应当确保救济方式与救济对象之间的适应性，从而缩小预设功能与制度实效之间的差距，提升救济手段的可操作性和救济的实质性。

从法律规范的最新文本来看，随着司法理念的不断更新和程序公正价值的日益提升，《民事诉讼法》法典和司法解释为民事程序权利提供了越来越多的保障和救济手段，正在逐步弥补原先救济缺位或救济不足等缺陷，但仍旧未能有效化解救济的形式性和缺乏可操作性及程序保障等问题，导致纸面上的救济机制欠缺发挥实际功效的"抓手"和着力点。举例来说，《民事诉讼法》虽然将不予受理的裁定纳入了上诉和再审的适用范围，体现了对当事人起诉权的特别保障，但在2013年的《民事诉讼法》实施之前，实践中法院大多采用口头方式作出不予受理的裁定，这导致当事人无法获得申请救济的载体依据，因而虚化了应然的救济机制，导致立法预设的救济功能被架空。值得肯定的是，2012年修订《民事诉讼法》时认识到了这一缺陷，依据最新的规范，法院裁定不予受理时必须采用书面形式[①]，从而为当事人行使救济权提供了依据。此外，部分救济机制尚未配置明确具体的程序实施性规则，这是削弱救济实效性的另一主要原因。以复议为例，虽然其在诉讼程序和执行程序中均可能适用，但法律和司法

[①] 《民事诉讼法》第123条规定："人民法院应当保障当事人依照法律规定享有的起诉权利。对符合本法第119条的起诉，必须受理。符合起诉条件的，应当在7日内立案，并通知当事人；不符合起诉条件的，应当在7日内作出裁定书，不予受理；原告对裁定不服的，可以提起上诉。"

解释均未规定复议权的具体享有主体、申请时间、申请方式、审查主体、审查方式、审查期限和法律效力等最基本的要素,这不仅导致救济机制因为运行程序缺位或不完善而功效削弱,还在相当程度上纵容甚至加剧了法院的程序违法行为。

(四)救济方式与当事人意思相协调

除了程序性质、权利内容、救济对象的重要性等因素外,法律在设置救济机制时还应当适度考量程序的核心主体也即当事人的意思,这也是民事领域意思自治理念和处分原则的当然要求,与比例原则所倡导的均衡性和适当性相吻合。相较于前述的各项客观性要素,当事人意思具有相当的主观性和个别性,但当事人作为救济机制的权利主体和根本指向,自然应当将其意向纳入考量的范围,确保当事人的程序选择权和参与权对救济机制的设置具有适当的影响力。

首先,在决定是否启动救济机制以及具体选择何种救济方式时,应当适度尊重当事人的意思。具体来说,在救济机制的启动方式上,应当以依当事人申请启动为原则、依职权或法律规定启动为补充,在后一种方式中应当赋予部分当事人必要的拒绝权。例如,依据《民事诉讼法》的规定,在督促程序终结、支付令失效后,督促程序将自动转入诉讼程序,但申请支付令的一方当事人也即债权人享有拒绝权。在救济方式的选择上,当法律为同一种权利配置了两种以上的救济手段时,应当允许当事人在不违背应然适用顺位的前提下进行选择。其次,在救济程序的运行过程中,当事人对于是否继续程序、是否中止或终结救济程序,应当享有适度的选择权。此方面值得深入思考的问题是:当事人意思自治和处分权在再审程序中是否具有绝对优先的地位?在再审中,如何理性认识当事人撤诉的权利与检察机关抗诉权的关系?针对此问题主要形成了两种观点,一种观点认为在不损害国家利益、社会公共利益或第三人利益的情况下,应当优先尊重当事人的自由处分权,这也是最高人民法院第7号指导性案例所采用的观点[①];另一种观点则认为应当有区别地兼顾妥当救济个案权益与确保法律准确统一适用的监督目的之间的关系,有条件地认可当事

---

① 参见最高人民法院第7号指导案例"牡丹江市宏阁建筑安装有限责任公司诉牡丹江市华隆房地产开发有限责任公司、张继增建设工程施工合同纠纷案"(2012年4月9日发布)。

人的处分权①。笔者认为,依循比例原则的内在精神,当事人的意思自治和程序选择权在适用范围和权能限度上应当有所限制,不能盲目或机械地践行比例原则和处分原则的教义,而忽略了对其他主体、其他权益及其他价值的兼顾。换言之,平衡各种原则的适用,应当全面考虑诉讼各主体的利益,并服从于诉讼的基本价值。

四、效益原则:程序价值和主体权益的衡平准则

如上所述,对应性原则和比例原则是建构民事程序权利救济机制时应当遵循的两大首要基本原则,但若想让救济机制以更加协调和高效的方式运行,还需要将及时、有效、经济原则也即效益原则融入到制度设计和施行的过程中:一方面,确保救济成本与救济收益相适应、公正价值与效率价值相兼容;另一方面,确保救济机制的平等性和救济程序相关主体间权益的衡平性。

(一) 公正价值与效率价值相兼顾、救济成本与救济收益相适应

民事程序救济机制的立法初衷在于切实保障当事人的程序权益并最大限度地实现程序公正价值,但在此过程中同样需要衡平公正与效率价值之间的关系,②避免救济过分阻碍程序或制度的高效运行,防止救济成本超出救济收益。

首先,不同类型的程序,对公正和效率两项核心价值的选择模式有所不同,因此在配置救济机制时应当与相应程序所特有的价值侧重相一致。诉讼程序偏重追求公正价值,因此该领域的救济机制也应当以该种价值选择方案为指引,但对于那些并不涉及当事人实体权益或重要程序权益的事项,仍然应当适用复议等更为高效快捷的救济手段,从而最大化地兼顾公正与效率价值。换言之,相较于上诉和再审等诉讼性质的救济路径,复议制度的预设初衷和应然优势就是成本低廉、周期较短,既能满足法院审判的实际需求,也能够兼顾当事人的救济需求,并与部分程序性裁决所

---

① 参见郑金玉:《7号指导性案例规范依据和裁判理由评析》,载《法制与社会发展》2014年第5期。
② 参见李浩:《民事诉讼程序权利的保障:问题与对策》,载《法商研究》2007年第3期。

要求的紧迫性相契合。而与诉讼程序恰相反，执行程序偏重追求效率价值，因此在该领域设立救济机制时应当尽可能地降低对执行效率的减损，在救济手段、救济力度和救济频率等方面，均应区别于诉讼程序。其次，在同一类型的程序中，应当确保救济的可能收益与所需的救济成本相适宜，避免救济效益的负增长。民事司法程序中所包含的权利种类繁多，法律不可能为所有的权利设立救济机制，也不可能为所有具备救济必要的权利均提供最充分、最高效力的救济，而是需要在综合考量救济的急迫性和必要性程度、支出的救济成本以及可能的救济收益等多方面因素的基础上，作出相应的、区别化的制度设计。因此，如果遭受侵害的权利缺乏救济的实际可能性、救济成本超出了可能的收益或者根本不具备进行救济的必要性，则无需为之配备救济装置；如果利用通常救济机制就能够弥补相应的权益损害，或者特殊救济所需的成本和代价超越了救济所能够获得的收益，则不应将之纳入特殊救济的适用范围。

（二）救济机制与各方主体的合法权益相平衡

除了兼顾公正与效率价值之间的关系、救济成本与救济收益之间的关系外，在建构民事程序权利救济机制的过程中还应当同时关注救济程序中各方参与主体的合法权益，避免对当事人或某一方当事人的过度保障，而引发矫枉过正、打破平等性等新的问题。

首先，应当有效平衡当事人程序救济权与法院审判权之间的关系。诚然，在我国诉权主体实际能力较弱、诉讼权利的实效性较差等客观现状下，有必要偏重对程序救济权的保障，但这种过渡性的倾斜保护不得超出合理的范围，其基本前提是不妨碍法院诉讼指挥权、程序推进权和法定裁量权的依法顺利行使。这在侧重职权主义的非讼程序和执行程序领域尤为重要，因此不能将诉讼领域的救济原理和救济方式盲目地、不加区分地套用在非讼程序和执行程序中，以免影响民事司法权在各类程序中的应然运行模式。其次，应当有效平衡各方当事人所享有的程序救济权，确保救济手段在当事人之间的平等和同等分配，避免因为程序救济的失衡而侵犯了平等原则的基本要求。但需要特别说明的是，此处的衡平性仅要求各方当事人享有同等的或对应的救济权，并不要求其在任何情况下都享有完全相同的救济路径，而是应当依据各当事人在司法程序中的不同地位，配以相适宜的救济机制，防止因为救济不当而诱发新的救济需要。

五、结语:从混同和错位走向协调和衔接

依托立法的最新动态、司法的运行实况以及理论研究的前沿议题,不仅能够把握我国现行民事程序救济机制的规范和实践情况,还为发现其中的深层问题和本质成因提供了有益的视角。以程序类型、权利性质、制度功能、主体关系和价值选择等要素为切入点,可以较为全面和深入地评估已有救济机制的实际功效,虽然2012年在全面修订《民事诉讼法》的过程中对部分缺陷和偏误进行了修正,新《民诉解释》在这些方面也作出了不少的努力,但由于缺乏系统性和关联性而仍旧留有诸多问题:在救济方式和供给力度方面,存在着救济缺位、救济不足或救济过度等问题,造成了程序权利缺乏实效性或司法资源配置不合理等困境;在救济程序和运行规范方面,存在着实体构成性规则和程序实施性规则缺位或不完善等问题,阻碍了救济的实效性和司法权行使的规范性;在救济标准和系统结构方面,存在着救济对象模糊、救济标准不一、救济机制缺乏层次性和协调性等问题,引发了目的与功能相混同、救济方式相错杂、救济规律不清晰等弊端。以上述经验事实和中国问题为对象,笔者尝试提炼出了建构民事程序权利救济机制的三大基本原则,其中对应性原则旨在保障救济机制与程序类型、制度功能以及自身属性之间的契合性,以期矫正规范和实务中所存在的目的与功能不分、救济手段扭曲制度本质属性、救济机制超越自身功能等异化现象;比例原则旨在保障救济力度与其相对应权利的重要性相适应、救济手段与救济对象相适应、救济顺位与机制属性相适应、当事人意思与救济方案相适应,以期扭转救济虚化、救济过剩以及特殊救济通常化等问题;而效益原则旨在衡平公正价值与效率价值、救济成本与救济收益、当事人与法院以及当事人相互间的关系,以期实现救济效益的最大化、司法资源的最优配置以及对民事程序基本规律的高度契合。

以上述三项基本原则为指引,以刚刚公布的新《民诉解释》为依据,在建构和优化我国民事程序权利救济机制的过程中,还应当关注机制系统内部关系、外部关系以及内外部关系之间的协调性和衔接性。在救济机制系统的内部关系上,不仅要维护各种救济方式在适用范围、救济标准、救济条件和主要功能等方面的相对独立性,还要确保不同方式相互间的协调性和契合性,避免混同或相互削弱。在救济机制系统的外部关系上,

需要确保救济机制与相关联制度之间的协调性和衔接性,程序权利救济机制只是实现民事司法公正和高效目标的路径之一,在实现该系统内部关系优化和自身功能最大化的基础上,还要进一步保障其与其他程序和制度的协调及衔接,从而逐步建成契合我国本土资源和客观语境的多样化、层次性、协调性和衔接性的民事程序权利救济机制体系,并促进各类程序系统的优化互动和合力最大化。

以职能权责界定为基础的审判人员分类改革[*]

傅郁林[**]

> 在劳动分工得以发展的当代社会里,分工具有整合社会机体、维护社会统一的功能。……社会发展的等级越高,它的专业化水平就越高。但这并不是说,专业化发展得越快就越好,而是说它必须根据需要的发展而发展。
>
> ——涂尔干[①]

一、问题的提出

审判人员分类改革和法官员额制是在这一轮司法改革中争议最大、困难最多的一个堡垒。其实早在 2001 年修订的《法官法》第 50 条中就作出了规定:"最高人民法院根据审判工作需要,会同有关部门制定各级人民法院的法官在人员编制内员额比例的办法。"但这一法律授权由于存在体制障碍、缺乏体制保障,并未成为法官员额制改革的依据、动力或压力,直到中国共产党第十八届三中全会和四中全会将司法改革确定为一项政治任务,才激活了这一"僵尸条款"。然而,人事改革向来就具有"最大利益相关性",而本次审判人员分类改革恰恰要"动"的是法院规则制定者手中的奶酪;法官的职业保障与改革后的职责、风险不匹配,很大程度上影响了对改革的预期受益者即员额制法官的吸引力。从规则层面准备明显

---

[*] 原文刊于《现代法学》2015 年第 4 期。
[**] 北京大学法学院教授、博士生导师。
[①] 参见埃米尔·涂尔干:《社会分工论》,渠东译,生活·读书·新知三联书店 2000 年版,第 359 页。

不足,比如改革后审判辅助人员的职能、权限和责任及其与员额法官之间如何界分,是改革策略上的一个难点。法官员额制应当是审判权运行机制改革的自然结果而不是其前提条件,如果颠倒了这个逻辑顺序,将触动利益的人事关系改革置于明晰各岗位权限责任之前,就会引起一场混战。

就目标而言,本轮改革的核心目标是实现"让审理者裁判,让裁判者负责",终级目标是"让人民群众从每一个案件中感受到公平正义"。然而,这一目标从宏观到微观,涉及体制改革、机制改革、程序改革等环环相扣的各个方面。比如,在体制上实行法院内部去行政化改革和审判人员分类改革,在程序上进行四级法院职能分层、案件层层分流以及程序事务合理分类,与机制上保障实现法官"依法独立公正行使审判权",是三位一体、相互牵制的。① 在审判机制中作为"审理"者的法官和合议庭能否担当独立"裁判",并能够对其作出的裁判"负责",在外部条件和法院资源给定的情况下,很大程度上依赖于审判人员分类改革能否合理配置和科学利用给定的人力资源并调动有限资源向审判者倾斜。因此以法官精英化和审判辅助人员的合理配置为目标的审判人员分类和法官员额制或早或晚势在必行。本文的初衷在于,既然这项终究要启动的改革已经启动,那么回应试点中种种阻力的态度不是退缩,而是在改革全面铺开之前赶紧补课,认真研究作为审判人员改革之基础的审判辅助人员的职能、权限和责任的定位,及其与目标中的员额制法官之间的职权责界分标准。法官员额制是与审判人员分类改革同步进行的,分类改革将法院人员分为法官、审判辅助人员、司法行政人员三类(下简称三分法),其中位于两端的法官(即员额制法官或全权法官)与司法行政人员的分工和分类标准相对清晰,但审判辅助人员则要复杂得多。

笔者认为,作为审判人员分类和法官员额制改革的基础和前提,有三个相互牵制的关键问题应当优先或至少同步解决:(1)对四级法院的司法职能进行分层定位,明确低层法院的案件分流与相应程序,以缓解法官员额制改革所面临的精英司法与亲民司法的紧张关系;(2)对审判权和裁判权进行解析,区分必须由法官行使的权限与可由审判辅助人员代行的权限,并以此为依据明确界定改革后审判职与辅助职各自的权限和职

---

① 参见傅郁林:《司法改革的整体推进》,载《中国法律评论》2014年第1期,第69—73页,转载于《中国社会科学文摘》2014年第9期,第119—120页。

责范围;(3)建立健全与审判人员分类和法官选任标准相配套的日常评价体系,这一工作虽然对于分流存量人员可能没有直接和明显影响,但在分流过程中昭示未来从而使未进入员额的潜在法官有确定的心理预期对于稳定存量吸引增量却是至关重要的。当然,落实与精英法官和独立审判相匹配的职业保障,也将决定法官员额制改革过程之中及之后是否能够良性运行。针对这些问题,笔者将从占案件总数最大比重的民事审判出发,对这项改革中涉及的"人—事"关系展开分析。由于笔者长期从事司法职能分层、案件分流、程序分类研究并已有成果发表,本文对以上问题不再展开论证。本文重点将讨论"事"的分流对于"人"的分类产生的影响,而嵌在"人"与"事"之间的核心是"岗"或"职"的分类定位。因此,改革应当遵循两个原则:审判人员分类是以岗定人而非以人定岗,以职能确定部门而非以部门确定职能;法官员额制当以专业需求定额精英法官,没有专业需求则无须相应专业分工。从社会分工的角度来看,由专业人才独立负责专业事务才符合公平、效率的原则;不仅如此,在劳动分工得以发展的当代社会里,分工具有整合社会机体、维护社会统一的功能。正如涂尔干所言:"社会发展的等级越高,它的专业化水平就越高。但这并不是说,专业化发展得越快就越好,而是说它必须根据需要的发展而发展。"[①]

二、非审判事务的剥离与审判事务的分解

我国《法官法》第 50 条授权最高人民法院"根据审判工作需要",确定各级法院的法官员额"在人员编制内"的比例,那么在人员编制给定的前提下,各级法院的法官员额取决于其"审判工作需要"。因此,首先需要界定"审判工作"的范围,才能根据审判工作与非审判工作对于相应人员的需求,来确定审判人员与非审判人员的比例。比如,若将"审判工作"界定为审理和裁判具体案件的工作,那么为审判工作提供服务但与具体案件审判无涉的审判管理、审判研究、司法统计、行政事务、人事监察等等,原则上均可划定为非审判事务从而剥离到"审判工作"范围之外。审判工作还可进一步分解为必须由法官承担的工作与可以由审判辅助人员替代的

[①] 参见埃米尔·涂尔干:《社会分工论》,渠东译,生活·读书·新知三联书店 2000 年版,第 359 页。

工作。这种分类就相对复杂一些,即使"裁判权必须由法官行使",以及由审判辅助人员可代行其他事务能够形成共识,但是诉讼过程中需要"裁判"的事务复杂多样,具体哪些事务必须由法官裁断,哪些事务可以在法官指导下代行,哪些事务可以完全交由审判辅助人员处理等,目前并没有确定、一致或可供直接借鉴的理论共识或实践经验,各国的差异取决于各自的司法结构、诉讼模式、案件分类标准,甚至对"裁判权"的不同定义。因此,在我国语境下,除了解决审判事务与非审判事务的剥离这一独特难题之外,进一步分解和界定法官独享的审判权/职/事务与可替代的审判辅助权/职/事务,则是更具理论挑战和技术含量的难题。这两个层次的界分都是评估相关事务各自所占(和应占)法院工作比重及所需人员比例的基础和前提。

(一)审判事务与非审判事务的界分及相应人员配置

根据中国人民大学对中国法律工作者职业化状况的考察,中国法官数量经 1979 年以来连年持续增长,到 2011 年已达到 195,000 人,每 10 万人口拥有法官 15 人左右;平均每位法官审理案件数量经持续增长达到 39 件(1979 年以来的峰值)。[①] 大致对比一下日本、美国、德国以及我国香港特别行政区同期法官人数及每位法官结案数的数据(下表)可以发现,与案件总数相比,中国法官作为一个"系统"平均审案数量低得令人咋舌。比如 2012 年,日本 2686 位法官审判 3,090,121 件案件,其中包括刑事案件(不含交通事故)1,382,121 件,其他案件 1,708,000 件,平均每位法官审判 838.3 件;美国州法院民事案件总数为 23,064,000 件(未计入不属于传统审判交通事故和违章案件 44,206,000 件),其中包括民事案件 18,259,000 件,家事案件 4,805,000 件,法官人均审案 2742.1 件;德国普通法院系统 12,930 位法官审判案件 2,902,774 件,人均审判 224.5 件[②];中国香港特别行政区 2013 年 80 位法官审判 64,609 件,人均审案 807.6 件。

当然,这一数据并不能准确地反映各国法官的工作量,因为各国进入

---

① 参见朱景文:《中国法律发展报告(2012)》,中国人民大学出版社 2013 年版。
② 德国的数字仅包括受理刑事和民商事案件的普通法院,不包括行政法院、劳动法院等系统。

司法统计数据的案件类型和标准差异很大。比如多数国家采取登记立案制,经对起诉状进行形式审查合格即可立案,其中部分案件一旦进入实质程序即可能以非常简易的程序驳回或撤销了;我国民事诉讼立案采取实质审查制,不符合法律规定的起诉条件直接不予受理,这些未登记立案的大量案件并不计入司法统计数据。另外,我国由行政机关、公证机构处理的大量事项在许多国家都交由司法承担,而这些事项都适用非常简易、便捷的程序处理,比如在普通法系,香港一般管辖法院的案件仅占全部案件总数的30%,美国一般管辖权法院的案件(含交通事故纠纷)仅占全部案件不到20%。不过,即使扣除案件类型、分流机制和司法统计方法等因素,即使不考虑庞大的司法行政系统,如果将法院全部有审判职称的人员均计入"法官"人数,那么"案多人少"在中国仍是个假问题;但就一线法官的案件负荷来看,这一问题却又确乎是真实存在的。

然而,这样的比较对于中国的一线法官是很不公平的。当中国以"1审1助1书"的配比作为许多法官的梦想和司法改革的前景时,粗略地对比一下几个不同法律传统的国家法官员额比例。在大陆法系,日本(2013年)法官(3703人)与其他工作人员(22,026人)的平均比例为1:6;德国(2012年)法官(12,930人)与其他工作人员(50,475人)的平均比例为1:4。普通法系的法官比例更小、辅助人员更多,比如2014年美国俄勒冈州法官(200人)与其他工作人员(1600人)的比例为1:8,科罗拉多州法官(300人)与其他工作人员(3500人)的比例为1:12。导致我国人案比例失调的核心因素,是法院的职能定位及人员结构的严重不合理。除了庞大的司法行政系统,目前有审判职称的"法官"占法院工作人员的60%以上(1998—2002年达到80%以上)。但实际上承担审判任务的一线法官仅占有审判职称的法官不到50%,因为正副院、庭长占全部法官人数的比例为41%—47%[①],加之研究室、审管办等综合职能部门中有审判职称的人员占法官员额约7%—10%。也就是说,目前我国一线法官的员额所占全体法院在编人员的实际比例也就是大约30%,与改革试点法院确定的未来法官员额(上海33%、平均限额39%以下)大致相当,甚至还低于后者。而且目前这些一线法官基本上是在基本没有法官助理、也严重欠缺书记员的情形下,承担了全部案件的审判工作。如果中国将

---

① 参见朱景文:《中国法律发展报告(2012)》,中国人民大学出版社2013年版。

全部有审判职称的法官投放到一线审判工作，则中国法官与法院其他人员的比例大致为 1∶2.5—1∶3。倘若每位中国法官能按照 1∶2—1∶4 的比例配备审判辅助人员，简直就是如虎添翼了。可见，中国法官员额无论是按照目前的比例还是按照改革目标确定的比例都不是问题的关键，关键在于每一个占用法官员额的人都必须是真正从事审判工作的法官。

导致上述状况的一个体制性原因是，中国的法院尚未成为一个真正以审判职能为重心的"单位"。法院除了承担审判工作之外，还承担了作为国家党政机构所必备的其他日常职能，加之审判管理的行政化和科层化而产生的职能部门和人员配备，还有为了与上级法院和法院外党政部门对接工作而设立的对口部门，以及为了解决受制于行政职级的"干警"待遇问题而分设的部门……于是各级法院在审判业务庭以外，设立了越来越多、越来越细的"综合部门"——审管办、研究室、行政办公室、组织部或人事处、纪检监察室、新闻宣传/协调处、司改办……不仅占用了大量的法院人事编制，而且占用了大量的有审判职称的法官名额，其中不少在非业务部门工作的人才都是具备精英法官素质的优秀人才。然而，这些综合部门的人员和院级、庭级领导占用了大量法官员额，却没有从事审判工作。一方面一线法官案件压力很大，每位法官平均结案高达 200 件以上，有些法官一年结案上千件；另一方面整个法官体系却效率低下。

法官员额制改革的初衷，就是"让法院更像法院、让法官更像法官"，在这样目标之下"释放生产力"：一方面将以资深法官为主体的庭长级、院长级的审判业务领导回归直接审判；另一方面通过将现在司法人员分类为法官、司法辅助人员及司法行政人员并实行待遇逐次递减，将存量中的优秀人才资源导向审判一线，明显压缩与审判无关的综合部门人员。由于当下的司法改革是在体制上尚未明显弱化法院的非审判职能的状况下运行的，因此也增加了法官员额制改革的复杂性和过渡性。但无论如何，改革目标一旦清晰，即使是在过渡时期，也必须坚持一个原则：法官是以岗定员，而不是以人定岗定员，因此不在审判岗位的人原则上不应占用法官名额，无论其个人如何优秀。随着司法体制改革外部对法院的干预和考核的减少从而逐渐纯化法院功能，随着法官待遇对行政级别依赖的降低从而消除以解决职级待遇问题为动因的部门繁殖，那么转型时期的各种研究任务对优秀人才的需求也就不是多大难题，因为精英法官本身就应该是优秀的研究者，法院可根据特定的研究任务进行课题招标折抵案件数量或公开选派特定法官(或优秀的法官助理)临时参与,或者外聘不占法官员额的优秀退休法官担任课题研究或组成专项课题组。这种方式不仅减少了常设机构庞大、人员众多的状况,而且真正的法官远比专职研究人员更了解审判实务问题,因而也有能力提交更有价值的研究成果和意见。而且不同级别的法院因为职能配置的差异,对于常设性审判研究任务的要求迥异,完全不必层层对口而五脏俱全。

(二)审判事务与审判辅助事务的分类标准与人员配置

如果说非审判业务与审判业务的比例严重失衡是在中国行政化、政治化背景下形成的独特司法生态,那么将审判业务进一步区分为审判事务与审判辅助事务、日益扩大审判辅助职权则是在司法专业化驱使的一种世界动态,其目的如奥地利司法大臣克拉因(Klein)所言,"应当把法官从杂务中解放出来,让其专心于法官本来的审判事务,审判以外的事务可以委诸于法官以外职员"。德国和日本在司法功能和审判结构与我国较为接近,在近代的德国和日本,其审判职与辅助职之间的地位设定、权限配置上与我国当下状况有诸多相似。比如审判及与审判相关的绝大多数权限皆属于审判官,尤其是审判权被认为专属于审判职,审判辅助人员只担任记录和其他文书制作和保管工作。但是随着纠纷急剧增加、案件内容复杂化与审判官人数不足、法官负担过重、诉讼严重迟延等问题与日俱增,因此德日经过一系列的改革,重新调整法官与审判辅助职的关系和权限,比如德国逐渐发展了司法辅助官制度来分担审判官的压力,日本则在书记官素质不断提高的情况下通过逐步扩大书记官权限来减轻法官的负担。

1909年德国把那些历来作为法官的权限交由记录官(Urkundsbeamte)行使,比如对诉讼费用的确定,以及督促程序的下发。1921年进一步授权记录官可以发出支付命令、不须法官指示即可作出附条件执行文,并可代替法官就债权和其他财产权的执行进行裁判。1923年之后又在记录官之外设立司法辅助官,代行部分法官事务,1957年在宪法上正式确认了司法辅助官的独立地位。再经1957、1969年两次改革扩大司法辅助官的权限、充实司法辅助官的培养之后,德国司法辅助官的制度地位相对稳定下来。不过德国司法辅助官的权限主要集中在非讼事件程序领域,在民事诉讼程序领域内权限极少,不能将司法辅助官理解为法官的助手。①

日本近代司法制度仿照德国将书记官职能定位于审判程序的公证人,承担裁判所记录、书类做成及保管。但现代书记官制度经过多次改造之后,在承担原有事务的同时也分担法官的权限——书记官要积极参与民事诉讼程序,努力推动审判职与辅助职之间形成团队关系。1960年法律授权书记官可以接受法官命令,辅助法官进行法令、判例及其他必要事项的调查,书记官开始介入审判事项,为审判事项处理提供辅助;1969年书记官的权限再次大幅扩张,一些需要实体判断的事项(如条件成就执行文与继承执行文中对条件是否成就及继承是否发生这种实体判断)由原来需要法官同意改为由书记官直接判断,而向来由法官决定的法院行为对外产生效果的事项(如扣押登记委托、执行程序的各种公告、催告及通知等)也被规定为书记官的固有权限、由其以自己的名义独立实施。此外,1989年出台的《保全法》、1994年出台的《不动产登记法》也将这保全和不动产登记这两项原先由法官行使的权限转为书记官的固有权限。这些改革使书记官的权限由以公证为中心朝着包含判断功能的方向渐速扩大。1996年《民事诉讼法》修改进一步增加由书记官分担的审判事务,还充实了书记官参与诉讼程序的内容,要求书记官积极参与向来由法官主宰的事实与争点整理等诉讼运行程序。② 在书记官之外还专设调查官制度,负责裁判所需法令、判例及其他资料等的调查(在德国这些事务仍由法官承担),与书记官在一定程序下具体、个别地接受指示事项不同,调查官是概括地接受法官的命令。

德日的司法辅助制度虽然存在诸多差异,但制度设置中有一些共性特征值得我们在审判人员分类改革中特别关注。首先,审判辅助职并非简单地分担了"事务",更是分享了部分审判"权限"——事务仅仅是书类作成、整理等依照上层指示或决定实施的业务内容,权限则是为了保证职责的有效履行而享有对某些事项进行一定范围和程度的判断和决定。从司法辅助职被赋予行使部分审判权初始至今,其权限范围一直呈逐步扩

---

① 参见中村英郎:《德国司法辅助官制度》,载《民事诉讼论集·诉讼与司法制度研究》,成文堂1977年版,第177页。

② 关于日本书记官制度的近期发展,另见:Oscar G. Chase, *Civil Litigation in Comparative Context*, Thomson/West,2007, p.45。

大的趋势，以至于有观点认为除了那些需要高度法律判断并且能够产生确定效力或既判力的权限必须由法官行使之外，其他均可由审判辅助职行使。这样既在维持法官数量较少的前提下保证法官的精英化，同时又因审判辅助职对司法活动的广泛参与加速审判进程。其次，保持审判辅助职，尤其在行使权限范围内的相对独立性。审判职与辅助职权限上存在着清晰的界限，辅助职可以在自己权限范围内进行独立于审判职的判断，并且以辅助职自己的名义对外行使这些权限。日本法官欲在辅助职的权限范围上对其发出指令必须符合法定条件且遵循法定程序，德国法官则几乎不可能与司法辅助官形成权限交集。[①] 这样的独立性既有利于辅助职充分发挥自己的主动性，又有效地避免了审判职与辅助职之间职责不清、工作不均衡的危险。

同样重要的是，无论是德国的司法辅助官还是日本的书记官，能够承担审判权限都是建立在职业专门化或职业化基础之上的。德国司法辅助官至少需要三年的预备期，并且通过高级司法事务官考试，预备期内还须接受至少一年的专门科目教育。德国由于司法辅助官培养属于州管辖的事项，有些州还设置有司法辅助官研修所，由法官、检察官及富有经验的司法辅助官担任教官教授司法辅助官实务中必需的法律理论知识[②]。日本书记官是以事务官、速记官、速记官补、家庭法院调查官、家庭法院调查官补等身份被录用的法院职员，参加法院职员综合研究所入学试验合格并在该研究所经过1—2年的研修后才能取得的资格。书记官研修时间，法学本科生毕业要求1年，其他专业毕业生要求2年。另外，司法辅助官、书记官都属于国家公务员，保证了其职业的稳定性。

普通法系的司法辅助人员已在我国广为熟悉，但其形态更为复杂。除了在名目繁多、不被计入正式司法体系的小额法庭或治安法庭中直接审判巨量小额案件的治安法官之外，在正式的司法体系中也有比例可观

[①] 最近与德国教授 Peter Gottwald 交流时他对德国最新改革要求全部诉讼文档只能以电子文档方式呈现颇有微词，但同时对以此便捷文档传递并督促法官亲自处理文牍、减少法院职员（staff of the court）的工作量持肯定态度。我于是就文中上述内容向他请教：过去的改革不是倾向于减轻法官负担而加重司法辅助人员（court clerks 或 assistants of the judges）的职责么？教授特别严肃地更正和强调说，德国的德国法官没有助理；法院职员不是法官助理，他们的职责与法官完全是两个序列。

[②] 参见中村英郎：《德国司法辅助官制度》，载《民事诉讼论集·诉讼与司法制度研究》，成文堂1977年版，第177—189页。

的审判辅助人员，比如英国的主事官（master）、美国的审裁官（magistrate[①]）、法院的书记官（court clerk）、法官的助理（law clerk），以及某些美国联邦上诉法院协助案件管理和处理简易案件的幕僚律师（staff attorney）等，此外还有法警（sheriff）、雇佣制庭审速记员（reporter）等专司某一特别事务的辅助人员。主事官和审裁官是特别重要的司法辅助官，但英美国家之间、美国各州法院之间及其与联邦法院之间在权限配置方面差异较大，但作为司法辅助官员，他们都是经过特别任命协助法庭诉讼事务并享有部分事务裁决权的司法官员，比如调取证据、对证据开示争议及其他审前事项作出裁定、签发监督令状、收取诉讼费用，以及计算利息、估价年金等诉讼相关事项。由于普通法系国家采取集中审理模式，审前程序无论是程序事项、实体准备、抑或案件分流功能，都占据了是审判工作量的主要部分，因此那些不需要进入庭审程序的大部分案件和进入庭审程序的案件的大部分工作都是由这些司法辅助官员完成的。换言之，当事人和律师主要是跟这些司法辅助人员打交道。法院书记官由书记官处统一管理，主要是负责一些事务性的工作，比如对起诉状进行登记，利用计算机等随机分案，对案件进行一些事务性的准备。被译为"法官助理"的 law clerk 是法官雇用的私人助理，主要是帮助法官查阅资料和案例、起草文书等工作，在侧重于法律问题审查并以书面审为主的美国上诉法院尤其重要。

在中国司法系统中，制度意义上的审判辅助人员只有书记员。《人民法院组织法》第 39 条规定，"各级人民法院设书记员，担任审判庭的记录工作并办理有关审判的其他事项"。书记员的职责除了审判庭的记录之外，"有关审判的其他事项"究竟为何则语焉不详。最高人民法院在《人民法院管理办法》中将书记员定位于"审判工作事务性辅助性人员"，规定其职责包括"庭前准备过程中的事务性工作、检查开庭时诉讼参与人出庭情况、宣布法庭纪律、整理装订归档案卷、配合法院送达诉讼文书及完成法院交办的其他事务性工作"，从这个角度来看，这可能就是我国书记员职

---

① 注意 magistrate 的含义和角色在不同国家甚至在美国不同的司法区完全不同。在联邦地区法院称为美国司法官（U.S. magistrate），是根据 1968 年《美国司法官法》作为美国司法专员（U.S. commissioner）的替代而出现的，可行使法官的部分而非全部职权。在英国和在美国许多州，magistrate 就是小额法官或治安法官，在 magistrates' court（治安法院或法庭）中担任限权法官。治安法庭还有一些其他名称如 court of peace、justices of peace。

责的制度依据。由于书记员的角色没有相对独立性,其职责和职权也不明确,加之书记员一直是学徒式的培养法官和晋级助理审判员、审判员的途径,因此在实践中,书记员实际上成了法官的私人助理或学徒,审判员可以不受限制地把审判有关的所有事务交付书记员处理。我记得一位资深书记员在年终总结时说:"你们数数嘛,老文(法官)今年审结的案件有多少,我就做了多少事,连裁判都是我写的。"另一位曾经在基层人民法院担任书记员的学者也做了相似描述:"诸如立卷、传唤当事人、证据交换、安排法庭、接送当事人、询问记录、外出调查、庭审记录、整卷、评议汇报笔录、草拟法律文书、文书打印复印盖章、宣判笔录、送达、复印材料、退卷、报结、网络录人、归档等等事务"[①]。

20世纪90年代的第一轮司法改革中,笔者认为最不成功的当属司法辅助人员改革,其主要原因是改革在缺乏几个必备的配套或基础因素的背景下仓促推进。(1)就司法职业者的运作空间诉讼模式而言,中国司法并不像英美司法那样实行集中审理模式,而是采用阶段性审理模式。不仅没有明显的审前程序,甚至没有相对确定的准备事项结束的时间点——直到最后一次庭审辩论结束之前,像受理和交换新请求、新主张、新证据之类的准备性事项仍在持续,而且司法调解在整个诉讼过程的任何阶段均可实施并形成结果,所以实际上准备事项与审判事项始终在交替进行。特别是在如今已成为法官解决纠纷的主要方式的简易程序和速裁程序中,几乎没有专门的审前准备,这些法官本身所从事的工作与英美司法在审前程序中作为司法辅助人员的审裁员所承担的职责相差无几。(2)就司法职业者的遴选和晋升机制而言,中国法官既不像英美法官那样产生于资深律师,也不像大陆法系法官那样产生于司法考试中的优胜者并经专门的职业培训,而是采取法学毕业生直接分配至各级法院的方式;而整个法学教育并没有像医生或护士那样以书记员或法官作为不同的职业取向分别招生或培训。因此,当时改革倡导者简单地将书记员与法官之间的关系类比于护士和医生关系而进行切分,切断了由书记员这种学徒期过渡到法官的法律职业培训途径,也切断了具备司法技能的法官的产生渠道,还切断了法律人由学徒成长为法官从而实现其职业梦想

---

① 刘武俊:《法院书记员管理制度及其变革》,载《法治论丛》2004年第1期,第40—43页。

的希望。因此这种改革就很难将法律人安心地将书记员作为终生的职业。①

作为推进书记员改革的配套措施，一些地方法院引入了法官助理制度，希望将书记员的职责局限于法庭速录员和档案装订工等法律专业能力要求较低的事务，而由法官助理来替代传统书记员所承担的其他角色，比如接待当事人、进行审前准备、起草裁判文书草稿等。② 但是这一改革遭遇很大的阻力，这是因为当年的业务骨干主要是年轻法官、而年长法官要沦为年轻法官的助理。于是，书记员制度改革已经启动、法官助理制度又殁于腹中，书记员的传统角色与新兴的法官助理（如果有的话）的角色发生混同和交叉，而法官仍然没有足够的助手。其实从以上比较法研究的简单信息中即可看出，无论将审判辅助人员的名称叫书记员或者法官助理都不重要，重要的是对岗位职责进行明确定位。比如日本《民事诉讼法》明确规定送达由书记官负责，而我国《民事诉讼法》规定的审判行为主体都是"法院"；美国、德国都有专门规定具体的司法辅助职权限和职责的法律，我国对书记员职位的规定一笔带过，对法官助理等其他审判辅助人员的权责更是于法无据。如果审判辅助人员与法官之间的角色、权限、职责不明，即使不考虑其他因素，在这一轮改革中试图将法官助理替代助理法官的改革中其效果可能再次受到重创。由于从助理法官到法官助理的跨度涉及审判权这一核心职位、权限和职责的重新配置，因此，这一轮改革将比上一轮面对更加复杂的问题，并遇到更严峻的挑战。

（三）中国助理审判员的归属：法官助理抑或限权法官？

如果法官员额制改革目标将员额法官定位于精英法官和全权法官（下文将在同一含义上使用这三个概念），那么目前审判人员分类改革涉及的将不只是在岗位（及相应职能）不变的前提下所进行人事变动（数额变化及人员洗牌）。而必须首先涉及岗位和职能变动，其中首先涉及的就是助理法官这个职位的现行定义与未来走向的问题。目前有些地方法院的改革将助理审判员直接就地降职为法官助理，也是改革过程遇到众多争议的重要原因。

---

① 见杨凯:《书记员和法官助理素质与技能概论》，人民法院出版社2010年版，序言。
② 参见孙国民:《法官助理》，人民法院出版社2007年版，第190—207页。

实际上，无论根据现行立法还是司法实践，助理审判员都不是审判辅助人员。而法官——虽然根据宪法、组织法、诉讼法的规定，审判员须经各级人大常委会任命，被赋予审判职权后才能独立行使审判权，但是助理审判员经本院以简易程序授权后即可代行审判员的全部职务。司法改革若欲将（助理）法官改变为（法官）助理，则是一种质的变化，需要由法律对其权限和职责范围进行重新定位。作为现行法中所定义的助理审判员或助理法官，"助理"是定语，而"审判员"才是身份，助理法官也是法官；而作为改革方向的法官助理，"法官"是定语，"助理"才是身份，法官的助理就是助理。具体而言，"助理审判员协助审判员进行工作。助理审判员，由本院院长提出，经审判委员会通过，可以临时代行审判员职务"（《人民法院组织法》第36条2款）。据此，助理审判员代行的法官职务是"全部"，而不是部分，这一特点使之明显区别于德日享有"部分"审判权的审判辅助人员或英美的限权法官。助理审判员的任命程序只是需要经过本院的特定程序授权，即院长提出、审判委员会通过，而且这种授权法律并未规定是概括授权还是具体授权。实践中普遍的做法是概括授权，无须在每一案件中具体授权，甚至未经上述授权程序，这一特征又使作为法官的助理审判员明显区别于中国的法官。然而在普遍的审判实践中，助理审判员几乎完全视同于法官，能够辨别的唯一差别是在裁判文书上署名为"代理审判员"。二者在审判职权方面的差别主要是，当合议庭组成人员中有审判员时，一律由审判员担任审判长，即使该案的实际承办人是助理审判员。但法律并未禁止合议庭全部由助理审判员组成，也不排斥助理审判员担任独任法官，相反，最高人民法院在1983年的批复中确认，"助理审判员在临时代行审判员职务时，应当在工作中依法享有审判员同等的权利，既可以独任审判，也可以成为合议庭成员，由院长或庭长指定也可以担任合议庭的审判长"[①]。

助理法官未经法官正式任命程序却普遍行使与法官几乎完全相同的权限，即使不考虑个人能力问题，在制度上的合法性、正当性以及法官职业保障方面的问题也是一目了然的。就能力而言，助理法官普遍被作为简单程序的独任审判员，特别是作为速裁法庭或某类案件简易裁判的熟练工使用。一方面法律科班的专业优势得不到发挥和长进；另一方面由

---

① 参见最高人民法院《关于助理审判员可否作为合议庭成员并担任审判长问题的批复》。

于年轻和缺乏社会阅历和经验,在没有资深法官指点的情况下单独应对复杂社会问题时,对一些案件作出一些不合常理的判断和反应。近年来媒体报道的一些违反常理令社会哗然的"彭宇案""天价过路费案"等,都是由助理审判员担任主审法官的案件,这对于这些年轻法官的个人成长和法院的整体声誉都造成了难以弥补的损害。而这些问题又常常成为强化庭长、院长、审判委员会对审判行政化领导的理由或借口。其实这些问题的根本原因是助理审判员的职权越位,既超出了其自身能力,也违背了司法人才的培养规律。

在日本,成为正式法官之前还有法官补、陪席法官两级阶梯,而且成为法官之后还因法院级别不同而要求不同任职资格。司法研修结束后被任命为法官补的,最初两年通常被分配到东京、大阪等地的较大地方法院,主要担任合议案件的陪席法官;之后大多会调动到全国的地方法院和家事法院,在此期间的三年一面担任合议案件的陪席法官,一面审理保全、执行等案件和家庭法院的少年案件等;三年后取得可被任命为简易法院法官的资格,所以也有参与处理简易法院案件的。经过五年后,法官补经过特别任命也可与法官具有同一权限。法官补积累了十年经验后可任命为法官,一般担任地方法院、家庭法院合议案件的陪席法官(同时也担当独任法官)、高等法院陪席法官。被任命为法官的十年后,有可能担任地方法院、家庭法院的庭长(部总括),担任法官至少二十年后才有资格担任院长;高等法院庭长的阅历基本上参照地方法院、家庭法院院长的规定。

那么,在我国如果按照许多地方法院的改革办法将助理审判员大幅降格为法官助理,是不是解决问题的出路呢?这一问题的答案并不简单,它取决于对助理法官的角色定位、权责界定,以及管理机制是否符合中国案件管理的具体需求和审判权配置规律。法官助理与助理法官的身份及相应岗职不同——法官助理的身份是"审判业务的辅助人员",其职责是"在法官指导下审查诉讼资料、组织庭前证据交换、接待诉讼当事人、准备与案件审理相关的参考资料、协助法官调查取证、保全执行、进行调解、草拟法律文书、完成法官交办的其他审判辅助性工作"。就目的而言,设置法官助理旨在将审判职从事务性工作中解脱出来以专务于审判事务,这与其他国家扩大审判辅助职的目标相似;就需求而言,我国目前审判辅助人员严重欠缺,法官被送达之类的事务性工作纠缠,严重影响了专业人才发挥优势,集中心力行使审判权,因此设置新的审判辅助职位以分担法官的负担是很有必要的。然而,对比一下法官助理的地位与权限设定,却发现改革定位的法官助理只不过是承担了原来由书记员承担的角色,因为法官助理不能独立对外行使任何审判职权或辅助事务处理权,而必须在法官指导下处理事务并且最终由法官承担责任。于是由国家以严格程序招进来的法官助理成为法官的打工仔,类似于英美法官的私人助理(law clerk)。而且这样通过员额法官的个性授权而使法官助理成为实际审理者,有可能成为"审者不判,判者不审"的另一种制度性根源,而司法的利用者(当事人)对于代表法院与他们打交道最多的,却是缺乏规范性、透明性和确定的事先职能定位的审判辅助人员以及躲在他们背后的法官,也很难产生信任和信服。

在赋权模式上,由于法官助理缺乏角色的独立性和法定的明确权限和职责,而是完全依照法官的指示处理事务在案件负荷无法分解的背景下,不可避免产生法官向法官助理推诿工作,甚至演变成由法官个人将过去由院长、审判委员会授命于助理法官的事务交付给法官助理;在职业激励机制上,法官助理因为工作负荷沉重却又居于从属地位而无法体会职业荣誉感,加之未来由法官助理晋升为法官的渠道更加狭窄,法官助理职位很难对优秀的年轻人有吸引力或对审判辅助工作过程产生正向激励;从法官的角度来看,压缩法官数量而不对其权限和职责进行相应调整,意味着法官仍然承担着全部审判权及其相应的工作负荷和职业风险。因此实际上所有的审判辅助事务都需要征求法官的意见并由其对所有事务的最终处理承担责任和风险,这将导致同一法官不仅在单位时间内处理案件的数量增大,而且权限集中,因而出现错误和滋生腐败的更大的概率。这种由客观和主观原因共同导致的后果和风险仅仅依靠事后的责任追究制是无法奏效的,必须依靠法官与审判辅助人员之间在职权配置过程中预置一种内设的分权—分享机制。从比较法经验来看,各国的审判辅助职均存在着转化为审判职的内在冲动,毕竟成为受人尊敬的法官才是法律人的最终梦想(法官职业不受人尊敬时另当别论,但这当然不是改革的目标)。因此一些国家多通过明确界定审判职与审判辅助职权限的方式来抑制这种冲动,从而将部分优秀的法律人留在同样需要专业储备的审判辅助职位上。

那么,在给定的法官员额制改革目标(员额法官不超过 39%)之下,在推定员额法官就是资深法官和精英清官的前提之下，如何定位改革设想中的法官助理的角色和权限？这取决于中国司法实践中案件类型和程序结构更迫切需要的是审判辅助人员，还是限权法官？而这个答案又因各国对于不同级别的法院的职能定位不同而有所差异。比如，在实行集中审理模式的英美国家，诉讼案件分流与司法辅助事务都集中在审前程序中，因而英美审判辅助人员的权限是在法官监督下行使审前程序运行所需要的各种权限，包括部分案件（如小额诉讼或）和部分事项（如证据开示范围）的裁判权，从而被归类于限权法官。而德日则是在区分诉讼案件和非讼案件的前提下对诉讼案件采取阶段性审理模式，因此审判辅助人员的职权主要集中在处理非讼事务，并对此类案件享有较大的独立决定权；同时在诉讼案件中担任法官的助理，在法官的监督下行使部分事项的决定权，而且同时也作为法院派驻审判程序的公证人对法官的权力行使构成监督（比如庭审笔录只能由书记官制作并成为上诉法院审查庭审行为的依据，法官不得指示书记官修改）。中国的审判结构大致类似于德日模式，但与德日分流案件的机制有一个明显差异，那就是并不依赖于完全审判权的司法调解，可能影响中国设立法官助理的职权配置和员额比例。仅从案件所占比例来看，中国民事案件调解结案及经调解撤诉的案件（调撤率）在基层人民法院平均约占70％，略低于德日审判辅助人员处理的支付令、公证事务及其他非讼事件占基层人民法院案件的比率，更低于英美限权法官裁处的小额案件和通过其审前主持证据交换、和解撤诉的案件以及通过其他法院附设ADR等多种渠道所处理的案件占初审法院案件总数的比例。

因此，假定将中国数量庞大的助理审判员定位于限权法官，那么授权其在法官的监督下独立行使各类案件的调解权和小额案件、非讼事件的裁判权，并不需要根本性改变目前审判人员的基本结构；主要的改变只是通过法律规范将助理法官的独立权限与职责进行明确，并置于法官的监督、指导之下，同时将目前由助理审判员承担的合议独任制简易案件范围缩小，并取消法官助理对普通程序案件的最终裁判权。与此同时，保留书记员的传统职能，承担纯程序性和事务性的工作。在中国已经存在单独的立案庭完成（改造后的）诉答程序、初次送达、随机分案、案件分流（乃至先行调解)等大量先决性审判工作的情况下①,审判庭实行这样由完整审判权、有限审判权、纯审判辅助事务构成的梯度权限配置,将成为定位全权法官(即员额法官)、限权法官(即助理法官或法官助理)、书记员三个梯度的岗位职权(责)的基础。在此岗位职责确定的前提下,计算案件数量、类型及其对于精英法官即全权法官和限权法官的需求,确定相应的法官员额和限权法官数额,然后再根据书记员的职能定位和全权法官对于书记员的需求来确定书记员的数额。至于员额法官以外的职位如何称呼,以及是否将这些限权法官归入审判辅助人员系列,其实可能并不那么重要,只要足以区分他们与员额制法官的差别、并足以保障他们独立于法官并受员额制法官监督的职权(责)即可。比如最符合尊荣心理需求的是区分员额法官与普通法官,其次是法官与限权法官,再次是保留审判员与助理审判员的称呼,最后是法官与法官助理。但无论哪一种称谓,岗位/职能的区分和权限的界定才是问题的关键,这一界定同样也是确定员额法官与司法辅助人员的具体数额的依据。

三、各级法院以司法职能分层配置为基础的审判人员分类

以职能和权限的区分作为审判人员分类的基础,意味着四级法院之间不仅员额法官与审判辅助人员的比例不同,而且限权法官与书记员之间的比例也不相同,三者之间究竟存在怎样的具体差异则取决于四级法院职能和案件类型的差异。比如在基层人民法院,调解案件、小额案件和非讼事件所占整个案件的比例远高于中级人民法院,相应地对于行使独立裁决权和调解权的限权法官的需求显然较多。中级人民法院和高级人民法院同时承担一审案件和二审案件,其所需要的员额法官数量取决于多种因素:一审案件的审判庭是否有可能(通过法律规定)在部分类型的案件中适用独任制、商事审判庭的组成是否有可能由职业法官与商人或

---

① 不过该文是在实质审查制的背景下采取的折中方案,如果按照中共中央四中全会报告的最新精神,一审立案和二审立案实行登记制之后,立案庭(室)经形式性审查起诉状和初步证据合格即登记立案后转交审判庭,未必不是一个合理思路,倘若如此,则审判庭在推进诉答程序和审前程序中将承担更多责任,审判辅助事务将大大增加。参见傅郁林:《再论中国民事诉讼立案程序的功能与结构》,载《上海大学学报》2014年第1期,第39—53页。

其他行业专家共同组成？二审对于不同案件的审判方式将在多大程度上采取开庭审理，归类于审判辅助人员的限权法官仅存在于基层人民法院还是可以适用于中级人民法院，以及如果适用于中级以上的法院，其职能、资格和权限与基层人民法院有何差异（比如是否具备基层人民法院员额法官的资格才能在中级以上的法院担任限权法官）？此外，各级法院审判事务与非审判事务的人员配置也取决于各级法院职能配置的差异，比如，虽然原则上各级法院均须明显压缩（及撤并）综合部门和司法行政管理人员、研究人员也应随其所在法院的职能及实现方式的变化而逐渐减少，但在高层法院审判指导职能的实现方式尚未转变为通过对具体案件的示范性裁判之前，当转型时期司法改革和应用法学研究仍是高层法院的一项重要职能之时，最高人民法院和高级人民法院对于专职研究人员的合理需求规模和趋势与中级人民法院和基层人民法院显然不同，因而所占用的法官员额也不可能相同。可见，法官员额和审判人员分类改革的具体方案直接取决于司法改革对于各级法院的职能目标定位。

（一）中国司法改革目标的困扰——精英司法抑或亲民司法？[①]

毋庸讳言，法官员额制是以选任精英法官为目标的人事改革。然而，在中国语境下直奔精英法官这一目标，其本身未必完全不需论证。因为影响法官员额的一个重要的隐性问题亟待讨论和解决：所有案件的裁判都必须由精英法官行使裁判权吗？特别是在中国基层人民法院缺乏相对独立的小额诉讼机制和限权法官传统的状况下，或者换一个角度说，在中国司法体系正在由传统上普遍实行的小额诉讼模式[②]转向现代精英的专业诉讼模式的过程中，有几个基础性的问题必须首先确定：如果将"员额制法官"定义为精英法官，那么有多大比例的案件必须裁判？如果全部案件均由员额制法官裁判，那么各级法院需要裁判的案件分别占多大比例？如果只有部分案件（大、难、要、新案件）需要由员额制法官裁判，那么其他

[①] 作者关于职能分层和案件分流的系列研究，参见傅郁林：《司法职能分层目标下的高层法院职能转型》，载《清华法学》2009年第5期；傅郁林：《审级制度的建构原理》，载《中国社会科学》2002年第4期；傅郁林：《多层次民事司法救济体系探索》，载《当代法学》2013年第1期；傅郁林：《繁简分流与程序保障》，载《法学研究》2003年第1期；傅郁林：《以职能分层和审判独立为基础的上下级法院关系》，载《司法改革内刊》2013年第1期。

[②] 小额诉讼模式的基本特征是：简单、灵活、变通、成本低廉、法官职权较大、受处分权主义和辩论主义约束较小。

案件的裁判权由谁以及如何行使、与前者的比例如何？从中国的政治目标来看，在司法为民这一不变的目标中，亲民司法才是核心。专业司法成为实现"让当事人在每一个案件中感受到公平正义"这一终极目标而针对那些专业复杂的案件作出的技术安排。从中国的社会基础和现实需求来看，城乡差别、东西差异、贫富差距显然不平衡，律师代理的案件平均不到50%。无论从哪一个角度来看，四级法院如果不区分司法职能、不理会当事人的构成，追求同样的法官精英化，既没有充分的社会资源支持，也不会获得法律文化的认同。

目前我国各级法院由于职能定位有待厘清、职能运行方式单一，无法有效地兼顾公正与效率的双重目标、解决纠纷与维护规则秩序的双重功能，形成社会冲突层层分流的良性机制。一方面，最高人民法院，本应担当起参与政治决策、形成司法政策、维护司法统一的特殊使命，却疲于应付日常案件（特别是上访、再审案件），甚至难以维护自身裁判的一致性；另一方面，基层人民法院本应贴近百姓日常生活、提供方便快捷成本低廉的司法服务，但却一味强调专业化和程式化。① 过去的程序改革思路基本未能突破四级法院职能划一、捆绑配置的模式，因而改革方向和具体方案仍在摸索过程之中。20世纪90年代的程序改革整体推进专业化，导致以审理小额、家事纠纷的基层人民法院积案日益严重、效率低下、专业性和对抗性为基层百姓所诟病；本世纪以来又整体回归了灵活、便捷的模式，导致以审理专业、新型、高金额高风险商事案件为主的中级以上法院过分强调调解、规则功能丧失、易于规避程序控制。在级别管辖的立法层面上，四级法院几乎全都专注于解决"个案纠纷"，没有对司法的规则功能给予应有重视。比如四级法院的民事一审案件主要根据争议金额划分的级别管辖权，因此劳动纠纷、家事纠纷等类型的案件，数额虽低，但政策性较强或关涉公序良俗，但终审级别很低，很难抵达高层法院。

因此，改革的目标必须兼顾低廉、便捷的亲民司法与规范、专业的精英司法。但这双重价值目标在技术上很难同时体现在同一案件、同一程序之中，而是依赖于司法职能分层和案件分流：在纵向上，不同级别的法院、不同审级的审判程序承担各有侧重的司法职能，并以此作为不同级别的法院对法官、审判辅助人员、司法行政人员进行分别定额的基础；在横

---

① 参见傅郁林：《家事诉讼特别程序研究》，载《法律适用》2011年第8期，第81—85页。

向上，不同标的、不同类型的案件适用价值各有偏重的不同程序，并以此作为同一级法院对法官级别和权限进行进一步区分的基础。总体上，四级法院的功能定位大致可进行如下偏重：基层人民法院定位于亲民司法，中级人民法院定位于专业司法，高级人民法院定位于监督司法，最高人民法院定位于指导司法。① 审判人员分类改革和法官员额制必须根据具体法院的案件数量和类型、审级职能以及辖区的经济社会发展状况及人口状况，合理评估法官工作量及审判辅助人员配置条件等，并结合法院职能转型和内部结构调整目标，进行系统性地合理设置。因此法官选拔的标准，也应根据各级法院的不同情况给予不同要素以不同的权重。比如越往高级人民法院，对专业化和精英化要求就更高一些，因为要通过裁判建立规则；越往基层，地方性经验和亲和性可能就相对重要，因为主要工作是解决纠纷。

（二）最高人民法院特殊职能的正当化及其对司法改革走向的决定性意义

在本次改革中，应当明确确定最高人民法院的特殊职能定位及其独一无二的运行方式。目前由于四级法院的职能定位、受案范围和运行方式的无差别配置，最高人民法院为了合理控制本院案件负荷（这一目的在比较法视角中也是正当的），利用其参与立法、出台司法解释、制定审判考核指标的权力，对其下辖的三级法院从一审至再审案件的级别管辖权以及相应的裁量权实施控制。一方面大幅下调一审级别管辖权。另一方面放纵高级人民法院规避立法再审提级管辖的规定、滥用指令（下级法院）再审的权力。这些措施导致高级人民法院职能被架空，一审案大幅减少，再审案件搭便车下压案件，致使违背立法初衷而回流到中级人民法院；中级人民法院不仅因为级别管辖的调整而明显增加了一审和二审案件，而且因为高级人民法院在再审案件中使用被最高人民法院放置在立法中的裁量权，而承受大量立法者本欲取消的中级人民法院再审实体审判，不堪重负；基层人民法院的职能、权力和负荷均超过其法官素质等多维承受力。结果导致司法质量和公信力进一步下降、上访和再审案件进一步增

---

① 详细讨论参见傅郁林：《以职能分层和审判独立为基础的上下级法院关系》，载《司法改革内刊》2013 年第 1 期。

加的恶性循环。虽然有其他因素的影响,但最高人民法院在审判管理整体思路上,在职能分层的意识和技术上还有待提高,缺乏单独设定和压缩最高人民法院自身案件规模这一合理目标的权限。因此在调整级别管辖权、再审管辖裁量权及全国性司法考核体系等重大决策中过多地参入本位利益,捆绑全国法院特别是高级人民法院,对于整个司法体系长期背离审级制度的建构原理、甚至一再违背立法初衷,难辞其咎。这一背景也成为许多下级法官担心省级直管之后司法行政化加剧、低层法院利益受损的原因之一。

最高人民法院不仅可以合法地、名正言顺地采用独一无二的受案标准和机制,有效地控制进入本院的案件量,而且应当有效制约高级人民法院自行出台此类措施,促使高级人民法院原则上成为各省的监督法院和终审法院,解决二审案件并消化再审案件,而不是将案件推向中级人民法院;而中级人民法院则不再承担再审案件,专心审理专业一审案件,并对基层人民法院的二审裁判负责。对此笔者已在十几年来的多次专题研究中展开过论证,在此不赘。

(三) 基层人民法院案件的多样态、多层次分流机制

就分流机制而言,目前四级法院主要是通过并不简易的简易程序进行案件分流、依靠调解来减少上诉。但"简者不简"的程序导致大量轻微刑事案件为了规避超期羁押和国家赔偿的风险而被加重刑罚,对调解的偏重则导致了变相强制调解的盛行和对审判程序规范及司法功能的损害。目前的改革思路主要是在程序改革,但2012年修订的《民事诉讼法》增加的一审终审制小额诉讼程序被证明是杯水车薪,因其性质上的强制性(法定性)而不得不限定在狭窄范围(否则会大范围侵害当事人的程序保障权),却因此废弃了此前各地基层人民法院自行改革中行之有效的合意性速裁程序(即双方协议放弃上诉)。必须从司法结构上下功夫,在基层人民法院和中级人民法院建立不同的案件分流机制。比如,目前基层人民法院同时承担了多类、多层次的案件,诉讼案件与非讼案件、小额案件与大额案件、简易案件与复杂案件、家事案件与商事案件……如此价值多元、跨度巨大的案件是在如前所述的任何国家的任何一级法院都不可能承担的。不区分这些案件,也难以确定案件的处理方式和相应的全权法官、限权法官及审判辅助人员的权限和数额。必须在基层人民法院建

立多种样态的纠纷解决体系,将需要行使裁判权的小额、速裁案件与需要辅助人员进行审前准备的复杂案件进行区分,并制订与此相应的法官和司法辅助人员的比例。

基层人民法院改革首先涉及派出法庭的改革。我国基层人民法院的派出法庭是在交通不便的时代为了方便当事人就地诉讼而设立的,但如今许多已成为经常侵犯当事人程序权利的地方霸权。因为派出法庭虽然与基层人民法院本部审判庭的级别、权限相同,但各庭通常只有3—5位法官,按照分片管辖审判各种类型的案件,权限很大,难以监控,其水平参差不齐,许多破坏司法形象和公信力的行为都来自于派出法庭。在这方面,前述各国都设立了各显优势的多种案件分流渠道可供借鉴。英美法系国家源远流长的治安法庭和小额法庭承担了半数以上的基层社会纠纷;大陆法系的法国和日本分别以小审法院和调停法庭见长,但不影响其正常司法程序的规范性和专业性,德国法院的快捷收债程序(支付令)程序处理了其基层人民法院80%以上的民事案件。我国许多地方的基层人民法院和派出法庭也进行了适合中国基层社会需要且符合审判原理的探索和发展,比如某省法院在中国原有的结构中,尝试通过重新界定权限而建立适应中国新时期社会需求的限权法庭,将基层人民法院派出法庭改造为限权法庭,以快捷程序调处轻微刑事案件和小额民事案件,但改革期间暂时不赋予派出法官裁判权,而只是行使调解权,并与所在地方人民调解委员会合作,形成一种社区治安法庭模式;另一些城市的派出法庭则被改革为家事法庭、劳动法庭等专门法庭,谋求建立多样化、多层次的纠纷解决和司法救济途径。这些探索不仅为基层百姓提供了成本—收益相适应的、易于接近的司法救济,而且充分利用中国基层人民法院派出法庭的资源优势,促进社会自治体系的逐步建立,应当在本轮司法改革引起足够的、甚至是至上的重视。法官员额制改革绝不能简单定位于司法精英化发展,而必须在司法多元化目标下,通过法官员额制改革,带动审判人员按照重新定位的岗位职位合理分类、推进法院人力资源按照以审判为中心的目标重新配置。比如,可以考虑将派出法庭改造为轻罪法庭、小额法庭,对其受理的案件类型、审理程序、权限范围进行明确限定,法官资格和待遇也可考虑有别于基层人民法院,实行调解为主,裁判一审终审,不服者向基层人民法院合议庭(可建立特别的复审合议庭);基层人民法院本部也可以参照派出法庭建立基层人民法院的速裁庭。仅从法官员额制角度来看,这些结构性调整都为控制正式司法的案件数量、实现复杂案件的精英司法奠定了基础,也成为审判人员分类改革不可不计入在内的基础性数据。

(四)中级人民法院审判庭结构的变革及其对法官员额的重大影响

中级人民法院是整个法院系统的中坚阶层,不仅在承担了"大、难、要、新、高"强调的专业性案件一审职能,而且成为绝大多数案件的二审法院。特别是随着民事案件一审级别管辖逐年下沉的趋势,中级人民法院成为绝大多数案件的终审法院和大多数重大复杂专业案件的一审法院。如果说,基层人民法院的司法状况影响司法体系在基层社会的根基,那么可以毫不夸张地说,中级人民法院的司法状况决定着国家法院体系在整个社会中的公信力。因此,中级人民法院的审判资源配置应该成为司法改革的重中之重,而法官员额制所包含的司法精英化也是以中级人民法院为重心的。

然而,中级人民法院在审判职能和程序安排上没有得到独立的考量和科学的安排,在司法体制和审判管理上长期笼罩在两级高层法院的阴影之下,没有获得独立发展的空间——这种状况有可能随着司法省级直管体制的建立、资源分配由地方政府转移到上级法院而进一步强化,但也有可能随着最高人民法院与高级人民法院的相对分割而形成的相互制约而逐步缓解。在程序改革方面,中级人民法院应当在专门法院和商事审判中扩大适用一审案件的专业陪审员参审制[①],并尝试在刑事重罪(至少死刑)案件和社会影响广泛(至少群体性)民事案件中适用陪审团制度(因陪审团的权限定位可将称谓改为评审团或观审团),以案件类型化的程序改革来保障中级人民法院兼顾二元功能(一审解纷功能与二审监督功能),并在实现审判专业化和法官精英化的过程中兼顾司法民主化的诉求。

陪审制被认为是司法民主化的一种体现。但真正体现司法民主化的陪审制是英美式的陪审团制,因此,在比较法上不加定语的陪审制通常特指英美陪审制。大陆法系国家普遍适用的是参审制,主要适用于商事审判,体现了商人自治及陪审员在行业上的专业性,故称专业参审制。我国

[①] 曹志勋:《商事审判组织的专业化及其模式》,载《国家检察官学院学报》2015 年第 1 期。

现行的陪审制只有一种,就是大陆法系的参审制,不过主要用于普通民事案件,只有知识产权等个别领域在个别地区较为成功地采用了专业参审制。而德国、法国的商事法庭基本结构就是由一名职业法官与两名商人共同组成的,这使得商事审判的实践特征更像是商事仲裁,而不是更像普通的民事诉讼(特别是家事诉讼);社会保障法庭和土地租赁法庭等,也是由职业法官和相关行业的裁判者共同组成的。此外,专业性案件由行业专家而不是法律专家主导裁判的更极端例子,是法国的医疗纠纷和美国等知识产权纠纷由法院外的准裁判机构作出初审裁判、然后可以像初审法院裁判一样其他向法院上诉的机制。在专业性强的商事案件中建立(行业)专家陪审制,实现商事审判仲裁化,专家陪审员的资格不同于普通的人民陪审员,但在具体案件中选择陪审员的权利应当赋予双方当事人。

英美陪审团制在传统司法区的适用越来越集中于刑事案件,并且也得到越来越多的大陆法系国家(如法国、日本、韩国)借鉴。但在民事审判中,英美陪审制却普遍呈日益衰落(美国)或被取缔(英国)的趋势。这是因为陪审团的功能主要用于缓解专业司法与民众常识之间的隔阂、在事实问题上回归普通民众的常识判断,从而在决定生死攸关的重大刑事案件中,以庞大的人民群体限制职业法官的权力、分担职业法官的压力、保障司法独立和公正;但陪审团的成本很高而专业性较差,在无论是琐碎的还是越来越专业的民事案件中都有些力不从心、得不偿失。在重大刑事案件(特别是死刑案件)一审中引入陪审团制,陪审团的权限设定可先采取韩国模式(陪审团不享有裁判权、但享有评审权或否决权)。

中级人民法院实行陪审制的程序改革和审判组织改革,特别是在商事案件中引入商人或其他行业专家而走向仲裁化的方向,与法官员额制和审判人员分类改革其实在性质、功能和效果上是一致和一体的——在性质上是审判权如何分解和与谁分享的问题,在功能上是如何缓解审判专业化与类型化的问题,在效果上是如何在整体上减少对职业化的精英法官的需求并保障审判符合专业水准。除此之外,在司法程序的内部减少法官的权限、负荷和风险,在司法系统的外部缓解司法精英化与民主化的矛盾,不正是法官员额制改革所追求的终极目标——通过优化司法资源和提高效率实现司法的公信力、保障(职业)法官"独立公正行使审判权""让公民在每一个案件中感受到公平正义"吗?

此外,中级人民法院一审案件由于大都涉及复杂重大的诉讼案件,因此由限权法官独立处理的独立案件（如非讼事件或小额事件）极少，而由审判辅助人员在员额法官的监督下相对独立行使有限审判权的审判辅助事务依然存在，比如在程序事项上主持审前证据交换、在实体事项上应当事人请求和法官决定调取证据，以及主持和进行审前调解等等。但是这类事务究竟由限权法官承担，还是由书记员承担，抑或由资历较低的法官承担，取决于对不同级别的员额法官、限权法官和书记员的定位，比如中级人民法院的限权法官是否应当与基层人民法院员额法官同样资历的人员担任，或者两级法院的"限权"法官均不是员额法官、但各自被"限定的权限"并不相同。同样，中级人民法院的二审案件则更多是须由法官行使完整审判权的事项，而且书面审查和裁判文书的起草工作较多，那么这部分工作可否也有部分可以由限权法官替代？这也直接决定限权法官与员额法官的配比。此外，中级人民法院一审案件，即使在实体案件不适用陪审制或参审制，是否也有可能允许某些案件适用独任制？这些可能性也将决定着员额法官与限权法官及书记员的比例。

（五）四级法院的职能配置及其对审判人员分类的具体影响

在中国法院系统中，除了考虑审判事务与审判辅助事务的比重关系之外，在法院"人员编制内"确定法官的员额，首先还取决于审判工作与司法行政管理工作的比重关系。各国法院在不同级别中如何配置法官与审判辅助人员的比例，在数字上并无清晰的共同规律，但在原理、方法或考量因素上却是有规律可循的，那就是按照本国司法体系对于各级法院的具体职能配置（因素之一），根据不同法院的案件类型（因素之二）对于法官和辅助人员具体职权（因素之三）的针对性需求，进行区别对待。

德国不同级别和不同审级的法院因承担的审判功能之差异，法官员额及其与辅助人员的比例也有明显差异。比如，在实行联邦制的德国司法体系中的四级法院，初审法院包括地方法院（local court）和地区法院（regional court）。2012年德国一般管辖权法院初审法官人数共计12,930[①]；另有其他工作人员为50,475，法官与辅助人员的人数比例平均约

[①] 2011 年的统计数字差异也不大：地方法院司法人员总数为 49240 人，其中法官为 8037 名；地区法院司法人员总数为 14,225，其中法官 4,894 人；地区高等法院总数为 6486，其中法官为 1838 人。数据来源：https://www.destatis.de/EN/FactsFigures/SocietyState/Justice/Justice.html，2013 年 2 月 8 日访问。

为1∶4。但法官与辅助人员的配比因各级法院的案件类型而有所不同。比如,2012年兰德市(the Lander)地方法院司法人员总数为49,119人,其中法官为8014人,法官与辅助人员的比例为1∶4.7,法官员额为16.3%;地区法院司法人员总数为14,286人,其中法官4916人,法官与辅助人员的比例为1∶1.5,法官员额占34.4%;地区高等法院总数为6507人,其中法官为1845人,法官与辅助人员的比例为1∶2,法官员额占28.4%。这种差异,根源于德国地方(基层)法院的案件类型明显不同于地区法院和高等法院,有比例很高的非讼案件是由审判辅助人员承担的,因而法官比例较小。[①]

任何一个国家的最高人民法院都享有区别于下级法院的特殊权限和为保障其特殊职能、权限实现的特殊运行方式,对此笔者已在多项成果中进行过专门论述[②]。与此相应,职位和人员配置也不相同。比如,日本的司法调查官这个职位是司法辅助人员,但是在最高人民法院担任调查官的司法辅助人员实际上是下级法院的法官。2013年法官定额中的3703人中,包括地方法院判事1889人和判事补1,000人共计2889人,以及简易裁判所判事806人。[③] 这些法官中一部分会担任最高人民法院调查官、事务总局局科长、局付、研修所教官等,其余的以案件数量等为基准而在全国的高等法院、地方法院、家庭法院、简易法院实行定员配置。日本8个高等法院,地方法院、家庭法院本厅各50个(分支各203个),简易法院(含独立简易法院)有438个,但事件非常少的某些地方法院和家事法院分部以及独立简易法院没有常驻法官。

普通法系国家在正式司法体系中通常只区分初审法院与上诉法院。初审法院普遍区分为(精英)法官主持的初审法院(英国司法体系中多称

[①] 德国数据统计方式为两种:一种是按法院管辖的案件类型进行分类统计,但不区分初审和上诉案件;一种为针对普通管辖权各级法院的分层统计,但未涉及特殊管辖法院(如劳动法院等),因此无法统计出包括特殊管辖权初审法院案件在内的总数。另外,德国的地区高等法院仅对叛国罪及反宪法行为的极少案件享有初审权,为便于统计在此排除。一般管辖法院初审案件数(排除地区高等法院的初审案件)为2902774件,平均每位法官一年审理224.5件。数据来源同上。

[②] 美国数据来源:http://www.nawj.org/us_state_court_statistics_2012.asp;http://www.uscourts.gov/Statistics/JudicialFactsAndFigures/judicial-facts-figures-2013.aspx;http://en.wikipedia.org/wiki/United_States_federal_judge,2013年2月8日访问。

[③] 裁判所中在裁判官以外的职员人数为22,026人(其中不包括执行官、非常勤杂员、雇佣期为两月以内的人员、休职者),裁判官与这些职员的比例为1∶6。

为高等法院)和由称谓不同的限权法官主持的名称各异的治安法庭。比如我国香港特区的限权法院就有审裁法院、小额钱债审裁处、淫亵物品审裁处、劳资审裁处及小额薪酬索偿仲裁处等;初审法庭(court of first instance)则对民事和刑事案件均有无限的司法管辖权,同时处理来自各类限权法院的上诉;还有地区法院(district court)处理涉及款项 5—100 万港元的民事诉讼和刑期在 7 年监禁以下的刑事案件;此外还有专门的家事法庭。① 初审法院中法官配备多个审判辅助人员,而限权法院中(限权)法官本身就属于审判辅助人员;各国上诉法院之间、甚至同一国家的两级上诉法院之间在配置法官与辅助人员的比例上也有明显差异,比如英国上诉法官就十分羡慕美国上诉法官有强悍的精英人才担任法律助手(law clerk),一个重要原因是美国上诉审查主要是律师辩论意见书(brief,又译为法律理由书),英国则在上诉中依然保留了口头主义,通常只有那些有判例价值的案件才需要制作详细说明裁判理由的判决书——这份判决书通常是由胜诉方律师起草的。②

我国四级法院的整体结构表面上呈阶梯型(图示 1-2)。法院体系由最高人民法院(1 个)、高级人民法院(31 个)、普通中级人民法院(364 个)+专门(中级)法院(31 个)、基层人民法院(3050 个)构成。四级法院的职能配置及职能运行方式大致相同。比如,四级法院都承担一审功能,且主要按照争议金额划分级别管辖权;三级法院(即基层人民法院除外)都承担二审功能和再审功能;各级法院、各个审级(一审、二审、再审)、各类程序(普通、简易、小额)的审理范围都是全面审理(即事实审+法律审);各级法院的审判模式也没有质的差异(开庭审理与书面审理的区分与事项和审级均无明显关联)。每一级法院的内部结构也大致相同,各级法院均设刑事审判庭(X 个)、民事审判庭(X 个)、行政审判庭(1 个)。另外,还有立案庭(1—2 个)、审监庭(1 个)等审判业务庭;执行庭或/执行局为并列于审判庭的业务庭;还有研究室、审管办等准业务部门。除此之外,各级

---

① 2014 年香港初审法官总数为 183 人,其中原诉法庭有 27 名法官和 9 名特委法官(即从大律师中挑选出来、在法官休假时帮忙审案的法官),区域法院 44 名,家事法庭 1 名,审裁法院(刑事)7 名,土地审裁处 3 名,审裁法院及其他审裁处 78 位法官和 14 特委裁判官。

② 笔者就此奇怪的司法惯例蕴含的风险请教过牛津大学的 A. Zuckerman 教授等英国学者,在批评的同时也有一种似乎合理的解释,即英国区分事务律师与出庭律师,后者不须接触当事人,更倾向于被理解为与法官一样是精英的法律共同体成员。

法院都设有办公室、政治部（或人事处）、纪检监察室等有权决定或影响审判业务人员命运的非业务机构。但实际上，上下级法院之间并未形成以事项（案由）为基础的审判业务对口关系。以民事审判为例，最高人民法院和大部分高级人民法院各有4个民事审判业务庭（下简称民庭），中级人民法院和基层人民法院的民庭少则3个，多则7个。但各级法院、同级各法院内部在划分各民庭之间的案件管辖权（下称简"分案"）时标准并不一致，各法院分管审判业务庭的副院长权限范围更是各具个性。同类案件在不同地区的法院作出一审裁判后可能上诉到管辖不同类型案件的民庭，或归于不同主管副院长的监督范围，因而司法政策和裁判标准明显不一致。

这种上下级部门对口、五脏俱全但审判业务并不完全对口的法院内部结构，源于中央与地方行政化管理的条条块块模式，但与法院职能日益回归审判本原的整体进化、与四级法院职能的分层配置、与法院内部去行政化官僚化的改革方向、与法官系列独立于公务员序列的发展目标等等，都不相适应，应当进行相应调整。

最高人民法院肩负着统一法律解释和司法政策、监督和指导全国审判工作、统筹全国司法管理等特殊职能。在职能配置和行使方式上是明显独特于任何其他地方法院，在其职能实现方式尚未全部转型为以审判作为核心载体之前，特别是作为改革时期对全国司法改革富有指导责任的特殊法院，其部门结构和人员配置都会受到相应影响。比如审判职、研究职、审判管理职都应该有多名员额法官担任。但仍有至少两个方面需要改革：(1) 区分审判职位上的大法官与其他职位上的普通法官；(2) 非审判部门应该严格压缩，即使保留相应的研究职位和管理职位，但不能像审判法官那样配备法官助理。第一项改革是为了突出审判法官的角色，促进最高人民法院的统一司法和审判指导职能的实现方式逐步由抽象司法解释向个案审判示范转型；第二项改革是为了在压缩非审判人员及部门官员的同时，整合研究室、司改办、审管办、法学研究所等研究部门，增强司法研究和审判管理的一体化和整合性，避免或减少最高司法层政出多门，出台相互冲突的规范、政策，并因为工作协调的困难而影响效率。从审判指导职能实现方式转型的趋势来看，最高人民法院研究人员所占本院员额法官的比例应该从20%逐步降至5%（以30年为期）。因为我国最高人民法院无论从案件规模、职能范围、法官数量或机构设置来看在全世界都堪称奇观,但是改革虽是必然却是漫长的过程——在整体功能上有赖于我国民事司法从单一的解纷功能向兼顾规则功能的发展;在最高人民法院的职能定位上,有赖于从普通案件的全面审理,转向具有法律价值或结构性意义的特殊案件的法律审;在统一法律解释职能的实现方式上,有赖于从发布抽象的法律解释文件和个案汇报批复模式,向通过司法裁判形成权威的示范性判例的模式转变。这个过程不仅漫长(预计30—50年),而且不可能是无所作为、静候其变就可以自动实现的。目前建立的巡回法庭实际上是示范法庭,这是面对最高人民法院的存量改革困难重重的背景下,适应中国目前的背景、需求和基础的大致可行的捷径,期待其有助于快速提升司法公信力并为司法改革淌出一条血路。

相比最高人民法院,高级人民法院应当在案件监督和消化再审案件方面承担起更多责任,成为原则上终结审判程序的终审法院。因此,审判法官应该占据员额法官的专职的审判研究岗应当明显压缩,各类研究人员占本院法官员额的 3%—5%。与此同时,由于司法改革形成的省级统管模式,因此高级人民法院承担这项新职能是否需要增设一两个员额法官为审判管理职,也会成为一个新问题。不过按照笔者已经公开表达的设想,法官遴选委员会和惩戒委员会并非由省法院自行组成,而是由法院系统内外的专家联合组成,因此仅仅是委员会的秘书处设在高级人民法院,处理一些程序性事务,采取专家决定权与秘书处行政权完全分离的模式,因此,省管模式并不会增加非审判事务对员额法官的需求。与此同时,由于高级人民法院未来的定位主要是审理二审案件和再审案件,因此在员额法官与审判辅助人员的配置比例和标准上,应该明显不同于中级人民法院,特别是不同于基层人民法院。

四、余　论

审判人员分类和法官员额制改革中存在的问题,除本文讨论的主题之外还存在另一个重大问题,即作为改革目标的员额法官所享受的职业保障和裁判独立远未上升到与改革所追求的精英法官匹配的高度;相反,在资源配给不足的情况下责任和风险却明显增长,从而导致法官职业的吸引力不增反降。在此状况下讨论以如何严格的条件精选法官不免遭遇很大的困难。因为司法本质上是一种依赖于决定者独立判断权的职业,并且司法所具有的终局性，使得这种独立裁断的后果和风险非常严重。因此法官这个职业注定要由职业良知、职业操守和专业水准都得由值得信服的精英分子来担任。事后监督或责任追究都只是一种外部和底线的保障。如前所述，审判机制改革旨在实现"让审理者裁判，让裁判者负责"，但这种独立审判机制意味着相应的权力、责任、负荷、风险（包括法官个人的职业风险和独立权力的社会风险）都成倍增加。而只有当法官职业对于德才兼备的优秀人才具有足够的吸引力时，以法官精英化为目标的法官员额制才是改革成功的前提和基础。相反，如果一个法官的权力明显大于其责任和能力，则蕴含着巨大的社会风险；但如果职业责任和职业风险明显大于物质和精神收益，则意味着该职业在优秀人才的市场竞争中缺乏吸引力。因此，法官员额制的前提是法官的职业保障与其权力、责任及风险相适应——这些职业保障包括但不限于：生活体面的充分物质保障、法律范围内的充分职业尊重、正常行使独立裁判权的职业行为不受追究的职业豁免。

相对选拔性晋升制度而言，法官的正常晋升制度更为重要。普通法官应该有一种正常晋升机制，即以法官服务年限为基本标准，只要完成日常审判工作，没有发生违反法律明确规定的若干行为（称之为消极条件或合格标准），即应正常晋升。选拔性晋升是指法官从基层开始招录，逐级向上级法院晋升，主要用于解决上级法院的司法经验和权威问题。因此须在满足消极条件的前提下，还具有个别职位所要求的特别优长，亦即与其他合格法官相比有比较优势。相比而言，正常晋升机制对于法官的职业保障和促进司法独立更为重要，因为司法的本质特点是恪守法律、墨守成规，而不是别出心裁、追求创新。法官业绩考核的最好标准就是在法律的框架内做好本职工作，完成规定的工作量、依法办案、做个"合格"法官，就应该享受相应的职业待遇，就可以不依赖于领导"赏识"或同事投票即可逐级晋升。由此让那些兢兢业业、默默无闻和刚正不阿、特立独行的法官，不需要得到其他非正常因素即可享有正常晋升机会。更不至于为了一次晋升不得不拿审判权和独立性进行交换，从而在根本上解决普通法官的生存、发展和独立性问题。

近来热议中的员额制法官的选任机制，首先涉及现有司法人员的分流，也包括初任法官的遴选和上级法官的选拔。但能否通过员额限制实现法官精英化，除了取决于法官职业对优秀人才的整体吸引力之外，主要取决于法官遴选机制所适用的条件和程序能否将候选的优秀人才挑选出来。其实法官遴选委员会设在哪里并非问题的关键，关键在于如何通过技术设计，确保遴选委员会的独立性和公正性、足以防止委员会成为一个摆设或者让其所在的机构却成为权力核心。比如法官遴选委员会只设一个秘书处或办公室，但只负责日常联络工作，决定权掌握在随机组成的委员们。委员会的非常设性和每届委员的随机性对于保障法官遴选机构本身的超脱、独立和公正都特别重要，因为委员们之间没有一种长期的关系，会明显增加难度。为了贯彻"党管干部"这个中国特色的基本原则，可以将这个原创细化为否决权而非推荐权，比如法官遴选委员会依据专业能力和综合标准推荐人选后，党的组织部门可在人大表决前根据事先公开的标准行使否决权，并以法定程序公开核实其否决的具体理由和所依据的事实。

普通形成权诉讼类型考辨

——以合同解除权为例[*]

刘哲玮[**]

一、问题的提出

在我国民事诉讼理论界看来,形成之诉,是与确认之诉、给付之诉并列的三大诉讼类型之一。权威教科书认为,形成之诉是指原告要求法院变动或消灭一定法律状态(权利义务关系)的请求。人们关于形成权的纠纷,形成了形成之诉,其逻辑联系是形成权——形成之诉——形成判决——形成力。[①] 此学说堪称中国民诉学界的通说。在此基础上,民诉法学界关于形成之诉也形成了一些共通的看法,例如形成之诉的双方当事人对特定民事关系的存在无争议,只是对是否应当变动该法律关系存在争执,因此形成之诉的诉的利益是该法律关系实际存在且依法允许变动;形成之诉根据形成权是由实体法规定还是程序法规定,可以分为实体法上的形成之诉和程序法上的形成之诉等。[②]

然而,在形成之诉的基础框架确定后,关于其具体规则的讨论则十分稀少,且很少引起共鸣。盖因形成之诉在民诉理论界并不是重要问题,其

---

[*] 原文刊于《中外法学》2014 年第 5 期。
[**] 北京大学副教授。本文的写作,得到了曹志勋、傅郁林、葛云松、马丁、任重、吴沛桦、吴泽勇、袁琳、李中华、赵秀举等师友的鼓励、帮助和批评,在此一并表示感谢。
① 张卫平:《民事诉讼法》(第 3 版),法律出版社 2013 年版,第 172 页。
② 同上注,第 175 页;李浩:《民事诉讼法学》(第 2 版),法律出版社 2014 年版,第 147 页;江伟主编:《民事诉讼法学》(第 2 版),北京大学出版社 2014 年版,第 22 页。

实际的制度价值无法与给付之诉等同视之,多数学者对其并不关心。而如果不与具体的民事实体问题结合,民诉理论的讨论对于实务界也没有实际的指导意义,终究成为学界的自说自话。① 因此,本文关于形成之诉诉讼标的的考辨,也将采取此种与实体法结合的路径,以最典型的形成权——《合同法》中规定的合同解除权为例展开。

形成之诉的诉讼标的应为形成权,对于这一通说,笔者并不持异议。本文希望讨论的核心问题是,形成之诉的诉讼标的是否可以包括普通形成权? 对于这一问题,德国学者早已经给出了明确的否定回答,但在中国,相关的回答却并不确定,甚至充斥着矛盾。因此,本文将着重论证在中国法的背景下,为什么不能将普通形成权纳入形成之诉的诉讼标的。

二、形成之诉的诉讼标的:形成权抑或形成诉权

如前所述,中国学界关于形成之诉的诉讼标的,一般均认为是民事实体法上的形成权。② 形成权是指依照权利人单方意思表示即可生效从而改变相应法律关系的权利。根据权利行使方式的不同,有普通形成权(einfaches Gestaltungsrecht)与形成诉权(Gestaltungsklagerecht)之别。普通形成权依照一方意思表示即可行使,而形成诉权则须通过诉讼方能行使。③ 之所以会存在形成诉权与普通形成权的区分,强调形成诉权必须通过诉讼方能实现,是因为"其影响相对人利益甚巨,或为创设明确的法律状态,有由法院审究认定形成权的要件是否具备的必要"④。中国的民事实体法中规定有"请求人民法院"或"向人民法院提出"的形成权,大

---

① 在这方面的一个反例是任重最近关于形成判决效力的分析,他以《物权法》第 28 条为例,将调解书排除在具有形成力的文书范围之列,这种观点对于法院选择裁判方式具有十分重要的价值。参见任重:《形成判决的效力——兼论我国〈物权法〉第 28 条》,载《政法论坛》2014 年第 1 期。

② 尽管在我国,诉讼标的的识别理论尚存一些争议,但主要是存在于给付之诉中。而对形成之诉,学界通说是采取实体法说,即以形成权作为判断的标准。参见张卫平:《论诉讼标的及识别标准》,载《法学研究》1997 年第 4 期。

③ 朱庆育:《民法总论》,北京大学出版社 2013 年版,第 505 页。马丁博士认为,"形成诉权"的名称容易让人误将这一民事权利视为诉讼法意义上的权利,笔者同意这一判断。但由于民法学界对该概念已经基本形成共识,且目前尚未有更精确的译法,因而权从此名。但的确有必要强调,"形成诉权"是"形成权"——而非"诉权"——的下位概念,因而其本质上是一种私权。

④ 王泽鉴:《民法总则》,北京大学出版社 2009 年版,第 79 页。

多属于此类。例如《合同法》第 74 条规定的撤销权(因债务人放弃其到期债权或者无偿转让财产,对债权人造成损害的,债权人可以请求人民法院撤销债务人的行为)。但是,并非所有包含这种语句的法律条款均是形成诉权,例如《合同法》第 96 条规定的合同解除权,虽然也包含了"可以请求人民法院或者仲裁机构确认解除合同的效力"的内容,但这只是一种关于提起诉讼的注意规定条款,而非独立的形成诉权的法律条款。[①]

那么,是所有民法上的形成权都可以成为形成之诉的诉讼标的,还是只有形成诉权方能成为形成之诉的标的呢?

大陆法系民诉理论对此已有回答。德国法一致认为,只有形成诉权方能构成形成之诉的诉讼标的。民法方面,梅迪库斯在阐述形成权的分类时,就强调"通过行使形成诉权获得的判决方为形成判决"。[②] 民诉方面,罗森贝克也在其民事诉讼法教科书中指出,并不是所有的形成权都可以适用形成之诉和形成判决,而毋宁是只有那些不能通过单方意思表示行使的,而必须以起诉和支持性判决为前提的形成诉权才能适用。[③] 日本学者也继受了这一观点。新堂幸司就在其教科书中明确的以合同解除权为例,认为对于解除效果产生争议时,原告只要对作为解除效果之前提的标的物之所有权提起确认之诉,或者直接提起返还标的物之给付之诉即可,而并不具备提起形成之诉的诉的利益,因而不能构成形成之诉。[④] 我国台湾地区学者黄立也在分析解除权时提出"当事人间于解除之意思表示有效与否有争执时,虽须诉请法院裁判,但法院认为此项意思表示有效者,解除之效力,仍于此项意思表示达到他方时即已发生,非自判决确定时始行发生"。[⑤] 我国大陆一些学者也持此种观点。[⑥]

但是在我国,更普遍的观点是,只要是以实体法上的形成权为对象提

[①] 注意规定作为一种立法技术,在我国目前主要还是刑法学者在讨论,参见张明楷:《刑法分则的解释原理》(第 2 版)(下册),中国人民大学出版社 2011 年版,第 622—682 页。

[②] 参见迪特尔·梅迪库斯:《德国民法总论》,邵建东译,法律出版社 2013 年版,第 76 页。

[③] 罗森贝克、施瓦布、戈特瓦尔德:《德国民事诉讼法》(下册),李大雪译,中国法制出版社 2007 年版,第 666 页。

[④] 新堂幸司:《新民事诉讼法》,林剑锋译,法律出版社 2008 年版,第 149 页。

[⑤] 黄立:《民法债编总论》,中国政法大学出版社 2002 年版,第 526 页。

[⑥] 例如,王福华:《民事诉讼法学》,清华大学出版社 2012 年版,第 165 页;胡振铃:《关于形成之诉的若干问题探讨》,载《武汉科技学院学报》2006 年第 10 期;王明华:《论〈物权法〉第 28 条中"法律文书"的涵义与类型》,载《法学论坛》2012 年第 5 期;任重:《形成判决的效力——兼论我国物权法第 28 条》,载《政法论坛》2014 年第 1 期。

起的诉讼,均为形成之诉。有的教科书明确以合同解除权为例,说明只要是通过判决变更法律关系的诉讼,均为形成之诉。[1] 有的教科书则略为含蓄,但认为形成判决"是确认原告具有实体法上的形成权"[2],从中可以推测,类似确认解除权和解除效果的判决也属于形成判决,构成形成之诉。通说的影响不仅仅体现在民事诉讼法学界中,一些民法学者也受此影响,认为普通形成权虽然不是形成诉权,但并不排除权利人可以通过向法院提起形成之诉的方式行使其权利,就如同解除权的行使除"通知对方"的方式以外,也可以采取提起形成之诉的方式一样。[3] 而最高人民法院在其公报案例的裁判要旨中明确提出"解除权在实体方面属于形成权,在程序方面则表现为形成之诉"[4],更是为"普通形成权可以作为形成之诉诉讼标的"成为中国通说添上了最后一根稻草。

在这两种观点中,笔者赞同以形成诉权作为形成之诉的诉讼标的。但是,笔者坚决反对"因为德国如此,我国也应这般"的观点和论证。前述大陆法系的通说与我国的通说的不一致,并不构成我国通说错误或需要调整的理由。如果根据我国通说,司法实践能够正常运行,法律适用能够圆满自治,就并无调整的必要。只有需要通过我国的司法实践中的真实案例来发现以所有形成权作为形成之诉的通说存在的弊病,方能对我国的通说构成冲击。

由于在实务中,形成之诉的诉讼标的的功能主要表现在两个方面:(1)明确判决的效力范围;(2)判别诉的合并分立追加变更的依据。[5] 因此,有必要从这两个角度来考察普通形成权作为形成之诉的诉讼标的,是否会产生相应的弊病。下文将以《合同法》规定的解除权为例,结合我国司法实践中的真实案情,来阐明为什么在我国,以解除权等普通形成权作为诉讼标的的民事诉讼不能构成形成之诉。需要特别强调的是,在绝大多数常态案件中,本文讨论的命题并无实践价值,唯有在少数疑难案件

---

[1] 王娣等:《民事诉讼法》,高等教育出版社2014年版,第57页。
[2] 李浩:《民事诉讼法学》(第2版),法律出版社2014年版,第316页。
[3] 韩世远:《合同法总论》(第3版),法律出版社2011年版,第681页。
[4] 《崂山国土局与南太置业公司国有土地使用权出让合同纠纷案》,载《最高人民法院公报》2007年第3期。
[5] 诉讼标的还有很多其他功能,具体可参见张卫平:《民事诉讼法》(第3版),法律出版社2013年版,第177页,但由于形成之诉的特殊性,最重要的功能当属判决效力范围和诉的合并变更。

中,对这一问题的不同回答方能体现出理论的差异性,从而彰显正确理论的解释力。诚然,这样的案件很少,因而显得有些特别和诡异,但它们却十分重要,正是依靠这些偏难怪险的疑难案件,问题的价值和答案的分野方才由模糊渐渐走向清晰。

三、形成判决的效力范围

判决的效力范围,主要包括判决效力的客观范围,主观范围和时间范围三方面的内容。

(一)判决效力的客观范围

判决效力的客观范围,是指判决对哪些法律关系具有拘束力,这虽然是判决效力中最重要的问题,也存在着较大的争议,但就本文讨论的合同解除而言,却并无太大的讨论空间。因为无论将这种诉讼视为形成之诉抑或确认之诉,其诉讼标的都是十分明确的,即合同解除权。因而,对于仅就解除权争议提起的诉讼而言,法院判决效力的客观方面都并无太大争议。如果法院支持合同解除的诉求,则发生合同解除,合同法律关系终结的效果;反之亦然。从这一层面看,解除权作为形成之诉的诉讼标的,似乎亦无不可。这也解释了,为什么在绝大多数常态案件中,以普通形成权作为诉讼标的,究竟是确认之诉抑或形成之诉,并无太大区别。

(二)判决效力的主观范围

判决效力的主观范围,是指判决对哪些主体之间的法律关系发生效力。形成判决效力的主观范围具有重大特点,是其与确认之诉和给付之诉的重大区别。通说认为,给付之诉和确认之诉的判决的效力具有相对性,只对参加诉讼的当事人发生效力,唯有形成判决则不同,形成力具有绝对效力,不仅及于当事人,也及于一般第三人。[1]

我国的这一理论认识与大陆法系理论一脉相承,德国经典教科书也认为,与既判力只针对当事人不同,形成判决的效力必须针对任何人,"单

---

[1] 张卫平:《民事诉讼法》(第3版),法律出版社2013年版,第392页。

单因为它的职能和它的标的就必须针对所有的人发生效力"。① 德国法上经常举的例子是,撤销股东大会决议的诉讼,一旦判决生效,其他股东不得以并非诉讼当事人为由而否认形成判决的效果。然而,如前所述,德国的例子并不能直接成为我国的证据。通过比较研究,我们很容易观察到,德国法上规定的形成诉权一般只存在于家事案件和商事案件中,家事案件中法律关系的确定并不仅仅关系到当事人私权的实现,还关系到社会基础伦理的稳定,因而需要较强的确定力;商事案件必须强化交易安全和秩序,亦需要对社员关系赋予较强的确定力。从这一角度看,与其说是形成判决的形成力本身具有的对世性,毋宁说是德国法规定的形成诉权的案件特质决定了其应当具有对世性。② 相比之下,我国的形成诉权范围较大,在包括《合同法》在内的民事法律中,也保留了形成诉权的痕迹。因此,在中国法背景下,并不能直接以案件类型来划分形成之诉和确认之诉,形成判决和确认判决的标准。就合同案件而言,合同本身的相对性决定了即便赋予其对世效力,合同案件的判决效力也很难拓展到合同当事人以外的民事主体,确认判决和形成判决之间并无太大差异。那么,是否还有必要以此为由将行使普通形成权的诉讼排除在形成之诉以外呢?让我们结合案例,以合同的解除权来展开讨论:

> **案情:** 甲将自己的一间房屋租赁给乙,合同约定可以转租,后乙将该房屋转租给丙。由于乙长期拖欠房租,甲向法院起诉解除租赁合同。乙未进行答辩。法院最终判令甲乙之间的租赁合同解除。甲持该判决起诉要求丙腾退房屋,丙提出,根据最高人民法院《关于审理城镇房屋租赁合同纠纷案件具体应用法律若干问题的解释》(以下简称《租赁合同解释》)第17条的规定"因承租人拖欠租金,出租人请求解除合同时,次承租人请求代承租人支付欠付的租金和违约金以

---

① 奥特马·尧厄尼希:《民事诉讼法》,周翠译,中国政法大学出版社2003年版,第342页;汉斯—约阿希姆·穆泽拉克:《德国民事诉讼法基础教程》,周翠译,中国政法大学出版社2005年版,第331—332页。

② 这也是某些具有公利益的特定的法律规定的确认之诉的既判力也会具有对世性的原因,参见汉斯—约阿希姆·穆泽拉克:《德国民事诉讼法基础教程》,周翠译,中国政法大学出版社2005年版,第332页。

抗辩出租人合同解除权的,人民法院应予支持"①,丙现在愿意代替乙缴纳租金,从而抗辩甲的合同解除权,避免腾房②。

本案中法院作出的解除合同的先诉判决,如果是具有对世效的形成判决,则对丙亦有拘束力,丙原本基于两个有效的租赁合同对房屋的有权占有,亦因为甲乙合同的解除,而成为无权占有,因此法院可以在后诉中直接判决丙腾退房屋。丙如果想要行使司法解释赋予的解除抗辩权,只能以原审裁判存在错误,剥夺了其辩论机会,侵害其实体权利为由,申请再审或提起第三人撤销之诉。

相反,如果解除合同的先诉判决只是具有相对性的确认判决,则该判决对丙并不产生形成力,丙依然可以在甲对其提起腾房请求的后诉中,以代替乙支付房租作为解除抗辩,从而阻断甲的解除权,继续有权占有房屋。从《租赁合同解释》的立法目的看,赋予次承租人以解除抗辩权,显然是通过突破合同相对性,以便更好地保护次承租人的利益。因此,将解除合同之诉确立为确认之诉,也更符合立法目的,且通过诉讼一次性解决纠纷,避免再审等救济程序的启动,也有利于提高诉讼效率。

诚然,在合同解除方面,我国《合同法》和司法解释中关于合同之外的第三人享有抗辩权的规则并不十分多见。③ 但这种案件却再次说明了形成之诉的诉讼标的只能是形成诉权。这是因为形成诉权所变更的法律关系对相关人及社会利益具有重大影响,法律需要明确规定当事人行使此种形成权的条件和程序,从而确保法院通过诉讼程序作出的形成判决,能够正确、稳定地产生变动法律关系的效力,该法律关系一经变动,则应当得到全社会的认可和尊重。而确认之诉只是当事人对既有法律关系和权

---

① 此条规定了次承租人对出租人解除权的抗辩权,该抗辩权的要件为:(1) 转租合同的有效;(2) 次承租人以完全清偿作为抗辩基础;(3) 出租人已经行使合同解除权。参见朱巍:《论房屋转租——以〈关于审理城镇房屋租赁合同纠纷案件具体应用法律若干问题的解释〉为视角》,载《河北法学》2010年第5期。

② 案情改编自"陈宏图与吴崧房屋租赁合同纠纷上诉案",北大法宝引证码 CLI. C. 314894。

③ 但也并不鲜见,例如在转租合同中,除了《租赁合同解释》已经确定的租金代为清偿的解除异议权,实务部门也在呼吁增加次承租人对出租人解除权的其他限制,例因租赁物损害而解除合同的异议权。参见王秋良、蔡东辉:《合法转租之次承租人利益保护的若干问题》,载《政治与法律》2003年第6期;毛海波:《不合法转租合同效力认定及当事人的利益保护》,载《上海政法学院学报》2011年第1期。

利的认可,始终以当事人自己的意思表示为前提,因而其效力也不能直接及于诉讼以外的第三方。简言之,形成诉权的产物形成判决具有公权性,故而在程序严格的基础上,具有更强的效力;而确认判决则更多的是私权自治在民事诉讼中的体现,需要充分尊重当事人的处分权,同时也就通过效力范围的限制,来保护当事人之外第三方主体的权益。解除合同等普通形成权并不需要司法的更多介入,因此应当以确认之诉的方式提出,其判决也无法产生对世的形成力。

(三) 判决效力的时间范围

判决效力的时间范围,是指判决作用的时间界限,即判决确定的法律关系是在某一标准时点上的权利义务关系,从而明确前诉与后诉之间既判力作用的范围。在这一意义上,确认之诉与形成之诉存在着显著的区别。确认之诉是对既有民事权利和法律关系的认定,因而判决是对过去的回应;而形成之诉则是对法律关系的变更,判决是面向未来的创造。那么,以普通形成权为诉讼标的的诉讼,其判决的标准时又当如何确定?依然以合同解除权的案件为例进行讨论。

案情:某房地产经纪公司与某信息科技公司于2008年4月签订合同一份,约定由信息公司在其所属网站上为房产公司制作、刊登广告,时间为2008年5月8日至2009年5月8日。广告费分四期支付。2008年8月8日第一期合同期满后,房产公司向信息公司发出告知函,认为信息公司提供的服务项目使用下来效果一直不佳,要求信息公司立即停止广告制作事宜,并将网页上属于房产公司的内容全部删除。2009年9月15日,起诉要求解除双方的合同。一审法院于2009年2月6日作出判决,内容为涉案合同于本判决生效之日起解除。房产公司对该案判决上诉,请求改判涉案合同于2008年8月8日解除。二审法院2009年4月27日判决维持了一审判决。之后,信息公司就同一合同再次提起诉讼,认为在前案判决生效前,系争合同的效力尚未解除,如其擅自终止服务可能构成违约,故一直未间断地履行合同。直至2009年5月7日收到二审判决书,而系争合同约定的服务期间是至2009年5月8日止,因此其实际上已经全部履行了合同,故请求法院判令房产公司支付剩余款项。法院审理认为,根据前案的生效判决,系争合同于判决生效之日即2009年4月

27日解除，在此之前，系争合同仍为有效，当事人仍应履行。①

本案中值得关注的与时间有关的问题有二：(1)合同解除的时间应当是判决生效的时间，还是解除意思表示到达的时间。(2)如果法院认为8月8日的告知函不发生解除的意思表示，应当如何确定诉讼中解除合同的时间。

1. 不难看出，一二审法院都将以合同解除权提起的诉讼作为形成诉讼，直接用判决赋予其形成效力，也即必须等到判决生效，方才发生解除效力。而原告的上诉请求已经明显表明其希望提起的是确认之诉，以告知函作为合同解除的时间。两相对比，对于本案这样的继续性合同，如果采取形成之诉说，将解除时间与判决生效时间捆绑在一起，必然导致已经没有履行必要的合同权利义务持续存在，为当事人之间继续产生纠纷埋下伏笔。相反，如果采取确认之诉说，在判决中明确解除的具体时间点，既有利于解除效力的确定，也有利于纠纷的一体化解决。

2. 法院在一二审裁判中未按照原告的主张将8月8日作为解除权发生效力的节点，是因为其认为告知函并未明确地表示解除合同，法院不能从中认定存在明确的解除意思表示。与之类似，实践中也有很多案件，当事人在起诉前并未向对方发出过解除通知，而是直接向法院提起解除合同的诉讼。既然在起诉前不存在解除通知，是否可以将此类诉讼视为形成之诉呢？本文认为，此时依然以确认之诉为宜。因为事实上，原告希望确认的是在诉讼的标准时间，解除通知已经到达被告，发生解除效力，而非希望通过判决，在判决生效之时方发生解除效力。而解除通知的具体到达被告的节点，就是法院完成向被告送达起诉状副本的时间。②

（四）小结

原告以普通形成权为诉讼标的提起的诉讼，本质上应当认定为确认之诉，而非形成之诉。法院作出的生效判决也应当是确认判决，其判决的效力只及于参加诉讼的双方当事人，也是对既有权利状态的确定，而不能通过判决直接产生变更法律关系的对世效力。只有当原告主张的是法律

---

① 案情改编自姚蔚薇、刘丽园：《从一起不应发生的诉讼看合同解除权的行使与效力》，载http://www.a-court.gov.cn/platformData/infoplat/pub/no1court_2802/docs/201011/d_911219.html，2014年4月10日访问。

② 参见薛文成：《论合同解除及合同解除权的行使》，载《东方法学》2008年第1期。

明确规定的形成诉权时,由于立法者对其功能、条件和法律后果的重视与强调,方应通过形成之诉的方式提出,并在得到法院支持后,获得具有对世形成力的形成判决。

四、形成之诉与诉的合并

本文讨论的诉的合并,仅限于诉的客观合并,也即同一原告对同一被告提出的多个诉,法院将其合并到同一诉讼程序中的审理与裁判。诉的合并在法律程序上存在多个条件,例如管辖要件、同一程序要件等,但最为重要的是其本质的要件,即存在着多个诉。因此,要确定是否发生诉的合并,需要首先识别当事人是否提出了多个诉。诉讼标的也因此发生作用。

由于对于形成权的行使,对方当事人可能提出一些抗辩事由,希望阻却形成效力,由此引发的诉讼中,形成权与抗辩(权)的关系就可能构成诉的合并。此外,形成权只是产生变更法律关系的效果,而并不直接产生给付的法律效果。因此在司法实践中,形成权的行使往往伴随着请求权,亦可能引发诉的合并。通过诉的合并制度来考察形成权的运行情况,有利于厘清普通形成权和形成诉权之间的关系,从而准确判断相关诉讼的诉讼标的。

(一)形成权与抗辩权的合并审理

法律在规定形成权的同时,为了保护相对方的利益,往往也赋予其形成抗辩权,也即"法律赋予形成权的关系人以行使自己的形成权来作出回答的可能性"。这种权利相当于针对请求权提出的抗辩权,因此被称为形成抗辩权。[①]

以合同解除权为例,《合同法》第 96 条第 1 款后句规定,"对方有异议的,可以请求人民法院或者仲裁机构确认解除合同的效力。"此条说明,解除相对方有异议权,并可以通过提起确认之诉来请求法院确认合同解除权是否发生效力。2009 年 5 月施行的最高人民法院《关于适用〈合同法〉若干问题的解释(二)》(以下简称《解释二》)第 24 条还具体规定:"当事人对合同法第 96 条、第 99 条规定的合同解除或者债务抵销虽有异议,

---

① 迪特尔·梅迪库斯:《德国民法总论》,邵建东译,法律出版社 2013 年版,第 77 页。

但在约定的异议期限届满后才提出异议并向人民法院起诉的,人民法院不予支持;当事人没有约定异议期间,在解除合同或者债务抵销通知到达之日起 3 个月以后才向人民法院起诉的,人民法院不予支持。"该条进一步明确了合同解除异议权的时间条件,必须在约定异议期内或解除合同通知到达后 3 个月内容起诉确认合同解除的效力。

《解释二》确立了合同解除异议权的行使的两种可能:(1) 相对方收到合同解除通知后,向法院起诉确认解除合同无效。民法学界关于解除合同异议的权利性质存在着争议,本文采程序权利说,认为该确认之诉的诉讼标的并非一种实体民事权利,而是对合同法律关系的确定。① (2) 解除方向法院提起了合同解除之诉,诉讼中相对方向法院提出异议,要求确认合同解除无效。本文重点讨论第二种情况。

由于法律和司法解释中采取了"向法院提出异议""向人民法院起诉"的表述方式,因而实务中对于解除异议是否必须以起诉方式提出存在争议。这决定了在解除方通过诉讼向相对方发出了解除通知时,相对方的异议是否还必须以反诉的方式提出,从而形成诉的合并?对此存在两种解释方案:(1) 广义解释认为,异议的方式应当包括诉讼方式和非讼方式,都可以阻断解除权的效力,因此在诉讼中提出反驳,亦应当作为提出异议的有效形式。② (2) 狭义解释则认为,既然法律已经明确规定了文义,必须以起诉的方式提出异议,在原告提出解除诉讼时,应当以反诉而非反驳的方式提出异议。

尽管民法学界对狭义解释存在广泛的质疑,但一方面,这种观点已经存在于司法实务之中;③另一方面,这些质疑大多是以降低当事人维权成

---

① 《解释二》的起草者认为"异议权是一种请求权,是请求撤销合同解除行为。"参见沈德咏、奚晓明主编:《最高人民法院关于合同法司法解释(二)理解与适用》,人民法院出版社 2009 年版,第 176 页;也有学者认为是一种形成权,参见汤文平:《论合同解除、债务抵销之异议——〈合同法〉解释(二)第 24 条评注》,载《东方法学》2011 年第 2 期;另有研究者认为这种确认之诉的发动并非基于实体权利,而仅仅是一种程序上的异议权,因此向法院请求确认的也不是任何一种实体权利,而只是原合同的法律状态,参见贺剑:《合同解除异议制度研究》,载《中外法学》2013 年第 3 期。
② 参见杜晨妍、孙伟良:《论合同解除权行使的路径选择》,载《当代法学》2012 年第 3 期。
③ 例如,《某某某诉某某某买卖合同纠纷案(2011)绍越商初字第 1849 号》,北大法宝引证码 CLI.C.837164。该案中原告起诉解除合同,被告在答辩书中明确请求驳回诉讼请求,但法院以"原告解除合同的通知已到达被告,至今已逾 3 个月,且被告在此期间内未起诉确认解除通知的效力,故原、被告之间的合同关系已经解除"为由,判决支持原告的请求。

本,提高诉讼效率等价值角度出发,而缺乏法解释学层面的解释。

而如果从诉的基本原理的角度观察,通过将解除合同的请求界定为确认之诉,我们或许可以找到反对狭义解释的更好理由。在原告提出的确认之诉中,其诉讼请求为确认解除权的效力或确认合同解除,而被告提出的异议,其诉讼请求是确认解除不发生法律效力。虽然在诉讼请求上的表述不尽一致,但二者本质上均是对合同法律关系是否解除的确认,不过一为积极确认,一为消解确认,是一个硬币的两面。故而,原被告双方的请求属于同一诉,根本不能构成诉的合并。狭义解释要求被告的异议必须以起诉方式提起的荒谬也可见一斑。同时,由于解除合同的诉讼与异议主张属于同一诉讼标的,法院一旦判决确认解除合同后,被告不能再根据《合同法》第 96 条第 1 款后句再次提出异议确认之诉。

相反,若认为原告向法院提起的解除合同的诉讼是一项形成之诉,而被告提出的解除异议是一项确认之诉,则二者的诉讼标的虽然存在牵连,但由于性质上的不同,加之时间上的先后关系,并不能直接被认定为同一个诉,就可能发生诉的合并,从而给法律适用和解释造成障碍:(1)如果法院坚持狭义解释,强制当事人以反诉方式提出异议,在诉的原理上并无不妥。(2)既然可以发生诉的合并,则也可以发生诉的分离,在原告起诉解除合同后,相对方还可以再另行提起解除合同的异议之诉。

(二) 形成权与请求权的合并审理

形成权行使后,往往会伴随着恢复原状、赔偿损失等请求权的行使。以解除合同为例,当合同解除后,根据《合同法》第 97 条,当事人可以要求恢复原状、采取其他补救措施、并有权要求赔偿损失。原告可将形成权和请求权一并向法院提起诉讼,构成诉的合并,如果法院支持了形成权主张,则继续审理请求权;反之则无需继续审理请求权,可以直接判决驳回原告的所有诉讼请求。对于常态性案件,区别形成之诉抑或确认之诉对于法院的审理并无太大意义,但对于疑难案件,我们又能体会到以普通形成权为诉讼标的的案件只应是确认之诉的价值所在。

案情:甲与乙订立了房屋买卖合同,后甲向法院起诉,认为乙已经向中介表示了不打算出卖房屋,因此请求乙返还预付款。诉讼中房屋被乙的妻子申请异议登记,无法办理过户手续。甲在起诉前,并未向乙发出解除合同的通知,在诉讼过程中,也一直主张是乙解除合同,经法院释明后仍然不愿意增加解除合同的诉讼请求。最终,法院认为,根据甲的主张,足以认定他主张解除合同,因此判令:(1) 合同解除;(2) 乙返还预付款和利息。①

在该案中,法院超出诉讼请求的范围,将原告没有主张的解除合同列为判决主文的内容,显然违背了处分原则。但法院缘何一定要甘冒天下之大不韪,一定要在判决主文中增加解除合同的内容呢?该案判决的关键错误依然是将诉讼中解除合同的主张当作了形成之诉而非确认之诉。法官在综合案件事实,认为合同已经无法继续履行,且乙对此有过错,因此甲主张返还预付款的主张更符合实体公正,应予支持。但依据《合同法》第 97 条,甲的返还原物请求权的前提要件是合同已经解除,因此必须对该要件予以认定。又由于甲并未向乙发出解除通知,因而只能将其向法院起诉返还原物的行为解释为其在诉讼中也提出了解除合同的主张。那么,对于该主张,应当如何处理呢?若采确认之诉论,则可以将其作为给付之诉请求权的一个先决要件,因而被给付之诉吸收,故而只需在判决理由中说明即可。若采形成之诉论,则必须将其载入裁判主文,因为根据我国通说,给付之诉可以吸收确认之诉,在给付之诉中不存在裂变出的独立的确认之诉。② 而给付之诉却并不能吸收形成之诉,形成判决的形成力必须通过判决主文方能彰显。该案法院坚持将诉讼中提出的形成权作为形成之诉,从而导致必须违反处分原则。

由是观之,如果将诉讼中提起的普通形成权主张视为形成之诉,则但凡以请求权为基础的给付之诉中涉及以该形成权作为构成要件或抗辩主张时,都须将其作为一个独立的形成之诉,与给付之诉合并审理。这不仅对当事人的诉讼能力提出了较高的要求,会增加其诉讼的成本(例如,诉讼费用的增加);同时,也提高了法官的释明义务,并且犹如本案一样,将陷法官于审判的两难境地。相反,如果将普通形成权的主张视为确认之诉,则应分类处理:如果当事人明确地在诉状中记载了该项诉求,构成独立的确认之诉,法院在判决主文与给付之诉的请求权一并回应;否则就将

---

① 案例改编自"龚某某与张某某房屋买卖纠纷上诉案",该案中深圳两级法院都持同一看法,北大法宝引证码 CLI. C. 314501。
② 江伟主编:《民事诉讼法》,高等教育出版社 2002 年版,第 29 页。我国也有学者反对这一观点,认为确认问题应当通过中间裁判解决,以诉的合并的方式,而非吸收的方式来处理确认与给付之间的关系。参见傅郁林:《先决问题与中间裁判》,载《中国法学》2008 年第 6 期。

该权利的行使与否视为要件事实的主张,被给付之诉所吸收,不构成诉的合并。

(三) 小结

由于确认之诉本身的优势,原告以普通形成权为诉讼标的提起的诉讼,本质上应当认定为确认之诉,而非形成之诉,从而可以较好地解决与相关纠纷合并审理时的问题,尽量避免在一起事件中引入复杂的诉的合并,导致纠纷解决困难的无谓增加。

五、结　论

综上所述,大陆法系民诉理论关于"形成之诉的诉讼标的应当仅限于形成诉权,而不包括普通形成权"的判断,在我国也依然适用。如果将所有以实体法上的形成权为客体的诉讼都作为形成之诉,将可能在确定裁判效力、决定合并审理等事项上引发不必要的争议。

本文通过以上颇显冗长繁琐的论证,来验证一个大陆法系理论已经较为成熟的命题,实践价值或许要高于理论价值。毕竟,对我国司法实务而言,如果能够明确普通形成权提起的诉讼属于确认之诉而非形成之诉,那么在诸如起诉状和裁判文书的写作、诉讼费用的收缴、判决效力的识别等具体技术操作上,恐都还存在改进完善的空间。因而应当确立更加规范的技术标准,提高诉讼行为和审判行为的准确性。而就理论层面而言,虽然尝试着挑战我国现有的通说,但由于大陆法系理论已经存在正确观点,故而并不是一个有新意的发现。

但是,强调普通形成权和形成诉权在民事诉讼上的显著差异,其理论意义或许并不在于对形成之诉诉讼标的本身的厘定,而是凸显出由于将形成诉权和普通形成权混为一谈,导致形成诉讼并未生成自身的特点的局面。形成诉讼在诉讼要件、审理方式、裁判效力等方面都亟待中国民诉法学界的研究和挖掘!

对民事判决书结构与说理的重塑[*]

曹志勋[**]

引　言

裁判文书在法律实务和司法改革的重要性毋庸置疑,其在不同层面的多重功能也得到法律人一致认可。[①] 在 1999 年、2009 年和 2015 年三份《人民法院五年改革纲要》对裁判文书改革的愿景指引下,最高人民法院在 2014 年全国人大会议上所做工作报告也一如既往地强调,最高人民法院的工作重点包括"规范裁判文书格式,强化裁判文书说理"。在 2015 年,最高人民法院的工作报告则要求深化对公开裁判文书的平台建设,这也隐含着继续提高裁判文书质量的必然要求,不能仅仅由于说理不透彻、文字表述不正确就不予公布(2000 年《最高人民法院裁判文书公布管理办法》第 4 条)。其中,直接涉及民事案件胜负结果和当事人实体利益分配的民事判决书,是裁判文书改革中的重中之重,其结构和说理值得我们持续关注。在中国共产党十八届四中全会进一步强调强化依法治国并且要求"加强法律文书释法说理"的当下,这一将法治过程和结果落在实处的法律工具应当发挥更有力的作用。

---

[*] 原文刊于《中国法学》2015 年第 4 期。
[**] 北京大学法学院助理教授。作者感谢傅郁林教授、陈贻健编辑、贺剑博士、黄若微、李曼、吴沣桦以及两位匿名评审专家的修改建议。
[①] 参见胡云腾:《论裁判文书的说理》,载《法律适用》2009 年第 3 期;傅郁林:《民事裁判文书的功能与风格》,载《中国社会科学》2000 年第 4 期。

然而，虽然不同层面上对裁判文书改革的呼吁不绝于耳，但是自 1992 年最高人民法院开始试行判决书样式以来，其形成的窠臼已经很难被轻易突破。在结构上，我国判决书强行将事实认定（"经审理查明"）和证明评价及法律适用（"本院认为"）切割为两部分，经审理查明部分通常只陈述事实结论，而证据评价和事实判断的过程（理由）则通常被作为"裁判说理"，放在本院认为部分。虽然这种结构表面上体现了区分事实问题与法律问题的良好愿望，但是在实践中可能导致当事人陈述有时得不到法官和判决书重视，举证质证认证环节地位不明①，事实认定不得不在本院认为部分重复出现，事实认定与判决理由割裂②和事实认定的说理得不到重视等问题。同时，判决书的结构不仅涉及其内各部分的划分，也同时涵盖判决书对裁判说理的实现，这一说理义务也为《民事诉讼法》第 152 条第 1 款和《最高人民法院关于适用〈民事诉讼法〉的解释》（简称《民诉解释》）第 105 条所明确规定。由于裁判说理以判决书为载体，判决书各部分与说理的关系同样紧密，这不仅决定说理的场所，而且影响说理的方式和形式上的基本规则。基于对实践的观察，我国判决书的说理也常常被研究者诟病，比如胡云腾大法官认为裁判说理存在说理形式化和法官基于种种原因不愿、不敢和不当说理的弊病，应当同时重视理由中的事理、法理、学理、情理和文理五个侧面。③ 虽然在实践中详细说理的实现还需面对各种现实障碍④，但是绝大多数学者都旗帜鲜明地呼吁加强说理的充分性和针对性。⑤

---

① 参见吴庆宝：《制作民事裁判文书的规范化要求之我见》，载《人民法院报》2003 年 8 月 20 日第 3 版。
② 参见张锡敏：《裁判文书改革的若干法理思考》，载《法律适用》2005 年第 2 期。
③ 参见胡云腾：《论裁判文书的说理》，载《法律适用》2009 年第 3 期。类似观点，参见何波：《民商事裁判文书的制作与说理》，载《人民司法·应用》2009 年第 3 期；刘学圣：《民事裁判文书的改革与制作》，载《人民司法》2005 年第 12 期。
④ 参见李湉、樊华中：《刚弱两需分野下我国判决说理模式新探》，载《法制与社会发展》2015 年第 3 期；罗灿：《推进裁判文书说理改革要避免的五大误区》，载《人民法院报》2015 年 2 月 6 日第 5 版；徐瑞柏：《民商事判决书改革中的几个问题》，载《法律适用》2003 年第 1—2 期；唐文：《法官判案如何说理》，人民法院出版社 2000 年版，第 147—156 页。
⑤ 参见最高人民法院《关于加强民事裁判文书制作工作的通知》（法〔2006〕145 号）。

在比较法上，虽然两大法系都重视说理①且似乎殊途同归②，但是由于法系传统以及特别是我国实体法范本选择的原因，本文主要参考的是德日一脉大陆法系裁判技术及其中的裁判结构，我国对此向来效法且更容易借鉴。③ 大陆法系判决书中的本案事实部分对应我国判决书中记载的案件审理程序中的特殊情形、原告诉称和被告辩称，并与经审理查明部分中的无争议事实和本院认为部分中对证据调查概况的介绍部分重合。大陆法系判决书中的裁判理由则包括了我国判决书中经审理查明部分中的事实认定和本院认为部分中对证据评价和法律适用的说理。两大法系的不同模式很可能并非只是形式上的风格差异，而涉及法学方法、诉讼理念、裁判技术等多方面的理论分歧，本文仅在必要时以对照为目的简要讨论。

聚焦我国学者争议的热点并对比我国和德日大陆法系的判决书结构，本文试图回答以下两个问题。(1)在与裁判理由的呼应中，判决书中事实部分的功能为何，应当包含哪些内容。(2)裁判理由的范围为何，是否应当同时说明解决事实和法律问题的理由。此外，判决书结构和说理上的缺陷由政治、司法、社会等多方面因素共同促成，单纯调整判决书结构不可能解决所有问题，更不可能改变实践中有时公开裁判理由与背后真实理由分离的状况。本文关注的，是其中通过完善法律和裁判技术足以改善现状的空间，将法律上的问题落实在逐步精细化和具体化的技术讨论。

---

① 除了本文主要关注的大陆法系传统之外，在长期以来对一般性说理义务持保留态度的英美法系，这方面的研究同样汗牛充栋，参见：See Neil Andrews, *Andrews on Civil Proceduco* (Vol I；Court Proceedings), Ch. 29, Intersentia, 2013；Adrian A. S. Zuckerman, *Zuckerman on Civil Prcedure：Principles of Practice*, at para. 3.200—3.209, Sweet & Maxwell, 2013；Hock L. Ho, "*The Judicial Duty to Give Reasons*", 20 L. S. 42 (2000). 同时，说理义务也已经在很大程度上成为国际标准：art. 6(1)，European Convention on Human Rights；ALI/UNIDROIT Principles of Transnational Civil Procedure 23.2。

② 参见魏胜强：《当面说理、强化修辞与重点推进——关于提高我国判决书制作水平的思考》，载《法律科学》2012年第5期；蔡杰、程捷：《封闭与开放：裁判文书论理风格之类型化检讨》，载《法学论坛》2006年第2期；苏力：《判决书的背后》，载《法学研究》2001年第3期；张志铭：《司法判决的结构和风格》，载《法学》1998年第10期。

③ 参见张卫平：《对民事诉讼法学贫困化的思索》，载《清华法学》2014年第2期；陈刚：《法系意识在民事诉讼法学研究中的重要意义》，载《法学研究》2012年第5期。相反对此持保留态度的观点，比如，参见汤维建：《我国民事诉讼法学的现代化转向》，载《清华法学》2013年第5期。

一、基础：我国法现状与比较法经验

(一) 我国判决书的现有结构

根据《民事诉讼法》第 152 条第 1 款、最高人民法院 2003 年《关于适用简易程序审理民事案件的若干规定》第 32 条、1992 年《法院诉讼文书样式》第 41 号和 2003 年《民事简易程序诉讼文书样式》第 13—16 号的规定，民事判决书中除涉及当事人信息的首部和尾部外，还应当包括以下几类内容。判决书首先应当记明本案经审理确定的案由和案件审理程序中特殊的情形①，然后是原告的诉讼请求及其事实与理由和被告的答辩意见，并且总结双方争议的事实和理由。随后，应当写明法院以"经审理查明"为引言认定的事实和证据，以及以"本院认为"为引言的裁判理由和法律依据。在结尾部分，判决书应当写明判决结果和诉讼费用的分担，同时指明上诉期间和上诉法院。此外，根据被告对原告诉讼请求和事实主张的不同态度，在适用简易程序的案件中又具体分为当事人对案件事实争议较大的、被告对原告主张的事实和请求部分有争议的、当事人对案件事实没有争议的和被告承认原告全部诉讼请求的四种情形，其中在最后一种（含部分承认）、双方同意及涉及商业秘密、个人隐私时，法官可以简化裁判的事实或理由部分（《最高人民法院关于适用〈民事诉讼法〉的解释》）（简称《民诉解释》第 270 条第 2-4 项）。同样基于司法资源的有限性和诉讼效率的考量，在小额诉讼程序中，事实和理由部分也可以简化（《民诉解释》第 282 条）。②

作为对上述基本规则的进一步细化，实践中法院一般会记录各方当事人对证据的态度、就证据的质证以及法院认证的内容，并主要将其放在

---

① 这也是实践中的普遍做法。比如，最高人民法院在法官培训教材中即坚持上述观点（参见南英等主编：《人民法院裁判文书写作教程》，中国法制出版社 2013 年版，第 160 页）；北京市高级人民法院 2008 年出台的《关于国内普通程序商事案件一审判决书制作样式》及说明》将这部分也视为判决首部的组成部分。类似见解，参见何波：《民商事裁判文书的制作与说理》，载《人民司法·应用》2009 年第 3 期；吴庆宝：《论裁判文书改革与法官自由裁量权的行使》，载《人民司法》2002 年第 12 期；龚成：《改革民事判决书制作模式的思考》，载《法律适用》2000 年第 2 期。

② 裁判文书的繁简分流也是本文主题下的重要组成部分，并且被 2005 年《人民法院第二个五年改革纲要》第 6 条和 2015 年《人民法院第四个五年改革纲要》第 34 条设置为改革目标。为了聚焦于判决书基本模式，本文不再讨论。

"事实和理由"与法院对事实的认定之间,加入判决书。① 北京高院编纂的实务培训资料又将其细化为先叙述后佐证、证据在先分析、按主张分项认定、争议事实论证和综合证据判定的不同方式。② 学者们也深入讨论过裁判文书报告审理过程的功能③,但是过于冗长的记录又被认为遮蔽裁判的主要内容,给阅读制造障碍④。

面对实务中判决书结构和说理中出现的种种问题,一些研究者已经注意到其根源部分在于当前判决书的结构,并指出应当通过法律技术上的结构调整改变现状。比如,论者主张将判决主文放在事实和理由之前⑤,通过统一的理由部分一并介绍当事人的请求、主张和判决理由⑥,或者将举证和质证的部分与当事人的事实主张合并组成一部分,而将法官的认证与判决理由合并⑦。

(二) 德日判决书的整体框架

如前所述,大陆法系在覆盖与我国相同的判决内容的同时,采取了不同的裁判技术和判决结构,较好地解决了前述我国实践中常常出现的问题。为了更为细致和准确地观察大陆法系的制度设计,本文在大陆法系中选取了德日经典模式作为主要参考的对象,并且分别针对判决书的整体框架以及两个主要的部分——本案事实和裁判理由——专门讨论。值得说明的是,除了法系传统的原因,本文并未试图借鉴同属大陆法系典型国家的法国的经验,主要原因在于一般认为法国的判决书写作非常简练,

---

① 由于这是实践中判决书的通常模式,这里仅参见《〈关于国内普通程序商事案件一审判决书制作样式〉及说明》。

② 参见吴在存、刘玉民、马军编著:《民事审判技能》,中国民主法制出版社 2013 年版,第 202 页。

③ 参见傅郁林:《民事裁判文书的功能与风格》,载《中国社会科学》2000 年第 4 期;周晓霞:《民事判决理由研究》,法律出版社 2014 年版,第 73 页以下。

④ 参见何波:《民商事裁判文书的制作与说理》,载《人民司法·应用》2009 年第 3 期;张锡敏:《裁判文书改革的若干法理思考》,载《法律适用》2005 年第 2 期。类似观点,参见吴庆宝:《论裁判文书改革与法官自由裁量权的行使》,载《人民司法》2002 年第 12 期。

⑤ 参见贺小荣、王松:《民事裁判文书制作若干问题探析》,载《人民司法》2005 年第 12 期;傅郁林:《民事裁判文书的功能与风格》,载《中国社会科学》2000 年第 4 期;钟鸣、范跃如:《民商事裁判文书需要完善》,载《人民法院报》2002 年 6 月 18 日第 3 版。由于本文主要针对相关判决书结构和说理问题,对此不作讨论。

⑥ 参见肖晖:《中国判决理由的传统与现代转型》,法律出版社 2008 年版,第 280—289 页。

⑦ 参见张国明:《民事判决书基本结构的完善》,载《法学杂志》2000 年第 5 期。

对演绎法的过分强调甚至常使读者有说理未尽的感觉①,并不适合当下需要进一步提高司法技术化水平、增强理由详尽程度的我国。

同时,本文也注意到日本在上述经典传统下,目前已经尝试了比较明显的调整。20世纪末以降,为了避免在理由部分重复记录事实部分内容、减轻法官撰写判决书负担以及提高当事人对判决的接受程度,日本最高裁判所倡导了以争点为中心、将事实和理由合二为一的新做法。这样除了其他需要记载的程序事项,判决书的事实和理由部分被具体展开为诉的声明、案情概要和法院对争点的裁判。② 在上述较新发展的影响下,我国台湾地区也在理论和实务上继受了这种做法。笔者虽然认同以争点为中心的判决书结构可能带来相对积极的作用③,但是仍然认为我国现阶段对大陆法系裁判技术的继受应当侧重经典模式。待裁判技术的根基稳定后,再根据我国的实际情况,全面考虑比较法上改进型的利弊,进而提倡判决书结构的中国特色。④ 相较而言,经典模式与我国现有结构的差别主要在于对具体部分功能的认识上,如后详述对法官的日常工作习惯并不会造成太大冲击。而争点模式则对法官提出了一般性的更高要求,虽然实务中已经有一些法官在这方面做过成功尝试,但是将其普遍推广很可能还需要更多培训和准备。换个角度看,争点模式与经典模式的差异主要在本案事实部分是否独立和裁判理由的阐述思路上。对于后一点来说,如后所述在裁判理由中回应当事人的争点本就是题中应有之意,在经典模式下也可以充分加强对争点的强调。在我国台湾地区"司法院"

---

① See only Eva Steiner, *French*: *A Comparative Approach*, at 181—187, Oxford University Press, 2010; Jean L. Goutal, "Characteristics of Judicial Style in France, Britain and the U. S. A.", 24 *Am. J. Comp. L.* 43, 45, 59—61 (1976).

② 参见新堂幸司:《新民事诉讼法》,林剑锋译,法律出版社2008年版,第461页以下;松本博之、上野泰男:《民事诉讼法(第5版)》,弘文堂2008年版,第520页以下;伊藤真:《民事诉讼法》,有斐阁2006年版,第450页以下。详尽的介绍和讨论,参见王亚新:《对抗与判定——日本民事诉讼的基本结构》,清华大学出版社2010年版,第216—230页。

③ 邹碧华法官也主张应当在判决书中指定专门段落列明案件争点,参见邹碧华:《要件审判九步法》,法律出版社2010年版,第49页以下。我国台湾地区学者基于台湾地区近年从立法论和解释论上反复强调争点集中审理的动态的讨论,参见张特生等:《三谈民事判决如何写》,《民事诉讼法之研讨(十三)》,台湾三民书局2006年版,第175—176(许士宦)、180—181(黄国昌)、189(沈冠伶)和199—200(邱联恭)页。

④ 日本实务中的类似态度,参见王亚新:《对抗与判定——日本民事诉讼的基本结构》,清华大学出版社2010年版,第304页脚注31。

的数据库中翻看较新的一审判决书①也可见,台湾地区实务中也采取了兼顾折中的做法,在记明当事人主张后再根据争点分析其法律理由是否成立。而对于前一点来说,笔者认为我国大陆地区目前实务中较为严重的问题是无法准确记录并且依照要件事实论和主张责任整理当事人陈述,不是"架屋叠床"而是"缺斤短两",与日本制度改革的背景显然并不相同。②

从整体上看,经典模式下的民事判决主要分为五部分。③ ① 冒头部分(首部),包括当事人及其诉讼代理人的信息、本案法院、法官的姓名以及最后一次口头辩论的日期(§313 I Nr. 1—3 ZPO);② 判决主文(§313 I Nr. 4 ZPO),即对本案诉讼标的的实体审理结果,包括主请求和依附于主请求的从请求(§4 ZPO);③ 本案事实(Tatbestand)(§313 I Nr. 5 ZPO),即未经法官评价的、当事人眼中的事实;④ 裁判理由(§313 I Nr. 6 ZPO),阐述法官对裁判主文的说理,其中的事实部分则是法官对诉讼资料的评价及相应的心证结果;⑤ 法官的签名,也是判决书结束的标志(§315 I ZPO)。在日本,传统上判决书也应当记录判决主文、事实、理由、最后一次口头辩论的日期、当事人及其法定代理人和审判法院(日本民诉法第 253 条第 1 款),其中所谓事实也对应类似德国本案事实部分的内容并发挥相似功能。事实部分不必完全引述当事人的事实主张,而只需择取其中证成判决主文所必需的部分(日本《民事诉讼法》第 253 条第 2 款)。

其中,最为重要的是判决主文、本案事实和裁判理由三部分。从结构上看,德国立法自 1976 年以来不再明文要求显著区分主文与其他两部分,但是在实践中仍然将主文单独放在判决的最前面,以便明确主文的内

---

① 笔者即于 2014 年 12 月 1 日以合同为检索词检索最新的民事判决,发现其判决书的事实和理由部分首先区分程序和实体问题,在后者中又进一步逐项介绍双方主张、无争议事实和争点,最后分析获得心证的理由。比如,参见 2013 年度诉字第 2211 号(台北地院),2014 年度诉字第 330 号(高雄地院),2013 年度诉字第 3500 号(台中地院)。

② 关于日本改革的理由,参见伊藤真:《民事诉讼法》,有斐阁 2006 年版,第 453 页。从更宏观的角度看,这还需要回到我国与其他法治国家司法改革在整体方向上的差异,比如,参见张卫平:《对民事诉讼法学贫困化的思索》,载《清华法学》2014 年第 2 期;傅郁林:《迈向现代化的中国民事诉讼法》,载《当代法学》2011 年第 1 期。

③ 整体介绍,仅参见:See Gottwald, Die Begründung von Gerichtsentscheidungen in Deutschland—aus Sicht der Praxis und der Wissenschaft, in Tichy/Holländer/Bruns, Begründung von Gerichtsentscheidungen, 2011, S. 127 ff.

容,并有助于根据生效给付判决制作执行书(§317 II S. 2 ZPO)。[①] 为了区分事实认定和法律评价,一般也需要分别撰写这两部分(分离原则)。[②] 不过从实质上看,在裁判理由中确认的事实同样属于本案事实的组成部分,也具有后文详述的证明力。[③] 此外,虽然上述几部分内容属于德国民事判决书中的必备要素,但是有所欠缺时并不导致判决就此无效,而是根据不同情况的需要采取不同方式加以救济。[④] 最后值得注意的是,德国刑事判决书并不区分本案事实与裁判理由(§§267, 268, 275 StPO),但是在其定罪部分中细分为案件事实叙述、证明评价和法律分析三部分。类似于我国的经审理查明部分,这里的案件事实应当能够满足犯罪构成要件的要求,并以类似目击证人的视角叙述形成心证后的生活事实经过。[⑤]

二、事实:以本案事实替代查明事实

对比上述不同判决书结构的思路可见,我国的经审理查明部分针对的是法官对案件事实调查后的认识结果,而德国的本案事实部分针对的是未经法院评价的事实。前者的功能是判断和认定,后者则是记载和证明。因此,两者虽然均以事实为对象,但是显然并不相同。比较两者,笔者支持后一种理解,这种判断主要基于判决书事实部分与其他部分(当事

[①] MüKoZPO/Musielak, 4. Aufl., 2013, §313 Rn. 9; Stein/Jonas/Leipold, ZPO, 22. Aufl., 2008, §313 Rn. 20; Baumbach/Lauterbach/Albers/Hartmann, ZPO, 73. Aufl. 2015, §313 Rn. 11; Wach, Vorträge über die Reichs-Civilprocessordnung, 2. Aufl., 1896, S. 124 f. 国内类似主张,参见张卫平:《既判力相对性原则:根据、例外与制度化》,载《法学研究》2015年第1期。

[②] Rosenberg/Schwab/Gottwald, Zivilprozessrecht, 17. Aufl., 2010, §60 Rn. 26; MüKoZPO/Musielak, 4. Aufl., 2013, §313 Rn. 18, Fn. 72; Baumbach/Lauterbach/Albers/Hartmann, ZPO, 73. Aufl. 2015, §313 Rn. 17. 在我国台湾地区,研究者对能否合并记载判决事实和理由则存在一定争议,参见张特生等:《三谈民事判决如何写》,《民事诉讼法之研讨(十三)》,台湾三民书局2006年版,第156—158(张特生)、170—171(黄嘉烈)、178—179(曾华松)和196,200—201(邱联恭)页。

[③] BGHZ 154, 171 = NJW 2003, 2158, 2159; Huber, Das Zivilurteil, 2. Aufl., 2003, Rn. 374 ff.

[④] Stein/Jonas/Leipold, ZPO, 73. Aufl. 2015, §313 Rn. 7; MüKoZPO/Musielak, 4. Aufl., 2013, §313 Rn. 1, 16 ff.

[⑤] Huber, Das Strafurteil, 2. Aufl., 2004, Rn. 38, 62 ff.; Huber, Das Zivilurteil, 2. Aufl., 2003, Rn. 332. 囿于本文主题所限,本文不讨论我国刑事判决书的结构和说理问题。

人的"事实和理由"以及裁判理由部分)之间的分工而来。同时,既有的事实认定功能应当由裁判理由部分承担,以便更好地配合法官对法律适用的说理。

(一) 德国判决书结构中的本案事实部分

1. 本案事实的具体内容

由于当事人事前或者在诉讼中了解了案件事实(甚至比法官更清楚)[①],本案事实部分应当表述简洁、结构清晰地记述当事人主张的(诉讼)请求权、相关攻击防御方法以及诉的声明(§313 II S. 1 ZPO),以便使事先不了解本案案情的法律人有能力以此为据,自行撰写裁判理由和裁判结果。[②] 这里应当包括当事人的陈述、证据调查的结果以及中间判决和本案其他诉讼历史,并且不应掺加法官的评价与判断("实质中立性"[③])。具体而言,无论原告的诉的声明错误还是被告的否认不够具体而导致不能发生相应效果,法官都应当在本案事实中如实记载当事人的表达。本案事实中一般应当直接写明证据调查的结果,对具体过程则需要注明参照庭审笔录。但是,法官不应以相关结果为基础,进一步判断相关事实主张是否成立。[④]

为了达到简洁清晰的目的,本案事实部分对于双方当事人达成一致或者存在争议的具体情况都应当[⑤]指明参照的书状、庭审笔录或者其他资料(§313 II S. 2 ZPO),以便在自成一体的前提下尽可能精要。除了

---

① BT-Drucks 7/2729, S. 131 (该意见最终被法律委员会采纳:BT-Drucks 7/5250, S. 10 Zu Nr. 29);MüKoZPO/Musielak, 4. Aufl., 2013, §313 Rn. 4.

② 部分学者则认为判决不必使第三人完全理解,这也部分解释了其选择后文所述的概括引用当事人书状方式的原因;Baumbach/Lauterbach/Albers/Hartmann, 4. Aufl., 2013, §313 Rn. 14; Balzer, Das Urteil im Zivilprozess, 2. Aufl., 2007, Rn. 253, 261.

③ Höhne, Vom Sandwichdiagramm zur Struktur einer selektiven Dokumentation—Die Tatbestandsfassung im Zivilurteil, JA, 2005, 290, 294.

④ MüKoZPO/Musielak, 4. Aufl., 2013, §313 Rn. 10 ff.; Knöringer, Die Assessorklausur im Zivilprozess, 15. Aufl., 2014, Rn. 5.01 f.; Balzer, Schlanke Entscheidungen im Zivilprozeß, NJW, 1995, 2448, 2450.

⑤ 这样明显区别于立法修改前的"可以",至少在形式上成为一项义务。Balzer, Schlanke Entscheidungen im Zivilprozeß, NJW, 1995, 2449. 但是这与同款前句(本案事实部分的内容)的效力仍有所区别,比如有学者将本款前句理解为实质上的"必须"条款,强制效力强于"应当"条款。Fischer, Der Tatbestand im Zivilurteil unter besonderer Berücksichtigung der Bezugnahmen, JuS, 2005, 904, 905.

案卷中的其他资料之外,当事者之间或者与本案口头辩论相关的另案裁判同样也可以参照。① 相比之下,在刑事定罪判决中原则上不得参照(§267 I S. 3 StPO)。② 德国法的上述规定并不意味降低了对法官撰写本案事实的实质要求,而只不过减少了文案工作中的繁琐。③ 由于通过裁判结果实现权利或者解决纠纷才是民事诉讼的目的,仅仅在形式和表达上完整并不能提高裁判文书的质量。④ 对于引用的具体方式,目前的通说要求应当具体指明参照的书状⑤,而少数观点则认为概括一并参照所有书状即满足要求⑥。

如何区分当事人陈述的基本内容和具体情况,是个见仁见智的问题。比如,1976年修法时德国联邦参议院提供了极为简单的本案事实范本,仅提及了双方发生了交通事故、对事故经过叙述不一并就过错和损失多少有不同看法,而没有概括双方具体争议的内容是什么。⑦ 相反,联邦政府对此则持保留态度,认为过短的本案事实和裁判理由可能使当事人无法理解法官的考量,并因此难以恢复被破坏的法律上的和平状态(Rechtsfrieden),更不利于法官自查。⑧ 从多数裁判文书写作参考书中的详细讨论来看,目前实践更倾向于反对将这种过于简单、甚至妨碍当事人和上诉法院理解案情的写作范式作为基本原则,而要求至少提出比如交通

---

① BGHZ 39, 333 = NJW 1963, 2272, 2275; BGH NJW-RR 1991, 830.

② Huber, Das Strafurteil 2. Aufl., 2004, Rn. 39.

③ BT-Drucks 7/2729, S. 131; Thomas/Putzo/Reichold, ZPO, 35. Aufl., 2014, §313 Rn. 12, 25.

④ Höhne, Vom Sandwichdiagramm zur Struktur einer selektiven Dokumentation—Die Tatbestandsfassung im Zivilurteil, JA, 2005, 290.

⑤ Stein/Jonas/Leipold, ZPO, 73. Aufl. 2015, §313 Rn. 52; Zöller/Vollkommer, ZPO, 30. Aufl., 2014, §313 Rn. 11, 18; Knöringer, Die Assessorklausur im Zivilprozess, 15. Aufl., 2014, Rn. 5.07; Pielke, Verweisungen im Tatbestand eines zivilgerichtlichen Urteils, JA, 2006, 202, 204; Der Tatbestand im Zivilurteil unter besonderer Berücksichtigung der Bezugnahmen, JuS, 2005, 906.

⑥ Baumbach/Lauterbach/Albers/Hartmann, ZPO, 73. Aufl. 2015, §313 Rn. 16; Huber, Das Zivilurteil, 2. Aufl., 2003, Rn. 347; Balzer, Schlanke Entscheidungen im Zivilprozeß, NJW, 1995, Rn. 303 ff.; Siegburg, Zum Tatbestand des erstinstanzlichen Urteils im Bauprozess, ZfBR, 2002, 635, 639 f. (针对涉及建设工程的案件主张可以概括引用,但是在很多情况下具体引用更合适。)

⑦ BT-Drucks 7/2729, S. 131; Baumbach/Lauterbach/Albers/Hartmann, ZPO, 73. Aufl. 2015, §313 Rn. 29 (作为范本); Balzer, Schlanke Entscheidungen im Zivilprozeß, NJW, 1995, 2450.

⑧ BT-Drucks 7/2729, S. 143.

事故的大致经过和主要争点。①

2. 本案事实的证明效力

本案事实的主要功能是书面证明当事人的陈述②，由于我国既有研究中对其较少系统解读，这里有必要略作介绍。本案事实部分直接记载的事实和裁判理由中对当事人陈述的概述都具有公文书的证明力。本案事实部分确定的只是当事人的陈述，而不是事实本身或法院认定的事实。③ 具体而言，除了本案事实中记载的当事人陈述以外，当事人合法提出的全部书面陈述也被视为在实际上已经提出（§137 III S. 1 ZPO），因而同样应当具有与本案事实相同的效力。不过，由于当事人有权在开庭时改变书状中的陈述④，有冲突时应当以本案事实的记载为准⑤。没有记载的口头陈述则被视为没有提出。与之相对，作为证明方法的证人证言、鉴定意见或者当事人陈述则不在其列。⑥ 在裁判技术上，这里涉及对本案事实双重证明效力的认识。一般而言，本案事实中记载的当事人陈述被视为确实提出（积极证明力），未记载的则被视为未提出（消极证明力）。⑦ 例外在于，对于书状的引用并不受到上述消极证明力的限制，相应地当事人也不必提出补充本案事实的申请（补正裁定，§320 ZPO）。其理由主要有三点，即德国早已放松对口头引用书状的限制，不再要求本案事实能够全面、正确反映当事人的陈述，以及将控诉审作为有限事实审的审级制度设计。⑧

只有根据庭审笔录的相反记载（§314 S. 2 ZPO）或者由于在本案事

---

① Stein/Jonas/Leipold, ZPO, 73. Aufl. 2015，§313 Rn. 33; Bischof, Der Zivilprozeß nach der Vereinfachungsnovelle, 1980, Rn. 308 ff.

② Rosenberg/Schwab/Gottwald, Zivilprozessrecht, 17. Aufl., 2010, §60 Rn. 22; Fischer, Der Tatbestand im Zivilurteil unter besonderer Berücksichtigung der Bezugnahmen, JuS, 2005, 904.

③ Stein/Jonas/Leipold, ZPO, 73. Aufl. 2015, §313 Rn. 58 Fn. 85.

④ BGHZ 144, 370 = NJW 2000, 3133, 3135.

⑤ BGHZ 140, 335 = NJW 1999, 1339.

⑥ BGH NJW 1983, 2030, 2032; Rosenberg/Schwab/Gottwald, Zivilprozessrecht, 17. Aufl., 2010, §60 Rn. 22.

⑦ BGH NJW 1983, 885, 886.

⑧ BGHZ 158, 295 = NJW 2004, 2152, 2155; Rosenberg/Schwab/Gottwald, Zivilprozessrecht, 17. Aufl., 2010, §60 Rn. 22; Stein/Jonas/Leipold, ZPO, 73. Aufl. 2015, §314 Rn. 9 f.; Zöller/Vollkommer, ZPO, 30. Aufl., 2014, §313 Rn. 11, 18; Knöringer, §314 Rn. 4.

实中对当事人陈述的记载自相矛盾时,①上述证明力才会消失。由于裁判理由中的记载同样具有证明力,如果其与本案事实的记载相冲突(比如就同一问题直接引用了当事人的某份书状或者直接表述),那么两者都不具有证明力。② 被认定的事实可能在认定当事人在控诉审中的陈述是否属于新提出的攻击防御方法(§§531 II,533,97 II ZPO)和三审法律审的对象(§559 I ZPO)时发挥作用。对于漏记的口头陈述,当事人必须在法定期限内、通过本案事实的补正程序或者在涉及抵销抗辩时期待控诉审法院依职权许可(§533 Nr. 1 ZPO)来补救。③ 因此,越强调二审事实审的有限性及其纠错功能,加强对本案事实要求的意义就越大。④

3. 本案事实的内部结构

在确定了本案事实部分的主要作用后,下一步需要圈定其大致内容。在德国实践中,本案事实的结构已经形成了相对固定的套路,一般只有在可能影响案情理解时,法官才可以例外地调整顺序。⑤ 从传承和沿革的一面看,德日将诉讼资料区分为请求权与抗辩、再抗辩与反抗辩还有攻击与防御方法的思路,实际上正是罗马法上诉权体系的残留。⑥ 这种方法在北德地区甚至成为一种权威的案例处理技巧即所谓关系技术(Relationstechnik)⑦,在日本也借由司法研修所对要件事实论的推崇⑧,广泛地影响司法实践。为了澄清本案事实部分的具体内容并提供对照我国判决

---

① BGHZ 144, 370 = NJW 2000, 3133, 3135.

② BGH NJW 2011, 1513, 1514, Tz. 12; NJW 1999, 641, 642; MüKoZPO/Musielak, 4. Aufl., 2013, §314 Rn. 3 ff.; Zöller/Vollkommer, ZPO, 30. Aufl., 2014, §313 Rn. 11, 18; Knöringer, §314 Rn. 5.

③ Knöringer, Die Assessorklausur im Zivilprozess, 15. Aufl., 2014, Rn. 5.03 ff.

④ Huber, Das Strafurteil 2. Aufl., 2004, Rn. 333.

⑤ Thomas/Putzo/Reichold, ZPO, 35. Aufl., 2014, §313 Rn. 12 ff.; Stein/Jonas/Leipold, ZPO, 22. Aufl., 2008, §313 Rn. 33 ff.; Knöringer, Die Assessorklausur im Zivilprozess, 15. Aufl., 2014, Rn. 5.08 ff.; Becht/Beck, Zivilprozessrecht im Assessorexamen, 3. Aufl., 2010, Rn. 681 ff.; Huber, Das Zivilurteil, 2. Aufl., 2003, Rn. 350 ff. 国内对这一思路的详细分析和推演,参见段文波:《规范出发型民事判决构造论》,法律出版社2012年版,第100—110页;许可:《民事审判方法:要件事实引论》,法律出版社2009年版,第133—152页。

⑥ Bernhardt, Die Aufklärung des Sachverhalts im Ziviprozeß, in FS Leo Rosenberg, 1949, 1, 15.

⑦ Zimmermann, Klage, Gutachten und Urteil, 20. Aufl., 2011, Rn. 10 ff.; Fischer, Topoi verdeckter Rechtsfortbildungen im Zivilrecht, 2007, S. 347 ff. 国内介绍,参见李纬华、殷进亮:《案件事实存在争议时的裁判之道——德国关系法简介》,载《法律适用》2009年第4期。

⑧ 许可:《民事审判方法:要件事实引论》,法律出版社2009年版,

书内容的参考,这里同样对其做简单介绍。

首先,本案事实部分应当简单概括当事人法律争议的实质("一言以蔽之",比如被告建筑师对房屋瑕疵是否承担责任,原告基于交通事故向被告请求损害赔偿①),但不包括相关理论争议和法律问题。② 这一概括发挥类似我国判决书中案由的功能,便于读者集中精力关注相关问题点。

其次,应当介绍的是本案中没有争议的事实,即双方都认可的事件经过和自认或者拟制自认的事实(§§138 III,288 I ZPO)。由于分别对应撤回自认(§290 ZPO)和主张未失权(§§296,531 ZPO)的补救机会,后两者之间也应当明确区分。为了不打散案件事实之间的内在联系,在较为复杂的案件中也可以以争点为标准分段介绍非争议事实。区分事实主张有无争议是查清事实的前提③,也是适用裁判技术的基础。

再次,要介绍的是原告在最初以及反答辩中提出的涉争事实。判断事实主张是否存在争议的标准是形式化的,因此无论被告的否认或者表示不知(§138 IV ZPO)是否合法④,相关事实都将被视为涉争事实。⑤ 在必要时,法官也可以记明当事人相关的法律观点。⑥ 多数学说认为这里应当说明未获批准的证据申请⑦,但是也有观点考虑到当事人通常提出大量申请的现实以及从证据裁定和开庭笔录中都有机会了解上述信息,认为不必在裁判文书中浪费笔墨赘述。⑧ 这里也可以加入与诉的声明相

---

① Fischer, Der Tatbestand im Zivilurteil unter besonderer Berücksichtigung der Bezugnahmen, JuS, 2005, 905. 相反认为由于判决书主要指向当事人、没必要概括纠纷的观点:Balzer, Schlanke Entscheidungen im Zivilprozeß, NJW, 1995, (2007), Rn. 261.

② Höhne, Höhne, Vom Sandwichdiagramm zur Struktur einer selektiven Dokumentation——Die Tatbestandsfassung im Zivilurteil, JA, 292.

③ Becht/Beck, Zivilprozessrecht im Assessorexamen, 3. Aufl., 2010, Rn. 687.

④ Knöringer, Die Assessorklausur im Zivilprozess, 15. Aufl., 2014, Rn. 5.09;Huber, Das Zivilurteil, 2. Aufl., 2003, Rn. 353. 认为应当评价是否合法的不同观点:Thomas/Putzo/Reichold, ZPO, 35. Aufl., 2014, §313 Rn. 18.

⑤ 不过由于汉语与德文在语法上的差异,在德语中可以采取不同的时态(过去时——现在时+间接引语的虚拟语气),在中文中则无法从语法上加以区别,这样就更突出了在形式/结构上加以区分的重要性。

⑥ Stein/Jonas/Leipold, ZPO, 73. Aufl. 2015, §313 Rn. 38.

⑦ BVerfG NJW 2001, 2009(在笔录中记载了的证据申请不必在本案事实中重复);Rosenberg/Schwab/Gottwald, Zivilprozessrecht, 17. Aufl., 2010, §313 Rn. 23;Stein/Jonas/Leipold, ZPO, 73. Aufl. 2015, §313 Rn. 37;Zöller/Vollkommer, ZPO, 30. Aufl., 2014, §313 Rn. 14.

⑧ Huber, Das Zivilurteil, 2. Aufl., 2003, Rn. 354.

关的诉讼历史,比如法官作出的各种判决、当事人变更、诉的变更等情况①,并且以显著方式,附上原告最终提出的诉的声明和被告驳回诉讼请求的申请。当然,法官并不必记载由法官依职权裁判的内容,比如诉讼费用(§308 II ZPO)及依职权确定的预执行宣告(§§708 f. ZPO)。

再次,需要提及的是被告方的答辩意见,并按照分别由原被告承担证明责任的要件事实顺序排列,即否认或附条件否认和新的事实抗辩(权利妨碍事实、权利消灭事实和权利阻却事实)。在被告附带提出抵销主张时,法官也应当一并记录。位置较为灵活的是原告再抗辩与被告反抗辩中的事实主张。其具体位置固然依时间和逻辑先后顺序应当排在答辩之后②,但是从口头辩论一体化的角度看,原则上应当分别归于原被告双方的陈述。当然,如果根据个案情况放在答辩前难以理解,也可以放在答辩意见之后。③

最后,应当提及余下对最后裁判有实际影响并且在裁判理由中需要引用的程序性事项,比如本案证据调查的概况、可能涉及失权的当事人陈述、法庭组成形式、诉状送达时间和程序休止的起止时间等问题。但是,如前所述,这里不包括对证据的评价而只需记明需要参照的案卷材料,也不包括那些与判决无关的程序性事项,比如对法官回避的申请、被撤回的诉讼和解、准备期日的确定或者书状的到达时间。在涉及反诉时,根据本诉与反诉是否涉及相同的案件事实,在结构上合并或者分别地撰写。④即使是不影响本案判断的当事人法律意见(比如主张的请求权基础或者具体抗辩),也应当在本案事实或者裁判理由中简要提及,以表示听取了

---

① 主张应当放在后文介绍的统一诉讼历史部分的观点:Stein/Jonas/Leipold, ZPO, 73. Aufl., 2015, §313 Rn. 44. 主张应当在诉的声明部分记载在裁判时仍有价值的诉的变更或者部分撤诉的诉讼历史的观点:Thomas/Putzo/Reichold, ZPO, 35. Aufl., 2014, §313 Rn. 19; Becht/Beck, Becht/Beck, Zivilprozessrecht im Assessorexamen, 3. Aufl., 2010, Rn. 692; Huber, Das Zivilurteil, 2. Aufl., 2003, Rn. 355.

② Thomas/Putzo/Reichold, ZPO, 35. Aufl., 2014, §313 Rn. 21; Stein/Jonas/Leipold, ZPO, 73. Aufl. 2015, §313 Rn. 42; Baumbach/Lauterbach/Albers/Hartmann, ZPO, 73. Aufl. 2015, §313 Rn. 24; Huber, Das Zivilurteil, 2. Aufl., 2003, Rn. 357.

③ Zöller/Vollkommer, ZPO, 30. Aufl., 2014, §313 Rn. 11, 18; Knöringer, §313 Rn. 14; Knöringer, Die Assessorklausur im Zivilprozess, 15. Aufl., 2014, Rn. 5.09.

④ MüKoZPO/Musielak, 4. Aufl., 2013, §313 Rn. 12; Die Assessorklausur im Zivilprozess, 15. Aufl., 2014, Rn. 5.11 f.

当事人的意见。① 特别是在双方仅就法律问题存在争议或者需要借此识别本案争议时,更需要介绍当事人的观点。② 比如,在涉及律师责任的诉讼中,由于双方争执的焦点常常是律师尽职时法院可能的裁判结果,③应当简要转述当事人的理由。当然,上述法律意见并不约束法官的判断,法官仍然应当通过分析相关诉讼资料自主裁判。④ 由于本文认为将当事人的法律意见放在理由部分更为合适,因此将在裁判理由部分继续讨论。

(二) 我国判决书中事实部分的功能转换

1. 引入独立本案事实的意义

引入独立本案事实部分的目的不在于形式上的调整,而在于对判决书事实部分记录当事人陈述功能的重新认识,这与理由部分说明法院作出主文所依据的案件事实、法律思路和价值考量的功能相互呼应。对于记载和证明的强调使得法官必须重视案件的事实基础,进而明确处分权主义和辩论主义下当事人的意思。在这种功能定位下,与证据收集相关的事项也就在判决书中取得了明确身份。同时,将事实认定移至理由部分的尝试,也使其当然地成为说理对象。这样既保障了诉讼资料收集的客观全面性,又可能使当事人看到法官听取并了解其陈述的印迹。当然,判决书中事实和理由部分的主要分工并不具有排他的性质,而需要考虑具体事项的实质。借鉴前述德国法对本案事实证明效力的分析可见,理由部分记录的内容也可能在实质上构成本案事实,同样具有记载和证明的功能。

站在反思的立场上看,现有的经审理查明部分的制度设计正是法官事实说理不足之弊的成因之一。我国经审理查明部分强调裁判文书展示法官依职权认定的结果,并且注重其中事实的客观性。那么按照这个思路,既然事实客观存在且不以人的意志为转移,裁判自然不必详加说

---

① Baumbach/Lauterbach/Albers/Hartmann, ZPO, 73. Aufl. 2015, § 313 Rn. 26; Becht/Beck, Becht/Beck, Zivilprozessrecht im Assessorexamen, 3. Aufl., 2010, Rn. 686.
② Balzer, Das Urteil im Zivilprozess, 2. Aufl., 2007, Rn. 253, 261. (1995), Rn. 275 ff.
③ 比如:BGHZ 97, 372 = NJW 1986, 2043.
④ Huber, Das Strafurteil 2. Aufl., 2004, Rn. 372.

理。① 这里且不论我国理论界长期以来就采取客观事实说抑或法律事实说而产生的争议或者我国当前的诉讼模式是否仍然过于强调既有的强职权主义,仅就判决书本身而言,上述理解就可能导致法官不太重视当事人的陈述和对诉辩意见的记载。而且,虽然研究者一般认为可以采取夹叙夹议或者叙事后分段的方式列举证据②,但是由于经审理查明部分要求对事实客观描述,上述两种方式都可能既违反上述规定,又同时与裁判理由重复。这样,法官在起草判决书时的这种尴尬状况也部分诱发了其在事实认定部分说理不足的现状。③ 相反如前所述,大陆法系的裁判技术虽然也要求本案事实部分的客观性,但是这种客观性所指的却是完全不同的内容。从积极方面来看,客观性是指对诉讼过程和当事人陈述的记录要客观准确;从消极方面来看,则是反对法官在本案事实部分记录其对事实主张的认定结果以及证据评价,即法官的主观认识。

2. 事实部分的具体改良思路

事实上,上述功能转换并不一定会改变当下法官已经形成的裁判习惯,相反是对较好裁判方法的理论厘清和补强论证。本案事实部分的对象主要是当事人的陈述及其主张的事实,应当由法官中立地整理和总结。对比我国现有判决书和德国判决书中的本案事实部分可见,两者涉及的事项大致相当。实际上,我国审判实践中法官在复述当事人事实主张方面并不吝精力,而且考虑到诉讼文件电子化的趋势,由此增加的工作量并非主要问题。随后在这些诉讼资料的基础上,法官、当事人或者其他阅读者都应当能够自行归纳本案的事实争点,进而发现法庭审理和判决书的主线。④ 这里仅以著名的彭宇案一审判决书为例。法官首先记载了双方没有争议的事实,即"(原告)在行至前一辆公交车后门时,被告第一个从公交车后门下车,原告摔倒致伤,被告发现后将原告扶至旁边,"(下划线

---

① 参见张真理:《裁判文书写作的误区》,载《国家检察官学院学报》2009年第2期。也有研究者在强调事实认定应当说理的同时,将其限定在认定结论准确上,而将说理的任务分配给证据和证明部分。比如,参见汤啸天:《写好"讲理"的裁判文书》,载《法学评论》2000年第4期。

② 参见刘学圣:《民事裁判文书的改革与制作》,载《人民司法》2005年第12期;龚成:《改革民事判决书制作模式的思考》,载《法律适用》2000年第2期。

③ 参见张国明:《民事判决书基本结构的完善》,载《法学杂志》2000年第5期。

④ 类似观点,参见贺小荣:《民事裁判文书的规范化及其改革方向》,载《人民法院报》2004年1月7日第B3版。一份体现笔者对本案事实部分设想的判决书范例,参见(2014)一中民再终字第07940号(笔者感谢该院王茂刚法官在微博上对本判决书的提示)。

为笔者所加)随后又通过较大篇幅详细介绍了证据的内容和双方不同的主张,就较好体现了本案事实部分的要求。此外,由于本案事实部分针对的是当事人主张的事实而非对证据收集的全面重述,因此加入本案事实部分并不意味判决书与庭审笔录的混同。

从德国法经验看,本案事实部分的争议主要在于其具体程度和书状引用的技术。就前者而言,本案事实的撰写当然受到个案实际情况和法官个人习惯的影响,因而很难泛泛地讨论其具体程度。特别是在复杂的商事及其他案件中,显然不可能如前述德国立法中的例子般一笔带过。即使是在常见的简单买卖合同或者交通事故纠纷中,点出无争议的基本案情和争点也十分必要。在这个意义上,没有必要省略对间接事实的介绍。① 至于在德国法上存在争议的书状引用技术问题,笔者认为具体指明比笼统引用所有书状的方式更为合适。这有助于增强对判决的理解,在我国的司法实践中也被广为接受。特别是在记录当事人提交的证据、随后认证并查明事实的过程中,我国法院在各类诉讼中常常都会逐条说明各项证据(如各类书证、证人证言、鉴定意见、各类笔录等)的证明对象,这也基本能具体说明书状被引用的内容。② 即使法官选择先介绍认定的事实、随后指明"上述事实,有……(书证)、当事人陈述等附卷佐证"③,只要在认定事实的过程中说明每一书证影响法官心证的内容或者案情特别简单④,也符合具体指明的要求。否则,可以设想在案卷涉及数十份书状时(特别是商事和知识产权案件),即使是一审法官和当事人及其律师阅读判决书时,也难以立即发现判决中认定的内容究竟来自哪份书状。当然,这给二审法官和其他判决研究者造成的困难就更显著了。⑤ 不过,这里实际上更多是司法工作要求和建议,论者也必须在减轻法官写作压力和裁判信息的充足性之间寻求平衡。因此笔者认为,虽然一般看来具体

---

① 相反观点:Balzer, Das Urteil im Zivilprozess, 2. Aufl., 2007, Rn. 253, 261. (1995), Rn. 273.
② 比如,参见(2014)卢民二初字第 229 号;(2014)隆民二初字第 298 号;(2014)自流民初字第 2718 号;(2014)祁民重初字第 1074 号。(所引裁判文书均来自中国裁判文书网)
③ 比如,参见(2014)未民初字第 04852 号。
④ 比如在长期进行的买卖交易中就不必列明每一笔交易明细,如果案件只涉及一份双方认可的欠条,不说明待证事实也不会影响理解。比如,参见(2015)蔚民初字第 8 号。
⑤ 关于部分领域中由于引用数量众多导致的指明的必要性及其例示,参见(2011)粤高法民三初字第 2 号。

指引书状的做法更值得提倡，但是引用的方式并不能笼统地影响当事人陈述的效力。即使在判决中没有引用具体书状，所有提出的书状仍然被视为口头提出，并且成为本案的诉讼资料。①

虽然本文强调需要调整的主要是功能定位，但是相应地也要推动内容层面上的进步。比如，我国判决书对诉讼中的程序问题也应当记载和说理②，最高人民法院也曾发文指出，"对于审理案件的重要程序事项和诉讼活动要明确表述，包括原告起诉、上诉人上诉时间，重要的诉讼文件和证据提交、转递情况，因管辖异议、中止诉讼、委托鉴定等导致审理时间延长的程序事实，采取诉前或诉中的财产保全措施，等等"。③ 在我国实践中，由于法院在认定事实过程中需要引用鉴定意见，因此关于诉讼中的鉴定一般会出现经审理查明部分④，也可能可以结合当事人陈述来确定具体时间。⑤ 而其他程序性事项，既可能出现在判决书首部⑥，又可能被记于经审理查明部分⑦，还可能虽然实际发生，但是并未明确记入判决书。⑧ 至于诉讼推进中的重要时间节点，比如受理、正式开庭的时间，不同法院、不同法官也会自行选择是否写明。虽然如前所述，多数研究者都认为与判决书相关的程序事项应当出现在判决书的首部，但是上述结论建立在现行判决书的结构保持不变的前提之下，因为程序事项显然更不宜放在当前以事实认定为功能的经审理查明部分。相反如果如本文设想、调整判决书事实部分的功能和内容，那么在本部分中记录程序事项自然更为合理。同时，考虑到程序性问题的性质，只有在涉及法律规定不明

---

① 德国实践中也不禁止整体引用的做法，比如：BGH NJW 2004, 3777, 3778.
② 比如，参见胡思博：《民事裁定研究》，社会科学文献出版社 2014 年版，第 82 页以下；何波：《民商事裁判文书的制作与说理》，载《人民司法·应用》2009 年第 3 期；廖永安：《民事裁判文书改革应避开几个误区》，载《人民法院报》2003 年 9 月 16 日第 3 版；傅郁林：《民事裁判文书的功能与风格》，载《中国社会科学》2000 年第 4 期；龚成：《改革民事判决书制作模式的思考》，载《法律适用》2000 年第 2 期。反对观点，参见张锡敏：《裁判文书改革的若干法理思考》，载《法律适用》2005 年第 2 期。
③ 参见《关于加强民事裁判文书制作工作的通知》。
④ 比如，参见(2014)尉民初字第 422 号；(2014)西法民初字第 3252 号。也有判决直接记载于本院认为部分，比如，参见(2013)芜中民一终字第 00848 号（根据二审判决书回溯推测）。
⑤ 比如，参见(2014)白洮民一初字第 588 号。
⑥ 比如，参见(2014)宝民初字第 1205 号；(2014)京铁中民初字第 29 号。
⑦ 比如，参见(2013)东民初字第 1535 号；(2014)温平商初字第 820 号；(2013)泰中民初字第 0104 号。
⑧ 这以财产保全尤为典型，判决书有时只体现了被告应承担财产保全费的结果。比如，参见(2014)奎商初字第 1582 号。

确或者有矛盾的疑难、新型问题时,才会涉及法官详细的说理义务。比如,由于《民事诉讼法》第 65 条第 2 款第 3 句和《民诉解释》第 102 第 1 款和第 2 款更严格地把握证据失权的适用条件,法官应当说明当事人的过错、证据与基本事实的关系以及法官行使裁量权所考量的因素,以论证其对当事人逾期提供证据适用法律后果(特别是不予采纳时)的正当性。①当然,考虑到本案事实部分的功能,上述说理应该放在裁判理由部分。最后,无论从证明功能入手分析还是直接参考外国法例,大致可以归入程序性事项的案由都应当出现在判决书的事实部分。案由表现为当事人和法院对法律理由的归纳,与理论上的诉讼标的并不等同。即使诉讼进行中需要变更案由,也只需在判决书事实部分如实记明。

三、理由:结合事实认定和法律适用

(一) 德国判决书结构中的裁判理由部分

1. 裁判理由的基本规则

在大陆法系经典模式下的德国,法官提供裁判理由的义务源自宪法上的法定听审权(Art. 103 I GG),当事人有权要求法院提供本案事实、对证据的心证结果和对法律问题的观点(§ 313 III ZPO),法院也必须接受并考量当事人提供的诉讼资料。② 由于裁判技术和审理技术之间存在明显差异,在裁判理由中应当遵照从结论到原因的写作思路。③ 虽然审理技术对裁判技术有明显的支持促进作用,但是裁判说理主要关注的是如何证成事实认定的结论,相对地不太关心法官从拿到诉答文书、会见当事人到主导法庭庭审时如何得出上述结论。

具体而言,1976 年简化法改革之后德国降低了对裁判说理的要求,

---

① 实务中未能加以说明的个例并不罕见,比如,参见(2013)金义民初字第 1175 号;(2014)甬慈民初字第 1697 号。当然,本文只希望提出这个问题,而并不苛求法官目前就应该/能够对证据失权问题充分说理。原因在于,目前学者尚未提供足够细化、系统的说理方法,最高人民法院也并未作出明确指导。此时如果对个案一审法官做如上过高要求,实属强人所难。在裁判说理中应当结合诉讼失权的具体要件(比如答辩失权),对于中国法上的设想,参见曹志勋:《论普通程序中的答辩失权》,载《中外法学》2014 年第 2 期。

② BVerfGE 83, 24 = NJW 1991, 1283, 1285.

③ Thomas/Putzo/Reichold, ZPO, 35. Aufl., 2014, § 313 Rn. 27; Knöringer, Die Assessorklausur im Zivilprozess, 15. Aufl., 2014, Rn. 6.01.

如果法官在开庭时已经详细解释了相关问题（§§139 I II, 278 II S. 2 ZPO, 278 II S. 2, III a. F. ZPO）并在笔录上如实记载,通过合宪性解释就并不违反强制说理义务。① 对于事实问题,法官虽然不必对当事人所有的事实主张发表意见②,但必须分析涉及本案焦点的当事人主张,否则将侵犯法定听审权。③ 法官对证据的内心确信也是裁判理由中的重要部分（§286 I S. 2 ZPO）,法官应当审查案件的具体证据和其他情形,并在必要时说明不采纳相关诉讼资料的理由。④ 对于法律问题,法官的判决应当显著区别于注重学术脉络梳理和驳论的学术论文。⑤ 裁判理由中应当论证不同于常例的观点⑥,但是不必分析不与本案直接相关的错误法律观点。⑦ 虽然在法官独立审判权中包括对引用文献规模的裁量权,⑧但是即使是涉及重要法律问题、法律发展或者司法统一问题（§543 II S. 1 ZPO）的联邦最高普通法院判决,同样不应过度引证。⑨ 实践中偶尔也会出现引用数十个先例、上百个参考文献甚至长篇累牍地介绍早已没有争议问题的判决,其实际意义深值怀疑。⑩ 此外,在裁判理由中可以引用发生在双方当事人之间并且已经送达的裁判,或者虽然未发生在当事人之间、但是成为口头辩论对象的裁判。⑪ 裁判理由同样也可以引用本案中

---

① Lücke, Begründungszwang und Verfassung, 1987, S. 161 ff.
② BGH GRUR 2008, 731, 732; MüKoZPO/Musielak, 4. Aufl., 2013, §313 Rn. 15.
③ BVerfGE 86, 133 = DtZ 1992, 327, 328; BGH NJW-RR 2011, 98, 99（时效抗辩）; NJW 2009, 2139, 2139 f.; Knöringer, Die Assessorklausur im Zivilprozess, 15. Aufl., 2014, Rn. 6.09 f.（回声原则）
④ Stein/Jonas/Leipold, ZPO, 73. Aufl. 2015, §286 Rn. 19.
⑤ Rosenberg/Schwab/Gottwald, Zivilprozessrecht, 17. Aufl., 2010, §60 Rn. 25.
⑥ BVerfGE 81, 97 = NJW 1990, 566, 567; BVerfG NJW 2011, 1497.
⑦ Baumbach/Lauterbach/Albers/Hartmann, ZPO, 73. Aufl. 2015, §313 Rn. 45.
⑧ BVerfG NJW 后一个词非 1987, 2499. 相比之下在法国法（欧洲法院裁判也常常如此）中,则不会明确指明裁判所参考的文献资料。Schack, Internationales Zivilverfahrensrecht, 6. Aufl., 2014, Rn. 95.
⑨ Büdenbender, Die Analyse höchstrichterlicher Entscheidungen, JA, 2013, 161, 163. 在英美法系,虽然引用判例法是发现法律的主要途径,但是同样可能出现引注过多的问题:Adrian A. S. Zuckerman, Zuckerman on Civil Prcedure: Principles of Practice, at para. 22.22—22.31.
⑩ Baumbach/Lauterbach/Albers/Hartmann, ZPO, 73. Aufl. 2015, §313 Rn. 45 f. 在英国,法官和学者也分别对其过于冗长判决书直接或间接表达不满:Dame Mary Arden, "Judgment writing, are shorter judgments achievable", 128 L. Q. R. 515 (2012); Neil Andrews, Zuckerman on Civil Prcedure: Principles of Practice, at para. 29.41—29.45.
⑪ BGHZ 39, 333 = NJW 1963, 2272, 2275; BGH NJW-RR 1991, 830.

当事人提交的书状。① 总体而言,与本案事实部分相似,裁判理由只需证成本案判决即可,在制作中寻求的是精要和完整之间的平衡。②

2. 裁判理由中的两类要件

在具体的顺序上,裁判理由应当先讨论本案中有争议的诉的合法性要件/诉讼要件(实体审理的前提条件)、然后再集中处理实体法问题,以便明确本案判决的既判力范围。如果本案中诉讼要件没有争议,那么自然可以以诉合法一笔带过。作出实体判决的前提是案件满足诉讼要件的要求,即使在当事人有争议时,对诉的合法性的说明也相对简单。上述诉讼要件各自涉及复杂的法教义学解释,在此不再具体展开。

在对实体胜诉要件的审查中,法官应当首先明确要讨论的实体法律规范及结果,然后以请求权基础为中心,将具体案件事实涵摄在适用的法律规范之下。法官也需要简单解释攻击防御方法失权的原因。③ 对于证据调查和证明说理时,需要在适用特别的证明标准(比如疏明或者损害赔偿额的认定)时首先加以说明④,随后解释为何对证明手段形成某种程度的心证,比如为何在相互矛盾的证人之间相信某一个,或者如何理解客观证据(勘验或者交通事故处理意见书)。⑤ 在证明过程中,发挥关键作用的一般是所谓的间接证据和作为证明评价规则的表见证明,后者需要论证的主要是经验法则的(不)适用。如果在穷尽各种证明手段后本案中的主要事实仍然处于真伪不明状态,那么法院就不得不作出证明责任判

---

① BGH NJW-RR 1991,1406;Thomas/Putzo/Reichold, ZPO, 35. Aufl., 2014, §313 Rn. 28.

② Baumbach/Lauterbach/Albers/Hartmann, ZPO, 73. Aufl. 2015, §313 Rn. 32 ff. (特别强调个案判决不必为案外人完全理解,也不必为相似案件设定标准或形成规则)相反强调应当为第三人理解的观点:Becht/Beck, Zivilprozessrecht im Assessorexamen, 3. Aufl., 2010, Rn. 698.

③ Thomas/Putzo/Reichold, ZPO, 35. Aufl., 2014, §313 Rn. 30 ff.; Zöller/Vollkommer, ZPO, 30. Aufl., 2014, §313 Rn. 11, 18; Knöringer, §313 Rn. 20 ff.; Becht/Beck, Zivilprozessrecht im Assessorexamen, 3. Aufl., 2010, Rn. 700 ff.; Huber, Das Zivilurteil, 2. Aufl., 2003, Rn. 394 ff.

④ 虽然一般认为通常的证明标准是高度盖然性,但是在实践中起决定作用的通常是法官的内心确信。Rosenberg/Schwab/Gottwald, Zivilprozessrecht, 17. Aufl., 2010, §113 Rn. 13 ff.

⑤ 对证据可靠性的研究一般应当属于证据法研究的范畴,共同适用于民事和刑事诉讼。比如:Bender/Nack/Treuer, Tatsachenfeststellung vor Gericht, 3. Aufl., 2007, S. 3 ff. (关于错误和谎言)

决。① 此外,也应当重视裁判理由与判决主文之间的界限。比如,如果当事人在给付之诉中并未请求确认合同无效,那么上述判断就只能出现在裁判理由而不是判决主文部分,关于合同效力的认定也不应当发生既判力效果,事实认定也只能发挥本诉讼标的内的相对既判力。②

(二) 我国判决书中理由部分的内容扩展

1. 结合事实与法律的必要性

依照现行《民事诉讼法》修正的内容,事实认定和法律适用都应当属于判决理由的组成部分。在我国,本院认为部分包括法律适用这一做法已经被广泛接受,因此这里不再赘述。涉及变动的是事实认定的定性问题以及判决书结构与审判任务之间的关系。事实问题当然同时需要法院认定和说理,关键要看在哪个部分认定和说理更符合裁判技术的要求。目前,多数研究者认为事实认定属于经审查查明部分的当然内容,因此区别于本院认为部分也即判决理由③,而相对少数的研究者则明确将事实认定和法律适用都理解为判决理由的内容。④

笔者认为,这不但是在概念上如何解释判决理由的"文字游戏"(比如广义还是狭义的法律理由),而且体现了我国对事实认定说理的重视程度。事实上,原有判决书结构将事实认定的说理排除在裁判理由之外,也是裁判说理不充分的一个重要原因。⑤ 值得赞同的是,从《民事诉讼法》第152条第1款第(2)项和旧《民事诉讼法》第138条第1款第(2)项的文本对比来看,现行法显然认为事实认定和法律适用都属于裁判理由的内容。这对应前述判决书事实部分的功能转换并与德国法的做法完全相同

---

① Huber, Das Strafurteil 2. Aufl., 2004, Rn. 415 ff.
② 就此而言,《民诉解释》第93条第1款第(5)项和第2款继续坚持的裁判事实预决效力(且不论其在效力上对"反驳"与"推翻"的区分是否合理),并没有准确的大陆法系理论与实践支持。详细讨论,参见曹志勋:《反思事实预决效力》,载《现代法学》2015年第1期。
③ 比如,参见云利珍:《如何强化裁判文书的证据说理》,载《中国审判》2012年第2期;刘学圣:《民事裁判文书的改革与制作》,载《人民司法》2005年第12期;徐瑞柏:《民商事判决书改革中的几个问题》,载《法律适用》2003年第1—2期。
④ 比如,参见江伟主编、傅郁林副主编:《民事诉讼法学》,北京大学出版社2014年版,第109页(傅郁林执笔);贺小荣、王松:《民事裁判文书制作若干问题探析》,载《人民司法》2005年第12期;张锡敏:《裁判文书改革的若干法理思考》,载《法律适用》2005年第2期。
⑤ 类似观点,参见刘莉、孙晋琪:《两大法系裁判文书说理的比较与借鉴》,载《法律适用》2002年第3期。

（§313 III ZPO），也为我们提供了参考大陆法系裁判技术的法律依据。这种理解在实践中也不乏支持者，除了前述支持事实认定属于裁判理由的少数意见之外，事实上在最高人民法院1992年下发的《法院诉讼文书样式（试行）》施行之后，我国实践中也有将证明评价、事实认定和法律理由合并的判决书写作现象。① 同时，个别法院的法官也曾经采取"评判如下"的形式，整合判决书中的事实认定和法律理由部分。② 而从理论上看，虽然大陆法系中强调法官证明评价的自由，但是裁判说理显然是自由心证制度能够正常运转的重要制度保障之一（§286 I S.2 ZPO）③，事实问题必须涵盖在裁判说理之中，判断证据证明力的理由和结果也必须公开（《民诉解释》第105条，2015年最高人民法院《关于全面深化人民法院改革的意见》第14条）。此外，如果事实认定成为裁判理由的组成部分，那么证据分析自然也会进入理由部分，否则法官将无以论证其事实认定的正当性。这样，主张必须在事实部分分析证据的观点④也与本文没有冲突。

换个角度看，在审判过程中区分事实问题和法律问题并不必然导致在判决书结构上作同样区分。前者对应的是实质意义上的裁判，而裁判的结构则是形式意义上的裁判，两者关注的重点并不相同。虽然从法学三段论或者更准确地说涵摄的角度可以区分事实认定和法律适用，但是这并不能决定两者必须在形式上各占据判决书的独立部分。相反，判决书结构本身并不必体现法学三段论，两者之间也不必直接对应。⑤ 实际上，法学方法论体现的是法律人的思维方式，是裁判理由遵循的内在逻辑。强调事实和法律问题在形式上的区分，带来的只能是判决书的僵化、重复与割裂。

此外，比较法上的经验也不能为这种理解提供支持。很大程度上由

---

① 参见龚成：《改革民事判决书制作模式的思考》，载《法律适用》2000年第2期。
② 例见张缨：《以"评判如下"取代"经审理查明"》，载王立人主编：《裁判文书制作新探》，上海社会科学院出版社2009年版，第102—112页。
③ Rosenberg/Schwab/Gottwald, Zivilprozessrecht, 17. Aufl., 2010, §113 Rn. 1 ff.
④ 参见钟鸣、范跃如：《民商事裁判文书需要完善》，载《人民法院报》2002年6月18日第3版。
⑤ 有论者认为正是这种将两者对应的思路导致了割裂的现状，参见张真理：《裁判文书写作的误区》，载《国家检察官学院学报》2009年第2期（但本文与作者对涵摄概念的使用并不相同）。

于裁判主体的不同,在英美的裁判结构中确实可能出现相对严格地区分事实和法律问题的情况。陪审团由于具有很强认定事实的权威,对于事实问题自然不必说理。就此而言,确实可以说证明评价和事实认定问题不构成判决理由。① 但是,上述做法对于我国所效仿的、由职业法官主导的审判模式来说,不但不可想象,而且也难以从体系上借鉴。仅就美国法值得注意的是,在由法官认定事实的绝大多数美国联邦司法案件中,法官必须分别说明其事实认定和法律结论(FRCP Rule 52〈a〉),这里实际上就是针对事实是否存在的心证及其具体形成过程。② 比如,初审法官必须在相互冲突的双方证言中作出选择,必要时可以通过进一步证据调查来获得心证,而不能仅仅表示当事人就该事实未能满足证明责任。③ 同时,判决的事实说理并不限于案件的主要事实,也要涵盖与之相关的间接事实基础。④

2. 理由部分的具体改良思路

就事实认定而言,我国判决书的不足主要体现在三个方面,即事实认定本身的错误或者缺漏,事实认定的结论缺少具体的证明和证据方面的理由支持或者相反对于没有争议的事实仍旧赘述证据,以及事实认定与法律适用方面的不对应。⑤ 较为圆满地解决上述问题需要系统论述证据法和法学方法论上的整体思路和具体规则,并非侧重判决书结构的本文所能完全覆盖。如另文详述,除了适用实体法上的请求权基础思路以及强化对法条涵摄方法和法律解释方法的应用外,笔者认为在对争议事实认定的证成及其心证形成理由的公开中,应当继续区分直接证据和间接

---

① 参见童兆洪、章恒筑:《判决理由改革论》,载《浙江大学学报(人文社会科学版)》2002年第2期。

② Charles Alan Wright, Arthur R. Miller, Mary Kay Kane, Richard L. Marcus & Adam N. Steinman, Federal Practice and Procedure: CIV. 3d § § 2574, 2579 (Sept. 2014, Westlaw).

③ Khan v. Fatima, 680 F. 3d 781, 785—786 (7th Cir. 2012). 相反基于英国判例法认为法官不必对此类证人证言心证评价问题说理的观点:Hock L. Ho, "The Judicial Duty to Give Reasons", 58—59.

④ Kelley v. Everglades Drainage Dist., 319 U. S. 415, 422 (1943); Sabinsa Corp. v. Creative Compounds, LLC, 609 F. 3d 175, 182 (3d Cir. 2010), cert. denied, 131 S. Ct. 960, 178 L. Ed. 2d 757 (2011); Zack v. CIR, 291 F. 3d 407, 412 (6th Cir. 2002).

⑤ 参见雷鑫、黄文德:《当前法院裁判文书存在的问题及原因分析》,载《法律适用》2009年第12期;何波:《民商事裁判文书的制作与说理》,载《人民司法·应用》2009年第3期;王松:《民事裁判文书应繁简分流》,载《法律适用》2006年第12期。

证据这两种不同证明方法及其证据法上的不同配套制度(即使在涉及不确定法律概念时)①,尊重裁判技术在证据能力、证明对象、主张责任和证明责任、事实推定、举证时限以及证明评价方面的基本规则。在后者,除了应当准确理解证明责任的分配规则(《民诉解释》第 91 条)及其在各类型案件中的具体表现外,还需要注意到《民诉解释》第 108 条强调了认定事实主张"真伪不明"的必要和作为一般规则的"高度盖然性"证明标准,澄清了原来最高人民法院《关于民事诉讼证据的若干规定》第 2 条第 2 款和第 73 条可能造成的解释分歧。② 在涉及其他证明标准时,应当参考德国法的思路专门说明,在涉及采信相互冲突的证明方法时也需要说明选择的理由。同时,如前所述证明评价属于裁判理由的组成部分,而且裁判理由的叙述顺序与审理顺序并不相同。由于裁判说理中的基本思路是先有结论后有理由,因此在事实认定的叙述中应当先陈述法官形成心证的事实,随后再通过证据和证明规则论证事实认定结论的正当性。③ 此外,裁判说理也必然要求事实与证据和法律适用的对应性。类似审理技术上的不同模式,④法官在面对不同证据收集状况时,应当灵活地就其事实认定结果说理。无论是先将证据分组⑤还是一并说明事实认定的理由,都需要保持事实与证据之间的联系,避免单纯记账式的割裂记录。⑥ 比如在前述彭宇案的一审判决书中,法官在本院认为部分评价了相关证据,引入相关经验法则加以论证,并且"认定原告系与被告相撞后受伤"的事实结论。虽然法官引入经验法则本身的盖然性不满足要求,但是其论证方法已经体现了上述思路。

法官在法律适用部分除了要注意法律规范引用的基本技术,还应当

---

① 不同观点,参见纪格非:《"直接证据"真的存在吗?》,载《中外法学》2012 年第 3 期。
② 关于我国对真伪不明问题的处理模式,参见曹志勋:《"真伪不明"在我国民事证明制度中确实存在么?》,载《法学家》2013 年第 2 期。
③ 不同观点则认为(在经审理查明部分)讨论具体的证明评价时应当先论述证据,然后在逻辑上才可能认定事实。比如,参见赵朝琴:《司法裁判的现实表达》,法律出版社 2010 年版,第 163 页以下;李琛:《关于民事判决书的撰写技术》,载《法律适用》2002 年第 4 期;龚成:《改革民事判决书制作模式的思考》,载《法律适用》2000 年第 2 期。
④ 参见邹碧华:《要件审判九步法》,法律出版社 2010 年版,第 130 页以下。
⑤ 在经审理查明部分的这种做法,比如,参见(2014)西法民初字第 3252 号。
⑥ 参见应秀良:《论民事审判中法官如何"认证"》,载《法律适用》2013 年第 6 期。

回应当事人可能存疑的事项或其法律争点①,即使他认为这些观点并不影响案件结果。这里涉及的不仅是所谓"法官知法"原则并体现庭审中对争点的整理(《民诉解释》第226和228条),而且从说服当事人接受裁判结果的角度看,这也应当成为裁判说理的基本要求。易言之,法官受到当事人对法律争点意见的有限拘束,即虽然必须加以回应,但是可以自行选择法律观点。此外,在实践中双方都有法律专业人士协助的情况下,任一方的事实主张和法律理由听起来都常常很有道理。但是由于两者一般相互冲突,法官必须自己找到明确的答案。② 这当中有事实方面的原因,也可能涉及法律理解与适用方面的不同见解。无论是上述哪种情况,法官都必须通过说理来解释自己为何支持某一方观点,甚至为何选择第三种事实认定或者法律解释。如果说事实主张的证明一般需要通过法官对证明方法的评价实现,那么法律论证提供的则是"证明"裁判结果(论点)正确性的"证明方法"(论据)。③ 换个角度看,法官即使认为某个法律争点在本案中并不重要,也应当参考德国和美国的范例,在理由部分明确表明该争点应当由日后更合适的案件处理④,以配合日渐丰满的我国指导性案例甚至判例制度。

最后,对于判决书说理中参考资料引用的问题,由于所参引的可能是古代文化经典(如《孝经》)、我国政治性文献、法学学术观点(当然包括研究型法官的高见)⑤、指导性案例或者其他在先作出的判决以及外国法信

---

① 类似观点,参见李滨、樊华中:《刚弱两需分野下我国判决说理模式新探》,载《法制与社会发展》2015年第3期;周晓霞:《民事判决理由研究》,法律出版社2014年版,第27页以下;胡云腾:《论裁判文书的说理》,载《法律适用》2009年第3期;李琛:《关于民事判决书的撰写技术》,载《法律适用》2002年第4期。最高人民法院此类实践的例证,参见(2013)民提字第67号。普通法系也同样要求裁判以争点为中心说理,比如:Coleman v. Dunlop Ltd [1998] P. I. Q. R. 398, 403; Landbridge Transport Pty Limited v. Buckley [2014] NSWSC 1379 at [30]—[36]; Dame Mary Arden, supra note 105, at 515—516.

② Christensen/Sokolowski, Die Krise der Kommunikation und die Möglichkeit juristischen Argumentierens, in Lerch, Recht verhandeln, 2005, 105, 106.

③ Gast, Juristische Rhetorik, 4. Aufl., 2006, Rn. 265.

④ 我国台湾地区学者黄国昌对我国台湾地区"最高法院"判决的类似建议,参见张特生等:《三谈民事判决如何写》,《民事诉讼法之研讨(十三)》,台湾三民书局2006年版,第181页(黄国昌发言)。

⑤ 比如(2013)玄商初字第580号民事判决书中就直接具名引用了学者在相关研讨会上发表的学术观点。相关情况和判决书全文,参见杨璐:《南京法院判决书援引学者观点,专家称系全国首创可增强说理性》,载澎湃新闻网:http://www.thepaper.cn/newsDetail_forward_1287931,2015年7月8日访问。

息等不同类型的资料,可能涉及较为复杂的情况。笔者初步认为,判决书中的引用不应限于法律渊源,不具有法律约束力的资料也可以在判决书中发挥其说服力。就学术观点的引用而言,我国目前主流观点和实践的答案都是否定的,即使当事人在诉状或者其他文书中引用法学"通说"或者知名学者的观点①,法院也不会在本院认为部分给予明确回应。在作出的判决中,只有明确公布的指导性案例才具有法定的"应当参照"效力(2010年最高人民法院《关于案例指导工作的规定》第7条),此外即使是《最高人民法院公报》刊载的案例,也不在其列。② 但是,如果法官选择更详细地说明对法律问题的理解,提示心证形成的脉络,也会有助于改变我国判决书说理不足的现状,增强说理的厚度。③ 更何况即使法官不明确说明,其对法律的理解也不可能凭空而来。此时是否直接引用,并不会改变这些观点对法官审判思路的影响。④

至于一般规范性文件,从现行法和实践的角度看,通常被认为不属于法源的司法解释长期以来也经常成为法官引用的对象,而其他规范性文件也可以在判决书中被直接引用(2009年最高人民法院《关于裁判文书引用法律、法规等规范性法律文件的规定》第4条第1句和第6条)。其中,后者除了由其他有权机关或者最高人民法院作出之外,也应当考虑通过扩张解释,将高级人民法院业务指导文件纳入其中(比较2010年最高人民法院《关于规范上下级人民法院审判业务关系的若干意见》第8、9条),以便进一步丰富法官用于说理的素材。在我国目前实践中,这种做法仍属少数。⑤ 在更多案件中,即使当事人明确引用了相关文件,法院在裁判理由中也会保持沉默。转而从学理讨论出发,法律渊源解决的是"何者为法律"的问题,并不与裁判说理的形式与内容直接挂钩。法官在说理中引用的社会情况、统计资料、生活经验等等统统不是法源意义上的"法

---

① 比如,参见(2014)抚民一初字第1868号;(2014)洛龙民初字第2098号。
② (2014)民申字第441号。
③ 比如,参见(2013)普民二(商)初字第642号(包含54个脚注并引用学术观点)。最高人民法院何帆法官较早前支持判决书增加脚注的观点,参见何帆:《判决书加脚注是画蛇添足?》,载《南方周末》2009年6月4日第E30版。
④ 在《检察日报》近期组织的观点交锋中,无论正反双方也都不否定专家学者意见对裁判说理产生的实际影响。参见苏清涛、吴宣正:《正方:增强说理性可直接引用》,载《检察日报》2015年4月1日第3版;周忠、魏再金:《反方:直接引用违背以法律为准绳的要求》,同前引。
⑤ 比如,参见(2014)台三健商初字第195号;(2015)新都民初字第109号。

律",但是却可以成为裁判理由的组成部分,正是这些信息充实了法官说理的素材。实际上,在是否引用的形式差别背后,真正关键的是相关观点的内在说服力。只要该观点停留在解释论层面上,在判决书中就可以转化为个案法官对法律问题的回答,进而满足依法裁判的要求。这样,考虑到上述业务指导文件的具体程度和前沿价值,无论是从回应争点还是加强裁判说理的角度,我国实践中扩大裁判理由引用范围的做法深值赞同。当然,既然说明学说渊源只是一个裁判说理的形式问题,那么对于是否及如何说明的裁量权应当掌握在个案法官手中。对于各类案例和指导性案例来说也是如此,如另文详述,一方面应当由法官根据个案情况决定是否引用(事实区别技术),另一方面单纯引用他案中的结论也不能满足说理义务。

结　　论

基于我国民事判决书的既有状况和改革尝试并参考大陆法系的经验,本文有以下两点主要结论。一方面,在我国民事判决书结构中应当引入独立的本案事实部分,将原有的原告诉讼请求、双方主张的事实和理由部分、本案经审理确定的案由和案件审理程序中特殊的情形合并组成本案事实部分,以突出其记载和证明的功能。另一方面,现有经审理查明部分应当与本院认为部分合并组成裁判理由,后者一并裁判本案中的证明评价、事实认定和法律适用问题,同时有必要通过充实说理素材,增强裁判说理的厚度。

大国司法理念与中国国际民事诉讼制度的发展[*]

何其生[**]

改革开放以来,以经济为龙头,中国的综合实力发展迅速,逐渐在国际社会上确立了大国地位,树立了大国形象。有跨国交往和跨国贸易,就必然有跨国争议。作为跨国争议的主要解决方式之一的国际民事诉讼制度,其本身也应随着国际民商事关系的发展而发展。然而,在立法方面,比较1982年《民事诉讼法(试行)》、1991年《民事诉讼法》及其2012年修订版规定的"涉外民事诉讼程序的特别规定"可以发现,三十年来,中国在国际民事诉讼的制度发展方面一直变化不大。中国国际民事诉讼的改革落后于当代跨国民商事关系的发展。

首先,涉外案件管辖权的大小决定着一国法院的管辖范围和能力,也直接影响着一国公民和企业走出情况下利益的保护。经济外向型的国家会尽量扩张本国的管辖权。然而,中国《民事诉讼法》较少考虑到涉外民事管辖权立法是一项系统的工程,而是大量借用国内民事诉讼管辖权的规定。其次,晚近国家民事诉讼的发展,除了严格的正当程序要求外,专业化特色和对当事人的便利成为发展趋势。在全球范围内,诉讼服务于争议解决的功能更加凸显。在中国,主权保护观念与当事人的便利之间如何平衡,是决定未来中国国际民事诉讼程序公正与高效的重要问题。再次,目前,判决的区域化流通已成格局。欧盟通过布鲁塞尔条例系列构建了判决在其成员国内自由流通的区域;英联邦一些国家在判决承认与执行上采取登记程序;美洲国家1979年制定了《美洲国家见关于外国判决与仲裁裁决的域外效力的公约》;阿拉伯国家间有1983年《利雅得阿拉

---

[*] 原文刊于《中国社会科学》2017年第5期。
[**] 北京大学法学院教授。

伯司法互助协议》。自1992年起,海牙国际私法会议一直致力于推进判决的全球流通,并于2005年达成了《选择法院协议公约》;目前正在起草的海牙《外国法院判决承认与执行公约》,推进判决在全球范围内相互承认与执行。中国除双边司法协助协定中有一些承认与执行外国法院判决的条件外,正式立法术语模糊。如何应对判决全球流通这一趋势,更好促进自由贸易,是中国时下必须考虑的一个问题。为此,本文凝练大国司法理念,探索中国国际民事诉讼的改革举措。

一、大国司法理念及其特性

在当代国际社会,尽管司法发达程度没有大国和小国之分,但相比较于小国,经济大国意味着更多的国际经济交往,意味着经济利益的全球化,其相关的司法制度设计也需要立足于全球层面,以维护国家的整体和长远利益,尤其是应该考虑到制度对一个国家竞争力的影响和作用。而就司法制度本身来说,其在政治和社会体系中具备"平衡器"的作用。"由于司法所具有的诸如把一般问题转化为个别问题、把价值问题转化为技术问题等特殊的性质和手法,因发生争议或矛盾从而可能给政治及社会体系正统性带来的重大冲击却得以分散或缓解"。[1] 在国际民商事交往之中,司法能够化解争议,避免上升到国际政治和外交的层面,从而在维护国际关系的同时,促进国际民商事交往,其价值和功用无疑值得关注。

将前述两种因素结合在一起,即经济大国的实力和司法制度对跨国民商事交往的能动作用,自然会联想到"大国司法"这一概念。"大国"(great power or major Country)一词作为正式用语,来自于1814年的《休蒙公约》(Treaty of Chaumont)。但至今没有一个普遍使用的标准来界定大国。[2] 有学者认为,大国是指这样一些国家,即它们在军事力量、政治威望和经济财富的权重方面,是如此的巨大,以至于它的政策和行动能够影响国际事务的进程。[3] 有学者认为,界定"大国"的因素主要有两

---

[1] 参见谷口安平:《程序的正义与诉讼》,王亚新、刘荣军译,中国政法大学出版社1996年版,第9页。
[2] M. I. Handel, *Weak States in the International System*, 1990, pp. 21—23.
[3] Wali Aslam, *The United States and Great Power Responsibility in International Society, Drones, rendition and invasion*, 2013, p. 10.

类:一是物质层面,即人口、领土、国家利益、经济发展、军事力量等[1];二是认知的层面,包括一国愿意以大国的身份行事,而且其他国家也认可其大国的地位。[2] 然而,多数学者在使用大国一词时并没有界定其含义[3],但这不妨碍对于特定时期人们对于大国指哪些国家有一些基本的共识。[4] 这些共识很多体现在国际组织的文件、一些国家的发展战略以及领导人的讲话之中。[5] 本文的研究虽然主要立足于国家的经济实力[6],但亦借用这些共识,并选取普通法系代表性国家美国和英国,以及大陆法系代表性国家德国和法国作为考察对象。本文的研究不可避免地会涉及欧盟,这是因为该地区集结了诸多历史大国。而且,晚近在国际民事诉讼领域,欧盟立法最为频繁,所颁布的条例在成员国领域大都具有直接实施的效力。上述国家和地区能够反映司法制度尤其是国际民事诉讼制度发展的时代特征,能够体现大国司法理念的内涵和特性。

大国司法并不是两个概念简单的重叠,当"司法"以"大国"界定和修饰的情况下,至少具备两个内涵:一是指大国的司法状态,即当一个国家成为大国时,它的司法制度所具有的实然状态。这种实然的状态不仅会因为不同的大国类型(诸如传统大国和新兴大国)有所不同;也会因为国家法律制度和传统的不同(诸如普通法系和成文法系)而存在差异,非短短一文所能详述也。二是指大国司法理念,即在争议解决领域能够提供优质服务的大国,其司法制度和司法实践所具有的一些共同性的价值观

---

[1] 在《大国对抗霸权》一书中,作者仅使用这种物质层面的界定。Ehsan M. Ahrari, *The Great Powers versus the Hegemon*, 2011, pp. 2—3.

[2] Congyan Cai, "New Great Powers and International Law in the 21st Century", *European Journal of International Law*, vol. 24, No. 3, 2013, pp. 755—795; H. Bull, *The Anarchical Society* 200—229 (1977).

[3] Svante E. Cornell, "Small Nations and Great Powers", *A Study of Ethnopolitical Conflict in the Caucasus* (2001); Wolfgang Friedmann, *The Changing Structure of International Law*, Columbia University Press, 1964, p. 39.

[4] 参见蔡从燕:《国际法上的大国问题》,载《法学研究》2012年第6期。

[5] 例如,中国国家主席习近平指出:"中国将努力构建总体稳定、均衡发展的大国关系框架,积极同美国发展新型大国关系,同俄罗斯发展全面战略协作伙伴关系,同欧洲发展和平、增长、改革、文明伙伴关系,同金砖国家发展团结合作的伙伴关系。"习近平:《共同构建人类命运共同体——在联合国日内瓦总部的演讲》(2017年1月18日,日内瓦),载《人民日报》2017年1月20日。

[6] 根据高盛的预测,从2000—2050年,GDP处于前10位的国家有中国、欧盟(主要用于比较)、美国、印度、日本、巴西、俄罗斯、英国、德国、法国和意大利。Top 10 GDP Countries 2000—2050, www.photius.com/rankings/gdp_2050_projection.html,2017年3月23日访问。

念。这种"大国司法"是"大国"司法制度所具有的应然状态。在形而上的层面,它是对大国司法制度理念的提炼和总结;在形而下的层面,其在大国的司法实践中又能够得以印证或支撑。下文以全球性视野,从制度发展理念、制度设计的功能理念和制度实施过程的博弈三个层面,考察当代大国司法发展的特征。

(一) 大国司法的发展理念

司法主要是用来实施法律制度的,但其本身也是制度所规制的对象,也应随着一国社会、经济的发展而发展。从制度与经济发展的关系来说,制度经济学家一般认为,制度是决定一国经济发展最为重要的因素。[1] 制度变迁能够影响经济增长,并影响国家的综合竞争力;反之,国家竞争力所蕴涵的竞争也是制度变迁的原动力。因此,如果没有竞争扬弃那些不好的制度,发展那些有益的制度,人类历史就不会长期演进。[2] 在国际竞争的分析中,迈克尔·波特的国家竞争优势理论认为,国家应该创造一个良好的经营环境和支持性制度,以持续推进竞争力和繁荣。[3] 因此,出于竞争的需求,大国的司法制度应有利于该国生产率的提升,蕴涵了与经济发展相同的竞争性因素。

在当代国际社会,司法制度作为经济全球化时代的一项重要竞争因素,成为《全球竞争力报告》等指数排名的重要权衡指标[4],在一些国家和地区的法律文件也多有提及。在英国,良好的法律服务和成熟的争议解决机制被认为能够帮助伦敦维护其全球商业中心的地位。[5] 在德国,法律被认为是在经济全球化时代一项重要的竞争因素,能促进德国积极参

---

[1] 参见王为君:《中国经济国际竞争力》,江西人民出版社2000年版,第94页。
[2] Armen A. Alchian, "Uncertainty, Evolution and Economic Theory", *Journal of Political Economy*, vol. 58, No. 3(June 1950), p. 213.
[3] 参见迈克尔·波特:《国家竞争优势》,中信出版社2012年版,序言,第16页。
[4] 在世界经济论坛(World Economic Forum)的《全球竞争力报告2014—2015》中,关于于争议解决制度的效率,英国位列第5,德国位列第11,美国位列第23。World Economic Forum, The Global Competitiveness Report 2011—2012, p. 149; The Global Competitiveness Report 2014—2015, p. 155. 在《世界正义工程:法治指数》(World Justice Project: Rule of Law Index)的"2015年法治指数"中,德国位列第8,英国位列第11,美国位列第19。
[5] The Law Society of England and Wales, *England and Wales: The Jurisdiction of Choice*, October 5, 2007, Foreword.

与全球法律制度的竞争。① 在欧盟,国际民事司法合作是实现经济一体化的重要措施之一。欧盟理事会可以就民事司法合作领域内的问题采取措施,逐步建立共同体内部市场正常运行所需要的自由、安全、公正的环境。② 在管辖权和法律适用领域,理事会有权采取措施,促进"成员国在适用冲突法和管辖权方面的协调一致"③。欧盟各成员国应相互承认民事领域诉讼和非诉讼案件的判决及裁判,以此促进司法救济。④ 如今,欧盟各成员国之间不仅相互承认彼此的法律,也相互承认和执行判决。⑤ 上述被视为是消除所有阻碍内部市场自由流动壁垒的重要措施。⑥

因此,在现代国际社会,具有竞争力的争议解决制度,尤其是司法制度,是维护经济发展、彰显本国综合国力的一个重要因素。大国的司法活动已经超出传统上化解争议的范畴,上升到服务于经济、提升本国或本地区综合竞争力的高度。

(二) 大国司法的功能理念

一国的司法除了在国内的传统功能,在国际社会则更多的是为争议当事人提供一种化解纠纷的公共产品,一种争议解决的服务。当具有服务性特征时,就需要在国际争议解决市场参与竞争。这是因为"国家竞争力是一个国家参与国际竞争的所有资源与要素的组合效率及其在国际市场上所表现出来的竞争能力。这种能力主要是以更低的价格、更好的质量、更优的服务和更高的信誉而战胜竞争对手,获得本国经济快速持久地发展的能力"⑦。如果把争议解决本身看作一个市场,落后的争议解决制

---

① Law—Made in Germany, 2nd ed., 2012, preface. 该手册的出版人有:Bundesnotarkammer (BNotK); Bundesrechtsanwaltskammer (BRAK); Deutscher Anwaltverein (DAV); Deutscher Industrieund Handelskammertag e. V. (DIHK); Deutscher Notarverein (DNotV); Deutscher Richterbund (DRB). 下文为引述方便简称为"Law—Made in Germany"。

② Treaty of Amsterdam, Art. 65.

③ Treaty of Amsterdam, Arts. 65 & 67.

④ Treaty on the functioning of the European Union (TFEU), Art. 67(4).

⑤ Georg Haibach, "The Mutual Recognition of Decisions in Civil and Commercial Matters in the European Union in the Light of the Full Faith and Credit Clause of the U. S. Constitution", *Maastricht Journal of European Comparative Law*, vol. 10, No. 3, 2003, pp. 291—300.

⑥ Aude Fiorini, "The Evolution of European Private International Law", 57 *Int. Comp. L. Q.* 974 (2008).

⑦ 参见周子学:《经济制度与国家竞争力——基于中国经济制度变迁视角》,上海三联书店 2008 年版,第 2 页。

度将影响一国经济发展,从而影响国家的综合竞争力。根据比较优势理论,一些大国会凸显本国的制度优势,从而在司法领域确立自己的优势地位。这种制度优势应该更加凸显对当事人权利保护的便利,并注重司法的专业化。

在司法机构的专业化设置方面,英国设立了专门的商事法院,所受理的案件中80%是国际民事诉讼案件。[1] 法国巴黎也很早就设立了专门的商事法院,并有适用英语审判的个案。在德国,在国际民事诉讼最为传统的领域——本国语言的使用上也开始突破,德国议会建议建立专门法院处理跨国商事争议[2],并可使用英语审理。这些举措无疑会提升这些国家法院的专业性水平。

在具备专业化的司法机构和一定优势的制度后,晚近有不少国家着力于对本国司法制度的宣传,凸显对当事人权利保护的便利,着力于打造国际争议解决中心。例如,2007年,英格兰和威尔士法学会出版《英格兰和威尔士:管辖权的选择》宣传册,详细列举英国司法制度的优势,吸引更多跨国争议当事人选择英国法院管辖。[3] 随后,德国出版《法律——德国制造》的文件[4]强调:"在德国,企业家与投资商受益于高效率的法律制度。法院和私人仲裁机构从而可以将精力集中于其核心任务。高效率的程序法促使做出迅速、权威性的以及可预见的裁判。"[5]

(三) 大国司法的博弈

司法制度根本上是一国内部的法律制度。各国出于维护自身利益的需要,相互间的斗争是不可避免的。前述大国司法理念的竞争性和制度设计功能上的服务性,其实质在于在国际范围内提升本国的综合竞争力。这种竞争实质上也就是一种博弈。实践中,各国司法活动中的斗争更多

---

[1] The Law Society of England and Wales, *England and Wales: The Jurisdiction of Choice*, 2007, preface.
[2] 德国的汉堡、波恩、科隆、亚琛等地法院都有适用英语审判的经历。See Entwurfeines Gesetzeszur Einführung von Kammernfür internationale Handelssachen (KfiHG)—Antrag der Länder Nordrhein-Westfalen, Hamburg, Hessen, Niedersachsen -BR-Drs. 42/10.
[3] The Law Society of England and Wales, *England and Wales: The Jurisdiction of Choice*, November 19, 2007, pp. 9—14.
[4] Law—Made in Germany, 2nd ed., 2012, preface.
[5] 同上注, p. 5.

体现在个案中,因为个案涉及具体的利益,其表现形式更加直接。例如,在取证领域,在晚近影响比较大的美国纽约南区联邦地方法院针对中国银行纽约分行作出的"藐视法庭"命令的案件①中,美国法院要求中国银行纽约分行提供位于中国境内的银行信息,突破了传统取证中不得侵犯他国主权的概念。这种司法斗争不可避免地会上升到国家主权利益斗争的层面,所带来的并非是双赢,而是大量的外交抗议和互相制约的行为。因此,各国不得不在斗争中寻求合作。

以判决的承认与执行为例,原则上一国法院作出的判决只在其本国有效,如果没有相关国家的明确承认,该国法院的判决就没有域外效力。大国由于更多的跨国交往和国际经济活动,就意味着更多案件和相关的判决需要相互承认和执行。为此,在欧盟,成员国法院作出的判决只要在其本国是可执行的,无需任何特别程序即可得到欧盟其他成员国法院承认。②在海牙国际私法会议,1992年,美国代表团提出,需要就民商事管辖权和判决的相互承认与执行问题制定一项全球性公约。③ 这一提议为众多国家所响应,在此基础上达成2005年《选择法院协议公约》。不论是各国国内层面还是在区域组织层面,法治发达国家在斗争中合作,大国司法的合作性博弈的一个必然结果。

综上分析,当代大国司法的发展理念具有如下三个特征,即在制度发展理念上强调其竞争性;在制度的功能理念上突出其服务性;在制度实施过程中注重博弈中的合作性。这些特征有些会存在于小国司法的发展中,但亦有所不同。首先,就大国司法制度发展的竞争性来说,小国由于其经济规模有限,很难从全球的层面注重本国司法制度发展的竞争力。它们没有大国经济利益的全球化,也就难以全球性视野注重本国司法制度对其综合国力的贡献。其次,就司法功能的服务性来说,则是很有可能为小国所接受。这些国家通常具有一定的特征,例如使用英语;经济规模

---

① See Gucci America v. Weixing Li, 2011 U. S. Dist. Lexis 97814 (S. D. N. Y. August 23, 2011).
② 参见2012年修订的《布鲁塞尔条例 I》第36条和第39条。
③ 由于美国并非《布鲁塞尔公约》和《洛迦诺公约》的缔结国,如果美国承认和执行外国法院的判决,而美国法院的判决却无法在外国得到承认和执行,这会使美国陷入一种不利的境地。因此,美国极力推动制定相关国际条约的新一轮谈判。Yoav Oestreicher, "Were on a Road to Nowhere"—Reasons for the Continuing Failure to Regulate Recognition and Enforcement of Foreign Judgments", *International Lawyer* (ABA), vol. 42, No. 1, Spring 2008, p. 71)

虽然小但经济发达程度高；诉讼程序采纳抗辩制。但由于经济规模的限制，其在受案数量和影响力案件的解决上，不可能与大国相竞争。再次，就司法制度实施过程中的斗争与合作来说，斗争可能并不区分大国和小国，但小国更多的是个案合作，大国因为案件较多有可能进行更多制度上的合作。

不管是国际民事诉讼制度的竞争力，还是大国之间的斗争与合作，一个不可改变的事实是当代国际社会在全球范围内制定统一法工作在不断地展开。[①] 就目前国际组织而言，海牙国际私法会议已经制订了大量的国际民事诉讼的公约，包括非常成功的 1961 年海牙《取消外国公文认证要求的公约》、1965 年《海牙送达公约》、1970 年《海牙取证公约》和 2005 年海牙《选择法院协议公约》。目前正在起草的判决承认与执行公约更是各国在海牙国际私法会议组织下的工作重点。国际民事诉讼领域的全球化进程在不断地加速。而中国作为一个全球性的大国必将深度参与国际规则的制定。如果在一个国际民事诉讼规则的制定中，没有出现中国的声音、没有反映中国的观点，将会使中国落后于国际统一的法律，或造成与国际统一规则的冲突，就可能形成对中国极为不利的国际秩序和国际环境，中国的国际利益会被边缘化。因此，中国采用多边规则提升国际民事诉讼的方法必将得到进一步的发展。而积极参与国际规则的制定，无疑需要在国内相关法律制度的配套，需要国内制度具有足够的先进性，才能引领国际规则的制定。

二、大国司法理念与国际民事管辖权制度的创新

司法能力是一国综合竞争力的重要权衡因素，司法制度本身的竞争力，对于一个国家的经济发展和持续繁荣有着重要影响。这一特性昭示着中国国际民事诉讼未来的前进之路和考量标准。立足于改革开放之初的中国国际民事诉讼制度，在制度设计上主要回应的是当时经济并不发达的社会经济结构，制度设计上更多地体现为内国法思维。这一不足体现在管辖权方面则尤为明显。

[①] 关于国际民事诉讼的多边国际公约，可参见何其生：《比较法视野下的国际民事诉讼》，高等教育出版社 2015 年版，第 12—13 页。

首先,很多规定没有区分国内民事管辖权和国际民事管辖权的差异,国际民事管辖权的特殊性和利益权衡因素没有给予专门的考虑。以涉外专属管辖为例,现行《民事诉讼法》准用第 33 条规定有不合理之处。例如,该条规定,因港口作业中发生纠纷提起的诉讼,由港口所在地人民法院管辖;因继承遗产纠纷提起的诉讼,由被继承人死亡时住所地或者主要遗产所在地人民法院管辖。这些规定主要针对国内案件,从涉外案件角度来说,由于本条规定的是双边性管辖权依据,很难构成"专属性"管辖。而且关于继承遗产纠纷,规定的是选择性的管辖权根据,已经不具有"专属性"特征。由此可见,中国专属管辖的规定是一种纯国内法思维,没有针对国际民事诉讼的特殊情况进行专门设计。这一现象近年来呈扩张趋势,2012 年修订《民事诉讼法》时就进一步将协议管辖、应诉管辖等一并移入国内管辖权规定中。

其次,有些制度以单边保护方法为主导,全球化背景下保护利益的双边措施和多边方法需要加强。以投资合同管辖为例,现行《民事诉讼法》将投资合同排除在普通的合同管辖权之外,归入专属管辖之列,即在中国履行中外合资经营企业合同、中外合作经营企业合同、中外合作勘探开发自然资源合同发生纠纷提起的诉讼,由人民法院管辖。[①] 在全球范围内,很少国家将投资合同纳入专属管辖。

上述问题的解决,需要考虑中国不断变化的社会经济情况,更好地回应中国发展的需求。一般而言,国际规则与国内规制的互动首先从国内开始。[②] 如果一国试图在国际层面上追求某种利益,必须有国内实施相协调的政策。[③] 因此,改革中国国际民事管辖权制度是中国经济全球化进程的客观要求。

首先,在国际民事诉讼制度中,增设国际民事管辖权的专门规定。尤其重要的是,随着中国经济的全球化和海外公民权利保护的需求,中国在管辖权领域应该增加竞争性管辖权事项,扩大中外当事人在中国法院诉

---

① 《民事诉讼法》第 266 条。
② 参见 E-U. 彼得斯曼:《国际经济法的宪法功能与宪法问题》,何志鹏等译,高等教育出版社 2004 年版,第 4 页。
③ Wilhelm Röpke, *International Order and Economic Integration*, The Ludwig Von Mises Institute, 2005, pp. 19—25.

讼的机会。经济上的大国地位，要求中国在管辖权的规制上要超越纯粹的属地主义和属人主义，尤其是突出经济联系和外国行为对中国的影响等作为管辖权的根据。

其次，中国国际民事管辖权制度应具有开放性的特征，不仅要考虑内外国当事人的可接受性，还要考虑与国际社会的兼容性，以及在未来国际立法中可能具有的示范效应。在专属管辖方面，以不动产物权为标的的诉讼，由该不动产所在地的国家法院专属管辖；以法人的有效、无效、解散，或其机构决定的有效、无效为标的的诉讼，由支配该法人的法律所属的国家法院专属管辖。这些规定以成为国际社会的共识。① 如果中国能采用上述规定，投资争议专属管辖权问题将迎刃而解。因为"三资合同"基本上都要涉及土地、厂房或经营场所等不动产，而且在中国境内履行的中外合资经营企业合同、中外合作经营企业合同，基本上都是在中国成立的相关法人企业。前述国际上所通行的规定，足以保证投资东道国对投资合同争议的专属管辖权。

三、大国司法理念与诉讼程序的便利和效率

国际民事诉讼主要处理的是国际民商事争议，解决的是当事人私人利益的再分配问题。对于国际民商事案件的当事人来说，一个国家的国际民事诉讼制度是当事人可供选择的化解争议的服务。如果此种服务不具有一定的优势，很难对当事人产生吸引力，也有可能阻止当事人在该国从事更多的跨国民商事活动。因此，现代国际民事诉讼的程序改革无不突出对当事人权利保护的便利，并设置专业化的审判机构。

就当事人权利保护的便利来说，中国要在具体的诉讼程序中，诸如送达、取证、公证、认证等领域，需要处理效率和制度创新的关系，凸显对当事人权利保护的便利，尤其是程序上的服务功能。

就审判机构的专业化来说，大国司法的服务性特征和功能，让更多的国家从经济发展的角度设置专业化的审判机构，前述所提及的英国、法

---

① 1999年海牙《民商事管辖权和外国判决公约(草案)》第12条。该公约因各国分歧太大，而最终未能达成。但公约谈判中关于专属管辖权的规定则取得了较为一致的意见。亦可参见2012年《布鲁塞尔条例I》第24条。

国、德国等商事法院的设立便是很好的例证。目前,中国已经设立专门的知识产权法院,建立了完善的海事审判机构,从经济大国的角度,建议下一步推进建设专业化的国际商事法院。建设国际商事法院可以促进跨国民商事交往,还可以此为契机推动中国国际商事审判专业化,带动中国国际民事诉讼制度的发展。中国建设国际商事法院有基础,也有发展空间。在基础方面,中国正在越来越多地参与全球化背景下的竞争。贸易、投资以及人口跨境流动的激增,将产生大量国际商事纠纷。中国有可能成为全球商事争议的解决中心之一。因此,中国具备打造国际商事法院的前提和基础。在发展空间方面,对比中国涉外商事和海事受理和审结案件的数量可以发现,中国涉外商事案件的数量尚不足海事海商案件的一半。[①]一般而言,海事海商争议由于专业性较窄,受案量应该小于涉外商事案件的数目,但中国目前的实践正好相反。因此,中国在国际商事法院的建设方面有巨大的发展空间。

四、大国司法理念与判决承认和执行的合作

大国频繁的跨国民商事活动会产生大量涉外纠纷,中国法院必将作出越来越多的涉外判决。如果这些判决不能被执行,将只是一纸空文。因此,促进本国判决在国外的承认和执行是大国的必然要求。尤其值得关注的是,欧盟通过修订后的《布鲁塞尔条例 I》实现了判决的自由流通,这种区域范围内判决的自由流通将会对非欧盟成员国产生重要的影响。例如,如果一个德国法院作出的涉及中国企业的金钱判决,因中国企业在德国没有财产而无法执行该判决,但如果该中国企业在欧盟的任一成员国境内有财产,均可得到承认和执行。相反,中国法院作出的涉及欧盟成员国企业或自然人的判决则没有这种便利和优惠。因此,推进判决的全球流动对于大国来说不仅有理论上的必要性,更有现实性的需求。在现代国际社会,外国法院判决的承认与执行通常要有一定的依据,即要有条

---

① 根据最高人民法院的统计数据,2013 年,各级法院审结一审涉外商事案件 5364 件,海事海商案件 1.1 万件;2014 年,各级法院审结一审涉外商事案件 5804 件,海事海商案件 1.2 万件;2015 年,各级法院审结涉外商事案件 6079 件,审结海事海商案件 1.6 万件。资料来源于 2013、2014 和 2015 年《最高人民法院工作报告》。

约关系或者互惠关系。① 条约关系是一种正式的法律关系,但伴随的是冗长而繁琐的订立程序;互惠关系,各国的实践做法差别很大。

首先,在双边条约上,中国已经订立 36 个双边司法协助协定,只有一部分协定规定了判决的相互承认和执行②;在多边条约上,中国尚没有加入这方面的公约。③ 中国可考虑加入海牙《选择法院协议公约》,在当事人协议管辖领域推进判决在全球的可执行性。该公约主要推动的是商事判决的全球性流动④,旨在增进国际贸易和投资。⑤ 对中国来说,加入该公约一方面能体现对当事人意思自治的尊重,另一个方面也可以在判决承认与执行领域进行小范围内的尝试和突破⑥,因为该公约仅局限于当事人协议选择法院所作出判决的情形。当然,加入《选择法院协议公约》意味着可能会承认和执行更多的外国法院判决,也就意味着更多的利益再分配。但无论从当事人层面还是国家层面,这种利益博弈都是非常必要的。

其次,对于互惠,中国法院早期秉持事实互惠,要求外国法院必须有先承认和执行中国法院判决的事实。中国关于事实互惠的要求不利于国家间相互承认和执行判决,因为一旦中国法院做出不存在互惠、不予承认和执行的认定,就给对方提供了充足的理由拒绝中国法院日后作出的判决,从而关闭了两国在判决承认和执行上的合作。⑦ 自 2016 年以来,中国越来越倾向于推定互惠的立场。因此,互惠制度的重新解读也应成为中国提升司法合作的重要举措。中国法院应考虑更为合作的立场:一是最高人民法院和外交部门加强合作,在没有条约关系的情况下,加强与外

---

① 参见《民事诉讼法》第 280、281 条。
② 参见何其生:《比较法视野下的国际民事诉讼》,高等教育出版社 2015 年版,第 13—15 页。
③ 目前为止,中国加入的《国际油污损害民事责任公约》第 10 条有此规定。
④ Some reflections of the Permanent Bureau on a general convention on enforcement of judgments, Prel. Doc. No 17 of May 1992 in Proceedings of the Seventeenth Session (1993), Vol. I, p. 231.
⑤ 参见《选择法院协议公约》序言第 1 段。
⑥ 国际商会和美国律师协会的调查显示,超过 98%受访者的回复指出《选择法院协议公约》将会在他们的实践中有用;超过 70%的回复指出他们更愿意在合同中选择诉讼,而并不是仲裁。Louise Ellen Teitz, "Both Sides of the Coin: A Decade of Parallel Proceedings and Enforcement of Foreign Judgments in Transnational Litigation", *Roger Wiliams University Law Review*, vol. 10, 2004, p. 63.
⑦ 参见徐宏:《国际民事司法协助》,武汉大学出版社 2006 年版,第 290 页。

国政府部门或司法部门的磋商,敦促外国政府或司法部门以声明的方式,表达其是否有意愿在互惠的基础上承认与执行中国法院的判决。尽管在很多国家司法通常不受行政的限制,或者下级法院不受上级法院立场的约束,但这一做法在统一政策方面依然有着积极的价值。二是明确在不同事项上要求不同,例如,在婚姻事项上就无需要求互惠。① 三是赋予法官自由裁量权,采用推定互惠原则。实践中,可以由当事人证明外国法院具有承认和执行中国法院判决的可能性,即原则上,外国法律中规定的承认与执行判决的条件与中国法律的规定相似,且无证据证明该国不给予互惠的情况下,即可推定互惠的存在。②

五、结 论

根据前述讨论,考虑到中国目前的综合国力,尤其是经济实力在国际社会中地位,中国国际民事诉讼制度的建设和完善应该符合中国发展的需求。作为经济大国,中国需要在全球范围参与竞争;作为法治大国,中国需要提升中国法律制度和审判机制的发展,提升中国的司法竞争力和争议解决的效率。法律制度的全球竞争力应成为中国司法改革所应追求的目标之一。因此,"大国司法理念"应成为中国国际民事诉讼制度改革的基本价值取向。

中国的国际民事诉讼改革应注重大国司法理念的三个重要特性:一是竞争性,即重视大国背景下司法制度的竞争力,尤其是争议解决的效率和对经济的能动作用。在管辖权层面,应系统地设计国际民事管辖权的规定,增加竞争性管辖权事项。相关的国际民事管辖权制度应具有开放性、兼容性,以及示范效应。二是服务性。为提升本国司法审判的专业性和吸引力,大国司法理念重视在全球范围内为保护当事人的权利提供服务便利。对中国的国际民事诉讼程序来说,在送达、取证、认证等程序上

---

① 参见 2015 年《最高人民法院关于适用〈民事诉讼法〉的解释》第 544 条。
② 最高人民法院在《关于人民法院为"一带一路"建设提供司法服务和保障的若干意见》中指出:"要在沿线一些国家尚未与中国缔结司法协助协定的情况下,根据国际司法合作交流意向、对方国家承诺将给予中国司法互惠等情况,可以考虑由中国法院先行给予对方国家当事人司法协助,积极促成形成互惠关系,积极倡导并逐步扩大国际司法协助范围。"

突出当事人权利保护的便利。在司法机构的专业化设置上,应考虑设置专业化的国际商事法院。三是大国司法的合作性博弈理念。一国司法更倾向于维护本国的利益,在国家利益发生冲突的情况下,司法斗争便不可避免。尽管如此,大国制度的发展应以合作型博弈为追求,在追求本国利益保护的同时兼顾他国合理关切,在谋求本国发展中促进各国共同发展。体现在最终权益分配的判决承认与执行领域,中国应强化判决全球流通的意识,并从加入《选择法院协议公约》和采用推定互惠原则两个方面入手,加强司法合作。

需要指出的是,经济大国或者综合实力的大国,并不必然在司法制度上产生与之相匹配的诉讼制度。一国国际民事诉讼的发展不仅离不开该国法治的发展程度,更离不开该国司法改革的进程。目前,中国已在各个层级积极推进司法改革,从2014年《关于全面推进依法治国若干重大问题的决定》到如今各省级法院具体的改革举措,中国的国际民事诉讼制度建设应抓住机会,着力制度的完善和发展。而前述大国司法理念的讨论至少会有如下的启示:

首先,司法制度本身是大国综合竞争力的一个重要因素,这就首先要求中国要以大国思维发展中国国际民事诉讼,积极推进中国国际民事诉讼制度的改革。相比英国、德国和美国等国家国际民事诉讼程序的发展,中国国际民事诉讼制度需要不断培育国际社会公认的法律文化优势,秉持先进的司法理念,塑造中国民事诉讼程序的国际竞争力。从长远的角度看,这必将促进中国经济的良性发展以及法律服务市场的建设和完善。中国要成为司法大国,就必须以大国的定位来发展司法制度,必须在制度上为人类做出贡献。而以大国思维发展中国的制度,就意味着中国的制度创新必须置于国际大环境及本国的经济发展中,才可能寻求适合本国国情的制度创新途径。

其次,随着贸易、投资以及人口跨境流动的激增,作为经济大国,中国需要越来越多地参与全球化背景下的竞争。从前述大国司法理念的讨论来看,中国国际民事诉讼改革不仅要有国际性视野、开放性的意识,更要有制度优势,以吸引更多的当事人在中国解决争议,努力打造国际争议解决中心。

最后,一国在世界上具有某一领域领导力的前提是在国内先推动相关政策。如果国内先行实施某项改革,再在国际上争取合作,则更容易取得成功。如果国内没有进行有效的改革,而先行推动其对外的领导力,或者是希望对外领导力倒逼国内政策的改变,经常产生不了预期效果,并可能损害国内改革的预期。① 因此,中国要成为国际社会中的引领性国家,应首先从内部改革本国的国际民事诉讼制度,以大国司法理念为指引,全面提升中国司法的全球竞争力。

---

① Robert L. Paarlberg, *Leadership Abroad Begins at Home: U. S. Foreign Policy After the Cold War*, The Brookings Institution, 1995, pp. 83—85.

互联网争议解决的制度分析
——两种路径及其社会嵌入问题[*]

高 薇[**]

引 言

在以互联网为基础的信息技术革命和经济全球化趋势的共同推动下,电子商务浪潮席卷全球。截止 2013 年 12 月,中国网络购物用户规模达到 3.02 亿人,网络购物使用率提升至 48.9%,使用网上支付的人数达到 2.60 亿。[①] 2012 年,中国电子商务交易总额突破 8 万亿元,同比增长 31.7%,增速约为当年国内生产总值增长率(7.8%)的 4.1 倍;网络零售市场规模占社会消费品零售额的比例已经超过 6%。[②] 借助电子商务,中国将在近期超越美国、日本,成为全球最大的网络零售市场,销售额在十年内将达到国内消费品总零售额的一半。电子商务的增长速度和规模已

---

[*] 原文刊于《中外法学》2014 年第 4 期。
[**] 北京大学副教授。
[①] 数据来源于中国互联网信息中心发布的第 32 次《中国互联网络发展状况统计报告》,http://www.cnnic.net.en/hlwfzyj/hlwxzbg/hlwtjbg/2014/01/P02014;01163954;184;29515.pdf,2014 年 5 月 22 日访问。
[②] 参见商务部电子商务和信息化司长李晋奇于 2013 年 9 月 8 日,在第八届两岸经贸合作与发展论坛上的发言,http://tga.mofcom.gov.cn/article/zt_hzfzeight/subjectaa/201309/20130900305334.shtml,2013 年 11 月 16 日访问。

远远超出人们的想象,市场潜力巨大。①

　　巨大的市场和商业利益背后隐藏着潜在的争议。虚假促销、售后服务、退款问题、退换货难、质量问题、网络售假、物流快递、支付问题、网络诈骗等成为网络购物的突出问题。2011 年,全年中国电子商务投诉与维权公共服务平台共接到全国网购用户的电子商务投诉近 10 万起,其中网络购物投诉占到 52%。② 淘宝网在 2013 年"双十一"过后,退货率已达 25%,部分商家更高达 40%。③ 如何改善网购环境以保障电子商务发展,已成为当前社会关注的热点问题。电子商务需要与之匹配的争议解决机制。

　　早在 20 世纪 90 年代初,在电子商务最先兴起的美国出现了网上争议解决(Online Disputes Resolution,简称 ODR)的实践,即利用电子通信技术解决争议。④ 当今全球范围内已经出现了各式各样的电子商务争议处理机制。较具代表性的有:在线协商及调解,如 SquareTrade;全自动化的协商程序,如 Cybersettle;在线仲裁,如中国国际贸易仲裁委员会(简称贸仲)的网上仲裁;UDRP 的域名争议解决机制。一些著名电子商务平台如 eBay、淘宝网发展出了自治的争议处理规则,包括信用评价系统、第三方支付、信誉标记、网上第三方争议解决、在线投诉等。全球正在形成信息交换和对话的平台,一些示范性的行业标准及指令也在制定和修改之中。当前各方关注的焦点是:如何建立有效的争议解决机制,来处理因电子商务引起的大量、小额、跨境的网上争议,从而促进虚拟经济的发展;如何应对互联网给传统法律制度带来的挑战。

　　因此,本文拟分析并回答下述问题:(1) ODR 产生的制度背景和演

---

① 截止 2012 年 11 月 30 日晚上 9 点 50 分,阿里巴巴集团下的淘宝网和天猫的总交易额已经突破 10,000 亿大关,占全国社会消费品零售总额近 5%,发展十年来交易增长了 5 万倍,"双十一"已成为世界最大的网购交易日。刚刚过去的 2013 年"双十一"淘宝网和天猫购物狂欢节,支付宝 24 小时内的总成交金额为 350 亿元,产生 1.6 亿个订单和 1.52 亿票包裹。当天凌晨,支付宝的瞬间订单进发量达到了 3900 笔/秒。天猫仅用 13 个小时就使销售额突破了 100 亿,相当于全国所有百货公司一天零售额(500 亿)的 20%。

② 参见 http://www.100ec.cn/detail—6034950.html,2013 年 11 月 15 日访问。

③ 参见 http://b2b.toocle.com/detail—6135796.html,2013 年 11 月 15 日访问。

④ 联合国贸易法委员会第三工作组(网上争议解决)对 Online Dispute Resolution 的定义为:网上争议解决,是借助电子通信和其他信息和通信技术解决争议的一种机制。与 ODR 同时使用的术语还包括"Internet Dispute Resolution"(iDR),"Electronic Dispute Resolution"(eDR),"Electronic ADR"(eADR),"Online ADR"(oADR)等。本文使用"Online Dispute Resolution"(ODR)这一更常见的英文表述。

化路径为何;(2) 具有不同演化路径的 ODR 是如何嵌入社会整体之中的,为什么一些机制成功了而另一些陷入发展困境,什么是能够适应网络空间的争议解决机制;(3) ODR 未来的发展趋势如何。

一、文献综述

迄今为止,无论是在概念表述还是在内涵界定上,都缺乏对 ODR 的一致观点。对于 ODR 主要有三种认识:ODR 是传统 ADR 在网上的演化形式;[①]ODR 是所有传统争议解决模式在网上的对应物,包括网上诉讼;[②]ODR 不限于传统争议解决模式,是争议预防、争议解决等多种网上争议解决方式的总合。[③] 作为一种争议解决制度,ODR 首先引起了法律学者和实务界的讨论。一些研究介绍了运行较为成功的网上争议解决机制,如 Sali 关于 Risolvionline[④],Moore 关于 AAA—Online,[⑤]Baron 关于 eBay[⑥],Thornburg 关于 ICANN[⑦] 的分析以及 Tyler 和 Bretherton 对

[①] Julia Hörnle, "Online Dispute Resolution—The Emperor's New Clothes? Benefits and Pitfalls of Online Dispute Resolution and its Application to Commercial Arbitration", 17 *International Review of Law, Computers & Technology*, 27—37(2003); see also K. V. Bounet, M. Boudaoud, Gagnebin, J. Harms and Thomas Schultz, "Online Dispute Resolution System as Web Services", http://www.hpovua.org/PUBLICATIONS/PROCEEDINGS/9_HPOVUAWS/Paper_4_2.pdf, last visited June 3, 2009.

[②] Thomas Schultz, "Does Online Dispute Resolution Need Governmental Intervention? The Case for Architecture of Control and Trust", 6 *N. C. J. L. 8 Tech.*, 102—105(2004).

[③] Final Report and Recommendations of The American Bar Association's Task Force on Electronic Commerce and Alternative Dispute Resolution, "Addressing Disputes in Electronic Commerle" (2002), http://www.abanet.org/dispute/documents/FinalReportl02802.pdf, last visited Nov. 18, 2013.

[④] Rinaldo Sali, "The Risolvionline Experience: An ODR Approach for Consumer and Companies", in Ethan Katsh and Daewon Choi ed., Online Dispute Resolution (ODR): Technology as the "Fourth Party", Papers and Proceedings of the 2003 United Nations Forum on ODR, 2003.

[⑤] Debi Miller Moore, "ODR at the AAA-Online Dispute Resolution in Practice in Symposium on Enhancing Worldwide Understanding Through Online Dispute Resolution", 38 *The University of Toledo Law Review*, 395—402(2006).

[⑥] David P. Baron, "Private Ordering on the Internet, The EBay Community of Traders", *Business and Politics*, vol. 4, Issue 3, 245—274(2002).

[⑦] Elizabeth G. Thornburg, "Fast, Cheap and Out of Control: Lessons from the ICANN Dispute Resolution Process", 6 *Computer Law Review & Technology Journal*, 89(2002).

所有 ODR 网站的评估。① Hörnle 和 Schultz 等探讨了网上仲裁的法律问题,包括仲裁协议的有效性、仲裁程序的公正性、裁决的执行等。② 关于如何促进网络争议解决的发展,Perritt 提出网络治理(包括争议解决)应当是一种混合模式③,Schultz 认为 ODR 需要政府干预④,Post、Johnson 和 Ethan 将 ODR 看作是正在崛起的网络法的一部分。⑤ 一些经济学家对网上声誉机制进行了理论和实证分析,如 Bolton、Katok、Ockenfels 通过采集 eBay 的交易数据研究卖家声誉对拍卖商品价格的影响⑥,李维安、吴德胜和徐皓⑦以及周黎安、张维迎、顾全林和沈懿⑧分别对淘宝网和易趣上卖家声誉的作用进行了验证,Gabuthy、Jacquemet、Marchand 通过实验方法考察了自动协商系统促进合意的可能。⑨ 还有部分学者探讨如何在技术层面设计和优化网上争议解决程序,如 Thiessen、Lodder、

---

① Melissa Conley Tyler and Di Bretherton,"Seventy—six and Counting:An Analysis of ODR Sites—A Report of Research Conducted for the Department of Justice,Victoria,Australia",http://www.odr.info,last visited Mar.3,2010;see also Melissa Conley Tyler,"One Hundred and Fifteen and Counting:The State of Online Dispute Resolution 2004",http://www.ord.info,last visited May 25,2009.

② Julia Hörnle,"Online Dispute Resolution—The Emperor's New Clothes? Benefits and Pitfalls of Online Dispute Resolution and its Application to Commercial Arbitration",17 International Review of Law,Computers &. Technology,27—37(2003);Thomas Schultz,uOnline Arbitration:Binding or Non—Biding?" http://www.fabao365.com/zhuanti.php?action=onlinearbitration&item=shownews&id=296,last visited Nov.10,2013.

③ H. Henry Perritt,"Towards a Hybrid Regulation Scheme for the Internet",2001L7. Chi. Legal F.,215(2001).

④ Thomas Schultz,"Does Online Dispute Resolution Need Governmental Intervention? The Case for Architecture of Control and Trust",6 N.C.J.L.&Tech.,89(2004).

⑤ David Post and David R. Johnson,uLaw and Borders—The Rise of Law in Cyberspace,48 Stan. L. Rev.,pp.1367—1402(1995—1996);Katsh Ethan,"Online Dispute Resolution:Some Implications for the Emergence of Law in Cyberspace",http://www.lex—electronica.org/docs/articles_65.pdf,last visited Sep.6,2011.

⑥ G. Bolton,E. Katok and A. Ockenfels,"How Effective Are Electronic Reputation Mechanisms? An Experimental Investigation",50 Management Science,1587—1602(2004).

⑦ 李维安、吴德胜、徐皓:《网上交易中的声誉机制——来自淘宝网的证据》,2006 年第六届经济学年会论文集。

⑧ 周黎安、张维迎、顾全林、沈懿:《信誉的价值:以网上拍卖交易为例》,载《经济研究》2006 年第 12 期。

⑨ Yannick Gabuthy,Nicolas Jacquemet and Nadege Marchand,"Does Resorting to Online Dispute Resolution Promotes Agreements? Experimental Evidence",52 European Economic Review,259—282(2008).

Walton 等介绍了人工智能[①]，Thiessen、Fraser、McMahon[②] 介绍了某些自动程序在解决网络争议上的应用。另外，美国联邦贸易委员会（FTC）、欧盟、联合国经济合作与开发组织（OECD）、联合国贸易和发展会议（UNCTAD）、世界知识产权组织（WIPO）、海牙国际私法研究会（HCPIL）、国际商会（ICC）、伦敦国际仲裁中心（LCIA）、美国律师协会（ABA）、瑞士仲裁协会（ASA）等组织也开始积极推动网络争议解决的发展，举办了各种研讨会和国际会议，发布了一系列研究报告。[③] 联合国国际贸易法委员会（UNCITRAL）于 2010 年成立了专门针对跨界电子商务交易所涉争议的第三工作组，正在制定具有示范法性质的《跨境电子商务交易网上争议解决：程序规则草案》。

当前网上争议解决的研究主要集中在两个方面：一方面是对各种机制的介绍和分析；另一方面是对机制与法律制度之间关系的探讨。这些研究的突出不足在于：首先，没有将网上争议解决机制放入社会的整体结构中，作为一项根植于社会中的制度予以认识，从而难以看清 ODR 的制度全貌和其在整体社会中所处的位置；其次，现有研究仅停留在对机制本身和所处法律环境的描述上，无法从制度根源上澄清网上争议解决制度发展至今所呈现出的某些规律性特点和演化路径，亦不能为某些网络争

[①] Arno R. Lodder and Ernest M. Thiessen, "The Role of Artificial Intelligence in Online Dispute Resolution",Papers and Proceedings of the 2003 United Nations Forum on ODR (2003); Douglas Walton, Arno. R. Lodder, "What Role can Rational Argument Play in ADR and Online Dispute Resolution",in John Zeleznikow and Arno R. Lodder ed. ,Proceedings of the Second International ODR Workshop, Wolf Legal Publishers,2005,pp. 69—76; Douglas Walton and David M Godden, "Persuasion Dialogue in Online Dispute Resolution",13 *Journal of Artificial Intelligence and Law*, 273—295(2006).

[②] Ernest M. Thiessen and Ken Fraser,"Mobile ODR with Smartsettle",http://www. info/unece 2003,last visited 3 Feb. 2010; Ernest M. Thiessen and Joseph P. McMahon, "Beyond Win—Win in Cyberspace",15 *Ohio St. J. on Disp. Resol.* ,643(1999—2000).

[③] Consumer International, " Disputes in Cyberspace Report"(2000); European Commission, " Out—of—Court Dispute Settlement Systems for E-Commerce",Report from the Workshop Held in Brussels (Mar. 21,2000); International Chamber of Commerce, "Business—to—Consumer and Consumer—to—Consumer Alternative Dispute Resolution (ADR) Inventory Project", Summary Report (May 14,2002); Final Report and Recommendations of The American Bar Association's Task Force on Electronic Commerce and Alternative Dispute Resolution, "Addressing Disputes in Electronic Commerle"(2002),http://www. abanet. org/dispute/documents/FinalReportl02802. pdf, last visited Nov. 18,2013.

议解决机制发展至今遭遇的现实困境提供有力解释。[①] 毋庸置疑,网上争议解决是互联网治理的重要一环,争议解决对电子商务发展具有重大现实意义,但我们对 ODR 的认识和研究还十分不足。

本文的研究对象是广义的争议解决制度,包括争议预防、争议解决、执行机制及其他各种交易治理机制,它们都是 ODR 版图的必要组成部分。本文将从制度分析角度,尝试建立一个区分内生和外生 ODR 的统一分析框架,并从 ODR 的社会嵌入(embeddedness)视角分析二者的演化路径,通过比较外生和内生 ODR 的特点和社会嵌入方式,解释为什么某些 ODR 机制尝试失败了,而另一些 ODR 机制却被互联网世界吸纳成为其网络规则体系的一部分并得以有效运行,最后在此基础上对 ODR 的未来发展趋势作出预测。

全文分六部分展开。第一部分为文献综述,介绍目前对 ODR 分析的主要理论和实证文献。第二部分建立网上争议解决的制度分析框架,指出网上争议解决的内生和外生演化路径及各自面临的嵌入问题。第三部分以网上仲裁为例说明外生 ODR 的社会嵌入问题,解释外生制度的发展困境。第四部分分析内生 ODR 的社会嵌入问题,包括内生 ODR 与两种在线交易类型的共同演化以及网络架构与内生制度的结合。第五部分将在前文基础上揭示纷繁芜杂的 ODR 图景中存在的规律性元素,提出 ODR 未来发展的两种趋势。第六部分总结全文。

二、网上争议解决的制度分析框架

(一) 两种制度观下的内生和外生制度

为理解 ODR 发展的多样性及制度演变过程,我们从博弈规则论的视角考察外生 ODR 制度,从博弈均衡论的视角考察内生 ODR 制度。

[①] 墨尔本大学国际争议解决中心(International Conflict Resolution Center)在 2004 年进行的一项针对 ODR 网站的调查报告显示,在所有被调查的 115 个 ODR 网站中,82 个网站尚在运行,30 个网站已不再提供 ODR 服务,3 个网站情况不明。同时值得注意的是,许多正常提供 ODR 服务的网站都显示为业务不够活跃的状态。see also Melissa Conley Tyler, "One Hundred and Fifteen and Counting: The State of Online Dispute Resolution 2004", http://www.ord.info, last visited May 25, 2009. 据笔者近期了解,中国国际经济贸易仲裁委员会的网上仲裁业务几乎从未被使用过。

博弈规则论将制度理解为博弈规则,即人类设计的制约人们相互行为的约束条件。① 持这一制度观的学者主要关注如何通过"机制设计"达成特定的社会目标。从 ODR 的发展中可以看到机制设计的影响。例如,ODR 网站的建立者和贸仲等知名仲裁机构希望设计出网上仲裁、网上协商、网上调解等机制以解决新涌现出的网络争议。② 这些机制对于网络空间这一系统是外生给定的,不是由系统内部演化而出的。我们称其为外生 ODR。外生 ODR 的最大问题是设计出的机制能否实现解决网络争议的既定目标,而在机制无法自我实施时,是否需要施加额外的实施机制(如强制立法或采取行政手段)促进实施。博弈均衡论将制度理解为从众多策略组合中脱颖而出的、稳定的、自我维持和自我实施的一组均衡策略组合,是从参与者交往行为中互动内生的"自发秩序"(spontaneous order)。③ ODR 的发展同样受到自发秩序的推动。例如某些网络交易平台自发产生了能够有效替代法律制度的私人秩序。eBay、淘宝建立了双向信用评价系统,并提供第三方支付工具。同时,这些网站还利用第三方托管、网上争议解决及商盟等制度补充声誉机制。这些机制是从网络空间内部自发演化而成并反复出现的有效制度,起到了保障交易顺利进行的重要作用。我们称其为内生 ODR。下面我们对这两种 ODR 机制的重要差异做进一步地解释。

1. 主导者

内生 ODR 的主导者是在线民商事活动的参与者,他们基于所处的在线民商事域环境,通过选择不同的策略组合,进行相互博弈,是"局内人";外生 ODR 的主导者是对博弈形式进行调整的人,他们处于在线民商事活动域外,对该域内运作的 ODR 机制进行设计和调整,是"局外人"。

局内人和局外人的资源禀赋不同。局内人有两类,即数量庞大的个

---

① See D. North, *Institutions, Institutional Change and Economic Performance*, Cambridge University Press, 1990, pp. 3—4.

② 根据外国学者的分析,网上争议解决机制可以被分为:协助式协商(facilitated negotiation)、网上调解(online mediation)、网上仲裁(online arbitration)、案件评估(case appraisal)、自动协商(automated negotiation)、协商支持系统(negotiation support system)、投诉机制(complaint handling)。see also Melissa Conley Tyler, "One Hundred and Fifteen and Counting: The State of Online Dispute Resolution 2004", http://www.ord.info, last visited May 25, 2009.

③ R. Sugden, "Spontaneous Order", 3 *Journal of Economic Perspectives*, 85—97 (1986); F. A Hayek, *Law, Legislation and Liberty*, University of Chicago Press, pp. 35—54 (1973);青木昌彦:《比较制度分析》,周黎安译,上海远东出版社 2001 年版,第 11—12 页。

体参与者和资金充裕的组织参与者,例如淘宝的卖家、买家及淘宝平台。而局外人通常是独立的个体,例如仲裁机构和 ODR 网站的建立者。无论是调动人力还是资本的能力,前者都有后者无法比拟的优势。而且,内生 ODR 机制在资本或是劳动密集度方面更具弹性,也能够投入更多资源来发展更有效率的 ODR 机制。

2. 激励

内生 ODR 的参与者主要由从事在线民商事活动的网络用户组成。作为在线活动的参与者,他们在博弈过程中趋向一个 ODR 演化均衡的激励主要来自于维持在线交往活动的存在并持续从该项活动中获益。潜在的无法解决的在线争议将增加在线交易的风险,降低交易带来的利益。外生 ODR 的设计者大多是法律从业者或技术专家,他们在设计如网上仲裁一类的机制时,只有当新设计出的机制能够替代争议解决域中原本运行的争议解决机制时,才能产生替代效应。换言之,内生 ODR 的参与者面对的是整个网络活动的潜在收益,而外生 ODR 设计者面对的仅仅是制度替代所节约的交易成本。而且,外生 ODR 的设计者或将 ODR 项目作为一次实验,或是采集数据进行相关的研究,或是对运作良好的线下争议解决方案进行补充,即使机制失败,对设计者而言也无关痛痒。而对在线活动的参与者而言,缺乏有效的争议解决机制,可能会使整个在线活动的规模萎缩到可以被忽略的程度。因此,局内人相较于局外人有更强烈的激励来完善 ODR 机制。

3. 信息

人类依其所掌握的信息而行为。两类信息与 ODR 机制的演化高度相关,即在线民商事行为的信息和线下争议解决的信息。它们属于哈耶克所称的"有关特定时空之情势的知识"。[①] 另外,合约经济理论区分了私人信息和可观察信息。[②] 由于信息在传递过程中会出现损耗,因而"有关特定时空之情势"的私人信息和可观察信息是不能等同的,对于信息拥有者而言,前者在信息的广度、深度和可信度上远远超过后者。局内人和局外人对这两类信息的占有度不同,使他们在信息结构上存在明显差异。

[①] F. A. Hayek, "The Use of Knowledge in Society", 35 *The American Economic Review*, 521—522(1945).

[②] "私人信息"指特定时空之情势亲历者所掌握的信息。"可观察信息"指从外部观察特定时空之情势得到的信息。

有关在线民商事行为的信息对局内人而言是私人信息,即这些信息是他们从亲身体验中获取的,其中部分信息无法从外部观察得到。局外人只能获得私人信息中的可观察部分。因此,局内人比之局外人掌握更多更全面的在线民商事活动的信息。比如在线交易平台服务的供应商不但掌握其服务流程、顾客类型、交易商品的统计数据,甚至掌握构建服务流程和数据统计程序的原始代码,而仲裁机构或是律师事务所的法律从业者只能作为网络买家体验一下购物流程。相反,有关争议解决的信息对局外人而言是私人信息,法律专家的优势就在于掌握传统 ADR,如仲裁、调解等替代性争议解决手段的程序和相关法律的信息。而局内人只能利用该类信息中可观察的部分。因此,局外人拥有大量的关于线下争议解决的知识。

4. 方法

阿尔钦指出,即使引入的信息不完全或具有不确定性,从随机的行为中也能产生有效率的结果。但需要指出的是,这并不意味着理性在现实世界中没有立足之地。人有两类重要的有意识的适应性行为,即试错和模仿。[①] 内生 ODR 主要采取试错,外生 ODR 主要采取模仿的方式来适应市场环境中的新需求。

试错是一种依靠过往经验对当前环境进行有意识地适应的方法。重点在于选择一组策略作为参照点,通过调整策略组合,看随之变化的产出相对于参照点的产出是否有改善。如果产出减少,就回到参照点策略。内生 ODR 产生于互联网用户的交互行为,这些交互行为处于双重演化力量的驱动之下,一是有意识的试错行为,二是多种 ODR 形式之间的竞争。局内人的信息优势在于掌握大量的关于在线民商事行为的信息,因而他们将较少采用模仿线下争议解决机制的方式作为其适应性策略。内生 ODR 向一个制度均衡演化,更多是从一个随机行为产生的参照系出发。比如互联网买家是否决定将卖家的交易评价作为交易参考的信息,网络平台商添加互评的选项等。淘宝网、eBay 等在线交易平台商频繁修改其信用规则,就是网络卖家、买家和平台商三方以试错形式互动

[①] Armen. A. Alchian,"Uncertainty, Evolution, and Economic Theory",58 *The Journal of Political Economy*, 211—221(1950).

的结果。① 这种调整—反馈的机制将帮助制度向更具适应性和更具稳定性的方向演化。不过,试错的过程可能是可逆的,也可能是不可逆的,策略组合的调整可能形成稳定的争议解决制度,也可能在特定社会域中无法形成争议解决制度。此外,试错过程中产生的各种类型的 ODR 机制还将受制于它们之间的竞争,这种竞争压力会迫使试错的方向向着具备稳定结构的、有效率的 ODR 机制演化。

另一类有意识的适应性行为是模仿。外生 ODR 的设计者掌握大量关于争议解决的信息,他们可以用较低的成本将运作良好的线下争议解决机制复制到网上。模仿行为面对两个问题:一是环境的改变(changing environment),这将可能造成原本具备适应性的策略组合在新环境下不再有效率;二是不完美的模仿(imperfect imitation),人们可能因为信息的不完全或能力的限制等诸多因素,无法完美模仿原本成功的行为。当环境变化时,不完美的模仿可能更具备适应性并使演化成为可能。从线下环境变为在线环境,技术架构和人类交往的行为模式都发生了一系列的变化,外生 ODR 设计者必须考虑环境的变化,如果试图完美复制线下争议解决机制的程序,可能无法与在线环境相容。事实也证明,由于在线交易产生的争议在类型、标的、数量上都与传统交易产生的争议不同,仲裁、调解等的单纯在线化无法成功解决在线争议。而 SquareTrade 部分模仿了传统调解程序,同时还发展出了其他功能(徽章制度和与评级系统挂钩)使它能够很好地和 eBay 的交易模式相融合,因而成功地对外生制度进行了内生化的改造。

(二) 内生和外生制度的嵌入性问题

制度的演化很大程度上是内部机制和外部环境共同作用的结果。一种制度和社会整体制度之间(外部环境)的关系被称为社会嵌入。嵌入性

---

① 淘宝网在出台或修改官方规则时,会进行公告或通知。其各种细则和条款变更的公告或通知参见淘宝网官网:http://rule.taobao.com/search.htm? spm=0.0.0.0.rRH10Q&.codes=555218253 Vorder=yes,2013 年 7 月 1 日访问。eBay 同样会在官网上的公告栏中对各种规则的修改随时进行通告,参见 eBay 中国官网:http://www.ebay.cn/,2013 年 7 月 1 日访问。

(embeddedness)的概念首先由波兰尼在其经典著作《大转型》一书中提出。[1] 社会学家格拉诺威特对嵌入性的概念进行了进一步阐释,分析了现代工业化背景下嵌入到社会网络中的经济行为。[2] 青木昌彦将促使制度产生并反过来由制度维系的不同域之间的关联称为制度化关联(institutionalized linkage),并认为社会嵌入是制度化关联的一种特定类型,即某一域"嵌入"到其他域,使得某些在关联发生前不可能的策略组成为可能。[3] 卢曼在论述现代社会的功能分化时提出结构性耦合(structurally coupling)的概念,从另一侧面强调社会诸系统间的相互关联性。[4] 托依布纳在其以法律全球化为主题的研究中,也强调了法律体系与民族国家现有的经济体系、政治体系、教育体系的结构耦合问题。[5] 这些研究为我们理解 ODR 制度与整体社会之间以及与其他社会制度间的关系提供了重要分析角度。

内生 ODR 从创生到形成稳定的结构,深深地嵌入在线交易域,它们之间的关联是一种制度化关联。内生 ODR 的特征和结构与在线交易类型相互影响、共同演化,形成了一种新的均衡,即内生 ODR 能够有效促进在线交易的规模,在线交易域也维持内生 ODR 的存在并使其从中受益。因此,内生 ODR 的社会嵌入体现为两个问题:(1)"谁之 ODR?",即 ODR 是同何种在线交易类型结构性地耦合在一起;(2)"何种 ODR?",即该种在线交易类型又催生出何种 ODR 机制。

外生 ODR 脱胎于机制设计,是对线下制度的模仿。这导致其不得不面临两类嵌入问题。(1)由于外生 ODR 的设计初衷是为了替代传统

---

[1] 卡尔·波兰尼指出,市场制度是嵌入到社会整体制度当中的,要引入市场制度作为主要的资源配置机制就必须先将社会改造为市场社会,即使得社会的其他制度适应市场制度的发展。See Karl Polanyi, *The Great Transformation: The Political and Economic Origins of Our Time*, Beacon Press, pp. 45—80(2001).

[2] M. Granovetter, "Economic Action and Social Structure: The Problems of Embeddedness", 91 *American Journal of Sociology*, 480—510(1985).

[3] 青木昌彦:《比较制度分析》,周黎安译,上海远东出版社 2001 年版,第 212 页。

[4] Niklas Luhmann, "Operational Closure and Structural Coupling: The Differentiation of the Legal System", 13 *Cardozo Law Review*, 1431—1438(1992).

[5] Siehe z. B, "Globale Bukowina—Zur Emergenz eines transnationalen Rechtspluralismus", 15 *Rechtshistorisches Journal*, 255—290(1996);托依布纳:《社会宪政:超国家中心模式宪法理论的选择》,陆宇峰译,载托依布纳:《魔阵·剥削·异化——托依布纳法律社会学文集》,泮伟江、高鸿钧等译,清华大学出版社 2012 年版,第 172—175 页;同时参见高薇:《功能分化时代的宪法再书写:从国家宪法到社会宪法》,载《交大法学》2013 年第 1 期,第 18 页。

ADR，目标争议包括了线下争议，因而需要处理与线下相关制度间的关联，主要为线下交易域及法律制度的关联。传统 ADR 在漫长的发展过程中与这两种制度均形成了制度化关联。例如，私人仲裁与法律制度形成了互相支持的制度互补（institutional complementarity）[①]，仲裁得到了法律制度在强制执行方面的支持，而法律制度通过传统仲裁分担了商事争议解决的压力。将外生 ODR 引入线下空间将发生它与传统 ADR 的制度挤出（institutional crowding out）[②]问题，即外生 ODR 能否对原先在该社会域发生作用的 ADR 制度形成替代效应。（2）外生 ODR 在被引入网络空间时，需要处理与线上相关制度间的关联。由于网络法的缺失，主要需要处理的是与在线交易域的嵌入问题。这意味着外生 ODR 将与网络空间内生的争议解决制度进行角逐。简言之，外生制度必须面对的问题是：一方面，外生 ODR 能否继受传统 ADR 与线下社会制度之间存在的互补关系，并在此基础上通过在线化带来的优势将传统 ADR 挤出传统社会域；另一方面，能否挤出与在线社会制度共同演化的内生 ODR，成为在线争议解决空间的主要制度。

从社会嵌入角度可以清晰地说明内生和外生制度各自面临的路径和问题，这对理解 ODR 制度具有重要意义。下文将结合具体实例进一步阐述处于社会关系之中的内生和外生 ODR 制度，解释外生 ODR 遭遇困境的制度根源，并分析内生制度与网络空间共同演化的不同模式。

三、外生制度的社会嵌入：以网上仲裁为例

网上仲裁是外生 ODR 最重要的形式。虽然人们在设计和引入在线仲裁制度方面进行了很多尝试，但它至今既没有替代传统仲裁，也没有在

[①] 青木昌言指出，在特定时间点上观察，一个国家交易域市场治理机制之间的关系呈现出互补关系：即某种交易（产权）治理机制的有效性（或存在性），直接或间接地被同一域或相嵌的域另一种机制的存在（制度化）所强化。这种存在于制度化机制之间的互补关系可以称之为制度互补性。参见青木昌彦：《比较制度分析》，周黎安译，上海远东出版社 2001 年版，第 90 页。鲍尔斯通过港口公会和迈阿密州政府间的关系等例子说明了制度互补的情况。参见萨缪·鲍尔斯：《微观经济学：行为、制度和演化》，江艇、洪福海、周业安等译，中国人民大学出版社 2006 年版，第 365 页。

[②] 鲍尔斯指出，当一个制度破坏了另一个制度时，会出现制度挤出现象。参见鲍尔斯，同上注，第 366 页。

解决新兴在线商事争议方面发挥重要作用。根据前文分析,外生制度面临的最主要问题是规则与系统的嵌入问题,具体表现为网上仲裁与传统仲裁制度和内生制度的双重竞争。无法妥善处理这两种竞争,是阻碍网上仲裁发展的根本原因。

(一) 网上仲裁与传统仲裁的竞争

传统仲裁在和社会制度的共同演化中,经历了依靠行业内部的声誉机制执行到依据法律执行的过程。这表明传统仲裁制度从一个封闭系统的内部均衡向一个与法律制度等其他社会制度形成制度化关联的均衡演化,即传统仲裁在演化过程中更深入地嵌入到社会整体制度中。因此,在线仲裁制度对传统仲裁制度形成制度替代的前提是:它不但能够实现后者的社会功能,还要和其他社会制度之间形成类似后者的制度化关联。

在形式上,网上仲裁与传统仲裁并无显著不同。贸仲的网上仲裁即具备典型的外生 ODR 的特征。它由一个常设仲裁机构设计并移植入网络环境。网上仲裁规则与普通仲裁规则的主要差别体现为技术手段在仲裁程序中的运用。[①] 同时,这一移植十分小心地兼顾了网上仲裁与现行法律制度的衔接,期望以此避免可能产生的法律风险和阻力。例如,为方便执行,裁决仍被视为在仲裁地作出,裁决书应当以书面形式制作,并由仲裁员签署,加盖仲裁委员会印章等。正因为如此,网上仲裁的支持者认为网上仲裁既拥有等同于传统仲裁的社会功能,又拥有程序在线化带来的低成本优势,将伴随国际电子商务的发展而茁壮成长。[②]

即便如此,网上仲裁在保留传统仲裁的形式和功能外,还必须解决制度的实施问题。但现行法律制度中法律条款的修辞明确指向传统仲裁制度。因此,在线缔结的仲裁协议的有效性、在线裁决的作出和送达等问题在现有法律框架下存在争议。网上仲裁实际上尚未继受传统仲裁和其他社会制度,特别是法律制度之间的互补关系。这使利用网上仲裁解决争议存在较大法律风险。传统仲裁往往费用高昂、受案标的大,当事人在选择争议解决方式时也会更为谨慎。他们不愿意冒险使用与法律制度无法

---

① 例如文件的提交、发送与传输应当采用电子邮件、电子数据交换、传真等方式,证据可以是以电子、光学、磁或者类似手段生成、发送、接收或者储存的电子证据。
② 李虎:《网上仲裁法律问题研究》,法律出版社 2005 年版,第 25 页。

有效连接的网上仲裁机制,即使这一方式成本较低。

网上仲裁本身无法消除嵌入过程中产生的制度化关联的不确定性,必须引入第三方力量。一种路径是通过制定或修改相关法律,直接赋予网上仲裁法律地位。但法律虽然由立法机关颁布,颁布的过程却只是将已经存在的惯例书面化和明确化。这些惯例本身是在漫长的时间里通过法律主体间的交互关系演化并稳定下来的,法律不过是反映了大多数人自愿施加的行为准则。[①] 但网上仲裁是一个新生事物,这方面的实践尚不多,还未形成稳定的、基于参与者共同信念(shared belief)的规则。因此,短时间内通过立法或是修订法律的方法加快在线仲裁的社会嵌入存在相当难度。另一种路径是通过行政手段扶持在线仲裁。ODR 发展的障碍之一在于消费者缺乏对这种新兴机制的认识和信任,而政府权威有助于建立此种信任。例如,政府可以主导对 ODR 行业内部进行评级及水准鉴定,从而弥补行业标准缺失或解决规则缺乏透明性导致的对 ODR 从业人员的约束不足等问题。评级和认证能够传达关于争议解决机制的信息,政府的权威性则能够加强信息传递的有效性。与法律相比,行政手段更为灵活,能够根据情况作出更及时的反应。但必须指出的是,无论法律还是行政手段,作为一种外部强制性的干预可能使网上仲裁普及化,也可能使当事人作出制度规避的选择,即完全放弃仲裁,转而使用调解、协商等原本在某些情境中是次优的争议解决方式。正如 Berman 提醒我们的:"法律学者和政策制定者有一个不幸的倾向,即他们想当然地认为法律规则一经建立,就立刻发挥作用并形成法律制度。"[②]

(二) 网上仲裁与内生制度的竞争

内生制度是与在线交易域共同演化的,网上仲裁若想与之竞争必须要与在线争议相匹配。

网上仲裁对传统规则的模仿本身包括了对目标争议大小的设定。但传统商事仲裁针对的是大宗商品交易,因而往往单笔争议标的巨大。而电子商务涉及总体规模巨大的频繁发生的单笔小额交易,产生了大量涉

---

① R. Sugden, *The Economics of Rights, Co—Operation and Welfare*, Oxford Press, 1986, p. 5.

② Paul Schiff Berman, "From International Law to Law and Globalization", 43 *Colum. J. Transnat' L L.*, 485, 498(2005).

及消费者的小额争议。① 根据贸仲的网上仲裁规则,凡争议金额不超过人民币10万元的,可以适用快速程序。任何一个低于10万元的案件,收费为标的的5%,最低收费为4000元人民币,涉外案件每案需另收立案费人民币1万元。这样"昂贵"的网上仲裁程序很难满足电子商务争议解决的需求。②

同时,在线仲裁需配备相应的争议处理者。传统仲裁中,一些仲裁地法律对仲裁员资格作了要求。③ 即便未作资格上的要求,仲裁员通常也是熟练的法律或是其他专业从业者。换言之,负担三个仲裁员组成的仲裁庭的费用是相当昂贵的,因为这些专业人士担任仲裁员的机会成本相当高。传统商事争议,特别是国际商事争议的标的一般较大,涉及合同内容复杂,所以该类争议能够负担仲裁庭的费用,也需要专业法律或是行业从业者的知识。但在线争议在类型、规模和频度上都与传统商事争议不同。在线交易引发的争议类型单一、频度高、标的小。一个传统意义上的仲裁员不可能24小时去处理上百起标的在100元以下的争议。而这类争议往往又是类型化的,也不需要特别的专业法律知识和行业知识。

此外,内生机制是一种博弈均衡,通过参与人之间的博弈互动最后自我实施(self-enforcing),而作为外生机制的网上仲裁还涉及裁决的执行问题。一个标的在100元以下的争议如果要递交法院执行,显然是不经济的。即使递交法院,如上文所述网上仲裁和法律制度之间的互补关系

---

① 据中国电子商务投诉与维权公共服务平台监测数据显示,2012年网络购物投诉占电子商务类投诉55.40%,占据最大的比例,团购紧随其后,占21.32%,第三位是移动电子商务领域投诉,占5.36%,第四位是B2B网络贸易领域投诉,占2.53%。参见 http://www.100ec.cn/zt/upload_data/wenjian/2012ndbg.pdf,2013年11月16日访问。从投诉量所占比例看,网络购物争议在数量和发生频率上远远超过B2B争议。

② 据中国电子商务投诉与维权公共服务平台监测数据显示,2012年电子商务投诉金额分布中,投诉100—500元区间的投诉金额占比最大,其次是100元以下、500—1000元和1000—5000元,而5000元以上的投诉金额占比最少,仅占2.30%。数据表明,往往订单金额在100元以上的消费纠纷才能引起网络消费者的注意,并开始不信任网站商家,寻求第三方力量的帮助来解决,参见 http://www.100ec.cn/zt/upload_data/wenjian/2012ndbg.pdf,2013年11月16日访问。因此,贸仲4000元的最低争议解决费用显然不适应涉及消费者的争议解决。

③ 例如,1994年《匈牙利仲裁法》第12条要求仲裁员不得因不可上诉的法院判决被禁止从事公共事务;我国《仲裁法》第13条规定,仲裁员必须满足任意条件之一,如从事仲裁工作8年以上;1985年《沙特阿拉伯仲裁规范》第3条规定,仲裁员必须具有沙特国籍或为穆斯林。

尚存在很大的不确定性。① 在联合国贸法会第三工作组 2013 年 5 月最新一次会议上,欧盟观察员代表团在提案中直接提出了"《网上解决规则》的设计—仲裁作为设计价值低、货量大电子商务交易网上解决全球标准的模式?"的疑问,焦点在于有关依据《纽约公约》②执行价值低、货量大交易中作出的裁决不切实际的观点,就该点而言,网上仲裁的前景令人担忧。③ 因此,工作组考虑能否绕过《纽约公约》转而采取除法律之外的其他更为简单和有效的执行机制,包括诸如信誉标记、声誉管理系统、将当事人逐出市场、对延迟履约的处罚、代管制度以及信用卡退款等网络内部的执行机制。④

事实上,若不依据或无法依据法律的强制力而是依靠网络内部机制执行裁决,网上仲裁就已经脱离了由法律制度作为支撑的传统国际商事仲裁范畴。⑤ 此时,网上仲裁的争议解决程序与内生于网络空间的执行制度产生关联,形成一个新的、适用于网络空间的争议解决制度。在程序形态上,原始地模仿传统仲裁的程序将通过试错进一步改变为适应在线争议特点的程序。这个过程是网上仲裁嵌入网络的社会构建,是人为设计的外生制度进行内生化的过程。也就是说,网上仲裁无法挤出网络社会内生的争议解决制度,而只有通过内生化的途径将自己变为内生 ODR 的一员。

四、内生制度的社会嵌入:以三种模式为例

内生 ODR 的演化和在线交易的结构密切相关。根据交易主体不同,

---

① 联合国贸法会第三工作组在考虑在线仲裁的跨境执行问题时特别对《纽约公约》第 5 条项下各项可以拒绝承认与执行仲裁裁决的理由进行了讨论,特别涉及关于消费者的仲裁裁决是否会因为这一理由而无法得到执行的问题。由于裁决必须满足执行国对于可仲裁性的要求,而不同法域国家对这一问题规定不同,仲裁裁决依据《纽约公约》执行存在风险。参见联合国大会文件 A/CN.9/WG.III/WP.110,第 43—46 段。
② 即 1958 年联合国《承认和执行外国仲裁裁决公约》,简称 1958 年《纽约公约》。我国于 1986 年批准,该公约 1987 年对我国生效。
③ 联合国大会文件 A/CN.9/WG.III/WP.121,"跨境电子商务交易网上争议解决:程序规则草案——欧洲联盟观察员代表团的提案"。
④ 联合国大会文件 A/CN.9/WG.m/WP.110,第 49 段。
⑤ 实际上,在传统仲裁中已经存在非约束性仲裁。笔者曾探讨过非约束性网上仲裁的执行问题,参见高薇:《非约束性网上仲裁解决电子商务争端的法律分析》,载《中州学刊》2012 年第 2 期。

电子商务可以分为企业对企业（Business-to-Business，B2B）、企业对消费者（Business-to-Consumer，B2C）、消费者对消费者（Consumer-to-Consumer，C2C）等模式，可以对应在线超市型和在线平台型两种交易模式。下文首先分析这两种模式对应的争议解决模式，说明内生 ODR 如何与在线商业行为共同演化。内生 ODR 的另一种重要类型是以代码方式存在的争议解决机制，它们在线下空间不存在对应形式，是网络空间的制度创新。

（一）在线超市型交易的争议解决模式：网络空间与法律制度的联结

B2C 是一种在线超市型交易，即在线经销商在网络平台上将商品销售给消费者，类似于传统超市。比较著名的电商有美国的亚马逊、中国的当当网和京东商城等。这种模式下争议主要集中在三方面：(1) 电商和生产商或者线下渠道商之间的争议；(2) 电商和消费者之间的争议；(3) 消费者和生产商或者线下渠道商之间的争议。传统经销商受制于空间限制，在扩张过程中采取不断开设门店的策略。而电商的一个网站就可以联通全世界的消费者。这一特点决定了市场上只能观察到规模极大、数量很少的电商。一个实体的规模越大，处理争议的能力也越强。这就好比是将生产到消费链条上所有的参与者都进行争议保险。根据科斯定理，保费在交易成本过高无法有效分摊的情况下会落在能以最低成本负担该费用的实体身上。[1] 在从生产到消费的完整流程中，电商是一个争议的吸收装置。另外，传统经销商（如超市）因地域造成的运输成本可能可以在一定区域内形成部分的垄断性优势。但互联网打破了空间的桎梏，也打破了电商垄断的美梦。任何不如意的用户体验都可以驱使一个用户从一家电商转向另一家。如果垄断性均衡无法成立，那么激烈的竞争也将驱使电商负担处理争议所产生的费用。

因此，在线超市型交易的争议解决主要由电商主导，将通过市场竞争下的投诉机制实现。这种在线投诉机制是由自助和人工混合的投诉机制

---

[1] R. Coase, "The Problem of Social Gost", 3 *Journal of Law and Economics*, 1—44 (1960).

组成的。① 2012年北京市电子商务企业自行和解的消费纠纷总量与工商部门接收量比例达10:1,说明电商本身逐渐开始关注自行解决消费纠纷的重要性。②

法律制度从两个方面侵入在线超市型交易域:(1)法律通过承认在线缔结合同的有效性,将在线交易行为纳入合同法的框架,如对电子数据交换方式缔结合同的方式、电子签名的效力、格式电子合同的效力等进行规定。但是这种承认的界限有待更多的实践来检验和确定,特别是各国有关消费者保护的法律及政策一直存在较大差异,电子商务的立法也不一致。③ 将合同法和在线交易行为相关联,等同于隐性地将在线投诉的结果与法律的监督和强制执行相关联。这种制度化关联改变了原本网络空间中仅靠竞争来迫使商家负担争议解决成本的状况,使得法律执行成为另一种可能。(2)法律(产品质量法和消费者权益保护法)可以就生产商、经销商、消费者的责任关系进行一定界定。如果这种界定随着法律制度进入网络空间,那么争议解决成本将在三者之间根据法律规定重新被界定。争议将以法律规定的方式得到解决。但是法律制度是从网下社会提炼出的这种责任关系,这种制度性关联会给在线交易带来正面还是负面的影响尚待考察。

(二)在线平台型交易的争议解决模式:网络空间的自发秩序

在线平台型交易包括B2B、C2C模式,平台不直接参与交易,仅提供交易的空间。如果交易者之间产生争议,则有可能影响平台在吸引交易者方面的竞争力,降低平台的显著性,所以第三方交易平台有动力参与网上争议解决。在线平台型交易要解决的问题是如何筛选出诚实的交易者来预防争议的发生;当争议发生时如何组织争议的解决;最终运用何种手段确保争议解决结果的执行。这三个问题分别对应事前的网上争议预防机制、事后的网上争议解决机制和有强制力的网上执行机制。这三者形

---

① 例如,拉手网建立了小额消费纠纷快速解决的工作流程;凡客网作出了30天无条件退换货的承诺;小米公司除热线电话人工服务外,同时提供微博、邮件、在线、留言等多方式咨询,确保在收到咨询或投诉后第一时间内响应;京东商城设立了500万元的先行赔付基金,成立了专门的绿色通道受理小组。

② 参见http://www.baic.gov.cn/zwgk/jqdt/sjdt/201303/t20130314_883859.htm,2013年11月17日访问。

③ 参见郑成思、薛虹:《各国电子商务立法状况》,载《法学》2000年第12期。

成的制度联结构成在线平台型交易争议解决的一般性方案。三者通常对应的类型为在线多边声誉机制、第三方争议解决服务和第三方支付平台。

1. 在线多边声誉机制

声誉机制在维持传统交易网络方面起到了相当重要的作用。格雷夫研究马格里布商人时发现,马格里布商人会将关于代理人的信息反馈给商会,并通过商会传播到其他商人那里,声誉差的代理人将受到马格里布商人的集体惩罚,格雷夫称之为多边声誉机制治理。① 但是这种治理模式受制于人际网络所能达到的广度。互联网储存信息、传播信息的能力要大大超过传统的人际社交网络。互联网技术可以极大地扩展多边声誉机制适用的范围,可以称之为在线多边声誉机制。

从 eBay 和淘宝网等大型在线交易平台的交易流程看,在一项在线交易完成后,交易双方可以给对方评价,这个信息将添加到交易者的在线信息集合中。获得差评的交易者(主要指卖方,因为存在恶意买方的情况较少,而卖家有较大的动机靠以次充好、隐瞒信息等行为谋利)的交易愿望将遭到对方的拒绝。通过在线多边声誉机制可以在交易之前将恶意交易者甄别出来,防止其进入交易程序;另一方面,也抑制了交易者采取机会主义行为的动机,因为任何不良的交易历史都会被纪录下来,形成自身声誉的一部分。在这一点上,互联网比传统社会的关系网络更为严苛。任何交易历史中的瑕疵都会引起有意向的交易者的怀疑,导致一项交易无法完成。因此,在线多边声誉机制是一项行之有效的争议预防机制。eBay、淘宝网等都将该机制作为网站规则的一部分加以实现。

2. 第三方争议解决服务

与在线平台交易结合进行争议解决的典型是 SquareTrade。② SquareTrade 公司于 2000 年开始营业,主要提供争议解决服务。它开发了在线协商和在线调解程序,并将该程序整合进 eBay 的服务流程。争议发生后,用户首先可以直接进行协商。这一阶段不需要付费,且大部分争议在这一阶段可以得到解决。如果需要调解员介入,eBay 将向双方各收取 20

---

① 参见阿夫纳·格雷夫:《大裂变——中世纪贸易制度比较和西方的兴起》,郑江淮等译,中信出版社 2008 年版,第 42—64 页。
② 公司网址为 www.squaretrade.com。该公司最初的两项业务包括网上调解和信誉标记(Square Trade Seal)。但目前这两项业务均已停止,转而进行 Square Trade Protection Plans, 主要为一些电商如 eBay、Amazon 等提供货物保险服务。

美元。调解员将通过电邮或者其他在线通讯工具与双方进行联系,直至双方当事人达成解决争议的协议。SquareTrade 帮助 eBay 成功处理了大量争议,被认为是网络空间最具有竞争力的网上争议解决机构之一。

SquareTrade 成功的关键在于,它是 eBay 内生法则庇护下的第三方争议解决机制,能够与网络平台的声誉机制互为补充。卖方通过承诺使用第三方争议解决机制处理争议,能够增强潜在买家的信任。保证使用网上争议解决的卖家将获得一个 SquareTrade 徽章。享有徽章的用户有义务对商品进行清晰的描述,参加调解程序,在适当的期限内对投诉进行处理,并遵守达成的合意。徽章能够将信用好的用户甄别出来,并对欺骗行为进行信息传递,使不服从决定的人因欺骗而失去交易机会。由于潜在的匿名交易者在网上交流信息的速度非常之快,违约以及不服从决定的消息可以迅速传播。① 此外,网上争议解决机制还能够帮助交易者取消不合理的负面评价。如果 eBay 用户认为交易对方给予的信用评价不合理,可以求助 eBay 的"物品未收到或与描述显著不符"处理流程,通过进行网上调解取消不合理的中评或差评,从而扩大了信用评价系统的作用范围。

第三方网上争议解决机制的重要性还在于它具有独立性和中立性。SquareTrade 是网络交易平台引入的中立第三方争议解决机制的代表。而淘宝网采取了"店小二"服务的方式。② 与上述在线超市型交易争议解决模式中的内部投诉机制不同,店小二虽然同样是网站内部处理投诉争议的客服,但它是独立于争议双方的第三方(而非在线超市型交易中用以协调电商与买家间纠纷的电商本身的客服),扮演着纠纷解决者的角色。但是,店小二服务仍然是淘宝网内部的管理机制,而非像 SquareTrade 一样的专业争议解决机构,容易引发私人领域的腐败问题。③ 如果第三方争议解决服务提供者有腐败行为,那么交易方和交易平台就会终止其服务。第三方受制于市场竞争的压力,会有较强的激励去遵守争议解决规

---

① 青木昌彦:《比较制度分析》,周黎安译,上海远东出版社 2001 年版,第 93 页。
② 淘宝小二是阿里巴巴内部及淘宝商家对淘宝工作人员的统称。小二作为淘宝的客服,在买卖双方发生纠纷之后,可以根据淘宝相关的规则介入处理交易纠纷。
③ 有关淘宝店小二腐败问题的报道参见石雁、杨磊、张淇人:"淘宝腐败黑幕调查",载《IT时代周刊》2012 年第 8 期,http://bbs.taobao.com/catalog/thread/154521—257377854.htm,2013 年 11 月 18 日访问。

则。而交易平台如果和争议解决提供者是一体的,腐败行为就可以侵入平台本身,最终导致用户失去对交易平台的信心。

3. 第三方支付平台

声誉机制只能规制反复交易,对一次性交易无效。职业的欺诈型卖家,可以不断注册新的店铺,并通过设置具有足够竞争力的价格来吸引买家。因此,第三方支付平台被作为重要的执行手段,例如淘宝网的支付宝。在一项交易中,有关款项首先被支付给第三方平台,在货物或服务被确认无异议后,钱款才从第三方平台支付到卖家的账户。如果交易过程中产生了任何争议,钱款将留在第三方支付平台,直到纠纷解决方就纠纷作出判定,并由平台根据判定的内容进行钱款的拨付。① 这类似于法院的财产保全。但是财产保全是在争议递交法院后才由法院作出的。而第三方支付平台全程参与交易,是建立在交易有很大可能会引发争议的预设之上的。这一预设对于在线交易而言是较为真实的。一是由于交易无法即时完成,无论对于买家还是卖家,在线交易就好比是一场赌博,将货物寄出或是支付钱款就意味着当事人失去了对交易的控制。二是由于在线交易的合约结构简单,缺乏对未来情境的详细规定,很容易因双方在履行合约方面无法达成一致而导致争议。

第三方支付平台所基于的交易全程财产保全的设想在线下社会中的操作成本十分高昂,但是网络技术开启了应用该种支付模式的可能性。所以第三方支付平台机制是互联网社会在应对在线争议时的制度创新,是基于网络空间特有的物理环境构成要素——代码所创造出的适合在线争议特点的执行机制。

4. 三种机制的制度性关联

争议预防机制和争议解决机制之间通常存在着替代关系,替代程度取决于使用两者的边际成本。在内生 ODR 的发展中,争议预防机制呈现出与争议解决机制相融合的趋势。ODR 体现为一种由多部分构成的混

---

① 根据淘宝退款管理流程,如果买方在收到货物后需要退款,可以发起退款程序,但需要区分"交易进行中"或"交易完成后"。以"交易进行中"为例,在退款程序中,如果卖方同意退款,则买方可以直接寄回货物。如果交易进行中卖方不同意退款,买家可以按照以下步骤操作:第一步:若未申请退款,请先发起退款申请;若已经申请退款,请关注退款超时并及时修改退款协议避免退款关闭;第二步:申请客服介入,在买家申请退款后,如买卖双方未协商一致意见,买家可以在卖家拒绝协议后"要求淘宝介入处理"。如果买家以支付宝支付,则淘宝客服可以进行纠纷解决,并决定款项的拨付。具体流程参见淘宝网站 http://www.taobao.com。

合模式,并且机制之间存在制度性关联。如上文所述,声誉机制能够规制反复交易的商家,防止恶意的机会主义行为,而第三方争议解决服务能够解决因为在线交易合约结构简单的特点所引发的争议,并通过声誉机制和第三方支付平台机制获得强制执行力。其中,第三方支付平台机制和声誉机制又形成在执行上的互补关系,前者能够有效防止一次性交易引发的恶意行为。所以,这三种机制之间所形成的制度化关联能够弥补各自的不足,将三者整合为一个整体的网上争议解决方案,就像一张密集编织的网,能够处理单个争议解决机制所无法处理的争议情况。

ODR 在在线平台型交易中的发展说明以下三点:(1) 内生机制和在线交易类型共同演化,是适应在线交易类型特点的;(2) 内生机制的类型是多样化的[①],各种类型之间往往会形成制度化关联,构成一个网上争议解决制度群,能发挥单个机制所无法发挥的最大功效;(3) 内生机制的演化受到多种因素的影响,例如技术的发展程度、市场规模、参与交易者的文化背景、交易习惯等,其演化是高度历史相关和路径依赖的。[②]

(三) 代码:互联网世界的法律

莱斯格提出,在网络空间中,代码——网络空间中行为规范的数字组合——就是法律,它从根本上转换了网络空间的规范性秩序。与物理空间的规制手段不同,塑造网络空间的软件和硬件构成了对在线行为的约束。[③] 代码与外生和内生 ODR 的结合形式完全不同。对外生 ODR 而

[①] 交易平台上的内生 ODR 并非只有上述的几种类型。仅在 ebay 平台上就有 SquareTrade、在线陪审团(internet jury)等模式。eBay India 采取了一种众包方式进行纠纷解决(eBaycourt.com)。大致流程为:如果 eBay India 的卖家认为受到了不应遭受的买家差评,他可以提请 Community Court 裁决。网站将把案件提交随机组成的在线陪审团,案件将依据众人的智慧得到解决。参见 Colin Rule and Chittu Nagarajan,"Crowdsourcing Dispute Resolution over Mobile Devices in Mobile Technologies for Conflict Management", in Marta Poblet ed. , *Mobile Technologies for Conflict Management*: *Online Dispute Resolution*, *Governance Participation*, Springer,2011, p. 99.

[②] 吴德胜通过对比 eBay 和淘宝网说明了中美网上交易的制度差异,参见吴德胜:《网上交易中的私人秩序——社区、声誉与第三方中介》,载《经济学》第 6 卷第 3 期。

[③] 莱斯格:《代码 2.0:网络空间中的法律》,李旭等译,清华大学出版社 2009 年版,第 5 页。

言,技术使争议解决程序更便捷①,被认为是争议解决程序中除中立第三方之外的"第四方参与人"。② 对内生 ODR 而言,代码及其自我执行属性催生了在线下环境中不可能实现的争议解决机制,代码本身担负起了争议处理者的角色。如果说传统法律基础的特征在于法律创制、法律适用和法律执行的制度、程序、人员彼此分离,数字化的奇特效果是三要素的核聚变。③

互联网域名争议解决机制是最典型的实例。互联网名称与数字地址分配机构(ICANN)作为互联网自治管理机构接管了全球域名主服务器的管理权。ICANN 于 1999 年 12 月建立了域名争议解决机制,通过《统一域名争议解决政策》(UDRP)为商标持有者提供了一个快速高效的在线争议解决方式。已经获得 ICANN 授权的争议解决服务提供商有:亚洲域名争议解决中心(ADNDR)、国家仲裁论坛(NAF)、世界知识产权组织仲裁与调解中心(WIPO 中心)、捷克仲裁法院互联网争议解决中心(The Czech Arbitration Court Arbitration Center for Internet Disputes)、阿拉伯域名争议解决中心(ACDR)。④

根据 UDRP 相关规则,域名管理机构要求域名注册商在注册协议中将 UDRP 程序规则纳为格式条款。UDRP(以附件形式并入注册协议)要求域名注册人在域名注册商申请域名时保证"不侵害他人合法权益"。通过这种安排,UDRP 为域名持有人与域名注册商以外的任何其他方之间因域名持有人注册和使用域名而引发的有关争议设定了条款和条件,实际上是注册协议双方(域名注册人和域名注册商)一致同意为第三方(投

---

① 根据西森(Thiessen)和策勒尼科(Zeleznikow)从技术角度的分类,üDR 可以分为:信息系统(information systems)、单变量不公开竞价系统(univariate blind bidding systems)、文件处理系统(document management systems)、电子协商或自动协商系统(eNegotiation or automated mediation systems)、特定的协商或调解系统(customised negotiation or mediation systems)、虚拟调解室(virtual mediation rooms)及仲裁系统(arbitration systems)。See Ernest Thiessen and John Zeleznikow, "Technical Aspects of Online Dispute Resolution—Challenges and Opportunities", http://www.odr.info, last visited Feb. 6, 2010.

② Ethan Katsh and Janet Rifkin, *Online Dispute Resolution:Resolving Conflicts in Cyberspace*, Jossey—Bass, 2001, pp.93—117.

③ 托依布纳:《社会宪政:超国家中心模式宪法理论的选择》,陆宇峰译,载托依布纳:《魔阵·剥削·异化——托依布纳法律社会学文集》,泮伟江、高鸿钧等译,清华大学出版社 2012 年版,第 178 页。

④ ICANN 的争议解决服务提供商名单(包括已经停止服务的提供商)参见 ICANN 官方网站:http://www.icann.org/en/help/dndr/udrp/providers, last visited Nov. 6, 2013.

诉方)设置一种权利。在发生争议时,投诉人可以从上述争议解决机构中选择一个提起争议解决程序。争议解决程序完全在网上进行,如无特殊情况,专家组应在其被指定后14日内作出裁决,并公布在相关网站上。专家组的裁决,将由域名注册机构依据域名解析技术在裁决发出后10日内直接予以执行。UDRP程序高效、便捷的特点已经使其成为目前最主要的域名争议处理程序,也是最为成功的网上争议解决机制之一。

eBay的声誉机制同样依靠网络架构得以实现。在eBay的评价系统(feedback system)下,当用户完成一起交易后,卖家和买家可以进行互评。当一个用户获得一个积极的评价时,获得1分;当他获得一个消极的评价时,失掉1分。当用户得到10分之后他们可以在其用户ID旁得到一个星星标志。当用户获得更多的分数之后将得到不同颜色的星星。用户可以允许他人查看他们的评价记录。这些评价记录不仅包括他所获得的分数,还包括评价。[①] 当一个用户因交易中的合作行为而在eBay的社区内获得了良好的声誉时,其他用户会希望与其进行交易。因此,关心自身评价和排名的用户被激励去进行合作。而潜在的eBay用户在浏览eBay的网页时,也将看到网站上多数用户的ID旁都有不同颜色的星星图标,这为他们传递了如下信息,即这一社区的人们在交易中是合作的。由于网络用户具有匿名性,eBay无法确认用户自称的身份,而用户发起的评价系统却能帮助用户判断交易对象。评价系统的重要功能在于,它能够传递用户在过去行为的信息,使买家或卖家能够从交易历史中获得潜在交易对象的信息。这正是声誉机制的精髓。更重要的是,网络架构能使声誉机制在网上发挥得更为彻底。网上评价系统使信息更为透明,传递的信息量更大。网络标识(星星标志)使信息传播更直观、更快,更便于被评价方利用,同时也使被评价者对本身的交易历史更敏感,从而为获得好的信誉约束自身行为。

代码的执行属性还表现为第三方保存服务(escrow services)[②]、交易

[①] See Baron, Supra note 12, at 263—264.
[②] 主要指买方先不将货款支付给卖方,而是暂时交由第三方支付平台保存,买方收到货物并确认无误之后,再由第三方将货款付给卖方。

保险机制(transaction insurance mechanism)①、裁决执行基金(judgment funds)②、特定技术控制手段(particular technological tools)③等。在这些机制的作用下,违约行为不会发生,因为他们通过技术方式被制止。

应当说,在网络空间中,网络逻辑改造了争议解决方式,而非争议解决的逻辑改造了网络结构。内生 ODR 其实是给网络逻辑披上了争议解决的外衣。

五、互联网争议解决机制的发展趋势

(一)网络时代争议解决机制的版图

网络时代的争议解决机制可以分为三类:传统争议解决机制、外生 ODR 和内生 ODR。争议类型分为在线争议和线下争议。三种争议解决方式均可以用于解决在线争议和线下争议。

传统争议解决方式自生自发于线下空间,与线下争议共同演化。内生 ODR 自生自发于网络空间,与在线争议共同演化。外生 ODR 则以传统 ADR 的制度框架为基础,使用信息技术手段将程序在线化。未来,传统争议解决方式,包括诉讼和 ADR 还将继续主导线下争议解决服务的市场。内生 ODR 则将成为解决网上争议的首选。外生 ODR 由于存在制度嵌入问题,将继续横跨线下线上两个市场,在与传统 ADR 和内生 ODR 的竞争中争得一块生存的空间。

值得注意的是,无论外生还是内生 ODR 的发展,理论上都预留了国家干预的空间。我们也不能一概否定所有类型的国家干预。但任何形式

---

① 交易保险机制是一种钱款返还制度,适用于当事人不能通过协议解决争议的情形。它不要求当事人事先支付一定金额。在争议发生后,当事人可以在协商未果、调解也无法达到双方预想的结果时,选择仲裁员仲裁并获得一份仲裁裁决。若买方(消费者)胜诉,则他可以从在线争议解决服务提供商那里或者其他相关组织那里得到赔付,在线争议解决机构再向败诉方追偿。

② 根据这一机制,商家预付一定数额的资金作为裁决执行基金。若商家与消费者发生争议,则从基金中扣除仲裁决定的商家应赔付的金额。若商家向在线争议解决服务商预先支付基金,则在线争议解决服务商可以在作出裁决后直接执行。

③ 在某些领域,特定技术手段将直接被用来执行争议解决的结果。如在互联网域名争议仲裁中,域名管理机构自身并不处理域名争议,而是指定专门的争议解决机构解决域名争议。同时,域名管理机构授权多个企业作为域名注册机构向用户提供域名注册服务。在争议解决机构对争议作出裁决后,由域名注册机构利用域名解析技术直接执行裁定,或维持域名注册,或撤销域名注册,或将被执行人所设域名转移给权利人。

的国家干预都将对网络时代争议解决的版图造成巨大的影响。对外生 ODR 而言，其主导者有动机主动寻求国家干预，通过国家的强制力将网上仲裁、网上调解等制度作强行推广，将市场竞争转化为政治竞争，加速其嵌入过程。而内生 ODR 的主导者在该类制度运作良好时会避免甚至抵制国家干预。从博弈均衡论的角度看，内生 ODR 是一项稳定的纳什均衡，但纳什均衡不必然是帕累托最优。内生 ODR 制度的演化过程是某一个纳什均衡从多重均衡中脱颖而出并形成惯例的过程。国家力量的介入可以影响均衡选择的过程，使得帕累托最优的纳什均衡替代原始的均衡成为新的惯例。但在实践中，如何辨别潜在的帕累托最优的均衡，如何通过国家政策选择这类均衡都不是能够轻易完成的任务。

（二）网络争议解决的发展趋势

ODR 无法脱离网络空间而独立发展。在线人类活动引发的争议必然和解决该种争议的机制共同演化。ODR 机制的有效性取决于它的目标争议的形态和它与其他社会制度的相容度。综合本文的分析，ODR 未来将呈现出两种发展趋势，即"外生 ODR 内生化"和"内生 ODR 专业化"。

"外生 ODR 内生化"意味着外生 ODR 机制将逐渐嵌入到线上线下社会的整体制度安排中。嵌入有两种路径，一是与法律体系的关系逐渐稳定并形成明确的规则。如果外生 ODR 能够消除目前存在的法律联结风险，它将能够挑战传统 ADR 在线下争议解决领域的优势地位。不过这一嵌入过程将较为漫长，外来的国家干预也许能加速这一过程，但是国家干预下制订的法典和从先例中演化出的法典是否有相同的内容和作用，还存在疑问。第二种路径是外生 ODR 将集成于在线交易的程序中，亦即嵌入到在线活动的制度化规则中。这一过程将模糊外生 ODR 和内生 ODR 的界限。SquareTrade 与 eBay 的合作是这一做法的代表。特别是，SquareTrade 从成立，加入 eBay 平台，到 2008 年退出 eBay 转而采取电子信用担保服务的过程说明商业个体具有自发寻求市场需求点的激励。这一过程正是外生机制为适应市场需求内生化的演变过程。

"内生 ODR 专业化"将体现在两个方面。（1）互联网革命引发的各种类型的商业模式的井喷现象将驱动内生 ODR 向着高度专业化的方向发展。在线活动的特点是信息传递成本极低，通过网页浏览软件或是即时通信软件在几秒钟内就可以完成全球范围内的信息传递。低廉的信息传递成本使得大规模的单一类型的在线交易活动不断涌现。而大量出现的单一类型的在线交易活动将产生大量的同质争议,其数量和总标的额度也可以负担高度专业化的在线争议解决方式。例如域名争议解决机制针对域名,淘宝网、eBay 的争议处理模式也仅针对因网络交易引起的货物买卖争议。(2) 制度架构与市场特定需求相结合将激发内生 ODR 形态的多样化。技术革新是 ODR 产生的直接动因,一些确保交易进行的机制本身正是内生于技术发展之中。在互联网上,已经出现了多种新兴的争议处理机制,如网上交易者身份认证机构、第三方支付工具、信誉标记、电子交易担保以及集合了多种机制的电子交易平台的社区自治体系等,并且这一名单会应市场需求而不断延长。①

六、结　　论

本文澄清了网上争议解决的内生和外生两种发展路径,通过主导者、激励、信息和方法四个维度,说明了内生和外生网上争议解决机制的制度差异。不同的特点和发展路径使它们需要面对不同的社会嵌入问题。外生制度在方法上模仿了传统 ADR,但这一改变造成了网上仲裁与现有法律制度间连接的不确定性,无法在传统空间中对传统仲裁形成制度挤出,同时,在与网络空间内生规则的竞争中也不具备优势。这解释了外生 ODR 制度遭遇的发展困境。内生制度与在线争议共同演化,形成了一种制度化关联。通过对在线超市型交易及在线平台型交易的争议解决模式及互联网域名争议解决机制等进行分析,本文清晰呈现了内生 ODR 的形态。未来,ODR 将呈现出"外生 ODR 内生化"和"内生 ODR 专业化"两种发展趋势。

本文的可能贡献在于:(1) 将法律问题置于制度分析的框架下,将争议解决视为一项嵌入网络社会的制度,不局限于对争议解决机制本身的研究,本文为 ODR 研究提供了一个统一分析框架和崭新的研究角度,能够分析和解释 ODR 的发展形态及问题;(2) 网络在经济生活中广泛应

---

① 例如,淘宝网为应对 2013 年"双十一",提前一个月推出了全新的商家客服机器人,帮助商家减少客服沟通的成本。

用,产生了大量在线争议,网络用户亟须满足现实需要的网上争议解决机制,本文提供的理论分析能够为实践提供指导,对电子商务的参与者以及争议解决者都具有重要参考价值,亦能为网络治理提供一种思路。

总之,无论 ODR 产生和演化的路径如何,ODR 的应用范围将随着网络活动的多样化而随之扩展。互联网在经历了门户网站时代、电子商务时代之后又迎来了社交网站时代,facebook、twitter 等类型网站的崛起使得在线的民事交往变得越来越频繁。当传统的争议解决手段因为法律缺失或是制度障碍无法解决在线民事交往产生的争议时,ODR 很有可能除解决在线商事争议之外,担负起解决在线民事争议的功能,而采取的形态可能区别于任何网下解决民事纠纷的手段。

人们对 ODR 的发展趋势和前景或许存在着不同的意见和看法。但是,随着网络空间成为人类活动越来越重要的场所,ODR 将成为争议解决制度体系中不可或缺的一部分。我们正处于制度演进的过程中。